Human
Resource
Management

경쟁우위 달성을 위한

전략적 인적자원관리

황규대

博 英 社

머 리 말

21세기에 들어서면서 HRM(human resource management)만큼 급격히 변하는 분야도 적을 것이다. 국제적 경쟁, 신경제의 등장, 다양한 이해관계자의 욕구 분출, 그리고 인사관련 법규들의 강화 등 급격한 경쟁환경변화는 HRM으로 하여금 조직성패에 관건이 되는 핵심적 역할을 수행하게 만들었다. HRM은 더 이상 제한된 서비스기능이 아니라 조직이 경쟁적이고 생산적으로 남아 있기 위한 전략적 방향을 설정하는 데 있어서 적극적 참여자가 되었다. 이런 현상을 반영하듯이 실무적으로나 이론적으로 HRM의 전략적 역할이 강조되고 있다.

HRM의 주요 관심사는 '사람'이다. '사람'은 조직에 있어서 생명의 피와 같은 역할을 수행한다. 사람이 없다면 조직은 존재할 수 없을 것이다. 오직 사람만이 자금, 기계, 원자재 등 다른 요소들을 결합할 수 있다. 조직 내 사람들은 창의적인 방법으로 다른 생산요소를 결합함으로써 지속적으로 혁신을 추진할 수 있게 하여, 변화하는 경영환경에 조직이 동태적으로 적응할 수 있게 한다. 따라서 모든 조직이 HRM을 필요로 하고 있다.

똑같은 사람이 없듯이 똑같은 조직도 없다. 사업의 특성에 따라 조직은 다른 HR시스템과 인적자원을 필요로 한다. 경영자들은 매일매일 사람과 관련된 이슈들을 다루고 있으며 수시로 의사결정을 행하여야 한다. 경영자들은 실제 조직상황에 있어서 사람관련 의사결정을 도와줄 수 있는 기본적인 HRM 개념, 모형, 절차 등을 이해하고 있어야 한다. 본서에서 논의될 HRM 개념, 모형, 절차 등은 경영자들이 조직 내에서 HRM의 역할을 이해하고 실제적 의사결정에 도움이 될 수 있도록 현실성과 중요성을 기준으로 선택되었다.

다른 경영학 분야와 구분되는 HRM의 독특한 점은 '인간에 대한 관심'이다. HRM은 조직 내 인적자원의 평안과 복지의 증진을 꾀하고 있다. 그러나 사업이 없으면 조직도 존재하지 않으며 HRM도 없다. 따라서 HRM은 사업으로부터 시작된다고 볼 수 있다. 그러므로 HRM은 효율적인 인적자원관리를 통하여 조직목표의 달성에 기여하여야 한다. 예를 들어, 많은 조직들이 경쟁력을 강화하기 위하여 새로운 기술, 총체적 품질관리, 그리고 적시재고시스템 등 새로운 경영관리기법을 도입하고자 한다. 그러나 이런 시스템들은 사람에 의해 운영된다. HRM은 이런 시스템을 운영하는 데 필요한 종업원 역량을 평가한 후 종업원들이 필요한 역량을 개발할 수 있도록 선발, 훈련 등과 같은 HR기능을 수행하여야 한다. 이런 HR기능을 통하여 HRM은 조직구성원과 조직이 서로 win-win할 수 있는 시스템을 구축할 수 있다. 다시 말하면, HRM은 만족스럽고 생산적인 종업원을 통하여 조직목표를 달성하여야 한다.

본서는 HRM 개념과 기법, 인사관련 법규에 대한 백과사전식 기술을 의도하지 않는다. 반대로 본서는 경영자들이 실제 조직에서 HR기능을 이해하고 효율적 의사결정을 내릴 수 있는 현실적이고 실용적인 측면을 강조한다. 경영자들은 본서에 소개된 개념과 기법을 이용하여 자신의 생각을 정리하고 HRM적 사고와 실무를 정교화할 수 있는 응용력을 개발할 수 있다.

본서의 또 다른 특징은 HRM이 사업에 기여하여야 한다는 기본전제하에 사업전략, 조직구조 그리고 HRM의 연계성에 초점을 맞추고 있다. HRM은 첫째, 사업전략수립에 능동적으로 기여하여야 하며, 둘째, 특정 사업전략을 수행하는 데 있어서 사람관련 이슈들을 해결하고 그리고 셋째, 사업전략 수행에 필요한 태도, 스킬, 행동 등을 식별하여 종업원들이 이를 개발하도록 지원하여야 한다. 이를 위하여 경영자들이 거시적 관점에서 HRM을 바라볼 수 있도록 돕는 것이 본서의 가장 큰 목적이다.

마지막으로 본서를 출판하는 데 적극적인 도움을 주신 박영사 여러분과 인적자원관리를 공부하면서 항상 새로운 아이디어를 추구하고 자료정리에 도움을 준 성균관대학교 경영학부 대학원생들에게 감사를 드린다.

2007년 정월

명륜동에서

차 례

제 1 편 인적자원관리의 의의 및 환경

제 2 편 작업시스템

제 3 편 인력흐름시스템

제 4 편 개발시스템

제 5 편 성과관리시스템

제 6 편 보상시스템

제 7 편 근무환경시스템

제 1 편 인적자원관리의 의의 및 환경

제 1 장 인적자원관리: 경쟁우위의 초석

21세기는 인적자원의 시대라고 불릴 정도로 최근 인적자원의 중요성이 대두되고 있다. 특히 세계화 및 정보화는 인적자원관리 분야에 있어서 급격한 변화를 초래하고 있으며 심한 경쟁 속에서 조직의 생존 여부는 조직이 인적자원을 얼마나 잘 효율적으로 관리하느냐에 달려 있다고 하여도 과언이 아니다.

일반적으로 조직은 사회에 널리 산재되어 있는 원자재, 자본 및 인적자원을 결합하여 사회적으로 가치 있는 재화 및 서비스를 창출하여야 한다. 자동차 공장을 견학해 본 사람이라면, 원자재, 자본 및 인적자원의 결합이 이루어지는 과정을 쉽게 관찰할 수 있을 것이다. 철판들은 거대한 압축기에 의해 자동차 모형으로 변하고, 생산라인에 있는 종업원들은 다양한 부품들을 자동차로 조립한다. 자동차 공장의 예에서 거대한 압축기는 자본, 자동차 모형으로 변하는 철판은 원자재, 그리고 조립하는 종업원은 인적자원을 구성한다. 원자재, 자본 및 인적자원의 생산요소가 결합하는 과정은 제조업처럼 쉽게 관찰되지는 않지만 서비스 산업에서도 이런 요소들의 결합이 동일하게 이루어지고 있다. 대다수의 독자들이 다니고 있는 대학을 예로 들어보자. 대학은 학생들을 교육시켜 사회에서 필요한 인재로 육성시켜 사회로 배출한다. 대학마다 비율은 다르겠지만, 동일한 요소, 즉 원자재, 자본 및 인적자원을 결합하고 있다. 이 경우, 원자재는 학생이며, 건물과 교육관련 기구들이 자본을 이루고 있다. 그리고 교수와 기타 행정 지원인력이 인적자원을 구성하고 있다.

그러나 인적자원은 단지 생산요소 이상의 의미를 지닌다. 인적자원은 사회적으로 볼 때 생산의 중요한 요소임과 동시에 욕망, 기대, 목표 등을 지니고 있는 인간이기도 하다. 또한 다른 생산요소, 즉 원자재와 자본을 효율적으로 결합하거나 결합방식을 개선할 수 있는 창의성은 인적자원에게만 존재한다. 따라서 인적자원은 조직의 목표달성에 있어서 핵심적 역할을 수행한다. 인적자원이 없이는 조직은 효율적으로 재화나 서비스를 창출할 수 없으며, 나아가서는 생존 자체를 위협당할 수 있는 것이다.

인적자원관리(Human Resource Management)란 조직목적을 달성하기 위하여 인적자원을 효율적으로 관리하기 위한 통합적 의사결정시스템이라고 할 수 있다. 인적자원관리는 인적자원의 효율성에 영향을 미치는 다양한 기능들을 통해서 인적자원, 즉 인간에 대한 관심을 다루고 있다.

〈그림 1-1〉은 조직이 인적자원을 관리하기 위해서는 다양한 기능을 수행하여야 한다는 것을 보여 주고 있다. 다양한 인적자원기능들을 설계하고 수행하는 데 근간이 되는 인적자원전략은 조직성과를 극대화할 수 있도록 사업과 연계성이 있어야 한다. 〈그림 1-1〉에서 알 수 있듯이, 인적자원기능들로는 작업의 분석과 설계, 인적자원 필요성 결정(인적자원계획), 유능한 지원자의 유인(모집), 종업원의 선택(선발), 종업원들에게 현재 또는 미래에 담당할 업무에 대한 교육(훈련 및 개발), 종업원 성과에 대한 평가(성과관리) 그리고 보상 등이 있다. 이러한 인적자원기능들은 조직이 목표를 달성하는 데 기여하여야 한다. 즉 효과적인 인적자원관리는 종업원과 고객의 만족, 혁신, 생산성, 그리고 조직의 명성을 향상시켜 조직의 성과를 강화한다.

그림 1-1 인적자원관리 과정

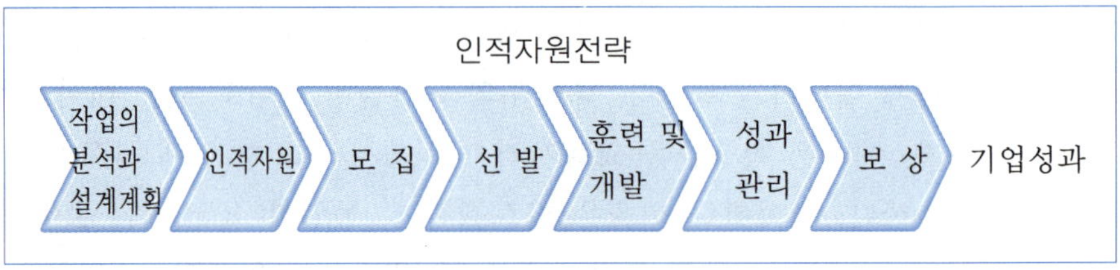

제 1 절 인적자원의 전략적 중요성

조직은 사람에 의해 구성되며 또 사람에 의해 관리된다. 사람이 없다면 조직은 존재하지 않는다. 따라서 기업이 경쟁우위(competitive advantage)를 달성하는 데에는 인적자원이 핵심적 역할을 수행한다. 소프트웨어 개발이나 정보서비스 같은 지식기반의 산업에서는 특히 성공은 조직구성원이 지니고 있는 노하우(know-how)에 달려 있다.[1] 노하우에는 조직구성원들의 지식, 스킬 그리고 능력을 포함하고 있다. 실제로 많은 전문가들은 기업 성공의 핵심은 조직의 핵심역량(core competencies)의 구축에 있다고 주장한다. 조직의 핵심역량이란 조직의 경쟁자들과 구별되게 고객에게 가치를 전달할 수 있는 조직 차원에서 통합된 지식체계를 의미한다. 예를 들면, 맥도날드는 경영 효율성과 훈련에 있어서 핵심역량을 구축하였다. 캐논(Canon)은 정밀기계, 광학 그리고 마이크로 일렉트로닉스(microelectronics) 분야에 있어서 핵심역량을 지니고 있다. 핵심역량은 소수이지만 기술혁신, 제품개발 그리고 고객서비스에 대한 장기적 기반을 제공한다.

조직은 다음 기준을 충족할 때 인적자원을 통하여 경쟁우위를 달성할 수 있다.[2]

1. **가치 창출**: 인적자원이 기업의 효율성 증진에 기여할 때 인적자원은 경쟁우위의 요인이 될 수 있다. 조직구성원들이 비용을 절감하는 방법을 발견하거나 고객에게 독특한 무언가를 제공할 때 가치가 증대된다. 임파워먼트(empowerment) 프로그램, 전사적 품질개선 프로그램, 그리고 지속적 업무개선노력 등은 조직구성원이 가치를 창출할 수 있도록 의도적으로 설계된 프로그램들이다.
2. **희소성**: 조직구성원들이 경쟁사는 보유하지 못한 독특한 스킬, 지식, 그리고 능력을 지니고 있을 때 인적자원은 경쟁우위의 요소가 된다. 따라서 많은 기업들은 경쟁우위를 달성하기 위하여 최고의 인

재를 채용하고 개발하려고 노력한다.

3. **모방의 어려움**: 종업원의 능력이나 공헌을 다른 경쟁사가 모방할 수 없을 때 인적자원은 경쟁우위의 요인이 된다. 사우스웨스트 항공사는 조직구성원들이 팀워크를 통하여 최선을 다하는 독특한 문화로 널리 알려져 있다. 이러한 문화는 조직의 필요성에 의해서 장기간에 걸쳐 개발되어 온 것이기 때문에 경쟁사가 쉽게 모방하기는 어렵다.
4. **조직화**: 조직구성원들이 임무에 따라 잘 배치되고 조화를 이룰 때 인적자원은 경쟁우위의 요인이 된다. 예를 들어, AT&T사는 프로젝트에 조직구성원을 배치하고 성과를 추적할 수 있는 훌륭한 정보기술을 지니고 있다. 인력을 조직화하는 방법으로는 팀워크와 협력을 강화하는 프로그램을 개발하는 것이다.

이상의 4기준들은 인적자원의 중요성을 단적으로 잘 나타내고 있으며 인적자원관리가 전략적으로 다루어져야 함을 잘 보여 주고 있다. 조직구성원의 스킬, 지식, 그리고 능력은 기업이 획득할 수 있는 가장 독특한 자원이므로 인적자원에 대한 전략적 관리는 더욱 중요한 것이다. 기업은 자본을 끌어들이고 건물을 세울 수 있지만 사업을 수행하는 것은 사람인 것이다.

제 2 절 인적자원관리의 연혁

인적자원관리는 인간들이 집단을 이루고 살면서부터 시작되었다고 할 수 있다. 어떤 집단이든지간에 목표를 달성하기 위해서는 효율적으로 조직구성원을 관리할 필요가 있다. 그러나 기업에 있어서 공식적 인적자원부서는 산업혁명을 거쳐 기업조직이 대규모화되고 투쟁적인 노동조합이 등장하자 이에 대처하기 위하여 탄생하였다.[3] 초기의 인사부서는 경영과 생산직 종업원 사이의 연계역할을 수행하는 것이 주요 임무였다. 즉, 인사부서 사람들은 생산직 종업원이 이해할 수 있는 용어로 의사소통하여 그들로부터 최적의 성과를 얻어 낼 수 있도록 경영자에게 정책을 제안하는 것이다. 이러한 특징은 프레드릭 테일러(Fredrick W. Taylor)의 '과학적 관리(scientific management)'에서 잘 나타나고 있다. 엔지니어 출신인 테일러는 생산직 종업원들을 동기유발하고, 행동을 통제하고 그리고 궁극적으로 생산성을 향상시키기 위해서는 생산직 종업원들을 선발, 훈련, 평가 그리고 보상하는 정교한 분석적 틀이 필요하다고 강조하였다. 테일러는 '과학적 관리'를 ① 주먹구구식이 아니라 과학(science, not rule of thumb), ② 알력이 아니라 화합(harmony, not discard), ③ 개인주의가 아니라 협력(cooperation, not individualism) 그리고 ④ 생산의 제한이 아니라 극대화(maximum output, not restricted output)로 요약하였다.[4)]

과학적 관리가 직무와 능률(efficiency)에 초점을 둔 반면, 일단의 산업심리학자들은 작업자와 집단에 관심을 두었다. 엘톤 메이요(Elton Mayo)와 프리츠 뢰리스버거(Flitz Roelthisberger)는 작업에 인간적 요소를 도입하였다. 그들은 1924년과 1933년 사이에 시카고에 있는 웨스턴 일렉트릭(Western Electric)사의 호오손 공장에서 일련의 실험을 진행하였다. 그들 연구의 목적은 조명이 생산성에 미치는 영향을 고찰하는 것이었지만 의외의 발견을 하였다. 그들의 연구는 생산량과 만족에 있어서 사회적 상호 작용(social interaction)과 작업집단의 중요성을 지적하고 있다. 아무튼 이들에 의해 시발된 인간관계학파(human relations school)는 조직행동과 인적자원관리 분야에 있어서 커다란 영향을 미치었다.

그러나 이러한 초기의 관점은 경영에 있어서 인적자원관리의 중요성을 아직 충분히 인식하고 있지 못한다. 1960년대까지, 인사기능은 주로 생산직 종업원에 대한 것으로 인식되었다. 인사기능은 장기근속자에게 메달을 전달하거나 연말 회사파티를 조정하는 것과 같은 지원부서로 인식되었다. 이 시대에 인사기능은 서류작성, 종업원 고충처리, 조직 내 살림살이 그리고 노조에 대응하는 것으로 인식되었다.

1970년대에 들어서자 '인적자원관리(human resource management)'라는 용어가 등장하여 '인사관리(personnel management)'라는 용어를 대체하기 시작하였다. 새로운 용어인 인적자원관리는 단순히 서류작업, 조직 내 살림살이 및 기록보존 이상을 의미하게 되었다. 다양한 인적자원기능들이 잘 통합될 경우, 인적자원관리는 기업의 성공에 중요한 요소로 기여할 수 있다고 여겨지게 되었다. 또한 인적자원이란 용어가 의미하듯이, 종업원들이 기업에 있어서 중요한 자산으로 인식되게 되었다.

그러나 이 시대에는 아직 인적자원관리와 사업전략 사이의 연계성이 충분히 인식되지 않고 있었다. 사업전략에 있어서 인적자원관리의 역할은 추상적인 용어로 장식될 뿐이었다. 인적자원관리는 기업이 이익뿐만 아니라 인간을 고려한다는 상징이었을 뿐 사업전략에 있어서 중요한 역할을 차지하고 있지 못하였다. 최근에는 기업들은 경쟁우위(competitive advantage)를 달성하는데, 인적자원이 핵심적 요소임을 인식하고 사업전략과 부합되는 인적자원관리, 즉 전략적 인적자원관리를 강조하게 되었다. 기업들은 인적자원관리가 사업전략을 수행하는 데 도움이 되어야 한다는 수동적 입장에서 벗어나 인적자원관리가 기업의 가치창출에 적극적으로 기여하여야 한다고 생각하고 있다. 인적자원관리의 전략적 중요성이 증대한다는 것은 인적자원기능이 조직의 목표와 임무에 대하여 구체적으로 공헌하여야 한다는 것을 의미한다. 인적자원기능의 새로운 전략적 위치는 인적자원관리자들의 책임을 더욱 무겁게 만들고 있다. 전략적 인적자원관리 시대에 있어서 인적자원기능의 역할은 다음 절에서 논의될 것이다.

제 3 절 인적자원기능의 역할

조직에 있어서 인적자원관리의 역할은 급격히 변해 왔으며 앞으로도 계속 변할 것이 예상된다. 최근 인적자원관리의 변화추세는 다음과 같이 요약할 수 있다.[5)]

- 운영적인 것에서 전략적인 것으로
- 단기에서 장기로
- 감시자 역할에서 지원자 역할로

- 기능중심에서 사업중심으로
- 내부중심에서 외부 및 고객중심으로
- 수동적 역할에서 주도적 역할로
- 활동중심에서 해결책 중심으로

위에 언급한 추세에서 알 수 있듯이 인사기록카드 작성 및 보관으로 대표되는 '인사부'시대는 이미 지나갔다. 인적자원기능을 단지 관리적 의무만을 수행하는 것으로 인식하는 조직은 인적자원기능이 조직성과 향상에 기여할 수 있다는 것을 이해하지 못하는 것이다. 대부분 성공적인 기업들은 인적자원기능을 중요한 전략적 파트너로 인식하고 장기적이고 변혁적 역할을 강조하고 있다.

그러나 현실적으로 보면 인적자원기능은 운영적 역할과 전략적 역할을 동시에 수행하여야 하며, 감시자이자 지원자이어야 하며, 단기와 장기에 걸쳐 기업의 목표를 동시에 달성하여야 한다. 인적자원기능이 조직의 사업전략 창출과 실행에의 기여를 통하여 조직의 경쟁우위 달성에 기여하려면 점점 복잡해지는 다양한 역할을 수행하여야 한다.

인적자원기능의 역할과 책임은 〈그림 1-2〉에 요약되어 있다. 수직적 차원은 미래 지향적/전략적 관점과 일상적/운영적 관점을 나타내며 수평적 차원은 사람 중심적이냐 과정 중심적이냐를 나타낸다. 〈그림 1-2〉는 인적

그림 1-2 경쟁우위 달성을 위한 인적자원기능의 역할

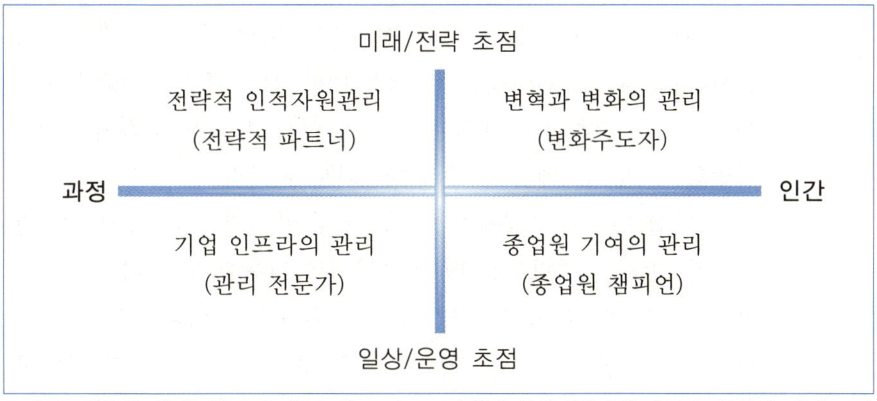

자료: 김용구 외 옮김(2003), 「HR Champions: 21세기 인사전문가의 새로운 역할과 과제」, 미래경영개발원, p. 64.

자원기능은 전략적 인적자원관리(전략적 파트너), 변혁 및 변화의 관리(변화 주도자), 기업의 인프라의 관리(행정 전문가), 그리고 종업원 공헌관리(종업원 챔피언)의 역할을 수행할 수 있다.

전략적 파트너(strategic partner): 급변하는 환경에서는 속도성, 환경적응성, 학습능력, 종업원 역량 등과 같은 조직역량(organizational capability)이 경쟁의 승패를 좌우한다. 조직이 성공적이기 위해서는 전략을 신속히 실행에 옮기고 효율적으로 과정을 관리하고 종업원 공헌을 극대화하는 것이 필요하다.

이러한 조직역량을 개발하는 데 있어서 인적자원기능이 중요한 역할을 수행한다. 인적자원 담당자는 전략을 효율적으로 수행하기 위하여 기업이 어떻게 조직화되고 운용되어야 하는지에 대하여 기여하여야 한다. 즉 인적자원기능은 조직 구성물(organizational architecture)를 설계할 책임이 있다. 다시 말하면, 인적자원기능은 기업의 사업수행방식에 대한 기본모형을 설계하여야 한다. 조직 구성물에 대해서는 다양한 모델이 존재하고 있다. 예를 들면, 갈브레스(J. Galbrath)는 전략, 구조, 보상, 과정 그리고 인간 등 5개의 핵심적인 조직요소를 들고 있다. 널리 알려진 맥킨지의 7-S 모형(Mckinsey's 7-S model)은 전략, 구조, 시스템, 스탭, 스타일, 스킬 그리고 공유가치를 조직구성물의 요소로 들고 있다. 인적자원 담당자는 기존의 모형을 이용하든 또는 독자적인 모형을 사용하든지 간에 조직운용에 대한 포괄적인 청사진을 짜는 건축가 역할을 수행하여야 한다.

이런 조직 구성물에 대한 청사진을 바탕으로 인적자원 담당자는 조직감사(organizational auditing)를 실시하여야 한다. 조직감사를 통하여 전략을 효율적으로 수행하기 위해서는 회사의 어느 요소가 수정이 되어야 하는지를 식별할 수 있다. 예를 들어, 어떤 회사가 문화, 역량, 보상, 작업과정 그리고 리더십으로 조직 구성물을 정의했다고 하자. 인적자원 담당자는 이 모델을 '적합(fit)'을 판단하는 데 효과적으로 사용할 수 있다. 즉, 회사의 문화는 전략적 목표와 부합되는가? 보상은 회사의 작업과정과 잘 부합이 되는가 등등을 검토할 수 있다. 만약에 조직 구성물의 요소들이 서로 잘 부합되지 않는다면 인적자원 담당자는 조직 구성물의 요소들에 대한 개선을 시도하여야 한다. 예를 들어, 전략을 실행하기 위해서는 팀제 조직이 필요하다면, 인적자원 담당자는 팀제 조직을 수립하기 위한 조직구조의 변화를 검토하여야 한다.

관리 전문가(administrative expert): 이전에는 인적자원 담당자들은 관리자로 인식되어 왔다. 관리 전문가로서의 새로운 역할을 수행하기 위해서는 이전에 규칙을 제정하고 집행하는 경찰의 이미지를 벗어버릴 필요는 있지만 회사의 모든 기능이 원활이 수행되고 있는지를 확인할 필요는 있다. 관리 경찰의 이미지를 벗어버리고 관리 전문가의 역할을 수행하기 위해서는 인적자원 담당자는 먼저 인적자원기능의 효율성을 개선하여야 한다. 예를 들어, 시간과 비용을 줄이기 위하여 전자결재시스템을 도입하거나 다양한 조직구성원의 욕구를 더 잘 충족시키기 위하여 유연한 복지후생프로그램(flexible benefit program)을 도입할 수 있다. 또한 종업원들과 경영층과의 의사소통을 촉진하기 위해서 '전자 게시판'제도를 도입할 수 있다. 이러한 제도들은 인적자원기능의 질을 높임과 동시에 시간과 비용을 절약할 수 있을 것이다. 이렇게 인적자원기능을 효율적으로 개선한다면 조직구성원이나 경영층의 인적자원기능에 대한 신뢰는 증대될 것이다. 인적자원에 대한 신뢰가 없다면 인적자원 담당자는 이미 언급한 전략적 파트너의 역할을 수행하기 어려울 것이다.

종업원 챔피언(employee champion): 오늘날 종업원에 대한 작업요구는 점점 커져 종업원들은 보다 효율적으로 작업을 수행하여야 한다. 동시에 기업들은 연공에 근거한 인사관행에서 벗어나 성과와 능력에 따른 인사제도를 도입하고 있다. 이러한 인사제도는 고용관계를 거래적(transactional)으로 만들어 종업원들이 기업에 대한 헌신을 줄이는 경향이 있다. 그러나 종업원의 헌신이 없이는 기업은 번영하기 힘들다. 종업원들이 자신이 가치가 있다고 느끼고 조직에 헌신적일 때 그들은 아이디어를 공유하며 규정 이상으로 열심히 일하며 고객의 만족에 관심을 가질 것이다.

인적자원 담당자들은 종업원들이 조직에 헌신하여 충분히 공헌할 수 있도록 하게 하는 책임이 있다. 인적자원 담당자들은 종업원의 사기가 왜 중요하며 어떻게 사기를 올릴 수 있는지를 라인 관리자에게 교육시킬 책임이 있다. 인적자원 담당자들은 워크숍(workshop), 보고서, 종업원 설문조사 등 다양한 방법을 이용하여 라인 관리자를 교육할 수 있다.

이 외에도 인적자원 담당자는 경영회의에 있어서 종업원의 입장을 적극 반영하여야 한다. 예를 들어, 인적자원 담당자는 종업원의 장기적 성장을 촉진시킬 수 있는 경력 시스템을 설계하거나 위험한 작업환경을 식별하여 개선함으로써 종업원의 안전을 증대시킬 수 있다. 종업원의 입장을 반영하는 인적자원 담당자가 경영의사결정에 참여함으로써 종업원들은 회사가 자신들에게 관심을 가지고 있다는 것을 알게 된다. 이러한 종업원의 인식은 회사에 대한 신뢰를 증대시켜 조직에게 헌신하도록 만든다.

변화 주도자(change agent): 최근 세계화, 기술혁신 그리고 정보화로 인하여 변화의 속도는 빨라지고 있다. 간단히 말하여, 기업의 성패는 변화의 속도에 적응하는 능력에 달려 있다고 할 수 있다. 성공적인 기업은 환경의 변화에 신속하게 적응하고 학습하여 실천에 옮길 것이다. 반대로, 실패한 기업은 변화를 이해하고 정복하는 데 많은 시간을 소비할 것이다. 변화 속도가 빨라짐에 따라 변화를 포착하고 구체화하는 조직능력을 구축하는 것이 인적자원기능의 역할 중에서 점점 중요해져가고 있다. 인적자원 담당자는 시기적절하게 고성과팀을 구축하거나 혁신에 걸리는 시간을 단축하는 활동 등을 통하여 변화를 촉진시킬 수 있다. 또한 인적자원 담당자는 시장에서 세계적 리더가 되겠다는 추상적이며 광범위한 비전을 행동지침으로 구체화하여 종업원들이 비전을 달성하기 위해서는 어떤 행위는 계속 권장되고 또 어떤 행위는 중지해야 하는지를 알 수 있게 하여야 한다. 예를 들어, GS칼텍스 정유는 에너지 분야에 있어서 세계적 리더가 되겠다는 비전을 실천하기 위하여 '신뢰, 도전, 유연, 탁월'의 조직문화를 실천하고자 한다. 이를 위하여 인사부문은 조직문화 요소별 행동지침을 마련하여 인적자원관리의 기초로 삼고 있다.

변화는 사람을 두렵게 만들어 행동을 하지 않도록 하는 경향이 있다. 인적자원기능의 역할은 변화에 대한 두려움을 미래의 가능성에 대한 희망으로 바꾸는 것이다. 우리 나라에서 정치개혁이나 부안 원전사태에서 볼 수 있듯이 변화의 과정은 복잡하고 시간이 많이 걸린다. 인적자원기능의 역할

표 1-1 인적자원기능의 역할

역 할	성 과 물	명 칭	활 동
전략적 인적자원관리	전략의 실행	전략적 파트너	인적자원관리와 사업전략의 방향을 일치시킴: "조직진단"
기업인프라관리	효율적인 인프라구축	관리 전문가	조직 프로세스에 대한 리엔지니어링: "서비스공유"
종업원 공헌의 관리	종업원의 헌신과 역량의 향상	종업원 챔피언	종업원에 대한 경청과 반응: "종업원에 대한 자원제공"
변혁 및 변화의 관리	쇄신된 조직의 창출	변화 주도자	변혁과 변화의 관리: "변화역량의 확보"

자료: 김용구 외 옮김(2003), 「HR Champions: 21세기 인사전문가의 새로운 역할과 과제」, 미래경영개발원, p. 65.

은 이러한 변화가 체계적으로 수행될 수 있도록 하는 것이다. 변화의 과정에는 많은 시간과 노력이 들겠지만 인적자원기능이 수행하여야 하는 중요한 역할인 것이다. 그러나, 변화 촉진자로서 인적자원기능은 자신이 변화를 실천하는 것이 아니라 변화가 실행되도록 도움을 주는 것이다.

이상의 인적자원기능의 역할을 요약하면 〈표 1-1〉과 같다.

제 4 절 인적자원기능의 역할 변화

인적자원기능이 관리적 업무에 쓰는 시간은 점점 줄어들고, 전략적 파트너, 변화 주도자 그리고 종업원 챔피언으로서의 역할은 점점 증가하고 있다. 다양한 정보기술이 관리적 목적에 활용되면서 인적자원기능의 관리적 역할의 비중은 점점 줄어들고 있다. 예를 들면, 종업원기록의 전산처리는 이전에 인적자원 담당자가 수작업으로 처리했을 때보다 상당한 비용과 시간을 줄일 수 있다. 또한 컴퓨터를 통하여 훈련, 복지후생, 인사규정 등에 관한 정보를 종업원에게 제공함으로써 종업원이 스스로 의사결정을 할 수 있는 기회가 늘어났다. 예를 들어, 인터넷을 이용하여 종업원이 자신의 인사기록을 확인하여 수정할 수 있으며 회사가 제공하는 훈련 프로그램을 검색하여 자신에 맞는 훈련 프로그램에 참가신청을 할 수 있다. 이렇게 인터넷의 활용은 인적자원관리와 관련된 문제를 종업원이 스스로 셀프서비스(self-service)할 수 있는 기회를 증대시킨다.[6] 인적자원관리에 있어서 셀프서비스란 훈련, 복지후생, 보상 등과 같은 인적자원관리와 관련된 문제들에 대해서 온라인(on-line)상으로 종업원에 정보를 제공함으로써 종업원이 스스로 프로그램이나 서비스를 선택할 수 있게 하는 것을 의미한다.

최근에는 많은 기업들은 일상적인 관리적 업무를 아웃소싱(outsourcing)하고 있다. 아웃소싱이란 다른 기관(제3의 서비스 제공기관이나 컨설턴트 등)이 서비스를 제공하도록 하는 것을 의미한다. 일반적으로 많은 기업들은 지원자 모집 및 선발, 훈련 프로그램, 임금지불 같은 분야에서 아웃소싱을 많이 이용하고 있다.

전통적으로, 인적자원부서는 기본적으로 '관리 전문가'나 '종업원 챔피언'의 역할을 주로 수행하였다. 인적자원부서는 임금이 정확하게 지불되는지를 확인하며, 고용계약을 관리하여 법적인 문제가 발생하지 않도록 하였다. 즉, 인적자원부서는 종업원과 관련된 문제들이 생산이나 영업에 지장을 주지 않도록 주의하였다. 이러한 인적자원관리는 기본적으로 수동적이다. 즉, 종업원과 관련된 문제가 사업에 영향을 줄 때에만 인적자원부서가 개입하는 것이다. 그러나 이미 언급한 바와 같이 최근에는 경쟁에 있어서 인적자원역할의 중요성이 인식됨에 따라 '변화 주도자'나 '전략적 파트너' 등과 같은 역할로 인적자원기능의 비중이 증가하게 되었다. 따라서 조직 내 인적자원책임자가 회사의 정책적 방향을 결정짓는 최고경영자 회의에 참여하거나 인적자원책임자가 직접 최고경영자에게 보고하는 사례가 증가하고 있다. 이렇게 인적자원기능의 이전에 전문화된 기능으로부터 경쟁우위를 달성하기 위하여 인적자원과 라인 경영자가 파트너십을 형성하는 광범위한 회사의 역량으로 변모하고 있다.

제 5 절 인적자원전문가의 역량

〈그림 1-3〉은 이미 언급한 4개의 역할(전략적 파트너, 관리 전문가, 종업원 챔피언, 그리고 변화 주도자)을 원활히 수행하기 위하여 인적자원전문가가 갖추어야 할 역량을 나타내고 있다. 전략적 파트너 역할을 원만히 수행하기 위해 필요한 역량으로는 현재나 미래의 사업목표를 고려할 수 있는 능력, 사퇴율, 생산성, 고객서비스와 관련된 문제들을 분석하여 해결책을 제시할 수 있는 능력을 들 수 있다. 변화 주도자의 역할을 위해서는 새로운 인적자원정책이나 제도, 기술 그리고 작업설계에 대한 저항극복 능력, 그리고 종업원 챔피언의 역할에서는 종업원에 대한 코칭 및 종업원의 관점을 경영자에 전달할 수 있는 능력이 필요하다. 관리 전문가로서의 역할을 효과적으로

그림 1-3 인적자원역할과 역량

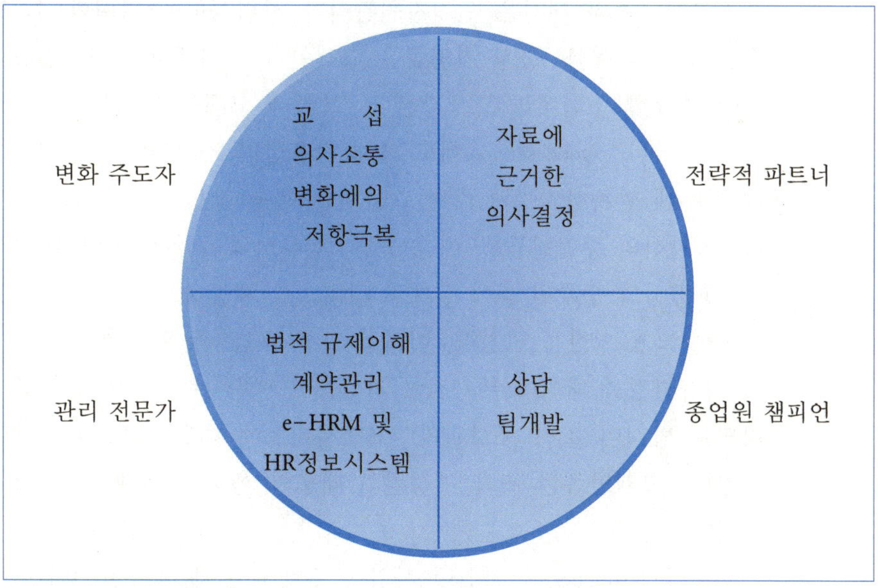

자료: "The Changing Human Resource Function," *The Conference Board*, 1990(New York: The Conference Board Inc.), p. 11에서 인용.

수행하기 위해서는 효과적인 인적자원시스템을 설계하여 실행하는 능력과 기술이 어떻게 인적자원시스템을 보다 효과적이면서 비용을 적게 만드는지를 이해하는 능력이 필요하다.[7)]

제 6 절 인적자원관리의 이해관계자들

이해관계자(stakeholder)란 인적자원관리의 효율성에 영향을 미치거나 또는 영향을 받는 사람이나 집단을 의미한다. 이해관계자로서는 조직, 고객, 종업원, 사회 그리고 전략적 사업 파트너(예, 공급자)등을 들 수 있다. 인적자원관리의 이해관계자들과 그들의 목적이 〈그림 1-4〉에 요약되어 있다. 이들 이해관계자 집단들의 목적에 효과적으로 기여하는 것을 인적자원관리의 성공을 판단한다면, 이들 이해관계자들의 요구가 기업의 인적자원관리 목표에 포함되어야 할 것이다.

고객만족의 개선은 인적자원관리가 사업성공에 기여할 수 있는 주요 수단 중 하나이다. 통상 기업들은 고객만족을 위해서는 비용절감과 품질개선이 중요한 수단이라고 생각한다. 그러나 고객들은 이들 두 요소 이외에 양질의 서비스(good service)에도 크게 반응한다.[8)] 그러나 종업원들이 조직이나 직무에 만족하지 못한다면 그들이 고객을 잘 다루기를 기대하기는 어렵다. 최일선의 종업원들—예를 들면, 정유사의 주유소 종업원, 은행의 출납원, 항공사의 승무원 등이 실제로 서비스를 제공하므로 그들의 태도가 고객만족에 크게 영향을 미친다. 이러한 일선 종업원들은 고객의 요구에 반응하여 의사결정을 내리며 부가적인 지원을 행한다. 즉, 조직 내 인적자원이 관리되는 방식이 조직 구성원의 '고객서비스에 대한 태도'에 커다란 영향을 미친다. 고객만족은 조직 구성원의 태도와 행동에 의해 크게 영향을 받는 것이다.

공급자(supplier)란 기업이 사업을 수행하는 데 필요한 자원들 제공하는 조직을 의미한다. 대부분의 조직은 공급자들로부터 사업에 필요한 다양한

그림 1-4 인적자원관리와 관련된 이해관계자들

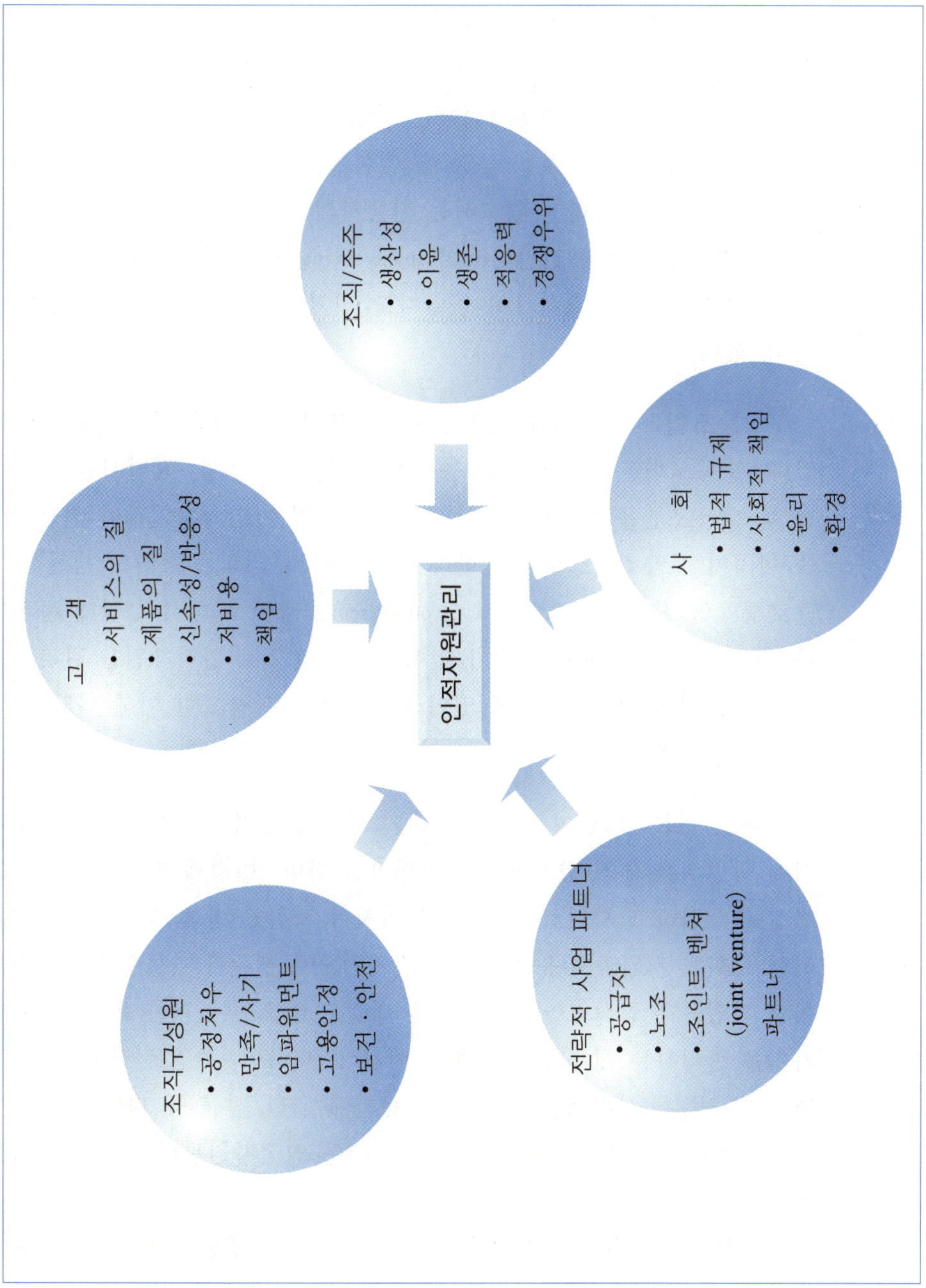

인적·물적·정보적 자원을 제공받는다. 기업이 제공하는 제품/서비스의 품질을 향상시키기 위해서는 공급자와 원활한 관계를 유지하여야만 한다. 예를 들어, 우리 나라 자동차업계는 이미 자동차 부품들의 질을 향상시키기 않고서는 자동차의 품질을 높일 수 없는 단계까지 와 있다. 즉 자동차회사는 부품업체와 협력하지 않고서는 자동차의 총체적 품질을 개선할 수는 없는 것이다. 총체적 품질관리(total quality management: TQM)에서 효율적 인적자원관리가 매우 중요하므로 공급자도 인적자원관리의 주요 이해관계자가 될 수 있다.

노동조합: 근로자를 대표하는 노동조합은 특별한 공급자로 간주할 수 있다. 노동조합은 단체교섭을 통하여 임금, 복지후생, 작업시간 및 작업방법 등 고용조건을 체결한다. 이러한 고용조건은 인적자원관리 전반에 영향을 미치며 제약조건으로 작용한다. 또한 노사협의회를 통하여 생산성 향상, 근로생활의 질, 그리고 아웃소싱(outsourcing) 등에 관해서도 함께 논의를 한다. 노동조합의 이해와 협조가 없이는 효과적으로 인적자원을 관리하기 어렵기 때문에 인적자원관리에 있어서 노동조합은 중요한 이해관계 당사자로 간주될 수 있다.

사 회: 기업이 계속 존속하기 위해서는 사회적 요구에 부응함과 동시에 광범위한 법적 규제에 순응하여야만 한다. 이렇게 함으로서 기업은 합법성을 수립하고 사회로부터 받아들여지며 지원을 받을 수 있는 것이다. 이러한 사회적 지원과 수용은 기업이 장기적으로 생존할 가능성을 증대시킨다. 어떤 기업들은 공식적인 윤리강령을 내걸고 있으며 이러한 윤리강령은 인적자원을 관리하는 데 상당한 영향을 미친다. 더욱이, 기업은 산업보건안전법, 평등고용법, 노사관계법, 외국인 노동자에 관한 법규 등 다양한 법들에 순응하여야 한다. 이러한 법들은 기업의 모든 인적자원관리 활동에 영향을 미친다.

공식적인 법규와 정부규제는 기업이 어떻게 행동하여야 하는가에 대한 명확한 사회적 기대를 반영하지만, 효과적인 기업들은 공식적 법규와 규제 이상으로 사회적 기대에 부응하고자 한다. 능동적 기업들은 여론에 주의를 집중하고 이를 토대로 자신의 관리스타일을 형성하고자 한다.

제 7 절 인적자원관리의 책임

누가 어느 정도로 인적자원관리의 책임을 맡는가는 시간이 흐름에 따라 변화해 왔다. 대부분의 조직에서는 두 집단, 즉 인적자원 담당자와 라인 관리자(line manager)가 인적자원활동을 수행한다. 라인 관리자(감독자, 팀장, 부문장 등)들은 그들 권한 내에 있는 모든 자원을 효율적으로 관리할 책임이 있고 인적자원이 중요한 자원 중의 하나이기 때문에 인적자원활동에 관여하고 있다. 인적자원이 적절히 관리되지 않는다면 조직의 효율성은 급격히 떨어지고 붕괴될 가능성도 있다.

따라서, 라인 관리자들은 사람을 관리하는 데 상당한 시간을 소비하고 있다. 기계가 고장이 나거나 생산이 중단되면 라인 관리자들이 개인적으로 책임을 지는 것과 마찬가지로, 라인 관리자들은 종업원의 훈련, 성과 그리고 만족에 대해서 책임을 진다. 실제로 라인 관리자의 상당한 시간이 종업원에 영향을 미치는 다양한 회의, 전화 통화 그리고 문제 해결에 쓰여진다. 관리자들은 다양한 사람들과의 지속적인 접촉을 통해서 문제를 해결할려고 시도하거나 미래의 예상되는 어려움을 방지할려고 노력한다.

소규모 조직은 통상 독자적인 인적자원 담당부서가 없으므로, 라인 관리자들이 작업스케줄링, 모집 및 선발 그리고 보상같은 인적자원활동을 수행한다. 조직규모가 커짐에 따라, 라인 관리자들의 활동들이 분할되어 전문화된다. 인적자원관리는 이렇게 분할되어 전문화된 기능 중 하나이다.

두 유형의 관리자, 즉 라인 관리자나 인적자원 담당자가 인적자원에 대한 의사결정을 내리므로 갈등의 가능성은 상시 존재한다.[9] 관리자와 인적자원 담당자 사이의 갈등은 특정 이슈에 대해서 누가 권한을 갖는가에 대한 차이로부터 갈등이 유발될 수 있다. 이것은 소위 라인과 스탭 사이의 갈등으로 알려져 왔다. 스탭의 역할은 통상적으로 생산이나 마케팅 같은 기본 기능을 상담, 조언 또는 정보를 제공함으로써 지원하는 것으로 알려져 왔다. 따라서 스탭은 라인 관리자에 대해서 직접적인 권한을 사용해서는 안

되며 라인 관리자들이 사업운용에 관해서 최종적 의사결정을 내릴 수 있는 권한을 가지는 것으로 알려져 왔다.

그러나 실제 조직생활에 있어서는 라인-스탭의 관계가 명확하게 구분되어지는 것은 아니다. 인적자원 담당자는 통상 다양한 프로그램과 활동에 대해서 많은 의견을 내고 관여하고 있다. 모집과 선발을 예를 들어 인적자원 담당자의 역할을 생각해 보자. 라인 관리자들은 일반적으로 모집과 선발에 관한 법규에 익숙하지 않으므로 그들은 인적자원 담당자의 참여를 환영하며 최종 의사결정에의 영향력을 인정하게 된다.

인적자원 담당자와 라인 관리자 사이의 갈등은 징계, 물리적 작업환경, 해고, 전직, 승진 그리고 인력계획 등과 같이 공동노력에 의해 결정되어질 때 발생하기 쉽다. 통상 라인 관리자와 인적자원 담당자는 인적자원기능이 직무설계, 노사관계, 임금이나 승진과 같은 이슈들에 대해서 어느 정도의 권한을 가져야 하는지에 대해 서로 다른 견해를 가진다.

인적자원기능은 조직의 모든 계층, 모든 분야에 전반적으로 영향을 미치기 때문에 인적자원 담당자는 다양한 라인 관리자들과 협조하여 인적자원 프로그램을 실시할 수 있는 역량을 갖추어야 한다.

제 8 절 인적자원관리 모형 및 본서의 구성

인적자원관리는 조직구성원의 행동, 태도 그리고 성과를 향상시켜 조직의 경쟁우위를 달성하고자 한다. 인적자원전략, 그리고 조직구성원의 행동, 태도, 그리고 성과를 향상시키기 위한 구체적 인적자원활동들 사이의 연계성이 〈그림 1-5〉에 제시되어 있다.

인적자원활동들은 크게 6가지 하위 시스템으로 구분할 수 있다.

1. **작업시스템**: 개인의 노력을 결합하여 조직성과 달성

누가 어떤 작업을 어떻게 수행하는가에 관심을 가지며 여기에는 작

그림 1-5 인적자원관리에 관한 전반적 개념도

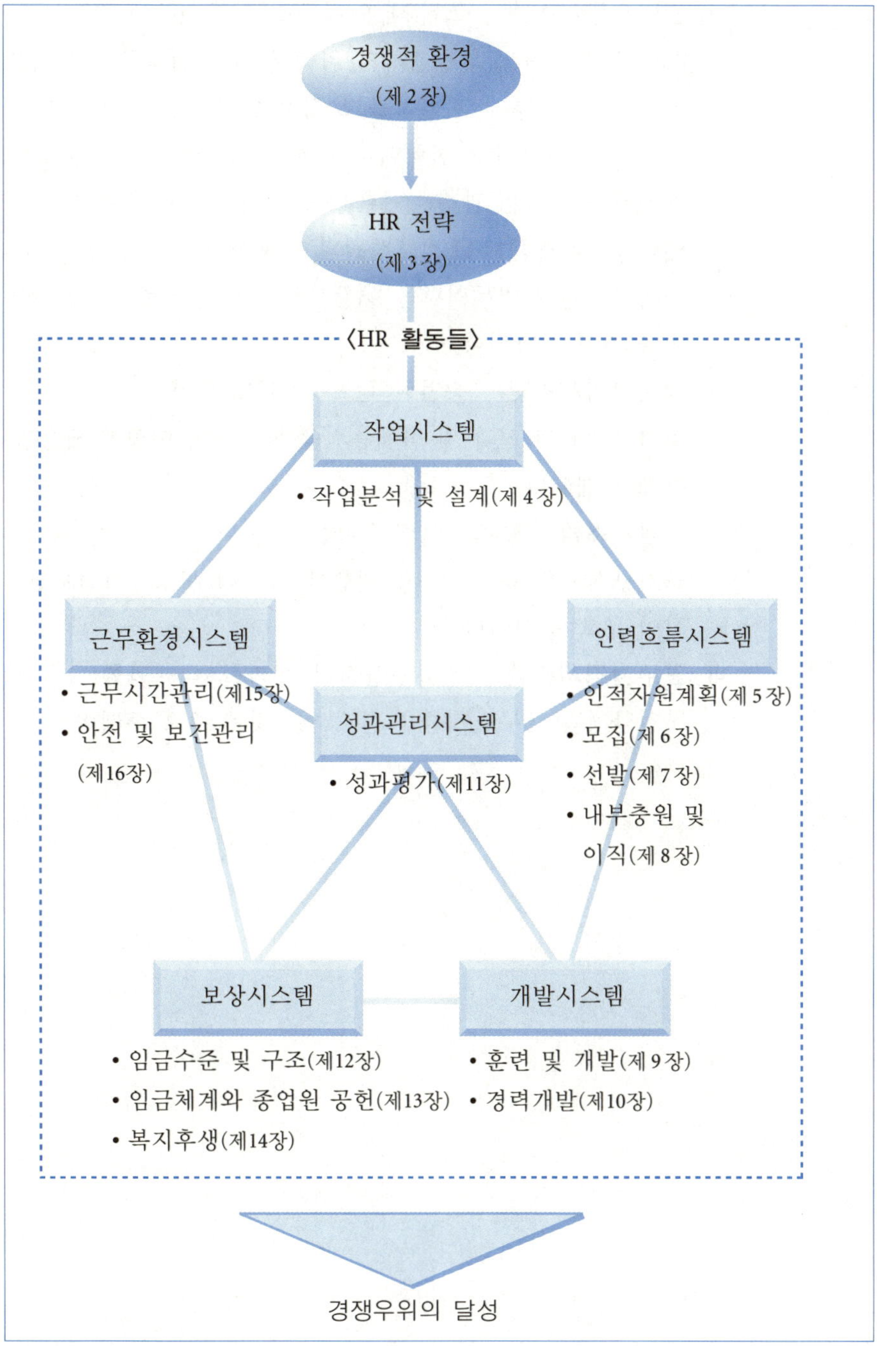

업흐름분석, 직무분석, 그리고 직무설계가 포함된다.

2. **인력흐름시스템**: 조직 내 인력구조

   사업을 성공적으로 수행하기 위해서 어떤 인력구조가 필요한가(인적자원계획), 어떻게 지원자를 모집하여 채용할 것인가(모집 및 선발), 누구를 승진시키고 전환배치할 것인가(내부충원), 그리고 인력이 조직에서 이탈하는 과정(이직관리)이 여기에 포함된다.

3. **인력개발시스템**: 조직구성원의 역량 향상

   조직구성원의 업무역량을 향상시키기 위한 훈련 및 개발과 경력개발이 여기에 포함된다.

4. **성과관리시스템**: 종업원의 조직기여도 평가

   조직구성원의 성과 및 잠재능력을 평가하여 어떻게 활용할 것인가가 주요 주제이다.

5. **보상시스템**: 조직기여도에 따른 보상

   조직구성원의 욕구충족을 위한 비금전적 보상, 직접보상 및 간접보상이 주요 주제이다.

6. **근무환경시스템**: 조직구성원의 성과를 극대화할 수 있는 안전한 작업환경과 근무스케줄을 설계하는 것이 주요 주제이다.

간 추 림

본 장의 주요 목적은 인적자원관리의 영역과 기본기능들에 대한 전반적 관점을 제공하는 데 있다. 조직의 경쟁우위를 달성하기 위한 인적자원관리의 전반적 모형을 제시하고, 이 후의 장에서 각각의 구체적인 인적자원활동을 다루고자 한다.

- 인적자원관리(Human Resource Management)란 조직목적을 달성하기 위하여 인적자원을 효율적으로 관리하기 위한 통합적 의사결정시스템이라고 할 수 있다.
- 조직의 경쟁우위를 달성하기 위해서는 사업과 연계성이 있는 인적자원 전략 수립과, 종업원과 고객의 만족, 혁신, 생산성 등을 향상시켜 조직의 성과를 강화할 수 있는 효과적인 인적자원관리가 필요하다.
- 조직은 다음 기준을 충족할 때 인적자원을 통하여 경쟁우위를 달성할 수 있다: 가치창출, 희소성, 모방의 어려움, 조직화
- 인적자원기능은 전략적 인적자원관리(전략적 파트너), 변혁 및 변화의 관리(변화 주도자), 기업의 인프라의 관리(행정 전문가), 그리고 종업원 공헌관리(종업원 챔피언)의 역할을 수행할 수 있다.
- 최근에는 인적자원기능이 관리적 업무보다는 전략적 파트너, 변화 주도자, 그리고 종업원 챔피언으로서의 역할이 점점 증가하고 있다.

핵심용어

인적자원관리 경쟁우위
과학적 관리 인간관계학파
핵심역량 전략적 파트너
변화 주도자 관리 전문가
종업원 챔피언 셀프서비스
아웃소싱 조직구성물

토의문제

1. 인적자원은 원자재나 자본과 어떻게 다른가?
2. 기업의 경쟁우위를 달성하는 데 인적자원기능은 어떻게 기여할 수 있는가?
3. 조직핵심역량의 의의를 설명하시오.
4. 현대 조직에 있어서 인적자원은 어떤 역할을 수행하는가? 각 역할의 비중은 어떻게 변화할 것으로 예상되는가?

참고문헌

1) C. K. Prahalad & G. Hamel(1990), "The core competency of the corporation," *Harvard Business Review*, 68(3), 79~91.
2) S. A. Snell, M. Shadur & P. M. Wright(2002), "Human Resource Strategy: The era of our ways," in M. A. Fitt, R. E. Freeman, & J. S. Harrison(eds.), *Handbook of Strategic Management*, Oxford: Blackwell Publishing, 627~49.
3) H. S. Giberston(1950), *Personnel Policies and Unionism*, Boston: Ginn and Co., p. 17.
4) F. F. Taylor(1947), *Principles of Scientific Management*, New York: Harper.
5) 김용구 · 권상술 · 김영조 · 박상언 · 이영면 옮김(2003), 「HR Champions: 21세기 인사전문가의 새로운 역할과 과제」, 미래경영개발연구원, D. Ulrich, *Human*

Resource Champions: The New Agenda for Adding Value and Delivering Results, Harvard Business School Press.

6) S. Greengard(1998), "Building a self-service culture that works," *Workforce*, 60~64.
7) Ulrich, Human Resource Champions.
8) J. D. Olian & S. L. Rynes(1991), "Making total quality work; Aligning organizational process, performance measures, and stakeholders," *Human Resource Management*, Fall, 303~334; A. Parasuraman, L. L. Beary, & V. A. Zaithami(1991), "Perceived service, quality as a customer-based performance measure; An empirical examination of organizational barriers using an expanded service quality model," *Human Resource Management*, Fall, 335~365.
9) R. F. Drucker(1993), "We need to measure, not count," *The Wall Street Journal*, April 13, p. 414.

제 2 장 경쟁적 환경

전략적 경영(strategic management)를 통해서, 기업들은 경쟁우위를 유지/달성하기 위한 기회를 지속적으로 식별하고 분석하여야 한다. 지난 10년 동안 기업들의 경쟁력에 영향을 미치는 요인으로서 다음과 같은 추세들이 일관성 있게 논의되어 왔다.

- 신경제 속에서의 경쟁
- 세계화 속에서의 경쟁
- 성장을 동반한 수익성 확보
- 조직역량에의 초점
- 급격한 기술의 변화

이러한 추세들은 포괄적인 것으로 사회 속에서 인간의 이슈들에 국한된 것은 아니지만, 21세기에 경쟁하기 위해서는 HR기능이 해결하여야 할 중요한 과제를 제기한다. HR기능이 기업에 부가가치를 창출하기 위해서는 기업의 이해관계자들이 중요하게 여기는 이슈들을 이해하여야 한다. 따라서, HR기능은 산업이나 기업의 사업현실에 대한 이해를 바탕으로 수행되어야 한다.

환경분석으로부터 HR관련 이슈들을 정의하는 과정은 다음과 같이 4단계로 구성되어 있다; 환경평가, 사업에 영향을 미치는 이슈들의 식별 및 정의, 이슈들의 선택, 그리고 전략을 통하여 이슈를 해결(〈그림 2-1〉참조).

HR이슈는 현재상황과 바람직한 상황 사이의 차이(gap)이다. 이런 HR이슈들은 조직구성원들이 보다 효율적으로 사업전략을 달성할 수 있는 기회를 의미한다. 이러한 HR이슈들을 식별하고 정의하는 것은 HR전략을 수립하는 첫 단계이다. 본 장에서는 HR이 해결하여야 할 이슈들에 영향을 미치

그림 2-1 이슈들을 정의하는 절차

1. 내·외부 환경에서의 변화 평가

2. 사업에 영향을 미치는 이슈들의 식별 및 정의: 행동을 통하여 해결하여야 하는 차이(gap) 또는 문제

3. 사업에 중요하거나 경쟁우위를 달성하는 데 중요한 이슈들의 선택

4. 이슈들을 해결하기 위한 전략수립

자료: T. W. Walker(1992), *Human Resource Strategy*, McGraw-Hill, p. 26.

는 일반적 추세에 관하여 논의할 예정이다.

제 1 절 신경제 속에서 경쟁

경쟁에 있어서 다양한 변화들은 HR관리에 있어서 중요한 의미를 지닌다. 경제에 있어서 변화들로서 경제구조의 변화, e-비즈니스의 발달 그리고 전문직 및 서비스 업종의 성장 등을 들 수 있다. 전문직 및 서비스 업종의 성장은 이들 분야에서 인력수요가 증가할 뿐만 아니라 지식이 보다 중요하게 된다는 것을 의미한다. 극심한 국제경쟁 속에서 살아남기 위해서는 스킬의 변화뿐만 아니라 전통적 고용형태(예를 들면, 고용형태 및 근무시간)에 있어서의 변화도 필요하다. 새로운 '일'의 창출, 낮은 인구증가율 그리고 인력수요가 큰 분야에서의 인력공급 부족 등은 기업들간 '인재전쟁'을 촉발하였고 기업들은 인재의 유인과 유지에 보다 신경을 쓰게 되었다.

e-비즈니스의 발달: 사업을 수행하는 방식은 지난 수 년간 급격히 변해 왔고 앞으로도 계속 변할 것이다. 인터넷 가입자는 꾸준히 증가하여 왔고 비용이 절감됨에 따라 지속적으로 증가할 것이 예상된다. 〈그림 2-2〉는 온라인 혁명의 정도를 나타내고 있다. 전 세계적으로 인터넷 활용자의 수는 1995년 약 1백만 명에서 2006년에는 약 11억 명 정도로 급격히 증가하고 있다. 실제로 많은 기업들이 인터넷이 제공하는 새로운 기회를 포착하기 위해 온라인 비즈니스를 강화하고 있다.

e-비즈니스는 전자상으로 비즈니스를 수행하는 과정을 의미하며 3가지 유형이 있다.

- 기업과 고객과의 거래(B to C)(책이나 티켓 구입 등)
- 기업과 기업(B to B)(제조업체, 소매상, 도매상과 같이 기업간 거래)
- 고객 대 고객(C to C)(경매를 통한 제품 및 서비스를 구입하거나 판매)

e-비즈니스는 고객이 온라인상에서 제품정보를 얻고, 직접 주문을 하고, A/S를 받는 등 인터넷에 의존하고 있다. 또한 e-메일을 통하여 고객과 판매자가 서로 의사소통을 할 수 있다. 그러나 회사는 website에 없는 정보를 제공하거나 제품 조언을 하기 위해서 고객 서비스 센터를 병행해서 운용

그림 2-2 온라인 인터넷 사용자의 증가추이

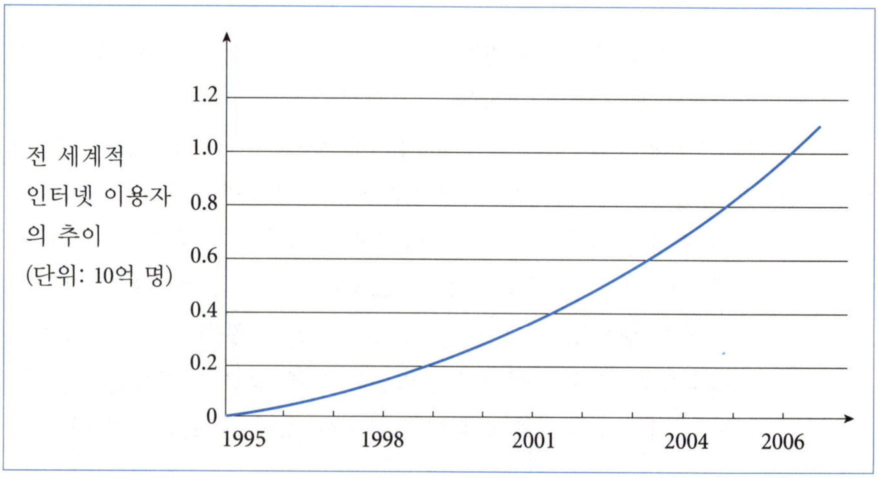

자료: How E-biz rose, fall, and will rise anew: *Business Week*, May 13, 2002, p. 67.

할 수 있다. 또한 Internet의 발달은 종업원들이 훈련프로그램에 등록하고 참여하거나, 복지후생을 변경하거나 e-메일에 의한 동료들과의 의사소통 등 전자 HR관리를 가능하게 하였다.

고객의 마음을 잡기 위해서는 e-비즈니스는 전통적 거래나 정보 소스보다 싸고 신속할 필요가 있다. Internet이 다른 매체보다 나은 것 중 하나는 정보탐색이다. 이런 특징을 이용한 회사들은 판매비용을 낮추고 매출을 늘려 이익을 증대시킬 수 있다. 항공권, 호텔, 자동차 대여 등을 온라인상에서 행하는 온라인 여행사업, 꽃배달 서비스, 판매자와 구매자간 직거래, 채용시장 등 다양한 분야에서 e-비즈니스의 성공사례를 들 수 있다.

경제구조: 노동력에 대한 경쟁은 산업 또는 직업의 성장과 쇠퇴에 의해 영향을 받는다. 인력에 대한 경쟁은 또한 풀 타임(full-time)으로 일하고자 하는 사람들의 수와 스킬에 의해 영향을 받는다. 〈그림 2-3〉은 우리나라 인구의 연령별 구성추이를 나타내고 있다. 낮은 출생률과 더불어 의료기술의 발달에 의해 노년층의 인구비율은 증가하고 청소년의 인구비율은 저하하는 것을 알 수 있다. 55세 이상의 노년층의 노동참가율이 지속적으로 증가하고 있는 것으로 보아 상당수의 노년층이 근로를 원하고 있음을 알 수 있다. 과학기술의 발달로 인하여 육체노동의 비율이 적어지고 있으므로 노

그림 2-3 연령별 노동력의 구성

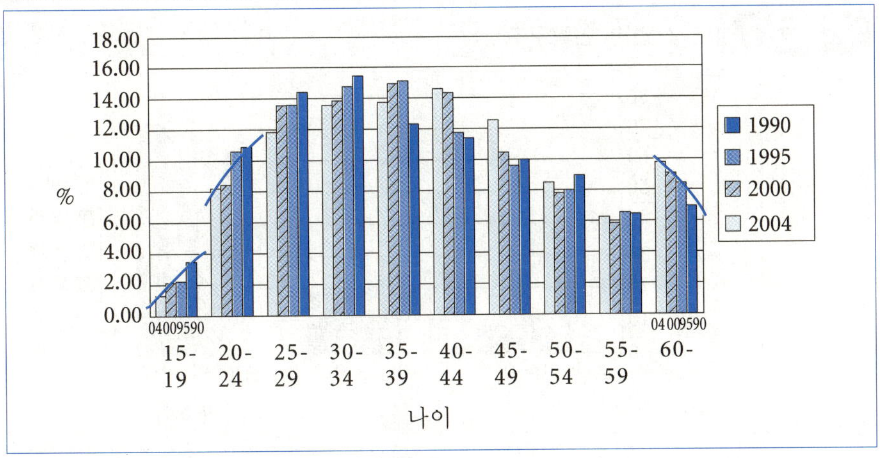

자료: 노동부(2001, 2005), 「노동통계연감」.

년층은 점점 계속 근로 — 적어도 파트타임이라도 — 할 기회가 늘어날 수 있다. 그러나 국민연금체계가 노년층의 근로의욕을 저하시킬 수 있다. 하지만 우리나라에서는 국민연금이 실시된 지가 얼마 안 되어 국민연금의 노년층 근로에 대한 영향 정도는 아직 알려지지 않고 있다.

임금은 연령과 밀접하게 연관되어 있으므로 노령화가 진전될수록 경험은 증가하겠지만 임금도 증가될 수 있다. 더욱이 사용자가 일정부분 지원하는 연금이나 의료보험에 대한 비용도 증가할 것이다. 이런 비용 이외에 노령의 근로자의 스킬이나 지식의 진부화를 막기 위해서 추가적 훈련이 필요할 수도 있다. 그러나 다른 한편으로 조직은 노령의 근로자의 경험과 지식을 살리기 위해서 단계적 퇴직제도(phased retirement) 같은 새로운 HR제도를 도입할 필요가 있다.

노동수요는 노동이 생산하는 제품 및 서비스에 대한 수요로부터 결과한 것이다. 소비자의 기호가 변하거나 새로운 제품이 출현함에 따라, 특정 직업에 대한 수요는 변한다. 예를 들어, 우리나라 경제개발 초기에 국토재건을 위하여 토목공사가 증가하자 토목엔지니어의 수요가 급증하였다. 또한 노동수요는 다른 생산요소의 비용이 변하거나 새로운 생산기술이 도입됨에 따라 변할 수 있다. 예를 들어, 산업현장에 있어서 로보트가 용도가 넓어지고 생산적이 됨에 따라 조립노동자의 수요가 줄어들었다. 〈그림 2-4〉는 전체 노동력 인구 중에서 각 산업이 차지하는 비율을 나타내고 있다.

그림 2-4 산업별 인력구조

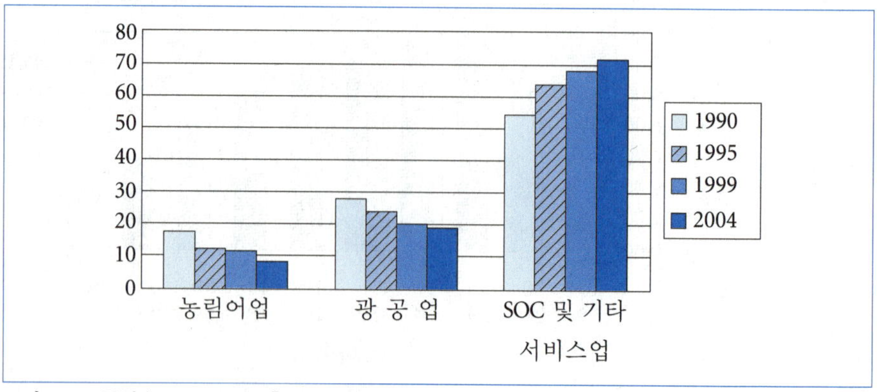

자료: 노동부(2001, 2005), 「노동통계연감」.

산업구조의 변화는 노동수요에 직접적인 영향을 미칠 뿐만 아니라 필요한 자격요건도 변화시킨다. 〈그림 2-4〉를 보면, 우리나라에서는 농림어업에서 제조업으로, 제조업에서 서비스업으로 산업별 취업구조가 변화되어 왔음을 알 수 있다.

제조업의 경우에는 노동에 대한 기계의 대체가 꾸준히 진행되어 왔다. 예를 들어, 자동차 산업에 있어서 페인팅, 용접, 그리고 다른 부품조립에 있어서 로보트의 활용이 증가되어 왔다. 로보트의 활용이 증가한 이유로는 첫째, 임금에 비해 로보트의 상대적 가격이 지속적으로 하락되어 왔으며, 둘째로는 산업안전 및 보건에 대한 규제가 강화되었기 때문이다.

제 2 절 세계화(globalization)

기업들이 생존하기 위해서는 자국의 시장은 고수하고 국제시장은 확장하기 위한 노력을 행하여야 한다. 이러한 도전에 대응하기 위해서 기업들은 세계시장(global market)을 개발하고 세계적 경쟁력을 달성하기 위해서 종업원들을 더 잘 개발하여야 한다.

세계화라는 개념에는 새로운 시장, 새로운 상품, 새로운 의식구조, 새로운 역량, 그리고 사업에 대한 새로운 사고방식 등이 담겨 있다.[1)] 미래에는 HR이 세계적 수준의 민첩성과 유효성을 확보할 수 있는 모델과 프로세스를 창출하여 경쟁력을 확보하여야 한다. Intel, Walt Disney, Microsoft, Hewlett-Packard 등 세계시장에서 존경을 받고 있는 성공적인 기업들은 세계적 시장의 특성을 반영하는 인력과 기업문화를 지닌 조직을 개발하였다.

이런 기업들의 주요 우선순위에는 고객초점(customer focus), 혁신 등과 같은 전통적 사업목표를 포함하고 있다. 그러나 이들 기업의 가장 큰 특징은 '사람'이 가장 중요한 자산이라는 신념이다. '사람'이 성공에 가장 중요한 요소라는 신념은 엄밀한 종업원 선발과정, 내부승진, 그리고 인적자원 개발에의 과감한 투자 등과 같은 HR관리로 나타난다.

세계화는 단지 해외공장이 있는 기업들에게만 영향을 미치는 것은 아니다. 해외공장이 없는 기업들도 해외에서 생산된 제품을 사거나 이용하며, 외국 노동자를 고용하고, 자국 내 외국기업과 경쟁을 하기도 한다. 더 많은 기업들이 해외에 제품을 수출하거나, 해외에 공장을 짓거나, 외국기업과 합작 또는 제휴를 통하여, 그리고 e-비즈니스를 통하여 국제시장에 진입하고 있다. 세계화는 경제의 특정 부문이나 제품에 한정된 것이 아니고 경제 전반에 포괄적 영향을 미친다. 이러한 세계화 추세에서 살아 남기 위해서 기업은 한 지역에서 개발된 기술을 네트워크를 통해 전사적으로 공유할 수 있어야 하고, 상품 · 사람 · 정보 · 아이디어 등을 신속하게 이동시켜 세계 각국 현지의 다양한 욕구를 만족시킬 수 있어야 한다. 동시에 전사적으로 규모의 경제를 유지하여야 하는 상충된 필요성을 관리할 수 있어야 한다. 인간적 측면에서는, 세계화된 의식구조와 현지에 대한 헌신, 즉 범세계적으로 사고하고 현지 특성에 맞추어 행동하는 것이 필요하다.

세계화된 시장에서의 사업에 대한 또 다른 이슈는 '문화의 다양성'이다. 한 국가에서 성장한 기업은 종종 자국의 문화에 의존하여 사업을 수행하고자 한다. 그러나 정치, 경제, 종교 등이 다른 국가에서 자국에서의 사업방식이 통용된다고 볼 수 없다. 다양한 문화권에 맞는 방식으로 사업을 수행하면서 동시에 어떻게 전사적으로 업무과정이나 조직일체감을 유지하는가는 다국적 기업에게 주어진 또 하나의 과제가 되고 있다.

세계화 추세 속에서 HR은 서로 다른 지역, 문화, 법체계, 그리고 사업수행방식과 관련된 복잡한 이슈들을 조화롭게 통합하여야 한다.

제 3 절 성장을 동반한 수익성 확보

기업에게 수익은 인간에게 공기와 같아서 수익이 없다면 기업은 생존할 수 없다. 실제로 수익은 자본주의 경제체제 내에서 항상 중요한 이슈가 되어 왔고 앞으로도 중요한 이슈가 되겠지만, 기업이 수익성을 달성하는 방식은 크게 달라질 가능성이 크다. 기본적으로 수익은 수입(revenue)에서 비용(cost)을 뺀 차이이다. 따라서 수익을 올리기 위해서는 수입을 증대시키는 방법과 비용을 절감하는 방법을 적절히 배합하여야 할 것이다.[2)]

지난 수 년간 기업들은 비용을 줄이고 효율을 높이기 위해서 다운사이징(downsizing), 아웃소싱(outsourcing) 그리고 다양한 생산성 향상(productivity enhancement) 기법들을 시도하였으며, 이들 각각은 HR기능에 직접적인 영향을 미친다. 다운사이징(혹자는 rightsizing이란 용어를 주장)은 '계획된 직무제거'이다.[3)] 다운사이징은 HR기능에 다수의 도전과 기회를 의미한다. 도전 측면에서는, HR기능은 가치가 적은 종업원들만 감축하여야 한다. 그러나 우수한 종업원들은 다른 직장을 쉽게 찾을 수 있으며 정리해고(layoff) 이전에 자발적으로 회사를 떠날 수 있기 때문에 가치가 적은 종업원만 해고한다는 것은 어려운 일이다. 조기퇴직프로그램(early retirement program)은 높은 성과자와 낮은 성과자를 구별하지 않으며 특정 집단의 종업원을 제거하는 것이다.

HR에의 또 다른 도전은 인력감축 후 살아남은 종업원들의 사기를 제고하는 것이다. 생존자들은 동료들이 정리해고될 때 자신들이 직장을 지킨 것에 대해서 죄의식을 가질 수 있다. 조직에 대한 낮은 만족과 헌신(commitment)은 또한 그들의 직무성과에 영향을 미칠 수 있다. 따라서 HR은 남아있는 종업원들의 신뢰와 헌신을 구축하기 위해서 정보를 감추기보다는 공개적인 의사소통을 추구하여야 한다. 즉, 모든 종업원들에게 다운사이징의 목적, 절감되어야 할 비용, 다운사이징 기간 그리고 절차 등을 알려야 한다. 다운사이징을 경험한 기업들은 통상 회사의 성공 정도와 개인의 보상을 연계하는 보상 프로그램을 개발하기도 한다(임금관리를 다루는 장에서 자세히 논의할 예정이다).

이런 도전에도 불구하고, 다운사이징은 HR에 기회를 제공한다. 첫째, 다운사이징은 타성에 젖고 무기력한 종업원을 제거하고 참신한 아이디어가 실행될 수 있게 할 수 있다. 또 다운사이징은 조직의 문화를 바꿀 좋은 기회가 될 수 있다. 예를 들어, 적대적 노사관계에 있는 기업들에서 다운사이징은 양 노사가 협력하여 새롭고 긍정적인 관계를 개발하도록 할 수 있다. 마지막으로, 다운사이징은 최고 경영층들에게 기업의 성공에 있어서 인적자원의 가치 또는 중요성을 인식하도록 할 수 있다.

아웃소싱이란 단순히 내부적으로 수행할 수 있는 과업을 수행하기 위해서 회사 외부인을 고용하는 것을 의미한다. 예를 들면, 기업들은 재무업무를 위해서 회계기업을, 광고를 위해서 광고회사를, 그리고 법적 문제를 다루기 위해서 법무회사를 고용할 수 있다. 기업들도 기업이 가장 잘 할 수 있는 것 — 핵심역량 — 에 집중하기 위해서 아웃소싱을 활용하고자 한다. 특히 건물유지/보수, 보안, 사내행사 주관 그리고 임금 등과 같은 활동들이 아웃소싱의 주 대상이다. 기업들은 이들 기능을 아웃소싱함으로써 조직의 융통성 제고, 간접비용의 절감 그리고 전문지식의 활용 등을 달성하고자 한다.

기업이 아웃소싱을 활용할 때 HR은 직·간접적으로 관여하게 된다. 업무가 아웃소싱되어 종업원들이 직장을 잃는다면, 사기와 생산성이 급격히 저하될 수 있다. 이런 문제를 최소화하기 위해서, 라인과 HR관리자는 공동으로 계획을 수립하고, 종업원들이 고용대안을 식별하도록 협력하여야 한다.

아웃소싱은 HR부서의 운영방식에도 영향을 미친다. 최근 상당수의 HR부서가 모집, 훈련, 임금관리, 복지후행관리 등과 같은 HR업무를 아웃소싱하고 있다.[4)] HR업무의 아웃소싱 결과는 다양하다. 어떤 조직은 비용절감을 경험했지만, 다른 조직에서는 아웃소싱을 통하여 종업원과 경영자에게 단편적인 서비스만을 제공하게 되었다. 더욱이, 핵심적 HR기능의 아웃소싱은 HR기능의 핵심역량의 쇠퇴를 가져올 수도 있다.[5)]

다운사이징이나 아웃소싱과 같은 순수한 비용절감 노력들은 복잡한 성과문제에 대해서 단순한 해결책으로서 이것들을 사용한다면 실망스런 결과를 나을 수도 있다. 노동비용에 대한 과대한 강조는 생산성 향상이라는 복잡한 문제를 놓칠 수 있다. 기업들은 조직의 생산성을 향상시키기 위해서 비즈니스 프로세스 리엔지니어링(business process reengineering), 지속적 개선(continuous improvement), 임파워먼트(empowerment), 품질서클(quality circle), 6시그마(six sigma) 등과 같은 다양한 혁신 프로그램을 도입하였다.

수익은 비용절감뿐만 아니라 수입의 증대를 통해서도 증대시킬 수 있다. Ulrich는 수입을 증대시키는 방법으로 다음 세 가지를 제시하고 있다.[6)] 첫째, 기존 고객활용의 극대화를 통해 수입을 증대시킬 수 있다. 이는 기업이 현재의 고객으로 하여금 자사의 상품을 더 많이 구입하게 만드는 것을 의미한다. 예를 들면, 최근 은행은 예금이나 대출뿐만 아니라 신용카드, 보험 등의 서비스 다양화를 통해 기존 고객의 금융거래를 늘리려고 한다. 둘째는 조직의 핵심역량을 개발하며 신제품을 창출하는 것이다. 셋째는 합병, 인수 또는 합작을 통하여 기술시장을 강화하거나 새로운 사업에 진출하는 것이다. 새로운 조직에서 문화적 조화를 이루려면 강도 높은 조직적 대응이 필요하다.

어떠한 방법을 채택하든지 수익성 있는 성장(profitable growth)을 달성하기 위해서는 조직과 HR프로그램의 체계적 변화를 필요로 하므로 HR부서의 적극적 참여가 필요하다.

제 4 절 조직역량에의 초점

특정 기업이 왜 그리고 어떻게 경쟁우위를 유지하고 있는가를 설명하기 위해서 학자들은 독특하고, 차별적인 자원(unique, differential resource)에 초점을 맞추고 있다. 성공적 기업들의 거의 대부분은 독특한 조직역량을 지니고 있다. 독특한 조직역량은 경쟁자와 차별될 수 있는 제품과 서비스를 창출할 수 있는 독특한 역량을 결과하며 이는 궁극적으로 경쟁력을 높일 수 있다.

조직역량(organizational capability)은 경쟁력의 DNA이며, 유지가능한 경쟁우위를 추구하기 위해서 조직이 활동하거나 변화할 수 있는 능력[7] 을 의미한다. 이러한 조직역량은 유형(tangible)일 수도 있으며(예를 들면, 풍부한 자금력, 유리한 지역적 위치, 최신 기계설비 등), 무형(intangible)(예를 들면, 시장에 신속하게 진입할 수 있는 능력, 신제품 개발능력 등)일 수도 있다.

무형의 조직역량은 유형의 조직역량보다도 창출하기 어렵고 모방하기도 어렵다. 우리는 이러한 사실을 기업들이 경쟁력을 확보하기 위하여 조직문화운동, 전사적 품질경영(TQM), 프로세스 리엔지니어링 등과 같은 무형의 조직역량을 구축하기 위해서 상당한 노력과 자금을 투자하는 것에서 알 수 있다.

Ulrich는 무형의 조직역량은 다음과 같이 네 방향으로 구축될 수 있다고 지적한다.[8] 첫째는, 신뢰역량의 구축으로 조직 내·외부인들은 경영자들이 말한 바를 실천하며 자신들의 평판을 유지한다는 믿음이다. 둘째는, 무경계조직의 구축으로 정보와 아이디어가 계층, 부서, 그리고 조직경계를 넘어 스스럼없이 교환될 수 있게 조직시스템을 만드는 것이다. 셋째는, 변화역량을 구축하며 지속적인 혁신을 가능하게 하는 융통성과 민첩성을 기르는 것이다. 마지막으로, 학습조직을 구축하여 변화가 자생적으로 일어나고 유지될 수 있도록 하는 것이다. 경영자들과 HR은 이러한 조직역량을 파악하고 촉진시키기 위해서 다음과 같은 질문을 일상적으로 던져야 한다.

- 현재 기업 내에 존재하는 역량은 무엇인가?
- 기업이 향후 성공하기 위해서 필요한 역량은 무엇인가?
- 역량을 전략에 연계시킬 수 있는 방법은 무엇인가?
- 필요한 역량을 창출하기 위해서 HR은 무엇을 수행하여야 하는가?
- 필요한 역량의 확보 여부를 측정할 수 있는 방법은 무엇인가?

이러한 질문은 쉽게 답을 내릴 수 있는 것이 아니며 HR은 이런 질문에 깔려 있는 이슈들을 지속적으로 탐구하여야 할 것이다.

제 5절 급격한 기술변화

기술 — 지식을 이용하여 인풋(노동과 원재료)이 제품 및 서비스(아웃풋)으로 전환하는 과정 — 은 비즈니스 환경의 모든 측면에 영향을 미친다. 엔지니어링과 제품설계에 적용된 기술은 제조과정에서 보다 효율적으로 고객의 욕구에 맞는 제품을 생산하도록 한다. 기술은 또한 새로운 제품을 개발하는 데 응용되기도 한다. 기술을 조직과정에 적용하면 HR, 마케팅, 재무

등의 기능들의 자동화를 촉진할 수 있다. 이러한 기술은 우리가 따라 잡을 수 있는 것보다 더 빠르게 변화하고 있다.

HR은 새로운 기술에 의해 유발되는 변혁의 속도에 조직과 조직구성원이 적응할 수 있도록 도울 필요가 있다. HR은 조직구성원들이 자유롭게 정보를 교환하고 축적할 수 있는 조직구조와 문화를 창출할 필요가 있다. 기술이 조직에 미치는 영향은 다음과 같다.[9)]

- **속도**(speed): 기술은 세상을 점점 빠르게 한다. 컴퓨터 활용이 급증하는 환경에서 아이디어와 이미지는 전 세계로 신속하게 퍼진다. 이 결과로 신제품의 개발주기도 점점 단축되고 있다.
- **능률**(efficiency): 속도의 증가에 따라 단위당 생산비용도 급격히 하락하고 있다. 이에 대한 전형적인 예로 컴퓨터 칩을 들 수 있다. 생산과정과 사업과정에 새로운 기술을 지속적으로 적용한 결과 지난 30년간 컴퓨터 칩의 가격은 급격히 하락하였다. 통신기술의 발달은 원격지간 회의, 재택근무, 정보자료 공유 등 업무수행 방식과 장소에 영향을 크게 미쳤다.
- **연계성**(connectivity): 정보기술의 발달은 기업의 가치사슬(value chain) 상에 있는 모든 이해관계자들—공급자, 설계자, 생산자, 고객, 투자자 등—을 더욱 밀접하게 결속시켜 대규모적이고 강력한 인간 네트워크를 발달시킬 수 있게 하였다.
- **고객화**(customerization): 기술은 기업들이 고객의 요구를 신속하고 정확하게 식별하여 고객맞춤형 제품 및 서비스를 생산할 수 있게 한다. 예를 들어, BMW 고객들은 새로이 구매하고자 하는 차량에 대한 세부사항을 수천의 공급업자와 공장에 직접 전자상으로 입력할 수 있다. 그러면 부품가용성, 분배에 관한 정보, 생산스케줄 등에 근거하여 고객맞춤형 차량의 인도날짜를 5초 내에 계산하여 고객에게 알려줄 수 있다. 유럽에서 판매되는 BMW의 80퍼센트가 이런 식으로 고객맞춤형으로 판매되고 있다.

기업이 가능성 있는 기술을 잘 활용하기 위해서는 종업원들이 전체적인 시각을 가지도록 충분히 교육시켜야 하고, 그리고 나서 노동력으로 하여금 그것을 실행하도록 하여야 한다. 이를 위해서 노동력은 새로운 수준의 스킬이 필요하며 기업들은 이전보다 더 신뢰성 있고 교육지향적이어야 한다.

이런 변화와 더불어 새로운 형태의 업무조직과 경력패턴이 등장할 것이다. 작업자들이 보다 많이 데이터에 접근하기 때문에, 감독자와 관련된 많은 기능들이 작업자에게 인계되게 된다. 예를 들어, 생산계획, 재고통제, 품질통제 등이 점점 종업원의 통제하에 있는 자율작업팀(autonomous work team)이 널리 활용될 것이다.

조직 내와 조직 간 경계의 해체는 또한 경력에도 중요한 의미를 갖는다. 팀이 기업 내에서 보다 중요한 조직형태가 됨에 따라, 개인은 새로운 역할과 기술을 배울 필요가 있을 것이고 승진패턴도 변할 것이다. 예를 들어, 과거에는 많은 기업들이 기술적 능력에 중점을 두었던 반면, 앞으로는 협상이나 설득, 갈등관리를 포함하는 능력이 보다 중요해질 것이다. 이로 인해 새로운 경력경로와 보상제도가 등장할 것이다.[10)]

간 추 림

본 장의 주요 목적은 기업들의 경쟁력에 영향을 미치는 요인으로써 인적자원관리에 영향을 미치는 일반적 추세들을 고찰하는 데 있다. HR 기능이 기업에 부가가치를 창출하기 위해서는 기업의 이해관계자들이 중요하게 여기는 이슈들을 이해하여야 한다.

○ 최근 HR관리에 영향을 미치는 추세로써 신경제 속에서의 경쟁, 세계화 속에서의 경쟁, 성장을 동반한 수익성 확보, 조직역량에의 초점, 급격한 기술의 변화가 있다.

○ 환경분석으로부터 HR관련 이슈들을 정의하는 과정은 환경평가, 사업에 영향을 미치는 이슈들의 식별 및 정의, 이슈들의 선택, 그리고 전략을 통한 이슈의 해결 등 4단계로 구성되어 있다.

○ 경제구조의 변화, e-비즈니스의 발달 그리고 전문직 및 서비스 업종의 성장 등과 같은 경제에서의 변화들은 HR관리에 중요한 의미를 지닌다.

○ 세계화 추세 속에서 HR은 서로 다른 지역, 문화 , 법체계, 그리고 사업 수행방식과 관련된 복잡한 이슈들을 조화롭게 통합하여야 한다.

○ 수익성 있는 성장(profitable growth)을 달성하기 위한 다운사이징, 아웃소싱, 다양한 생산성 향상기법 등은 HR프로그램의 체계적 변화를 필요로 하므로 HR부서의 적극적 참여가 필요하다.

○ 조직역량(organizational capability)은 경쟁력의 DNA이며, 유지가능한 경쟁우위를 추구하기 위해서 조직이 활동하거나 변화할 수 있는 능력을 의미한다.

○ 기술은 조직에 속도, 능률, 연계성, 고객화 측면에서 큰 영향을 미치며, HR은 새로운 기술에 의해 유발되는 변혁에 조직과 조직구성원이 적응할 수 있도록 하고 조직구성원들이 자유롭게 정보를 교환하고 축적할 수 있는 조직구조와 문화를 창출할 수 있도록 도와야 한다.

핵심용어

신경제 e-비즈니스
세계화 수익성 있는 성장
아웃소싱(outsourcing) 다운사이징(downsizing)
조직역량(organizational capability) 연계성(connectivity)

토의문제

1. HR관리에 영향을 미치는, 책에 언급되지 않은 새로운 추세들을 논하시오.
2. 인구구조의 변화가 HR관리에 어떠한 영향을 미칠 것이 예상되는가?
3. 인적자원정책을 종업원에게 직접적으로 의사소통하는 것이 왜 중요한가?
4. 기업들은 어떻게 경쟁적 환경에 대응하고 있는가?

참고문헌

1) R. A. Noe, J. R. Hollenbeck, B. Gerhart & P. M. Wright(2003), *Human Resource Management*, 4th ed., McGraw-Hill.
2) D. Ulrich(2003), *Human Resource Champions*, Harvard Business School Press, 김용구 외 역, *HR Champions*, 미래경영개발연구원.
3) G. Bohlander & S. Snell(2004), *Managing Human Resources*, 13th ed., Thompson.
4) T. W. Gainey, B. S. Klaas & D. Moore(2002), "Outscourcing the training function : Result from the field," *Human Resource Planning* 25, 1, pp. 16~23.
5) P. M. Wright & S. A. Snell(1998), "Toward a unifying framework for exploring fit and flex-ibility in strategic human resource management," *Academy of Management Review*, 22, pp. 756~72.
6) D. Ulrich(2003).
7) P. Cappelli & A. Crocker-Hefrer(1996), "Distinctive Human Resources are Firm's Core Competencies," *Organizational Dynamics*, Winter, pp. 7~22.

8) D. Ulrich(2003).
9) D. Ulrich & W. Brockback(2005), *HR: The Value Proposition*, Harvard Business School Press.
10) D. Arcona & D. Caldwell(1987), Management issues in new product team in High Technology Companies. In Advances in Industrial Relations, Greenwich, Conn. JAI Press.

제 3 장 HR전략

조직 내에서 인적자원관리의 역할은 최근에 급격히 변하여 왔다. 기록하고, 서류를 작성하고, 파일을 유지하는 서무적 기능으로서의 인적자원관리 시대는 이미 끝났다. 인적자원기능이 이러한 관리적 업무만을 수행하게 하는 조직은 인적자원기능이 조직의 성과향상에 기여할 수 있다는 점을 간과하고 있는 것이다. 재무적으로 성공적인 대부분의 기업들도 인적자원기능을 '전략적 파트너'로 여기고 있으며 인적자원기능은 장기적이고 변혁적인 역할을 수행하고 있다.

인적자원관리에 있어서 전략적 접근법을 택한다는 것은 기존의 서무적 기능으로서의 인적자원관리의 정신과 관행을 포기함과 동시에 운영적 이슈보다는 전략적 이슈에 좀더 초점을 맞추는 것이다. 전략적 인적자원관리는 '사람관리'에 가장 높은 우선순위를 부여하며 회사의 전략 틀 내에서 모든 인적자원정책과 프로그램들을 통합하는 것이다. 재무, 마케팅, 생산운용 또는 기술 등에 관한 모든 의사결정은 조직구성원들에 의해 행해진다는 점에서 전략적 인적자원관리는 사람이 조직을 형성하거나 깨뜨릴 수 있다는 것을 명확히 인정하고 있다.

전략적 인적자원관리는 조직의 전략적 목표달성을 촉진하기 위하여, 인적자원과 관련된 일관성 있고 서로 부합되는 인적자원정책과 프로그램을 개발하는 것을 의미한다. 전략적 인적자원관리는 조직의 목표를 구체적인 인간관리시스템으로 전환함으로써 조직 내 모든 인적자원관리시스템들이 전략적 의미를 갖게 한다. 구체적인 접근방법이나 과정은 조직마다 다르겠지만, 전략적 인적자원관리에 있어서 핵심개념은 일관성(consistency)이다. 즉, 모든 인적자원정책과 프로그램들이 넓게는 조직의 미션(mission), 좁게는 조직목표(objective)를 달성하기 위하여 통합되어야 한다는 것이다.

표 3-1 전통적 대 전략적 인적자원관리

	전통적 인적자원관리	전략적 인적자원관리
HR에 대한 책임	전문적 스태프	라인 경영자
초 점	종업원 관계	내부 및 외부 고객과의 파트너십
HR의 역할	거래적, 변화추종자, 반응적	변혁적, 변화주도자 그리고 주도적
추진방법	느리고 반응적이며 단편적	신속하고 선행적이며 통합적
계획기간	단 기	단기, 중기, 장기(필요에 따라)
통 제	관료적-역할, 정책, 절차	유기적-유연, 성공을 위해 무엇이든지 행함
직무설계	노동의 분화, 전문성, 독립적	유연하며 팀워크, 교차훈련
주요 투자	자본, 제품	사람, 지식
책 임	비용센터	투자센터

자료: J. A. Mello(2002), *Strategic Human Resource Management*, South-Western.

제1절 전통적 대 전략적 인적자원관리

〈표 3-1〉에서 알 수 있듯이 전략적 인적자원관리는 여러 측면에서 전통적 인적자원관리와는 다르다. HR에 대한 전통적 접근법에서는 사람관리 프로그램에 대한 책임은 조직 내 전문스태프에 있지만, 전략적 HR에서는 기능적 분야(예, 생산, 마케팅 등)와 관계없이 조직 내 사람에 대해서 책임을 지고 있는 사람은 누구나 HR관리자가 된다.

전통적 HR은 종업원들을 동기화시키고 생산적으로 만들기 위해서 그리고 HR과 관련된 법규를 준수할 수 있도록 종업원 관계에 초점을 맞추고 있다. 그러나 전략적 HR에서는 내부 및 외부 이해관계자들과의 파트너십에 초점을 맞추고 있다. 종업원들도 고려하여야 할 이해관계자들 중 하나이다. 즉, 전략적 HR은 조직과 종업원들에 영향을 끼치는 다양한 이해관계자들을 인식하고 이들을 동시에 만족시키기 위하여 사람과 관련된 이슈들에 체계적으로 접근하려고 노력한다. 이미 제 1 장 6 절에서 언급했듯이, 조직에 중요한 이해관계자들로서는 종업원, 고객, 주주/투자자, 정부규제기관 등을 들 수 있으며, HR은 이들과 파트너십을 구축하여 효율적으로 조직목표를 달성하고자 한다.[1)]

전통적 HR은 '거래적 역할(transaction role)'에 초점을 맞추고 있다. 즉, 전통적 HR은 법규의 변화에 부응하거나, 감독자나 종업원 사이의 문제를 조정하거나, 조직 인력수요에 맞추어 지원자를 모집/선발하는 등 문제가 발생한 후 문제에 반응한다. 반면에, 전략적 HR은 조직의 성장, 외부환경에의 적응 그리고 조직변화에 대한 성공의 열쇠가 기술을 활용하며 제품/서비스를 창출하는 조직구성원에 있다고 인식하고 있다. 따라서 HR은 외부환경 변화에 부응하며 조직내부 변화를 촉진할 수 있는 내부 메커니즘을 수립함으로써 조직이 당면한 도전에 대응할 수 있도록 도와주는 '변혁적 역할(transformational role)'에 비중을 더 주고 있다.

전통적 HR에 의한 변화 노력은 통상 느리고, 단편적이며 전략이나 조직과 통합되지 않고 있다. 반면에 전략적 HR은 변화를 이끄는 데 있어서 보다 주도적이며 체계적이다. 전략적 HR은 조직이 당면한 중요한 전략적 도전에 대처하기 위한 프로그램이나 정책을 촉진하고자 한다. 동시에, 이렇게 전략에서 유도된 변화 노력은 다른 HR기능과 조화를 이룰 수 있도록 개발되고 시행된다. 예를 들어, 직무분석을 통하여 역량(competency)을 식별하여 추후에 모집, 선발, 인사고과 양식개발 및 피드백, 그리고 보상 프로그램을 설계하는 데 기초자료로 사용한다. 또한 성과평가 피드백 프로그램은 높은 성과를 보인 종업원들에 대한 경력승계나 인센티브 프로그램과 병행하여 개발되어야 한다. 이러한 통합노력은 전통적 HR과 전략적 HR을 구분하는 중요한 잣대 중 하나이다.

전통적 HR은 종업원을 공정하게 대우하며 조직운용의 예측성을 확보하기 위하여 규칙(rule), 절차(procedure) 그리고 정책(policy)을 위주로 한 관료적 통제를 결과하기 쉽다. 실제로 〈표 3-1〉에서 알 수 있듯이, 전통적 HR

은 종업원 행동에 대한 기준과 규칙을 개발하는 관리 전문가(administrative expert)의 역할에 초점을 맞추고 있다. 반면에, 전략적 HR은 이러한 접근법은 성장하고 급변하는 환경에 적응하는 조직능력을 제한한다고 인식하고 있다. 전략적 HR은 종업원의 행동에 가능한 적게 제약을 가하는 '유기적(organic)' 또는 느슨하고 자유스러운 통제방법을 활용하고자 한다. 즉, 전략적 HR은 작업과정과 직무책임에 있어서 종업원들이 융통성(flexibility)을 발휘할 수 있는 기회를 제공하고자 한다(이 부분에 대해서는 작업분석과 설계에서 다시 논의될 것이다). 조직운영은 과도한 규칙이나 규제(regulation)에 의해서 제약을 받기보다는 성공의 필요에 의해 통제되며, 또 통제시스템은 환경변화에 맞도록 수정된다.

전통적 HR은 종업원의 능률(efficiency)를 강화할 수 있도록 과학적 관리기법과 직무 전문화의 원리 위에서 발달되었다. 독립적인 과업에 기반을 둔 엄격한 '노동의 분화(division of labor)'는 종업원들이 구체적인 스킬을 개발하고 구체적인 직무책임에 초점을 맞추도록 한다. HR에 대한 전략적 접근은 외부환경 변화에 대한 적응과 융통성을 강조하여 종업원들에게 광범위하게 책임을 부여함과 동시에 직무범위를 넓게 잡는 것이 보통이다. 전문화(specialization)는 교차훈련(cross-training)으로, 그리고 독립적 과업은 팀에 의해 대체된다.

HR에 대한 전통적 접근법은 자본, 제품, 상표, 기술 등을 조직의 핵심 투자대상으로 보고 있으나, 전략적 HR은 사람과 사람들의 지식과 능력을 조직의 핵심 투자대상으로 본다. 전략적 접근법은 조직의 경쟁우위가 조직의 자원을 최적으로 활용할 수 있는 '지식 노동자'를 유인하고 유지하는 것에 의해 획득된다고 인식한다. 결국, 사람만이 조직이 유지 가능한 경쟁우위(sustainable competitive advantage)의 원천으로 생각한다.

마지막으로, 전통적 접근법에서 HR활동은 조직이 수행하는 하나의 기능으로 간주하며 HR은 비용센터(cost center)로서 비용을 모니터링하며 사업부에 비용을 배분하는 비용센터로서 기능한다. 반면에 전략적 접근법은 HR 활동에 의한 '부가가치(value added)' 창출에 더 초점을 둔다.[2)]

제 2 절 전략적 경영과정의 구성

전략적 경영과정은 두 개의 서로 상호적인 활동으로 구성되어 있다: 전략수립(strategy formulation)과 전략실행(strategy implementation)(그림 3-1 참조). 전략수립 단계에서 전략적 계획을 담당하는 집단은 회사의 임무 및 목표, 외부 기회 및 위협, 그리고 내부 강점 및 약점을 식별함으로써 전략적 방향을 결정한다. 그리고 그들은 다양한 전략적 대안을 창출하고 조직의 임무와 목표들을 달성하는 데 이들 대안들의 공헌 가능성을 비교한다. 전략실행 단계에서는 조직은 선택된 전략에 따라 업무의 조직화, 자원의 배분, 인력의 배치 및 보상들을 수행한다. 최근 기업들도 경영전략의 효율적 실행을 위해서는 HR기능의 지원이 매우 중요하다고 인식하기 시작하였다.

HR기능은 고부가가치를 창출할 수 있는 HR관련 이슈들을 개념화하고 실행함으로써 사업전략의 수립과 실행에 도움을 줄 수 있다. 〈그림 3-2〉에 제시되어 있듯이, 전략적 HR은 성과증진, 고객 및 종업원 만족제고 그리고 주주가치의 제고 등 기업의 생존에 중요한 결과들을 통하여 기업의 경쟁우위 달성에 기여할 수 있다. 이러한 결과들은 사업수행에 필요한 적절한 HR 프로그램 개발 및 실행, 사업전략과 부합한 조직문화 창출, 미래 환경변화에 대응할 수 있는 조직역량강화 등을 통하여 달성될 수 있다. HR관련 전략적 이슈들은 다음과 같은 특징을 지니고 있다.

- **장기성**(long-term): 단기적 가치보다는 장기적 가치 증진에 기여하기 위하여 인적자원활동이 개념화되고 있는가?
- **포괄성**(comprehensive): 전체 조직 또는 독립된 조직단위를 대상으로 하는가?
- **계획성**(planned): 사전에 계획되고 문서화되어 있는가? 그렇지 않으면 필요에 따라 실행되는가?
- **통합성**(integrated): 다양한 활동을 통합하는 기반을 제공하고 있는가?

그림 3-1 전략적 경영관리 모형

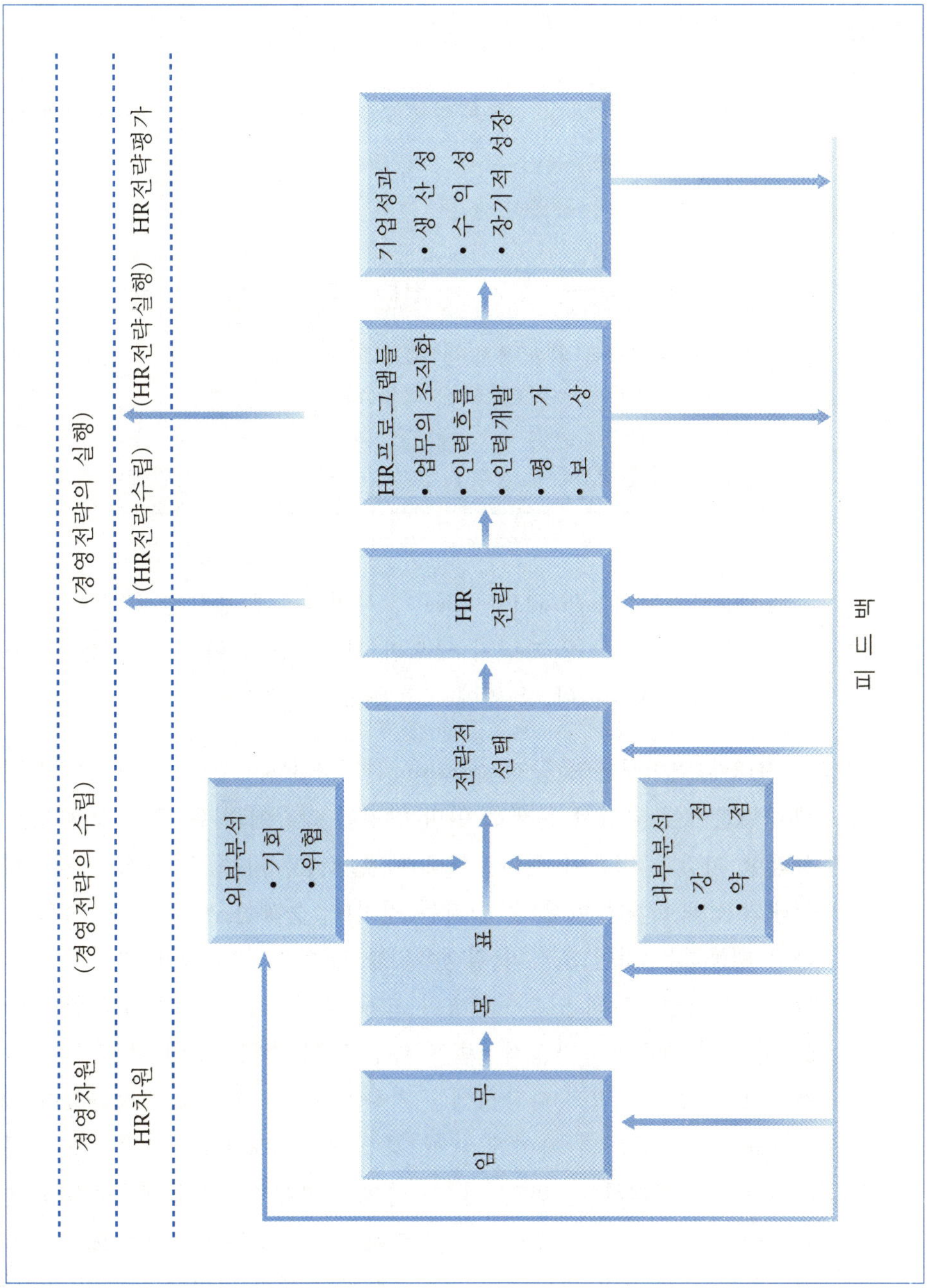

그림 3-2 전략적 HR의 결과

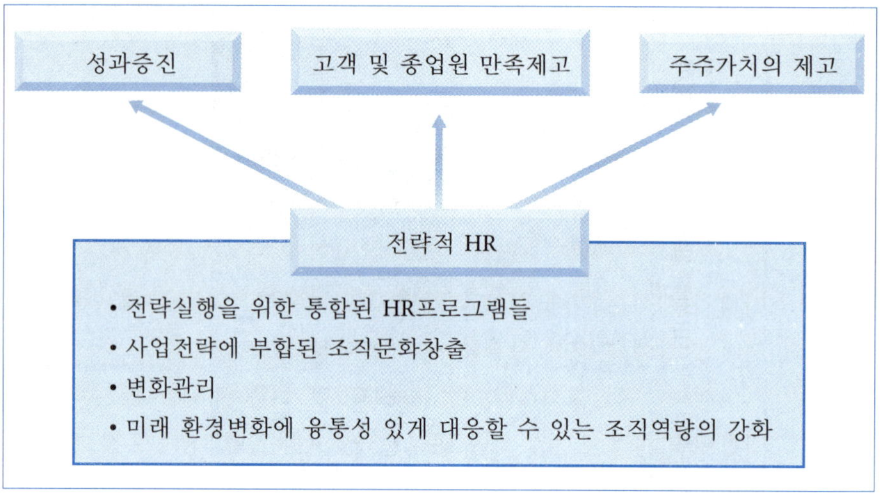

- **고부가가치**(high added-value): 사업성공에 중요한 이슈들에 초점을 맞추고 있는가? 그렇지 않으면 사업성공에 핵심적이지는 않지만 반드시 수행하여야 할 일에 초점을 맞추고 있는가?

HR에 있어서는 능동적(proactive) 관리가 매우 중요하다.[3] 그 이유는 첫째, HR분야에 있어서 문제가 이미 발생한 이후에 치유 또는 교정하는 데는 상당한 시간과 비용이 든다. 더욱 나쁜 것은, 치유 및 교정을 행하더라도 원래의 상태로 되돌아갈 수 없다는 것이다. 둘째는, HR을 능동적으로 사고하고 행동하는 것이 조직의 경쟁우위를 창출하는 데 크게 기여한다는 것이다. 최근 기업들간의 인수·합병이 크게 늘어나고 있다. 인수·합병을 결정할 때 통상 재무적·기술적·법적 측면을 고려하는 것이 보통이다. 그러나 재무적·기술적·법적 타당성에 근거하여 인수·합병을 결정하였더라도 노사분규나 조직문화의 차이에 의해 경영층의 의도대로 성과를 내지 못하는 경우가 비일비재하다. 만약 인수·합병시 재무적·기술적·법적 측면뿐만 아니라 피인수·합병기업에서 핵심인재 파악, 노동조합의 태도, 그리고 조직문화의 특성 등을 파악하여 인수·합병 후에의 경영에 어떠한 영향을 미칠 것인가를 고려하는 것이 중요할 것이다.[4]

이상의 논의를 종합하여 볼 때 HR기능은 두 가지 측면에서 기업의 경쟁우위 달성에 전략적으로 도움을 줄 수 있다. 첫째는, 사업전략을 신속하고 효율적으로 실행하도록 지원하는 것이다. 둘째는, 전략수립과정에 능동적으로 참여하여 전략적 대안창출에 기여하는 것이다(〈그림 3-2 참조〉). 전자는 사업전략이 수립된 이후에 이의 실행을 지원한다는 점에서 반응적(reactive)이며, 후자는 전략수립과정에 직접 참여하여 전략적 대안창출에 기여한다는 점에서 선행적이다. 그럼 먼저 반응적 HR기능을 논의한 다음 능동적 HR기능에 대해서 살펴보기로 한다.

제 3 절 사업전략실행을 위한 HR역할

급변하는 환경에서는 속도, 환경적응성, 조직학습능력 등과 같은 조직역량(organizational capability)이 경쟁의 승패를 좌우한다. 즉, 조직이 성공적이기 위해서는 전략을 신속히 실행에 옮기고 효율적으로 과정을 관리하고 조직구성원의 공헌을 극대화하는 것이 중요하다.[5] HR기능은 사업전략실행에 필요한 적절한 인력의 제공, 사업전략과 부합된 조직문화의 창출, 그리고 사업전략 실행에 필요한 변화관리 등의 측면에서 사업전략의 실행을 지원할 수 있다.

적절한 인력의 공급: 사업전략과 이에 따른 전술이 존재할 경우에는 HR의 전략적 역할은 비교적 명확하다. 즉 사업전략을 실행하기 위하여 필요한 기술적 지식과 스킬을 지닌 인적자원을 제공하는 것이다. 구체적으로, 사업전략을 실행하기 위하여 어떤 자격을 지닌 인력이 몇 명 필요한가? 어디서 충원을 할 것인가? 훈련이 필요한가? 그리고 바람직한 행위나 결과를 어떻게 측정하고 보상할 것인가? 등과 같은 이슈들을 다루어야 한다.

전략에 부합된 조직문화 창조: HR을 사업전략과 연결시키는 두 번째 경로는 전략과 부합된 조직문화의 창출을 지원하는 것이다. HR과 사업전략은 〈그림 3-3〉과 같은 8단계를 통하여 연계될 수 있다.

그림 3-3 사업전략을 수행하기 위한 HR의 역할단계

단계 1: 조직단위의 명확화
→ 단계 2: 외부 주요 추세 식별 및 분석
→ 단계 3: 경쟁우위 원천의 식별 및 우선순위화
→ 단계 4: 바람직한 조직문화와 필요한 기술적 지식 정의
→ 단계 5: 조직문화의 부정적 측면 식별
→ 단계 6: 바람직한 문화의 창출을 위한 인적자원시스템 설계
→ 단계 7: 인적자원시스템 설계를 위한 실천계획 수립
→ 단계 8: 효율성 평가기준 및 수단

단계 1: 변화의 대상이 되는 조직단위의 명확화: 조직문화의 변화가 필요한 조직단위, 즉 공장, 사업부문 또는 회사 전반 등 영역을 명확히 한다.

단계 2: 외부 주요 추세 식별 및 분석: 주요 위협 또는 기회를 예시하는 주된 흐름은 무엇인가? 생산 및 과정 기술뿐만 아니라 고객, 경쟁자, 정보기술, 정부규제 같은 분야에 있어서의 추세가 고려되어야 한다. 이렇게 다양한 분야의 추세를 HR전략에 반영하기 위해서는 서로 상충되고 경쟁적인 추세들간 분명한 우선순위가 설정되어야 한다. 이렇게 사업전략이 아니라 환경분석을 기초로 HR전략을 수립하여야 하는 이유로는 다음 세 가지를 들 수 있다. 첫째, 사업전략은 환경분석에 기초하고 있어야 한다. 둘째, 명확하고 초점 있는 방식으로 시장의 현실을 검토하는 것은 사업에 근거한 HR전략(business-based human resource strategy)을 수립하고자 하는 사람에게는 유용한 연습이 될 수 있다. 셋째, 많은 사업전략은 인적자원을 염두에 두지 않고 개발되었다. 즉, 사업전략은 전략을 실행하는 사람들의 심리상태나 기술적 요건을 고려하지 못하고 수립될 수도 있다.

단계 3: 경쟁우위 원천의 식별 및 우선순위화 : 여기서 핵심적 이슈는 기업이 어떻게 경쟁을 할 것인가를 식별하는 것이다. 비용, 품질, 혁신, 서비스, 편리성, 상표 또는 유통채널 등 어떤 근거에 의해서 경쟁을 할 것인가? 기업문화는 이러한 기본적인 전략적 요소와 일관되도록 정의되어야 하므로 경쟁요소들에 대한 명확한 우선순위를 이해하는 것이 중요하다. 예를 들어, 품질과 비용은 자동차 산업에 있어서 둘다 중요하다. 그러나 기업의 경쟁초점이 비용이 90%, 그리고 품질이 10%일 경우는 비용과 품질이 동등한 초점이 될 경우와는 다른 조직문화를 가져야 할 것이다.

단계 4: 바람직한 조직문화와 필요한 기술적 지식의 정의: 조직문화를 피상적 · 개념적으로 정의하는 것보다 구체적 행동양식이 포함되도록 정의하는 것이 사업전략의 실행을 강화하는 데 더 바람직할 것이다. 예를 들면, '쉼 없는 창조(Unilever)'나 '간결하고 방해 없는 팀웍 (Cathay Pacific Airways)' 등과 같이 사업전략의 핵심요소를 행동차원에서 지원할 수 있도록 정의하는 것이다.

단계 5: 기존 조직문화의 부정적 측면 식별: 경쟁우위를 극대화하기 위하여 제거 또는 감소시켜야 할 문화적 특성을 식별함으로써 사업전략실행에의 장애물을 제거하여야 한다. 바람직하지 못한 문화적 특성으로서는 내부지향성, 자기만족경향, 거만함, 경쟁현실에 대한 태만 또는 위험회피 등을 들 수 있다.

단계 6: 바람직한 문화를 창출하기 위한 HR시스템의 설계: 이런 작업은 개별 HR기능과 바람직한 조직문화가 부합되는 정도를 평가함으로써 이루어질 수 있다. 만약 어떤 HR기능이 바람직한 결과와 잘 부합되지 않는다면, 우리는 A를 바라면서 B를 보상하는 결과를 낳게 된다. 이렇게 되면 우리의 의도와는 달리 전략실행에 도움이 되지 않는 행동을 보상하게 되어 결국에는 조직구성원에게 혼란을 초래하게 할 뿐만 아니라 조직에도 이득이 되지 못한다. 더 나아가서 만약 조직문화와 부합되도록 HR기능을 개선하는 것이 필요하다면 조직은 HR기능을 개선하는 것이 바람직한 문화를 창출하는 데 어느 정도 영향을 미칠 수 있는가를 평가하여야 한다. 여기서 전형적 HR기능과 비전형적 HR기능을 구분하는 것이 유용하다. 전형적 HR기능들은 통상 HR부문의 직접 통제하에서 실시된다. 전형적 HR기능들로서는 충원, 성과관리, 보상, 그리고 훈련/개발 등이 있다. 반면에, 비전형적 HR기능들로서는 인적자원부문의 직접적인 영향하에 있지는 않지만, 기업구성원의 정신상태나 기술적 역량에 상당한 영향을 미치는 기능들로서 조직설계, 리엔지니어링, 공장 또는 사무실 배치 그리고 고객접촉 프로그램 등이 있다. 기업의 인적자원에 일관성 있게 영향을 미치도록 전형적 기능과 비전형적 기능을 적합(matching)시키는 것도 HR부문의 책임이다.

단계 7: HR시스템 설계를 위한 실천계획수립: 이상에 대한 의사결정이 이루어지면, 기업은 구체적으로 인적자원기능을 변경하기 위한 실천계획을 수립하여야 한다. 실천계획에는 누가 무엇을 언제까지 누구와 함께 수행할 것인가? 라인경영자에게는 어떻게 보고할 것인가? 회사가 지원할 부문은 무엇인가? 등이 포함되어야 한다.

단계 8: 효율성 평가기준 및 수단: 마지막 단계에서 전 과정의 효율성을 측정하기 위한 수단을 구체화하여야 한다. 즉 HR기능들이 전략적으로 선택된 문화적 역량을 어느 정도 성공적으로 창출하는가를 평가하기 위한 기준과 방법을 선정하여야 한다.

지금까지 논의한 과정은 HR기능과 이미 수립된 사업전략 사이의 연계를 위하여 Texas Instrument, Alkoa, General Motors, Coca Cola, ITT, Dow Cornings, Unilever 같은 다양한 회사에서 채택되고 있다.

변화관리: HR기능을 사업전략에 연계시키기 위한 세 번째 활동은, '변화관리(change management)'이다. 조직개발과 변화관리 활동들은 사업전략 또는 전술을 효과적으로 실행하는 데 도움을 줄 수 있다. 변화관리에 관한 다양한 모델과 과정은 많은 문헌에서 찾을 수 있다. 변화에 대한 중요 성공요소로서 Ulrich(1997)는 다음과 같이 들고 있다.

- 주요 경영자들로부터 지원획득
- 경영자와 종업원들 사이에 변화 필요성에 대한 공감대 형성
- 변화의 최종 지향점에 대한 명확한 비전 수립

• 변화에 대한 비전과 과정에 대한 주요 이해관계자들의 몰입 제고
• 변화를 추진하고 지원하는 경영층과 HR시스템에 권한 부여
• 변화의 진전을 모니터링할 수 있는 측정수단 구축
• 변화에 대한 노력이 지속적인 개선과정이 될 수 있도록 학습환(learning loop) 구축[6)]

위에 기술한 각 단계는 변화관리에 대한 과거의 경험을 포함하고 있지만, 이 모형의 주된 효용은 변화관리의 다양한 측면을 일단의 행동으로 구조화한 것이다. 따라서 이 모형은 HR담당자들이 사업전략에 맞추어 변화를 추진할 때 고려하여야 할 행동지침을 제시하고 있다고 볼 수 있다.

제4절 능동적 HR: 전략창출에의 기여

지금까지 이미 수립된 사업전략을 잘 수행하기 위하여 인적자원이 어떤 역할을 수행하여야 하는지를 살펴보았다. 이것은 사업전략수립에 있어서 HR기능의 수동적 역할을 가정하고 있다. 그렇다면 HR이 사업전략에 있어서 능동적 참여 또는 새로운 사업전략의 구축에 기여할 수는 없는가? HR은 다음과 같은 세 가지 방법으로 능동적으로 전략창출에 기여할 수 있다. 첫째는, 창의성과 혁신을 강조하는 문화를 창출하는 것이다. 둘째는, 인수·합병과정에 있어서 전반적으로 참여하는 것이며, 마지막으로, 미래에 예상되는 환경변화에 대응하여 조직역량을 강화하는 것이다.

창의성과 혁신을 강조하는 조직문화의 창출: HR은 기업의 혁신능력을 강화함으로써, 기업가치를 증진시킬 수 있다. 기업의 혁신능력을 강화시킴으로써, 경쟁자에 앞서 새로운 제품이나 기술을 시장에 도입함으로써 단기간 동안 독점적 지위에 의한 이득을 볼 가능성을 높일 수 있다. 기업의 혁신능력은 새롭거나 개선된 제품과 서비스 제공, 비용절감, 품질향상, 신규 사업진출, 그리고 기존 제품의 새로운 사용처 발견 등으로 구체화될 수

있다. 이런 활동에 있어서 HR이 중심적 역할을 수행함으로써, 시장에서 변화를 주도할 수 있는 기업역량을 강화할 수 있을 것이다.

혁신을 위해서는 일반적으로 두 개의 전제조건이 충족되어야 한다. 첫째, 혁신이 회사의 중요한 활동이라는 것이 주요한 의사결정자들 사이에서 합의되어 있어야 한다. 그 동안 주요 의사결정자들 사이에 혁신의 내용이나 방향에 대해서 강한 합의가 부족하였기 때문에 많은 기업들이 '창조적 돌파(creative breakthrough)'가 필요하다는 공감에도 불구하고 실제로 혁신이 일어나고 있지 않았던 것이다.[7)]

둘째, 창의성(creativity) 발휘에 대한 장애물이 제거되어야 한다. 이러한 장애물로는 과도하게 관료적인 조직구조, 너무 많은 결재단계, 그리고 부하의 적극성에 대해서 위협을 느끼는 상급자 등이 있다.[8)]

이러한 시스템적 장애물을 제거한 이후에 HR부서는 기업의 '혁신풍토'를 강화하기 위하여 다양한 활동을 설계할 수 있다. 첫째, 경영층이 지속적으로 혁신의 중요성에 관심을 갖게 하고 조직구성원에게 설파하도록 한다. 둘째, 혁신의 역할모델이 다양한 방법으로 조직구성원에게 홍보되도록 한다. 셋째, 혁신적 아이디어가 중간단계를 거치지 않고 직접 중요 경영자에게 전달될 수 있도록 한다. 넷째, 기존 팀에서 자연스럽게 혁신에 관한 주제가 논의될 수 있도록 한다. 다섯째, 사업단위 또는 부서의 경계를 넘어서 혁신의 필요성이나 아이디어가 자유롭게 의사소통될 수 있도록 한다. 여섯째, 팀(조직계층)간 또는 팀(조직계층) 내부에서 의사소통을 촉진할 수 있도록 사무실을 배치한다. 마지막으로, 이러한 활동을 지원하기 위하여 충원, 훈련 및 개발, 인사고과, 보상 등과 같은 전통적 인적자원 기능에서도 '창의성' 또는 '혁신'이 중요한 기준의 하나로 채택되어야 한다.

능동적 인수 · 합병과정에의 참여: 인수 · 합병과정은 기업의 포트폴리오 분석으로부터 시작된다. 기업의 포트폴리오를 정의하는 것은 기업의 자신의 미래를 전략적으로 창출하는 기본수단이다. 기업은 자신의 핵심역량을 강화하는 방식으로 포트폴리오를 설계한 후,이를 보완하기 위한 피인수 · 합병 대상자를 식별 · 선택하여 거래를 진행시킨다. 만약, 거래가 성공적으로 수행된다면 두 조직을 통합하는 과정을 밟게 되는 것이다. 인적자원은 이런 인수 · 합병과정의 각 단계에서 적극적 역할을 수행할 수 있다.

피인수 · 합병 대상자를 식별하고 선정하는 과정에서 HR은 조직문화와 경영능력에 대한 평가를 실시하여야 한다. 인수 · 합병이 재무나 기술적 문제가 아니라 사람 또는 문화적 요소 때문에 번번히 실패하므로 인적자원에 대한 평가는 필수적이다. 상대방의 조직문화는 어떠한가? 우리 조직문화와 추후에 잘 적합될 수 있는가? 노사관계는 어떠한가? 협력적인가 갈등적인가? 또는 해당 노동조합은 우리 조직에 대해서 어떠한 태도를 취하고 있는가? 상대방 조직의 성별, 근속연수, 연령차원에서 본 인력구조는 어떠한가? 핵심기술을 담당하고 있는 종업원은 누구인가? 등에 대한 평가는 피인수 · 합병 대상기업의 가치에 크게 영향을 미칠 것이다.[9]

인수 · 합병의 대부분의 실패가 통합단계에서 발생한다는 사실에서 알 수 있듯이[10], 두 이질적 조직의 통합은 매우 어렵다. 두 조직의 통합이 얼마나 잘 이루어지느냐에 따라 인수 · 합병의 가치가 실현되므로, HR부서는 피인수 · 합병기업에 만연된 냉소주의의 극복, 리더십의 합법성 증진, 서로 다른 조직문화의 인적자원시스템의 융화 등을 통하여 가장 적극적으로 기여할 수 있다.

미래 환경변화에 대응하는 조직역량강화: 미래 시장 환경변화에 대응할 수 있는 조직 내부역량을 강화하는 것이 HR의 가장 중요한 임무이다. 만약 변화가 피할 수 없는 현상이라면, 조직은 미래의 변화에 대응할 수 있는 유연한 조직역량을 갖추고 있어야 한다. 미래의 변화에 대응할 수 있는 조직역량을 키우는 한 방법은 고객의 입장에서 마케팅, 생산, 그리고 재무 등 다양한 기능을 통합할 수 있는 조직문화나 구조를 창출하는 것이다. 이를 위해서는 HR담당자는 외부환경 추세에 대한 지속적인 모니터링은 물론 경쟁자, 고객, 마케팅에 대한 전반적인 이해를 필요로 한다.

제 5 절 HR에 있어서 장기적 관점과 단기적 관점의 통합

지금까지 기업이 경쟁우위를 달성하기 위해서는 HR기능이 서업전략을 반영하거나 더 나아가서는 능동적으로 전략적 대안창출에 기여하여야 한다는 것을 논의하였다. 그러면 기존의 사업전략, 나아가서는 미래의 전략적 필요성을 조직 내의 HR관리에 어떻게 반영하여 조직구성원 개개인의 태도나 행동을 강화시킬 것인가가 자연스런 다음 단계일 것이다.

사업전략과 조직 내 개개인의 수행 사이의 연계는 세 가지 관점에서 이루어진다. 수직적 연계(vertical linkage)는 사업목표를 개인목표 설정에 반영하는 것이다. 수평적 연계(horizontal linkage)는 HR기능들간에 적합을 의미한다. 그러나 이들 연계는 기본적으로 정태적이어서 이 두 가지 관점의 동태성을 포착하기에는 충분하지 않다. 시간과 변화의 개념을 포착하기 위해서는 시간적 연계(temporal linkage)가 필요하다.[11] 시간적 연계는 현재의 능력과 미래의 기대 사이의 연계를 의미한다.

기업이 장기적 경쟁우위를 달성하기 위해서는 미래에 대한 비전이 있어야 하며 현재의 당면 문제보다는 보다 장기적이고 광범위한 이슈에 초점을 맞출 필요가 있다. 인적자원관리에 있어서 장기적 관점은 특히 중요하다. 인적자원에 대한 사이클은 재무 또는 기술적 자원보다 특히 길다. 예를 들어, 새로운 역량에 초점을 맞춘 보상시스템을 설계하는 데 최소한 3년은 걸리며, 조직구성원의 기술적 역량을 재형성하는 데 5년 이상이 걸린다. 따라서 인적자원에 대한 계획은 사업전략에서 선호하는 1년보다 긴 기간을 설정할 필요가 있다. 따라서 HR부서는 단기적 사업목표를 달성하는 것과 장기적으로 조직역량을 개발하는 것을 구분할 필요가 있다.

단기적 사업목표를 달성하기 위해서 HR기능은 다음과 같은 기능을 수행하여야 한다.

- 사업목표와 일관되게 연계된 부문 및 개인목표 설정

그림 3-4 인적자원에 있어서 장기적 계획과 단기적 프로그램

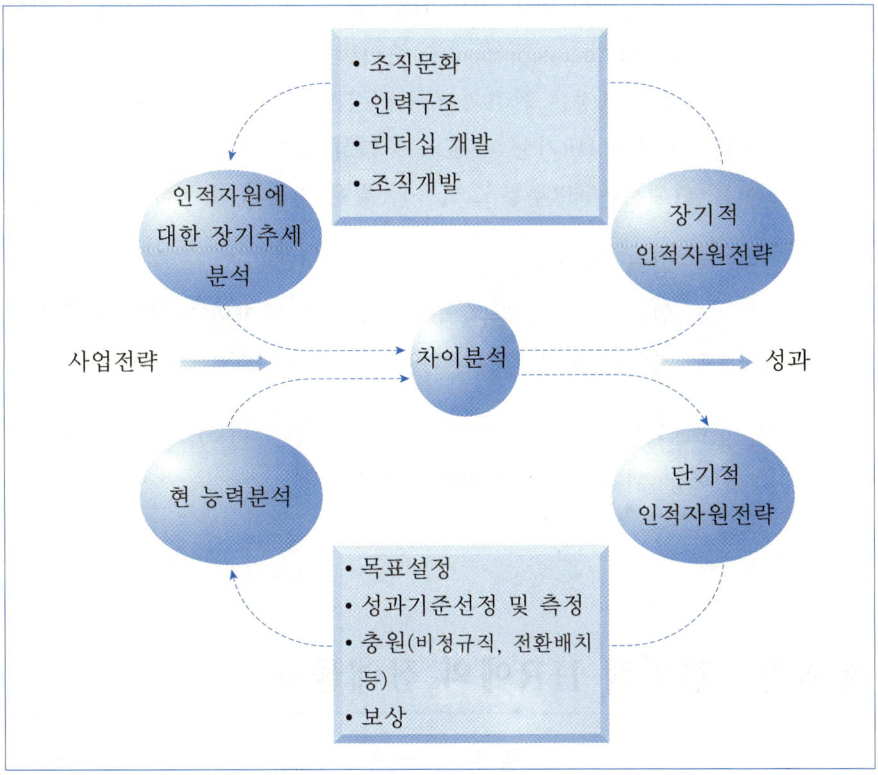

자료: Gratton, et. al., "Linking individual performance to business strategy: The people process model.," In Schuler, R. S. & Jackson, S. E.(Eds.), *Strategic Human Resource Management*, 1999, Blackwell에서 수정.

- 사업목표를 반영한 행위나 결과를 선정하고 측정방법을 설계
- 사업을 수행하는 데 필요한 인력조정(예, 전환배치나 비정규직 채용)
- 사업목표와 일관된 성과보상
- 단기적 사업목표를 수행하는 데 필요한 단기훈련

이러한 활동들은 〈그림 3-4〉에서 단기적 사이클에 제시되어 있다. 또한 장기적 차원의 HR기능은 변혁적(transformational)이며 다년간에 걸쳐서 수행된다. 이러한 HR기능의 예로는, 장기적인 국제전략을 수행할 수 있는 리더집단의 개발, 장기적 경쟁에 대응할 수 있는 조직구성원의 스킬과 역량개발, 그리고 장기적 성공에 근간이 되는 조직구조와 문화의 형성 등을 들 수

있다.

이상 논의한 바와 같이 HR기능은 단기적 성과달성뿐만 아니라 장기적 변혁(long term transformation)을 준비할 수 있는 정책과 시스템을 갖추어야 한다. 이러한 과정은 환경과 사업전략이 변함에 따라 지속적으로 수정되어야 한다. 따라서 HR기능 자체도 융통성 있으며 동태적으로 운영되어야 한다. 이를 위해서는 HR부문도 다음과 같은 기능을 수행하여야 한다.

1. 인적자원역량을 식별하고 분석한다.
2. 인적자원역량과 사업의 필요조건 사이의 차이를 이해한다.
3. 차이를 줄이기 위한 HR전략과 시스템을 구축한다.

이런 활동은 단기적(예를 들면, 6개월 단위로), 그리고 장기적(예를 들면, 2년 이상) 관점에서 수행되어야 한다.

제 6 절 전략적 HR에의 장애물들

전략적 인적자원관리의 개념은 논리적으로 쉽게 받아들여질지는 모르나 많은 기업에 있어서 다양한 원인에 의해서 인적자원을 전략적으로 관리하는 데 어려움을 겪고 있다.[12] 여기에는 크게 네 가지 장애물을 생각해 볼 수 있다.

첫 번째 장애물은, 전략적 HR관리의 본질에서 기인한다. 조직핵심역량의 특성에서 알 수 있듯이, 전략적 HR은 유형적인 것이 아니며, 결과와 수익을 측정하기도 어려우며, 그리고 조화(alignment)는 깨지기 쉽다. 사업전략과 HR전략, 그리고 HR기능들 간의 통합과정을 너무 공식적으로 절차화하면 새로운 환경에 적절히 적응하는 것이 어렵다. 그러나 통합절차가 없이 단순히 공유가치(shared value) 등과 같은 추상적인 요소만 강조한다면 시간이 흐를수록 시들해지며 현실감과 실체성을 잃어버리기 쉽다.

두 번째 장애물은, 대부분의 조직이 단기적 관점하에서 현재의 성과에 초점을 맞추고 있다는 것이다. 성과평가와 보상은 현재의 보상에 근거하는 경향이 있다. 사업성과는 월별 또는 분기별로 발표되며 CEO들은 그들의 직책을 유지하기 위해서는 단기적 성과에 관심을 가진다. 단기적이지만 연속적 사업성과의 하락은 CEO의 해임을 초래할 수 있으므로 이러한 단기적 성과주의가 조직전반에 퍼져 있을 수 있다. 장기적 경쟁우위(long-term competitive advantage)에 도움이 되는 계획에 대해서 조직은 보상을 하지 않는다. 결국, 조직은 장기적으로 이득이 되는 방향으로 경영의사결정이 내려지기를 바라지만 보상은 단기적 성과에 의해서 이루어지는 경향이 있다.

세 번째 장애는, HR프로그램의 결과와 수익을 계량화하기 어렵다는 것이다. 극심한 경쟁압력하에서는 구체적이고 계량적인 결과를 내지 못하는 프로그램들은 자원배분의 우선순위에서 떨어질 것이다. 기존 HR관리와는 달리 전략적 HR관리가 기업의 경쟁우위 달성에 기여하는 것을 목표로 하고 있지만 인과관계가 구체적이고 계량적이지는 못하다.

마지막 장애는, HR담당자의 사업 전반에 대한 이해부족으로부터 기인한다. HR기능은 상당한 기술적 지식을 필요로 하면서도 지속적으로 변화하는 분야이므로 HR담당자는 전문가로서 재무, 영업 등과 같은 분야에 경험이 부족할 수 있다. 따라서 HR담당자들의 전략적 관심이 부족할 수 있으며 전략적 방향에서 다른 분야의 경영자로부터 지지를 획득하는 데 한계를 지닐 수 있다.

HR기능이 실질적으로 기업의 경쟁우위 달성에 기여하기 위해서는, 이러한 장애를 극복하여야 한다. HR관리에 관심을 갖고 있는 학자나 실무 담당자들에게는 앞으로 이런 장애를 어떻게 극복하고 전략적 변화를 추진할 것인가 하는 것이 당면과제가 될 것이다.

간 추 림

본 장에서는 전략적 HR의 주요 특징을 고찰하였다. HR이 기업의 경쟁우위 달성에 기여하기 위해서는 조직의 미션에 부합되는 HR전략과 프로그램을 개발하여야 한다.

○ 전통적 HR은 거래적이며 수동적 역할에 초점을 맞추고 있는 반면, 전략적 HR은 조직이 당면한 도전에 대응할 수 있게 하는 변혁적이고 능동적 역할을 강조하고 있다.

○ HR은 사업수행에 필요한 적절한 인력공급, 전략과 부합되는 조직문화 창조, 그리고 효율적인 변화관리를 통하여 사업전략의 실행에 도움을 줄 수 있다.

○ HR은 창의와 혁신을 강조하는 조직문화의 창출, 능동적 인수 · 합병과정에의 참여, 그리고 미래 환경변화에 대응하는 조직역량의 강화 등을 통해서 능동적으로 전략적 대안창출에 기여할 수 있다.

○ HR기능은 단기적 성과달성뿐만 아니라 장기적 변혁을 준비할 수 있는 정책과 시스템을 갖추어야 한다.

○ 전략적 HR에 대한 장애물로서 무형적이고 계량화하기가 어렵다는 점, 단기 성과주의의 만연, 그리고 HR담당자의 사업에 대한 이해 부족 등을 들 수 있다.

핵심용어

전략적 HR　　전통적 HR
거래적 역할　　변혁적 역할
능동적 HR　　변화관리
전략적 HR의 장애물들

토의문제

1. HR의 변혁적 역할은 거래적 역할과 어떻게 다른가?
2. HR에 있어서 능동적 관리가 중요한 이유를 예를 들어 설명하시오.
3. 사업전략실행을 도와주는 HR활동들로는 어떤 것이 있는가?
4. 전략적 HR을 실행하는 데 있어서 장애물들을 제거하는 방법으로 어떤 것이 있는가?

참고문헌

1) R. A. Noe, J. R. Hollenbeck, B. Gerhart & P. M. Wright(2003), *Human Resource Management*, 4th ed., McGraw-Hill.
2) Mello, J. A.(2002), *Strategic Human Resource Management*, South-Western.
3) Brockbank, W. (1999), "If HR were strategically proactive; present and future directions in HR's contribution to competitive advantage," *Human Resource Management*, 38, 337~352.
4) Mirvis, P. H. & Marks, M. I.(1992), Managing the merger, Paramus, NJ: Prentice-Hall.
5) Brockbank, W., Ulrich, W. & James, C.(1997), Trends in human resource competencies, Third Conference on Human Resource Competencies, University of Michigan School of Business, Ann Arbor, Michigan.
6) Ulrich, D.(1997), *Human Resource Champions*, Havard Business School Press.
7) Robinson, A. & Stem, S.(1997), *Corporate Creativity*, San Fransisco: Berett-Roehler.
8) Ashkenas, R., Ulrich, D., Jick, T. & Kerr, S.(1995), *The Boundaryless Organization*:

Breaking the chains of corporate structure, San Fransisco: Jossey Bass(이태복 역; 「GE사례 중심의 벽 없는 조직: 조직구조의 사슬을 제거한다」, 창현출판사).

9) Mirvis & Marlcs, 1992.

10) Clemente, M. N. & Greenspan, D. S.(1998), *Winning at mergers and acquisitions*, New York: John Wiley & Sons, Inc.

11) Gratton, L., Hope-Hailey, V., Stiles, P. & Truss, C., "Linking individual performance to business strategy: The people process model," In Schuler, R. S & Jackson, S. E.(Eds.), *Strategic Human Resource Management*, 1999, Blackwell.

12) Mello(2002).

제 2편 작업시스템

제 4 장 작업분석 및 설계

제 4 장 작업분석 및 설계

제3장에서 전략수립과 실행에 관해서 논의하였다. 전략수립은 회사가 시장에서 어떻게 경쟁을 하는가를 결정하는 과정이다: 이러한 전략은 회사가 수행하는 업무에 대한 추진근거가 되며 안내등과 같은 역할을 수행한다. 전략실행은 전략적 계획이 조직구성원의 실제적 활동으로 전환되는 과정을 의미한다. HR기능은 전략을 실행하기 위해서 필요한 작업을 분석하고 설계함으로써 전략실행과정을 도울 수 있다. 전략을 실행하기 위해서 조직은 전략실행에 필요한 업무를 어떻게 조직화하고, 개인들은 특정 업무를 어떻게 수행하여야 하는지를 결정하여야 한다. 경쟁전략이 작업시스템 설계에 영향을 미치는 과정은 〈그림 4-1〉에 제시되어 있다.

사업전략에서 규정한 시장에서의 경쟁방식은 조직구조와 개인업무의 설계에 상당한 영향을 미친다. 예를 들면, 회사가 저비용전략(low-cost strategy)를 통하여 경쟁하길 원한다면 능률(efficiency)을 극대화할 필요가 있다. 조직은 임금과 숙련도가 낮은 종업원이 반복적으로 수행할 수 있도록 직무를 세분화하고 단순하게 만듦으로써 능률을 극대화할 수 있다. 또한 지원기능의

그림 4-1 경쟁전략이 작업시스템 분석 및 설계에 미치는 영향

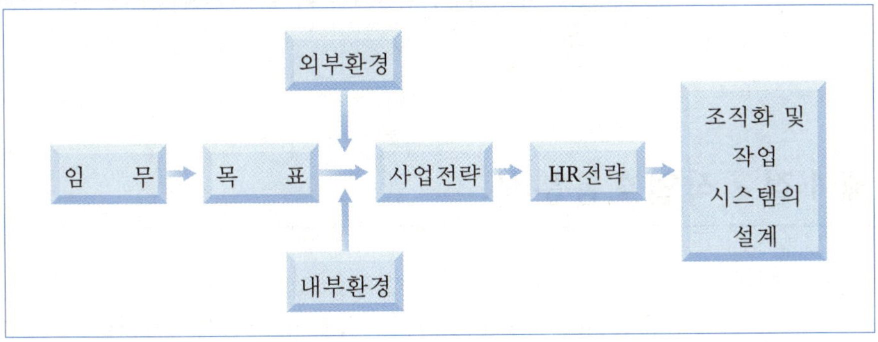

중복을 제거할 수 있도록 기능식 조직(functional organization)을 채택함으로써 능률을 강화할 수 있다. 기능식 조직에서는 같은 기능을 수행하는 사람들을 한 곳으로 모음으로써 지속적인 발전을 통하여 조금씩 능률을 촉진할 수 있도록 스킬을 개발하는 데 도움을 줄 수 있다.

반면에, 회사가 혁신(innovation)을 통하여 경쟁하기를 원한다면, 융통성을 극대화할 필요가 있다. 융통성을 높이기 위해서는 높은 임금과 높은 스킬을 가진 팀원들이 업무를 협력하여 수행할 수 있도록 업무를 크게 분류할 필요가 있다. 또한, 특정 지역 또는 특정 제품시장에서의 기회를 이용할 수 있도록 의사결정권한을 부여함으로써 융통성은 더욱 강화될 수 있다. 다양한 기능적 배경을 지닌 사람들이 함께 일함으로써 창의적인 아이디어를 더 잘 제안할 수 있으며, 이것은 혁신적인 발전을 이루는 데 도움이 될 수 있다.

이 장에서는 작업의 분석과 설계에 대해서 논의할 예정이다. 이 장은 크게 세 부분으로 구성되어 있다. 첫째는, 작업흐름분석(work-flow analysis)이며 나머지 둘은, 직무분석과 직무설계 각각에 대한 구체적인 과정과 이슈들을 다룰 예정이다.

직무분석과 직무설계는 중복되는 분야가 많지만, 과거에는 서로 다르게 다루어져 왔다. 직무분석은 선발, 훈련, 인사고과, 보상 등과 같은 HR기능을 수행하는 데 필요한 정보를 얻기 위해서 기존의 직무를 분석하는 데 초점을 두고 있다. 반면에, 직무설계는 직무담당자들이 보다 효율적으로 직무를 수행할 수 있고 동기부여될 수 있도록 기존의 직무를 재설계하는 데 초점을 두고 있다. 따라서, 직무설계는 직무를 변화시키고자 하는 능동적인 경향을 보이는 반면, 직무분석은 수동적이고 정보수집적인 경향을 보인다. 그러나 앞으로 논의하겠지만, 직무분석과 직무설계는 서로 연관이 깊다.

제1절 작업흐름분석

과거에 직무는 조직상황과는 독립적으로 분석되거나 설계되어 왔다.

작업흐름분석은 제품이나 서비스를 창출하는 데 필요한 다양한 과업을 특정 직무나 개인에게 할당하기 전에 이들 과업들의 연계성을 분석하는 과정이다.[1] 먼저 전체 작업흐름을 이해한 뒤에야 우리는 다양한 과업들을 한 개인이 수행할 수 있는 특정 직무로 묶을 것인가에 대한 의사결정을 내릴 수 있다.

많은 조직에서 수행하는 품질향상 프로그램들도 공통적으로 작업결과의 식별, 산출물에 대한 품질기준의 설정 그리고 품질기준을 충족하는 데 필요한 과정과 투입(input)의 분석으로 구성되어 있다. 작업흐름분석은 경영자들이 고품질의 제품을 생산하는 데 필요한 모든 과업은 물론 이들 과업수행에 필요한 스킬을 이해할 수 있도록 하기 때문에 총체적 품질경영(TQM)에 유용한 기법이다. 작업흐름분석과정은 〈그림 4-2〉에 제시되어 있다. 본서에서는 조직상황에서 직무를 분석하는 수단으로서 한 부서(department)의

그림 4-2 작업단위 활동분석

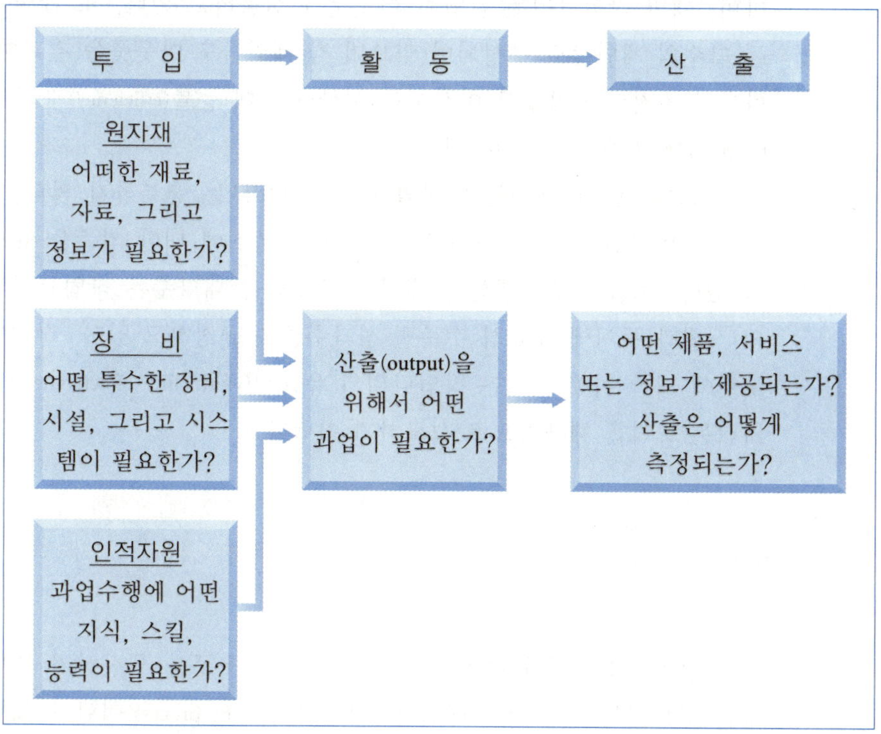

작업흐름분석을 소개하기로 한다.

1. 작업아웃풋(work output) 분석

모든 작업단위(즉, 부서, 팀 또는 개인)는 다른 사람이 활용할 수 있도록 어떤 결과를 생산하고자 한다. 아웃풋이란 작업단위의 산출물로서 흔히 구매주문서, 채용시험 또는 햄버거 등과 같이 인식 가능한 사물이나 사건이다. 그러나 아웃풋은 목적지까지 수송하는 항공기 서비스, 집안청소 서비스, 육아 서비스 등과 같이 서비스일 수도 있다.

우리는 때때로 제품에 의해서 조직을 인식하여 제품을 아웃풋으로 간주하기도 한다. 예를 들면, 우리는 1980년대 IBM의 아웃풋을 컴퓨터라고 인식하였다. 그러나 서비스 제공자로서 현재의 IBM은 개념화하기 어려운 아웃풋을 제공하고 있다. 더욱이, 컴퓨터 생산에도 많은 작업단위를 필요로 하며, 개별 작업단위는 다양한 아웃풋을 산출하고 있다. 또 개별 작업단위는 다수의 개인들로 구성되어 있으며 각 개인들도 아웃풋을 결과하고 있다. 따라서 조직의 효율성은 아웃풋을 생산하는 데 능률(efficiency)과 유효성(effectiveness)에 의해 판단될 수 있다.

그러나 단지 아웃풋을 식별하는 것만으로는 충분하지 않다. 아웃풋이 일단 식별되면, 이들 아웃풋의 수량 또는 품질에 대한 기준을 규정할 필요가 있다. 예를 들면, 생산성 개선 프로그램들 대다수는 작업단위의 아웃풋의 식별과 동시에 유효성 수준별 성과수준을 규정하고 있다. 작업단위의 아웃풋에 대한 이해 없이는 작업단위의 유효성(work-unit effectiveness)을 증대시키려는 노력을 체계적으로 시도하기 어렵다.

2. 작업과정 분석

일단 작업단위의 아웃풋이 식별되면, 아웃풋을 생산하기 위한 작업과정을 검토하는 것이 가능해진다. 작업과정(work process)이란 작업단위 구성원들이 주어진 아웃풋을 생산하기 위해서 수행하는 활동을 의미한다. 각 개념과정은 제품의 개발 및 생산단계에서 수행하여야 할 과업들과 절차로 구성되어 있다. 수행되어야 할 과업들은 개인이 수행하여야 할 작업단위로 통합하는 것이 보통이다.

3. 작업인풋 분석

작업흐름분석의 마지막 단계는 작업단위의 산출물을 생산하는 데 필요한 인풋을 식별하는 것이다. 〈그림 4-2〉에 나타나 있듯이, 작업인풋으로는 원자재(raw material), 설비(equipment), 그리고 스킬로 세분할 수 있다.

원자재란 제품으로 전환될 재료를 의미한다. 예를 들어, 철강회사에서는 철강을 생산하는 데 필요한 원광석이 원자재로 볼 수 있다. 설비란 원자재를 제품으로 변환시키는 데 필요한 기술과 기계를 의미한다. 이미 언급한 철강회사의 예에서는 용광로가 여기에 속할 수 있다.

과업을 수행하는 데 필요한 인간 스킬과 노력도 인풋이 될 수 있다. 원광석을 제련하여 철강을 생산하기 위해서는 원광석을 융해하기 위해서 용광로를 컴퓨터로 제어하는 스킬이 필요할 수 있다.

작업이 복잡한 많은 경우에 있어서는 한 개인이 작업에 필요한 모든 스킬을 보유할 수 없다. 이런 경우에는 작업이 팀 단위로 할당된다. 따라서 팀에 근거한 직무설계가 현대 조직에서는 널리 활용되고 있다.

지금까지 논술한 작업과정 중 어느 한 단계에서의 결함은 아웃풋에 있어서 결함으로 나타날 수 있다. 적절한 원자재를 사용하지 않는다거나(예를 들면, 품질이 낮은 원광석을 제련할 경우), 적절한 설비를 이용하지 못하거나(예를 들면, 적절한 용광로를 사용하지 않을 경우), 또는 필요한 스킬이 부족할 경우(예를 들면, 용광로의 온도를 잘못 제어할 경우)들은 높은 품질의 아웃풋을 산출할 수 없을 것이다.

제 2 절 직무분석

1. 직무의 특성

직무는 직무내용과 직무간 수직적 관계를 통하여 조직을 구축하며 조직내 개인의 역할을 규정하는 기본적 단위이다.[2] 직무는 조직이 재화나 서비스를 효율적으로 산출하도록 의도적으로 설계되고 조직화된 것이다. 직무의 또 다른 특성은 조직 구성원과 조직을 연결하는 연결핀(linking pin)이라는 것이다. 종업원이 그들이 속한 조직과의 관계를 생각할 때 그들은 그들이 행하는 직무나 역할을 기초로 하여 조직과의 관계를 설명한다. 마찬가지로, 경영자도 종업원을 그들이 수행하는 직무에 기초하여 생각하게 된다. 개인과 조직을 연결하는 것이 직무의 독특한 특성이며 직무를 연구하거나 설계할 때 고려하여야 할 점이다.

조직의 기본단위로서 직무는 다양한 조직에 걸쳐서 공통적인 특징을 지니고 있다. 첫째, 직무는 형성, 설계 및 운용에 있어서 합리적 사고(rational thought)의 산물이라는 것이다. 둘째, 모든 직무는 직무를 둘러싼 환경과 거래를 통해서 존재한다. 직무는 자원을 받아들여 유용한 산출물을 조직에게 다시 돌려 준다. 셋째, 모든 직무는 동태적 연관을 가져 한 직무의 변화는 다른 직무에게 영향을 미친다. 넷째, 모든 직무는 권력, 명예, 보상 등에 있어서 동일하지 않고 계층적(hierarchy)이다. 다섯째, 조직의 기본단위로서 직무의 형성, 설계 및 운용에 있어서는 합리적 사고를 배경으로 하고 있지만 현실적으로는 직무는 공식성과 비공식성이 혼합되어 수행된다. 직무수행은 공식적 및 비공식적 과정, 집단규범이나 가치 등에 의해 영향을 받는다.

2. 직무분석의 용어들

직무분석을 논의하는 과정에 있어서 특정 용어가 빈번히 사용된다. 이들 용어의 정의와 예가 〈표 4-1〉에 제시되어 있다. 이들 용어는 넓은 범주로 부터 낮은 범주로 하향적으로 정리되어 있다.

표 4-1 직무분석에서 자주 사용되는 용어들

용 어	정 의
직군(job family)	직무들의 집단: 일상적으로 기능에 따라 분류된다. 예를 들면, 생산, 재무, 인사, 마케팅 등.
직종(job category)	직군 내 혹은 직군간에 있는 포괄적인 직함(job title) 혹은 직종에 따른 직무들의 집단. 예를 들면, 관리직, 판매직, 사무직, 보수유지직 등.
직무(job)	과업 혹은 과업 차원이 유사한 직위들의 집단.
직위(position)	한 개인에게 할당되는 업무들을 구성하는 과업 혹은 과업 차원들의 집단; 직위의 수는 종업원의 수에 의해 결정된다.
과업 차원 (task dimension)	유사한 형태의 과업들의 집단: 때때로 '의무(duty)', '책임영역', '주요 결과영역' 등으로 불리기도 함.
과업(task)	직무의 수행을 위하여 논리적이고 필수적인 단계들인 식별가능한 업무활동을 형성하는 요소들의 집단.
요소(element)	업무가 개별적인 동작, 이동, 정신적 과정들에 대한 분석 없이 분할될 수 있는 가장 작은 단위.

3. 직무분석과정

직무분석이란 직무내용에 대한 정보를 수집, 분석, 통합, 보고하기 위하여 직무를 연구하는 일련의 과정이다. 이상의 정의에서는 두 가지 검토할 점이 있다. 첫째로, 직무분석은 특정한 방법 또는 기법이라기보다는 과정이라는 점이다. 직무분석에서는 다양한 방법 또는 기법이 활용되고 있지만, 방법이나 기법들은 전반적 과정의 한 부분으로 여겨져야 할 것이다.

두 번째로는 직무분석에서 조직에게 유용한 정보가 식별되고 보고되어야 한다는 점이다. 직무분석 결과는 인적자원관리에 있어서 기본적 정보로 활용될 수 있어야 한다. 이런 점에서 직무분석은 다양한 인적자원활동을 수행하는데 지원적 역할을 한다. 직무요건과 직무보상에 대한 정확한 정보가 없이는 조직은 인적자원활동을 수행하는 데 있어서 커다란 어려움을 겪을 것이다.

직무분석을 과정으로 본다면, 〈그림 4-3〉에서 보는 바와 같이 대략 5단계로 구분할 수 있다.

그림 4-3 직무분석과정

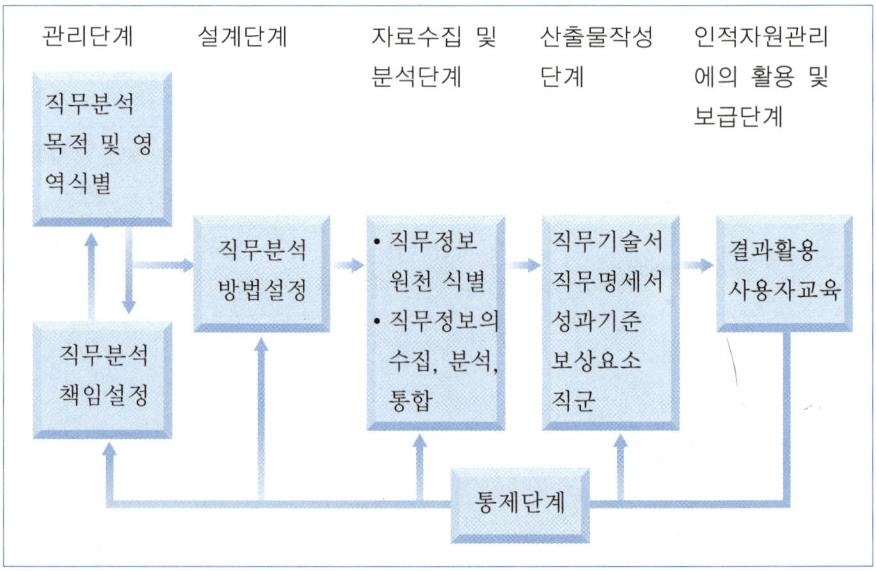

자료: J. Ghorphade(1988), *Job Analysis: A Handbook for Human Resource Director,* Englewood Cliffs, N. J., p. 8의 모형을 수정한 것임.

1) 관리단계

직무분석을 실시하기 위한 준비단계로서 직무분석의 이유와 대상을 결정한다. 이 단계에서는 다음과 같은 이슈를 다룬다.

- 직무정보를 활용할 목적 식별
- 분석대상 직무 선별
- 수집되어야 할 정보의 유형과 범위
- 직무수행 책임 설계

직무분석은 직무정보를 어디에 활용할 것인가를 식별함으로써 시작된다. 기본적으로, 직무분석을 통해서 해결하여야 할 인적자원관리의 문제점을 식별하여야만 어떤 유형의 정보를 수집할 것인가를 결정할 수 있다. 그런 다음에 직무분석의 대상을 정할 수 있는 것이다.

직무분석을 수행하는 책임을 설계하는 데 있어서 분석자의 자격요건과 직무분석 업무를 담당할 조직의 위치설정 등 두 가지 측면을 고려하여야 한다. 직무 분석자는 직무분석과정에 대한 개념적 이해뿐만 아니라 자료수집 방법, 그리고 통계적 분석을 이해하고 있어야만 한다. 더욱이, 직무 분석자는 조직 내 생산라인 조립공으로부터 경영자에 이르기까지 다양한 계층과 의사소통을 할 수 있어야 한다.

직무분석 업무를 담당할 조직에 대해서는 세 가지 방법이 있다.[3] 첫째는 직무분석 업무를 인사팀이나 산업공학팀과 같이 현존 조직에 할당하는 것이다. 둘째는 공식조직과는 독립적으로 기능할 수 있는 새로운 조직단위를 형성하는 것이며, 마지막으로는 외부 전문기관에 의뢰하는 방법이다. 세 가지 방법이 각각 장단점이 있겠지만 외부전문가를 활용할 수 있고 직무분석팀의 우두머리가 회사의 최고경영자에 직접 보고할 수만 있다면 두 번째 방법이 가장 무난할 것이다. 새로운 조직단위를 창출한다는 것은 관리비용이 증대하고 조직단위간 영역싸움이 발생할 가능성이 있지만 장점이 이런 단점을 극복하고도 남을 수 있다. 우선 새로운 조직단위의 창출은 새로운 시작을 의미하며 전문가를 참여시킬 수 있다. 또한 기존 조직의 일상적 업무를 방해하지 않고 직무분석을 집중적으로 실행할 수 있다. 조직단위간 영역은 최고경영층에서 해결될 수 있을 것이다.

2) 설계단계

설계단계에서는 어떠한 직무분석시스템을 활용하며 누구에게 어떤 정보를 획득할 것인가를 결정하게 된다. 이미 언급한 바와 같이 직무분석에는 크게 직무요건을 중심으로 한 접근법과 직무보상을 중심으로 한 접근법으로 구분할 수 있다.

직무요건접근법

직무분석은 직무의 산출물이나 서비스를 생산하는 데 필요한 과업과 행위에 초점을 맞추거나 또는 과업수행이나 행위에 필요한 지식, 스킬, 능력 및 기타 특성(KSAOs)에 초점을 맞출 수가 있다. 직무요건의 과업과 행위 부분에 초점을 맞추는 분석방법이 과업위주접근법(task-oriented approach)이다. 반면에 과업을 무시하지는 않지만 KSAOs에 초점을 맞추는 방법이 KSAO 위주접근법(KSAO-oriented approach)이다.[4)]

그림 4-4 직무분석의 직무요건접근법

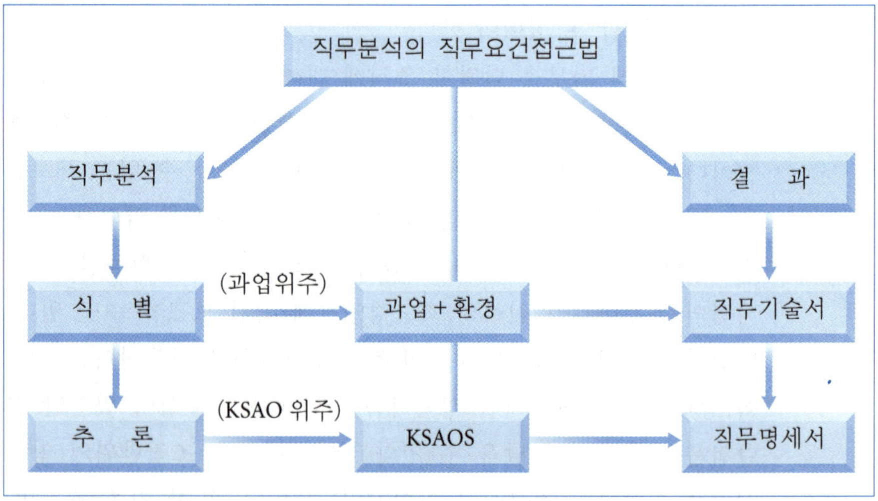

자료: H. G. Heneman, Ⅲ & R. L. Heneman(1994), *Staffing Organization*, Mendota House, Inc: WI, p. 144.

〈그림 4-4〉에 제시된 것처럼, 직무분석은 먼저 과업과 과업이 수행되어지는 환경을 식별한다. 이런 직무분석의 결과로서 직무기술서가 보고된다. 그러나 직무분석이 단순히 과업이나 과업환경의 식별을 넘어서 과업들을 성공적으로 수행하는 데 필요한 KSAOs를 추론하고자 한다.

예를 들어, 대규모 할인점에서 점포관리자의 직무를 분석한다고 가정하자. 과업위주접근법은 '고객 서비스'라는 과업 차원(task dimension)하에 다수의 과업을 식별할 것이다. 이런 구체적 과업정보를 활용하여, KSAO위주 접근법은 '고객 서비스'를 효과적으로 수행하기 위하여 점포관리자가 지녀야 할 KSAOs를 추론한다. 이렇게 하여 추론된 KSAOs의 예로서 제품지식, 인간관계, 그리고 어휘능력 등을 들 수 있다. KSAO위주의 접근법에서 직무명세서(job specification)가 나오며 직무명세서는 다양한 충원활동에 활용될 수 있다.

직무보상접근법

일반적으로 말해서, 모든 직무는 직무와 관련된 다양한 보상을 제공한다. 임금, 복리후생, 승진, 감독유형 같은 보상은 직무 또는 직무를 구성하는 과업 외부에서 주어지며, 이것들은 외재적 보상(extrinsic rewards)이라고 한다. 반면 어떤 보상은 직무 그 자체에 내재되어 있다. 내재된 보상은 직무 자체에서 발생하거나 직무를 수행하는 과정에서 종업원이 느끼는 감정들이다. 이러한 내재적 보상(intrinsic rewards)의 예로서는 자율성, 과업 및 목표

표 4-2 과업위주와 KSAO위주의 접근법의 예

과업위주의 접근법
- 과업: 제트엔진 조작통제 • 하위과업: 제트엔진 rpm을 조정한다. • 하위과업: rpm이 통제범위에 있는지를 확인한다.
KSAO 위주의 접근법
- 자동차 타이어를 교체할 수 있는 능력 - 작업지시서를 읽고 이해할 수 있는 능력 - 응급처치를 할 수 있는 능력 - 사실을 기억할 수 있는 능력

그림 4-5 직무분석의 직무보상접근법

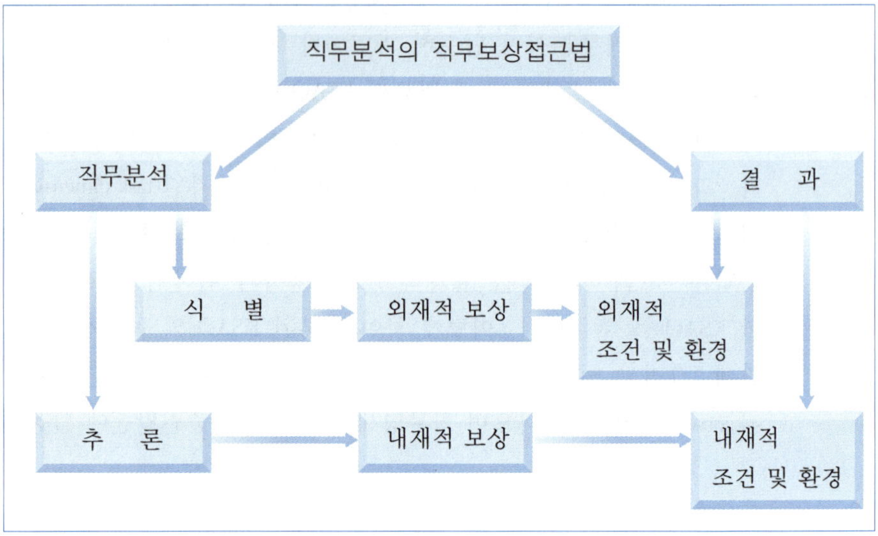

성취감, 성장 느낌 등이 있다.

직무보상접근법은 〈그림 4-5〉에서 제시되어 있는 것처럼, 외재적 및 내재적 보상에 초점을 맞춘다. 직무분석을 통하여 먼저 직무와 관련된 외재적 보상을 식별한다. 외재적 보상은 인적자원활동의 한 부분으로 통상 일상화되어 있으므로 쉽게 식별이 가능하다. 예를 들어, 임금은 회사의 보상관리에 의해 이미 설정되어 있다. 직무와 관련된 내재적 보상은 외재적 보상과는 달리 쉽게 식별하기가 어렵다.

직무보상은 두 가지 관점에서 측정될 수 있다. 첫째 방법은 현재 직무담당자의 직무만족 수준을 검토함으로써 또는 특정 보상이 자신의 직무에 존재하고 있는 정도를 평가하게 함으로써 직무보상을 측정하는 것이다. 두 번째 방법은 직무에 속한 과업들을 검토하여 직무가 제공하는 보상을 추론하는 것이다. 이 접근법은 직무를 담당하지 않은 사람(예, 상급자)에 의한 분석이 요구된다. 직무진단조사(Job Diagnostic Survey)는 첫번째 방법의 예이며, 미네소타 직무기술설문(Minnesota Job Description Questionnaire)이 두 번째 방법의 예이다. 이 두 가지 직무보상 측정법은 추후에 다시 논의하겠다.

3) 자료수집단계

〈그림 4-3〉의 직무분석과정에 대한 전반적 모형에서 알 수 있듯이, 이 단계에서는 직무정보를 수집하고 분석하는 데 관심을 두고 있다. 직무정보를 수집하는 데는 다양한 방법이 제시되고 있다. 각각의 직무정보 수집방법은 수집된 정보의 질에 있어서 커다란 차이를 보이고 있다.

관찰(Obervation)

관찰은 직무분석에서 가장 오래된 정보수집 방법이다. 훈련된 직무 분석자가 일련의 행동을 관찰해서 정보를 수집하므로 작업주기가 짧은 반복적 육체노동에 자주 활용된다.

예를 들어, 관찰법은 다양한 생산직 근로자의 직무를 분석하는 데 적절하다. 생산직 직무는 사고보다는 물체를 대상으로 작업하고 작업결과를 쉽게 알 수 있다. 때때로 관리자의 직무를 분석하기 위하여 사용되기도 하지만, 충분한 행위표본을 얻기 위해서는 상당한 시간을 필요로 하며 행위의 결과는 대부분 추론되어진다.

관찰법은 관찰자가 실제 작업에의 참여 여부에 따라 두 가지 유형으로 구분된다. 참여적 관찰(participative observation)하에서는 관찰자는 집단 구성원의 일부분이 되어 실제적으로 작업을 수행한다. 반면에 비참여적 관찰(nonparticipative observation)에서는 관찰자는 작업집단에 있어서 아무런 직접적 역할을 담당하지 않는다.

관찰법의 주요 강점은 광범위한 정보를 수집할 수 있다는 것이다. 훈련된 관찰자는 공식적 및 비공식적 행위, 작업활동, 작업대상과의 상호 관계 등을 관찰할 수 있다. 그러나 직무 담당자가 과업을 보다 어렵게 보이게 만든다든지 또는 시간을 실제보다 더 소비한다든지 하여 직무 담당자가 자신에게 유리한 방향으로 관찰을 왜곡시킬 가능성도 있다.

면접(Interviewing)

면접은 '목적 있는 대화'라고 정의된다.[5] 직무분석에 있어서 면접의 목적은 직무에 관하여 유용한 정보를 수집하는 것이다. 면접의 당사자, 면접자의 역할 그리고 구조화 정도 등의 요소에 따라 면접유형이 구분된다. 직무분석에 있어서 면접은 직무 분석자와 작업자 두 개인으로 이루어진다. 그러나 양쪽에 다수의 사람들이 참여할 수 있다. 즉, 한 작업자가 다수의 면접자를 상대할 수 있으며 또한 한 면접자가 다수의 작업자를 동시에 면접할 수도 있다.

면접자의 역할은 수동적 청취자로부터 능동적 정보창출 역할까지 다양하다. 수동적 청취자로서 면접자의 주된 책임은 이미 설정된 스케줄에 따라 바람직한 정보를 수집하는 것이다. 이 경우 면접의 성공 여부는 수집된 정보의 완전성에 의해 평가된다. 반면에 정보 창출자로서의 면접자는 추가적 정보를 얻기 위하여 문서화된 면접항목 이상 나갈 수 있다. 면접항목이 아닌 이슈를 계속 추구하거나 작업자가 제공한 단서에 대해서 계속 질문할 수 있다. 수집된 정보의 범위와 유용성은 궁극적으로 면접자의 효율성을 판단하는데 사용된다.

지금까지의 논의를 바탕으로 직무분석에 있어서 정보수집방법으로서 면접을 평가하여 보자. 먼저 면접은 다수의 긍정적 특징을 가지고 있다.

첫째, 면접은 두 당사자의 인간적 대면이므로 다양한 이슈를 개발할 수 있다. 예를 들어, 작업자가 지각하는 직무의 특성, 작업자의 태도, 신념이나 의견, 그리고 작업자의 기술적 스킬 정도 등이 면접에서 도출될 수 있다. 그러나 피면접자의 마음 속 생각은 면접에 의해서 노출되지 않을 수 있다.

둘째, 면접자가 질문에 응답하는 데 있어서 피면접자를 도울 수 있다. 이것은 문장해독력이 떨어진 작업자에 있어서 특히 중요하다.

셋째, 면접자가 면접 스케줄이나 면접내용에 있어서 부적절한 사항을 수정할 수 있다. 아무리 사전에 준비를 철저히 했더라도 면접양식에 문제점이 발생할 수 있다.

넷째, 면접자가 피면접자의 규모를 통제할 수 있다. 비협조적 사람들은 면접에 참여시킴으로써 그들이 얻는 이득을 이해시킴으로써 설득할 수 있다. 참여자가 협조를 거부하는 경우에는 다른 사람을 대신 선택할 수도 있다.

다섯째, 면접은 현장에서 반응에 대한 타당성을 평가할 수 있는 기회를 제공한다. 면접자는 피면접자의 응답뿐만 아니라 질문에 대한 태도나 반응도 기록할 수 있다. 상반된 응답에 대해서는 추가적 질문을 통하여 일관성을 검사할 수 있다.

이상의 장점과 더불어 면접에도 몇 가지 문제점이 있다.

첫째, 면접은 인간이 당면하는 모든 형태의 오류에 노출되어 있다. 직무분석 면접에 있어서는 작업자의 특성이 직무를 판단하는 데 영향을 줄 수 있다는 위험이 있다. 성에 대한 편견이 직무나 직무요건에 대한 분석자의 시각에 영향을 미칠 수 있다.

둘째, 면접에는 시간이 걸리며 작업 스케줄을 방해한다. 면접이 효과적이기 위해서는 방해 없이 편안한 분위기에서 실시되어야 한다. 실제에 있어서는 면접에 충분한 시간을 얻기가 힘들다.

셋째, 면접에서 익명을 유지하기란 어려우므로 정확하지 못하거나 자기방어적 반응의 가능성이 있다. 노사간의 상호 신뢰가 부족할 경우에 이런 위험이 특히 크다.

중요사건법(critical incident method)

중요사건(critical incident)이란 특히 효과적인 또는 비효과적인 직무수행 행위를 의미한다. 직무 분석자는 종업원이 직무를 수행하는 동안 다수의 관찰 항목을 수집하여 과업 차원(task dimension)에 따라 항목을 분류한다. 과업 차원과 과업 차원에 속한 관찰항목을 종합하면 직무수행에 필요한 행위요건(behavioral requirement)을 얻을 수 있다. 중요사건법에 의한 경찰 직무분석의 예가 〈표 4-3〉에 제시되어 있다. 개별 과업에 대하여 평가자는 5점 척도에 의해 다음 요소를 평가하도록 하고 있다.

1. 과업이 실시되는 빈도
2. 직무성과에의 중요도
3. 정규 경찰임무에 처음 배치되었을 때 필요한 능력 정도
4. 과업의 성공적 수행이 훌륭한 경찰업무에 관련된 정도

중요사건법은 해당 직무의 상급자 참여가 요구되며, 명백히 과업위주(task-oriented)의 접근법이다. 상급자가 직무 담당자의 효과적 또는 비효과적인 행위를 기록한다. 이 방법은 경찰직무의 예에서 보듯이 직무 담당자의 행위가 조직목표 달성에 중요한 영향을 미칠 때 유용하다.

표 4-3 과업대조표: 경찰

Ⅲ. 표준적 순찰활동		빈 도	중요성	필요능력 정 도	성공과의 관 계
조 건	지역순찰 임무 할당시				
기 준	범죄활동 징후 식별; 인간, 장소 및 상황에 대한 세심한 관찰				
과 업	T59: 특정순찰지역에 있어서 사건이 가장 발생하기 쉬운 장소 및 시간 식별				
	T60: 조사를 할 것인가 그렇지 않으면 계속 순찰을 돌 것인가를 결정하기 위하여 관찰된 또는 의심되는 범법행위 상황을 고려				
	T61: 사소한 범법행위를 다룰 때 추가적 범법행위를 식별하기 위하여 사람이나 재산을 계속 검사할 것인가를 환경으로 부터 판단				
	T62: 사람들로부터 범죄활동의 징후 식별				
	T63: 키, 몸무게, 연령, 성 등의 기술에 의해서 용의자 식별				
	T64: 지속적인 경각심과 관찰에 의한 순찰활동				
	T65: 잠재적 또는 실질적 범죄활동을 수사하는 도중 획득된 정보의 수집, 분석 및 검증				
	T66: 약물이나 술에 취했는지를 알기 위해서 관찰이나 적절한 도구 활용				
	T67: 정보교환에 있어서 사실과 의견을 구별				

자료: M. Rosenfeld & R. F. Thornton(1976), *The Development and Validation of a Multijurisdictional Police Examination*, Prenceton, N. Y.: Educational Testing Service.

중요사건법이 관찰가능하고 측정가능한 직무수행 행위에 의해 직무를 정의하고 있지만, 두 개의 주요한 결점이 있다.

첫째는, 직무행위 항목을 수집, 분석, 분류하는 데 시간이 오래 걸린다는 것이다. 둘째는, 현저히 효과적이거나 비효과적인 성과를 결정하는 중요한 행위를 분석한다는 것이다. 중요사건법을 이용하면, '평균적' 종업원의 행위는 때때로 식별이 곤란하다. 또한 직무기술서가 완전하지 않을 수 있다.

설문지법(Questionnaire) 및 대조표법(Checklist)

설문지와 대조표는 구조화된 정도에 약간의 차이가 있다. 설문지는 직무가 요구하는 과업, 스킬, 지식, 그리고 능력에 대한 대부분의 기술을 직무 담당자에게 의존하고 있다. 직무 담당자들은 직무목적, 과업, 사용장비, 능력요건(지식, 능력, 기능 등) 등에 자유롭게 기술할 수 있다.

반면에 대조표법은 분석될 직무에 필요한 과업 또는 행위들이 이미 제시되어 있다. 대조표법에서는 응답자들에게 제시된 행위들을 수행하는가 또는 제시된 능력들을 사용하는가에 대한 응답을 요구하고 있다. 또한 응답자들은 과업을 얼마나 빈번히 수행하는가 또 과업이 전체적인 직무수행에 얼마나 중요한 것인가에 대해서 응답하기를 요구받는다.

대조표법은 비교적 최근에 개발되었다. 1960년대 중반 이전에는 대조표에 의한 자료를 처리할 수 있도록 컴퓨터가 충분히 뒷받침하지 못했다. 과업 차원이나 개인특성을 식별하기 위해서 통계적 기법을 이용하여 응답자의 반응들이 집단화된다. 직무분석에 있어서 대표적인 대조표법으로는 직위분석설문지(Position Analysis Questionnaire: PAQ)와 관리자 직위기술설문지(Management Position Description Questionnaire: MPDQ) 등이 있다.

직위분석설문지(PAQ): 직위분석설문지는 〈표 4-4〉에서 제시하듯이 직무요소를 포함하고 있다. 직위분석설문지는 수정 없이 다양한 직무에 적용될 수 있도록 설계되었다. 또한 직위분석설문지는 직무가 어떻게 수행되는가 하는 직무행위에 초점을 맞추고 있다. 직위분석설문지는 구조화되어 있고 일반적인 직무행위에 초점을 맞추고 있기 때문에 다양한 직무를 서로 비

표 4-4 직위분석설문지(PAQ)의 직무 차원

1. 정보투입(Information Input)
   a. 직무정보의 원천
   b. 차별 및 지각활동
2. 사고과정(Mental Process)
   a. 의사결정 및 추리
   b. 정보처리
   c. 축적된 정보의 활용
3. 작업산출물(Work Output)
   a. 물질적 도구의 활용
   b. 통합적 손동작
   c. 일반적 신체적 활동
   d. 조작/조정활동
4. 인간관계활동
   a. 의사소통
   b. 인간관계
   c. 개인적 접촉
   d. 감독 및 조정
5. 작업상황과 직무환경
   a. 물리적 작업조건
   b. 심리적/사회적 측면
6. 기타 측면
   a. 작업 스케줄, 임금지불방식, 복장
   b. 직무요건
   c. 책　　임

자료: E. J. McCormick, P. R. Jeannert, & R. C. Mecham(1972), "A Study of Job characteristics and job Dimensions as based on the Position Analysis Questionnaire(PAQ)," *Journal of Applied Psychology*, 56, p. 349.

교하는 도구로서 활용될 수 있다.

그러나 특정 직무에 맞는 구체적인 직무활동을 기술하고 있는 것이 아니므로 행위적 유사성은 직무에 있어서 실제적 과업차이를 호도할 수 있다. 예를 들면, 사건 식별 및 해결, 위기상황 처리 등과 같은 경찰관의 프로필은 가정주부의 그것과 유사하다.[6] 또한 다양한 조직의 다양한 직무에 적용하기 위해서는 평가항목이 상당히 많기 때문에 평가자들로부터 저항을 받기 쉽다.

관리자 직위기술설문지(MPDQ): 어떤 직무에 대해서도 직무분석을 정확하게 수행한다는 것은 쉬운 일이 아니지만 관리직무에 대한 직무분석은 더욱 어렵다. 계획, 업무조직화, 또는 부하간 갈등조정 등과 같은 서로 다른 활동들이 경영자의 시간을 차지하고 있다. 동일한 직급과 기능이 유사한 두 경영자들은 조직목적 달성을 위한 관리적 책임은 유사하지만 조직목적을 달성하는 방법에서는 커다란 차이가 있을 수 있다. 즉, 개인적 요소에 의해 직무수행 방식이 크게 영향을 받을 수 있다. 마지막으로 직급, 기능, 지역 등 상황적 요인이 경영직무에 커다란 영향을 미친다. 마케팅 관리자는 재무나 연구개발 관리자보다는 상당히 다른 상황에 당면하고 있으며, 또 다

표 4-5 MPDQ의 구조

	항 목 수	
	직무행위	기 타
1. 일반적 정보		16
2. 의사결정	22	5
3. 계획 및 조직화	27	
4. 관 리	21	
5. 통 제	17	
6. 감 독	24	
7. 카운셀링 및 혁신	20	
8. 접 촉	16	
9. 조 정	18	
10. 대 표	21	
11. 사업지표의 모니터링	19	
12. 전반적 평가	10	
13. 지식, 스킬 및 능력		31
14. 조직도표		
15. 비평과 반응		7
계	215	59

양한 기능의 일선관리자는 중간 또는 상층경영자와는 다른 상황에 직면하고 있다.

관리직무들이 직급, 기능, 조직별로 상당히 다르기 때문에 다양한 직무를 공통의 차원에 의해 식별하고 측정할 필요성이 있다. 이러기 위해서는 먼저 관리직무를 효과적으로 수행하기 위해서 경영자들이 실제로 직무상에서 수행하는 과업을 식별하고 그 다음 직급, 기능, 그리고 상황적 요인에 의한 서로 다른 행위를 구체화하여야 할 것이다. 이런 논리에 근거로 하여 Torrow와 Pinto(1976)는 관리자 직위를 기술하기 위하여 197항목의 관리자 직위기술설문지를 개발하였다.

관리자 직위기술설문지는 관리자의 직무를 분석하는 데 초점을 맞추고 있다. 관리자들의 직무는 직위별, 계층별, 기능별로 큰 차이를 나타내고 있기 때문에 체계적으로 분석하기가 어렵다. 따라서 MPDQ는 〈표 4-5〉에서 보여지듯이 관리자들의 작업내용에 대해 포괄적으로 다루고 있을 뿐만 아니라 모든 기능 및 회사에 적용될 수 있도록 설계되었다. 관리자의 응답은 차원명칭하에 통합되어 직무기술서에 기재된다. 직무에 필요한 능력은 이 분석에 의해서 추론될 수 있다. MPDQ는 경영자의 선발, 경력경로의 식별 및 구축, 훈련필요성 식별, 그리고 임금을 위한 직무평가에 유용하게 활용될 수 있다.[7)]

자료수집방법의 선택

지금까지 다양한 자료수집방법을 논의하였다. 실무에 있어서는 이상의 모든 방법을 사용할 수는 없고 한 방법 또는 두세 방법의 혼합형태로 직무정보를 수집하여야 할 것이다. 따라서 조직은 어떤 자료수집방법을 사용할 것인가 또는 말 것인가에 대한 의사결정을 내려야 한다. 이러한 의사결정에 지침이 〈표 4-6〉에 제시되어 있다.

표 4-6	직무분석방법의 선택기준을 위한 지침

1. 다양한 직무유형에 대한 적합도 또는 유용도
2. 과정 및 결과물에 있어서 표준화 정도
3. 정보원천 또는 활용자에게 있어서 과정 및 결과의 수용성

4. 수정 없이 즉시 사용가능성
5. 직무정보의 원천 및 사용자에게 요구되는 훈련 정도
6. 직접관리비와 참여된 종업원의 인건비를 포함하는 직무분석 비용
7. 신뢰성(reliability)과 내용타당성(content validity) 측면에서의 도출된 정보의 질
8. 인적자원활동에 있어서 결과의 활용성

자료: E. R. Levine, R. A. Ash, H. Hall & F. Sistrunk(1983), "Evaluation of Job Analysis Methods by Experienced Job Analtysts," *Academy of Management Journal*, 26, pp. 339~348.

4) 산출물단계

직무분석의 목적은 인적자원관리에 활용될 수 있는 유용한 정보를 제공하는 것이다. 이러한 정보들은 산출물 형태로 나타나며 〈표 4-7〉에서 제시되는 바와 같이 직무기술서, 직무명세서, 성과기준, 보상요소, 그리고 직군분류 등이 있다. 지금까지 논의한 단계들이 체계적으로 수행되었다면, 산출물을 작성하는 것은 지극히 사무적인 일일 것이다.

표 4-7 직무분석의 주요 산출물의 정의

구분	정의
직무기술서	작업자가 무엇을, 언제, 어떻게, 그리고 어디서 작업을 수행하는지에 대한 직무의 전반적 기술
직무명세서	직무 담당자에게 요구되는 지식, 스킬, 능력 및 기타 특성에 대한 요건
성과기준	직무성과를 평가하는 척도
보상요소	보상의사결정에 근거로 사용되는 직무와 개인의 특성
직무분류	직무, 작업자 및 환경특성에 따른 직무의 집단화

5) 인적자원관리에의 활용단계

직무분석은 초기에서부터 인적자원관리의 한 부분이었다. 그러나 최근에는 인적자원관리에 있어서 점점 중심적 역할을 담당하게 되었다. 직무분석의 목적은 이미 언급한 바와 같이 다양한 인적자원활동에 필요한 직무관

련 정보를 제공하는 것이다. 직무분석과 인적자원활동과의 연계는 〈그림 4-6〉에 제시되어 있다. 그림의 오른쪽은 직무분석에 의해 도움을 받을 수 있는 인적자원활동을 나타내고 있다.

직무분석의 첫번째 산출물은 직무기술서이다. 직무기술서는 다른 산출물의 근거가 되며 인적자원관리에 있어서 정보원천적인 역할을 한다. 다른 산출물들은 특정 목적을 위하여 직무기술서에서 도출된 것이다. 직무기술에 근거하여 직무 분석자는 직무 담당자에세 요구되는 지식, 스킬 및 능력을 이해할 수 있다. 보상요소는 필요한 직무 및 개인요소가 알려진 다음에나 식별가능하다. 직무분류는 직무, 직무 담당자, 그리고 직무환경이 기술

그림 4-6 직무분석과 인적자원활동과의 연계성

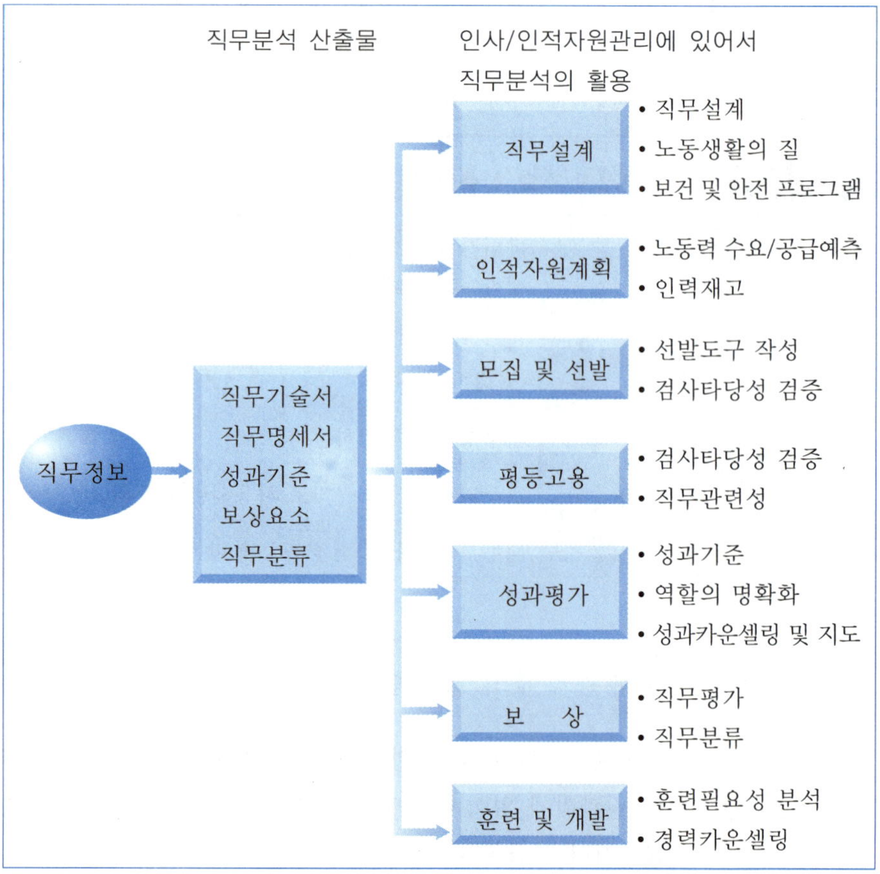

된 다음에야 가능하다.

직무분석의 산출물들은 〈그림 4-6〉에서 보여지듯이 다양한 인적자원 활동을 수행하는 데 활용된다. 직무 설계자에게는 직무분석은 직무설계, 노동생활의 질, 그리고 보건 및 안전 프로그램에 필요한 정보를 제공한다. 외부충원의 경우에는 직무에 필요한 지식, 스킬, 능력 및 기타 특성(KSAOs)에 대한 정보를 제공하여 나아가서는 테스트의 타당성 검증을 하는 데 활용된다. 고용평등을 촉진하는 데 있어서는 직무분석은 직무관련성(job-relatedness) 및 사업필요성(business necessity)에 대한 자료를 제공한다. 인사고과에 필요한 기준은 직무의 임무, 과업, 그리고 환경에 관한 기술에서 도출될 수 있다. 직무명세서와 더불어 직무기술서는 종업원에게 역할을 명확히 하고 나아가서는 카운셀링과 지도를 제공할 수 있다. 보상 담당자는 직무평가를 위한 직무 및 개인요소를 식별할 수 있게 한다.

6) 직무보상의 측정

직무분석의 직무보상접근법은 이미 언급한 바와 같이 직무의 외재적 보상(extrinsic rewards)을 식별하고 내재적 보상(intrincsic rewards)을 추론하는 과정이다. 직무와 관련된 보상을 측정하기 위해서는 분석대상이 되는 직무에 대한 보상영역은 무엇인가? 그리고 이 영역은 어떻게 결정할 것인가? 그리고 조직은 직무보상, 특히 내재적 보상은 어떻게 측정할 것인가를 결정하여야 한다.

직무보상의 직무분석에 관심을 가지는 조직은 현재는 매우 적다. 직무분석을 행한다면, 대부분은 직무요건접근법을 취하고 있다. 더욱이 직무분석에 있어서 직무보상접근법에 대한 연구는 비교적 최근의 일이고 제한되어 있다. 따라서 직무분석의 직무보상접근법을 적용하기 위해서는 먼저 직무와 관련이 있거나 또는 개인이 경험하는 보상목록을 가지고 시작하는 것이 편리하다(이것은 자료수집방법에 있어서 설문 및 대조표법에 해당한다). 이미 언급한 바와 같이 보상법에는 미네소타 직무기술설문(Minnesota Job Descrip-tion Questionnaire: MJDQ)과 직무진단조사(Job Diagnostic Survey: JDS)가 있다.

직무진단조사

직무진단조사(JDS)는 종업원의 관점에서 직무 그 자체(work itself)의 측면을 측정하기 위해 설계되었다.[8] 인적자원결과는 종업원의 심리상태(psychological states)에 의해 영향을 받는다는 이론이 이 조사의 근거가 되어 있다. 또한 심리상태는 직무 그 자체에 포함되어 있는 핵심직무차원(core job dimension)에 의해 영향을 받는다. 이 이론은 추후에 직무설계를 논의할 때 자세히 설명될 것이다.

미네소타 직무기술설문지

미네소타 직무기술설문지(MJDQ)는 해당 직무의 상급자에 의해서 작성

표 4-8 미네소타 직무기술설문지(MJDQ)와 직무진단조사(JDS)에 의해 평가되는 보상

MJDQ	JDS
1. 능력활용(Ability utilization)	1.* 스킬다양성(Skill variety)
2. 성취(Achievement)	2.* 과업정체성(Task identity)
3. 활동성(Activity)	3.* 과업중요성(Task importance)
4. 진보성(Advancement)	4.* 자율성(Autonomy)
5. 권한(Authority)	5.* 직무로부터의 피드백(Feedback from the job)
6. 회사정책 및 절차(Company policies and procedures)	6. 대리인으로부터의 피드백(Feedback from agents)
7. 보상(Compensation)	7. 타인과의 관계(Dealing with others)
8. 동료(Co-workers)	
9. 창의성(Creativity)	* 핵심직무특성
10. 자주성(Independence)	
11. 도덕적 가치(Moral values)	
12. 인정(Recognition)	
13. 책임(Responsibility)	
14. 안정(Security)	
15. 사회적 서비스(Social service)	
16. 사회적 지위(Social status)	
17. 감독-인간관계(Supervision-human relations)	

〈표 4-8〉 계속

18. 감독-기술(Supervision-technical) 19. 다양성(Variety) 20. 작업조건(Working Condition) 21. 자율성(Autonomy)	

되며 21개 보상이 해당 직무에 존재하는 정도에 따라 서열을 매기도록 되어 있다. JDS는 내재적 보상에 초점을 맞추고 있는 반면 MJDQ는 내재적 보상과 외재적 보상이 모두 포함되어 있다.

제3절 직무설계

지금까지 우리는 무슨 일을 어떻게 수행하는가 그리고 일을 수행하는 데 어떤 스킬이 필요한가를 이해하는 데 초점을 두어 왔다. 이런 방식은 수동적인 접근방식으로 직무는 이미 존재하고 있고 최적의 방식으로 구조화되어 있다고 가정하는 정태적 관점을 나타낸다. 그러나 때때로 아직 작업단위가 존재하지 않고 처음부터 작업단위를 설계하여야 하는 상황이 발생할 수 있다. 때때로 작업단위의 작업부하(work load)가 증가하거나 감소하여 작업집단의 규모를 재조정할 필요가 있다. 마지막으로, 작업이 효과적인 방식으로 수행되지 않을 때도 있다. 이 경우 경영자들은 작업의 능률을 증진시키기 위하여 작업방식을 변경하고자 한다. 이런 모든 경우들이 기존 직무를 재설계할 필요성을 발생시킨다.

직무설계(job design)란 주어진 직무를 수행하는 데 필요한 과업(task)들과 과업수행방식을 정의하는 과정이다. 직무를 효과적으로 설계하기 위해서는 먼저 직무분석을 통해서 기존 직무를 이해한 다음 작업단위의 작업흐름 속에서 직무의 위치를 작업흐름 분석을 통하여 파악할 필요가 있다. 작업단위와 직무 속에서 과업이 수행되는 방식을 파악한 후 경영자들은 다양한 방법으로 직무를 설계할 수 있다.

심리학, 경영학, 공학, 신체공학(ergonomics) 등과 같은 다양한 학문분야에서 직무설계에 대한 연구가 이루어져 왔다. 이들의 연구들은 크게 기계적 접근법(mechanistic approach), 동기적 접근법(motivational approach), 생물학적 접근법(biological approach), 그리고 지각운동접근법(perceptional-motor approach)으로 분류할 수 있다.[9] 이하에서는 각 접근법을 간략하게 논의할 예정이다.

표 4-9 직무설계 접근법에 따른 직무특성

동기적 접근

1. 자율성: 작업스케줄링, 방법, 절차, 품질통제 및 기타 의사결정에 있어서 독립성 또는 자유재량이 있는가?
2. 내적 직무 피드백: 작업활동 자체에서 직무수행의 유효성(질과 양 측면에서)에 대하여 직접적이고 명확한 정보를 제공하는가?
3. 외적 직무 피드백: 조직 내 다른 사람들(예를 들면, 경영자나 동료)이 직무수행의 유효성에 대하여 직접적이고 명확한 정보를 제공하는가?
4. 사회적 교류: 직무가 긍정적인 사회적 교류(예를 들면, 팀워크나 동료지원)를 조장하는가?
5. 과업 목표 명확성: 직무의 의무, 요건, 그리고 목표가 명확하고 구체적인가?
6. 과업 다양성: 의무, 과업, 그리고 활동이 다양한가?
7. 과업 정체성: 직무는 과업 전체 그리고 식별가능한 부분의 완성을 요구하는가? 작업자는 처음부터 끝까지 작업의 전반을 수행할 기회가 있는가?
8. 능력/스킬 요구수준: 직무는 높은 수준의 지식, 스킬 그리고 능력을 필요로 하는가?
9. 능력/스킬 다양성: 다양한 지식, 스킬 그리고 능력이 요구되는가?
10. 과업 중요성: 조직 내 다른 직무와 비교할 때 직무가 의미 있고 중요한가?
11. 성장/학습: 직무는 역량과 숙달에 있어서 학습과 성장의 기회를 제공하는가?

기계적 접근법

1. 직무전문화: 목적과 활동 측면에서 직무는 고도로 전문화되어 있는가?
2. 도구 및 절차의 전문화: 직무수행에 사용되는 도구, 원자재, 절차 등이 전문화되어 있는가?
3. 과업 단순화: 과업은 단순하고 복잡하지 않은가?
4. 단일활동: 직무수행자는 한 시점에 한 과업만 수행하는가? 직무는 직무담당

자에게 한 번에 다수의 활동을 요구하지 않는가?
5. 직무단순화: 적은 스킬과 훈련만으로도 직무를 수행할 수 있는가?
6. 반복: 직무는 동일한 활동을 반복적으로 요구하는가?
7. 여유시간: 직무수행간 필요한 활동들 사이에 여유시간이 거의 없는가?
8. 자동화: 많은 직무활동들이 자동화되어 있거나 기계의 도움을 받는가?

생물학적 접근법

1. 강도: 직무를 수행하기 위해서 매우 적은 근육의 힘을 사용하는가?
2. 들어올림: 직무수행에 들어올리는 동작이 거의 없거나 아주 가벼운 물체만 들어올리는가?
3. 지구력: 직무수행을 위해서 아주 적은 근육의 지구력이 필요한가?
4. 자리: 자리배치가 적절한가?(편안한 의자, 자세지탱 등)
5. 규모차이: 다른 사람들과 사이에 팔길이, 눈높이, 다리를 펼 수 있는 여유공간이 충분한가?
6. 손목움직임: 과도한 움직임 없이 손목을 평평하게 유지할 수 있는가?
7. 잡음: 작업장이 과도한 소음에서 벗어나 있는가?
8. 분위기: 온도, 습도 등 작업장의 분위기가 쾌적한가? 과도한 먼지나 불꽃이 없는가?
9. 작업휴식: 적절한 작업휴식시간이 있는가?

지각운동 접근법

1. 밝기: 작업장의 밝기는 적절하고 섬광은 없는가?
2. 진열: 작업에 사용하는 게이지(gauges), 계측기, 그리고 컴퓨터화된 설비는 읽고 이해하기 쉬운가?
3. 프로그램: 컴퓨터화 설비의 프로그램은 배워 사용하기 쉬운가?
4. 기타 설비: 직무에서 사용되는 모든 종류의 다른 설비들을 쉽게 배우고 사용할 수 있는가?
5. 인쇄물: 직무에서 사용되는 인쇄물을 쉽게 읽고 해석할 수 있는가?
6. 작업장 배치: 직무를 충분히 수행할 수 있도록 종업원들이 잘 듣고 보고할 수 있도록 작업장이 배치되어 있는가?
7. 정보인풋요건: 직무수행에 필요한 주의집중이 최소한으로 요구되는가?
8. 정보아웃풋요건: 종업원이 산출하는 정보의 양(행동과 의사소통기준으로)이 최소한으로 유지되는가?
9. 정보처리요건: 처리하여야 하는 정보의 양(사고와 문제해결기준으로)이 최소한으로 유지되는가?
10. 기억요건: 기억하여야 하는 정보의 양이 최소한으로 유지되는가?

11. 스트레스: 직무수행시 스트레스가 상당히 적은가?
12. 지루함: 직무수행시 지루함을 적게 느끼는가?

자료: M. A. Campion et. al., "Job design: Approach, outcomes, and trade-offs," *Organizational Behavior,* Winter, 1987.

1. 기계적 접근법

기계적 접근법은 전통적 산업공학에 뿌리를 두고 있다. 기계적 접근법의 초점은 능률을 극대화할 수 있는 작업방식을 찾는 것이다. 기계적 접근법은 인간노동의 능률을 높이기 위해서 업무의 복잡성을 줄이는 데 초점을 맞추고 있다. 즉, 업무를 단순하게 만듦으로써 누구든지 신속하게 훈련을 받아 쉽게 수행할 수 있도록 하는 것이다. 이 접근법은 과업의 단순화, 스킬의 전문화 그리고 과정의 표준화를 통하여 직무를 설계하는 데 초점을 두고 있다.

과학적 관리(scientific management)는 최초의 기계적 접근법이라고 할 수 있다. 과학적 관리는 직무를 수행하는 '최적의 방법'을 식별하고자 한다. 과학적 관리에서는 작업자의 가장 능률적인 움직임을 식별하기 위해서 시간 및 동작연구(time-and motion studies)를 이용하기도 한다. 일단 작업수행의 최적의 방법이 식별되면, 직무수행에 필요한 능력에 근거하여 작업자를 선발하고, '최적의 방식'으로 작업을 수행하도록 '최적의 방식'을 훈련하고 그리고 최대한으로 작업하도록 동기유발하기 위해서 금전적 인센티브를 제공한다.

과학적 관리법은 결과적으로 직무를 단순하게 하여 작업자가 작업의 의미를 잃게 하기 쉽다. 이런 방식으로 직무를 설계함으로써, 조직은 높은 능력에 대한 필요를 줄일 수 있어 개별 종업원에의 의존성을 줄일 수 있게 되며, 종업원은 쉽게 대체될 수 있다. 즉 새로운 종업원을 신속히 훈련시켜 싼 임금으로 직무를 수행하도록 할 수 있다.

2. 동기적 접근

동기적 접근은 조직심리학에 뿌리를 두고 있으며, 기계적 접근법의 반발로 등장하였다. 이 접근법은 심리적 의미와 동기유발 잠재력에 초점을 두며 태도변수(즉, 만족, 내재적 동기유발, 직무몰입)와 행동적 변수(성과나 출근)를 직무설계의 중요한 결과변수로 간주한다. 동기적 접근법은 직무확대(job enlargement), 직무충실화(job enrichment), 그리고 인간과 기술의 상호작용체계로서의 직무설계 방법을 통하여 직무의 복잡성을 증가시켰다.

동기적 접근법의 한 예로서 Herzberg의 이요인이론(two-factor theory)을 들 수 있다. 이요인이론에 의하면, 인간은 직무의 외재적 특성(예를 들면, 임금)보다는 직무의 내재적 특성(예를 들면, 직무내용의 유의성)에 의해 동기유발된다는 것이다. 즉, 동기유발의 핵심은 금전적 인센티브가 아니라 의미있는 업무라는 것이다.

직무설계가 종업원의 반응에 어떻게 영향을 미치는가에 대한 또 다른 설명으로서 Hackman과 Oldham(1975)의 '직무특성모형(job characteristic model)'이 있다.[10] 이들의 연구에서 핵심은 직무특성이 어떻게 작업자의 반응—즉, 태도와 행동—에 영향을 미치는지를 설명하는 이론적 모형을 제공하였다는 점이다.

〈그림 4-7〉에서 제시된 바와 같이 직무특성모형은 핵심직무 차원, 작업자의 중요 심리상태, 작업자의 성장 욕구 강도에 의해 작업결과가 영향을 받는다는 것을 제시한다.

핵심직무특성(Core Job Characteristics)은 직무가 가지고 있는 중요한 특성을 말한다. 〈그림 4-7〉에서 보듯이 핵심직무특성은 작업자의 심리상태에 영향을 미친다. 다섯 가지의 핵심직무특성의 정의는 다음과 같다.

1. **기술 다양성**(skill variety): 작업자의 직무가 다양한 활동으로 이루어져 있으며 직무수행 시 상이한 기술 및 재능의 발휘를 필요로 하는 정도.
2. **과업 정체성**(task identity): 작업자가 직무의 전체 혹은 일부분의 시작부터 끝까지 전과정을 완결함으로써 눈에 띌 만한 어떤 결과를 산

그림 4-7 직무특성모형

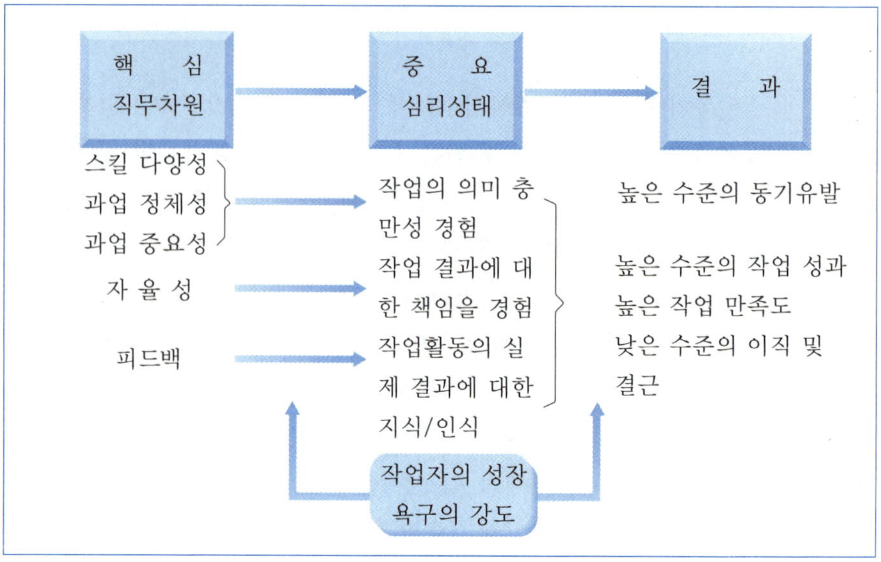

출할 수 있는 정도.

3. **과업 중요성**(task significance): 직무가 조직 외부 및 내부의 다른 사람들의 삶이나 작업에 실질적인 영향을 미치는 정도.
4. **자율성**(autonomy): 작업자가 직무를 완성하는 데 필요한 작업계획 및 절차를 결정하는 데 있어서 실질적인 자유, 독립성 그리고 자율성을 제공받는 정도.
5. **피드백**(feed-back): 작업자가 자신의 작업결과의 효과에 대한 직접적이고 명확한 정보를 얻을 수 있는 정도.

중요 심리상태(Critical Psychological States)는 실제 직무의 특성에 대한 작업자의 인식을 반영하는 것이다. 작업자의 "중요 심리상태"는 세 가지로 분류되며 각각의 정의는 다음과 같다.[11]

1. **작업의 의미충만성**(meaningfulness) 경험: 작업자가 직무를 의미 있고 가치 있는 일로 경험하는 정도.
2. **작업결과에 대한 책임을 경험**: 작업자가 자신의 작업결과에 대해 책임감을 느끼는 정도.

표 4-10 핵심직무특성의 측정 예

핵심직무특성의 측정 예	아주 적다	적다	중간	많다	아주 많다
기술다양성					
1. 당신의 직무는 얼마나 다양합니까?	1	2	3	4	5
2. 당신의 직무는 얼마나 반복적입니까?	1	2	3	4	5
자 율 성					
3. 당신은 어느 정도 독자적으로 당신의 직무를 수행합니까?	1	2	3	4	5
4. 당신은 감독자의 간섭 없이 독자적으로 직무를 수행하고 있습니까?	1	2	3	4	5
과업정체성					
5. 당신은 어느 정도 자주 프로젝트나 직무가 완료되는 것을 볼 수 있습니까?	1	2	3	4	5
6. 전체적인 일에 당신은 어느 정도 관여하고 있습니까?	1	2	3	4	5
피드백					
7. 업무를 수행하면서 일이 잘되어 가고 있다는 것을 알 수 있는 기회는 어떠한가?	1	2	3	4	5
8. 직무에서 요구되는 업무를 수행하면서 당신이 어느 정도로 업무를 잘 수행하고 있는지를 알 수 있는 기회가 어느 정도 있습니까?	1	2	3	4	5
중 요 성					
9. 다른 사람들이 당신이 당신의 직무를 어느 정도로 잘 수행하였는지에 의해 어느 정도로 영향을 받습니까?	1	2	3	4	5
10. 전체적인 입장에서 볼 때 당신의 직무는 어느 정도로 중요합니까?	1	2	3	4	5

자료: 항목 1, 2, 3, 4, 5, 6, 그리고 7은 H. P. Sims and R. T. Keller(1976), "The measurement of job characteristics," *Academy of Management Journal*, 19, pp. 195~212.
항목 8, 9, 그리고 10은 J. R. Hackerman and G. R. Oldham(1975), "Development of the job diagnostic survey," *Journal of Applied Psychology*, 69, pp. 159~170에서 발췌하였음.

3. **작업활동의 실제결과에 대한 지식/지각:** 작업자가 자신의 직무를 얼마나 효과적으로 하였는가를 지속적으로 알 수 있는 정도.

〈그림 4-7〉에서 나타나듯이 작업자의 '중요 심리상태'는 핵심직무특성과 작업자의 결과를 매개하는 역할을 한다. 즉 작업자의 "중요 심리상태"는 핵심직무특성에 의해 영향을 받으며 작업 결과에 영향을 미친다. 예를 들어 자율성은 작업자의 직무에 대한 책임감에 영향을 미친다. 즉 높은 자율성이 주어지는 직무의 담당자는 직무에 대해 책임감을 갖는다. 또한 자신의 직무에 대해 책임감을 가질수록 작업자는 작업에 동기유발되고 직무에 만족한다.

앞서 언급한 바와 같이 '중요 심리상태'는 실제 직무의 특성에 대한 작업자의 인식을 반영하는 것이기 때문에 작업자가 인식한 직무의 특성과 실제 직무의 특성과는 정확하게 일치되지 않을 수도 있다. 이러한 측면에서 보면 극단적인 경우 실제 직무특성은 낮은 수준이지만 작업자가 높은 수준으로 인식한다면, 실제 직무특성이 낮은 수준의 직무를 담당하는 작업자가 동기유발되고 직무에 만족할 수도 있다. 그러나 직무특성 모형은 이러한 작업자의 직무특성에 대한 인식의 정확성 문제를 고려하지 않았다.

성장 욕구의 강도(growth－need strength)── 성장 욕구의 강도는 작업자가 복잡하고 도전적인 작업을 열망하는 정도를 의미한다. 〈그림 4-7〉에서 보듯이 성장 욕구의 강도는 핵심직무특성 및 '중요 심리상태'의 영향을 조절하는 역할(moderator)을 한다. 즉 작업자가 어느 정도의 성장 욕구를 갖는가에 따라 핵심직무특성이 '중요 심리상태'에 미치는 영향은 달라진다. 또한 '중요 심리상태'가 작업자의 반응에 미치는 영향도 달라지게 된다.

성장 욕구의 강도가 강한 작업자는 성장 욕구의 강도가 약한 작업자에 비해 핵심직무특성에 보다 민감하게 반응한다. 즉 성장 욕구가 강한 작업자는 높은 자율성을 보장받으면 책임감을 강하게 가지며 자율성이 주어지지 않으면 거의 책임감을 느끼지 않는다. 또한 성장 욕구의 강도가 높을수록 만약 높은 수준의 '중요 심리상태'를 경험한다면 보다 좋은 작업 결과를 나타낸다.

직무특성모형에서 제시한 성장 욕구의 강도의 역할에 대해서는 가장 많은 논란이 제기되었다. 실제로 개인의 성장 욕구의 강도 이외에 다른 많은 요인들── 예를 들어 작업자의 나이, 성과 같은 인구통계적 요소, 작업과 관련한 가치관 등── 에 따라 작업자의 심리상태가 작업자의 결과에 미치는 영향은 달라진다.

표 4-11 성장 욕구강도의 측정

지 침
사람들의 직무 선호도는 다양합니다. 아래의 쌍의 질문에 대하여 어떤 직무를 선호하는지를 기재하시오. 직무 외 다른 조건이 동일하다고 가정하고 실제로 기술된 특성만 고려하시오. A 직무를 선호한다면 "중립" 왼쪽 칸에 체크(V)를 하여 얼마나 A 직무를 선호하는지 나타내시오. 만약 B 직무를 선호한다면 "중립" 오른쪽에 체크하여 얼마나 B 직무를 더 선호하는지를 나타내시오. 만약 두 직무가 동등하게 매력적 또는 비매력적이라면 "중립"란에 체크하시오. 가능하면 "중립"란의 응답은 최소화하시오.

직 무 A	직무 A 강하게 선호			중립			직무 B 강하게 선호	직 무 B
1. 도전적이지 못한 직무								동료로부터 완전한 고립을 필요로 하는 직무
2. 보수가 아주 많은 직무								창조적이고 혁신적인 기회가 아주 많은 직무
3. 중요한 의사결정을 자주 내려야 하는 직무								다양한 사람과 함께 일하는 직무
4. 다소 불안전한 조직에서 안정성이 적은 직무								당신의 일에 영향을 미치는 의사결정에 참여할 기회가 적은 직무
5. 일을 잘하는 사람에게 더 큰 책임이 부여되는 직무								경험이 많고 충성스러운 사람에게 더 큰 책임이 부여되는 직무
6. 때때로 매우 비판적인 상급자와 같이 일하는 직무								당신의 재능을 전부 필요로 하지 않는 직무
7. 매우 반복적인 직무								동료들이 그다지 친절하지 않은 직무
8. 당신을 존경하고 공정하게 대하는 상급자와 일하는 직무								새롭고 흥미 있는 일을 배울 수 있는 기회가 있는 직무
9. 개인적으로 자신을 개발할 수 있는 기회가 있는 직무								휴가와 복지후생이 좋은 직무
10. 해고될 가능성이 있는 직무								도전적 업무를 행할 기회가 적은 직무
11. 업무에 대한 자유재량권과 독립성이 적은 직무								작업조건이 열악한 직무
12. 훌륭한 팀웍(Team-work)을 지닌 직무								당신의 능력과 기술을 최대한 활용할 수 있는 직무

자료: J. R. Hackman & G. R. Oldham(1974), *The job diagnostic survey: An instrument for the diagnosis of jobs and the evaluation of job redesign projects*(Tech. Rep. No. 4), Cambridge, MA: Yale University, Department of Administrative Sciences.

직무의 동기유발 잠재력지수(Motivational Potential Score: MPS): 직무특성모형에서 제시된 핵심직무특성은 작업자가 수행하는 직무의 잠재적인 동기유발 정도를 측정하는 데 활용된다. 직무의 동기유발 잠재력지수의 산출공식은 다음과 같다.

$$\text{동기유발 잠재력지수} = \frac{\text{스킬다양성}+\text{과업정체성}+\text{과업중요성}}{3} \times \text{자율성} \times \text{피드백}$$

위의 수식은 핵심직무특성의 수준이 높을수록 작업자는 동기유발된다는 것을 보여 주고 있다. MPS는 핵심직무특성의 수준이 높을수록 높아진다. 특히 자율성과 피드백의 수준은 다른 핵심직무특성에 비해 MPS에 미치는 영향이 상대적으로 크다. 실증연구의 결과에 의하면 MPS점수가 높은 직무를 담당하는 작업자는 그렇지 않은 직무의 담당자보다 동기유발되고 직무에 대하여 만족하며 성과가 높은 것으로 나타났다.[12)]

3. 생물학적 접근법

직무설계에 대한 생물학적 접근법은 생체역학(biomechanics)(즉, 신체움직임에 대한 연구), 작업 생리학(work physiology) 그리고 직업의학(occupational medicine)에서 주로 기인하여 통상 인간공학(ergonomics)이라고 불리운다. 인간공학은 인간의 신체적 특성과 물리적 작업환경 사이의 상호작용을 연구한다. 이 접근법의 목표는 인간의 신체가 작용하는 방식에 따라 물리적 작업환경을 구조화함으로써 작업자의 신체적 피로를 최소화하는 것이다. 따라서 이 접근법은 피로, 통증, 건강 같은 결과에 초점을 맞추고 있다.

생물학적 접근법은 신체를 많이 쓰는 직무에서 사용되는 설비를 재설계하는 데 적용된다. 이런 재설계는 특정 직무를 수행하는 데 육체의 사용량을 줄여 누구나 그 일을 수행할 수 있도록 하는 데 있다. 즉, 생물학적 접근법은 손목의 통증을 줄이기 위해서 컴퓨터 키보드의 높이를 조절하는 것과 같이 기계나 기술을 재설계하는 데 있다. 사무작업을 하는 사람에게 있어서 의자와 책상의 설계는 매우 중요할 수 있다. 예를 들면, 한 연구에 의하면 인간공학적 재설계에 있어서 종업원의 참여는 누적적 · 정신적 피로, 생산손실시간, 그리고 조퇴를 크게 줄였다고 보고하고 있다.[13)]

작업자를 고려한 작업의 재설계는 능률의 증가를 결과할 수 있다. 예를 들어, 트럭 생산에서 어려운 작업 중 하나는 엑셀을 트럭차체에 넣는 것이다. 기존에는 트럭차체를 엑셀쪽으로 옮겨 커다란 망치와 쇠지레를 든 6명의 작업자들이 트럭차체를 엑셀에 고정시키는 것이다. 작업자들은 차체 안에서 고정시켜야 할 볼트를 볼 수 없기 때문에 볼트를 적절히 조이지 못할 수도 있으며 이 과정에서 많은 종업원들이 부상을 입었다. 브레인스토밍을 한 다음에, 작업자들과 엔지니어는 차체를 거꾸로 뒤집어 밑이 아니라 위에서 엑셀을 부착하는 것이 더 편리한 것을 발견하였다. 그 결과 반수의 인원으로 두 배 이상 빨리 작업을 끝낼 수 있으며 실수를 하거나 낙상을 입을 가능성도 크게 낮추었다.[14)]

4. 지각운동 접근법

생물학적 접근법은 신체적 수용능력과 한계에 초점을 두고 있는 반면, 지각운동접근법은 인간의 정신적 수용능력과 한계에 초점을 두고 있다. 이 접근법의 목표는 작업이 인간의 정신적 수용능력과 한계를 초과하지 않도록 직무를 설계하는 것이다. 작업수행의 정보처리 필요성을 감소시킴으로써 신뢰성(reliability), 안전성 그리고 사용자의 반응을 개선하는 것을 목표로 하고 있다. 직무를 설계하는 데 있어서 가장 능력이 적은 작업자를 대상으로 하여 그 사람이 직무의 요건을 충족시킬 수 있도록 직무를 설계하는 것이다. 기계적 접근법과 마찬가지로 지각운동 접근법은 직무의 인지적 요구수준을 낮춘다.

항공통제나 품질검사 같은 직무는 상당한 정보처리를 필요로 한다. 반면에 많은 사무직무나 조립라인 작업은 정보처리를 그다지 필요로 하지 않는다. 그러나 직무를 수행할 가능성이 있는 사람들 중 가장 능력이 적은 사

람의 능력을 초과하지 않도록 직무를 설계하여야 한다.[15]

5. 접근법들의 비교

많은 학자들은 작업이 심리적으로 의미 있도록 동기유발 접근법에 따라 직무를 설계할 것을 권장하고 있다. 지금까지 논의한 접근법들은 각각 장단점을 지니고 있다. 〈표 4-12〉는 각 접근법의 긍정적 결과와 부정적 결과를 나타내고 있다. 예를 들어, 동기유발 접근법에서 높은 점수를 받은 직무에 대해서 작업자들은 높은 만족을 보이고 있다. 또한 생물학적 접근법에서 높은 점수를 받는 직무에서는 작업자들이 낮은 신체적 도구를 필요로 한다고 보고하고 있다. 마지막으로, 동기유발적 접근법과 기계적 접근법은 서로 역관계를 보이고 있어 능률을 극대화하기 위한 직무설계는 낮은 동기유발을 결과할 가능성이 크다.

한 연구에 의하면 사무직무를 확대하면 작업자들은 더 만족하고, 덜 지루함을 느끼며, 실수를 더 잘 잡아내며 그리고 고객서비스를 더 잘 한다고 보고하고 있다. 그러나 직무확대는 훈련필요성 증대, 높은 스킬 수준, 그리고 높은 임금수준 같은 비용도 발생한다.[16] 다시 말하자면, 직무의 동기유발적 기능과 작업능률 사이에는 역관계가 있다는 것을 인식할 필요가 있다.

마지막으로, 직무설계 접근법들이 보상과 어떠한 관계가 있는지를 검토한 연구가 있다.[17] 직무평가(직무의 가치를 결정하는 과정)가 직무설계와 시장을 연계한다는 가정에서 출발하여 연구자들은 직무설계 접근법과 직무평가 결과 그리고 임금 사이의 관계를 검토하였다. 그들은 동기유발 접근법에서 높은 점수를 받은 직무들은 높은 직무평가점수를 받았고 그 결과 임금수준이 높다는 것을 발견했다. 기계적 접근법과 지각운동 접근법에서 높은 점수를 받은 직무는 스킬 조건이 낮았고 그 결과 임금수준도 낮았다. 마지막으로, 생물학적 차원이 높은 직무는 낮은 신체적 요건을 가졌으며 임금과는 약한 정의 관계를 보였다. 따라서, 동기유발을 제고하기 위하여 재설계된 직무는 능력요건, 훈련, 그리고 보상 측면에서 높은 비용을 결과하는 것으로 보인다.

요약하면, 직무를 재설계하는 데 있어서 특정 접근법에 집중하는 것의 장단점을 이해할 필요가 있다. 직무담당자와 조직 모두에게 긍정적인 결과들을 극대화하려는 경영자들은 다양한 접근법이 있다는 것을 인식함과 동시에 각각의 접근법의 장점과 단점을 이해하여 조직이 경쟁우위를 달성하기 위한 다양한 접근법을 적절히 균형 있게 적용하여야 한다.

표 4-12 직무설계 접근법들의 결과

접 근 법	긍정적 결과	부정적 결과
동기유발적	• 높은 직무만족 • 높은 동기유발 • 높은 직무몰입 • 높은 직무성과 • 낮은 결근	• 훈련시간 증대 • 낮은 활용수준 • 높은 실수가능성 • 높은 정신적 과부하 및 스트레스 가능성
기 계 적	• 훈련시간 감소 • 높은 활용수준 • 낮은 실수가능성 • 낮은 정신적 과부하 및 스트레스 가능성	• 낮은 직무만족 • 낮은 동기유발 • 높은 결근
생물학적	• 낮은 신체적 노력 • 낮은 신체적 피로 • 적은 건강상 문제 • 낮은 상해 • 적은 결근 • 높은 직무만족	• 시설 및 작업환경의 변화에 기인하는 높은 재무적 비용
지각운동	• 낮은 실수가능성 • 낮은 사고가능성 • 낮은 정신적 과부하 및 스트레스 가능성 • 적은 훈련시간 • 높은 활용수준	• 낮은 직무만족 • 낮은 동기유발

자료: M. A. Campion, et. al.(1987), "Job design: Approaches, outcomes, and trade-off," *Organizational Behavior.*

간 추 림

본 장에서는 HR이 전략을 실행하기 위해서 업무를 어떻게 조직화하고 설계하는 과정을 고찰하였다. 본 장에서는 작업흐름분석, 직무분석, 그리고 직무설계로 나누어 사업전략이 규정한 경쟁방식이 조직구조와 작업시스템의 분석과 설계에 어떻게 영향을 미치는지를 살펴보았다.

○ 작업흐름분석은 제품이나 서비스를 창출하는 데 필요한 다양한 과업을 특정 직무나 개인에게 할당하기 전에 이들 과업들의 연계성을 분석하는 과정이다. 작업흐름은 투입(원자재, 장비 및 인적자원), 활동 그리고 산출로 나눌 수 있다.

○ 직무분석이란 직무내용에 대한 정보를 수집, 분석, 혼합, 보고하기 위하여 직무를 연구하는 일련의 과정이다. 이러한 직무분석의 결과를 인적자원관리에 있어서 기본적 정보로 활용될 수 있어야 한다.

○ 직무분석방법은 크게 직무요건접근법과 직무보상접근법으로 나눌 수 있다. 또 직무요건접근법은 과업위주의 직무분석과 KSAO 위주의 직무분석으로 세분할 수 있다. 직무요건의 분석결과로서 직무기술서와 직무명세서가 도출된다. 직무보상접근법에도 미네소타 직무기술설문(Minesota Job Description Questionnaire)와 직무진단조사(Job Diagnostic Survey)가 있다. 이들 결과는 직무설계시 중요한 정보가 된다.

○ 조직의 기본단위로서 직무는 합리적 사고의 산물, 동태적 연관, 계층적 그리고 공식성과 비공식성이 공존한다는 특징이 있다.

○ 직무정보는 다음 4가지 기법이 개별적으로 또는 결합하여 얻어질 수 있다; 관찰, 면접, 설문, 그리고 작업일지(work diaries).

○ 직무설계(Job design)는 최적의 성과와 만족을 달성하기 위하여 작업요소와 과업을 구조화하는 과정이다. 직무설계의 접근법으로는 기계적 접근법, 동기적 접근법, 생물학적 접근법 그리고 지각운동 접근법으로 구분할 수

있다.

○ 기계적 접근법은 '과학적 관리'로 대표될 수 있으며, 동기적 접근법의 직무특성 모형은 핵심직무 차원, 작업자의 중요 심리상태, 작업자의 성장욕구 강도에 의해 작업결과가 영향을 받는다는 것을 제시한다.

○ 생물학적 접근법은 인간의 신체가 작용하는 방식에 따라 물리적 작업환경을 구조화함으로써 작업자의 피로나 통증을 최소화하려 하며, 반면에 지각운동 접근법은 인간의 정신적 수용능력과 한계에 초점을 두고 있다.

○ 경영자들은 직무설계에 다양한 방법이 있다는 점을 이해하고 각각의 접근법의 장·단점을 이해하여 직무담당자와 조직 모두에 긍정적인 결과를 낳도록 다양한 접근법을 균형 있게 적용하여야 한다.

핵심용어

직무요건 접근법　　직무보상 접근법
과업위주 접근법　　KSAO위주 접근법
중요사건　　기계적 접근법
동기적 접근법　　생물학적 접근법
지각운동 접근법　　직무특성모형

토의문제

1. 사업전략이 어떻게 작업시스템 설계에 영향을 미치는가?
2. 언제 과업위주 접근법보다 KSAO위주 접근법이 더 적절한가?
3. 직무특성모형에 의해 직무를 설계할 때 주의할 점은 무엇인가?
4. 관리직을 직무분석할 때 어려운 점은 무엇인가?

참고문헌

1) R. A. Noe, J. R. Hollenbeck, B. Gerhart and P. M. Wright(2003), *Human Resource, Management*, 4th ed., McGraw-Hill.
2) J. V. Ghorpade(1988), *Job Analysis*, N. J, Englewood Cliffs.
S. Gael(ed.)(1988), *Job Analysis Handbook for Business, Industry and Government.* Vols. 1 and 2, New York: Wiley.
3) H. G. Heneman, Ⅲ, D. P. Schwab, J. A. Fossum and L. D. Dyer(1989), *Personnel/Human Resource Management*, 4th ed., Irwin, Inc; R. W. Mondy & R. M. Noe(1996), *Human Resource Management*, 6th ed., Prentice-Hall.
4) H. G. Heneman, Ⅲ & R. L. Heneman(1994), *Staffing Organizations*, Mendota House, Inc: WI.
5) W. F. Cascio(1988), *Applied Psychology in Human Resource Management*, 5th ed., Prentice-Hall, p. 142.

6) R. D. Arvey & M. E. Begalla(1975), "Analysing the Homework Job Using the Position Analysis Questionnaire(PAQ)," *Journal of Applied Psychology*, 60, pp. 513~517.
7) W. W. Torrow & P. R. Pinto(1976), "The Development of a managerial Job Taxonomy: A system for Describing, Clarsifying, and Evaluating Executive Positions," *Journal of Applied Psychology*, 61, pp. 410~418.
8) J. R. Hackman & G. R. Oldham(1975), "*Development of the Job Diagnostic Survey*," *Journal of Abnormal Psychology*, 60, pp. 159~170.
9) R. A. Noe, J. R. Hollenbeck, B. Gerhart and P. M. Wright(2003), *op cit.*
10) J. R. Hackman & G. R. Oldham(1975), "Development of the Job Diagnostic Survey," *Journal of Applied Psychology, 60*, pp. 159~170.
11) J. R. Hackman & G. R. Oldham(1976), "Motivation through the design of work: Test of a Theory," *Organizational Behavior and Human Performance*, 16, pp. 250~279.
12) J. R. Hackman(1977), Work Design, in J. R. Hackman & J. L. Suttle(eds.), *Improving Life at work*, Santa Monica, Ca.: Goodyear Publishing Co., p. 130.
13) D. May & C. Schwoerer(1994), "Employee health by design: Using employee involvement teams in Ergonomics job redesign," *Personnel Psychology*, 47, pp. 861~86.
14) S. F. Brown(2001), "International's better way to build trucks," *Fortune*(February 19), pp. 210k~210v.q
15) L. C. Buffardi, E. A. Fleishman, R. A. Morath & P. M. McCarthy(2000), "Relationship between ability requirements and human errors in job tasks," *Journal of Applied Psychology*, 85, pp. 551~64.
16) M. Campion & C. McClelland(1991), "Interdisciplinary examination of the costs and benefits of enlarged jobs: A job-design quasi-experiment," *Journal of Applied Psychology*, 76, pp. 186~98.
17) M. Campion and C. Berger(1990), "Conceptual Integration and empirical test of job desingn and compensation relationship," *Personnel Psychology*, 43, pp. 525~53.

제3편 인력흐름시스템

제 5 장 인적자원계획

일단 사업전략이 수립되면, 기업들은 HR전략을 수립하기 시작한다. HR전략은 조직의 전략적 목표를 조직 구성원을 관리하기 위한 일관성 있고 통합된 프로그램으로 전환시키는 것이다.

HR전략은 사업전략으로부터 도출되지만, HR전략은 능동적 방식으로 개발되어야 한다. 과거에는 HR담당자는 사업전략수립과정에 거의 관여를 하지 않고 사업전략이 일단 수립되면 이를 달성하기 위한 수단으로서 HR전략을 수립하였다. 그러나 경영환경의 급격한 변화와 불확실성의 증대는 HR전략과 사업전략 사이의 밀접한 연계성을 요구하게 되었다. 즉 인적자원 담당자들은 미래에 예상되는 조직이 운용될 상황에 맞는 적절한 인적자원 시스템을 설계 · 개발하여야 하며, 조직 내 HR담당자는 사업전략수립 때 인적자원관련 이슈들이 누락되지 않도록 최고경영팀의 일원으로서 전략수립과정에 적극적으로 참여한다. HR담당자는 조직인력의 스킬수준과 능력, 그리고 이것들이 전략적 계획에 어떠한 영향을 미치는지를 최고경영층에 전달하여야 한다.

HR전략의 첫 구성 부분은 인적자원계획(human resource planning: HRP)이다. 두 번째 구성부분은 다양한 HR기능을 통합하는 실천계획이다. 충원, 훈련, 보상 등 모든 HR기능들은 인적자원계획으로부터 도출되어야 한다. 인적자원계획은 인력유형별로 미래에 필요한 인력을 예측하는 과정이다. 이러한 인적자원계획은 근본적으로 능동적 과정(proactive process)이다. 조직은 인적자원계획을 통하여 미래에 발생가능한 상황을 예측하여 이에 대한 대응계획을 수립하는 것으로 환경의 변화에 반응하는 것뿐만 아니라, 능동적으로 변화와 병행하여 적응할 수 있고 조직과 환경 사이의 균형을 잡을 수 있는 것이다. 이러한 인적자원계획은 인수 · 합병, 노동력 공급의 부족 등과 같이 환경이 열악할 때 더욱 중요하다.

인적자원계획은 미래의 경영환경에 대한 가정을 토대로 수립되기 때문에 모든 인적자원계획은 융통성이 있어야 한다. 경영환경이 예상과는 달리 다르게 움직일 때 조직은 기존의 계획에 의해 제약을 받아서는 안 된다. 계획에 있어서 변경은 약점으로 간주되어서는 안 되며, 오히려 조직이 지속적으로 환경을 모니터링하고 이에 적극적으로 반응한다는 긍정적 징표로 간주되어야 한다.

다음에는 인적자원계획의 의의를 논의한 후 인적자원계획과 사업전략과의 연계성을 검토하기로 한다. 그리고 인적자원계획에 관한 세부적 사항을 논의하기로 한다.

제 1 절 인적자원계획의 의의

계획은 비용과 시간이 많이 소요되는 반면 통상 정확하게 예측하기란 어렵다. 특히 인적자원계획은 고려해야 할 변수가 많아 예측이 어렵고 기대효과 또한 계량화하기 어렵다. 그럼에도 불구하고 많은 조직들이 인적자원계획에 많은 투자를 하고 있는 이유는 무엇일까? 인적자원계획의 의의는 〈그림 5-1〉에 요약되어 있다.[1)]

첫째는 인적자원계획은 사업전략과 전략적 상호 작용을 가능하게 하여 사업전략을 효율적으로 완수하는 방향으로 인적자원 의사결정이 내려질 수

그림 5-1 인적자원계획의 의의

- 사업전략과 HR기능들 사이의 연결기능
- HR기능들의 통합
- 효율적 인적자원 통제
- 적정 인력규모의 유지
- 라인과 스탭 간의 관점 통일

있게 한다. 이미 언급한 바와 같이 인적자원계획은 인적자원관점에서 사업의 필요성을 체계적으로 분석하는 수단을 제공함으로써 조직의 인적자원관리가 사업전략과 일관성 있는 방향으로 수행되도록 한다.

둘째는 인적자원계획은 다양한 인적자원활동들이 유기적으로 통합될 수 있는 틀을 제공한다. 인적자원계획이 없다면 인적자원 활동들이 서로 개별적으로 수행되어 각자의 목적에만 집중하게 되어 서로 상충되기 쉽다. 예를 들어 외부충원활동은 유능한 신입사원을 신속하게 충원하고자 할 것이며, 보상은 가능한 한 낮은 임금을 지불하려고 할 것이다. 그러나 외부충원과 임금관리가 서로 독립적으로 수행되어 조직이 낮은 임금만 고집한다면 어떤 상황이 발생할 것인가? 낮은 임금은 유능한 신입사원의 채용을 어렵게 할 뿐만 아니라 기존 종업원의 이직을 높여 추후에 인력충원 필요성을 증대시킬 것이다. 이 경우 우리는 외부충원 활동과 임금관리가 적절하게 조정되어 수행되고 있다고 볼 수 없다. 따라서 효율적이기 위해서는 임금은 외부충원의 용이성을 고려하여 설정되어야 할 것이다. 인적자원계획이 없이는 다양한 인적자원활동을 통합하기가 어려우며 나아가서는 다양한 인적자원활동들 사이의 시너지 효과도 기대하기 어려울 것이다.

셋째로, 계획이 없다면 효과적 통제는 불가능하다. 조직이 어떠한 인적자원을 보유하고 있으며 어떻게 이를 관리하느냐는 조직의 경쟁우위(competitive advantage) 확보에 크게 영향을 미친다. 따라서 조직은 인적자원을 효율적으로 관리하고 통제할 필요가 있다. 인적자원계획에 의해 인적자원활동들의 목적이 명확해지고 나중에 인적자원활동들이 바람직한 목표를 달성했는지 여부를 판단할 수 있다.

넷째는 고용의 과잉 또는 과소를 방지하는 것이다. 조직이 너무 많은 사람을 고용했다면, 조직은 임금비용의 과중이나 과잉생산을 재고로 쌓아두어야 하는 비효율성을 경험하게 된다. 조직 구성원이 너무 적다면 시장수요를 충족시키지 못하는 데 따른 수익손실을 초래한다. 그러나 인력부족으로 인한 수요 미충족은 고객을 경쟁사로 빼앗겨 장기적 손실을 초래할 수도 있다. 적절한 인적자원계획을 통하여 적재적소에 올바른 수만큼의 종업원을 배치할 수 있다.

마지막으로, 인적자원계획은 라인과 스탭의 관점을 통일시키는 데 기여한다. 인적자원계획은 주로 인적자원 스탭에 의해서 수립되고 관리되지만 인적자원계획을 효율적으로 수행하기 위해서는 조직 내 모든 관리자의 협력을 필요로 한다. 특정 조직단위에 대해서 담당 관리자보다 더 잘 알 수 있는 사람은 없다. 따라서 인적자원 스탭과 관리자 사이의 원활한 의사소통은 인적자원계획의 수립에 있어 반드시 필요하다.

제 2 절 사업전략과 인적자원계획의 연계성

일반적으로 HR기능은 조직의 전략적 의사결정을 행하는 데 있어서 깊게 참여하지 않았다. 그 이유는 HR기능이 전략적 의사결정에 있어서 인적자원역할을 체계적으로 제시하지 못했거나 또는 최고경영자가 인적자원에 대한 정보의 가치를 인식하지 못한 데 기인하는 것 같다. 이러한 상황은 노동력이 풍부하여 인적자원이 조직의 임무(mission)를 수행하는 데 제약조건

그림 5-2 전통적 인적자원계획 과정

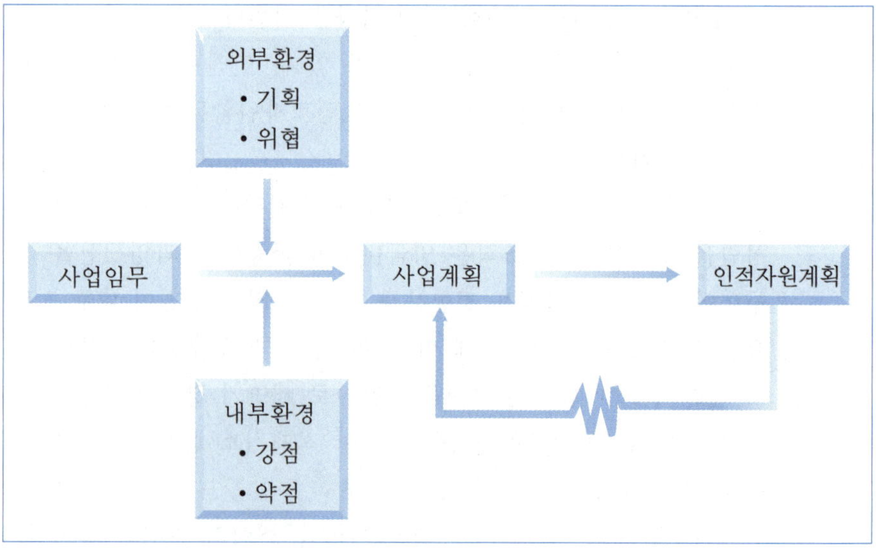

으로 작용하지 못할 경우에만 정당화된다. 이 경우 HR기능은 수동적 역할만 수행할 뿐이며 혁신적인 기능을 담당하지 못한다. 그러나 자본투자와 마찬가지로 노동력이 사업수행에 중요한 제약조건으로 등장한 현재에는 HR기능의 수동적 역할은 최적의 의사결정을 결과하지 못한다.

〈그림 5-2〉는 인적자원기능이 수동적 역할을 수행하여 인적자원계획이 다른 부문의 계획에 종속되어 있는 경우를 나타낸다. 이 경우 인적자원계획은 다른 계획의 조건하에서 수립되며 간헐적으로 다른 계획에 피드백을 제공한다. 반면에 〈그림 5-3〉은 모든 생산요소를 극대화시키기 위하여 계획과정이 효과적으로 추진되는 모습을 나타내고 있다. 이 과정에서는 모든 기

그림 5-3 사업계획 수립과정에 있어서 인적자원기능의 역할

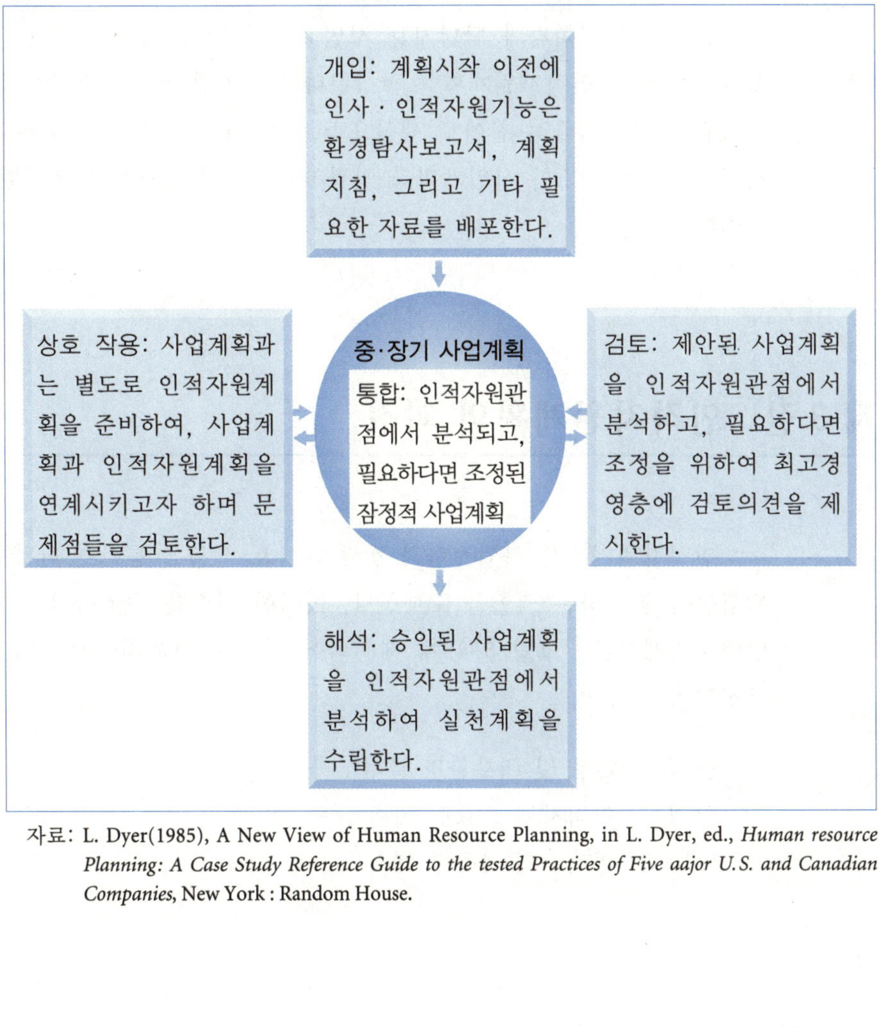

자료: L. Dyer(1985), A New View of Human Resource Planning, in L. Dyer, ed., *Human resource Planning: A Case Study Reference Guide to the tested Practices of Five aajor U.S. and Canadian Companies*, New York : Random House.

업의 생산요소—즉, 자본, 기술 및 노동력—를 동시에 고려하여 산출을 극대화하게 된다. 생산요소간 밀접한 상호 작용은 기업환경에 대한 모든 측면을 고려하여 계획이 수립되도록 한다.

〈그림 5-3〉에서 HR기능은 사업계획 수립의 초기단계에서부터 깊이 관여하고 있다. 외부 및 내부환경 탐사에 의해 식별된 인적자원관련 이슈들은 계획의 가정 및 지침의 형태로 사업계획과정의 초기에 제공된다. 사업계획 수립과정 중에는 인적자원기능은 마케팅이나 재무기능과 연계하여 상호 관심사나 정보를 서로 의사소통하여 '상호 조정'한다. 이러한 상호 작용을 통하여 각 기능의 역할과 목적이 사업계획에 '통합'된다. 잠정적인 사업계획이 준비되면 인적자원 담당자는 인적자원관점에서 볼 때 사업계획이 가능하고 바람직한가를 '검토'한다. 일단 사업계획이 최고경영자에 의해 승인되면, 인적자원 계획자와 담당자는 사업계획이 인적자원활동에 미치는 영향을 '해석'하여 인적자원계획을 작성한다.[2] 사업전략 수립과정에 있어서 인적자원기능의 적극적 참여로 생산요소(자본, 기술, 인력)의 효율성을 극대화시킬 수 있으며 또한 사업계획과 인적자원계획의 연관성을 유지할 수 있는 것이다.

제 3 절 인적자원계획의 과정

인적자원계획은 사업전략과 전략적 상호 작용을 통하여 다양한 인적자원활동을 통합하는 역할을 수행한다. 이러한 역할을 수행하기 위한 전반적 인적자원계획은 〈그림 5-4〉에 제시되어 있으며 다음의 연속적인 6단계로 구성되어 있다.[3]

단계 1: 외부 및 내부환경 분석
단계 2: 인적자원 소요량 예측
단계 3: 인적자원 가용량 예측

그림 5-4 인적자원계획의 과정

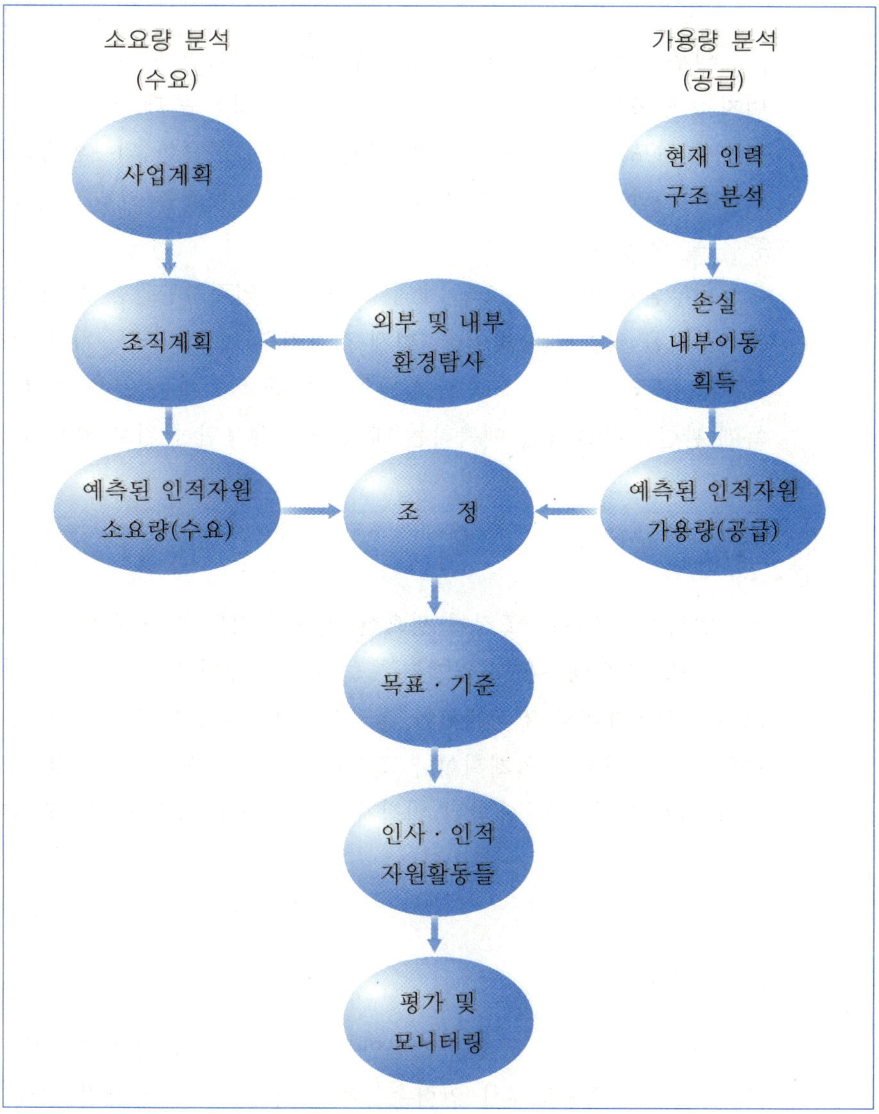

단계 4: 소요량과 가용량의 조정

단계 5: 차이를 줄이기 위한 실천계획(action plan)

단계 6: 평가 및 모니터링

1) 외부 및 내부환경 분석

외부환경 분석은 외부환경의 추세를 추적하여 이것이 인적자원관리에 미치는 영향을 식별하여 인적자원계획을 수립하는 데 있어서 적절한 대안을 고려하도록 한다. 인적자원계획에 있어서 중요한 외부환경으로는 이미 언급한 바와 같이 경제적 상황, 노동시장, 노동조합 그리고 법규 및 규제 등을 들 수 있다.

내부환경 분석은 조직 내의 노동력과 인적자원활동에 영향을 미치는 조직상황을 평가하는 것이다. 현재 조직인력구조의 구성, 기존 인적자원 프로그램, 그리고 내부 조직 구성원의 욕구를 파악하는 것은 인력손실 및 획득에 관한 인력흐름을 예측하는 데 있어서 유용한 근거로 활용된다.

2) 인력소요예측

인력소요예측은 조직에 필요한 미래 인력의 수와 유형을 예측하는 것이다. 인력소요예측은 사업계획은 물론 조직계획을 근거로 하여 수행된다. 그러나 사업계획과 조직계획이 인적자원계획의 중요한 근거가 되지만 인적자원계획에 의해 사업계획이나 조직계획이 영향을 받을 수 있는 상호 보완적 관계가 있다. 즉, 예상된 인적자원 소요량에 의해 사업계획이나 조직계획이 수정될 수도 있는 것이다.

3) 인력가용예측

인력가용예측은 현재의 조직인력구조에 대한 분석을 기초로 시작된다. 즉 현재의 인력구조에서 인력손실과 인력획득을 조정하면 미래에 조직에 남아 있는 인력이 파악될 것이다.

4) 조정(차이분석)

미래의 예측된 인력소요나 가용량을 근거로 하여 조직은 인력의 부족

혹은 잉여에 대한 차이분석을 행한다. 조직은 예상되는 인력의 잉여 또는 부족에 대처하기 위하여 능동적으로 인적자원활동을 전개할 수가 있다.

5) 실천계획의 개발

인력의 차이분석을 근거로 조직은 이에 대처하기 위하여 실천계획을 세운다. 실천계획은 미래의 가능한 사건에 대한 조직의 신중하고 의도적인 반응이다. 실천계획에는 거의 모든 인적자원활동들이 포함될 수 있다. 예를 들어, 인력부족에 대처하기 위하여 우선 조직은 외부충원을 강화하여 신규인력의 유입을 시도할 수 있다. 동시에 외부충원기능을 보완하기 위하여 임금수준과 복지후생을 개선할 수도 있다. 반면에 조직은 신규인력을 채용하기보다는 현재 인력의 생산성을 높임으로써 인력부족에 대응할 수도 있다. 이렇게 실천계획을 수립하기 위해서는 다양한 인적자원활동을 유기적으로 통합하여야 한다.

6) 평가 및 모니터링

인적자원계획은 변화하는 내부 및 외부환경에 대응하는 지속적 과정이다. 인적자원계획의 마지막 단계는 인적자원활동들이 얼마나 잘 수행되었는가를 평가하는 것이다. 평가 및 모니터링을 통하여 실천계획이 수립, 개선될 수 있다.

제4절 인적자원계획의 예비단계

인적자원계획 자체를 실시하기 이전에 여러 가지 중요한 의사결정이 행해져야만 한다. 이러한 의사결정은 HR기능뿐만 아니라 결과에도 영향을 미친다.

1) 계획의 유형

인적자원계획은 이미 언급한 바와 같이 사업계획과 병행하여 이루어지는 경우가 많다. 이를 계획에 근거한 인적자원계획(plan based HRP)이라고 부른다.[4] 대부분의 조직은 사업계획을 수립하고 사업계획이 인적자원계획에 영향을 미친다는 의미에서 이러한 접근방식은 합리적이다. 또한 사업계획과 인적자원계획 사이의 연계성을 유지하는 것도 조직의 자원활용을 극대화한다는 점에서 바람직한 일이다.

그러나 소비자 선호나 법적 규제 등과 같은 환경에 있어서 예기치 못한 변화는 사업계획 자체를 무력화시키는 일이 종종 있다. 이러한 변화에 적극적으로 대처하기 위하여 조직은 종종 특수한 프로젝트를 수행하는 경우가 있다. 이러한 특수한 프로젝트가 인적자원관리에 미치는 영향을 다루기 위한 계획을 프로젝트에 근거한 인적자원계획(projected based HRP)라고 부른다. 이러한 유형의 인적자원계획은 비교적 단기적(short-range)이며 영향을 받는 종업원 집단도 제한적이다. 이런 두 접근법의 특징은 〈그림 5-5〉에 제시되어 있다.

그림 5-5 계획에 근거한 인적자원계획과 프로젝트에 근거한 인적자원계획의 특성 비교

	계획에 근거한 인적자원계획	프로젝트에 근거한 인적자원계획
목 적	사업전략과 연계해 다양한 인적자원활동을 계획·통제	예기치 못한 상황(예, 계획에 없던 신규사업 추진 및 정부 규제 등)의 인적자원관리에의 영향에 대처하기 위한 상황적합적(contingency) 계획
계획기간	단기 및 중·장기	단기
범 위	조직 내 모든 인적자원	통상 제한된 인적자원집단

2) 계획기간의 설정

계획은 미래에 대한 것으로 조직은 먼저 계획기간을 설정해야만 한다. 통상 계획은 장기(3년 이상), 중기(1년에서 3년 이내) 그리고 단기(1년 이내)로 구분된다. 계획의 유형에 따라 계획기간이 달라질 수 있다.

계획에 근거한 인적자원계획에 있어서는 계획기간은 사업계획의 기간과 동일하다. 대부분의 조직에 있어서 전략적 계획(strategic planning)은 3년에서 5년 이내의 계획기간을 가지며 운용적 계획(operational planning)은 3년 이내의 계획기간을 대상으로 한다.

프로젝트에 근거한 인적자원계획에 있어서는 프로젝트의 성격에 의해 계획기간이 달라진다. 예를 들어 신규제품의 출시에 따른 영업인력의 부족은 단지 2개월 내지 3개월의 계획기간을 가지겠지만 새로운 공장시설 가동에 따른 계획은 2년 내지 3년의 기간을 대상으로 할 수 있다.

계획기간은 조직이 당면한 불확실성의 정도에 영향을 미쳐 예측의 정확성과 신뢰성에 영향을 미친다. 또한 계획기간에 따라 사용할 수 있는 예측기법도 달라진다. 추후에 자세히 논의하겠지만 회귀분석(regression analysis)은 다양한 계획기간에 적용할 수 있으며 충원표(staffing table)는 단기적 인력예측기법이다.

3) 역할과 책임

라인 관리자와 인적자원 담당자 모두 인적자원계획에 참여하기 때문에 각자의 역할과 책임을 인적자원계획 시작 전에 명확히 할 필요가 있다. 대부분의 조직에 있어서 인적자원계획의 질과 수행은 궁극적으로 최고경영자가 책임을 지고 있으나 인적자원계획의 대부분의 과정은 인적자원 담당자가 담당하고 있다. 인적자원 담당자는 필요한 자료를 수집, 분석하며 라인 관리자에게 제시할 책임이 있다. 또한 인적자원 담당자는 적절한 예측기법을 활용하여 실천계획을 작성해야만 한다. 그러나 특정한 실천계획의 채택 여부는 궁극적으로 최고경영자에게 있으며 통상 최고경영자는 인적자원 담당자와 협의하여 결정하는 것이 상례이다.

제 5 절 인력수요예측

인력수요예측은 사업 및 조직계획으로부터 직접 도출된다. 따라서 인력수요는 판매액, 생산량, 생산성, 기술변화 및 기술규제 등에 대한 예측치에 의해 영향을 받는다. 인력수요를 예측하기 위해서는 다양한 기법이 활용될 수 있다. 어떤 기법들은 상당한 수학적 또는 통계적 기법을 필요로 한다. 반면에 어떤 기법은 경영자들의 판단만을 요구하기도 한다. 이하에서는 실제 조직에서 널리 사용되고 있는 통계적 기법들과 판단적 기법을 소개하기로 한다.

1) 통계적 기법

인적자원수요를 예측하는 데는 회귀분석, 비율분석, 시계열분석, 선형계획법(linear programming) 등 다양한 방법이 있다. 다음의 〈표 5-1〉에서는 가장 널리 사용되고 있는 비율분석과 회귀분석의 절차와 예가 제시되어 있다.[5]

통계적 기법에 있어서 공통의 문제점은 과거의 추세가 미래에도 지속된다고 가정하는 데 있다. 제품 및 서비스 또는 기술에 있어서 급격한 변화에 당면하고 있는 조직에 대해서는 유용성이 떨어진다. 더욱이 인력규모에 영향을 미치는 독립변수를 찾기가 매우 어렵다. 또한 이러한 독립변수를 발견하더라도 이것이 미래의 인력규모에도 동일한 영향을 미칠지는 미지수이다.

2) 판단적 기법

판단적 기법(judgmental technique)은 인적자원소요를 예측하는 데 경영자의 의사결정에 의존한다. 통계적 기법과는 달리, 의사결정권자가 주관적으로 정보를 수집하여 이를 인적자원소요를 예측하는 데 이용한다. 이러한 의

표 5-1 인적자원 수요예측을 위한 통계적 기법의 예

(1) 비율분석(Ratio Analysis)

1. 인력규모와 관련된 변수를 식별한 후 과거자료를 이용하여 비율을 구한다.
   예: 판매액/1.0 FTE*= ? 신규고객수/1.0 FTE= ?
2. 비율이 미래에도 지속된다고 가정한다.
3. 미래 인적자원 소요예측을 위한 비율을 활용한다.
   예: (1) 4백만 원(판매액)/1.0 FTE이 과거 비율이고,
   (2) 예상 매출액이 4억이라면,
   (3) 인력소요=100 FTEs.

(2) 회귀분석

1. 인력규모에 영향을 미치는 독립변수 식별
   예: FTEs=a+b1 판매+b2 신규고객
2. 모형 추정
3. 추정된 모형에 의한 인력수요예측
   예: (1) FTEs=7+.0004 판매액+.02 신규고객
   (2) 예상 판매액=1,000,000원
   (2) 예상 신규고객수=300
   (3) HR 소요 추정=7+.0004(1,000,000)+.02(300)=413
4. 예측 표준오차(standard errors in prediction) 추정

*) FTE(full-time equivalent: 정규인력상응치)는 특정 종업원의 유형을 정규인력의 일정기간 동안의 근무시간 비율로 나타낸 것이다. 예를 들면, 정규인력이 일주일에 40시간 이상 근무하지만 파트-타이머는 일주일에 20시간 근무한다면 그 종업원은 0.5 FTE로 계산된다. 만약 어떤 종업원이 일주일에 통상 30시간 근무한다면, 그는 0.75 FTE로 계산된다.

사결정자의 예측은 통계적 기법으로부터 도출된 예측과 유사할 수도 있으며 아주 다를 수도 있다.

단위조직의 경영자는 단위조직의 목표달성에 필요한 인력소요를 판단할 수 있는 최적의 위치에 있다. 판단의 질은 경영자의 예측능력과 그가 예측에 활용할 수 있는 정보에 달려 있는 것이다.

"질문 및 확인법(ask and find out method)"은 조직의 인력소요를 예측하기에 적절한 기법이다. "질문 및 확인법"에서는 단위 경영자로부터 주관적 예측치를 수집하여 이를 전반적 인력예측으로 통합하는 과정을 거친다. 전체적 예측치가 준비되면 연속적인 경영검토와 분석을 통하여 조정이 이루어

진다. 예측이 완성되고 승인되면, 예측은 공식적 충원계획이 되어 단위경영자에게 통보된다.

이 방법은 공식적이고 체계적인 계획과정을 나타내지만 단위 경영자의 주관적 판단과 지식에 크게 의존하고 있다. 예측과정에 있어서 "질문"은 다음사항을 추정하기 위해서 포함되어야 한다.

- 신규직위
- 제거되어야 할 또는 충원되지 않고 유지되어야 할 직위
- 현재 직위의 변화
- 예상되는 초과근무
- 예상되는 여유(실제 종업원의 입직훈련이나 프로젝트의 지체기간 등)
- 계획기간 동안의 업무량 변동
- 예산 변동

현재 인력에 대해서 위와 같은 조정을 행하면, 각 조직단위의 인력규모를 예측할 수 있다. 조직단위별 인력예측은 단위조직 내 직급별 또는 직무유형별 세부인력을 예측하는 데 있어서 기본자료로 활용될 수 있다.

단순히 라인 관리자에게 필요한 인력규모를 예측하도록 요구한다면 과대한 예측을 하는 경향이 있다. 라인 관리자는 자신의 소속 조직의 중요성을 강조하기 위해서 또는 부하가 많을수록 자신의 위상이 커질 것이라고 생각한 나머지 많은 수의 인력을 요구하는 경향이 있다. 따라서 HR기능은 라인 관리자가 올바른 판단을 하도록 체계적으로 정보를 수집할 필요가 있다. 다음과 같은 일련의 질문을 통하여 비교적 정확한 판단을 유도해 낼 수 있다.[6)]

1. 귀하의 조직의 업무량에 영향을 미치는 사업지표(예, 생산량, 판매액, 프로젝트의 수 등)로는 무엇이 있는가?
2. 사업지표상의 어떤 변화가 귀하의 조직의 인력소요량에 영향을 미칠 것인가?
3. 현재 인력을 효율적으로 활용하기 위해서 과거에 어떠한 조치를 취하였는가? 이러한 조치가 미래 인력소요량에 어떻게 영향을 미칠 것인가?

4. 현재 인력을 효율적으로 활용하기 위해서 내년에는 어떠한 조치를 취할 것인가? 이러한 조치가 인력소요량에 어떻게 영향을 미칠 것인가?
5. 모든 정규 종업원, 계약직 종업원 그리고 파견 종업원을 포함한 조직그림을 그리시오. 내년에 예상되는 조직변화를 설명하시오.
6. 내년에 지금까지 언급한 변화가 당신의 인력소요량에 미치는 영향은 무엇인가? 정규직, 임시직 그리고 계약직 종업원으로 나누어 예측하시오.

제 6 절 인력공급예측

인력공급의 예측에는 일정기간 동안 조직 내 인력흐름의 분석이 요구된다. 〈그림 5-6〉에 제시된 바와 같이 종업원들은 조직구조 내에서 상향, 수평, 하향이동을 할 수 있으며 또한 조직 밖으로 나갈 수도 있다. 이런 흐름은 예측모형에 의해 쉽게 분석될 수 있다.

그림 5-6 조직 내 인력흐름 유형

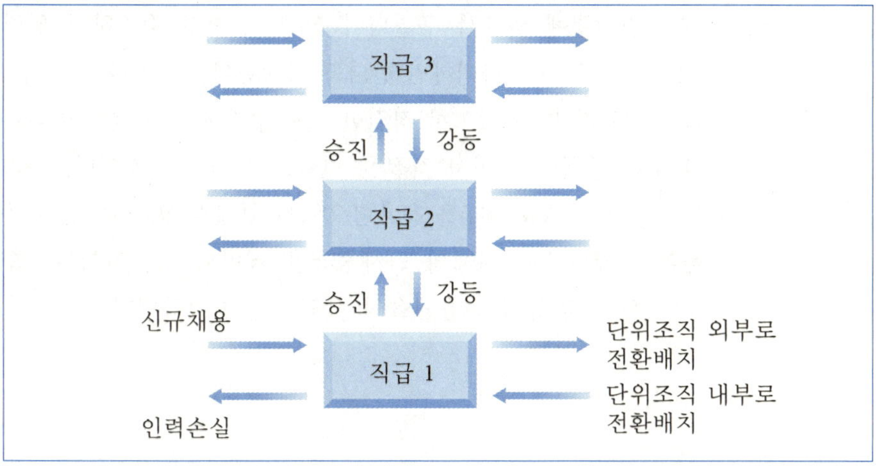

승진, 전환배치, 사퇴 등으로 인한 인력구조의 변화를 예측하는 것은 경영자의 기본 임무이다. 그러나 인력흐름이 조직에 미치는 영향에 관심을 갖고 있는 경영자는 드물다. 지금부터는 직군 또는 직급별 인력흐름을 예측하는 기법을 검토하기로 한다. 인력수요예측과 마찬가지로, 인력공급 예측기법은 크게 통계적 기법과 판단적 기법으로 나눌 수 있다.

1) 통계적 분석

통계적 분석은 과거 인력흐름 패턴을 기초로 하여 미래의 가용인력을 예측하고자 한다.

마아코브 분석(Markov analysis)

마아코브 기법은 직급, 연령, 또는 성 등에 의해서 종업원을 분류할 수 있는 이질적 시스템(heterogeneous system)을 분석하는 데 사용된다. 또한 기업의 인력시스템을 스톡(stock)과 플로우(flow)가 서로 관련된 집합으로 보는 관점을 취한다.[7]

지금부터 A, B, C, D 그리고 피훈련층의 5등급을 지닌 인력시스템에 마아코브 분석 예를 살펴보자.

각 등급은 종업원의 숙련수준에 의해서 구별되며 숙련은 여러 직무에 있어서의 경험을 통해서만 획득된다고 가정한다. 또한 직무는 종업원이 지녀야 할 최저숙련수준에 의해서 구별되며 상위등급으로 승진하기 위해서는 바로 밑 등급을 완전히 숙달하여야만 한다고 가정한다. 이 경우 인력계획의 목적은 단순히 계획기간 말에 있어서 적절한 인력을 유지하는 것이 아니라 계획간을 통하여 모든 등급에 있어서 적절한 인력을 유지하는 것이다. 이러한 목적은 마아코브 체인(Markov chain)을 응용함으로써 쉽게 달성될 수 있는 것이다.

계획의 첫단계는 현재의 인사정책을 계량화하는 것이다. 즉 인사기록부에 의거하여 각 등급별 승진율과 사퇴율을 결정하였다.

등 급	승진율(%)	사퇴율(%)
A	0.00	3.75
B	2.50	2.50
C	9.67	5.00
D	15.00	5.00
피훈련(T)	80.00	20.00

위의 통계를 살펴보면 피훈련계층(T) 중에서 약 80%만이 D등급으로 승진되며, 나머지 20%는 사퇴함을 알 수 있다. 그리고 A등급은 라인의 마지막 단계이므로 승진율이 0이다. 이상의 통계를 가지고 전이행렬(transition matrix)을 만들면 다음과 같다.

	A	B	C	D	사퇴
A	0.9625	0	0	0	0.0375
B	0.0250	0.9500	0	0	0.0250
C	0	0.0967	0.8533	0	0.0500
D	0	0	0.1500	0.8000	0.0500
피훈련(T)	0	0	0	0.8000	0.2000

적절한 승진 및 사퇴율을 이용하여 전이행렬을 만든 다음에는 현재의 등급별 인력구성을 파악한다. 이것은 인사기록부나 인력현황을 조사하면 대부분의 기업에서 쉽게 얻을 수 있다.

현재의 인력구성은 다음과 같다.

등 급	인 원
A	50
B	60
C	80
D	90
피훈련(T)	35

다음 기간의 인력을 예측하기 위해서는 단순히 현재의 인력구성 벡터에 전이행렬을 곱하면 된다. 계산방법은 다음과 같다.

$$\begin{matrix} (A) & (B) & (C) & (D) & (T) \end{matrix}$$
$$[50, 60, 80, 90, 35] \times \begin{bmatrix} 0.9625 & 0.0 & 0.0 & 0.0 & 0.0375 \\ 0.0250 & 0.9500 & 0.0 & 0.0 & 0.0250 \\ 0.0 & 0.0967 & 0.8533 & 0.0 & 0.0500 \\ 0.0 & 0.0 & 0.1500 & 0.8000 & 0.0500 \\ 0.0 & 0.0 & 0.0 & 0.8000 & 0.2000 \end{bmatrix}$$

A: $(50\times0.9625)+(60\times0.025)+(80\times0)+(80\times0)+(35\times0)=49.6$

B: $(50\times0)+(60\times0.95)+(80\times0.0967)+(90\times0)+(35\times0)=64.7$

C: $(50\times0)+(60\times0)+(80\times0.8533)+(90\times0.15)+(35\times0)=81.8$

D: $(50\times0)+(60\times0)+(80\times0)+(90\times0.8)+(35\times0.8)=100.0$

T : $(50\times0.0375)+(60\times0.025)+(80\times0.05)+(90\times0.05)+(35\times0.2)=18.9$

따라서 첫 기간 말의 등급별 인력구성은 다음과 같다.

등 급	인 원
A	49.6
B	64.7
C	81.8
D	100.0
사 퇴	18.9

다음 기간의 인력구성을 구하기 위해서는 여기에다 다시 전이행렬을 곱하면 된다. 인사정책이 변하지 않는다고 가정하였으므로 전이행렬은 변하지 않는다.

20기간 후의 인력구성은 다음과 같다.

등 급	인 원 수	
	20기간 후	기간 초
A	58.6	50
B	117.1	60
C	66.3	80
D	58.8	90
피훈련(T)	14.3	35

계획기간의 말과 처음을 비교하여 보면 현재의 인사정책이 변화하지 않는 한 인력구성이 급격하게 변할 것이라는 것을 알 수 있다. 이 예에서는 충원은 시스템에서의 인력손실을 보충하기 위해 행해진다고 가정했으므로 시스템의 인력은 항상 315명을 유지하고 있다.

마아코브 모형하에서 계획기간 말의 인력구성은 전이행렬의 함수이다. 또한 전이행렬에 있어서 등급별 이동확률은 어느 정도 관리가 가능하므로 미래의 인력구성에 대하여 강력한 통제를 구사할 수 있다. 전이행렬에 의해 계량화된 현재의 인사정책의 연구와 역사적 확률(historical probabilities)보다는 상정된 확률로 이상의 절차를 반복함으로써 인력계획 담당자는 인사정책의 결과를 사전에 예측할 수 있다.

마아코브 분석의 한계: 마아코브 분석은 내부노동시장(internal labor market)의 구조를 파악하고 미래 인력수요를 예측하는 데 유용한 기법이다. 그러나 다음과 같은 한계를 지니고 있다.[8)]

가장 큰 한계점은 표본 크기(sample size), 즉 직군 · 직급 범주별 인력의 수이다. 대체로 직군 · 직급별, 범주별로 표본이 20 또는 그 이상이 바람직하다. 직군 · 직급별 종업원 수는 전이행렬 계산 시 분모로 활용되므로 표본 수가 적은 경우 전이행렬의 차이가 크게 나타난다(예, 2/10=.20 그리고 2/5=.40). 따라서 적은 수의 표본에 근거한 전이행렬은 신뢰성이 낮은 측정치를 제공한다.

마아코브 분석의 두 번째 한계는 기간 동안에 다중이동(multiple move)을 식별하지 못한다는 점이다. 마아코브 분석은 기간 초와 기간 말 사이의 위

표 5-2 기간별 인력구성의 예측치

등급	분기 1	2	3	4	5	6	7	8	9	10
A	49.6	49.4	49.3	49.3	49.4	49.6	50.0	50.4	50.9	51.4
B	64.7	69.4	74.1	78.8	83.3	87.6	91.5	95.2	98.5	101.5
C	81.8	84.8	86.6	87.3	87.1	86.3	85.0	83.5	81.9	80.2
D	100.0	95.1	89.2	84.0	79.7	76.2	73.3	70.8	68.7	67.0
T	18.9	16.3	15.8	15.7	15.5	15.4	15.2	15.1	15.0	14.9

등급	분기 11	12	13	14	15	16	17	18	19	20
A	52.0	52.7	53.4	54.1	54.8	55.6	56.3	57.1	57.8	58.6
B	104.2	106.5	108.6	110.5	112.1	113.4	114.6	115.6	116.4	117.1
C	78.5	76.8	75.2	73.6	72.2	70.8	69.5	68.3	67.3	66.3
D	65.5	64.3	63.2	62.3	61.5	60.8	60.2	59.6	59.2	58.8
T	14.8	14.7	14.6	14.6	14.5	14.4	14.4	14.3	14.3	14.3

그림 5-7 기간별 인력구성 변화의 추이

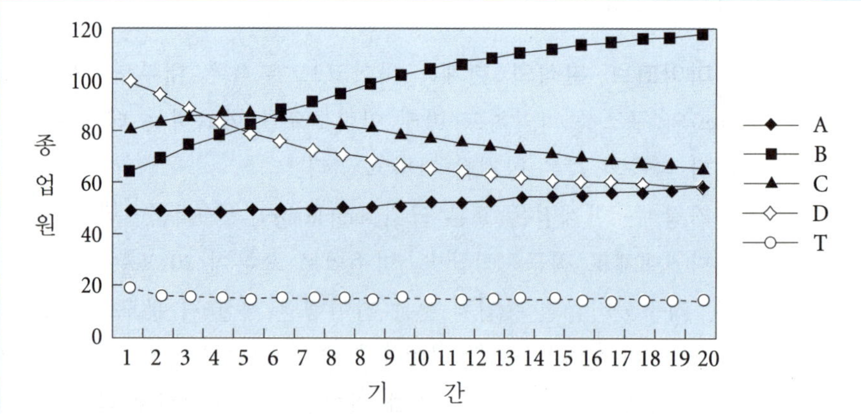

치에 의해 종업원을 분류하며 기간 동안에 발생한 종업원의 이동은 무시한다. 다중이동의 가능성을 적게 하기 위해서는 기간을 짧게 잡아야 하나 이

경우에는 표본 크기의 문제가 발생한다.

세 번째 한계는 분석단위(unit of analysis), 즉 직군 · 직급별 범주에 관련된 것이다. 조직의 측면에서 볼 때 직군 · 직급별 범주는 예측이나 실천계획을 수립한다는 점에서 의미가 있어야 한다. 따라서 매우 광범위한 범주화(예를 들면 관리직, 사무직 등)는 가급적 피해야 한다. 반면에 세분화된 직군 · 직급별 범주화는 표본크기에 부정적 영향을 준다.

마지막으로 전이행렬은 평균적인 인력이동을 나타내며 이동의 원인을 식별하는 것이 아니다. 다시 말하면 어느 한 직군 · 직급별 범주에 속한 모든 종업원은 동일한 이동가능성이 있을 것으로 가정하는 것이다. 그러나 조직이 이동결정을 내릴 때는 여러 가지 요소(예를 들면 연공, 인사고과, 자격요건 등)를 고려하기 때문에 이러한 가정은 비현실적이다. 이러한 요소로 인해 동일한 범주에 속하더라도 개별 종업원의 이동가능성은 서로 다를 것이다.

2) 판단적 기법

통계적 기법에 있어서는 확률을 이용하여 종업원의 이동(movement)을 예측한 후 그 결과를 이용하여 인력공급을 예측한다. 반면에 판단적 기법에서는 개인별로 종업원의 이동가능성을 파악하여 그 결과를 종합하여 인력공급을 예측한다.

경영자 검토(Executive Review): 경영자 검토는 최고경영층으로 성장할 잠재력이 있다고 판단되는 경영자나 전문가 등 특정 집단의 종업원에 초점을 맞추고 있다. 조직단위의 책임자는 일련의 회의를 통하여 개별 경영자에 대하여 승진 가능성, 개발 필요성 또는 해고 가능성 등을 집중적으로 검토한다. 이러한 결정은 인사고과, 승진 잠재력, 경력에의 관심 등을 기초로 행해진다. 이러한 과정을 통하여 조직은 어떤 분야에서 인력이 부족한가 또는 남는가를 알 수 있다. 또한 경영자 검토는 개인에 대한 경력개발의 수단의 일환으로 이루어질 수 있다.

승계계획(Succession Planning): 승계계획은 통상 경영자 검토와 함께 이

그림 5-8 **승계계획**

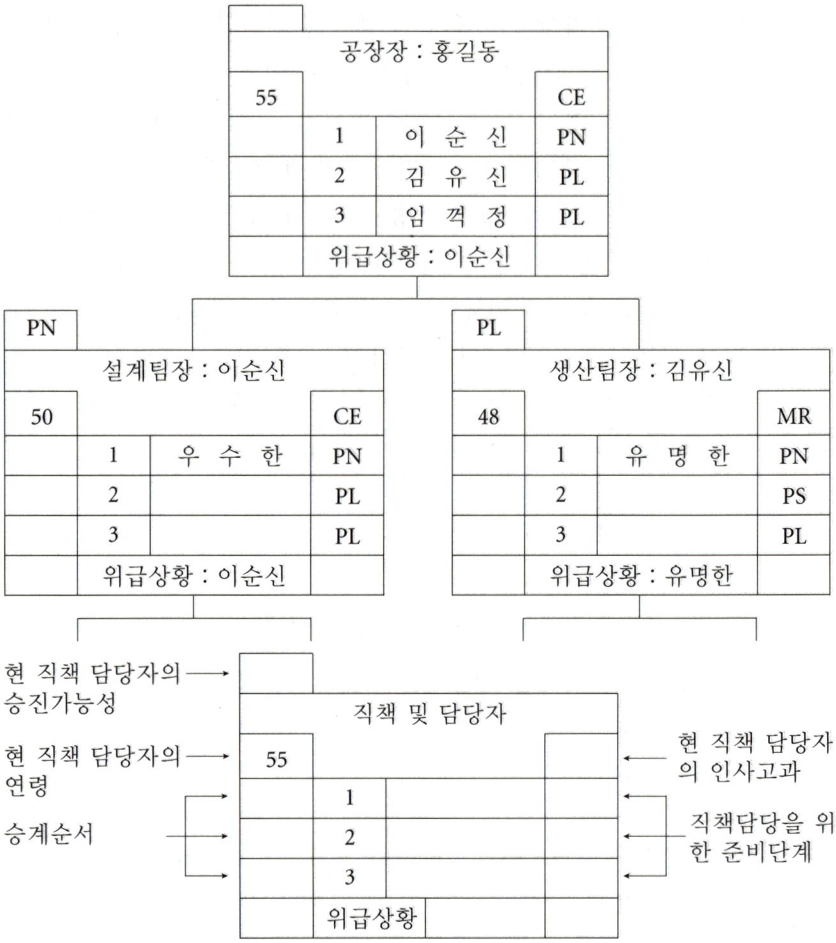

[범례]

1) 승진 가능성
   PN(promotable now) 즉시 승진 가능
   PS(promotable short-term) 단기간 후(1~3년) 승진 가능
   PL(promotable long-term) 장기간 후(3~5년) 승진 가능
   R(Should be replaced) 대체되어야 함
2) 인사고과(성과)
   CE(Clearly exceeds requirements) 기준 초과
   MR(Meets requirements) 기준 충족
   BR(Below requirements) 기준 미달

자료: G. T. Milkovich & J. W. Boudreau(1994), *Human Resource Management*, 7th ed., Irwin, p.463.

루어지며 최고경영층이 직무의 후보자를 식별하기 위해서 하위직급의 경영자를 주기적으로 검토하는 과정이다. 승계계획은 하위 경영자의 개발 필요성은 물론 상위직급으로 승진가능성을 지닌 종업원을 식별하는 데 도움을 준다. 또한 퇴직, 해고, 승진 및 전환배치에 대한 체계적인 계획 수립과 함께 추후의 직무를 수행하기 위해서 어떠한 능력이 필요한지를 보여 준다. 승계계획은 통상 〈그림 5-8〉과 같은 그림으로 나타낸다. 조직도표(organization chart)에 근거한 승계계획은 조직 내 주요 직책에 대한 인력 배치를 나타내며 현재 인력에 대한 대체 가능성(availability of replacement)을 보여 준다. 또한 인사고과, 승진 잠재력 그리고 종업원의 준비성(readiness)에 대한 정보를 제공함으로써 인력배치의 효율성을 증진시킬 수 있다.

공석분석(Vacancy Analysis): 공석분석에 있어서는 경영자 검토나 승계계획과 마찬가지로 개인단위로 이동의 가능성을 판단한다. 통상 많은 수의 종업원이 관련되어 있기 때문에 개인별 이동가능성이 집계되어 통계적으로 요약된다. 공석분석은 마아코브 분석과 비슷하지만 종업원 이동이 전이행렬과 같은 확률이 아니라 경영자의 판단에 의해 추정된다는 점이 다르다.

〈표 5-3〉은 직군 · 직급별 현재인력과 예상 이동에 근거한 공석분석을 예시하고 있다. 공석분석은 직군 · 직급별 예상인력 손실과 획득에 대한 예

표 5-3 공석분석의 예

직 급	현 재 인 력	인력 손실			인력 획득		예상인력공급
		퇴 직	사 퇴	승 진*	충 원	승 진*	
1	120	4	0	11	0	2	107
2	250	2	18	2	0	8	236
3	290	1	29	8	2	20	274
4	360	0	36	20	10	10	324
합 계	1020						941

*) 특정 직급을 기준으로 할 때 상위직급으로 승진하여 나가는 사람(인력 유출)과 하위직급에서 승진하여 들어오는 사람이 있다.

측으로 부터 시작된다. 이것은 예상 내부인력공급(anticipated internal labor surply)을 제공하고 예상 인력수요와 비교하여 인력의 잉여 또는 부족을 추정하게 한다.[9)]

제7절 조정 및 실천계획

1. 조정과정

일단 인적자원 수요와 공급이 예측되면 예측된 수요와 공급을 비교하여 인적자원 잉여와 부족을 분석하는 것이 필요하다. 조정과정은 예를 들어 설명하는 것이 편리하다. 〈표 5-4〉는 가상적 조직에 있어서의 예측된 수요와 공급뿐만 아니라 인적자원의 부족을 나타내고 있다.

우선 직급 1을 고려하여 보자. 직급 1에서 인력수요는 증가하였는 데 반하여 인력공급은 현재보다 줄어 31명의 인력부족을 나타내고 있다. 인력수요가 증가한 원인과 동시에 인력공급이 감소한 원인은 추가적인 분석에 의해 식별될 필요가 있다.

직급 2의 경우에는 인력수요와 공급이 현재 인력수준과 유사하다. 수

표 5-4 인력수요와 공급의 조정

직 급	현재 인력	인력 손실		예측된 차이
		수 요	공 급	
1	100	120	89	−31
2	220	225	222	− 3
3	300	290	325	+35
4	475	520	435	−85

치적으로 3명의 인력부족을 나타내고 있지만 이미 보아왔듯이 인력수요와 공급의 예측이 매우 정확한 것은 아니므로 무시하여도 되는 수치이다.

직급 3의 경우에는 직급 1과는 반대 현상이 나타나고 있다. 인력수요는 현재 인력에 비해 줄었지만 예상 인력공급은 현재 인력수준을 초과하여 35명의 잉여인력을 나타내고 있다.

반면 직급 4에서는 직급 1과 유사한 현상이 나타나고 있다. 직급 3과 직급 4에서도 추가적인 분석이 필요하다.

2. 실천계획

실천계획은 기본적으로 다음과 같은 4단계로 이루어진다.[10]

단계 1: 목표설정
단계 2: 대안창출
단계 3: 대안평가
단계 4: 대안선택

실천계획의 단계는 일반적 의사결정과정과 유사하다. 실제로 모든 인적자원 활동에 적용할 수 있다. 인적자원계획이 없다면 조직은 사전에 실천계획을 세울 수 없으며 단지 환경변화에 수동적으로만 대응할 수 있을 뿐이다.

목표설정: 목표는 계획기간 동안 조직이 달성하고자 하는 것을 의미한다. 목표는 실천계획을 수립하는 데 있어서 방향을 제시하며 추후에 의도했던 바가 달성되었는가를 평가하는 기준이 된다.

인적자원계획에 있어서 목표는 인력수요와 공급 사이의 예상된 격차로부터 도출된다. 또한 인력의 잉여나 부족은 물론 생산성, 노무비 등을 고려하여 설정하여야 한다. 따라서 목표는 계량적 목표뿐만 아니라 정성적 목표를 포함하여야 한다. 이러한 목표의 예가 〈그림 5-9〉에 제시되어 있다.

계량적 목표는 개별 직군·직급별로 인적자원계획에서 식별된 차이를 줄이기 위한 종업원 규모의 변화로 표시된다. 예를 들어, 직군 2에서 50명

그림 5-9 인적자원목표와 가능한 대안

목 표	가능한 활동
엔지니어 1인당 생산량 10% 증대	1. 선발, 훈련, 전환배치 및 보상계획 변경에 따른 기술변화 2. 선발, 훈련, 전환배치 및 보상계획 변경에 따른 조직변화 3. 선발 또는 훈련 프로그램의 개선을 통한 종업원 능력 배양 4. 감독, 직무설계, 인센티브를 통한 종업원 동기부여
직군 2에 속하는 종업원 50명 삭감	1. 50명의 종업원 정리해고 2. 연금프로그램 조정을 통한 조기퇴직 3. 자연인력 손실(사퇴, 사망 등) 4. 기존 종업원의 근로시간 단축
직군 4에 속하는 종업원 90명 충원	1. 90명 신규 채용 2. 50명을 신규 채용하고 나머지는 내부 승진이나 전환배치로 확충 3. 75명은 신규 채용하고 나머지는 초과근무나 생산성 증대로 보완 4. 하청을 주며 신규 종업원은 채용하지 않음

의 잉여가 예측된다면 목표는 어떻게 50명을 정리할 것인가를 다루고 있다.

반면에 정성적 목표는 KSAO 측면에서 인력의 질을 의미한다. 정성적 목표는 통상 인적자원예측에서는 식별되지 않는다. 인력의 질은 수치로 표현하기가 또한 매우 어렵다. 따라서 정성적 목표를 설정하는 데는 상당한 판단이 요구된다. 실제로 직무분석을 통한 직무명세서를 기초로 하여 정성적 목표를 설정하는 것이 바람직하다.

대안창출: 계량 및 정성적 목표가 설정되면 목표를 달성하기 위한 방법을 식별하는 것이 필요하다. 의사결정의 질은 대안의 수와 질에 달려 있으므로 이 과정은 매우 중요하다. 〈그림 5-10〉은 예상되는 인력부족 또는 잉여에 대응하여 단기 및 장기적으로 가능한 대안을 보여 주고 있다.

대안평가: 시간, 비용 그리고 부작용 등을 고려하여 인적자원계획 목

그림 5-10 **인력 잉여와 부족시 가능한 대안**

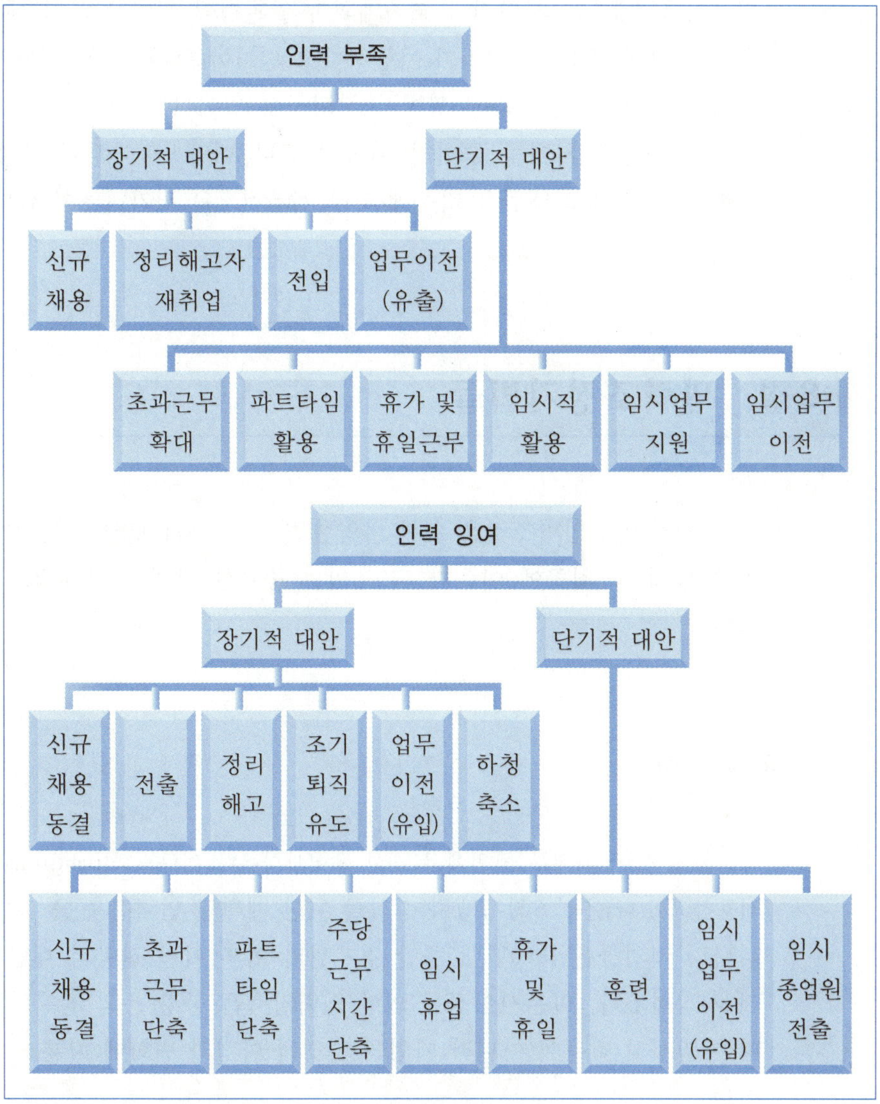

자료: Heneman et al.(1986), *op. cit.*, p.197에서 수정하여 재인용.

표를 가장 잘 달성할 수 있는 대안을 선택하여야 한다. 따라서 개별 대안은 성공 가능성, 상대적 비용과 시간 등 다양한 기준에 근거하여 평가되어야 한다. 이러한 평가를 행하는 데 일반적인 기준은 없으며 조직이 내부적으로 자신의 필요성에 맞게 개발할 필요가 있다.

대안선택: 대안을 검토하여 최종 결정을 내리는 것은 최고경영자의 의무이다. 대안은 사업이나 조직계획과 일관성이 있어야 하며 예산이나 실용성 측면에서 최고경영자가 가능하다고 믿어야 한다. 이를 위해서는 첫째, 인력 수요 및 공급예측에 있어서 신뢰성이 있어야 하며 둘째, 인력수요나 공급이 예상된 차이를 줄이기 위한 목표나 대안창출과정이 체계적이어야 하며, 마지막으로 대안을 기준에 따라 체계적으로 평가하여야 한다.

제 8 절 인력조정기법들

앞 절에서 인력조정을 위한 다양한 방법을 논의하였다. 본 절에서는 다양한 방법 중 최근에 이슈가 되고 있는 중요한 방법을 구체적으로 논의하겠다.

1. 다운사이징

다운사이징(실무 차원에서는 이 용어보다는 적정규모화(rightsizing)란 용어를 선호하고 있다)은 '조직경쟁력 강화를 위한 계획된 인력감축'을 의미한다. 우리나라 기업들은 1990년대 중반 경제위기 이후 이런 전략적 대안을 채택하기 시작하였다. 다운사이징에 의한 인력감축은 불황 등과 같은 경기주기에 따른 일시적 감축이 아니라 기업의 경쟁적 환경의 변화에 따른 영구적 감축이다.

다운사이징의 원인으로는 다음 네 가지를 들 수 있다.[11)]

첫째는, 인건비가 기업의 총 비용 중 상당 부분을 차지하고 있으므로, 비용을 줄이려고 하는 기업들에 있어서 다운사이징은 첫 번째 대안이 될 수 있다.

둘째는, 오래된 공장을 폐쇄하거나 새로운 기술을 도입하려고 하는 기업들에서는 노동에 대한 수요가 줄어들 수 있다.

셋째는, 인수합병으로 인해 기존의 관리자들이나 전문직을 대체하여 간접경비를 줄이고자 하는 노력의 일환으로 다운사이징을 실시할 수 있다.

넷째로, 다운사이징은 사업장을 한 지역에서 다른 지역으로 옮김으로써 발생할 수 있다. 우리나라에서는 국내의 높은 임금수준 때문에 중국이나 동남아 지역으로 공장을 이전할 경우, 국내에서는 대량의 실직 상태가 발생할 수 있다.

다운사이징이 조직의 경쟁력을 강화시키는지 여부에 대해서는 논란이 있지만, 지금까지의 결과를 보면 일반적 기대수준에는 못 미치는 것 같다. 미국 *Fortune* 100 기업에 속한 52개 기업을 대상으로 한 연구에 의하면 다운사이징의 공표는 다음 해에 재무적 성과를 개선하기보다는 악화시킨다고 보고하고 있다.[12] 다운사이징이 기업성과를 개선하는 데 기대수준에 못 미치는 데는 다양한 이유가 있다.

첫째, 다운사이징에 의해 단기적으로 비용을 절감할 수 있지만, 다운사이징을 적절히 관리하지 못하면 장기적으로 부정적일 수 있다. 다운사이징에 의해 유능한 인재를 잃을 수 있을 뿐만 아니라, 창의성과 유연성을 촉진할 수 있는 사회적 네트워크를 깰 수 있다. 일반적으로 유능한 인재는 외부에서 쉽게 직장을 찾을 수 있어 정리해고(layoff) 전에 자발적으로 조직을 떠나는 경향이 있다. 더욱이, 관대한 결별금(severance pay)은 이런 경향을 촉진시키는 경향이 있다.

둘째, 다운사이징은 때때로 대체할 수 없는 사람들을 내보낼 수 있다. 실제로 조직 내에서 다른 사람이 업무를 할 수 있을 것 같아 담당자를 내보냈으나, 실제로 업무가 잘 수행되지 않아 새로운 사람을 고용하거나 일단 내보낸 사람을 컨설턴트 형식으로 재고용하는 경우가 많다. 실제로, 이전에 정리해고된 종업원을 재고용하는 사례가 늘면서 많은 조직들이 정리해고된 종업원의 근황을 추적할 수 있는 시스템을 가동하고 있다. 이런 시스템은 e-메일 등을 통하여 정리해고된 종업원들이 새로운 스킬을 습득하였는지 주기적으로 업데이트한다. 만약, 조직상황이 노동력 잉여에서 노동력 부족으로 전환된다면, 이전 종업원을 접촉하여 신속하게 재고용할 수 있다.[13]

다운사이징이 실패하는 세 번째 이유는, 정리해고 과정에서 살아남은 종업원들이 때때로 자기 일에만 신경 쓰며 위험을 회피하는 태도를 지니기 쉽기 때문이다. 미래에 대한 확신이 서지 않기 때문에 동기 수준도 저하된다. 많은 종업원들은 또한 다른 직장을 찾기 시작한다. 다운사이징과 관련된 부정적 이미지는 노동시장에서 회사의 명예를 실추시켜 추후에 종업원을 모집하는 것을 어렵게 만들 수 있다. 이러한 명예 실추를 방지하기 위해서는 정리해고의 필요성을 잘 설명하고, 정리해고의 과정이 공정하여야 한다.[14] 이런 주장은 상시적인 것 같지만 정리해고가 부분적으로는 최고경영층의 잘못된 경영에서 기인하므로, 조직은 때때로 이런 정보를 제고하기를 꺼릴 수 있다.[15]

다운사이징을 잘 계획함으로써 많은 문제를 줄일 수 있겠지만, 다운사이징은 조직의 경쟁력을 제고하는 만병통치약이 아니다. 이미 논의한 바와 같이 노동력 잉여를 줄이기 위한 다양한 방법이 존재한다. 그러나 이들 방법 중 상당수는 시간이 많이 걸리기 때문에 조직은 쉽게 다운사이징을 선택하는 경향이 있다.

2. 조기퇴직 프로그램들

노동력 잉여를 줄이기 위해서 널리 사용되는 방법으로는 조기퇴직 프로그램(early retirement program)을 실시하는 것이 있다. 우리나라에서는 노동력의 고령화가 급속히 진전되어 많은 기업에서 노동력의 평균연령이 급속하게 증가하고 있다. 고령의 근로자는 경험과 안정성 측면에서는 장점이 있지만 다음과 같은 문제점도 있다. 첫째는, 고령의 근로자는 높은 연공, 높은 의료비, 그리고 높은 연금(또는 퇴직금) 때문에 젊은 근로자에 비해서 비용이 많이 들 수 있다. 경험의 가치가 이런 비용을 상쇄한다면 좋지만, 그렇지 못하다면 조직이 이런 비용을 고객에게 전가하기가 어려울 것이다. 둘째는, 고령의 근로자가 좋은 자리를 차지하고 있어 젊은 근로자의 고용을 어렵게 만들거나 젊은 근로자의 승진을 막는 결과를 초래할 수 있다. 따라서, 젊은 근로자들이 좌절감을 느껴 조직을 떠날 수도 있다.

이런 인력구조적인 문제를 해결하기 위해서, 많은 조직들은 고령의 근로자들간의 자발적 사퇴를 유도하기 위해서 조기퇴직인센티브 프로그램을 실시하고 있다. 조기퇴직인센티브 프로그램은 인센티브의 규모와 대상 연령대에 따라 매우 다양하다. 조기퇴직인센티브 프로그램의 한 가지 문제점은 조기퇴직 희망자의 수와 유형을 정확히 예측하기 어렵다는 것이다. 물론 조기퇴직 희망자의 수는 인센티브의 규모에 달려 있다. 일반적으로 인센티브의 규모가 커지면 조기퇴직 희망자가 늘어날 것이 예상되나 너무 큰 규모의 인센티브는 조직에 부담이 될 수 있다.

이런 이유로 많은 조직에서는 단계적 퇴직 프로그램(phased retirement program)을 선호한다. 단계적 퇴직 프로그램은 조직이 고령의 노동자의 경험을 활용할 수 있지만 근로시간을 줄임으로써 노동비용을 또한 줄일 수 있다. 이 프로그램은 종업원의 심리적 측면에서도 도움이 된다. 종업원들을 퇴직 후 갑자기 새로운 생활방식에 내모는 것이 아니라 점차적으로 퇴직 후의 생활방식에 적응하도록 하기 때문이다.

3. 임시직(temporary workers)

다운사이징이 인력 잉여를 줄이기 위한 방법이지만, 임시직 고용과 아웃소싱(outsourcing)은 인력부족을 해소하기 위해서 널리 활용되는 방법이다. 실제로 우리나라 노동력의 상당수가 임시직으로 일하고 있으며 다양한 사회적 이슈를 낳고 있다. 임시직은 제품 및 서비스 수요의 변동에 대처하여 기업이 효율적으로 운용할 수 있도록 하는 융통성을 제공한다. 그 외에 임시직 활용에 있어서 다양한 이점이 있다.

융통성 이외에, 임시직 활용은 정규직과 관련된 다양한 관리업무와 재무적 부담에서 벗어날 수 있게 한다. 복지후생비용이 점점 늘어가는 추세 속에서 임시직의 활용은 정규직과 관련된 다양한 관리업무와 재무적 부담에서 벗어날 수 있게 한다. 복지후생비용이 점점 늘어가는 추세 속에서 임시직의 활용은 기업의 재무적 부담을 줄일 수 있는 한 방안이 된다.

둘째, 자체적으로 체계적인 선발 프로그램을 갖출 수 없는 중소기업에서는 먼저 임시직으로 고용했다가 일정 기간이 지난 후 높은 성과를 보인

사람들을 정규직으로 전환시킬 수 있다.

셋째, 많은 임시직 소개소는 사용자에게 소개하기 전에 훈련을 시킴으로써 기업의 훈련비용을 줄일 수 있으며 잘 적응할 수 있게 한다.

마지막으로, 임시직은 사용자의 조직에 경험이 없기 때문에, 때때로 조직의 문제나 임무과정에 대해서 객관적인 시각을 가질 수 있다. 또한, 임시직은 여러 다른 회사들과의 경험이 많기 때문에, 조직이 당면하고 있는 문제에 대해 해결책을 제시할 수도 있다. 예를 들어, 다른 회사에서의 경험을 바탕으로 임시직이 보다 나은 소프트웨어 프로그램이나 업무절차를 조직에 소개할 수 있다. 임시직은 또한 종업원들이 벤치마크(benchmark)하도록 하여 조직의 업무절차를 개선하는 데 도움을 줄 수 있다.

임시직은 효율적으로 활용하기 위해서 조직이 극복해야 할 여러 가지 단점들도 있다. 예를 들어, 임시직과 정규직 사이에 갈등이 발생할 수 있다. 정규직들이 임시직을 직장안정에 위협으로 간주한다면 협력을 하지 않을 수도 있으며 심하면 업무를 방해할 수도 있다.

이런 문제를 관리하기 위해서는 조직이 주의하여야 할 점이 있다.

첫째, 조직은 임시직을 활용하기 전에 다운사이징으로 인한 충격을 해소할 필요가 있다. 다운사이징은 살아남은 종업원들에게 불안감, 불신, 그리고 죄책감 등 다양한 부정적 영향을 미칠 수 있으므로 다운사이징이 끝난 후 상당한 시간이 흐른 다음에 임시직을 활용할 필요가 있다. 상당한 시간이 지나지 않으면 종업원들은 다운사이징과 임시직 활용 사이를 연계해서 생각하여 임시직들이 해고당한 동료들을 대체하였다고 인식할 수 있다. 다운사이징 후 노동수요가 증가하였다면 조직은 먼저 정규직의 초과근무(overtime)를 확대할 필요가 있다. 초과근무가 오랫동안 지속된다면, 종업원들도 노동수요 증가가 일시적인 것이 아니며 앞으로 정리해고가 필요 없다고 생각할 것이다. 상당 기간의 초과근무는 정규직을 피로하게 만들 것이며 임시직이 자신의 부담을 줄여 준다는 의미에서 임시직 활용을 보다 잘 수용할 것이다.

둘째, 만약 조직이 임시직에 대한 정규직들의 반응이 걱정된다면, 조직은 정규직에 위협이 안 되는 임시직원을 고용할 수 있다. 예를 들어, 대부분의 임시직들은 정규직으로의 전환을 바라고 있으나, 모두가 그런 것은 아니다. 어떤 사람들은(예를 들면, 고령자나 어린 자녀가 있는 주부 등) 일주일 내내 일하는 것보다 임시직의 자유로움을 선호한다. 이런 근로자들에 대해서 정규직들은 위협을 덜 느낄 것이다.

기업은 장기적 내부 전환배치에 의해서 비위협적인 임시직 풀(pool)을 만들 수 있다. 에어컨 같이 계절적으로 수요의 변동이 큰 경우, 에어컨 성수기 동안만 다른 라인의 종업원을 에어컨 라인에 배치할 수 있다. 회사는 개별 종업원의 경험과 훈련에 대한 데이터베이스를 갖추어 필요시 적절한 경험과 자격이 있는 사람을 전환배치시킬 수 있다.

조직은 정규직이 가치가 있고 임시직에 의해 대체되지 않는다는 인식을 갖게 하는 것이 중요하다. 그러나 조직은 또한 임시직들이 '우리는 이류 시민이다'라는 인식을 갖게 해서는 안 된다. 정규직들의 관심사를 관리하는 것과 마찬가지로 임시직을 정규직과 동등하게 취급하여야 한다. 임시직에게도 정규직과 마찬가지로 뉴스레터, 메모 등을 통하여 회사 사정 전반에 대해 이해할 수 있도록 하여야 한다.

4. 아웃소싱

조직도 조직 내 업무수행을 위해서 임시직을 고용할 수도 있지만, 반대로 조직의 업무를 외부기관에 맡길 수도 있다. 예를 들어, 많은 기업들이 모집기능을 외부 모집 전문회사에 위탁하고 있다. 아웃소싱은 외부 전문기관에 특정 업무를 위탁함으로써 적은 비용으로 효율적 업무를 수행할 수 있는 장점이 있다. 물론, 기업이 전문성이 없고, 그 전문성을 개발하기 위해서 시간과 비용을 투자할 의사가 없을 때, 아웃소싱은 논리적 대안이 될 수 있다. 예를 들어, 많은 기업들이 특정 종업원 훈련 프로그램을 외부 전문기관에 위탁하고 있다. 그러면 외부기관이 자세한 필요성 분석을 통하여 훈련 내용을 선정하고 유능한 강사를 초빙하여 훈련을 진행한다.

인터넷 등 정보기술의 발달은 아웃소싱 과정을 신속하고 편리하게 만들어 아웃소싱이 확대되는 데 기여하였다. 특히, 정보기술발달은 아웃소싱이 국내적으로뿐만 아니라 국제적으로도 가능하게 하였다. 예를 들어, 미국의 한 전화회사는 고객관리업무(예를 들어, 전화요금 청구서 입력)를 인도에서 수행하게 함으로써 비용을 크게 줄이고 있다.

그러나 기업이 아웃소싱을 잘 관리하지 않으면 단기적으로는 비용을 줄일 수 있지만, 장기적으로는 기업의 경쟁력을 저하시킬 수 있다. 기업이 특정 기능이나 업무를 외부기관에 맡기면 기업은 그 특정 기능이나 업무에서 전문성을 개발할 기회를 잃는다. 만약 아웃소싱된 기능이나 업무가 기업의 핵심역량과 관련된 것이라면 기업은 핵심분야에 있어서 혁신기회를 잃어 장기적으로 경쟁력을 잃을 것이다. 만약 아웃소싱이 외국기업에 주어진다면 그만큼 국내 일자리가 줄어들 것이다. 또한 제조업의 경우 처음에는 부품만 생산하다가 설계팀을 구축하여 결국에는 아웃소싱을 준 업체의 강력한 경쟁자로 대두할 수 있다. 예를 들면, 토시바(일본 가전 및 컴퓨터 생산업체)는 시어즈(Sears)를 위해 텔레비전을 생산하다가 몇 년 후에는 자기 상표로 텔레비전 세트를 생산하게 되었다. 동시에 그들의 마케팅 전략은 "이 텔레비전은 시어즈에서 살 수 있는 것과 똑같지만, 가격은 저렴하다"는 것이었다. 결국 시어즈는 자신의 상표로 더 이상 텔레비전을 생산할 수 없게 되었다.[16]

5. 초과근무

노동력 부족에 당면한 기업이 신규 종업원을 채용하길 꺼릴 수 있다. 이럴 경우 기업은 기존 종업원의 근무시간을 늘리는 방안을 채택할 수 있다. 초과근무수당을 지불해야 함에도 불구하고 사용자들은 신규 종업원을 채용하여 훈련하는 것보다 특히, 제품 및 서비스에 대한 수요가 미래에도 유지된다는 확신이 없을 경우, 이 방안을 더 선호한다.

또한, 적어도 단기적으로는 많은 근로자들은 초과근무로 인한 소득증대를 기뻐한다. 그러나 기간이 지속될수록 근로자들은 초과근무로 인한 스트레스와 좌절을 경험할 수 있다.

간 추 림

본 장에서는 사업전략과 다양한 인적자원활용을 연결하는 인적자원계획에 관하여 논의하였다. 인적자원계획은 사업전략 및 조직 내·외부 환경분석을 통한 인적자원 수요와 공급의 예측단계, 그리고 예측된 결과를 조정하고 이를 실행하기 위한 인적자원활동을 계획하는 실천단계로 구성되어 있다.

- 어느 정도 인적자원계획에 시간과 자원을 투자하느냐, 어느 기법을 사용하느냐 그리고 어느 정도의 미래를 예측하고자 하는 것도 기업마다 다를 수 있다. 그러나 일반적으로 기업들은 인적자원계획과정에는 등한시하고 있으며 수요와 공급에 대한 예측기법에 대해서는 인식하지 못하고 있는 실정이다.
- 공식적 인적자원계획은 a) 사업전략과 인적자원활동들과의 연계성 강화, b) 인적자원활동들간의 연계성 또는 시너지 강화, 그리고 c) 인적자원의 효율적 활용 등의 의의가 있다.
- 인적자원 수요와 공급에 대한 예측기법으로 크게 통계적 기법과 판단적 기법으로 구분할 수 있다. 인적자원에 대한 예측의 정확성을 높이기 위해서는 다양한 기법을 활용하는 것이 바람직하다.
- 조직은 종업원의 수요와 공급을 사전에 분석하여 필요한 실천계획을 수립할 필요가 있다. 조직은 현재의 인적자원구성을 분석하여 법적 제약을 충족하는지 그리고 미래의 바람직한 인적자원구성을 달성하기 위해서는 어떠한 조치를 취하여야 하는지를 분석할 필요가 있다.
- 인적자원의 부족이 예상될 때 초과근무(overtime), 비정규직 확대, 하청 그리고 신규채용등의 실천계획상의 대안을 고려할 수 있다.
- 인적자원의 여유가 예상될 때 초과근무 단축, 비정규직 해고, 휴가실시, 하청축소 그리고 정리해고 등의 대안을 고려할 수 있다.

핵심용어

계획에 근거한 인적자원계획　　프로젝트에 근거한 인적자원계획
정규인력상응치(full-time equivalent)　　질문 및 확인법
마아코프 분석　　승계계획
조기퇴직 프로그램　　단계적 퇴직 프로그램
임시직　　초과근무　　다운사이징

토의문제

1. 기본적인 인적자원전략을 수립하기 전에 사업계획은 물론 조직 내·외부 환경을 예측하는 것이 왜 중요한지를 설명하시오.
2. 계획에 근거한 인적자원계획과 프로젝트에 근거한 인적자원계획을 비교하시오.
3. 인적수요를 예측하는 데 있어서 질문 및 확인법(ask and find-out method)가 등장한 배경을 설명하시오.
4. 마아코프 분석의 특징을 설명하시오.
5. 인력조정에 있어서 왜 먼저 목표를 설정하여야 하는가를 설명하시오.
6. 다운사이징의 효과를 극대화하기 위해서 조직은 어떤 과정을 취할 수 있는가?
7. 임시직을 고용할 경우 조직이 주의할 점은 무엇이 있는가?

참고문헌

1) J. W. Walker(1992), *Human Resource Strategy*, New York: McGraw-Hill.
2) L. Dyer(1985), “A new view of human resource planning,” in L. Dyer, ed., *Human Resource Planning: A Case Study Reference Guide to the Tested Practices of Five Major U.S.*

and Canadian Companies, New York: Random House.

3) H. G. Heneman, Ⅱ & R. L. Heneman(1994), *Staffing Organizations*, Madison: Mendota House.
4) *ibid.*
5) *ibid.*
6) J. W. Walker(1992), *Human Resource Strategy*, New York: McGraw-Hill.
7) G. L. Nielson & A. R. Young(1973), "Manpower Planning: A Marcov Chain Application," *Public Personnel Management*, March-April, pp.133~137.
8) H. G. Heneman, Ⅲ & M. W. Sandver(1977), "Markov analysis in human resource administration: Applications and limitations," *Academy of Management Review*, 2, pp. 535~542.
9) Heneman, Ⅲ et al., *op. cit.*
10) *ibid.*
11) Noe, R. A., Hollenbeck, J. R., Gerhart, B. & Wright, P. M.(2003), *Human Resource Management*, McGraw-Hill/Irwin.
12) K. D. DeMeuse, P. A. Vanderheider & T. J. Bergmann(1994), "Announced layoff: The effect on corporate financial performance," *Human Resource Management*, 33. pp. 509~30.
13) J. Schu(2001), "Internet helps keep goodwill of downsized employees," *Workforce*, July, p.15.
14) D. Skarlicki, J. H. Ellard & B. R. C. Kellin(1998), "Third party perceptions of a layoff: Procedural, derogation, and retributive aspects of justice," *Journal of Applied Psychology*, 83. pp.119~27.
15) R. Folger & D. P. Skaricki(1998), "When tough times make tough bosses: Managerial distancing as a function of layoff blames," *Academy of Management Journal*, 41, pp. 79~87.
16) *ibid.*

제 6 장 모　집

충원(staffing)은 미래의 종업원을 모집하고 선발하는 과정이다. 조직의 성과가 조직구성원의 역량에 달려 있다면, 충원과정에서의 전략과 의사결정은 조직의 장래에 직접적인 영향을 미칠 것이다.

모집은 조직이 인력소요를 충당하기 위하여 조직 외부로부터 지원자를 식별하고 유인하는 과정이다. 모집은 인적자원계획과 선발 사이를 연결하는 중간적 활동이다. 인적자원계획, 특히 충원계획(제5장 참조)에 의해 조직 외부로부터 충원되어야 할 직무가 식별되면, 이들 직무에 대한 지원자 풀(pool)을 창출하는 것이 모집의 임무인 것이다.

모집은 인적자원결과에 직접적인 영향을 미친다.[1] 모집방법에 따라 지원자의 자격수준이 달라지며, 이것은 궁극적으로 신규 종업원의 자격수준에 영향을 미친다. 물론 지원자 중에서 가장 성공적인(높은 성과와 만족도) 종업원이 될 수 있는 사람을 선택하는 선발도 중요하다. 그러나 적정수의 자격 있는 지원자를 창출하지 못한다면 여러 가지 측면에서 조직에 비용을 부담하게 한다. 예를 들어, 모집한 지원자 수가 너무 적다면, 심한 경우에는 선발기준을 낮출 수밖에 없는 상황이 발생할 수 있다. 낮은 선발기준은 추후에 만족할 만한 수준으로 직무성과를 끌어올리기 위해서 훈련 및 개발 비용을 더 부담하여야 한다. 더욱이, 모집에 의해서 조직이 요구하는 자격요건을 갖춘 지원자를 확보하지 못한다면, 기업은 통상적으로 초임을 올리기도 한다. 이것은 기존의 조직 내 임금구조를 왜곡시키며 나중에 바로 잡는 데에는 상당한 비용이 든다.

그러나 모집은 조직에게만 중요한 것은 아니다. 모집은 쌍방적 의사소통 과정이다.[2] 지원자는 조직에 대한 정확한 정보를 요구하며, 반면에 조직은 지원자격에 대한 정확한 정보를 제공할 필요가 있다. 지원자나 조직 모두 고용관계에 대해서 신호를 보낸다. 지원자는 자신이 매력적인 지원자이어서 채용을 하여야 한다는 신호를 보낸다. 지원자는 또한 자신이 조직에의 참여 여부를 결정하기 위해서 조직으로 부터 정보를 얻기를 바란다. 조직은 근무하기 좋은 곳이라는 신호를 보내길 원한다. 조직은 또한 지원자로부터 종업원으로서의 잠재적 가치에 대한 정보를 얻기를 원한다.

모집의 역할과 외부적 가시효과 때문에 다양한 환경적 요인이 모집에 영향을 미친다.[3] 평등고용법은 모집뿐만 아니라 외부충원 전 과정에 대해서 영향을 미친다. 평등고용법의 역할이 구체적으로 논의될 것이다. 노동조합은 통상 모집에 있어서 중요한 역할을 수행하지 않는다. 반면에 노동시장은 모집활동이 수행되는 곳으로 모든 모집활동은 조직이 필요한 자격요건을 갖춘 사람들의 특성에 맞게 설계되어야 한다. 노동시장에서 실업률이 낮은 경우에는 지원자가 유리하며, 모집과정이 힘들어진다. 반면에 실업률이 높은 경우에는 반대 현상이 일어나며, 직장탐색(job search)과정이 어려워진다.

인적자원부서가 모집에 있어서 주요한 책임을 진다. 인적자원부서는 최고경영층에게 선발기준, 초임, 그리고 평등고용 등과 같은 전반적 정책을 제안하며, 모집전략과 절차를 개발한다. 또한 인적자원부서는 라인 관리자의 참여를 유도하며, 모집의 전반적 과정에 대한 효율성을 평가한다.

제 1 절 모집과 직장탐색

조직은 직무수행에 필요한 자격요건을 설정한 후 모집에 들어가지만, 개인의 입장에서 보면 직장을 탐색하고 선택하는 과정이다. 즉, 〈그림 6-1〉이 제시하는 바와 같이, 모집은 개인과 조직이 고용관계를 형성하도록 결합하는 상호 작용과정(mutual process)이다.

직장을 찾기 위하여 노력해 본 사람들은 알 수 있듯이, 직장탐색은 시간이 오래 걸리며, 스트레스가 쌓이는 과정이다. 또한 조직과 개인간 상충된 욕구와 목표에 의해서 잠재적 갈등이 발생할 소지가 많다. 〈그림 6-2〉는

그림 6-1 모집과 직장탐색의 상호 작용

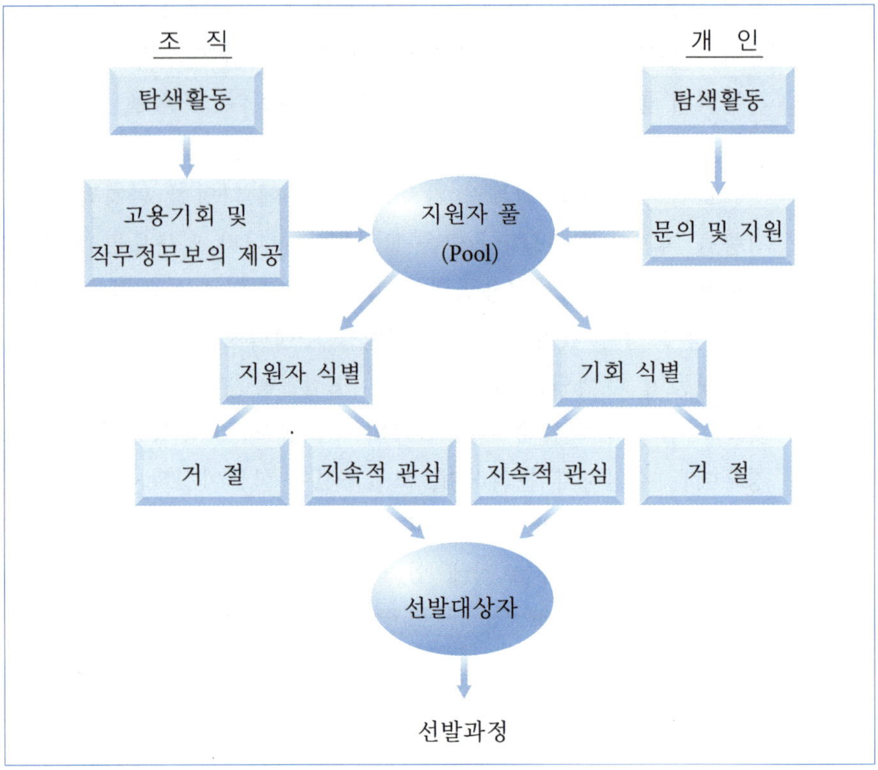

자료: D. P. Schwab(1982), "Recruiting and organizational participation," in K. M. Rowland & G. R. Ferris, eds., *Personnel Management*, Boston: Ally and Bacon, p. 105.

모집과정에 있어서 개인과 조직간의 잠재적 갈등관계를 제시하고 있다.

직장을 선택하여야 하는 상황에서 지원자는 조직이 자신을 선발하도록 유인하고자 함과 동시에 자신의 적성, 희망, 능력 등에 비추어 조직을 평가하고자 한다. 조직에게 호의적인 인상을 주기 위해서는 지원자는 자신의 강점을 부각시키려 노력하며, 또한 조직에 대한 자신의 긍정적 반응을 의사소통하려 한다. 반면에 자신에 맞는 조직을 선택하기 위해서는 조직이 제공할 수 있는 여러 가지 보상에 대한 정보를 수집할 필요가 있다. 개인의 정보수집활동은 조직의 입장에서는 공격적인 지원자 행동으로 받아들여져 바람직한 지원자 행동으로 여기지 않을 수 있다.

조직 내에서의 갈등은 조직의 채용활동이 서로 다른 목적을 지닌 모집

그림 6-2 모집과정에 있어서 지원자와 조직간의 잠재적 갈등

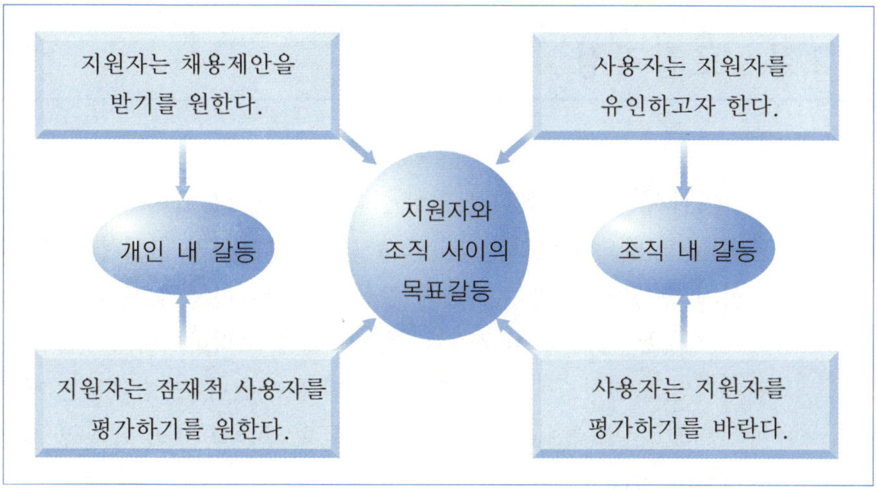

자료: J. A. Breaugh(1992), *Recruitment: Science and Practice*, Boston: PWS-Kent, p.115.

과 선발에 의해서 구성되어 있으며, 이들 활동이 각각의 목적을 달성하기 위하여, 서로의 목적에 부정적인 영향을 미칠 수 있기 때문에 발생한다.[4) 이미 언급한 바와 같이, 모집은 조직이 요구하는 능력을 갖추고 있으며, 조직에 들어올 의사가 있는 지원자들을 유인하는 목적을 가지고 있다. 이러한 목적을 달성하기 위해서 조직들은 자신의 긍정적인 정보만을 제공하며, 지원자들이 조직에 대해서 호의적 태도를 갖게 하고자 한다. 반면에 조직은 자격 있는 지원자를 그렇지 않은 지원자로부터 선별하기 위하여 엄격한 선별기준을 적용할 필요가 있다. 엄격한 선별기준은 지원자들이 조직에 대하여 가지는 호의적 태도를 저하시킬 수 있다.

마지막 유형은 조직과 지원자 사이의 갈등이다. 조직이 많은 지원자를 유인하기 위하여 긍정적 정보만 제공한다면, 이것은 지원자가 사용자를 정확히 평가하고자 하는 욕구와는 상충될 것이다. 마찬가지로, 채용기회를 늘리기 위하여 지원자는 조직에게 자신에게 유리한 정보만 제공한다면 지원자를 정확히 평가하고자 하는 조직의 욕구와는 상충될 것이다.

제 2 절 모집과정

따라서 조직은 현실과 이상을 적절히 균형시킬 수 있는 모집 프로그램을 설계할 필요가 있다. 모집 프로그램을 설계하기 위해서는 조직과 지원자 사이에 발생할 수 있는 잠재적 갈등뿐만 아니라 모집시기, 모집방법, 그리고 의사소통 경로 및 내용들과 같은 요소를 고려하여야 한다. 〈그림 6-3〉은 전형적인 모집방법에 관한 모형을 나타내고 있다. 모집과정은 계획, 전략개발, 탐색, 선별(screening), 그리고 평가 및 통제의 서로 연관된 다섯 단계로 구성되어 있다.

1. 모집계획

〈그림 6-3〉에서 제시하는 바와 같이, 모집계획(recruitment planning)은 채워져야 할 직무에 관한 정보를 지원자의 수나 유형으로 전환하는 과정이다. 모집계획에는 지원자의 식별 및 유인을 조정하기 위한 조직적 이슈, 그리고 접촉한 지원자의 수, 예산 등과 같이 효율적인 모집캠페인을 수행하기 위한 관리적 이슈를 포함한다.

1) 조직적 이슈

모집과정은 조직에 따라 다양하게 수행될 수 있다. 모집을 조직내부에서 자체적으로 수행할 것인가 또는 외부 모집기관을 이용할 것인가? 조직은 독자적으로 모집활동을 수행하거나 다른 기업과 연관에서 수행할 수 있다. 마지막으로 모집권한이 분권화할 것인가 또는 집권화할 것인가를 미리 정해야 한다.

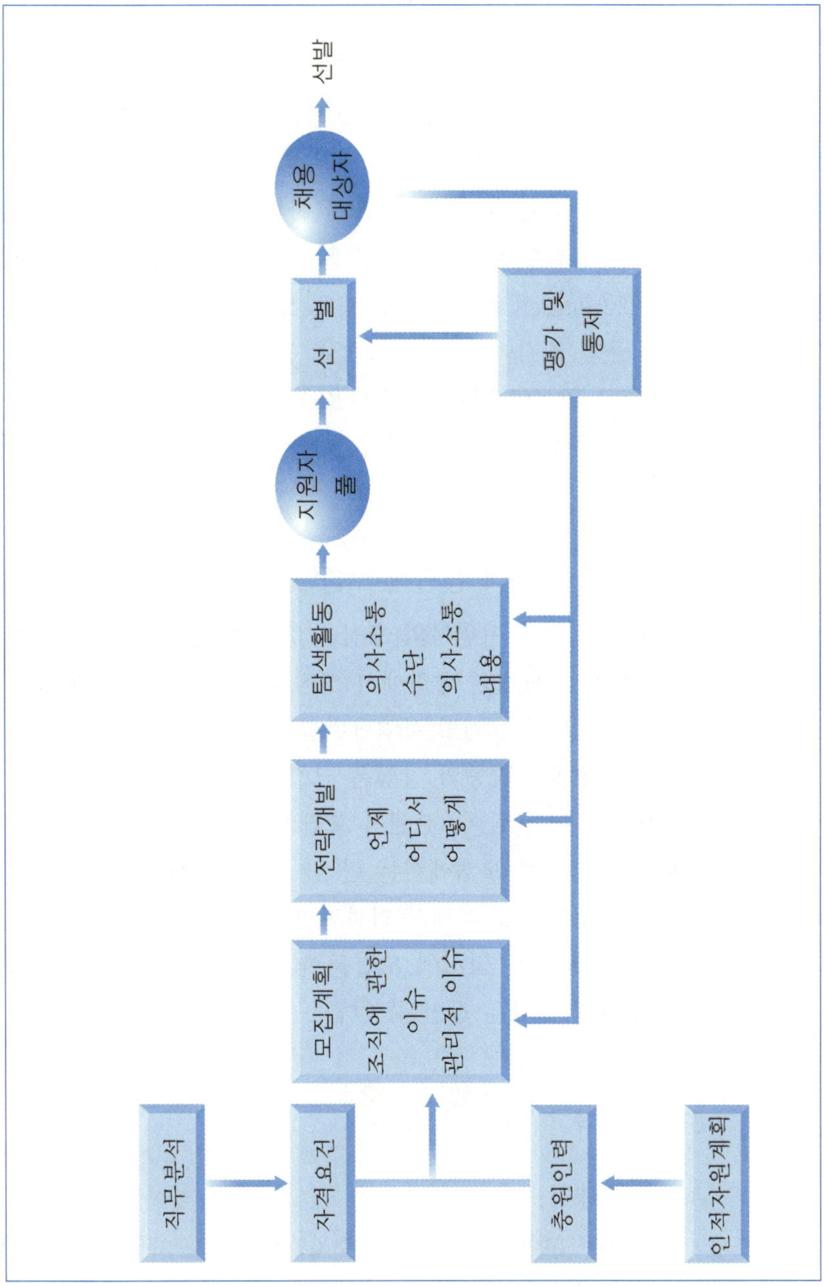
직무분석
자격요건
충원인력
인적자원계획
모집계획
조직에 관한 이슈
관리적 이슈
전략개발
언제
어디서
어떻게
탐색활동
의사소통 수단
의사소통 내용
지원자 풀
선 별
채용 대상자
선발
평가 및 통제

그림 6-3 모집과정

조직내부와 외부 모집기관

대부분의 조직은 자체적으로 모집기능을 수행한다. 소규모 조직은 자체적으로 모집기능을 수행할 충분한 인력과 예산이 부족하기 때문에 외부 모집기관에 의존할 수 있다. 또한 사퇴율이 낮은 조직은 모집이 간헐적으로 이루어지기 때문에 자체적으로 모집기능을 유지하는 것보다는 외부 모집기관을 이용하는 것이 효율적일 수도 있다.

대규모 조직이나 자주 모집을 행하는 조직에서는 조직내부에 모집기능을 갖추고 있어야 한다. 모집비용을 최소화하고 조직의 특수상황에 맞는 지원자 탐색활동을 하기 위해서는 조직 자체적으로 모집기능을 수행할 필요가 있다.

집권적 모집과 분권적 모집

조직은 외부 지원자의 모집을 집권적으로 수행하거나 분권적으로 수행한다. 집권적 모집은 중앙에서 인적자원 담당자에 의해 모집활동이 조정된다. 분권적 모집은 개별 사업단위별로 모집활동이 수행된다.

집권적 모집활동의 강점은 모집에 있어서 중복활동을 제거할 수 있다는 것이다. 예를 들어, 분권적 모집의 경우에는 여러 번의 신문광고가 필요하겠지만 집권적 모집에서는 단 한 번으로 족하다. 집권적 모집의 또 다른 장점은 사업단위에 대해서 일관적인 정책을 적용할 수 있다는 것이다. 반면에 분권적 모집은 적시에 모집을 행할 수 있으며, 사업단위의 특수한 상황을 반영하기 쉽다는 장점이 있다.

2) 관리적 이슈

지원자의 수

조직은 고용하고자 하는 숫자보다 많은 지원자를 유인하고자 계획한다. 지원자를 상당부분은 조직에 관심이 없거나 자격이 미달하기 때문이다. 따라서 모집 프로그램을 시작할 때마다 조직은 예상된 인력부족을 자격 있는 신규 채용자로 채우기 위하여 필요한 지원자의 수를 예측하여야 한다.

정확한 예측은 불가능하지만, 산출률(Yield Ratio: YR)을 이용하여 합리적으로 필요한 지원자의 수를 예측할 수는 있다. 산출률란 다양한 의사결정 단계에 있어서 지원자의 투입과 산출과의 관계를 의미한다. 예를 들어, 어떤 조직이 영업사원을 모집하기 위하여 일련의 신문광고를 냈다고 가정하자. 신문광고에 의해서 2,000명이 지원을 했고, 그 중 200명만이 잠재적으로 자격이 있는 것으로 판단되었다(YR=10 : 1). 200명 중 40명만이 면접을 통과하였다(YR=5 : 1). 40명 중 30명만이 선발시험을 통과하여 채용을 제안받았다(YR=4 : 3). 마지막으로 채용을 제안한 30명 중 20명만이 실제로 채용을 수락하였다(YR=3 : 2). 이상의 예를 그림으로 표시하면 〈그림 6-4〉와 같다.

위의 경우, 전반적 산출률(overall yield ratio)은 100 : 1이다. 따라서 다른 조건이 동일하다면, 30명의 신규채용을 위해서는 3,000명의 지원자를 목표로 삼아 모집활동이 이루어져야 한다. 물론 다른 조건이 동일하다는 가정은 현실에서 그다지 타당성이 없다. 조직들은 산출률을 개선하기 위하여 노력하고 있다. 예를 들어, 부적격 지원자를 배제하기 위하여 신문광고 문안에 명확한 자격요건을 기술할 수도 있다. 노동시장을 명확히 선정함으로써 산출률을 높일 수도 있다. 그러나 일반적으로 노동시장의 변화는 조직의 통제 밖에 있다. 예를 들어, 호경기일 때에는 상대적으로 직장을 찾는 사람보다는 인력을 구하는 사용자가 많으므로 산출률이 저하될 수도 있다.

그림 6-4 Yield 피라미드

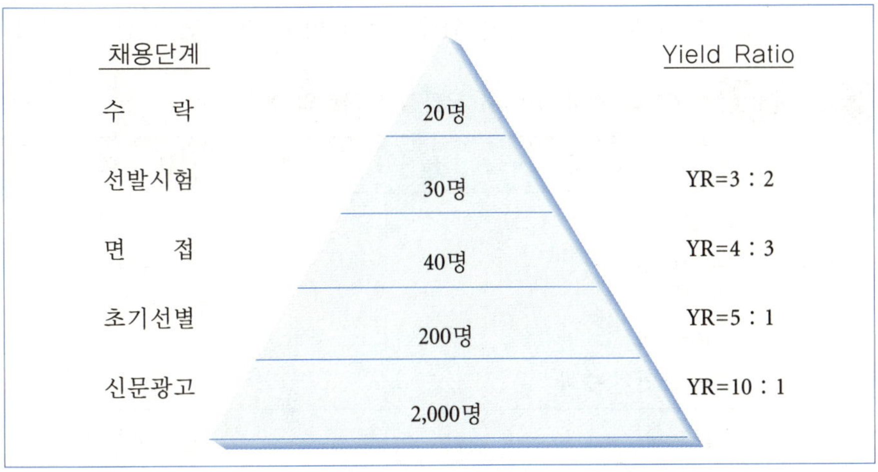

다시 말하면, 조직은 모집활동을 시작하기 위해서는 지원자 수에 대한 목표를 설정하여야 하며, 이 경우 산출률이 도움이 되지만 신중히 활용해야 한다는 것이다. 더욱이, 처음으로 모집되는 지원자 집단이나 처음 시도하는 모집방법에 대해서는 과거의 산출률이 존재하지 않는다. 이 경우에는 조직은 담당자의 추측이나 다른 조직의 경험에 의존할 수밖에 없다.

모집시기

조직외부로부터 인원을 충원하는 과정은 상당한 시일이 걸린다. 따라서 조직은 상당한 시간적 여유를 가지고 모집활동을 하는 것이 일반적이다. 언제 모집활동을 시작하는 것이 적절한가를 판단하기 위해서는 시간경과 자료(time-lapse data)에 의하는 것이 효율적이다. 시간경과 자료는 외부충원과정상 발생하는 주요 의사결정 단계 사이에 걸리는 평균시간을 의미한다. 이미 언급한 신문광고에 의한 영업사원 충원의 예를 살펴보자.

〈그림 6-4〉에 의하면 신규 종업원을 채용하기 위해서는 신문광고, 초기선별, 면접, 선발시험, 그리고 채용제안의 수락 등 5단계의 과정을 거치게 된다. 〈표 6-1〉에 의하면, 조직이 신문광고를 낸 후 신문광고에 의한 지원서가 조직에 도착하는 데 평균 15일이 걸리며, 상당한 수의 지원서를 선별하는 데 5일이 걸리는 것으로 나타났다. 또한 면접하는 데 10일, 선발시험을 치루고 결과를 평가하는 데 10일이 걸리며, 마지막으로 최종 합격자에게 수락 여부를 결정하는 데 10일을 주고 있다. 따라서 신규 종업원이 특정일부터 직무를 시작하기 위해서는 적어도 50일 전에 신문광고가 나가야 함

표 6-1 모집과정에 있어서 시간경과 자료의 예

	평균 소요일
신문광고	15일
초기선별	5일
면 접	10일
선발시험	10일
채용제안의 수락	10일
합 계	50일

을 알 수 있다.

모집예산

모집과정은 상당한 비용이 드는 과정이므로 조직은 비용을 절감하기 위하여 철저히 예산을 작성할 필요가 있다. 모집예산은 상향적(botton-up) 또는 하향적(top-down) 방식으로 설정될 수 있다. 하향적 방식에서는 모집예산을 사업계획의 일환으로 최고경영층에 의해 설정된다. 반면에 상향적 방식은 개별 사업단위의 구체적 필요성에 의해 설정된다. 하향적 방식은 비용통제라는 측면에서는 유리하지만 개별 사업단위의 구체적 필요성을 반영하는 모집절차를 설계하는 데는 상향적 방식이 유리하다.

정교하게 짜여진 모집예산은 모집비용을 본사 인적자원 담당부서에 귀속시킬 것인가 아니면 개별 사업단위에 부담시킬 것인가를 결정하는 데 도움이 된다. 대부분의 조직에서는 모집비용을 개별 사업단위보다는 본사에서 부담하고 있다. 이것은 개별 사업단위가 본사의 인적자원기능을 더 활용하도록 하는 배려에서 기인한다. 그러나 개별 사업단위에 모집비용을 부담시키지 않으면 개별 사업단위들이 모집비용을 최소화하는 데 관심을 적게 기울일 수도 있다.

2. 모집전략의 개발

일단 모집계획이 수립되면 다음 단계는 모집전략을 개발하는 것이 필요하다. 모집전략을 개발하기 위해서는 조직은 언제, 어디서, 어떻게 모집활동을 할 것인가를 고려하여야 한다.

1) 모 집 원

비용을 절감하기 위해서 조직은 가장 바람직한 결과를 얻을 수 있는 노동시장에 모집활동을 집중하여야 한다. 이론적으로는 잠재적 지원자들은 생산연령인구(취업자, 실업자, 가정주부, 노동시장에서의 새로운 진입자 등)이다.

그러나 조직에게 바람직한 지원자를 산출하기 위하여 조직은 더 세분된 노동시장을 목표로 하고 있다. 조직에게 의미있는 지원자들을 창출하기 위하여 노동시장을 세분할 때에는 자격요건, 인구통계, 지리적 요소 등을 고려한다.

자격요건

다른 인적자원기능과 마찬가지로, 지원자를 찾기 위한 시발점은 '자격요건'이다. 직무수행에 필요한 자격요건을 식별함으로써 지원자 풀(pool)은 좁아지게 된다. 예를 들어, 직무를 수행하는 데 대학교육이 필요하다면, 고등학교 졸업자들은 고려대상에서 제외될 것이다. 직무수행에 경영학 지식이 필요하다면 대학에서 경영학을 공부하지 않은 지원자들은 제외된다. 이런 식으로 모든 자격요건에 대해서 반복적으로 적용한다면 관련 노동시장은 더욱 좁아질 것이다.

인구통계적 변수

지원자 풀을 정의하는 데 있어서 인구통계학적 변수들이 사용될 수 있다. 다만 여성이나 소수집단이 체계적으로 배제되지 않도록 주의하여야 한다. 인구통계학적 변수를 활용할 경우에는 직무관련성이 있어야 한다. 예를 들어, 어떤 직무를 수행하기 위해서는 소정의 노동시장에서의 경험을 필요로 할 수도 있다.

지리적 위치

지원자를 찾는 지리적 범위로는 국지적 · 지역적 · 전국적 또는 국제적으로 설정할 수 있다. 일반적으로 직무수행에 필요한 기능수준이 낮을수록 사용자는 조직에 근접한 지역에서 지원자를 찾는 경향이 있다. 이것은 모집과 선발비용을 줄이기 위해서 필요하다. 낮은 숙련의 지원자들은 인근의 노동시장에서도 존재할 가능성이 높기 때문이다. 따라서 사용자는 전국적 광고에 대한 비용이나 이사비용을 부담할 필요가 없다.

반면에 높은 기술이나 자격요건을 필요로 하는 직무에 대해서는 사용자는 탐색범위를 넓히는 경향이 있다. 비용은 많이 들지만, 직무수행에 필요한 KSAOs를 지닌 지원자가 근접지역에서 충분히 존재하지 않을 가능성이 높기 때문이다.

관 행

모집에 대한 경험이 많아 상당한 자료가 축적된 조직들이 상당수 존재한다. 이들 조직들은 과거의 경험에 의해 유능한 지원자를 많이 포함하고 있는 노동시장에 대한 정보를 가지고 있다. 그 결과, 이들 조직들은 앞으로도 계속 이들 노동시장에서 모집활동을 행한다.

기타 요인들

사용자들은 전통적으로 특정 노동시장에서 제한적으로 모집을 행하는 경향이 있다. 그러나 이러한 제한적 모집활동은 상당수의 유능한 지원자를 배제하기가 쉽다. 또한 경기가 좋은 경우에는 조직은 충분한 인력을 확보하기 위하여 새로운 노동시장을 찾을 필요가 있다.

청소년들은 수퍼마켓의 출납계원과 같이 서비스 직종에 있어서 하위직에 대한 훌륭한 모집원이 될 수 있다. 청소년들은 일반 성인처럼 많은 시간을 근무할 수는 없겠지만 성인에 비해서 상대적으로 임금이 저렴하다. 또한 청소년들은 숙련과 경험을 쌓음에 따라 조직 내에서 다른 직무를 행하도록 할 수도 있다.

노동시장에서 철수한 퇴직자들도 또 하나의 좋은 모집원이 될 수도 있다. 이들은 연금을 보충하기 위해서 또는 다른 사람과 같이 일함으로써 사회적 교류를 유지하기 위해서 노동시장에의 재진입을 원하고 있는 사람들이 많다. 이들은 젊은 층보다 이직률이 낮은 경향이 있으므로 수퍼마켓의 출납계원과 같이 이직률이 아주 높은 직무에서는 유용하게 활용할 수 있다.

많은 여성들이 배우자가 죽거나 이혼 등에 의해 노동시장에 진입하고자 한다. 또한 많은 중년의 가정주부들은 자녀가 성장함에 따라 직장을 찾는 사람이 늘어나고 있다. 더우기 가정살림에 의해서 획득된 스킬이 직접적으로 활용할 수 있는 직무들이 상당수 존재한다.

2) 모집방법

외부충원시 다양한 모집방법이 존재하고 있으며, 모집방법의 선택은 구체적인 채용기준과 모집원 분석에 의해 결정되어진다. 우수한 인재를 모집하려는 기업 간 경쟁이 치열함에 따라 최근에는 다양하고 참신한 모집방법이 경쟁적으로 등장하고 있다. 또한 최근에는 정보통신기술의 발달로 인터넷상 모집(recruiting on the Internet)이 광범위하게 실시되고 있다.

모집방법으로는 직접지원(direct application), 종업원 추천(employee referrals), 광고(advertising), 교육기관, 고용알선기관, 경영자 탐색기업(executive search firm) 등 다양하다.

직접지원

지원자들은 자신의 이력서를 우편으로 발송하거나 직접 회사를 방문하여 지원서를 작성하는 경우가 많다. 직접 회사를 방문하여 지원하는 사람이 정상적인 업무를 방해하지 않도록 하기 위하여 담당자를 지정하거나 면담장소를 준비할 필요가 있다. 직접 지원자들은 지정된 장소에서 지원서를 작성하거나 간단한 사전시험을 치룰 수 있다. 또한 직접 지원자의 지원서를 처리하기 위한 공식적 업무절차가 수립되어 있어야 한다. 만약 직접 지원자를 다룰 업무절차가 확립되어 있지 않으면 정상적인 업무흐름이 방해받을 뿐만 아니라 회사의 이미지를 저해시킬 수 있다. 만약 직접 지원자가 예상치 않은 업무방해자로 다루어진다면 그들은 조직에 대하여 나쁜 이미지를 갖게 될 것이다. 이런 나쁜 이미지는 조직의 다른 모집활동(예를 들면, 광고)을 냉각시키는 결과를 가져올 수 있다.

직접지원은 공석인 직무가 발생시 즉시 채용가능하도록 목록을 작성해 둘 필요가 있다. 실제로 직접지원은 조직에서 보면 거의 비용이 들지 않으며, 필요시 손쉽게 인력을 충원할 수 있다.

인터넷상 모집(recruiting on the Internet)

인터넷상 모집은 가장 빨리 성장하는 모집방법이다. 우리나라에서는 1990년 중반부터 거의 모든 대기업은 인터넷을 이용하여 모집하고 있다. 회사가 필요로 하는 기술을 지닌 목표지원자(target applicant)를 창출하는 데 인터넷이 효과적인 것으로 밝혀졌다.[5] 즉 인터넷 모집을 통하여 조직은 낮은 단위비용으로 신속하게 자격있는 지원자를 모집할 수 있다. 잘 설계된 website는 회사에 대한 정보를 충분히 지니고 있어 지원자들은 자신의 관심사항을 회사의 상황과 비교할 수 있다.[6] 그러나 친절하지 못하거나 설계가 잘못된 website는 회사의 명성에 부정적 영향을 미친다. 또한 인터넷 모집은 세계적으로 가능하므로 조직은 세계의 잠재적 지원자에게 자신을 알릴 기회가 되기도 한다. 그러나 기업들은 상당히 많은 지원서를 접수하여 이를 처리하는 데 상당한 애를 먹고 있다. 따라서 이력서(resume)같이 비표준화된 정보는 점점 비효율적이 되고 기업들은 규격화된 양식제공으로 정보처리에 신속함을 유지하고자 한다. 장애인이나 사회적으로 저소득 계층은 인터넷에 접근이 어려워 고용기회를 갖기 힘들 수도 있어 이에 대한 대책마련이 앞으로 필요할 것이다.

종업원 추천

현재의 종업원은 지원자를 모집하는 데 있어서 중요한 원천이 될 수 있다. 현직 종업원이 조직에게 지원자를 추천하는 것으로 어떤 조직에 있어서는 종업원 추천에 대해서 보상을 하기도 한다.

종업원 추천은 신속하며 비교적 비용이 적게 드는 반면 지원자들이 선호하는 방법이다. 이런 장점에도 불구하고 많은 조직들은 조직 내 파벌형성 가능성 때문에 회피하고 있다. 또한 자신이 추천한 종업원이 채용에서 누락된다면 추천한 종업원이 화를 낼 가능성이 있다.

광　고

신문광고는 지원자를 유인하기 위한 전통적 모집방법이다. 최근에는 라디오, TV, 심지어는 케이블 TV 등의 활용도 점점 증가하고 있는 추세이다. 사무직, 영업직, 그리고 초급관리직 등에 있어서 지원자들은 광고에 반응하는 경향이 있다.

광고의 경우에는 매채선정 및 설계에 있어서 전문가가 필요하기 때문에 비용이 많이 드는 반면 광고효과가 광범위하기 때문에 상당수의 지원자를 확보할 수 있다. 그러나 지원자 중 상당수는 자격요건을 충족하지 못하는 사람들도 많기 때문에 조직은 산출률을 주의깊게 검토할 필요가 있다. 광고의 결과를 주의깊게 모니터링함으로써 조직은 추후에 매체를 선정할 때 의사결정 자료로 활용할 수 있다. 산출률을 계산하기 위해서 특정 광고에 의해 지원한 사람들을 코드화하여 산출률을 계산하는 자료로 활용한다.

교육기관

교육기관은 전문적 기능이나 기술에 대한 주요 공급원이다. 특히 대학은 정기적으로 초급관리직이나 전문직 인력을 배출하고 있으며 사용자와 학생들 사이의 연결을 위해서 직업보도기능을 갖추고 있다.

대학에서의 모집에 관한 정책은 조직마다 그리고 모집시기에 따라 다양하다. 대학에서의 모집에 있어서 주요 변수는 노동시장이다. 경제가 호황일 경우에는 졸업생에 대한 수요가 많아 많은 기업들이 대학을 방문한다. 그러나 불경기일 경우에는 기업들은 방문하는 대학의 수나 신규채용 수를 줄인다.

고용알선기관

단순직, 일용직 경우에는 고용알선기관을 이용하여 충원할 수 있다. 고용알선기관은 지원자를 모집, 선별함으로써 사용자에게 수수료를 받는다. 일반적으로 고용알선기관은 이미 상당수의 지원자를 확보하고 있기 때문에 조직은 신속하게 채용할 수 있다는 장점이 있다.

노동시장의 원활한 구조조정을 위해서 최근에는 정부 및 산하기관의 역할이 점점 증대하고 있다. 정부 및 산하기관들은 정부예산에 의해 지원자들에게 교육을 제공하기 때문에 조직의 입장에서는 추가적 훈련비용을 들이지 않고 자격 있는 지원자를 모집할 수 있다.

경영자 탐색기업

대부분의 조직의 중상층 경영진은 내부에서 충원한다. 다만 외부에서 충원을 할 경우, 종업원 추천이나 경영자 탐색기업을 주로 이용한다. 경영자 탐색기업은 이름 그대로 중상층 경영자의 모집에 초점을 맞추고 있으며, '헤드 헌터(head hunter)' 라고 불리우기도 한다. 이들은 사용자와 밀접한 관계 속에서 일을 하며, 수행할 직무의 자격요건에 맞는 지원자를 선별하여 준다. 이러한 기업을 활용하는 것은 비용이 비싼 편이다. 따라서 조직들은 중상층 경영자 충원에 대한 다른 현실적 대안이 없을 경우에 경영자 탐색기업을 활용하는 경향이 있다.

비교적 낮은 성공률에도 불구하고 경영자 탐색기업은 다양한 이점을 제공하기 때문에 이에 대한 수요는 지속될 것이다. 첫째는, 경영자 탐색기업은 조직내부의 모집팀보다 신속하게 보다 나은 사람을 모집하는 경향이 있다. 대부분의 경영자 탐색기업은 산업별로 특화되어 있어 그들은 광범위한 네트웍을 구축하고 있다. 따라서 그들은 현재 적극적으로 새로운 직장을 찾지 않는 사람들도 유인하여 모집할 수 있다. 또한 대부분의 조직은 경쟁회사에서 일하는 사람에 대해서 직접 전화를 하기가 거북하겠지만 경영자 탐색 기업은 그렇지 않다. 경영자 탐색기업은 모집 및 선발과정에 있어서 회사 이름에 대해서 비밀을 부칠 수 있다. 어떤 조직은 자신의 종업원이 이직에 관심이 있는지를 알아보기 위해서 경영자 탐색기업으로 하여금 자신의 종업원에게 접촉하게 할 수 있다. 이런 행위는 비윤리적이지만, 이는 경영자 탐색기업이 조직에게는 비밀스런 모집수단임을 보여 주는 것이다. 마지막으로 경영자 탐색기업은 그의 고객조직의 종업원들을 일정기간 동안 접촉하지 않겠다는 계약을 체결할 수도 있다.[7)]

기타 모집방법

지금까지 언급한 모집방법 이외에 조직은 다양한 방법으로 지원자를 모집하고 있다. 전문직 협회(예를 들면, 간호사 협회, 세무사 협회 등), 채용박람회(job fair), 그리고 임시인력소개소(temporary help agency) 등이 기업들이 현재 많이 사용하고 있는 방법이다.

채용박람회는 다양한 기업의 채용 담당자들이 한 장소에 모이고 채용박람회를 널리 광고하여 다수의 지원자를 유인하여 채용면접이 가능하게 하는 방법이다. 전문적 숙련이나 훈련을 필요로 하는 직종의 경우에는 전문직 협회를 자주 이용한다. 예를 들어, 병원에서 간호사를 충원할 때 간호사 협회에 의뢰하면 적절한 지원자를 병원에 소개해준다.

때때로 조직은 단기간 동안만 인력이 필요한 경우에는 임시인력소개소를 이용할 수 있다. 임시인력소개소를 통한 인력은 인력소개소의 직원이며 사용자는 이들 인력을 활용하는 대가로 요금을 지불하는 형식이다. 기업이 임시 인력소개소를 활용하면 임시 인력은 정식직원이 아니므로 다양한 복지후생프로그램에 그들을 포함시키는 것을 피할 수 있다. 또한 경기주기에 따라 인력조정을 쉽게 할 수 있는 장점이 있다.

모집방법의 선택

조직이 모집방법을 선택할 경우에는 어떤 방법이 합리적인 기간과 비용한계에서 조직에 필요한 인력의 수와 질을 창출할 가능성이 있는가를 고려하여야 한다. 다음과 같은 기준이 모집방법을 선택할 때 고려할 수 있는 기준이다.

① 노동력의 양

모집방법에 따라 창출되는 지원자의 수가 달라질 수 있다. 광고같은 모집방법은 다수의 지원자를 창출한다. 조직이 다수의 인력을 필요로 할 경우에는 광고와 같은 광범위한 매체가 적절하다. 또한 노동시간이 중요한 지표일 경우에는 임시 인력소개소를 활용하는 것이 유용하다.

② 노동력의 질

모집과정에 있어서 양질의 지원자 확보에 관심이 큰 조직은 경영자 탐색기업이 유용할 수 있다. 또한 특정 기능을 집중적으로 훈련/개발하는 학교에 집중적으로 모집활동을 행할 수 있다.

③ 모집방법의 가용성

조직은 항상 모든 모집방법을 활용할 수 있는 것은 아니다. 예를 들어, 지방에서는 임시 인력소개소를 활용하기가 매우 어렵다. 마찬가지로, 전문직 협회가 존재하지 않는 직종들도 있으며, 전문직 협회가 있다 할지라도 인력소개기능을 수행하지 않을 수 있다.

④ 과거의 경험

다수의 조직들은 다양한 모집방법에 대해서 경험이 있으며 자료를 축적하고 있다. 과거의 경험이 없는 조직은 다른 조직의 경험을 참고할 수 있다. 과거의 자료는 이미 언급한 산출률이나 시간경과자료 등에 의해서 분석할 수 있으며 조직은 모집방법을 선정하는 데 이들 자료를 활용할 수 있다.

⑤ **예산의 제약**

모집방법에 따라 소요되는 비용에 커다란 차이가 있다. 경영자 탐색기업의 활용을 일반적으로 상당한 비용이 요구되므로 중소기업같이 예산의 제약이 큰 조직은 이용하기가 어렵다.

또한 간헐적으로 소규모 인력만 채용하는 기업은 자체적으로 채용기능을 유지하는 것이 비용이 많이 들 수 있으므로 노동시장에 있어서 중개기관(예를 들면, 채용박람회나 임시 인력소개소 등)을 활용하는 것이 저렴할 수도 있다.

3. 모집활동

일단 모집계획이 수립되면 다음 단계로 조직이 실제로 지원자를 탐색하는 과정이 필요하다. 지원자를 탐색하기 위해서 조직은 먼저 어떤 내용을 어떤 매체를 통하여 전달할 것인가를 결정하여야 한다.

1) 의사소통 내용

조직이 지원자에게 전달하는 정보는 지원자가 직무수락 여부를 결정하는데 중요한 역할을 한다. 조직은 직무의 자격요건과 보상에 대한 모든 정보를 제공하여야 한다. 그러나 조직이 제공하는 정보의 양과 질은 조직마다 상당히 다르다. 전통적 모집과정에 있어서 조직은 지원자에게 구체적이지 못하고 부정확한 정보를 제공하는 경향이 있다. 예를 들면, 신문모집광고에 있어서 '무한한 성장기회' 등과 같은 미사여구를 흔히 볼 수 있다. 이런 문구는 매력적이지만 아주 모호하고 지원자를 잘못 이끌 가능성이 있다. 이런 이유 때문에 어떤 지원자들은 신문광고에 의해 지원하기를 꺼려 할 수도 있다. 또한 잘못된 정보에 의해 조직에 지원한 사람들은 추후에 조직에 만족하지 못하고 사퇴할 가능성이 크다.

다행히 최근에는 전통적 내용보다는 구체적이고 정확한 정보를 제공하

표 6-2 현실적 직무개요에 의한 직무특성 기술 예

긍정적 직무특성
비교적 자유스러운 업무활동 및 근무시간
현실적 영업전략 제고
영업활동에 대한 스탭부서의 적극적 지원
교통편리한 곳에 직장 위치
부정적 직무특성
임금이 성과에 의해 좌우되며 변동이 큼
빈번한 출장 및 지방여행
인간관계로 인한 스트레스

는 기업들이 늘어나고 있다. 그 결과, 지원자들은 보다 나은 정보를 가지고 채용제안의 수용의사결정을 행할 수 있다. 조직의 입장에서 보면 지원자들로부터 신뢰를 받을 수 있다.

현실적 직무정보는 지원자들이 듣고자 하는 것 보다는 조직과 직무를 있는 그대로 전달한다. 현실적 직무정보는 현실적 직무개요(realistic job preview: RJP)에 관한 연구에서 잘 나타나고 있다.[8] 현실적 직무개요에 대한 예가 〈표 6-2〉에 제시되어 있다. 〈표 6-2〉에는 영업직에 대한 다양한 직무특성이 제시되어 있다. 제시된 직무특성들은 아주 구체적이며 긍정적 측면은 물론 부정적인 측면을 포함하고 있다.

직무에 대하여 소개를 받은 후 지원자는 직무를 수락할 것인가 그렇지 않으면 거절할 것인가를 결정한다. 만약 지원자가 자신의 성격이나 능력에서 볼 때 조직에 적절하지 못하다고 생각한다면 자발적으로 모집과정에서 탈락할 것이다. 이것을 자기선발(self-selection)이라고 부른다. 지원자가 자발적으로 조직을 선택하게 함으로써 지원자의 조직에 대한 헌신이 커진다. 또한 직무경험에 맞는 기대를 지닌 사람을 선발함으로써 사퇴율을 줄여 추후에 모집, 선발, 훈련 등과 관련된 비용을 줄일 수 있다.

그러나 연구에 의하면, 현실적 직무개요가 모든 상황에서 효과적인 것은 아니다.[9] 현실적 직무개요는 지원자가 비현실적으로 높은 기대를 가지고 있을 때 적절하다. 즉 노동시장에 처음 진입하는 경우(예를 들면, 각급 학교 졸업예정자)에는 일반적으로 높은 기대를 가지고 있다. 현실적 직무기대는 이들에게는 비교적 효과적이지만 이미 노동시장에 들어와서 해당 직무에 대해서 이미 충분한 정보를 가진 사람에게는 효과가 적을 것이다. 또한 자기선발이 일어나기 위해서는 지원자가 둘 이상의 직장대안이 있어야 한다. 만약 불경기이어서 직장을 찾기가 매우 어렵다면 지원자들은 자신에 맞지 않는 직무일지라도 먼저 고용을 선택할 것이다.

모집과정에 있어서 지원자들이 현실적으로 직무정보를 획득할 수 있는 방법이 다양하게 있다. 예를 들어, 현장답사, 인턴, 임시직무시도(job try-out), 작업모의실험(work simulation) 등과 같은 방법에 의해서 지원자는 현실적인 직무정보를 획득할 수 있다. 사용자들은 현실적 직무개요보다는 위에서 언급한 방법을 더 자주 활용하지만 이들 방법은 현실을 의사소통할 목적으로 개발된 것이 아니며 이에 대한 연구는 아직 이루어지고 있지 못하다.

2) 의사소통 매체

모집내용의 효과는 부분적으로 의사소통 매체의 신뢰성에 달려 있다. 매체의 신뢰성(credibility)은 지각된 전문성, 개인선호 그리고 믿음(trust)에 의해 결정된다. 모집에 있어서는 광범위한 매체—신문광고나 채용박람회 등—가 신뢰성이 적게 인식된다. 반면에 집약적인 매체—친구나 친척 등 개인적 접촉—를 지원자들이 호의적으로 인식하고 있다.[10)]

모집인(recruiter)의 신뢰성은 너무 젊거나 늙지 않은 경우, 조직 내에서 상당한 지위가 있고 설득력이 있을 때 증가하는 경향이 있다. 또한 지원자들은 지원자에게 개인적 관심을 표명하고 정열적이고 명랑한 모집인을 선호하는 경향이 있다. 또한 모집인들이 회사나 직무에 대하여 잘 알고 있으며, 지원자의 이력서를 충분히 이해하고 있어야 한다. 매우 사적인 질문이나 위협적인 질문은 부정적 감정을 결과한다. 따라서 조직은 학교나 채용박람회에 모집인을 보낼 경우 모집인을 선발하고 훈련하는 데 신중을 기하여야 할 것이다.

4. 선 별

〈그림 6-1〉에서 제시하는 바와 같이, 선별(screening)은 모집과정에 있어서 중요한 기능을 수행한다. 선별의 목적은 직무에 현격하게 부적절한 지원자를 초기 단계에서 제거하기 위함이다. 효과적인 선별은 추후 선발과정에 있어서 상당한 시간과 비용을 절감하게 한다. 그러나 자격 있는 지원자가 기각되거나 소수집단(예를 들면, 여성이나 장애인)이 불공정한 처우를 받지 않도록 세심한 주의를 기울여야 한다.

효과적인 선별을 위해서는 명확한 직무명세서가 필수불가결하다. 이미 언급한 바와 같이, 지원자의 자격요건은 지식, 숙련, 능력이나 기타 특성(KSAOs)에 의해서 평가되어야 하기 때문이다.

지원자를 선별하는 기업은 모집원이나 모집방법에 따라 다르다. 직접 지원자들은 주로 면접과 지원서에 의해 선별된다. 반면에 학교방문이나 고용알선기관에 의한 모집은 이력서와 면접에 의해 선별이 이루어진다. 면접, 지원서와 이력서 들은 선발에서도 활용될 수 있으므로 다음에서 논의될 것이다.

제3절 모집기능에 대한 평가

조직은 모집기능에 대한 체계적 평가를 행함으로써 현재 모집과정의 장·단점을 파악하여 추후의 모집과정을 개선할 수 있다. 모집기능에 대한 평가는 모집과정에 대한 평가, 지원자 반응 평가 및 인적자원결과에의 영향으로 구성된다.

1. 모집과정에 대한 평가

모집과정 평가에는 산출률, 시간경과 자료, 그리고 비용 등 3가지 지표를 이용할 수 있다.

산 출 률

이미 언급한 바와 같이 산출률은 지원자 수를 신규 채용자 수로 나눈 것이다. 산출률은 모집과정 전반에 대해서 뿐만 아니라 모집단계별로도 계산할 수 있다. 또한 산출률은 모집원(recruitment source), 모집방법별로 계산함으로써 어떤 모집원이나 방법이 가장 큰 산출률을 결과하는지 나아가서는 개선이 필요한 점이 무엇인지를 식별할 수 있다.

신규채용 대비 채용제안의 비율은 조직의 채용제안과정이 원활하게 운용되고 있는지에 대한 측정치이다. 만약 신규채용 대 채용제안의 비율이 높다면 조직을 자격 있는 지원자를 식별하였으나 지원자들은 조직은 그다지 매력 있다고 생각하지 않는다는 것을 의미한다. 따라서 조직은 모집과정에 있어서 자격 있는 지원자를 식별하는 데 노력하기보다는 채용제안을 개선하는 데 초점을 맞추어야 할 것이다.

시간경과 자료

모집과정에 있어서는 산출률뿐만 아니라 특정한 신규 채용자 수를 산출하는데 걸리는 시간도 중요하다. 이것은 시간경과 자료에 의해 평가된다. 시간경과 자료는 모집과정의 단계별로 걸리는 시간을 의미한다.

산출률와 마찬가지로 시간경과 자료도 모집원 또는 모집방법별로 수집될 수 있다. 시간경과 자료는 지원자 식별과 직무개시일, 지원자 식별과 채용제안, 또는 채용제안과 직무개시일 사이의 기간을 계산할 수 있다. 이런 자료들은 모집과정상 보다 신속하게 처리하거나 효율성을 높여야 하는 곳이 어딘지를 분석하는 데 활용될 수 있다.

비 용

모집과정을 평가하는 마지막 기준은 비용이다. 비용은 모집에 필요한 직접비용(예를 들면, 모집인 인건비)과 간접비용(예를 들면, 소모품비나 여행 등과 같은 경비)로 구성된다. 주요한 지표 중 하나는 신규 채용자 일인당 비용(즉, 모집비용/신규 채용자 수)이다. 비용은 모집원이나 모집방법별로 계산될 수 있으며, 이러한 수치는 추후에 모집예산을 작성하는 데 활용될 수 있다.

지원자 반응

효과적인 모집시스템을 설계하고 수행하는 데 있어서 중요한 정보는 지원자로부터 나올 수 있다. 모집시스템에 대한 지원자의 태도는 모집시스템 개선을 위하여 중요한 정보를 제공한다. 모집은 조직 구성원이 아닌 외부인을 대상으로 하고 있으므로 모집활동에 있어서 조직은 사회적 책임을 지고 있다. 즉, 지원자들은 모집과정에 있어서 인간적 존엄성을 가진 대상으로 대우받을 권리가 있다.

이러한 입장은 Schuler(1993)에 의해서 제시된 사회적 타당성 모형에 의해 설명될 수 있다.[11] 슐러 조직의 채용과정이 사회적으로 볼 때 관련 당사자들(예를 들면, 지원자, 사회단체)로부터 수용되고 타당한 것으로 이해되어야 하며, 이러한 것은 4가지 차원에 의해서 영향을 받는다고 주장하고 있다; 정보, 참여 및 통제, 투명성, 피드백. 첫째, 지원자들로 선별에 사용되는 기준이 직무관련성이 높다고 인식할수록 모집과정에 호의적으로 반응하는 경향이 있다. 즉, 지원자들은 조직이 지원자에 대한 기대와 기준이 명확할수록 호의적으로 반응한다.

둘째, 모집과정에 있어서 시간적 지체는 지원자에게 부정적 반응을 초래하게 한다. 특히, 지원자가 조직에 관심을 표명했지만 조직의 반응이 느리다면 지원자는 강한 부정적 인상을 지니게 된다. 지원자의 부정적 인상은 자신에 대해서가 아니라 조직에 대해서 형성되기 쉽다. 예를 들면, 면접과 채용제안 사이의 시간적 지체가 크다면 지원자는 자신의 자격요건에 문제가 있다고 느끼기보다는 조직의 관리시스템에 문제가 있다고 느끼기 쉽다. 이러한 느낌은 자신이 자격이 충분히 있다고 느끼는 지원자들에게 더 강하며 이들로 하여금 다른 조직을 선택하도록 한다.

셋째, 지원자가 모집과정에 있어서 자신의 의견을 발표할 기회가 많거나 과정설계에 참여(예를 들면, 설문이나 의견발표기회를 통하여)할수록 호의적 반응을 나타낸다. 이는 지원자 입장에서 보면 참여 및 통제와 관련이 있으며 자발적 의사결정과 행동을 유도할수록 호의적 반응이 나오는 것은 당연한 일이다.

마지막으로 지원자가 결과에 관계없이 자신의 잠재력, 성장가능성이나 또는 장단점에 대해서 지원적인 피드백을 받을 경우 모집과정이 공정하다고 느낄 수 있다.

2. 인적자원결과에 대한 영향

모집은 궁극적으로 직무만족, 성과, 사퇴 등과 같은 인적자원결과에 영향을 미친다. 따라서 모집원이나 모집방법별로 인적자원결과들을 측정하는 것이 필요하다. 이들 결과들은 모집원이나 모집방법별로 비교하여 추후 모집활동을 계획할 때 참고자료로 활용할 수 있다.

3. 평등고용

지원자는 모집과정을 통하여 처음으로 조직과 접촉하게 된다. 모집과정중에서 조직은 특정 집단(예를 들면, 여성, 장애인 등)을 배제할 가능성이 상당히 존재한다. 따라서 조직은 모집원이나 모집방법별로 소수집단에 대해서 부정적 영향(adverse impact)이 있는지를 신중히 검토하여야 한다. 예를 들어, 종업원 추천은 종업원들 자신과 유사한 사람(즉, 친척, 동향, 동문 또는 동성)들을 추천하는 경향이 있으므로 조직 내에 편파적인 인력구성을 초래할 가능성이 있다. 만약 조직의 모집과정이 소수집단에 부정적 영향을 끼친다면 조직은 부정적 영향을 제거하기 위한 조치를 취해야만 한다. 여기서는 부정적 영향을 미치는 모집방법의 활용을 중단하여 보다 중립적 방법을 활용하도록 하는 것이 포함된다.

간 추 림

본 장에서는 조직이 신규 종업원을 모집하는 과정을 조직과 지원자의 관점에서 고찰하였다. 모집은 조직과 지원자 사이의 쌍방향 의사소통과정이라고 볼 수 있다. 모집과정이 인적자원관리에 있어서 역할과 더불어 언제, 어디서, 어떻게 모집을 행하는가를 고찰하였다.

- 모집이란 조직이 조직목표를 달성하는 데 필요한 능력과 동기를 가진 지원자를 유인하는 과정이다.
- 모집은 법규 및 정부규제, 노동시장, 노동력 구조 그리고 조직의 지리적 위치 등 다양한 외부환경에 의해 영향을 받는다.
- 모집과정에 있어서 조직과 지원자 사이에는 잠재적 갈등이 존재할 수 있다. 조직이 많은 지원자를 유인하기 위하여 긍정적 정보만 제공한다면, 이것은 지원자가 사용자를 정확히 평가하고자 하는 욕구와는 상충된 것이다. 또한 조직이나 개인은 이중적 목적을 가지고 있으므로 조직 내 또는 개인 내 역할갈등을 경험할 수 있다.
- 모집과정은 계획, 전략개발, 탐색, 선별 그리고 평가 및 통제의 서로 연관된 다섯 단계로 구성되어 있다.
- 모집계획을 수립할 경우 조직은 산출률과 시간경과자료를 이용할 수 있다. 산출률은 다양한 의사결정단계에 있어서 지원자의 투입과 산출과의 관계를, 그리고 시간경과자료는 의사결정단계 사이에 걸리는 평균시간을 의미한다.
- 자격요건, 인구통계적 변수, 지리적 위치, 그리고 관행 등을 고려하여 모집장소를 결정한다. 그러나 조직은 다양한 인적 욕구를 충족시키기 위해서, 그리고 보다 나은 양질의 지원자를 유인하기 위하여 창조적으로 '모집장소'를 계획하고자 한다.
- 모집방법으로는 직접지원, 종업원 추천, 광고, 감독기관, 고용알선기관,

경영자 탐색기업 등 다양하나 노동력의 양과 질, 모집방법의 가용성, 과거의 경험, 그리고 예산 등을 고려하여 신중하게 설계되어야만 한다.

○ 모집과정은 관련당사자들에게 수용되고 타당한 것으로 이해되어야 한다. 이를 위해서 조직은 지원자가 원하는 정보를 현실적으로 (긍정적 정보뿐만 아니라 부정적 정보까지도) 제공하여야 하며 의사결정과정이 투명하고 공정하도록 노력하여야 한다.

핵심용어

직장탐색　　선별
산출률　　시간경과자료
인터넷 모집　　직접지원
종업원 추천　　경영자탐색기업
고용알선기관　　채용박람회
현실적 직무개요　　자기선발

토의문제

1. 모집이 인적자원결과에 어떻게 영향을 미치는지를 설명하시오.
2. 모집과정에 있어서 지원자와 조직간의 잠재적 갈등을 논의하시오.
3. 산출률(yield ratio)와 시간경과자료(time lapse data)를 설명하시오.
4. 어디서 모집을 할 것인가를 결정할 때 고려할 요소를 기술하시오.
5. 현실적 직무개요(realistic job preview)가 효과적일 때와 그렇지 않을 때를 기술하시오.
6. 조직이 효율적으로 인터넷상에서 모집할 수 있는 방안을 설명하시오.

참고문헌

1) H. G. Heneman, Ⅲ & R. L. Heneman(1994), *Staffing Organizations,* Madison, WI: Mendota House.
2) H. Schuler, J. L. Farr & M. Smith, eds.(1993), *Personnel Selection and Assessment; Individual and Organizational Perpectives,* Hillside; N. J. : Lawrence Erlbaum Associates; H. G. Heneman, Ⅲ, D. P. Schwab, J. A. Fossum and L. D, Dyer(1994), *Personnel/Human Resource Management,* 4th ed., Homewood, IL: Irwin; G. T. Milkovich & John W. Boudreau(1994), *Human Resource Management,* 7th ed., Burr Ridge, IL: Irwin; R. D.

Gatewood & H. S. Field(1998), *Human Resource Selection*, 4th ed., The Dryden Press.

3) Herbert G. Heneman, Ⅲ, *op. cit.*

4) 김형식(1997), "채용면접이 지원자 반응에 미치는 영향에 관한 실증연구," 성균관대학교, 박사학위 논문.

5) Leonard, B. (2001), Online and overwhelmed, *HR Magazine*, August, pp. 37~39.

6) Leonard, B. (2001), Job candidates judge employers by their web sites, *HR Magazine*, July, pp. 30~31.

7) Mello, J. A. (2002), *Strategic Human Resource Management*, South-Western, pp. 244.

8) S. L. Premark & J. P. Wanous(1985), "A meta-analysis of realistic job preview experience," *Journal of Applied Psychology*, 70, pp. 706~719.

9) J. A. Breaugh(1983), "A critical appraisal and future research direction," *Academy of Management Review*, 8, pp. 612~619.

10) H. G. Heneman, Ⅲ et al.(1986), *Personnel/Human Resource Management*, Homewood, IL: Irwin, pp. 246~247.

11) H. Schuler et al., *op. cit.*

제 7 장 선 발

모집은 조직외부로부터 인력을 충원하는 첫 단계이며, 모집의 결과로 지원자가 창출된다. 지원자가 일단 창출되면 지원자에 대한 채용 여부를 결정하여야 한다. 지원자의 채용 여부를 결정하는 과정이 선발(selection)이다. 선발은 경제적으로 전략적으로나 조직에게 심각한 영향을 미치므로 선발의 사결정은 신중하게 이루어져야 한다. 지원자들이 신체 및 심리적 특성에서 차이가 없다면, 외부에서 인력을 충원하는 데 선발은 그다지 필요하지 않을 것이다. 지원자들이 지식, 능력, 숙련 및 기타 특성에서 동일하다면 우리는 모든 지원자에 대해서 동일한 성과수준을 기대할 수 있기 때문이다.

조직은 선발결정을 하는 데 있어서 시험(tests), 지원서(application blank), 면접(interviews), 그리고 직무경험 등과 같은 다양한 선발도구(selection instrument)를 활용한다. 이러한 선발도구들을 예측수단(predictor)이라고 한다. 선발도구는 지원자 중에서 누가 효율적인 종업원이 될 수 있는가를 예측하기 위하여 활용된다. 따라서 예측수단은 역할(직무)의 자격요건과 보상에 비추어 지원자의 역량과 동기를 평가하는 데 활용된다. 조직은 특정 선발도구를 활용하기 전에 먼저 타당도 검증(validation) 연구를 통하여 타당도(validity)를 검증하여야 한다. 타당도 검증을 통하여, 조직은 특정 선발도구가 효과적인 종업원을 식별하는 데 어느 정도로 기여하는지를 알 수 있다.[1)]

타당도 검증 연구가 이루어진 이후에, 조직은 ① 특정 선발도구를 지원자에게 활용할지 여부, 그리고 ② 특정 선발도구에 대한 어떠한 채용기준을 적용할지를 결정하여야 한다. 이러한 의사결정은 궁극적으로 신규채용된 종업원의 성과, 만족, 사퇴율 등에 직접적인 영향을 미치므로 추후에 자세히 논의될 것이다.

평등고용에 관한 제 법규들은 외부충원 활동에 직접적인 영향을 미친다. 외부충원이 소수집단에 속한 지원자(예를 들면, 여성이나 장애인)들에게 부정적 영향을 미친다면 조직은 부정적 영향을 제거하든가 소수집단에 대한 높은 기각률(rejection rate)이 불공정한 차별에 기인하는 것이 아니라는 증거를 제시하여야 한다.

외부충원을 계획하고 실행하는 데에는 전문성이 요구된다. 따라서 인적자원 담당부서가 외부충원 활동에 관여하고 있으며, 라인 관리자에게 선발도구의 타당도를 검증할 필요가 있다는 것을 설득하여야 한다. 또한 인적자원 담당부서는 특정 선발도구의 활용 여부나 채용기준에 대해서 조직에 조언을 행하여야 하며 라인 관리자가 외부충원 활동을 실행할 때 평등고용기준에 위배되지 않도록 감시하여야 한다.

제 1 절　선발에 있어서 적합

1. 개인-직무 적합

조직은 직무분석을 통하여 직무를 수행하는 데 필요한 지식(knowledge), 스킬(skill), 능력(ability) 그리고 기타 특성(other characteristics), 즉 KSAOs를 식별할 수 있다. 이렇게 직무상에 필요한 KSAOs를 기준으로 지원자의 KSAOs를 측정/평가함으로써 조직도 개인-직무 적합(person-job fit)을 달성할 수 있다. 직무분석을 통하여 필요한 KSAOs를 명확히 설정함으로써 선발과정에 있어서 성(sex)이나 인종(race) 차별을 줄일 수 있고 자격 있는 지원자와 자격이 없는 지원자를 구분할 수 있다.

2. 개인-조직 적합

직무요건서에 많은 조직들은 조직요건(organizational requirement)에 맞는 지원자를 선발하고자 한다. 최근 많은 기업들은 조직의 가치관(value)이나 문화와 맞는 지원자를 선발하는 데 높은 우선순위를 두고 있다. 이런 선발 기준은 너무 비슷한 특질을 지닌 노동력을 결과한다는 우려도 있지만, 팀워크와 융통성에 필요성은 개인-조직 적합에 대한 관심을 높게 하였다. 많은 경우에 조직은 우수한 기술적 스킬을 가진 사람일지라도 조직의 가치관과 맞지 않으면 선발하지 않는다.

일반적으로 조직은 개인-직무 적합뿐만 아니라 개인-조직 적합을 동시에 달성하고자 한다. 이를 동시에 달성하는 과정은 〈그림 7-1〉에 제시되어 있다.

그림 7-1 선발에 있어서 개인-직무 적합과 개인-조직 적합

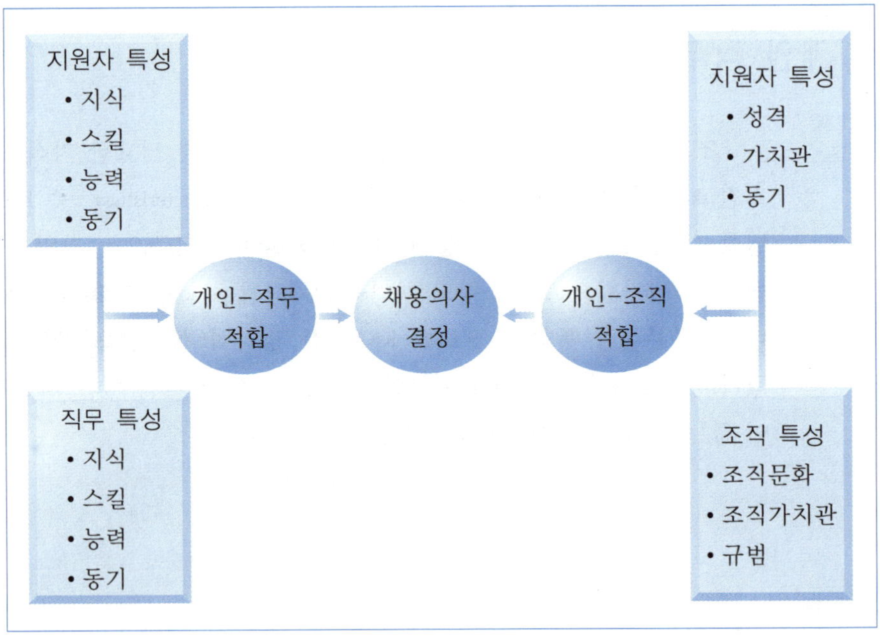

제 2 절 타당도 검증

선발이란 조직이 필요로 하는 KSAOs에 근거하여 지원자의 KSAOs를 지원서, 면접, 필기시험 등을 통하여 평가하는 데 목적이 있다. 즉, 조직은 지원서, 면접, 필기시험 등 다양한 선발도구(selection tool)를 이용하여 지원자의 KSAOs를 측정한 뒤 자격이 있다고 판단되는 지원자를 선발하는 것이다. 여기에는 선발도구를 이용한 측정치에서 우수한 결과를 보인 지원자가 높은 직무성과를 보일 것이라는 가정이 밑에 깔려 있다. 그러나 이런 가정은 추측에 의해서 정당화될 수 없으며 신중한 타당도 연구에 의해서 검증되어야 한다.

타당도(validity)란 특정 선발도구가 직무성과를 예측하는 정도를 의미한다. 즉, 특정 선발도구의 측정치(예를 들면, 필기시험 점수)가 직무성과와 높은 연관이 있다면 그 선발도구(즉, 필기시험)는 타당도가 있다고 판단된다.

타당도 검증(validation)이란 특정 선발도구에 대해서 타당도 증거를 수집하는 과정이다. 새로 개발된 약과 마찬가지로, 선발도구들은 실제로 선발에 사용되기 전에 타당도 검증을 마쳐야 한다. 만약 특정 선발도구가 타당도가 없다면 (즉, 선발도구의 점수와 직무성과 사이에 관련이 적다면), 그 선발도구를 통하여 뽑힌 지원자들이 직무를 성공적으로 수행할 것이라고 믿을 수 없기 때문이다.

타당도 검증방법은 〈그림 7-2〉에 제시되어 있다. 실증 타당도 검증은 선발도구의 점수와 직무성과 측정치 사이의 연관을 검토하는 것으로 내용타당도 검증보다 복잡하다. 만약 선발도구에서 높은 점수를 보인 사람들이 높은 성과를 보인다면 실증 타당도가 있는 것이다. 내용 타당도 검증은 성과에 대한 측정치가 없기 때문에 실증 타당도 검증보다 덜 복잡하고 시간이 덜 걸린다. 내용 타당도 검증은 선발도구의 내용을 검토하여 직무와 관련성이 있는지를 판단한다. 내용타당도는 제 4 장에서 논의한 직무분석과정을 통해서 결정된다.

그림 7-2 타당도 검증방법

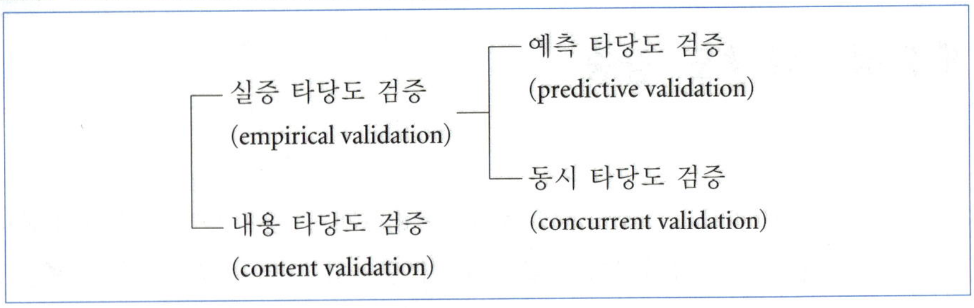

예를 들어, 비서의 경우에 워드프로세서의 능력이 직무와 관련이 있으므로 비서 선발시 워드프로세서의 능력을 검증하는 것은 내용적으로 타당하다고 볼 수 있다. 이 경우에서와 같이 내용 타당도 검증은 선발도구의 점수와 직무성과 사이의 점수를 통계적으로 연관시키는 것이 아니라 판단에 의해 이루어진다. 따라서 내용 타당도 검증은 실증 타당도 검증보다 타당도에 대한 증거력이 약하다. 내용 타당도 자체는 직무상에서 높은 성과를 보장하지 않는다. 이것은 마치 선수과목을 수강한 것이 추후의 과목에서 높은 학점을 보장하지 않는 것과 같다. 그러나 상황에 따라서는 실증 타당도 검증이 가능하지 않아 내용 타당도 검증이 유용한 대안이 될 수 있다. 자세한 논의는 추후에 예를 들어 설명하고자 한다.

1) 실증 타당도 검증

<그림 7-3>은 실증 타당도 검증을 위한 일반적 절차를 제시하고 있다.[2] 실증 타당도 검증은 직무분석부터 시작되며 직무분석의 결과는 기준(criteria)설정과 선발도구 개발에 활용된다. 일단의 표본으로부터 기준과 예측치에 대한 점수를 획득하여 둘 사이의 연관을 검토하는 것이다.

직무분석

직무분석에 대해서는 이미 제 4 장에서 논의하였다. 실증 타당도 검증에 있어서, 직무분석은 ① 조직이 바라는 인적자원결과의 식별과 정의, 그리고 ② 인적자원결과와 관련된 구체적 종업원 특성(능력과 동기)을 추론하는 데

그림 7-3 실증 타당도 검증과정

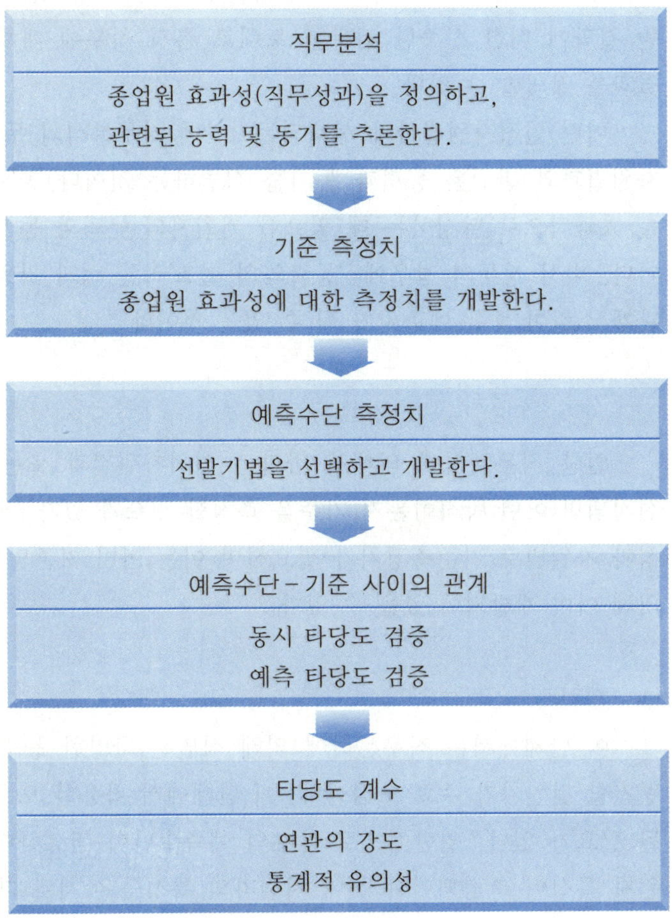

목적이 있다.

조직이 바라는 인적자원결과를 식별하기 위해서는 조직목표 전반에 대한 이해가 필요하다. 그러나 종업원이 직무성과를 통하여 조직에 기여하기 때문에 직무성과가 통상 주요한 인적자원결과로 설정된다. 직무분석을 통하여 직무의 성과 차원(performance dimension)을 식별할 수 있다. 예를 들어, 비서의 직무는 타이핑, 서류정리, 업무 스케줄링, 복사기 운용 및 동료와의 협조 등의 성과 차원을 가질 수 있다.

조직이 바라는 인적자원결과가 성과에만 국한될 필요는 없다. 직무만족, 근속 및 출근 등도 중요한 결과변수가 될 수 있다. 조직은 이런 인적자원 결과에 대한 신중한 검토를 토대로 특정 직무에 대해 바라는 인적자원결과를 정의할 수 있다.

어떤 인적자원결과가 선택되든지간에 직무분석의 두 번째 목적은 인적자원결과와 관련된 능력과 동기를 식별하는 것이다. 이것은 인적자원결과를 효과적으로 달성하는 데 필요한 지원자의 능력과 동기를 추론하는 과정이다. 비서 직무의 경우에 '동료와의 협조'라는 성과 차원은 지원자의 인간관계 스킬이 좋은 예측치가 될 수 있을 것이다.

기준 측정치

일단 직무분석에 의해서 바라는 인적자원결과 또는 효과성의 기준이 설정되면 어떤 방식이든지 기준을 측정할 필요가 있다. 직무성과의 경우에, 성과 차원별로 기준측정치가 필요하며 이는 이미 기존의 인사고과시스템에 의해 이미 개발되어 있을 수 있다.

예측수단 측정치

이 단계에서는 직무분석에 의해 식별된 다양한 능력과 동기를 어떻게 평가할 것인가가 주요 초점이다. 이 단계에서 가용한 모든 예측수단이 검토될 필요가 있다. 일반적으로 다수의 예측수단이 필요하다. 이는 다양한 지원자 특성이 측정되어야 하며 지원자의 특성들은 서로 다른 유형의 예측수단에 의해 가장 잘 평가되기 때문이다. 이미 언급한 비서의 경우, 타이핑은 작업표본테스트(work sample test)에 의해서, 그리고 동료와의 협조에 필요한 인간관계 스킬은 면접에 의해서 잘 평가될 수 있다. 따라서 단지 하나의 예측수단에 의존하는 것은 대부분의 경우에 바람직하지 않다.

예측-기준 사이의 관계

타당도 검증을 행하기 위해서는 예측수단과 기준에 대한 측정치가 지원자나 현재 종업원으로부터 획득되어야 한다. 측정치를 얻는 방법은 동시타당도 검증과 예측 타당도 검증, 두 가지 방법이 있다.

① 동시 타당도 검증

동시 타당도 검증에서는 예측수단과 기준에 대한 점수들이 현재 종업원으로부터 획득된다. 예측수단과 기준에 대한 점수획득과정이 〈그림 7-4〉에 제시되어 있다.

동시 타당도 검증은 몇 가지 장점이 있다. 먼저 동시 타당도 검증은 관리적 측면에서 볼 때, 시간이 적게 들고 편리하다. 더욱이, 예측수단과 기준에 대한 점수가 획득되자마자 타당도 검증의 결과를 알 수 있다.

불행히도 동시 타당도 검증에는 주요한 단점이 존재한다. 첫째, 현 종업원은 지원자와 마찬가지로 열성적으로 시험에 응하지 않는다는 것이다. 둘째는 현 종업원은 여러 가지 측면에서 지원자와는 다를 수 있다. 현 종업원은 교육수준, 연령 등에서 다를 수 있으므로 현 종업원을 대상으로 하는 타당도 검증이 미래의 지원자에게도 일반화될 수 있을지는 의문이다. 또한 불만족스런 종업원은 이미 조직을 떠났거나 유용한 종업원은 승진했을 가능성이 있으므로 기준에 대한 점수에 있어서 '범위제한(restriction of range)'이 발생할 수 있다.

마지막으로 현 종업원의 예측수단에 대한 점수는 현 직무로부터의 경험이나 훈련에 의해 영향을 받을 수 있다. 예를 들어, 기계원리에 대한 시험에 있어서 기계공의 점수는 얼마나 오랫동안 현 직무를 수행했는가 또는 기계공이 얼마나 잘 직무를 수행했는가를 반영할 수도 있다. 예측수단은 종업원의 업무수행 결과가 아니라 업무수행을 예측하기 위한 것으로 이런 현상은 바람직하지 않다.

그림 7-4 동시 타당도 검증의 설계

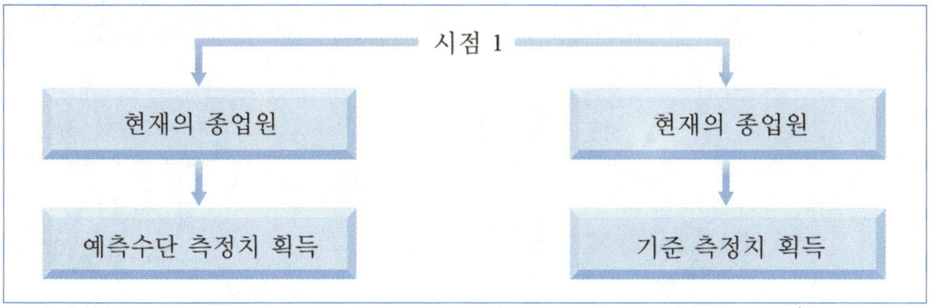

② 예측 타당도 검증

〈그림 7-5〉는 예측 타당도 검증의 핵심을 나타내고 있다. 예측수단에 대한 점수는 현 종업원이 아니라 지원자로부터 얻어진다. 해당 예측수단의 점수는 채용결정에 있어서 고려되지 않고 다른 예측수단에 의해서 채용결정이 내려진다. 처음부터 타당도 검증의 대상이 된 예측수단을 채용 의사결정에 활용한다면 이는 타당도 검증의 대상이 된 예측수단이 타당하다고 가정하는 것과 다름이 없다. 일정시간이 지난 후 채용된 사람들로부터 기준에 대한 점수를 획득한다. 만약 기준이 직무성과라면, 종업원이 직무를 충분히 학습할 시간이 흐른 뒤에 기준(성과)에 대한 점수를 획득하는 것이 바람직하다. 예측 타당도 검증에 있어서는 예측수단에 대한 점수를 지원자로부터 얻기 때문에 동시 타당도 검증의 단점을 극복할 수가 있다. 지원자들은 타당도 검증의 대상이 되는 예측수단에 대해서 동일하게 열성적으로 응시한다(지원자들은 타당도 검증의 대상이 되는 예측수단이 채용 의사결정에 반영되지 않는다는 것을 모르므로). 또한 예측수단에 대한 점수가 직무를 수행하기 전에 얻어지므로 직무경험이 예측수단에 대한 점수에 영향을 미치지 못한다.

그러나 예측 타당도 검증에도 문제점이 없는 것은 아니다. 예측 타당도 검증은 관리적 측면에서 볼 때 편리하지도 않으며 신속하지도 않다. 더욱이 기준에 대한 점수는 시간이 결과한 후에 얻어지므로 타당도 검증의 결과를 즉시 알 수는 없다.

그림 7-5 예측 타당도 검증의 설계

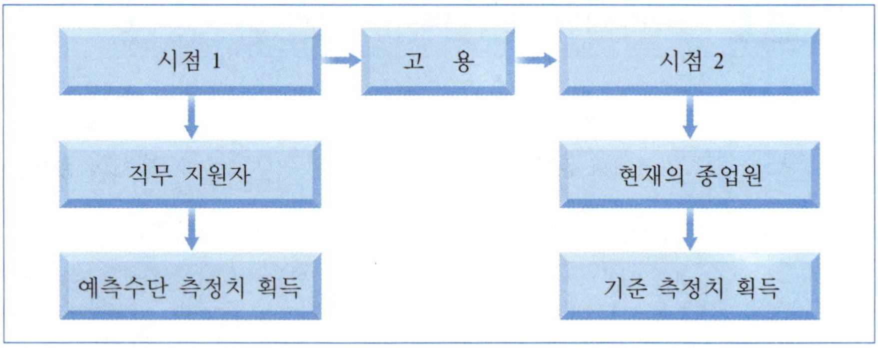

타당도 계수

예측수단과 기준에 대한 점수가 얻어진다면 다음 단계는 예측수단과 기준 사이의 관계를 검토하는 것이 필요하다. 동시 또는 예측 타당도 검증에 있어서 모든 예측수단과 기준 사이의 연관의 강도와 통계적 유의성을 검토하여야 한다.

① 연관의 강도

예측수단과 기준 사이의 관계는 분산도(scatterplot)를 살펴봄으로써 쉽게 파악할 수 있다. 〈그림 7-6〉은 예측수단과 기준 사이의 관계를 예시하고 있다. 분산도에 있어서 횡축은 예측수단의 점수를 그리고 종축은 기준에 대한 점수를 나타내고 있다.

〈그림 7-6〉에서 '예 2'에서는 중간 정도의 관계, 그리고 '예 3'에서는 비교적 강한 관계를 보이고 있다. 명백히, 관계가 강할수록 예측수단의 타당도이 증가한다.

위와 같이 육안검사(eyeball test) 외에 우리는 상관계수(correlation coefficient)를 계산할 수 있다. 상관계수는 두 변수 사이의 선형관계를 나타내는 통계적 지표이다. 타당도 검증 연구에 있어서 상관계수는 타당도 계수(validity coefficeint)라고 불리운다.

상관계수는 r로 표시되며 -1에서 $+1$ 사이의 수치를 가진다. 상관계수의 수치가 클수록 두 변수 사이의 관계는 크다. 따라서 〈그림 7-6〉에서 '예 1'의 경우에는 0.1, 예 2'의 경우에는 0.35, 그리고 '예 3'은 0.6의 수치를 가진다.

② 통계적 유의성

상관계수는 특정 표본에 있어서 두 변수간의 관계를 나타낸다. 그러나 미래의 지원자 표본에 있어서도 유사한 관계를 가지고 있으냐 하는 것이 중요하다. 통계적 검정은 실질적으로는 두 변수 사이에 관계가 없지만 우연에 의해서 표본에서 관찰된 관계를 나타낼 가능성을 조사하는 것이다. 우연에 의해서 관찰된 관계를 얻을 확률이 매우 적다면(예를 들어, 유의수준이 0.05 이내), 타당도 계수가 통계적으로 유의할수록 미래의 지원자 집단에 있어서도

그림 7-6 예측수단과 기준 사이의 관계

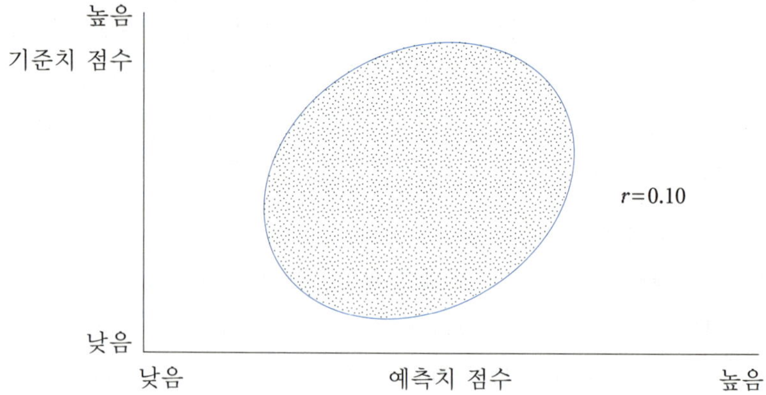

〈예 1〉

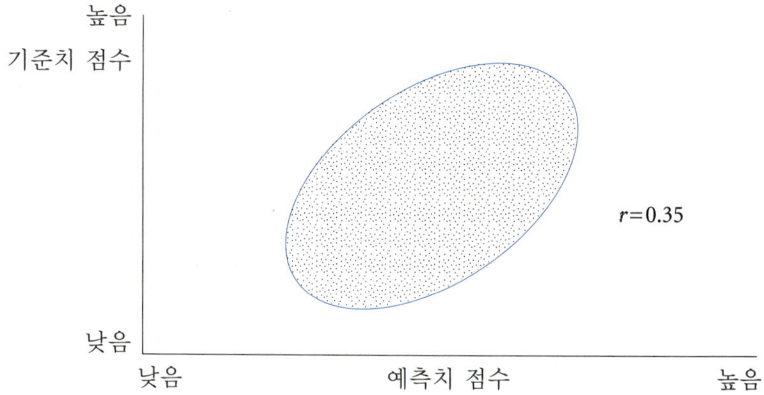

〈예 2〉

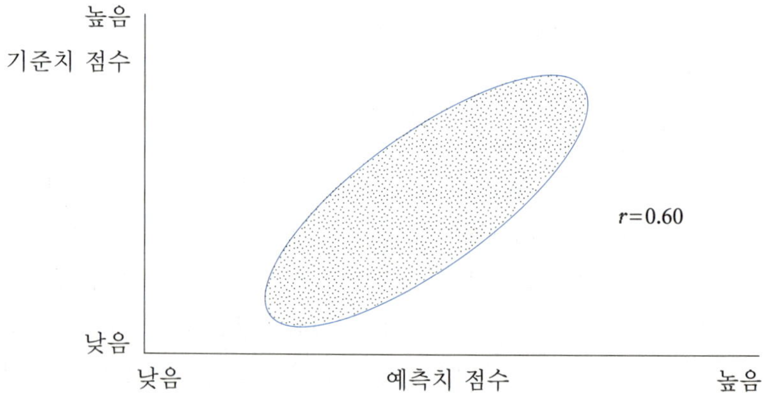

〈예 3〉

유사한 관계를 얻을 가능성이 크다. 따라서 타당도 계수가 통계적으로 유의하다면 예측수단은 미래의 지원자를 선발하는 데 사용될 수 있다. 그러나 관찰된 관계가 우연에 의한 것으로 판단된다면, 그 예측수단은 선발도구로 활용되어서는 안 된다.

2) 내용 타당도 검증

내용 타당도 검증에서는 기준에 대한 측정치가 없다는 점에서 실증 타당도 검증과는 중요한 차이가 있다. 따라서 예측수단의 타당도를 검증하기 위하여 예측수단과 기준에 대한 점수들 사이의 상관관계를 구할 수 없다. 따라서 내용 타당도 검증에서는 기준과 예측수단 사이의 연관을 판단에 의해서 결정할 수밖에 없다.

〈그림 7-7〉은 내용 타당도 검증의 절차를 나타내고 있다. 내용 타당도 검증은 직무분석과 예측수단의 선택 또는 개발 두 단계로 이루어져 있다. 내용 타당도 검증절차와 실증 타당도 검증절차를 비교하여 보면, 내용 타당도 검증은 실증 타당도 검증의 한 부분임을 알 수 있다.

내용 타당도 검증은 기본적으로 실증 타당도 검증을 실행하기가 어려울 때 활용될 수 있다. 첫번째 상황은 실증 타당도 검증을 하기에는 표본의 크기가 너무 적을 때이다. 표본의 크기가 적으면, 실증 타당도 검증에서 필요한 통계적 분석을 행할 수가 없다. 두 번째는 기준에 대한 측정치가 없을

그림 7-7 내용 타당도 검증절차

직무분석

종업원 효과성을 정의하고,
관련된 능력 및 동기를 추론한다.

↓

예측수단 측정치

선발기법을 선택하고 개발한다.

경우이다. 기준에 대한 측정치가 없다면, 논리적으로 예측수단에 대한 타당도 계수를 획득할 수가 없다.

직무분석

실증 타당도 검증에서와 마찬가지로, 내용 타당도 검증은 직무분석으로부터 시작한다. 내용 타당도 검증에 있어서 직무분석의 목적과 의의는 실증 타당도 검증에 있어서와 동일하다. 즉 직무분석의 목적은 직무의 중요성과 차원을 정의하고 직무수행에 필요한 능력과 동기를 식별하는 것이다. 첫번째 요소는 직무내용을 정의하는 것이며, 두 번째는 예측수단이 지원자의 어떤 능력과 동기를 측정해야 하는지를 식별하기 위한 것이다.

예측수단 측정

직무분석으로부터 직무수행에 필요한 능력과 동기를 식별한다면 예측수단의 내용(즉 측정되어야 할 능력 및 동기)을 도출할 수 있다. 이는 특정 직무나 상황에 맞는 새로운 예측수단을 개발하기 위한 것이다. 예를 들어, 직무분석에 의해서 직무수행에 필요한 지식이 식별된다면, 이런 지식을 측정하기 위한 예측수단을 개발할 수 있다. 마찬가지로, 기존의 예측수단도 이런 방식에 의해서 직무수행에 필요한 능력이나 동기를 잘 측정하고 있는지 여부를 검토할 수 있다.

제 3 절 선발의사결정

〈그림 7-8〉은 예측수단과 기준점수들 사이의 관계에 대한 분산도를 나타내고 있다. 직선 A와 B에 의해서 분산도는 4분면으로 나누어지고 있다.

수평선 A는 기준에 있어서 성공적 종업원과 비성공적 종업원을 나누는 경계선을 의미하며, 수직선 B는 합격점수를 나타낸다. 점수가 B 이상인 지원자는 합격 그리고 점수가 B 이하인 지원자는 불합격을 의미한다.

그림 7-8 예측수단과 기준점수에 의한 선발 의사결정 유형

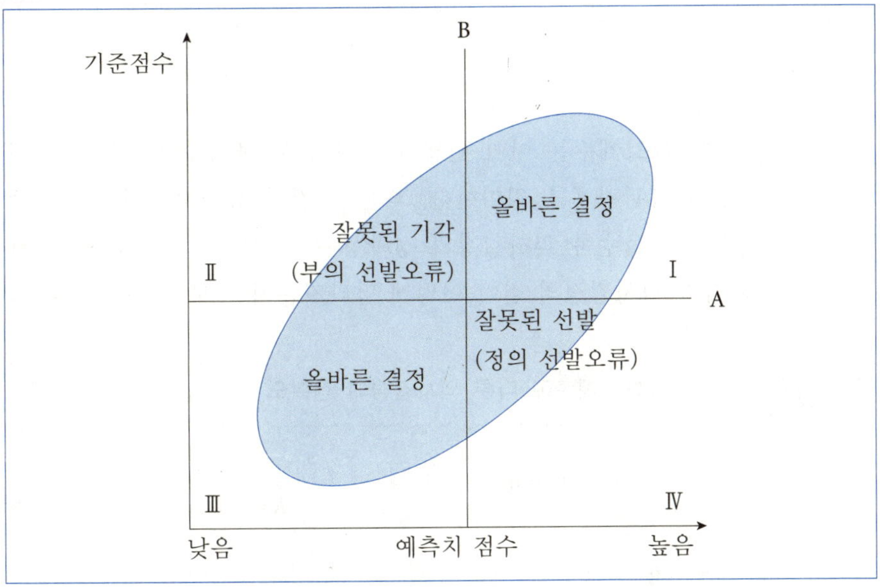

사분면 Ⅰ은 예측수단에 있어서 합격선을 넘어섰고 또한 성공적으로 직무를 수행하는 사람들을 나타낸다. 만약 예측수단이 선발에 사용되었다면, 이들은 채용되었고 또한 훌륭하게 직무를 수행할 것이다. 이것은 올바른 채용결정을 의미한다. 역으로 사분면 Ⅲ은 합격선 이하의 점수를 받아 채용이 거절되었지만 만약 채용되었더라도 직무를 잘 수행하지 못했을 사람들을 나타낸다. 따라서 사분면 Ⅲ은 올바른 기각결정을 나타낸다.

사분면 Ⅱ와 Ⅳ는 잘못된 의사결정을 나타낸다. 사분면 Ⅱ는 채용되었다면 성공적으로 업무를 수행할 수 있으나 낮은 예측수단 점수에 의해 기각된 사람들을 의미한다. 이는 잘못된 기각(erroneous rejection)을 의미하며 잘못된 부(負)의 선발오류(false negative selection error)라고 불리운다. 사분면 Ⅳ는 예측수단의 점수에 의해 채용되었지만 직무를 성공적으로 수행하지 못한 사람을 의미하며, 잘못된 채용(erroneous acceptance) 또는 잘못된 정(正)의 선발오류(false positive selcetion error)를 나타낸다.

선발의사결정의 질은 타당도 계수, 선발률(selection ratio), 그리고 기본율(base rate)에 의해서 영향을 받는다. 그러면 지금부터는 타당도 계수, 선발

률, 그리고 기본율이 선발의사결정에 어떻게 영향을 미치는지를 알아보자.

1) 타당도 계수

타당도 계수는 이미 언급한 바와 같이 예측수단의 점수와 기준에 대한 점수의 상관관계를 의미한다. 다른 조건이 동일하다면 예측수단의 타당도 계수가 높을수록 의사결정의 정확성은 커진다. 〈그림 7-9〉는 타당도 계수에 따라 의사결정의 질이 어떻게 달라지는지를 보여 주고 있다. 의사결정의

그림 7-9 타당도 계수에 따른 의사결정의 정확도

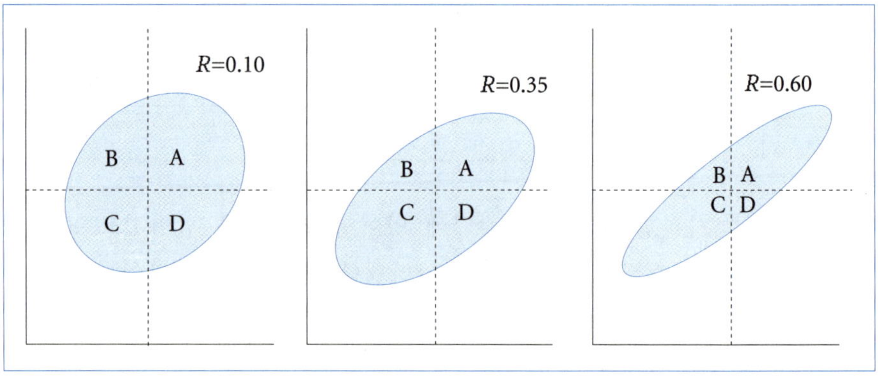

그림 7-10 선발률이 선발의사결정에 미치는 영향

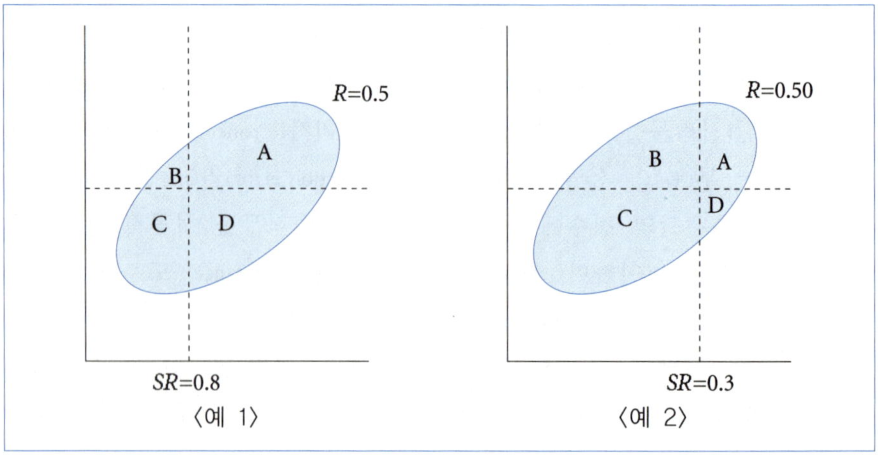

정확성은 총 지원자수 중에서 정확한 의사결정의 비율로 정의할 수 있다.

〈그림 7-9〉에 의하면 의사결정의 정확성은 (A+C)/(A+B+C+D)로 계산할 수 있다.[3] 〈그림 7-8〉에 대한 육안검사의 결과로 볼 때 타당도 계수가 높은 쪽이 의사결정의 정확성이 큼을 알 수 있다. 즉 타당도 계수가 높을수록, 다른 조건이 동일하다면, 잘못된 의사결정(B와 D)의 비율이 적어짐을 알 수 있다. 따라서 조직의 선발의사 결정의 정확성을 높이기 위해서는 제일 먼저 예측수단의 타당도를 높여야 함을 알 수 있다.

2) 선 발 률

개념적으로 선발률은 총 지원자 중에서 예측수단에 있어서 합격점 이상을 획득한 지원자의 비율로 정의할 수 있다. 실무에 있어서는 총지원자 중 실제로 채용된 사람들 수의 비율로 선발률을 계산하는 것이 보통이다. 즉

$$\text{선발률}(SR) = \frac{\text{신규 채용자의 수}}{\text{총 지원자의 수}}$$

따라서 선발률은 0(어떤 지원자도 채용하지 않음)에서 1(모든 지원자가 채용됨) 사이에 있다. 선발률이 채용 의사결정의 질에 미치는 영향은 〈그림 7-10〉에 제시되어 있다. 〈그림 7-10〉에서 '예 1'과 '예 2'는 타당도($r=0.5$)와 성공율〔(A+B)/(A+B+C+D)〕은 동일하며, 단지 선발률에서만 차이를 보이고 있다. '예 1'에서는 선발률((A+D)/(A+B+C+D))이 0.8인 반면 '예 2'에서는 선발률이 0.3인 상황을 가정하고 있다. '예 1'과 '예 2'를 검토하여 보면, 다양한 측면에서 선발률이 선발의사 결정에 영향을 미치는 것을 알 수 있다. 첫째, 선발률이 낮을수록 잘못된 기각은 늘어나지만 동시에 잘못된 채용도 줄어들고 있음을 알 수 있다. 즉, '예 1'과 '예 2'를 비교할 때 B 부분이 선발률이 낮아질수록 늘어나는 반면 D 부분은 줄어든다. 둘째, 선발률이 낮아질수록 신규 채용자 중 잘못된 선발의 비율, 즉 D/(A+D)의 비율이 낮아짐을 알 수 있다. 따라서 다른 조건이 동일하다면, 선발률이 낮아질수록 성공적 종업원을 채용할 가능성이 높아짐을 알 수 있다. 따라서 조직에게는 모집과정에 있어서 충분한 수의 지원자를 확보하여 선발률을 낮추

는 것이 중요함을 알 수 있다.

3) 기 본 율

기본율(base rate: BR)이란 현재의 선발과정을 통하여 선발된 종업원 중 성공적인 종업원의 비율을 의미한다. 따라서 기본율도 0에서 부터 1 사이의 수치를 가진다. 〈그림 7-11〉은 다양한 수준의 기본율을 나타내고 있다.

〈그림 7-11〉에서 제시하는 바와 같이, 기본율이 높을수록 선발도구에 의해서 성공률을 개선하기가 어렵다. 이것은 금을 제련하는 상황과 매우 유사하다. 금의 순도가 50%일 때 한번 더 제련함으로써 금의 순도를 상당히 높힐 수 있으나 금의 순도가 99%일 때 순도를 높이기 위해서는 상당한 노력과 비용이 들 것이다. 마찬가지로, *BR*이 0.8일 경우에는 어떤 선발도구로도 *BR*을 개선하기는 힘들다.

그림 7-11 기본율이 선발의사결정에 미치는 영향

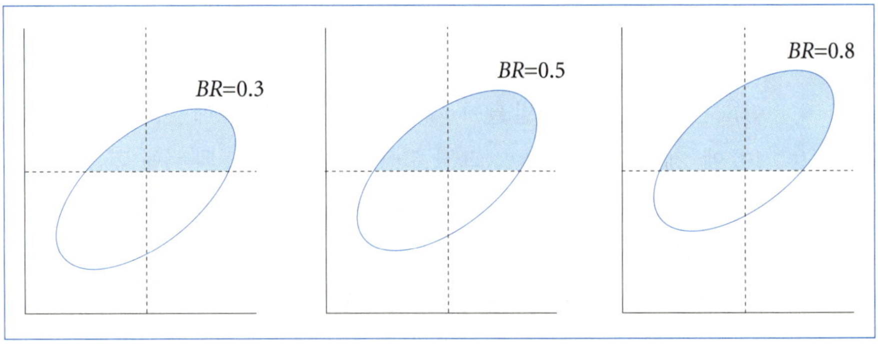

4) 타당도, 선발률 및 기본율의 관계

지금까지 타당도, 선발률 및 기본율이 새로운 예측수단의 효용성에 영향을 미치다는 것을 개별적으로 논의했다. 그러나 실제로 타당도, 선발률 및 기본율은 서로 결합하여 새로운 예측수단의 효용성에 영향을 미친다. 즉 새로운 예측수단의 효용성을 판단하기 위해서는 타당도, 선발률 및 기본율

표 7-1 Taylor-Russell 표의 예

A. 기본율=30%

타당도(*r*)	선발률(*SR*)		
	0.10	0.40	0.70
.20	43%	37%	33%
.40	58	44	37
.60	74	52	40

B. 기본율=50%

타당도(*r*)	선발률(*SR*)		
	0.10	0.40	0.70
.20	64%	58%	54%
.40	78	66	58
.60	90	75	52

C. 기본율=80%

타당도(*r*)	선발률(*SR*)		
	0.10	0.40	0.70
.20	89%	85%	83%
.40	95	90	88
.60	99	95	90

을 동시에 고려하는 것이 필요하다. 타당도, 선발률 및 기본율의 다양한 결합에 의한 성공적 종업원의 비율을 통계적으로 계산하여 정리해 놓은 것이 Taylor-Russell 표이다.[4)]

〈표 7-1〉의 '예 1'을 살펴보자. 기본율이 30%로 가정되고 있다. 세 개의 서로 다른 수치의 타당도와 세 개의 선발률이 제시되고 있다. 새로운 예측수단이 다양한 타당도와 선발률의 결합에 의해서 결과할 수 있는 성공적 종업원의 비율이 표에 나타나 있다. 성공률은 신규 채용자 중에서 성공적으로 직무를 수행하는 사람의 비율로 즉, 신규 채용자 중에서 성공적 업무수

행자의 수/신규 채용자의 수를 말한다. 예를 들면, 타당도가 0.2, 그리고 선발률이 0.1일 경우에 새로 채용된 종업원의 43%가 성공적으로 직무를 수행할 것이 기대된다. 이것은 현재의 기본율이 30%이므로 13%의 개선효과를 의미한다. 〈표 7-1〉에서 제시하는 바와 같이, 타당도 계수가 일정하더라도 선발률이 증가함에 따라 성공적 종업원의 비율은 감소하여 새로운 예측수단의 효용성이 떨어짐을 알 수 있다. 또한 선발률이 일정할 때 타당도 계수가 증가함에 따라 성공적 종업원 비율(즉, 성공률)이 증가하며, 따라서 새로운 예측수단의 효용도 증가함을 알 수 있다.

〈표 7-1〉에서 '예 2'와 '예 3'은 '예 1'과 동일한 타당도 계수와 선발률을 포함하고 있다. 단지 기본율에서 차이가 있으며 '예 1'에서는 기본율이 30%, '예 2'에서는 50%, 그리고 '예 3'에서는 80%를 가정하고 있다. 우리는 세 가지의 기본율에 대해서 성공적 종업원 비율을 비교함으로써 기본율이 새로운 예측수단의 효용에 미치는 영향을 관찰할 수 있다. 기본율이 높은 경우 새로운 예측수단이 효용이 있기 위해서는 타당도가 상당히 높고 선발률이 아주 작아야만 함을 알 수 있다.

5) 효익분석

〈그림 7-8〉은 선발의사 결정에 있어서 4가지 결과를 나타내고 있다. 〈그림 7-8〉에 의하면 잘못된 기각과 잘못된 수용을 최소화하는 의사결정이 최적인 것 같이 보인다. 그러나 이런 논의는 비용 측면과 조직에의 효익(utility)측면이 고려되지 않은 것이다. 먼저 잘못된 수용과 잘못된 기각을 최소화하여야 한다는 주장은 두 유형의 의사결정 오류가 조직에게 동일한 비용을 결과한다는 것을 가정하고 있다. 그러나 실제에 있어서 두 종류의 의사결정 오류는 조직에게 다른 비용을 발생하게 한다. 예를 들어, 항공기 조종사의 경우에 잘못된 수용은 잘못된 기각보다 커다란 비용을 초래할 수 있다. 대부분의 조직은 지원서 처리, 시험 등과 관련된 비용을 제외하고는 잘못된 기각과 관련된 비용을 고려하지 않는다.

이미 언급한 바와 같이 타당도를 높이거나 선발률을 줄임으로써 성공적 종업원의 비율을 높힐 수 있다. 선발률을 줄이기 위해서는 상당수의 지원자를 확보하여야만 하며, 이에는 상당한 비용이 들 수 있다. 마찬가지로 타당도가 높은 선발도구를 개발하기 위해서는 때때로 상당한 비용이 수반되기도 한다. 따라서 조직은 새로운 선발과 관련된 비용증가와 선발의 효율성에 의한 조직수익 증가나 비용감소와 비교할 필요가 있다. 즉 조직은 비용차원에서 가장 효과적인 선발시스템을 신중하게 개발할 필요가 있다.

제 4 절 선발기법

예측수단, 즉 선발기법은 직무의 자격요건과 보상에 비추어 지원자의 역량과 동기를 평가하기 위한 목적을 가지고 있다. 실제로 선발과정에 있어서 다양한 선발기법들이 활용되고 있다. 선발과정에 따른 인력흐름과 사용되는 선발기법의 전형적 유형은 〈그림 7-12〉에 제시되어 있다. 초기선별

그림 7-12 선발과정에 따른 인력흐름과 선발기법의 종류

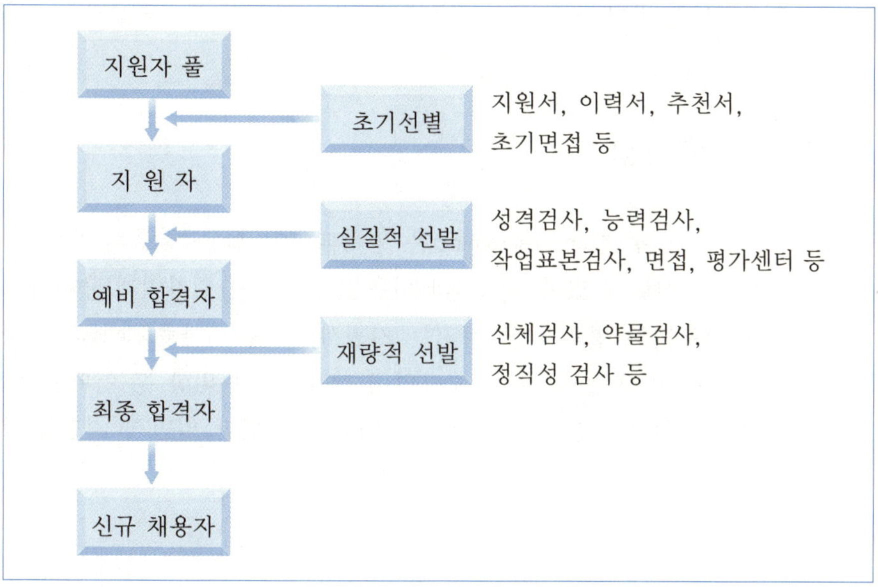

(initial screening)은 모집에 의해 확보된 초기의 지원자 집단 중 추후의 선발과정에서 고려될 수 있는 최소한의 자격요건을 갖춘 지원자를 식별하는 것이다. 초기선별에는 지원서, 이력서, 추천서, 초기면접 등의 평가기법이 활용된다.

다음 단계는 최소한의 자격요건을 지닌 사람 중에서 조직에 적합한 사람을 추가적인 방법으로 식별하는 것이다. 추가적 평가방법으로는 성격검사(personality test), 능력검사(ability test), 성과검사 및 작업표본(performance test and work sample), 구조화된 면접(structured interview) 그리고 평가센터(assessment center) 등이 있다.

마지막으로 재량적 선발(discretionary selection)은 예비 합격자에게 적용되며, 채용직종이나 조직에 따라 생략될 수도 있다. 이것은 이미 조직이 충분한 자격요건이 있다고 여겨지는 사람들에게만 시행되며 신체검사나 약물검사 등이 포함된다.

선발과정에 있어서 지원자들로부터 상당한 양의 정보가 수집된다. 따라서 조직은 어떻게 체계적으로 정보를 수집하고 수집된 정보를 결합하여 선발의사 결정에 활용할 것인가를 설계하지 않으면 안 된다. 이러한 선발시스템의 설계는 주요 인적자원기능 중 하나이며, 선발결과에 영향을 미치게 된다. 마지막으로 평등고용을 실현하기 위하여 조직이 고려해야 할 사항을 논하기로 한다.

1. 초기 선별기법

초기 선별(initial screening)은 평가되어야 할 사람들의 수를 줄임으로써 실질적 선발에 있어서 시간과 비용을 절감하기 위하여 활용된다. 초기 선별에 사용되는 평가기법으로서는 지원서, 생활사 자료(biodata), 이력서, 추천서, 초기면접 등이 있다. 각각의 평가기법을 논의한 후 어떠한 기법이 초기 선별에 활용할 것인가에 대한 의사결정을 위한 일반적 지침을 제시하고자 한다.

1) 지 원 서

지원서(application form)는 고용에 대한 지원자의 공식적 의사표명이며, 고용의 적합성을 판단할 수 있는 정보를 요구하고 있다. 지원서에는 지원자의 성명, 주소, 전화번호, 주민등록번호, 그리고 국적 등을 기재하여야 하며, 그 외에도 바라는 직무의 종류, 작업시간(정규근무, 파트타임, 야간근무 등)에 대한 선호, 그리고 이전 직장경험 등을 요구하고 있다. 그러나 지원서는 이력서와 불필요하게 중복된다고 생각할 수도 있다. 그러나 지원서는 이력서에서 누락된 정보(예를 들면, 고용기간 등)를 얻는 데 활용될 수도 있다. 이력서에 대한 지원서의 장점은 지원자가 아니라 조직이 어떠한 정보가 포함되어야 하는지를 결정하는 데 있다. 그 결과, 직무성공에 중요한 정보가 누락될 가능성이 적다. 따라서 지원서를 설계할 때에는 직무성공에 중요한 정보가 무엇인가를 식별하여 지원서에 포함하는 것이 필요하다.

지원서에 연령, 종교, 신체적 특징, 성, 결혼 여부, 입원경력, 검거사실 여부, 군경력 등 다양한 개인적 정보를 요구할 수 있다. 평등고용법은 특정한 질문을 금지하고 있지 않지만 조직은 특정한 질문이 소수집단을 불리하게 작용하는지를 주의 깊게 검토하여야 한다. 만약 너무 많은 소수집단의 구성원이 선발과정에서 기각된다면, 조직은 특정 질문이 직무와 관련이 있는지 또는 소수집단에 대해 부정적으로 활용되고 있는지를 면밀하게 검토하여야 할 것이다.

지원서는 연령, 출생지, 성, 신체적 특성 등 다양한 개인적 특성에 관한 질문을 포함하고 있으므로 평등고용에 위배되지 않도록 활용하여야 한다. 평등고용법은 연령, 출생지, 성 등에 관한 질문 자체를 금지하고 있지는 않으나, 이들 정보가 채용결정에 영향을 미친다면 소수집단에 대해서 부정적 영향을 미칠 수 있다. 따라서 지원서의 항목을 설계할 때에는 ① 가능한 부정적 영향, ② 자격 있는 지원자를 식별하는 데 있어서 정보가치, ③ 법규나 정부방침과의 위배 여부, ④ 사생활 침해 가능성, 그리고 ⑤ 해당 정보가 직무성과와 관련이 있다는 증거 여부 등을 고려하여야 한다.

타당도: 지원서와 관련된 가장 기본적인 이슈는 지원자가 지원서에서

제공한 정보가 과연 어느 정도로 정확한가이다. 지원자는 지원서의 기재내용을(의도적으로든 무의식적으로든) 왜곡하는가? 지원서를 사용자의 기록 등과 같은 다른 형태의 정보와 비교한 연구에서는 왜곡이 거의 일어나지 않는다는 것을 제시하고 있다. 지원서의 타당도을 구하기 위해서는 지원서 전반에 대한 점수를 획득하여야 한다. 지원서의 전반적 점수는 각 항목을 점수화한 후, 각 항목의 비중은 전문가 판단에 의존하거나 성과와의 통계적 분석에 의해 결정된다.

일반적으로 지원서는 직무성과와 근속기간을 예측하는 데 높은 타당도를 보이고 있다. 지원서는 다른 예측수단보다 타당도가 높으며 작업표본(work sample)의 타당도와 비슷하다. 그러나 지원서의 구체적 문항의 타당도는 상황에 따라 매우 다르므로 지원서는 직무별로 타당도가 검증되어야 한다.

2) 이 력 서

관리직이나 전문직의 경우에 일반적으로 지원자는 자신의 자격요건을 포함하는 이력서를 제출하는 것이 보통이다. 사용자는 통상 이력서를 통하여 지원자를 처음 접하게 된다. 따라서 이력서는 전문적이고 유능한 인상을 제공할 수 있어야 하기 때문에 간결하고 정확하고 균형 있게 작성되어야 한다.

조직의 입장에서 보면, 이력서는 지원서와 유사하다. 사용자는 유용한 선발정보를 얻기 위하여 이력서를 검토한다. 또한 지원서와 마찬가지로 체크리스트를 개발하여 체크항목에 비중을 두어 구조화를 꾀할 수도 있다.

3) 추 천 서

추천서는 지원자의 과거 직무경험과 직무상의 성과를 평가하기 위하여 사용된다. 그러나 추천서를 선발에 활용하는 데는 두 가지 기본적인 문제점이 있다.[8] 첫째는 추천서가 조직이 자격 있는 지원자와 자격이 없는 지원자를 구별하는데 거의 도움이 되지 않는다는 것이다. 그 이유는 추천자가 추천서를 작성할 때 관대화 경향이 크게 작용하며 아주 열등한 지원자만이 추천서를 얻기 힘들기 때문이다. 둘째는 대부분의 추천서가 구조화나 표준화되어 있지 않다는 것이다. 따라서 조직이 지원자간 비교하기가 상당히 어렵다. 지원자 A와 지원자 B를 추천서에 의해 비교한다는 것은 사과와 오렌지를 비교하는 경우와 매우 유사하다.

이러한 문제 때문에 추천자가 상당한 신뢰와 책임감이 있다고 느끼지 않는 한 조직은 추천서에 큰 비중을 두지 않는 경향이 있다. 그러나 어떤 조직들은 일정한 형식의 추천서를 제공함으로써 추천서의 구조화를 꾀하여 지원자에 대해서 동일한 정보를 획득하고자 한다. 또한 지원서와 마찬가지로 각 항목에 표준화된 점수화를 적용함으로써 지원자가 차별화를 꾀할 수 있다.

4) 초기 면접

초기 면접(initial interview)은 모집이나 선발과정 초기에 행해진다. 지원자의 입장에서 보면, 초기 면접을 통하여 처음으로 조직이나 채용시스템과 인간적 접촉을 행하게 된다. 초기 면접의 목적은 확실히 조직이나 직무에 부적합한 사람을 선별하는 데 있다. 이를 위하여 조직은 직무수행에 절대적으로 필요한 KSAOs에 면접을 집중시킬 필요가 있다. 직무의 최소 자격요건의 예로는 자격증이나 면허 획득 여부, 그리고 최소한의 훈련 및 경험 등을 들 수 있다.

초기 선별은 서류(예를 들면, 지원서나 이력서)에 의해 수집된 정보는 물론 면접 자체에 의해 행해진다. 초기 면접시 면접이 최소한의 자격요건에 의해 이루어지도록 유의할 필요가 있다. 지원자의 개인적 특성(예를 들면, 성이나 연령) 또는 성격적 특성(예를 들면 외향적이어서 직무에 딱 들어 맞는다 등)은 면접시에 회피되어야만 한다. 이어서 어떤 조직은 개인적 특성이나 성격적 특성이 초기 면접에 영향을 주는 것을 방지하기 위해서 초기 면접을 행하지 않고 지원자가 제공한 문서(예를 들면, 지원서나 이력서)에 의해서만 초기선별을 행한다.

2. 실질적 선발기법

초기 선별기법은 지원자 풀의 규모를 줄여 추후 선발과정의 대상이 되는 지원자를 식별하는 데 목적이 있다. 반면에 실질적 선발기법은 지원자를 합격 예비자로 축소하기 위함이다. 초기 선별기법은 직무나 조직에 가장 잘 적합한 지원자를 식별하기 위한 것이다. 실질적 선발기법에는 성격검사(personality test), 능력검사(ability test), 성과검사 및 작업표본(performance test and work sample), 면접(interview), 그리고 평가센터(assessment center) 등이 있다.

1) 성격검사

성격검사는 '인간이 특정한 방식으로 행동하는 성향(disposition)'을 평가하는 방법이다. 따라서 성격검사는 개인과 환경과의 상호 작용 유형을 결정할 수 있는 독특한 특성을 결정하는 데 활용된다. 이러한 개인의 특성을 성격이라고 부른다. 다양한 성격적 특성이 있지만 5개의 주요 특성이 수 년간 검토, 활용되어 왔다.[6] 외향성(extroversion), 심리적 안정성(emotional stability), 호감(agreeableness), 양심(conscientiousness), 그리고 경험개방성(openess to experience). 성격검사는 작업환경에 있어서 행위(예를 들면, 성과나 사퇴) 및 태도(예를 들면, 직무만족)을 예측하는 데 활용된다.

성격검사는 다양한 형태로 시행된다. 인벤토리(inventory)는 지원자가 질문항목에 대한 객관식 답을 선택하는 형식이다. 반면에 투사법(protective test)은 시각적 자극에 대한 반응을 기술하든지 또는 주어진 문장에 단어를 보충하여 완성시키는 방법 등을 사용한다.

성격검사는 지원자가 속이기 쉽기 때문에 검사항목의 관리가 매우 중요하다. 즉, 지원자들은 자신의 신념보다는 조직이 원하는 방식에 따라 반응하기 쉽다. 다행히 속임수가 타당도에 미치는 영향은 그다지 크지 않는 것으로 알려져 있다. 그러나 조직은 지원자의 속임수를 발견할 수 있는 척도를 사용하거나 지원자에게 속임수를 경고함으로써 속임수를 줄일려고 하고 있다.[7]

그러나 속임수 가능성 이외에도 성격검사를 선발에 사용하는 것은 다음과 같은 문제점이 있다. 첫째는, 여러 미국의 법정에서 특정 질문의 보호집단(protected group)에 대한 부정적 영향 때문에 성격검사가 도전을 받고 있다. 둘째는, 성공적 직무수행을 위해서 하나의 구체적인 성격유형만이 필요한 직무는 거의 없다.

2) 능력검사

능력검사(ability test)는 개인이 특정한 방식으로 기능할 수 있는 '능력'을 평가하는 데 목적이 있다. 능력검사에는 적성검사(aptitude test)와 성취도검사(achievement test)의 2가지 주요 유형이 있다. 적성검사는 개인이 특정 방식으로 기능 할 수 있는 '선천적 능력'을, 그리고 성취도검사는 개인이 특정 방식으로 기능하는 것에 대한 '학습능력'을 평가한다.

능력검사가 직무수행에 주요한 결정요소를 평가하므로 능력검사는 선발상황에 있어서 광범위하게 활용되고 있다. 일정한 수준의 능력이 없다면, 선천적인 것이든 학습된 것이든, 만족할 만한 성과를 올릴 수는 없을 것이다. 어떤 학생은 어려운 수업(예를 들면, 선형계획)에 열심히 하지만 능력(예를 들면, 수학적 적성)이 없다면, 훌륭한 성과를 올리기는 힘들 것이다.

능력검사에는 4가지 유형이 있다: 인지능력(cognitive ability), 심리운동능력(psychomotor ability), 신체적 능력(physical ability), 감각 · 지각능력(sensory/perceptual ability). 인지능력은 지각기억(perception memeory), 추리(reasoning), 아이디어 표현 등과 같은 사고(thinking)와 관련된 능력을 의미한다. 인지능력을 검사하기 위한 예가 〈그림 7-13〉에 제시되어 있다.

심리운동능력은 사고와 신체적 운동 사이의 연관성을 의미한다. 심리운동의 예로는 반응시간, 통제의 정확성, 그리고 손가락의 민첩성 등이 포함된다. 신체적 능력은 강도(streangth), 균형, 그리고 지구력(stemina)을 의미한다. 소방관 선발 시 신체적 능력검사의 예를 보자. 신체검사는 소방기구(예를 들면, 호스, 산소통, 선풍기 등)를 건물 윗층으로 나르는 행위를 모방할 수 있다. 시험에 있어서는 가능한 한 신속하게 소방기구를 윗층으로 옮기는 것이다. 소방기구가 무겁기 때문에 강도가 요구된다. 또한 계단이 급경사이기

그림 7-13 인지능력 검사항목의 예

1. 아래의 숫자를 관찰한 후 다음에 올 숫자는 무엇인지 답하시오.

   8 4 2 1 1/2 1/4 ?

2. 처음 두 문장이 진실이라고 가정하다. 그러면 마지막 문장은?

   ① 진실이다 ② 거짓이다 ③ 확실치 않다

   그 소년은 야구를 좋아한다.
   모든 야구선수들은 모자를 쓰고 있다.
   그 소년은 모자를 쓰고 있다.

3. 아래 그림 중에서 나머지와 가장 다른 그림은?

   ① ② ③ ④ ⑤

4. 기차가 1/5초에 20m를 운행한다. 동일한 속도로 3초에는 기차가 얼마나 운행할 수 있는가?

5. 다음 6개의 쌍의 숫자 중에서 좌우 숫자가 정확히 똑같은 것은 몇 개가 있는가?

3 4 2 1	1 2 3 4
2 1 2 1 2	2 1 2 1 2
5 5 8 9 5 6	5 5 8 9 5 6
1 0 1 2 0 2 1 0	1 0 1 2 0 2 1 0
6 1 2 9 8 6 8 9 6	6 1 2 9 8 6 8 9 6
3 5 6 4 7 1 2 0 1	3 5 6 5 7 1 2 0 1

자료: C. F. Wonderlic Persomel Test, Inc. 1992 Catalog: Employment tests, Forms, Procedures, (Libertyvill, IL: Author-Charls F. Wonderlic, 1992).

때문에 균형이 필요하다. 또한 계단의 길이가 길기 때문에 지구력도 필요하다.

감각·지각능력은 자극의 식별과 인식(recognition)을 포함한다. 감각·지각능력검사의 예로 종이접기검사가 있다. 종이접기검사의 한 예가 〈그림 7-14〉에 제시되어 있다. 〈그림 7-14〉의 예는 공간적 시각화 검사(test of spatial visualization)를 위한 것이다.

3) 작업표본검사

작업표본검사(work sample test)는 문자 그대로 직무의 대표적인 작업을

그림 7-14 종이접기검사

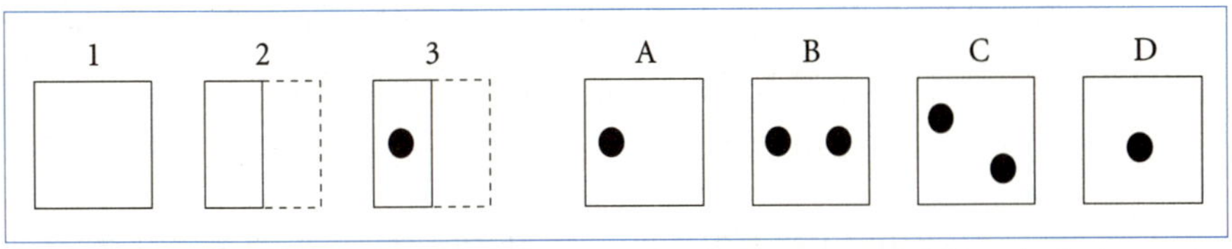

자료: P. L. Ackerman & R. Kaufer(1993), "Integrating laboratory and field study for improving selection: Development of a battery for predicting air traffic controller success," *Journal of Applied Psychology*, 78, pp. 413~432.

지원자에게 제시하여 완수하도록 요구하는 검사이다. 어떤 의미에서 작업표본은 직무의 소규모 복사판이라고 할 수 있다. 작업표본검사에 깔려 있는 기본가정은 직무성과의 가장 좋은 예측수단은 현실성 있는 작업환경에서 얻어진 성과표본이라는 것이다. 고용 첫날부터 직무를 수행할 수 있는 지원자를 식별하고자 할 때 작업표본검사가 유용하다. 또한 작업표본검사는 '현실적 직무개요'(제6장 참조)을 제공하는 역할도 수행한다.

작업표본은 행위작업표본(behavioral work sample)과 지식 및 스킬작업표본(knowledge and skill work sample)으로 광범위하게 구분될 수 있다. 각 유형의 예는 〈표 7-2〉에 제시되어 있다.

표 7-2 작업표본검사의 예

행위작업표본검사	타이핑과 워드프로세스 검사 속기 테스트 비행사에 대한 조정통제 테스트 포장 테스트 부품조립 테스트
지식 및 숙련작업표본	정보 및 기술지식 테스트 도표 및 설계도면해석 테스트 리더십적성 테스트 In-basket 연습 소기업 모의 테스트 경찰관을 위한 판단 테스트

자료: J. J. Asher & J. A. Sciarrino(1974), "Realistic work sample: A review," *Prsonnel Psychology*, 27, pp. 519~534.

행위작업표본: 행위작업표본은 주요 과업을 수행하는 데 필요한 행위표본을 측정한다. 통상 행위표본은 심리운동형 스킬(psychomotor-type skill)을 측정한다. 행위작업표본은 구체적인 직무를 대상으로 하고 있으며, 단일 직무를 위해 시험이 설계되었다는 점에서 전통적 심리운동검사와는 다르다.

지식 및 스킬작업표본: 지식 및 스킬작업 표본검사는 성공적인 작업성과에 필요한 지식이나 스킬을 측정하는 데 초점을 둔다. 〈표 7-2〉에 의하면 지식 및 스킬작업 표본검사는 능력검사와 유사하다. 지식 및 스킬작업표본은 전문직, 기술직 및 관리직 직무에 적절하다.

타당도: 작업표본검사는 직무성과나 훈련프로그램의 성공을 예측하는 데 타당도이 높다. 작업표본검사 중 행위작업표본은 직무성과를 예측하는데, 그리고 지식 및 스킬작업표본은 훈련프로그램에서의 성공을 예측하는 데 더 우수하다.

4) 면　　접

면접은 '목적 있는 대화(conversation with purpose)'이다. 선발에 있어서 면접은 지원자에 대한 능력과 동기에 대한 정보를 수집하여 직무요건과 보상에 비추어 지원자에 대한 능력과 동기를 평가하기 위한 것이다. 면접자는 통상 시험성적이나 지원서 등과 같은 다른 예측수단에 대한 정보를 가지고 면접에 임한다. 다른 예측수단에 대한 정보는 면접자가 지원자에게 행하는 질문의 근거가 된다. 더욱이, 면접자는 지원자의 의사소통능력 등과 같은 다른 예측수단에 의해 얻어질 수 없는 독특한 정보를 추구하기도 한다.

면접의 두 번째 목적은 지원자에게 직무와 조직에 대한 정보를 제공하는 것이다. 이 경우, 면접자는 단순히 자원자에게 정보를 제공하는 것이 아니라 직무나 조직의 장점을 설명함으로써 지원자를 설득하려 한다. 동시에 피면접자도 자신의 능력과 동기를 설명하는 방편으로 면접을 활용하고자 한다.

면접자의 선발

조직은 면접을 관리하는 데 있어서 제일 먼저 누가 지원자를 면접할 것인가, 즉 면접자를 결정하여야 한다. 예상되는 직접상급자, 동료 그리고 부하 등이 면접에 참여할 수 있다. 팀제 조직이나 프로젝트 집단에서는 동료의 평가가 아주 중요하다. 서비스 업종에서는 때때로 고객으로부터 정보를 얻고자 한다. 조직도 면접자를 선택할 때 서로 다른 개인들은 서로 다른 관점을 가지고 있으며 고용의사 결정에 있어서 이들 관점이 서로 다른 의미를 가지고 있다는 것을 이해하여야 한다. 면접자들은 다양한 인종, 성, 연령, 그리고 배경을 지닐 수 있도록 구성하여야 한다.

면접의 특성

선발면접은 실제에 있어서 다양한 형태로 행해지고 있다. 첫째, 선발하고자 하는 직무의 종류에 따라 면접시간에 차이가 있다. 단순한 직무(예를 들면, 비숙련공)의 경우에는 5분 내지 10분 정도의 면접이 행해지지만, 상위 계층의 직무의 경우에는 면접시간이 늘어나는 경향이 있다.

둘째, 면접의 구조화 정도에 따라 차이기 있을 수 있다. 구조화된 면접(structured interview)에 있어서는 모든 지원자들이 동일한 순서에 의해 동일한 질문을 받는다. 특별한 경우를 제외하고는 보충질문도 없다. 반대의 경우인 비구조화된 면접(unstructured interview)에서는 지원자들은 동일한 질문을 받지 않는다. 면접자는 지원자로부터 정보를 얻기 위하여 심문적 질문을 행하는 경우가 보통이다.

셋째, 면접내용이 직무와 어느 정도 관련이 있는가에 차이가 있을 수 있다. 직무분석에 근거를 하여 면접질문을 구성하였다면 면접질문은 직무의 요건과 보상에 관련된 질문(예를 들면, 유사한 직무에 있어서 근무경험, 유사한 직무에 있어서 가장 만족스러운 보상의 종류 등)에 초점을 맞출 것이다. 그러나 전통적인 면접에서는 직무와 직접적으로 관련이 적은 추상적이고 태도에 관한 질문을 많이 한다(예를 들면, 당신이 세상에서 가장 좋아하는 일은 무엇입니까? 그 이유는?).

넷째, 면접자의 수가 다를 수 있다. 면접자와 피면접자가 일대일로 면

표 7-3 전형적 선발면접의 단계

단 계	지 원 자	면 접 자
1. 사전단계	복장 검토 현장도착 대기중 면접준비물 검토	이력서 검토 면접지침 검토 질문사항 준비
2. 인사 및 분위기 형성	인사 요청시 착석 좋은 인상	인사 착석요구 적절한 화제로 분위기 이완
3. 직무관련 질문	교육배경 제시 작업경험 제시 개인적 스킬과 능력 설명 직무에 대한 적절한 동기 제공	교육배경 요청 근무경험에 대한 관련된 세부사항 요청 특수한 스킬과 능력 논의 지원자의 근무동기 파악
4. 지원자 질문에 대한 답변	임금 및 복지후생 질문 승진기회 및 조직문화 등 질문	조직입장에서 지원자 질문 응답 조직에 대한 긍정적 인상을 주기 위한 시도
5. 마무리	면접자로부터 끝났다는 신호를 기다림 다음 단계 논의	면접이 거의 끝나간다는 것을 보여 줌 다음 단계는 무엇이 될지 설명 일어서서 인사

자료: W. L. Tullar(1989), "The interview as a cognitive performing script," in R. W. Eder & G. R. Ferris, *The Employment Interview*, eds., Newbury Park, Calif: Sage Publication, pp. 233~246.

접을 행할 수도 있으며, 집단 또는 패널면접을 행할 수도 있다. 선발에 있어서는 패널면접을 많이 이용하고 있으며, 면접자는 통상 3명 내지는 5명으로 구성된다. 마지막으로, 피면접자의 평가에 대한 체계성 정도에 차이가 있을 수 있다. 간단하게는 면접자는 A, B, C 등과 같은 등급에 의해서만 지원자를 평가할 수 있다. 반면에 능력이나 동기 차원별(예를 들면 인간관계능력, 성취욕구 등)로 피면접자(즉, 지원자)에 대한 평가뿐만 아니라 피면접자가 면접중 행위나 말에 대한 기록을 면접자에게 요구할 수도 있다. 선발과정에 있어서 지원자를 상호 평가하기 위해서는 면접자에게 체계적이고 자세한 평가를 요구하는 것이 논리적으로 볼 때 합리적이다.

면접과정

오늘날 선발에 있어서 면접은 가장 널리 쓰이고 있는 예측수단이다. 면접은 면접자와 피면접자의 일대일이나 패널 형식으로 이루어진다. 〈표 7-3〉은 채용면접을 단계로 구분하여 각 단계별로 면접자와 지원자의 역할을 서술하고 있다. 실제 면접은 다르게 진행될 수 있지만 〈표 7-3〉은 바람직한 방식으로 면접자와 지원자가 정보를 교환하는 방식을 서술하고 있다.

〈그림 7-15〉에 제시된 것처럼, 면접과정에 있어서 다양한 요소가 다양한 단계에서 면접자에게 영향을 미친다. 영향요소는 직무와 지원자에 대한 정보, 지원자의 특성, 면접자의 특성, 직무와 지원자에 대한 면접자의 인지적 표현(cognitive representation)을 들 수 있다. 궁극적으로, 이들 요소들은 면접자의 지원자에 대한 판단과 의사결정에 영향을 미친다, 따라서 이들 요소

사례 7-1 [취업 화제] NYT의 취업인터뷰 12계명

미국 「뉴욕타임스지」는 직장 구하기가 힘든 요즘, 구직자가 면접 때 명심해야 할 12가지 사항을 인사 담당자들과 구직자들의 경험을 기초로 해 소개했다.

▽ 휴대전화는 반드시 끌 것=뉴욕 맨해튼의 헤드헌팅 회사인 프로젝트 솔버스의 안네 맥스필드 대표는 최근 한 구직자가 면접실에 들어오자마다 휴대전화로 집에 전화를 걸어 큰 소리로 치과에 갔었던 일을 몇 분간 떠들어댔던 일을 회고했다. 그는 "면접 도중 휴대전화로 통화하다가 취업기회를 날려버리는 일이 너무도 많다"고 말했다.

▽ 면접관의 물건에 손대지 말 것=홍보회사인 타워스 그룹의 대표 앨런 타워스는 최근 한 여성 구직자가 자기 방에서 면접을 기다리며 가구 배치를 다르게 했다는 것을 발견했다. 그는 구직자의 지적이고 침착한 모습에서 좋은 인상을 받았지만 자기 물건에 마음대로 손을 댄 것을 용납할 수 없었다.

▽ 상대방의 말에 귀를 기울일 것=뉴욕 밀워드의 벤처 캐피털 회사인 소노스타 벤처스의 데이비드 무어 회장은 경력이 화려한 40대의 한 구직자가 자신과의 면접에서 질문도 받기 전에 자신이 어떤 사람이라는 것을 40분간 떠들었던 일화를 소개했다. 그는 "이런 종류의 사람이야말로 곁에 두기 싫은 사람"이라고 말했다.

▽ 지원한 직종에 대해 정확히 알고 있을 것=뉴욕 맨하튼 피트니스 매거진이라는 잡지사의 건강분야 담당인 재닛 리는 대학에서 회계학을 공부하던 때 연방 중앙은행에 인턴으로 지원했다. 그는 "어떤 일을 하고 싶으냐"는 면접관의 질문에 얼떨결에 "숫자와 관계된 일은 질색"이라고 대답했고, 결국 인턴직을 구하지 못했다.

타임스는 이밖에도 △ 예의범절을 지킬 것, △ 구직관련 서신을 보낼 때는 사소한 실수라도 없는지 꼼꼼히 확인할 것, △ 적절한 복장을 착용할 것, △ 말과 옷차림에서 상사와 '스캔들'을 일으킬 수 있다는 인상을 주지 말 것, △ 면접관과 식사할 때는 조신하게 행동할 것, △ 해당 기업에 대해 미리 공부할 것, △ 거짓말을 하지 말 것, △ 지퍼가 내려가지 않았나 확인할 것 등을 구직자가 명심해야 할 사항으로 들었다.

자료: 동아일보, 2002. 2. 3.

들은 면접자의 의사결정의 신뢰도와 타당도에 영향을 미치는 것이 된다.

지원자의 특성

지원자의 자격요건과 경험은 일반적으로 선발의사 결정에 영향을 미친다. 이것은 당연한 일이겠지만 면접에 의해 모든 자격요건을 측정하려기 보다는 지원자의 인간관계 및 의사소통 능력에 초점을 맞출 때 타당도가 높다. 자격요건이나 경험 이외에 성, 연령 또는 장애 등이 면접 의사결정에 영향을 미친다면 평등고용을 위배하게 된다.

지원자 행위

지원자는 면접자에게 인상을 주는 행위를 함으로써 면접의사결정에 영향을 미칠 수 있는가? 채용면접 시 거의 모든 학생들이 정장차림으로 면접에 임한다는 사실로 볼 때 많은 사람들이 피면접자의 행동이 면접에 영향을 미친다고 생각하고 있음에 틀림없다. 비언어적 행위(예를 들면, 미소, 제스츄어, 눈접촉 등), 인상관리기술(예를 들면, 면접자 칭찬, 자기선전, 비위맞추기 등)이 지원자 매력에 대한 평가를 미치며 때로는 채용적합성 평가에도 영향을 미친다. 그러나 인상관리가 너무 과도하게 행해진다면 오히려 부정적 결과

그림 7-15 면접자의 정보처리 및 의사결정

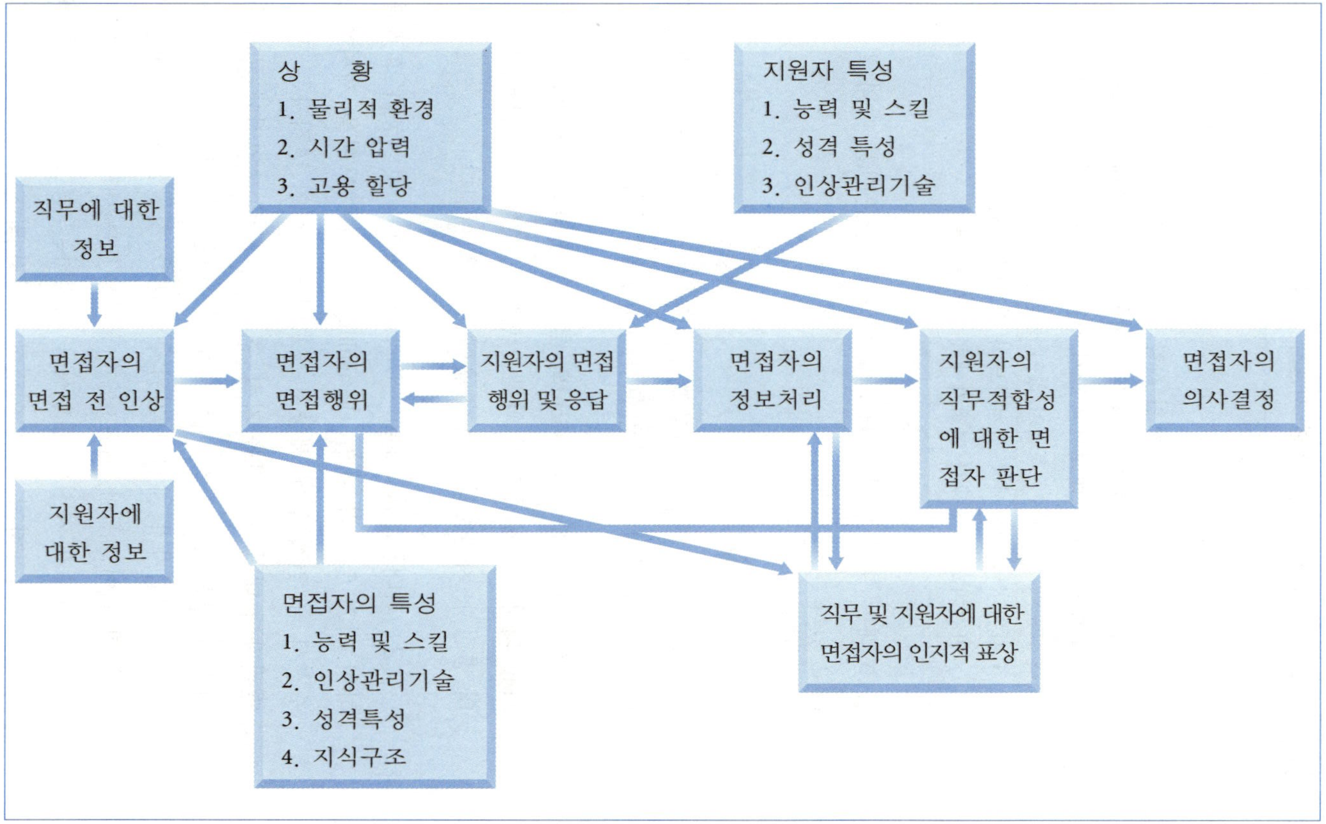

표 7-4 효과적 면접을 위한 지원자 지침

- 적절한 복장을 입을 것
- 시간을 지킬 것
- 자신의 의도와 관심을 잘 전할 수 있는 '신체적 언어'를 사용할 것
- 적절한 질문을 하기 위하여 사전에 조직에 대하여 연구를 할 것
- 복잡한 질문에 대해서는 잠시 생각할 여유를 가지고 응답할 것
- 질문에 누락되는 측면이 없이 응답할 것
- 지원서나 이력서와 일치하도록 질문에 응답할 것
- 면접기회에 대해서 면접자에게 감사할 것

를 초래할 수도 있다. 〈표 7-4〉는 면접을 준비할 때의 일반적 지침을 제시하고 있다.

면접자 행위

훈련이나 면접의 구조화 없이는 면접자는 다양한 오류에 노출되기 쉽다. 면접시 발생하기 쉬운 오류는 다음과 같다.

1. **첫인상(first impression)의 효과:** 첫인상의 효과는 면접초기의 인상이 최종 의사결정에 주도적 역할을 한다는 것을 의미한다. 초기의 인상은 추후의 면접자-지원자의 상호 작용에 영향을 미친다.

2. **기대감(expectation):** Dipboye(1992)는 첫인상의 효과를 설명하기 위하여 자기 달성적 예언(self-fulfilling prophecy) 모형을 제시하였다. 지원서나 추천서 등 면접 전에 제공된 정보에 근거하여 면접자는 면접 전에 이미 피면접자에 대한 선입견을 가질 수 있다. 이런 선입견에 근거한 인지적 및 행위적 편견은 면접자가 지원자를 평가하는 데 영향을 미칠 수 있다. 행위적 편견은 면접자가 자신의 지원자에 대한 첫인상을 확인하는 방향으로 행동하게 한다(예를 들어, 지원자에게 긍정적 또는 부정적 태도를 보인다). 인지적 편견은 면접자가 자신의 첫인상을 지지하는 영향으로 정보를 왜곡하든가 선별적으로 활용하게 한다. 이러한 행위적 및 인지적 편견이 자기달성적 예언을 결과하게 된다.

3. **상동효과**(stereotype): 면접자는 좋은 지원자에 대한 자신들의 모형, 즉 스테레오 타입을 개발하여 그들의 스테레오 타입에 맞는 지원자에게 좋은 평가를 주는 경향이 있다. 소수집단에 대해서 부정적 스테레오 타입을 형성하면 면접자들은 소수집단 구성원에 대하여 다른 기대나 기준을 적용하게 되어 소수집단의 면접평가를(동일한 자격을 갖추더라도) 낮게 행하는 경향이 생긴다.

4. **대비효과**(contrast effect): 3,4명의 부적격한 지원자를 연속하여 평가한 후 평균적인 지원자를 평가할 때 면접자는 아주 우수하다고 평가하는 경향이 있다. 면접자가 동시에 한 명 이상의 지원자를 평가할 경우, 면접자는 특정 지원자를 기준으로 활용하는 경향이 있다. 따라서 특정 지원자에 대한 평가는 누구를 기준으로 하여 평가하는가에 따라 달라질 수 있다.

한 연구에 의하면, 대비효과를 줄이기 위하여 정보와 직무기준에 의해 지원자를 평가하도록 실습했음에도 불구하고 이 오류를 계속 범하는 것으로 나타났다. 즉, 대비효과는 실제에 있어서 제거하기가 어려운 오류인 것이다.

이 외에도 다양한 오류가 면접과정에 개입될 수 있다. 예를 들어, 면접결과가 비언어적 정보에 크게 의존할 수 있다. 이미 언급한 바와 같이, 직무성공과 관련이 없는 지원자의 인상관리기술이 면접결과에 영향을 미칠 수 있다. 또한 면접의 상당한 시간을 직무와 관련이 없는 이슈를 논의하는데 소비될 수 있다. 이것은 지원자에게 조직을 선전하는 데는 기여할지는 모르지만, 좋은 지원자를 선택할 수 있는 기회를 줄일 수 있다. 이러한 다양한 요인이 궁극적으로 면접의 신뢰성과 타당도에 영향을 미치는 것이다.

면접의 신뢰도와 타당도

면접의 신뢰도와 타당도를 검토하기 위하여 상당수의 연구가 진행되어 왔다. 신뢰도는 지원자에 대한 평가의 일관성을 나타내며 평가자간 신뢰도(interrater reliability)와 평가자 내 신뢰도(intrarater reliability)가 있다.

평가자간 신뢰도는 동일한 피면접자에 대해서 두 명 이상의 면접자의 평가가 일치하는 정도를 의미한다. 평가자간 신뢰도가 낮다면, 면접자들은 자신들의 예측에 대해서 서로 일치하지 않는 것이 된다. 따라서 면접평가는 직무수행에 대한 타당한 예측수단이 될 수 없다. 면접자간 신뢰도가 높을 경우에는 타당도의 가능성이 증가한다. 그러나 면접자들이 타당하지 않은 이유(예를 들면, 스테레오 타이핑)에 의해서 평가가 일치할 수 있으므로 면접자간 신뢰도가 높다고 반드시 타당도가 있다고 볼 수는 없다.

평가자 내 신뢰도는 동일한 피 면접자를 서로 다른 시기에 평가했을 때 일치하는 정도를 의미한다. 평가자 내 신뢰도는 일명 검사-재검사 신뢰도(test-retest reliability)라고 불리운다. 서로 다른 시기 사이에 피면접자가 변했다는 이유가 없는 한 평가자 내 신뢰도는 높아야 할 것이다. 만약 평가자 내 신뢰도가 낮다면, 면접자의 평가가 일관성이 적어 평가결과는 타당할 수 없다. 그러나 평가자간 신뢰도와 마찬가지로, 높은 평가자 내 신뢰도가 타당도을 보증하는 것은 아니다. 평가자는 타당하지 않은 이유(예를 들면, 기억)로 인하여 자신 내에서는 일관성 있게 평가할 수 있기 때문이다.

상당한 실증연구 결과에 의하면, 면접에 대한 신뢰도와 타당도에 대해서는 다음과 같이 결론을 내릴 수 있다. 평가자 내 신뢰도는 상당히 높지만 평가자간 신뢰도는 중간 또는 낮은 수준이다. 전통적 면접의 타당도는 매우 낮다. 간단히 말해서, 선발면접이 선발목적에 효과적으로 기여하고 있다고 보기는 어렵다.

면접의 개선시도

면접은 선발과정에서 가장 널리 사용되고 있는 기법이지만 상당히 많은 연구가 신뢰도와 타당도 측면에 있어서 면접의 부적절성을 지적하여 왔다. 면접을 개선하기 위한 노력은 면접자 훈련, 면접의 구조화, 그리고 지원자를 평가하기 위한 척도개발로 크게 분류할 수 있다.

① 면접자 훈련

면접은 기본적으로 면접자와 피면접자간의 상호 과정으로 볼 수 있다. 따라서 면접훈련 프로그램은 상호 작용과정 자체를 원활히 이루어지도록 초점을 맞출 수 있다.

면접과정에 대한 훈련 프로그램의 초점은

• 개방적 의사소통 분위기 창출

- 일관성 있는 질문
- 면접상황의 통제력 유지
- 듣는 자세 개발
- 적절한 노트 행하기
- 비언어적 자극의 해석 및 통제

등이다. 면접과정에 대한 훈련의 목적은 편안한 면접분위기를 창출하고자 하는 데 있다.

두 번째 유형의 훈련은 대비효과, 첫인상의 효과 등과 같은 평가오류를 설명하는 것이다. 평가오류에 대한 설명 후, 각 면접자들은 이들 오류가 자신의 의사결정에 어떻게 영향을 미치는가를 실습할 수 있다. 또 다른 유형의 훈련기법은 면접오류보다는 면접의 정확성 증진에 초점을 두는 것이다. 즉, 지원자에 대한 최종의사결정을 내리는 데 있어서 면접에서 획득된 정보에 적절한 비중을 부여하는 방법을 훈련한다. 또한 피면접자의 행위나 응답을 직관이 아니라 체계적인 척도에 의해 평가하는 방법도 훈련할 수 있다. 면접자들은 먼저 직무성과와 관련된 지원자의 특성을 도출한 뒤 구체적인 기준에 의해 평가하는 방법을 훈련받을 수 있다.

② 면접의 구조화

만약 면접자들이 서로 다른 질문을 행하며 적절치 못한 정보에 초점을 맞추고 있다면, 이에 대한 적절한 대응책은 면접을 구조화하는 것이다. 구조화된 면접(structured interview)에서는 직무분석에 의해서 직무성공에 중요하다고 식별된 요인에 근거하여 질문항목을 설정한다. 따라서 면접자는 사전에 설정된 양식에 따라 피면접자에게 동일한 질문을 행한다.

면접은 구조화 정도에 따라 비구조화된 면접(unstructured interview), 준구조화된 면접(semistructured interview), 구조화된 면접으로 나눌 수 있다. 비구조화된 면접에서는 면접자들이 어떤 주제이든지 자유롭게 질문할 수 있다. 준구조화된 면접에서는 중요한 질문은 사전에 설정되지만 면접자가 정보를 더 얻고자 하는 분야에 대해서는 자유로이 추가적으로 질문할 수 있다. 반면에 구조화된 면접에서 면접자들은 사전에 준비된 질문만 순서적으로 행한다. 비구조화된 면접과 비교할 때 구조화된 면접이 보다 일관성이 있고 타당도 있는 정보를 제공한다. 그러나 면접의 구조화는 면접자의 자유재량을 제한하기 때문에 면접자로부터 저항이 큰 것도 사실이다.

면접을 구조화하는 데는 기본적으로 다음과 같은 세 가지 방법이 있다: 행위기술면접(behavior description interview), 상황면접(situational interview), 그리고 포괄적 구조화된 면접(comprehensive structured interview)[8)]

㉠ **행위기술면접**: 행위기술면접은 과거행위는 미래행위에 대한 가장 좋은 예측수단이라는 전제하에 과거행위에 초점을 맞추고 있다. 직무상에서 당면할 수 있는 상황이나 의사결정에 대한 직무분석을 통하여 질문문항이 선정된다. 질문문항은 '당신은 무엇을 했는가?'하는 형식으로 구성된다. 예를 들어, 출근을 평가하기 위해서 면접자는 "일을 나가지 않고 집에 있었던 최근 사건을 말해 보시오. 이유는 무엇이었는가? 당신을 실제로 무엇을 했는가?"라는 식으로 질문을 행한다.

㉡ **상황면접**: 상황면접은 개인의 의도는 미래행위와 관련이 있다는 목표설정이론에서 도출되었다. 행위기술면접과 마찬가지로, 상황면접도 직무분석을 기초로 질문항목들을 설정한다. 예를 들어, 상황면접의 경우에는 "당신의 부인과 10대의 두 자녀가 감기에 걸려 집에 있으며 아무도 도와 줄 수 있는 사람이 없다. 그리고 3시간 후면 당신의 근무가 시작된다. 당신은 어떻게 하시겠습니까?" 하는 식의 질문을 행한다. 상황면접에서는 가상적이지만 직무와 관련이 있는 질문을 행하여 지원자의 의도를 파악하고자 하므로 지원자가 과거에 경험하지 못한 분야를 조사할 수 있다. 지원자의 반응을 점수화할 수 있는 척도가 개발되어 있다.

㉢ **포괄적 구조화된 면접**: 포괄적 구조화된 면접은 4가지 유형의 질문을 포함하고 있다.

ⓐ 상황적 질문(상황면접과 유사함)

ⓑ 직무지식(예를 들면, 수리 후 기계부품을 다시 조립할 때 먼저 부품을 청소하는 이유는 무엇입니까?)

ⓒ 직무모의실험(job simulation: 많은 직무들이 지게차 운용을 필요로 합

니다. 지게차 운용절차를 큰 소리로 읽어 보시오)

ⓓ 작업자의 자격요건(어떤 일은 5층 높이의 사다리를 올라가는 것이 필요합니다. 사다리를 올라갈 때 당신의 느낌을 이야기 해 보시오)

상황면접과 마찬가지로, 포괄적 구조화된 면접도 지원자의 응답을 점수화 할 수 있는 척도가 개발되어 있다. 면접자는 지원자 반응에 따라 적절한 척도에 체크하면 된다.

3. 재량적 선발기법

재량적 선발기법은 최종 합격자를 선정하기 전에 실시되며, KSAOs 자체보다는 다른 요소를 평가하고자 한다. 따라서 모든 직무나 직종이 재량적 선발을 필요로 하는 것은 아니다. 재량적 선발기법에는 신체검사, 약물검사(drug test), 그리고 정직성 검사(honesty test) 등이 있다.

신체검사: 신체검사는 직무수행에 장애가 되는 신체적 또는 정신적 장애를 가진 사람을 선별해 내기 위하여 행해진다. 또한 신체검사는 고용전 신체적 또는 정신적 상태를 식별함으로써 추후에 종업원의 주장에 대해 조직을 보호하고자 하는 목적도 지니고 있다.

약물검사: 조직은 종업원들에게 건전하고 안전한 작업환경을 제공할 책임이 있다. 또한 약물중독은 결근이나 안전사고와도 관련이 있다.

정직성 검사: 상품이나 현금을 다루는 종업원에 의한 절도가 점점 중요한 사회적 문제가 되고 있다. 따라서 앞으로는 정직성 검사가 늘어날 것이 예상된다. 정직성 검사는 필기시험과 거짓말탐지기검사(polygragh test) 두 가지 유형이 있다.

필기시험은 일련의 측정항목을 통하여 절도에 대한 지원자의 태도나 의견을 측정하고자 한다(예를 들면, 500원을 훔쳤을 때 그 사람은 해고되어야 하는가?). 거짓말탐지기는 질문에 대한 신체적 변화를 측정함으로써 거짓의 여부를 평가한다. 특수한 경우를 제외하고는 아직 우리나라에서는 거짓말탐지기가 사용된 적은 드물다. 미국의 경우에도 특수한 경우를 제외하고는 거짓말탐지기 사용이 불법화되어 필기시험에 의한 평가가 더 널리 사용되고 있다.

제5절 선발시스템의 관리

선발기법, 즉 예측수단이 타당도가 있을지라도 예측수단의 궁극적인 효율성은 조직이 정보를 어떻게 활용하느냐에 달려 있다. 예측수단에 의해 획득된 정보를 수집하고 결합하는 과정이 총체적 외부충원시스템의 성공을 결정한다. 선발시스템을 설계할 경우에는 직무 또는 직종에 대해서 선발을 할 것인가, 그리고 다수의 예측수단의 결과를 어떻게 결합할 것인가를 결정하여야 한다.

1. 단일직무 대 직무분류

지금까지 논의한 대부분의 선발기법은 단일직무에 대한 성과나 행위를 예측하기 위한 것이다. 그러나 종업원들은 조직 내에서 근무하는 동안 여러 직무를 수행하며, 빈번한 조직변경으로 인하여 새로운 스킬이나 기술을 획득하고 있다. 미국과는 달리 우리나라에서는 광범위한 직무분류(예를 들면, 직군이나 직종)에 근거하여 신규인력을 채용하는 것이 일반적인 관행이다. 광범위한 직무분류에 의해 선발할 경우에는 해당 분류에 공통적인 KSAOs에 의해 선발기준이 마련되어야 한다.

2. 선발정보의 결합

일반적으로 직무수행에 필요한 능력 및 동기 조건이 다양하기 때문에 하나의 선발수단에 의해 지원자를 선발하는 기업은 거의 없다. 특별한 능력을 요구하지 않는 아주 단순한 직무는 하나의 선발수단으로도 충분하겠지만, 대부분의 직무는 하나의 선발수단에 의해 필요한 자격요건을 모두 식별하기에는 너무 복잡하다. 예를 들어, 수영장 안전요원을 선발할 경우에 조직은 수영장에 대한 정부규제에 대한 지식, 인명구조를 위한 수영실력, 그리고 응급조치에 대한 지식 등을 평가하고자 한다. 다수의 선발수단을 활용하는 것은 보다 완전한 정보를 얻을 수 있으며, 상황에 따라 선발과정을 신축적으로 운용할 수 있게 한다. 다수의 선발수단을 사용할 경우에 개별 선발수단의 결과를 어떻게 결합하는가가 선발시스템 전반에 걸친 타당도과 비용에 영향을 미친다. 다수의 선발수단에서 획득한 점수를 결합하는 방식에는 보상법(compensatory method), 장애물법(multiple hurdle method), 혼성법(combined method)이 있다.

1) 보 상 법

보상법에서는 한 선발수단에서의 높은 점수가 다른 선발수단에서의 낮은 점수를 보상할 수 있다. 지원자들은 모든 선발수단에 의한 시험을 치르고 각 점수들을 더한 총 점수에 의해 최종 의사결정이 내려진다. 따라서 지원자가 한 선발수단에 있어서 낮은 점수로 인하여 자동적으로 탈락되는 일은 없다. 이런 과정은 최소 자격요건이 없는 경우에 흔히 사용된다.

보상법에는 선발기준과의 관련성과 중요성에 따라 개별 선발수단의 비중을 다르게 할 수 있다. 보상법에서는 의사결정을 내리기 전에 모든 지원자가 모든 시험을 치러야 하기 때문에 장애물법보다는 비용이 많이 든다. 그러나 보상법에서는 선발에서 얻어진 모든 정보를 선발의사 결정에 활용할 수 있다는 장점이 있다.

그림 7-16 선발수단의 결합방법

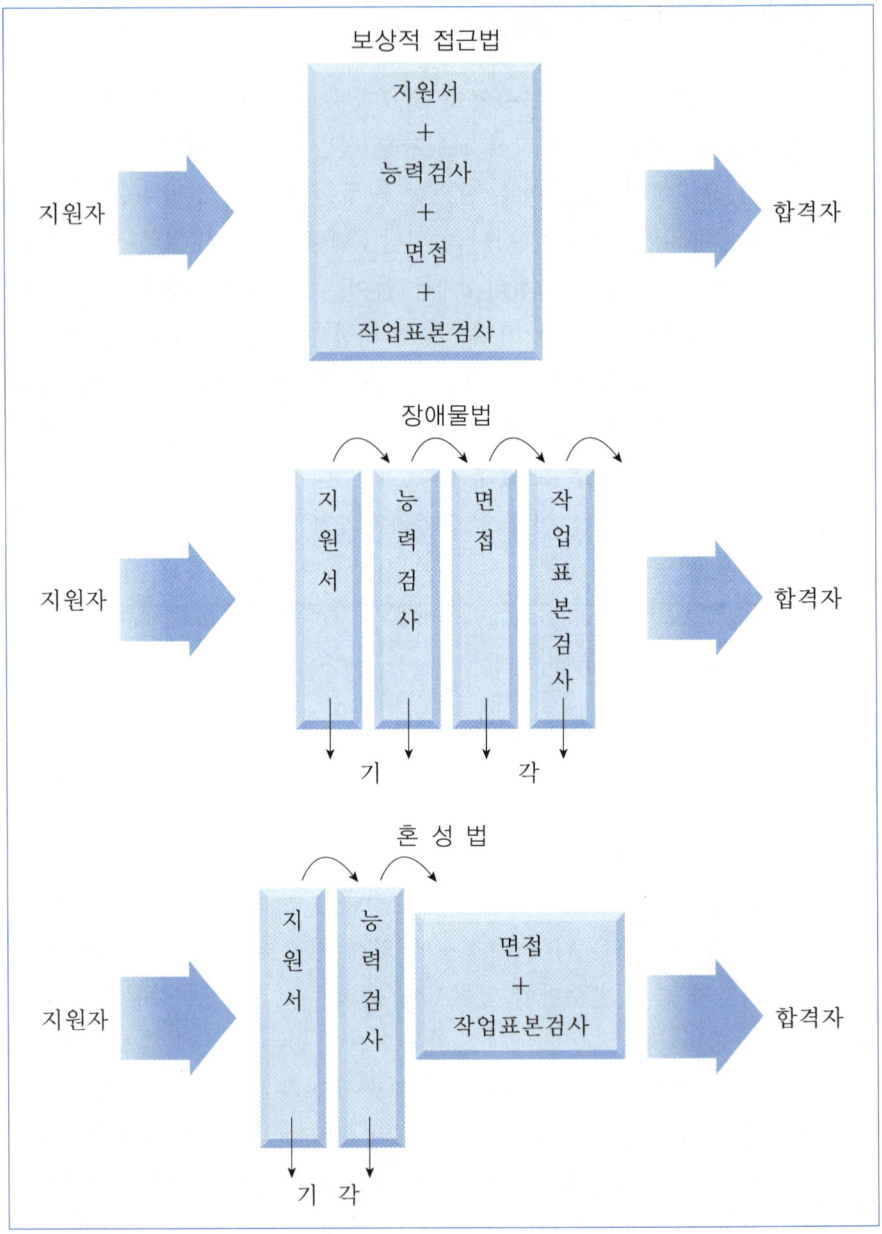

2) 장애물법

장애물법에서는 지원자가 다음단계로 나아가기 위해서는 첫번째 장애물을 통과하여야 한다. 만약 지원자가 장애물을 통과하지 못한다면 선발과정에서 탈락한다. 〈그림 7-16〉에서 지원서가 첫번째 장애물로 사용되고 있다. 지원서를 통과한 사람만이 능력검사를 볼 자격이 주어진다. 따라서 장애물법에서는 한 선발수단에서의 낮은 점수가 다른 선발수단에서의 높은 점수에 의해 전혀 보완이 되지 못한다. 일반적으로 장애물은 직무성공에 중요한 요소이어야 한다. 예를 들어, 수상안전요원의 경우에는 수영실력을, 그리고 어떤 직무에서는 자격증(예를 들면, 안전기사 자격증, 회계사 자격증)을 장애물로 사용할 수 있다. 장애물법은 장애물에 의해 지원자 수를 줄여 추후에 비용과 시간이 많이 드는 정교한 선발수단을 적용할 수 있다. 그러나 장애물이 소수집단에 부정적 영향을 미친다면 장애물이 직무관련성이 있다는 것을 제시할 수 있어야 한다.

3) 혼 성 법

혼성법에서는 보상법과 장애물법이 동시에 활용된다. 직무수행에 필요한 최소자격요건(예를 들면, 면허, 특수 능력 등)을 장애물로 사용할 수 있다. 장애물을 통과한 사람들에 대해서는 보상법을 적용한다. 안전요원의 예에서, 수영실력을 장애물로 사용한 후 정부규제에 대한 지식이나 일하고자 하는 의욕(즉 동기)을 서로 보상할 수 있는 요건으로 사용할 수 있다.

3. 평등고용기회

이미 언급한 바와 같이, 인적자원부서는 외부충원시스템의 관리와 통제할 책임이 있다. 만약에 법이나 정부규제를 위반하게 된다면, 비싼 법적 분쟁에 휘말리게 된다. 따라서 인적자원부서는 소수집단에 대하여 차별이나 부정적 영향이 있는지를 검토하여야 한다. 인적자원부서는 소수집단의 선발률(selection rate)과 활용률(utilization rate)을 검토함으로써 선발도구의 부정적 영향을 평가할 수 있다. 만약 선발도구가 부정적 영향을 미친다면, 인적자원부서는 해당 선발기법의 타당도를 제시하거나 부정적 영향이 없는 다른 선발기법을 사용하여야 한다.

간 추 림

본 장에서는 효과적인 선발의사 결정을 내리기 위하여 고려하여야 할 요소와 과정을 검토하였다. 선발의 기본 목적은 조직의 성과기준(performance standard)을 충족하고 직무에 만족하여 조직에 남아 있을 가능성이 큰 종업원을 확보하는 것이다.

- 선발은 직무와 개인의 적합과 조직과 개인의 적합 정도를 결정할 목적으로 지원자를 평가하는 과정이다. 구체적으로 선발과정 동안 조직은 지원자들의 KSAOs와 동기를 식별하고 평가하고자 한다.
- 타당도 검증이란 특정 선발도구에 대하여 타당도 증거를 수집하는 과정이다. 타당도 검증방법으로는 실증 타당도 검증과 내용 타당도 검증이 있다. 실증 타당도 검증은 선발도구와 직무성과 사이의 연관을 검토하는 것으로 표본의 종류에 따라 예측 타당도 검증과 동시 타당도 검증으로 분류될 수 있다. 내용 타당도 검증은 선발도구의 내용을 검토하여 직무와 관련성이 있는지를 판단하는 방법이다.
- 선발의사 결정의 효과성은 타당도 계수, 선발률 그리고 기본율에 의해 결정된다.
- 선발과정은 일반적으로 초기선별, 실질적 선발 그리고 재량적 선발 등으로 구분할 수 있다. 초기선별은 지원자 중에서 추후의 선발과정에서 고려될 수 있는 최소한의 자격요건을 갖춘 지원자를 식별한다. 실질적 선발은 최소한의 자격요건을 지닌 사람 중에서 조직에 적합한 사람을 추가적인 방법으로 식별하는 것이다. 마지막으로 재량적 선발은 최종 합격자를 선정하기 전에 KSAOs 자체보다는 다른 요소를 평가하며 직종이나 직무에 따라서는 생략될 수 있다.
- 초기선별 도구로서는 지원서, 이력서, 추천서 그리고 초기면접 등이 있다. 이력서와는 달리 지원서는 조직이 어떤 정보가 포함되는지를 결정한다.

○ 실질적 선발기법에는 성격검사, 능력검사, 작업표본, 면접 그리고 평가센터 등이 있다.

○ 면접은 가장 널리 쓰이는 선발도구로서 지원자의 능력과 동기를 평가할 뿐만 아니라 조직에 의한 정보를 지원자에게 제공하는 기능을 수행한다.

○ 면접은 구조화 정도, 질문내용의 직무관련성, 면접자의 수 그리고 면접시간들에 있어서 다양하게 설계할 수 있다.

○ 선발시스템을 설계할 경우에는 직무 또는 직종에 대해서 선별을 할 것인가 그리고 다수의 예측수단 결과를 어떻게 결합할 것인가를 결정해야 한다. 다수의 선발수단에서 획득한 점수를 결합하는 방식에는 보상법, 장애물법 그리고 혼성법이 있다.

핵심용어

예측수단　타당도
타당도 검증　실증 타당도 검증
예측 타당도 검증　동시 타당도 검증
내용 타당도 검증　성과 차원
작업표본테스트　범위제한
타당도 계수　부의 선발오류
정의 선발오류　선발률
기본율　초기선별
지원서　이력서
추천서　능력검사
행위작업표본　지식 및 스킬작업표본
구조적 면접　패널면접
첫인상　기대감
상동효과　대비효과
평가자간 신뢰도　검사-재검사 신뢰도
상황면접　보상법
장애물법　혼성법

토의문제

1. 실증 타당도 검증과정을 설명한 후 예측 타당도 검증과 동시 타당도 검증의 장·단점을 논의하시오.
2. 언제 내용 타당도 검증을 사용하는가를 논의하시오.
3. 잘못된 기각과 잘못된 선발의 개념을 설명하시오. 때때로 조직은 잘못된 기각보다 잘못된 선발에 관심을 더 가지는 데 그 이유를 설명하시오.
4. 타당도 계수, 선발률 그리고 기본율 각각이 선발오류에 어떠한 영향을

미치는지를 설명하시오.
5. 초기 선별, 실질적 선발 그리고 재량적 선발의 의의를 설명하시오.
6. 선발도구 개발에 있어서 직무분석의 역할을 논하시오.
7. 지원서 설계시 고려사항을 논의하시오.
8. 작업표본검사를 설명하시오.
9. 면접시 발생가능한 오류를 설명하고 이 오류들을 줄이는 방안을 설명하시오.
10. 보상법과 장애물법을 설명하시오.

참고문헌

1) H. G. Heneman, Ⅲ, D. P. Schwab, J. A. Fossum & L. D. Dyer(1994), *Personnel/Human Resource Management*, 4th ed., Irwin.
2) H. G. Heneman, Ⅲ & R. L. Heneman(1994), *Staffing Organizations*, Mendota House, p. 275.
3) W. F. Cascio(1998), *Applied Psychology in Human Resource Management*, 5th ed., Prentice-Hall, p. 215.
4) H. C. Taylor & J. T. Russell(1939), "The relationship of validity coefficients to the practical effectiveness of tests in selection: Discussion and tables," *Journal of Applied Psychology*, 23, pp. 565~578.
5) H. G. Heneman, Ⅲ & R. G. Heneman, *op. cit.*, p. 346.
6) M. R. Burrick and M. K. Mount(1991), "The big five personality dimensions and job performance: A meta-analysis," *Personnel Psychology*, 44, pp. 1~26.
7) L. M. Hough, N. K. Eaton, M. D. Dunnette, J. D. Kamp, and R. A. McCloy(1990), "Criterion-related validities of personality constructs and the effects of response distortions on those validities," *Journal of Applied Psychology*, 75, pp. 581~595.
8) G. T. Milkovich & J. W. Boudreau(1997), *Human Resource Management,* 8th ed., McGraw-Hill.

제 8 장 내부충원 및 이직: 조직내부의 인력흐름

공석인 직무를 충원되는 방법에는 외부충원(external staffing)과 내부충원(internal staffing)이 있다. 외부충원은 조직 외부로부터 새로운 인력을 유입하는 과정이며, 내부충원은 조직내부 인력을 승진이나 전환배치시켜 공석인 직무를 채우는 것이다. 실제로 상당수의 공석인 직무는 신규인력이 아니라 기존의 조직 구성원에 의해 채워진다.

조직은 조직의 성과와 활력을 유지하는 방법으로 이직(separation)을 이용한다. 예를 들어, 성과나 행위에 문제가 있는 종업원을 해고함으로써, 조직은 일정 수준 이상의 성과를 유지할 수 있다. 또한 고령의 종업원을 퇴직시킴으로써 조직을 젊게 하여 활력을 유지할 수 있다.

조직내부의 인력흐름은 내부인력 배분과정(internal allocation process)과 이직과정(separation process)으로 크게 두 가지 영역으로 나눌 수 있다. 내부인력 배분과정에는 승진(promotion)과 전환배치(transfer)가 있으며, 이직과정에는 정리해고(layoff), 해고(dismissal) 그리고 퇴직(retirement)이 있다.[1)]

조직내부의 인력흐름은 직무와 개인을 동태적으로 적합시키고자 한다. 개인이 조직에서 근무하는 동안 개인의 능력과 동기는 시간이 지남에 따라 변화하게 된다. 동시에 기술이나 시장환경의 변화로 인하여 조직구성원들이 수행하는 직무의 내용도 변화된다. 조직은 동태적으로 변화하는 직무와 개인을 승진이나 전환배치 등과 같은 방식으로 적합시키고자 한다. 물론 개인과 직무를 적합시키기 위해서는 직무분석, 인사고과, 인적자원계획 그리고 보상과 같은 다른 인적자원활동이 필요하다.

조직은 조직내부의 인력흐름관리를 통하여 다양한 목적을 달성하고자 한다. 먼저 조직은 승진이나 전환배치를 통하여 공석인 직무를 내부적으로 충원하고자 한다. 또한 잉여인력을 제거하기 위하여 정리해고를 하며 성과

표 8-1 조직내부의 인력흐름과 조직목표 사이의 연계성

활 동	목 표			
	공석인 직무의 내부충원	잉여인력의 제거	성과 및 태도상 문제점 교정	조직활력 유지
내부배분과정				
• 승 진	×			
• 전환배치	×	⊗	⊗	
이직과정				
• 정리해고		×		
• 해 고			×	
• 퇴 직		⊗		×

× - 해당 목적 달성을 위한 주된 활동.
⊗ - 해당 목적을 달성하기 위한 보조적 활동.
자료: H. G. Heneman, Ⅲ & R. L. Heneman(1994), *Staffing Organizations*, Mendota House, p. 344.

나 태도에 문제점이 있는 종업원은 해고를 통하여 정리하고자 한다. 마지막으로 조직에 젊은 인력을 유입하여 활력을 불어넣기 위하여 퇴직제도를 실시한다. 조직내부의 인력흐름과 조직목표 사이의 연계성은 〈표 8-1〉에 제시되어 있다.

조직내부의 인력흐름관리에 있어서 HR의 역할은 조직구성원을 공정하게 다루며 조직목적을 달성할 수 있도록 정책 및 절차를 개발하는 것이다. HR부서는 조직 전반에 걸쳐서 정책과 절차가 일관성 있게 추진되도록 하며, 인사관련 제 법규의 준수 여부를 지속적으로 모니터링하여야 한다.

제 1 절 내부충원: 승진 및 전환배치

1. 공석직무의 충원

공석인 직무를 내부적으로 충원하기 위해서는 외부충원과정에서와 마찬가지로 지원자 풀을 식별하여야 한다. 지원자 풀을 식별하기 위해서는 먼저 직무가 신규 종업원, 기존 종업원 또는 신규 및 기존 종업원의 혼합에 의해서 충원할 것인가를 결정하여야 한다. 둘째는 공석인 직무를 충원하는 데 해당 직군 내의 종업원만 허용할 것인가 또는 직군간 이동도 허용할 것인가(예를 들면 인사에서 영업으로)를 결정하여야 한다. 셋째는 공석인 직무는 승진(권한, 책임, 임금의 증가가 수반되는 이동)을 통해서만 충원할 것인가 또는 횡적 이동도 허용할 것인가이다.

상급의 직무를 가능한 한 내부에서 충원하는 것은 인적자원결과에 대하여 여러 가지 긍정적 효과를 미친다. 내부충원에 의해서 처음으로 담당할 직무(보통은 하위직무) 이상으로 승진할 기회를 제공할 수 있으므로 외부 충원시 신규 종업원을 유인하기가 쉽다. 조직은 조직내부의 지원자에 대해서 외부 지원자보다 더 많은 정보를 가지고 있어 신중한 선발을 수행할 수 있으며 내부 지원자 또한 조직에 대한 실무적 지식을 이미 갖추고 있기 때문에 조직을 이해하는 데 걸리는 학습시간을 단축시킬 수 있다. 또한 대다수의 조직구성원은 승진기회를 중요한 보상으로 여기고 있기 때문에 동기부여의 효과도 기대할 수 있다. 따라서 내부충원은 근속유지나 직무만족에 긍정적 효과를 가질 수 있다.

그러나 내부충원에 따른 문제점이 없는 것은 아니다. 가장 중요한 문제점은 조직이 급성장을 하거나 조직이 종업원 개발을 게을리 했다면 내부충원에만 의존할 수는 없다는 것이다. 또한 내부충원에 의해 '동종번식'을 결과하거나 참신한 아이디어 부재로 인한 조직의 정체를 초래할 경우에는 바람직하지 않다.

지역적으로 분산된 대규모 조직의 경우에는 추가적으로 정책적 고려를 해야할 이슈들과 당면하고 있다. 즉 어느 정도로 지역적 이동(geographic transfer)을 촉진할 것인가? 기본적으로 생산직이나 서무직에 있어서 지역적 이동은 흔한 일이 아니다. 전문직이나 관리직의 경우에는 지역적 이동이 자주 발생한다. 그러나 비용증가(이주비용 등), 맞벌이 부부의 증가, 그리고 지역생활의 질에 대한 인식이 증가함에 따라 조직은 지역적 이동을 신중하고 세밀하게 계획할 필요가 있다.

2. 내부지원자의 모집

내부지원자의 모집과정은 공개적으로 또는 폐쇄적으로 할 수 있다.[2] 내부충원에 있어서 개방 시스템(open system)과 폐쇄 시스템(closed system)의 기본과정은 〈그림 8-1〉에 제시되어 있다. 폐쇄 시스템에서는 지원자를 모집하는 주된 책임은 공석인 직무의 경영자에게 있다. 경영자는 자신의 경험과 지식에 의존하여 비공식적으로 탐색한다. 자신의 부하들 중에 잠재적 지원자가 있는 경영자들은 지원자를 추천할 수 있다. 만약 대체표(replacement chart)가 준비되어 있다면 공식적으로 탐색할 수도 있다. 공석인 직무에 적합한 자격을 지닌 개인들을 식별하기 위하여 대체표를 참조할 수 있다. 또한 인력재고(skills inventory)를 활용할 수도 있다. 인력재고는 종업원의 교육, 근무경력, 그리고 핵심 기술을 기록하고 있어 공석인 직무가 발생할 때마다 적절한 인재를 찾기 위하여 활용할 수 있다. 내부충원의 폐쇄시스템은 경영자에게 상당한 자유 재량을 부여하게 한다. 공석인 직무의 경영자는 누가 공석인 직무의 새로운 담당자로 신중하게 고려되어야 하는가를 결정한다.

개방 시스템하에서 경영자의 자유재량은 어느 정도 줄어든다. 개방 시스템에서는 공석인 직무의 경영자는 공개적으로 공석인 직무의 자격요건을 공표한다. 이것을 직무공모제(job posting)라고 한다. 최소 자격요건을 충족하는 종업원은 자유롭게 지원할 수 있으며 때때로 자신의 상급자에게 지원 사실을 알리지 않아도 된다. 모든 지원자는 고려대상이 되며 떨어진 경우에는 그 이유를 통보받는다. 이러한 피드백은 종업원들의 개발 노력에 방향을 제

그림 8-1 **폐쇄형 및 개방형 내부충원시스템의 과정 비교**

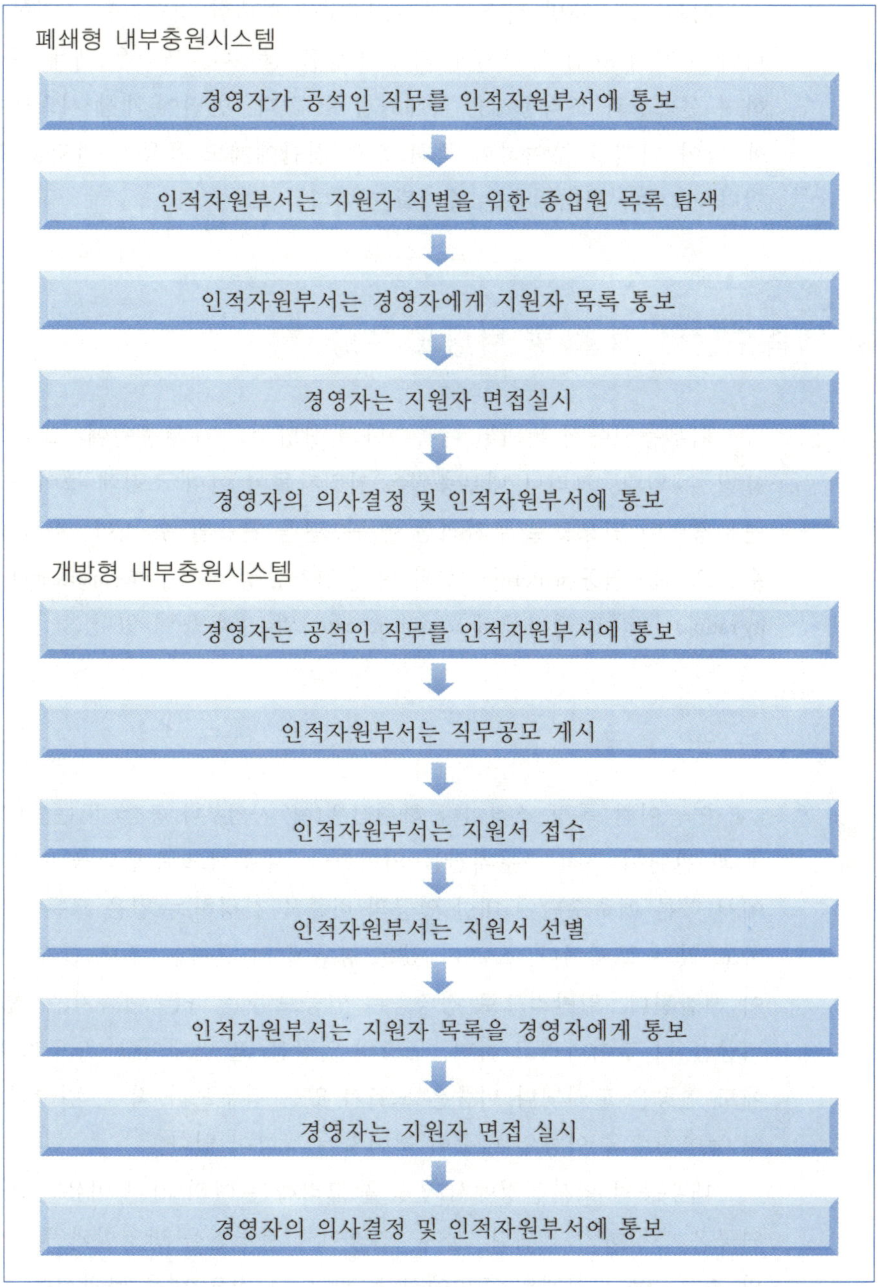

자료: H. G. Heneman, Ⅲ & R. L. Heneman(1994), *Staffing Organizations*, Mendota House, pp. 308~309.

시하여 다음에 다시 지원할 수 있게 한다.

폐쇄 또는 개방 시스템 중 어떤 것을 선택할 것인가는 조직목표뿐만 아니라 조직의 규범과 가치에 의해 영향을 받는다. 조직은 폐쇄 시스템을 통하여 신속성과 조직통제를 극대화할 수 있다. 반면에 개방 시스템은 종업원에 참여 기회를 부여하며 특히 소수 집단에게도 동등한 기회를 부여할 수 있다. 그러나 관리비용은 증가될 것이다.

3. 예측수단의 개발 및 타당도 검증

외부충원에서 논의된 예측수단의 상당수는 내부충원에서도 그대로 활용될 수 있다. 그러나 내부충원은 지원자들이 이미 조직에 들어와 있으며 근무경력이 있으므로 추가적인 예측수단을 활용할 수 있다. 추가적인 예측수단으로는 연공(seniority), 성과 및 승진가능성 평가(performance and promotability rating) 그리고 평가센터(acessment center)의 결과 등이 있다.

1) 연 공

연공이란 특정 조직이나 하위단위(예, 사업부나 공장) 또는 직업(예, 전기공)과 관련된 누적 근무기간을 의미한다. 내부적으로 인력을 배분하는 과정에서 다른 예측수단에 대한 연공의 비중을 결정하는 일은 모든 조직이 당면하고 있는 문제이다. 노조가 있는 경우에 이 문제는 주로 단체교섭을 통하여 해결된다. 일반적으로 경영층은 연공보다는 다른 예측치(예, 인사고과)에 비중을 더 부여하려고 하며, 노조의 입장은 그 반대이다. 노조가 없는 경우에도 연공은 고려되나 비중은 노조가 있는 경우보다 적다. 일반적으로 직급이 높아질수록 연공의 비중이 적어지는 경향이 있다.

내부충원 의사결정에서 연공을 고려하는 여러 가지 이유가 있다. 첫째, 연공은 측정하기가 쉽다. 둘째, 연공이 직무경험을 반영함과 동시에 조직에의 충성심을 보상관리 측면에서 볼 때 어느 정도 내용 타당성을 가질 수 있다. 그러나 이전의 직무가 새로운 직무와 차이가 많을 경우에는 연공의 내용 타당성은 의심스럽다. 또 충성심은 직무성과와는 다르므로 연공이 새로운 직무를 수행하는 데 필요한 능력이나 동기를 반영한다고 볼 수는 없다.

2) 성과와 승진가능성

대부분의 조직은 승진이나 전환배치 결정시 과거 성과를 고려하고 있다. 과거 성과를 고려한다는 것도 매우 자연스런 일이나 잘못 활용될 개연성도 충분히 있다. 즉, 두 직무의 내용이 책임이나 자격요건상에 커다란 차이가 있을 경우에는 한 직무에서의 좋은 성과가 다른 직무에서의 성과에 대해 반드시 좋은 지표가 되는 것은 아니다.

다른 내부평가방법에 비해서 인사고과의 장점은 많은 조직에서 인사고과를 실시하고 있어 자료를 쉽게 이용할 수 있다는 것이다. 인사고과의 또 다른 특징은 능력과 동기 모두를 평가한다는 것이다. 따라서, 인사고과는 직무에 대한 개인의 자격요건에 대해서 전반적인 관점을 제공한다. 그러나 이미 언급한 바와 같이 현재 직무의 자격요건과 지원하는 직무에 필요한 자격요건 사이에 항상 직접적인 유사성이 있는 것이 아니기 때문에 인사고과결과를 활용할 경우에는 신중하여야 한다. 인사고과는 현재의 직무와 지원하는 직무사이에 밀접한 관계가 있을 경우에만 예측수단으로 사용될 수 있다.

예를 들면, 하위 직책의 엔지니어와 중간 직책의 엔지니어는 동일한 스킬(예를 들면, 설계)을 요구할 수도 있다. 이 경우 하위 직책에서의 성과는 중간 직책에서의 성과를 예측하는 데 유용할 수 있다. 그러나 계획, 조직화 그리고 충원 등과 같이 완전히 다른 유형의 스킬을 필요로 하는 관리직에서의 성과를 예측하는 데는 부적절할 수 있다.

내부선발도구로서 인사고과가 가지는 장점도 있지만, 인사고과가 완전한 예측수단은 아니다. 인사고과는 미래 직무의 성공적 수행과는 관련이 없는 다양한 요인에 의해서 영향을 받는다.[3] 〈그림 8-2〉는 인사고과에 영향을 미치는 외부적 요인을 보여 주고 있다.

이런 문제를 해결하기 위해서 많은 조직에서는 인사고과시 성과뿐만 아니라 종업원의 승진가능성(때때로 장기 성장의 잠재력)에 대한 평가를 포함하고 있다. 관리직의 경우에는 최고 경영층이 성과, 승진가능성 및 잠재력

그림 8-2 인사고과에 영향을 미치는 외부요소의 예

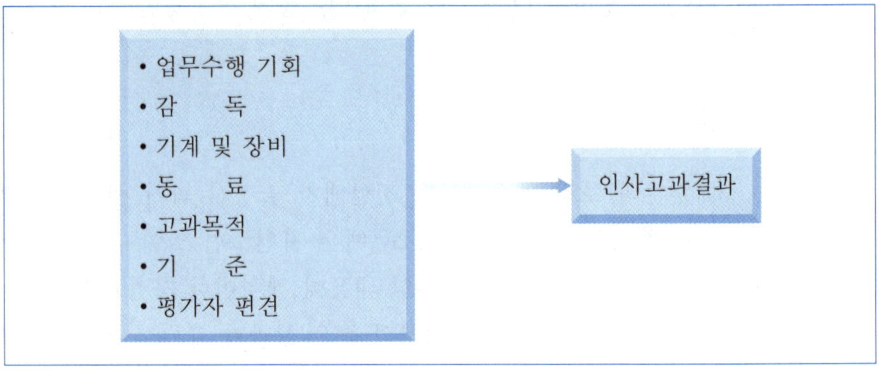

평가를 행하기 위해서 주기적으로 회의를 가진다.

승진가능성 평가(promotability rating)은 선발의 관점에서뿐만 아니라 모집의 관점에서도 유용하다. 승진하기 위해서는 무엇이 필요한가를 논의함으로써 종업원 개발이 촉진되며 조직은 개발을 위하여 무엇을 지원할 필요가 있는가가 명확해진다. 종업원들이 새로운 스킬의 개발은, 역으로, 승진을 위한 내부지원자 풀(pool)을 증가시킨다.

인사고과의 경우와 마찬가지로 승진가능성 평가도 신중하게 사용되어야 한다. 만약 종업원들이 인사고과, 승진가능성, 그리고 임금에서 서로 다른 평가를 받는다면 종업원들에게 해석하기 힘든 메시지를 전달하는 것이 된다. 예를 들면, 한 종업원이 높은 인사고과와 상당한 임금인상을 받았지만, 동시에 승진가능성에서는 낮은 평가를 받았다면, 그는 이러한 결과를 수용하기가 어려울 것이다. 따라서 각각의 평가에서 어떠한 판단이 적용되는지를 종업원에게 명확하게 이해시킬 필요가 있다. 위의 예에서, 승진은 과거의 성과뿐만 아니라 스킬획득과 전진기회(opportunity for advancement)에 의해서도 달려 있다는 것을 명확히 할 필요가 있다. 인사고과에 대해서는 제11장에서 자세히 논의될 예정이다.

3) 평가센터

평가센터는 종업원의 승진가능성이나 개발가능성에 대하여 정보를 체

그림 8-3 평가센터의 운용절차의 예

첫째날	둘째날	셋째날
A. 대략 12명 정도의 피평가자에 대한 오리엔테이션 실시	A. 개인의사결정 연습 - 피평가자는 특정 문제에 대해서 의사결정을 행한다. (평가자는 사실검증 능력, 문제해결절차의 이해, 그리고 위험 선호도를 관찰한다)	A. 개별사례분석 및 발표(평가자는 문제해결능력, 발표방법, 질문을 다루는 법, 그리고 의사소통스킬을 관찰한다)
B. 경영모의 게임(management simulation game)을 위하여 4명 내지 6명의 집단으로 구성(평가자는 계획능력, 문제해결스킬, 대인관계, 의사소통스킬을 관찰함)	B. In-Basket 연습(평가자는 스트레스하에서의 의사결정능력, 조직능력, 기억력 그리고 권한위양을 관찰한다)	B. 다른 피평가에 대한 평가(동료평가)
C. 심리테스트 - 언어 및 수치능력 측정	C. 성과평가 면접에 대한 역할연기(평가자는 관심표명, 상담능력, 정보활용능력을 관찰한다)	
D. 평가자와 면접(평가자는 목표, 동기, 그리고 경력계획을 논의한다)	D. 집단문제해결(평가자는 리더십 및 집단의 일원으로 작업할 수 있는 능력을 관찰한다)	

E. 사례에 대한 소집단 토론 (평가자는 자신감, 설득력, 그리고 의사결정 유연성을 관찰함)

계적으로 수집하고 처리하기 위한 것이다. 평가센터는 다양한 기법을 활용하여 종업원의 KSAOs를 측정하고자 한다. 평가센터에서 사용되는 기법— 통상 연습(exercise)라고 불리우는— 들은 참여자들의 특정 행위를 보일 수 있도록 설계되어 있다. 예를 들어, 참여자들은 한 관리자의 인 바스켓(in-basket: 실제 상황과 비슷하게 상황을 설정한 것)으로부터 나온 편지, 메모, 그리고 통계적 기록 등을 가지고 의사결정을 행한다. 그들은 성과가 나쁜 부하들과 상담할 수도 있고, 화난 고객들과도 만날 수 있으며, 조직의 재무상태를 분석할 수도 있다. 평가자(assessor)들은 이런 연습에 있어서 참여자의 행동을 관찰하고 기록한다. 이런 평가자들은 정확성과 편견을 없애기 위해 사전에 충분히 교육을 받는다. 마지막으로 평가자들에 의한 개별평가들은 평가회의에서 종합되고 참여자에게 피드백된다.

이러한 평가센터는 종업원 선발이나 경력개발을 위해 활용될 수 있다. 선발에 있어서는, 참여자가 직무에서 요구되는 행동을 어느 정도 수행하는가를 식별하는데 초점을 맞춘다. 경력개발을 위해서 활용될 때에는, 참여자가 잘 하는 행동과 부족한 행동을 식별하는 데 강조점을 둔다. 이런 평가센터의 특징은 다음과 같다.[4)]

- 주로 중·하위직 경영자를 대상으로 한다.
- 다수의 예측치(예를 들면, 인바스켓, 자유토론(leaderless group discussion), 사례연구(case study))들이 사용된다. 이 경우 예측치들은 직무분석에 근거하고 있어야 한다.
- 표준화된 환경을 제공하기 위하여 직장외부에서 행해진다.
- 다수의 평가자가 사용된다. 평가자들은 훈련을 받고 표준화된 양식을 사용한다. 이것은 평가자간 신뢰성(interrater reliablility)를 증진시키는

데 도움이 된다.

- 평가자들도 평가회의에서 참여자에 대한 평가에 대해서 합의를 본다.
- 최종 보고서는 내부선발이나 경력개발을 위하여 사용될 수 있다.

4. 의사결정

내부충원에 대한 의사결정은 기본적으로 외부충원에 대한 의사결정과 동일하다. 따라서 외부충원에서 논의한 예측수단의 개발, 자료수집 및 측정방법은 여기에서도 그대로 적용된다. 다만, 내부선발에 있어서 의사결정 과정은 우리가 예상하는 것보다 훨씬 더 비체계적으로 이루어지는 경향이 있다. 예측수단의 타당성에 대해서 관심을 두지 않으며 더구나 불필요한 정보(예를 들면, 조직정치, 인간성 그리고 개인적 친분) 등이 상당히 개입되고 있다.

5. 사후관리

일단 선발이 되면, 내부 지원자는 새로운 직급, 업무시작일, 그리고 필요하다면 새로운 근무장소 등에 대해서 통보를 받는다. 이 경우 조직의 필요성은 개인이나 가정의 욕구와 균형을 맞출 필요가 있다.

지역적 재배치는 개인 및 가정 생활에 상당한 영향을 미치며 또한 비용도 많이 든다. 많은 기업들은 사원주택이라든가 주택자금 지원 등을 통하여 지역적 이동을 지원한다. 주택지원 이외에 이사비용, 배우자 직업알선 등의 지원도 고려될 수 있다. 이러한 지역적 재배치에 따른 조직의 지원은 종업원의 저항을 줄이며 성공적으로 새로운 지역사회에서의 적응을 도와 줄 수 있다. 그러나 재배치에 대한 지원비용이 증가하는 추세에 있으므로 조직에 대한 경제적 효과는 체계적으로 평가되어야 할 것이다.

제2절 이직과정

이직(separation)이란 종업원 자신이나 사용자에 의해 고용관계를 종결하고 종업원이 조직을 떠나는 것을 의미한다.[5] 이직은 크게 자발적 사퇴(voluntary turnover)와 비자발적 사퇴(involuntary turnover)로 구분할 수 있다. 자발적 사퇴는 종업원들에 의해 주도되는 이직의사결정으로 사직(resignation)이라고도 한다. 반면에 비자발적 사퇴는 조직에 의해 주도되며 여기에는 해고(discharge), 정리해고(layoff) 그리고 퇴직(retirement)이 있다. 해고는 무능력, 규칙위반, 부정직, 게으름, 장기결근, 불복종 그리고 수습기간(probationary period)을 통과하지 못하는 것들과 같은 개인적인 특수한 이유 때문에 발생한다. 반면에 정리해고는 특정 개인의 행위라기보다는 다수의 종업원을 감원하여야 할 조직의 필요성 때문에 발생한다. 본 절에서는 먼저 자발적 사퇴를 검토한 후에 비자발적 사퇴인 해고, 정리해고 그리고 퇴직을 살펴보기로 한다.

1. 자발적 사퇴

많은 조직에서 종업원을 대체하는 것이 시간이 오래 걸리고 비용이 많이 들기 때문에 자발적 사퇴—특히 고성과자들에 대한—를 줄이고자 노력한다. 종업원의 성과도 중요하지만 이러한 성과가 조직에 진정으로 가치를 가지기 위해서는 종업원이 직장에 출근해서 근무하여야 한다. 높은 성과를 발휘하는 종업원일지라도 만약 그들이 자주 결근하거나 회사를 떠난다면 가치가 없을 것이다. 그래서 조직은 작업움츠림(work withdrawal)과 직무움츠림(job withdrawal)을 줄이고자 한다. 작업일탈은 종업원이 조직 내에 머무르고 있지만 불만족한 종업원이 작업상황을 회피하기 위해서 취하는 일련의 행동을 의미한다. 반면에 직무움츠림(job withdrawal)은 종업원이 조직을

그림 8-4 직무불만족-직무움츠림 과정

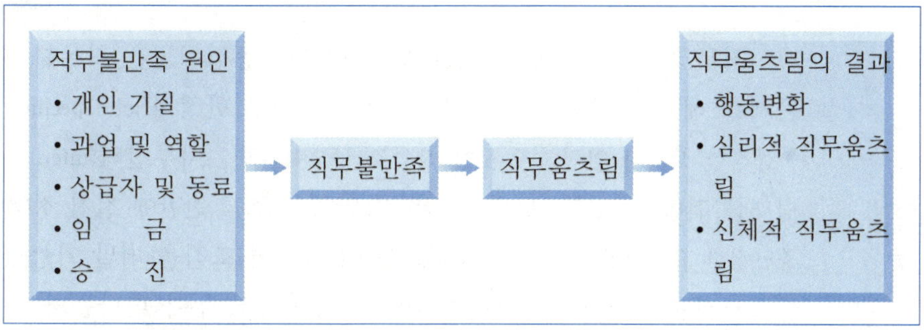

떠날 때 일어나는 것으로 자발적 사회과정을 의미한다.

〈그림 8-4〉에서 알 수 있듯이 직무움츠림은 행동변화(behavior change), 심리적 직무움츠림(psychological job withdrawal) 그리고 신체적 직무움츠림(physical job withdrawal) 형태로 나타난다. 이 세 가지는 서로 밀접하게 관련되어 있으며 그들 모두가 직무불만족에 의해 영향을 받는다.

1) 행동변화

불만족에 대한 첫 번째 반응으로 종업원은 불만족을 야기하는 상황을 변화시키려고 시도할 것이다. 불만족한 종업원이 회사의 정책이나 업무 프로세스의 변경을 시도함에 따라 부하-상사간의 갈등이 조장될 수 있다. 종업원이 노조화되어 있다면 고충처리(grievance) 건수가 증가할 것이다.[6] 또한, 종업원은 내부고발(whistle-blowing: 고충을 사정기관, 방송사, 언론 등과 같은 외부기관에 알리는 행위)을 행할 수도 있다. 만약 종업원이 문제가 된 회사 정책이 법규를 위반했다고 여긴다면 사정기관에 고발할 수도 있다. 이런 고발은 기업이 법정에서 이기거나 지거나 관계없이 재무적으로나 기업이미지에 있어서 커다란 손상을 결과할 수 있다. 따라서 대부분의 사용자들은 소송을 회피하고 싶어하며 대다수의 종업원을 만족스럽게 만듦으로써 소송가능성을 줄일 수 있다.

2) 신체적 직무움츠림

직무상황을 변경할 수 없다면 불만족한 종업원들은 직무를 떠남으로써 문제를 해결할 가능성이 있다. 불만족이 직무 한정적(job-specific)(예를 들면, 불공정한 상사나 안전하지 못한 작업조건들)이라면, 내부전직(internal-transfer)의 형태를 취할 수 있다. 반면에, 직무불만족이 조직 전반에 걸친 정책(예를 들면, 불안정한 고용관계나 낮은 임금수준 등)에 있다면 조직을 떠날 가능성이 크다.

조직은 전반적 사퇴율 이외에도 누가 남고 누가 떠나는가와 같은 사퇴의 성질에 대해서도 관심을 가져야 한다. 만약 높은 성과자가 낮은 성과자보다 더 많이 조직을 떠나는 경향이 있다면 조직에 더 큰 부정적 영향을 미칠 것이다.

마음 속으로 사퇴를 원하는 많은 종업원들도 다른 직장을 찾지 못한다면 계속 조직에 머무를 수밖에 없다. 불만족한 종업원이 신체적으로 작업상황을 떠나는 또 다른 방법으로는 결근, 지각, 그리고 근무태만이 있다. 회사가 팀에 기반하여 조직되어 있다면 결근, 지각 및 근무태만 등은 팀의 전체 업무흐름과 다른 구성원의 사기에도 영향을 줄 수 있으므로 조직에 특히 부정적인 영향을 미친다.

3) 심리적 직무움츠림

불만족한 종업원이 상황을 바꿀 수 없거나 또는 신체적으로 직무에서 떠날 수 없는 경우에 그들은 심리적으로 직무로부터 벗어나길 바랄 수 있다. 그들은 신체적으로는 직무에 임하고 있지만 마음은 딴 데에 가 있는 것이다.

심리적 직무움츠림은 여러 가지 형태를 취할 수 있다. 첫째, 직무 그 자체가 불만족의 원인일 경우 종업원은 낮은 수준의 직무몰입(job involvement)을 보일 수 있다. 직무몰입은 개인이 직무와 동일시하는 정도를 의미한다. 직무에 몰입하지 않는 사람들은 일이 그들의 인생에 있어서 중요하지 않다고 생각한다. 그들에 있어서 직무를 잘 수행하는지 잘못 수행하는지는 자신의 자아개념(self-concept)에 크게 영향을 미치지 못한다.[7] 시간이 흐를수록,

직무불만족은 낮은 직무몰입을 결과하게 된다.

두 번째 형태는 조직전반에 대한 불만족의 경우에 발생하는 것으로 낮은 수준의 조직헌신(organizational commitment)이다. 조직헌신은 개인이 조직과 동일시하여 조직을 위하여 노력하고자 하는 정도를 나타낸다.[8] 조직헌신이 낮은 사람은 조직을 그만 둘 첫 번째 좋은 기회를 기다리고 있는 것이다. 다시 말하면, 그들은 강한 이직의사를 갖고 있는 것이다. 낮은 수준의 직무몰입을 갖고 있는 사람들과 마찬가지로, 그들을 동기유발시키기는 매우 어렵다. 조직헌신 또한 직무만족과 높은 상관관계를 가지고 있다.

2. 정리해고

인적자원계획에 의해서 조직의 노무비 비중이 너무 큰 것으로 판단되거나 제품이나 기술 변화로 인하여 여러 직무들이 더 이상 필요 없게 될 경우에 조직에는 인력이 남아돌게 된다. 우리나라 기업들은 '종신고용'을 표명하고 있어 잉여인력의 정리를 명예퇴직이나 권고사직 등을 통해서 이루어져 왔다. 그러나 명예퇴직이나 권고사직은 종업원의 자발적 의사(형식적으로든 실질적으로든)를 기초로 한다는 점에서 제한적으로 실시되어 왔다. 그러나 기업들의 구조조정의 필요성이 증대되고 정리해고(layoff)가 합법화됨에 따라 추후에는 정리해고가 가장 흔한 방법이 될 것으로 예견된다. 정리해고에는 두 가지 주요한 정책적 이슈가 있다. 첫째는 정리해고를 인력조정에 있어서 최후의 수단으로만 인정하느냐, 그렇지 않으냐 하는 것이다. 둘째는 첫번째 이슈와 관련된 것으로 정리해고의 회피 노력으로 어떤 활동을 포함시킬 것인가 이다.

정리해고는 조직의 입장에서 볼 때 어려운 의사결정이다. 무엇보다도 먼저 잠시 동안일지라도 같이 일하는 사람을 내 보낸다는 것은 심정적으로 매우 어렵다. 또한 정리해고는 정리해고된 종업원들에게 행해진 투자를 상실한다는 점에서 비용이 든다. 투자 이외에 효율성 상실, 결별금 등의 비용도 든다. 정리해고는 종업원에게도 물론 커다란 비용을 초래한다. 무엇보다도 먼저 임금손실(즉, 기존임금과 실업보험금의 차이)을 들 수 있다. 또한 정신적 · 신체적 건강문제도 발생할 수 있다.

종업원의 해고는 종업원의 열악한 성과나 태도에 기인하는 것이 보통이지만, 정리해고는 종업원의 직접적인 행위나 태도에 기인하는 것은 아니다. 제품의 품질이나 가격 경쟁력 저하로 인한 제품수요의 감소(잘못된 경영 의사결정), 또는 조직이나 종업원이 통제할 수 없는 요인들에 의한 예상하지 못한 시장축소 등과 같이 종업원 개개인에게 책임을 물을 수 없는 경제적 상황에 기인한다. 즉 정리해고는 경기침체, 기업인수 및 합병, 노동생산성 향상 등과 같이 종업원 개인들에게 과실을 물을 수 없는 이유로 행해지기 때문에 해고보다도 더 어려울 수도 있다. 또한 정리해고만큼 공공의 관심을 끄는 인적자원 활동은 없다. 정리해고는 당사자들에게 커다란 충격일 뿐만 아니라 노사관계를 악화시키는 요인이기도 하다. 정리해고에는 대상자 식별, 통보, 내부인력 재배치, 그리고 정리해고 대상자에 대한 지원 등의 과정이 포함된다.

1) 정리해고 대상자 식별

연공과 메리트(현재 및 과거의 직무성과)가 일반적으로 정리해고 의사결정에 기준이 된다. 노조는 연공을 선호하며 경영층은 연공 사용에는 반대하지 않으나 연공과 메리트 사이의 비중에 대해서는 커다란 차이가 있다. 또한 노조는 장기근속자를 보호하기 위하여 직무나 직종과 관계없이 넓은 의미의 연공(예, 공장단위나 기업단위)을 선호하나, 경영층은 효율성 상실을 최소화하기 위해서 좁은 범위의 연공을 선호한다.

메리트는 비노조화된 상황에 있어서(연공이 완전히 무시되지는 않지만) 가장 중요한 기준이다. 미국 기업들은 연공과 메리트를 이용하여 ① 상위의 성과를 보이고 있으며 핵심기술을 지니고 있는 보호된 집단, ② 불만족한 성과기록을 보이고 있는 없어도 좋은 집단, 그리고 ③ 부서 내 연공순서에 의해 정리해고 순서가 결정되는 집단 등으로 구분하는 것이 전형적이다.[9)]

다른 인적자원관리와 마찬가지로 정리해고도 '차별적'인 방식으로 행해질 수 있다. 만약 여성이나 소수집단의 정리해고에 따른 해고율(layoff rate)이 현저하게 높다면 결과적으로 인적 구성의 불균형을 초래할 수 있다. 따라서 조직도 투명한 정리해고 절차와 기준을 마련하게 차별적인 방식으로 정리해고가 이루어지지 않도록 해야 할 것이다.

우리나라 근로기준법에 있어서 정리해고 실시요건으로 ① 해고를 하지 않으면 기업경영이 위태로울 정도로 긴박한 경영상의 필요성이 존재하며, ② 경영방침이나 작업방식의 합리화, 신규채용의 금지, 일시 휴직 및 희망퇴직의 활용 등 해고회피를 위한 노력을 하였어야 하며, ③ 합리적이고 공정한 정리기준을 설정하여 이에 따라 해고대상을 선별하여야 하고, ④ 해고에 앞서 노조나 근로자측과 성실한 협의를 거칠 것을 요구하고 있다.

2) 정리해고자 통보

사용자는 정리해고의 대상자 선정 시 남녀차별금지규정을 준수하여야 하며 해고회피방법 및 해고의 기준 등에 관하여 근로자 대표에 대하여 해고하고자 하는 날의 60일 전에 통보하고 성실하게 협의하여야 한다(근로기준법 31조 3항). 여기서 '근로자 대표'란 당해 사업 또는 사업상에 근로자의 과반수로 조직된 노동조합이 있는 경우에는 그 노동조합, 그러한 노동조합이 없는 경우에는 근로자의 과반수를 대표하는 자를 말한다.

사용자는 근로자 대표와 정리해고의 필요성과 긴박성, 해고회피의 방법, 해고인원의 수와 범위, 정리기준과 그 적용방법 그리고 정리해고 대상자에 대한 보호조건(해고에 대한 보상, 재고용의 특권 등) 등을 협의하여야 한다. 미국의 경우 1989년부터 연방법 The Worker Adjustment Retraining and Notification Act(WARN)에 의해서 정리해고를 규제하고 있다. 이 법도 100명 이상을 고용하고 있는 사용자에게 적용되며 50명 이상의 종업원에게 영향을 주는 시설폐쇄 또는 대규모 정리해고 시 적어도 60일 이전에 서면으로 통보할 것을 규정하고 있다. WARN은 연방정부, 주정부 또는 지방정부에는 적용되지 않는다. 이 법을 위반할 시에는 벌금 이외에 소급임금, 비용 그리고 복지후생을 지급하여야 한다. 정리해고를 행하고자 하는 사용자는 때때로 60일 전에 통보하면서 즉시 업무부담을 없앤다. 따라서 종업원은 2개월 동안을 봉급을 받으면서 새로운 고용을 찾거나 적응하는 데 보낼 수 있다.

사전예고제는 종업원 사이의 소문과 불만감을 줄이는 효과가 예상되는 반면, 새로운 직장을 찾기 위한 결근율 증가, 조직 구성원간의 갈등 그리고 업무태만 등의 부정적 결과도 나타날 수 있다. 어떤 일반적 결론을 내리기에는 이 분야에 대한 실증연구가 매우 적다. 그러나 미국의 생산직 종업원에 대한 연구는 사전예고가 생산성이나 결근에 부정적 결과를 미친다는 증거는 없음을 제시하고 있다.[10)]

또한 사전예고는 종업원들로 하여금 새로운 직장 탐색활동을 반드시 촉진하는 것은 아니며 반면에 투자자들은 정리해고 예고를 재무적 곤경이나 기업에 대한 부정적 소문의 징표로 받아들인다는 연구도 있다.[11)]

3) 내부조정

정리해고 이후 남아 있는 종업원들을 새로운 직무에 재배치하는 일이 필요하다. 경영층은 가능한 한 재배치를 줄이고자 하며 능력을 재배치 기준으로 삼고자 한다. 그러나 노동조합은 능력보다도 연공에 비중을 더 두는 경향이 있다.

4) 정리해고자에 대한 지원

조직의 정리해고자에 대한 지원은 정리해고 이후 일정기간 소득유지와 새로운 직장탐색에의 도움으로 크게 나눌 수 있다. 정리해고자의 소득유지를 위해서는 해고시 결별금(severance pay) 형태로 일정액을 지원함과 동시에 해고 후 일정기간 동안 다양한 보험(즉, 생명보험이나 의료보험 등)의 혜택을 줄 수 있다.

조직은 또한 정리해고자에게 이력서 작성, 훈련기회 제공, 새로운 직장에 대한 정보제공 등을 통하여 새로운 직장을 찾는 데 지원할 수 있다. 이러한 외부배치(outplacement) 프로그램은 조직을 떠나는 사람은 물론 조직에게도 도움이 된다. 왜냐하면 이런 프로그램은 조직에 남아 있는 사람들 사이에 조직몰입을 증가시키는 경향이 있기 때문이다.

우리나라에서는 근로자를 정리해고한 사용자는 해고한 날로부터 2년 이내에 근로자를 채용하고자 할 때 정리해고된 자를 근로자가 원하는 경우

해고 전의 직책 등을 감안하여 그 근로자를 우선적으로 고용하여야 한다고 규정하고 있다.

5) 정리해고에 대한 대안

정리해고는 인건비 부담을 줄이기 위한 목적이 있지만 경기가 호전되었을 때 필요한 인력을 내보내는 위험을 수반하고 있다. 이런 이유나 조직윤리 때문에 어떤 사용자들은 정리해고를 회피하기 위한 방식으로 인력을 관리하고 있다.

〈표 8-2〉에서 제시된 바와 같이, 사용자는 사업환경에 맞추어 인적자원 수요나 공급을 관리하기 위한 다양한 방법을 취하고 있다. 일반적으로 매출이 증가할 경우에 단기적이거나 계절적 작업을 줄이거나 공급자에게 업무를 이전함으로써 급격한 작업부담을 줄여 인적자원 수요를 평탄하게

표 8-2 정리해고의 대안

	매출증가	매출변동	매출감소
인적자원 수요관리	• 단기적이거나 주기적인 사업회피 • 성장속도 조정 • 하청	• 계약직 사용 • 생산성 향상 프로그램 확대 • 적기자재 공급을 위하여 공급자 압력	• 하청삭감 • 재고증대 • 작업 '창출'
인적자원 공급관리	• 최후의 수단으로 신규채용 • 초과근무 활용 • 임시직 고용	• 인력에 의한 업무조정	• 신규채용 동결 • 초과근무 축소 • 임시직 정리해고 • 자발적 휴직이나 휴가조장 • 자발적 사퇴조장 • 성과기준 강화 • 업무분담 • 자발적 퇴직조장 • 임금삭감

만들려고 노력한다. 반면에 사업환경이 좋지 않을 경우에는 하청을 줄이거나 판매보다는 재고를 축적하기 위한 생산을 행함으로써 '인위적으로' 인적자원 수요를 촉진한다.

인적자원 고용측면에서는 가장 중요한 목표는 절대적으로 필요한 인력보다 많이 고용하는 것을 피하는 것이다. 경기가 좋을 경우에는 현 종업원의 초과근무나 임시직 고용을 늘려 과잉고용을 회피하고자 한다. 경기가 나쁜 경우에는 사용자는 정리해고를 회피하기 위하여 점진적 방법을 활용한다. 처음에는 신규채용을 동결하거나(이것은 결원을 보충하지 않는다는 의미이다), 초과근무를 줄이거나 임시직을 내 보낸다. 이것만으로도 충분하지 않을 경우에는, 휴가나 휴직을 실시하며 자발적 퇴직(때때로 결별금을 지불하며)을 유도한다. 또한 때때로 쓸모 없는 사람을 제거하기 위하여 성과기준을 높인다. 극단적으로는 조기퇴직, 업무분담(work sharing) 또는 임금삭감을 실시한다.

3. 해 고

거의 모든 조직에 있어서 성과기준을 충족하지 못하거나 직무수행 규칙이나 회사규정을 위반하는 종업원이 있다. 따라서 이런 상황에 대처하기 위한 방안을 개발하거나, 노조가 있는 경우에는 노조와 방안을 교섭할 필요가 있다.

종업원의 행위를 교정하는 방법으로는 크게 네 가지로 분류할 수 있다: ① 예방적 방법(예를 들면, 선발이나 승진절차의 개선), ② 교정적 방법(예를 들면, 훈련, 상담), ③ 보상활용(예를 들면, 개선된 행위에 대한 칭찬), 그리고 ④ 벌칙활용.[12] 해고는 이들 중 벌칙활용에 속하며 고용관계를 단절하는 경제적 처벌을 의미한다.

명확한 증거나 상당한 기간동안의 검토작업이 없이는 해고는 거의 일어나지 않는다. 만약, 과거의 행위가 미래의 행위를 예측한다면, 이러한 해고는 미래에 있어서 낮은 성과나 해로운 영향을 미칠 수 있는 종업원을 조직에서 제거하는 효과를 가진다. 따라서 해고절차는 직무행위를 반영하여야 하며 증거에 입각하여 결정이 내려져야 한다. 만약 해고가 공정하게 다

표 8-3 해고절차에 대한 공정성 확보

해야 할 일	하지 말아야 할 일
• 대량 정리해고에 대하여 가능한 많은 경고를 행한다. • 개인 사무실에서 일대일로 논의한다. • 15분 이내에 해고에 관한 회의를 마친다. • 결별금이나 복지후생에 관해서 서류를 준비한다. • 본사와 떨어진 곳에서 외부배치(outplacement) 서비스를 제공한다. • 종업원들이 동료가 아닌 상급자로부터 해고사실을 들을 수 있도록 한다. • 종업원이 조직에 공헌한 것에 대해서 감사표시를 행한다.	• 해고의 경우에 혼란의 여지를 남기지 말라. 첫번째 문장에서 종업원에게 해고되었다고 이야기하라. • 해고회의에서 논쟁의 여유를 주지마라. • 누군가를 해고할 경우에 개인적 견해는 피력하지 말라: 의사소통을 전문적으로 만들라. • 보안이 극히 중요한 경우를 제외하고는 해고된 종업원을 내쫓으려고 하지 말라. • 중요한 날(예를 들면, 고용 10주년이 되는 날, 크리스마스날 등)에는 해고를 하지 말라. • 휴가중이거나 휴가에서 되돌아오자마자 해고를 하지 말라

자료: S. Alexander(1991), "Firms get plenty of practice at layoffs, but they of ten bungle the firing process," *The Wall Street Journal*, October 14, p. 81.

루어지지 않는다면, 조직에 남아 있는 사람들은 조직에 대해서 신뢰를 하지 않게 되고 사퇴도 고려하게 된다. 〈표 8-3〉은 해고와 관련된 문제를 해결하기 위하여 조직이 취하여야 할 방도를 제시하고 있다. 해고를 공정하게 처리하기 위해서는 외부충원, 인사평가 그리고 종업원 관계 등을 통합하여 관리하는 것이 얼마나 중요한지를 알 수 있을 것이다.

대부분의 조직은 점진적 징계시스템(progressive discipline system)을 취하고 있다. 징계의 강도에 따라 구두경고, 견책, 감봉, 정직 그리고 궁극적으로 해고의 순으로 이어진다. 상대적으로 사소한 위반행위(예들 들면, 무단결근)는 처음부터 절차를 밟아 올라가지만(문제가 되지 않을 경우), 심각한 위반행위(예를 들면, 절도)는 즉시 정직이나 해고를 결과하게 된다. 또한 대부분의 조직은 청원제도(appeal system)를 유지하여 징계에 있어서 공정성을 확보하고자 노력하고 있다.

4. 퇴　　직

우리나라에 있어서는 公私를 불문하고 거의 모든 조직에서 퇴직연령제도를 도입하고 있다. 강제퇴직은 종업원의 의사가 반영되지 않는다는 점에서 해고와 유사하다. 그러나 퇴직은 통상 개인경력의 마지막 단계에서 발생된다는 점과 퇴직시 퇴직금(또는 연금)을 받는다는 점에서 해고와 차이가 있다. 미국에서는 1987년에 고용에 있어서 연령차별금지법(Age Discrimination in Employment Act)에 의해서 40세 이상되는 사람들에 대해서 연령에 의한 차별과 동시에 70세 이전의 강제퇴직을 금지하였다. 따라서 공공의 안전을 다루는 소방수, 경찰관, 항공기 조정사 등과 같은 특수 직종을 제외하고는 작업에 지장을 주지 않는 한 퇴직은 종업원의 선택사항이 되었다. 그러나 대다수의 종업원은 70세 이전에 퇴직을 한다. 조사대상 회사의 86%가 평균퇴직자의 연령이 65세 이하이며 51% 기업들에 있어서는 평균퇴직자의 연령이 62세 이하로 나타나 대다수의 미국기업들이 조기퇴직(early retirement)을 실시하고 있는 것으로 나타났다.[13] 우리나라의 경우에는 임원을 제외하고는 대부분의 조직이 50세에서 55세 사이의 퇴직연령을 규정하고 있어 실제로 개인의 노동시장 참가기간은 미국의 경우보다 상당히 짧을 것이 예상된다.

고령의 종업원이 퇴직함에 따라 조직은 그를 대신하여 젊은 종업원을 채용할 수 있다. 젊은 종업원은 고령의 종업원에 비해서 임금이나 복지후생 측면에서 비용이 적게 든다. 또한 고령의 종업원은 조직 내에서 위치가 높은 경향이 있으므로 내부승진의 기회도 생기게 된다. 그러나 퇴직과 동시에 상당한 비용도 발생할 수 있다. 조직에서 수 년간 일해 온 퇴직자들은 산업이나 시장에 대한 지식의 보고이다. 그들은 또한 회사의 정책과 문화에 대한 광범위한 역사적 지식을 지니고 있다. 외부로부터의 참신한 아이디어도 조직에게 중요하겠지만, 지식과 경험도 동시에 중요하다. 따라서 조직에게는 조직의 목적을 달성하기 위해서 양자를 어떻게 조화시킬 것인가가 관건이 된다. 다시 말하면, 퇴직과 관련하여 비용은 최소화하며 이득은 최대화하는 것이 조직이 풀어야 할 당면과제이다.

인력 잉여를 경험하고 있는 기업에서는 다양한 인센티브를 제공하여 조기퇴직을 유도하고 있다. 조기퇴직 인센티브는 젊은 근로자에게 경제적 혜택을 부여하여 자발적 퇴직을 유도하는 데 있다. 조기퇴직에 의한 경제적 혜택으로는 ① 퇴직급여 계산시 부가적으로 기간 가산, ② 결별금 지급, 그리고 ③ 의료보험 제공 등이 있다. 이런 계획은 해고를 피하면서 노무비를 삭감하고자 하는 조직의 필요성 또는 높은 임금을 받는 노령층을 젊은 근로자들로 대체하기 위해 실시된다. 그러나 조기퇴직제도도 위험이 뒤따르지 않는 것은 아니다. 능력 있는 종업원들은 경제적 혜택을 보면서 다른 직장으로 옮기려 할 수 있다. 어떤 종업원들은 상급자의 압력 때문에 강제적으로 퇴직을 선택한다고 느낄 수도 있다.

퇴직지원: 퇴직은 종업원들에게 상당한 생활변화를 경험하게 한다. 이런 변화를 쉽게 하기 위해서 조직들은 퇴직자를 돕기 위한 프로그램을 실시하고 있다. 가장 널리 활용되는 프로그램은 퇴직자의 자금과 생활양식에 대한 상담이다. 소수의 조직은 근무시간을 점차적으로 줄여 퇴직대상자에게 점점 여유시간을 늘려가는 단계적 퇴직 프로그램(phased retirement program)을 실시하고 있다. 또한 퇴직자와 사용자들은 퇴직 후에도 모임을 가지는 경우도 빈번하다. 또한 조직은 필요할 때마다 퇴직자들을 임시직으로 활용할 수도 있다.

간 추 림

내부충원과정은 직무와 개인을 동태적으로 적합시키고자 한다. 따라서 조직은 내부충원 활동을 통하여 다양한 목적을 달성하고자 한다. 먼저 조직은 승진이나 전환배치를 통하여 공석인 직무를 내부적으로 충원하고자 한다. 또한 잉여인력을 제거하기 위하여 정리해고를 하며 성과나 태도에 문제가 있는 종업원은 해고를 통하여 정리하고자 한다. 마지막으로 조직에 젊은 인력을 유입하여 활력을 불어넣기 위하여 퇴직제도를 실시한다.

○ 내부충원은 내부인력 배분과정과 이직과정으로 크게 나눌 수 있다. 내부인력 배분과정에는 승진과 전환배치가 있으며, 이직과정에는 정리해고, 해고, 그리고 퇴직이 있다.

○ 내부충원의 장점으로는 승진기회를 제공함으로써 신규 종업원을 유인하기 쉬우며 기존 종업원들에게 동기부여, 근속유지나 직무만족에 긍정적 영향을 미친다. 반면에 조직이 급성장할 경우에는 내부충원에만 의지할 수 없으며 '동종번식'에 의한 조직침체 가능성도 있다.

○ 내부 지원자의 모집은 폐쇄적으로 또는 개방적으로 행할 수 있다. 폐쇄시스템에서는 경영자는 자신의 경험과 지식에 의존하여 비공식적으로 탐색하지만 개방 시스템에서는 직무공모(job posting)에 의존한다.

○ 예측수단, 즉 선발도구로서는 외부충원에서 논의한 기법 이외에 연공, 성과 및 승진가능성 평가 그리고 평가센터 등이 있다. 일반적으로 노조는 연공을, 그리고 경영은 성과 및 잠재력 평가를 선호하는 경향이 있다.

○ 정리해고에는 대상자 식별, 통보, 내부인력 재배치, 그리고 정리해고 대상자에 대한 지원 등의 과정이 있다. 정리해고는 경기가 호전되었을 때 필요한 인력을 내보내는 위협을 수반하므로 조직은 정리해고를 회피하기 위한 방식으로 인력을 관리하고자 한다.

○ 해고는 성과기준을 충족하지 못하거나 직무수행 규칙이나 회사규정을 위반하는 종업원을 정리하는 것이며 퇴직은 높은 임금을 받는 노령층은 젊은 근로자들로 대처하기 위하여 실시한다.

핵심용어

정리해고　　해고
작업움츠림　　직무움츠림
인력재고　　직무공모제
내부고발　　승진가능성
평가센터　　결별금
외부배치프로그램　　업무분담
조기퇴직　　단계적 퇴직프로그램

토의문제

1. 종업원의 이직(separation) 관리가 중요한 이유를 설명하시오.
2. 정리해고 대신에 사용자가 채택할 수 있는 대안을 논의하시오.
3. 어떤 상황에서 정리해고가 사용자에게 이득이 될 수 있는가?
4. 조직의 고령화가 기업의 경쟁에 어떤 영향을 미치는가?
5. 퇴직자에 대한 지원대책을 설계하시오.
6. 내부충원과 외부충원의 차이점을 설명하시오.

참고문헌

1) H. G. Heneman, Ⅲ, D. P. Schwab, J. A. Fossum & L. D. Dyer(1994), *Personnel/Human Resource Management*, 4th ed., Irwin, p. 344.
2) H. G. Heneman, Ⅲ & R. L. Heneman(1994), *Staffing Organizations*, Mendota House, p. 307.
3) K. R. Murphy & J. M. Cleverland(1991), *Performance Appraisal: An Organizational Perspective*, Boston: Allyn & Bacom.
4) V. Boehm(1982), "Assessment centers and management development," *in*

Personnel Management, ed., K. M. Rowland & G. R. Ferris, Boston: Allyn & Bacon.

5) G. T. Milkovich & J. W. Boudreau(1997), *Human Resource Management*, 8th ed., McGraw-Hill.

6) C. E. Lebig & I. B. Helburn(1986), "Union and management policy influence on grievance initiation," *Journal of Labor Research*, 7, pp. 269~84.

7) R. Knnugo(1982), *Work Alienation*, New York: Praeger Publishers.

8) R. T. Mowday, R. M. Steers & L. W. Porter(1979), "The measure went of organizational commitment," *Journal of Vocational Behavior*, 14, pp. 224~47.

9) H. G. Heneman, Ⅲ et al., *op. cit.*, p. 358.

10) R. Hershey(1972), "Effects of anticipated job loss on employee behavior," *Journal of Applied Psychology*, 56, pp. 273~275.

11) P. L. Burgess & S. A. Low(1992), "Preemployeement job search and advance job loss notice," *Journal of Labor Economics*, 10, pp. 258~287; D. L. Worrell, W. N. Davison Ⅲ & V. M. Sharma(1991), "Layoff announcements and stockholder wealth," *Academy of Management Journal*, 34, pp. 662~676

12) T. R. Mitchell & C. A. O'Reilly, Ⅲ(1983), "Managing poor performance and productivity in organizations," in K. M. Rowland & C. R. Ferris, *Research in Personnel and human Resource Management*, Vol. 1, ed., Greenwich, Conn.: JAI Press.

13) J. M. Ivancevich(1998), *Human Resource Management*, 7th ed., Irwin/McGraw-Hill, p. 98.

제4편 개발시스템

제 9 장 훈련 및 개발

지금까지 신규 종업원을 현명하게 선발하고 능력을 개발하는 것에 대한 중요성을 논의해 왔다. 그러나 외부 및 내부충원에 있어서 상당한 노력을 했더라도 개인과 역할 사이의 100% 완전한 적합을 이루기는 힘들다. 더구나 급격한 조직환경 및 기술변화는 기존 종업원들에게 새로운 능력과 스킬을 끊임없이 요구하고 있다. 종업원들이 이러한 요구에 적절히 대응하지 못하면 그들의 능력이나 스킬도 진부화될 것이며 이것은 궁극적으로 조직성과에 부정적으로 영향을 미칠 것이다. 따라서 조직들은 조직 구성원의 능력이나 스킬 개발을 더 이상 비용으로 간주하지 않고 인적자원에 대한 투자의 개념으로 인식하게 되었다.

인적자원개발(human resource development)은 훈련과 개발을 통하여 조직목표에 대한 조직 구성원의 공헌을 높이기 위하여 계획된 학습과정이라고 정의할 수 있다. 인적자원개발의 목적은 기존 또는 기대되는 직무요건에 맞추어 개인의 능력을 향상시키는 것이다. 구체적으로 인적자원개발프로그램은 다음과 같은 목적을 지닐 수 있다.[1]

- 조직과 직무에 대한 종업원 오리엔테이션
- 현 직무에 있어서 종업원 성과증진
- 현 직무가 변함에 따른 종업원 성과유지
- 새로운 직무에 대한 종업원 준비

훈련(training)이라 함은 현 직무수행에 필요한 지식과 스킬을 학습하는 과정이다.[2] 종업원들에 선반기계를 어떻게 작동하는지를 보여 준다거나 반장에게 일일 생산스케줄을 어떻게 작성하는지를 가르치는 것은 훈련의 예이다. 최근 급격한 환경의 변화, 제품 및 서비스의 품질 향상, 그리고 생산성 증대의 필요성 때문에 훈련에 대한 요구가 커지고 있다. 개발(development)은 현재 직무수행 이상의 장기적 관점의 학습이다. 개발을 통하여 종업원들은 조직의 성장과 변화와 보조를 맞출 수 있으며 기술의 급격한 발전을 따라 잡을 수 있다.

인적자원개발을 효과적으로 수행하기 위해서는 라인 관리자와 인적자원기능간에 긴밀한 협조가 요구된다. 라인 관리자들은 어떤 종업원이 어떤 형태의 개발이 필요한지를 결정하는 데 도움을 줄 책임이 있다. 그들은 또한 부하 개발에 있어서 직무상(예를 들어, 코칭) 또는 직무외(예를 들어, 교육강사)에 있어서 적극적으로 참여할 것이 요구된다. 그들은 또한 지속적으로 자신의 개발 필요성을 인식하여 교육에 참여할 것이 요구된다.

인적자원부서는 인적자원개발에 대한 전반적 정책을 개발하여 관리할 책임이 있다.[3] 따라서 인적자원부서는 ① 훈련 필요성을 식별하기 위하여 라인 경영자와 협조하며, ② 최고경영층에 예산을 제안하며, ③ 종업원이 참가할 수 있는 조직외부 훈련프로그램의 목록을 작성하며, ④ 회사 내 훈련프로그램을 설계 또는 실시하며, 마지막으로 ⑤ 전반적 인적자원개발 및 구체적 훈련프로그램을 평가한다.

환경적 요인은 조직이 제공하는 훈련 유형에 상당한 영향을 미친다. 특정 유형의 훈련(예를 들면, 교사의 재교육이나, 산업안전교육 등)은 법규에 의해 강제되어 있다. 어떤 종류의 훈련은 훈련분담금의 면제 등을 통하여 법규에 의해 조장되고 있다.

마지막으로 훈련의 종류와 예산은 노동시장에 의해 크게 영향을 받는다. 일반적으로 노동력 공급이 부족하면, 훈련예산이 증가하는 경향이 있다. 노동력 공급이 부족하면 임금상승을 초래하기 때문에 조직은 인적자원을 개발하여 활용하는 것이 더 효과적일 수 있다.

제 1 절 인적자원개발의 의의

인적자원개발은 조직은 물론 종업원의 목표를 달성하기 위한 전략적 수단이다. 따라서 인적자원개발은 그 자체에 목적이 있는 것이 아니라 조직에 필요한 종업원의 역할을 강화시킬 수 있어야 한다. 인적자원개발은 국제경쟁이 심화될수록, 기술변화가 신속할수록 그리고 정보화 사회로 진행할수록 그 중요성이 점점 커지고 있다.

첫째, 기술의 급격한 변화는 숙련의 진부화를 가속화한다. 경쟁력을 유지하기 위해서는 조직은 최신의 기술을 활용할 수 있도록 종업원들을 훈련시킬 필요가 있다. 이렇게 급변하는 환경 속에서는 종업원들의 지속적 학습 필요성은 점점 커지게 된다. 둘째, 작업을 보다 큰 영역으로 재설계하는 것(예를 들면, 팀제에서 다양한 작업을 할 수 있게 하는 것)은 종업원들로 하여금 기술적 융통성과 더불어 인간관계, 책임의식 및 적극성 등을 요구하게 된다. 종업원들은 광범위한 기술적 배경뿐만 아니라 팀워크, 갈등관리 등에 대한 역량을 개발할 필요가 있다. 셋째, 인수 · 합병(mergers and acquisition)이 급격히 늘어나고 있으며 인수 · 합병은 서로 다른 두 문화의 종업원들을 하나로 통합시키는 것이다. 만약 인수 · 합병의 재무적 성과가 계획보다 떨어진다면, 이는 운용적 또는 재무적 시스템보다는 인간과 관련된 문제에 기인하는 것이 보통이다. 넷째, 종업원들은 과거에 비해 더 자주 직장을 바꾸는 경향이 있다. 특정 사용자에 대한 충성심은 적어지고 자신의 경력에 대한 관심이 늘어나기 때문에 조직은 새로운 종업원을 조직문화에 통합시키는데 더 많은 시간을 소비하여야 한다. 마지막으로, 사업의 세계화는 경영자들에게 언어와 문화적 차이를 이해할 수 있는 역량을 요구하게 되었다.

내부승진과 종업원의 경력관리를 강조하는 조직에 있어서는 지속적인 훈련/개발이 아주 중요하다. 종업원들은 반드시 산업의 최상의 기술과 업무처리방식을 이해하고 있어야 한다. 조직외부로부터 상당수의 숙련된 종업원을 고용하는 조직은 회사의 정책 및 규칙을 종업원에게 교육시켜야 할 뿐

그림 9-1 인적자원개발과 다른 인적자원기능들과의 연계

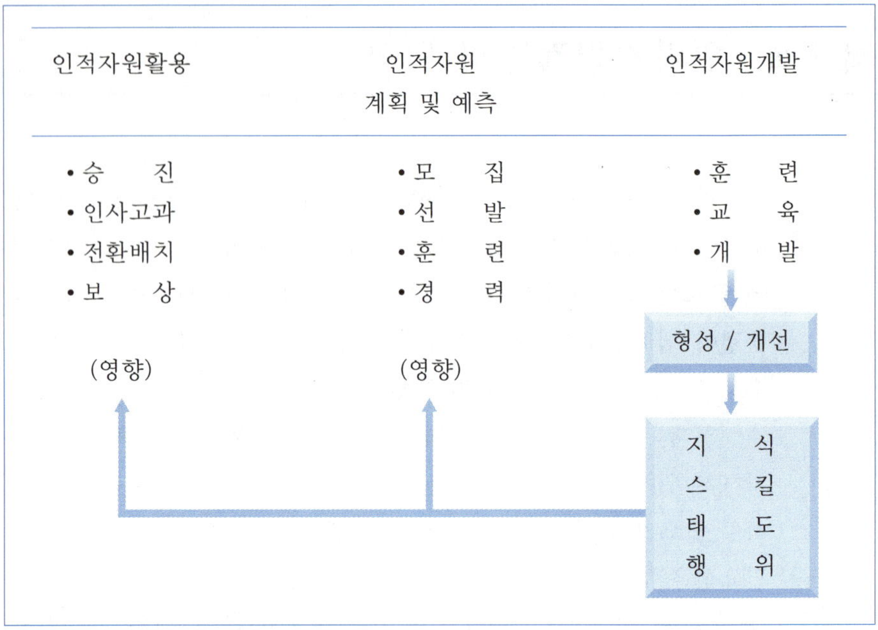

자료: L. Nadler(1986), ed., *Handbook of Human Resource Development*, New York: Wiley.

만 아니라 사회화를 통한 조직문화에의 통합을 시도하여야 한다.

인적자원개발은 전체 인적자원관리의 한 부분이므로 인적자원관리 전반과의 연계 속에서 인적자원개발을 고찰할 필요가 있다. 인적자원개발과 인적자원관리의 다른 기능 사이의 관계는 〈그림 9-1〉에 제시되어 있다. 여기서 인적자원활용(human resource utilization)은 조직 내에서 인적자원의 배치와 개발을 의미하며 승진, 인사고과, 전환배치, 보상이 포함된다. 인적자원계획 및 예측(human resource planning and forecasting)은 인적자원의 예측과 모집, 선발, 훈련 및 경력에 대한 적절한 계획을 의미한다. 마지막으로 인적자원개발은 현재 직무(훈련), 미래 작업할당(개발), 그리고 개인적 증진(교육)에 대한 인적자원을 학습시키는 것을 의미한다. 따라서 인적자원개발은 훈련, 개발, 그리고 교육에 초점을 맞추고 있으며 산출물로서는 지식 및 역량 그리고 스킬의 향상, 태도의 형성 및 개선이다.

이러한 인적자원개발은 다음과 같은 특성을 지닌다.[4)]

- 인적자원개발은 학습과정이다.
- 인적자원개발은 조직에 의해 계획된다.
- 인적자원개발은 개인이 조직에 참여한 이후에 발생한다.
- 인적자원개발은 조직목표의 달성을 의도하고 있다.

따라서 인적자원개발은 종업원의 지식, 스킬, 태도 그리고 행동에 있어서 비교적 영속적인 변화를 초래하기 위한 계획된 조직개발프로그램 중 하나이다. 그러나 인적자원개발에는 종업원과 조직이 어느 정도 책임을 나누어지어야 한다.[5] 조직도 먼저 변화를 지원하고 고무하는 분위기를 제공할 책임이 있으며, 종업원은 제공된 학습기회로부터 최대한의 결과를 얻어 낼 책임이 있다. 즉 종업원은 훈련 및 개발로부터 새로운 정보, 스킬, 태도 및 행동을 최대한 습득하도록 노력하여야 한다.

인적자원개발은 일련의 학습과정으로서 조직의 성과증진이나 목표달성을 의도하여 조직에 의해 주도적으로 실시된다. 인적자원개발에 상당한 비용, 시간 그리고 노력이 경주되는 만큼 인적자원개발프로그램은 체계적으로 설계되어야 할 것이다. 그 인적자원개발과정이 효과적이기 위해서는 다음과 같은 특징을 지녀야 한다.[6]

- 최고경영층이 인적자원개발에 관심을 가지고 지속적으로 몰입하여야 한다 — 즉 인적자원개발은 기업문화의 일부분이 되어 있어야 한다.
- 인적자원개발은 사업전략이나 조직목표와 밀접한 연관이 있어야 한다. 인적자원개발의 성과는 사업의 계량적 결과에 의해서 평가될 수 있어야 한다.
- 인적자원개발에 대한 체계적이고 포괄적인 시스템이 존재하고 있어야 한다. 인적자원개발은 조직 모든 계층에서 이루어지는 지속적 과정이다.
- 인적자원개발에 필요한 자원을 투자하겠다는 의지가 있어야 하며 충분한 시간과 자금이 투자되어야 한다.

제 2 절 효과적 훈련시스템 설계과정

다른 HR기능과 마찬가지로, 인적자원개발은 다수의 서로 관련된 활동으로 이루어진 과정으로 생각할 수 있다. 〈그림 9-2〉는 훈련시스템 설계과정의 주요 5단계를 나타내고 있다: 필요성 분석, 전반적 개발계획, 구체적 개발계획, 실시 그리고 평가. 훈련시스템 설계는 조직이 종업원의 개발 필요성을 식별하는 과정으로부터 시작된다.

개발 필요성이 명확해지면, 조직 전반에 걸쳐 훈련목적, 프로그램의 우선순위, 필요자원 및 훈련대상자와 방법을 포함하는 전반적 개발계획을 세울 수 있다. 이러한 전반적인 개발계획에 비추어 구체적인 훈련프로그램이 설계된다. 구체적인 훈련프로그램의 설계에는 교육목적, 프로그램내용 그리고 교육방법 등이 포함된다. 그리고 실질적으로 훈련이 실시되며 그 후에는 평가과정이 뒤따른다.

그림 9-2 훈련시스템 설계과정

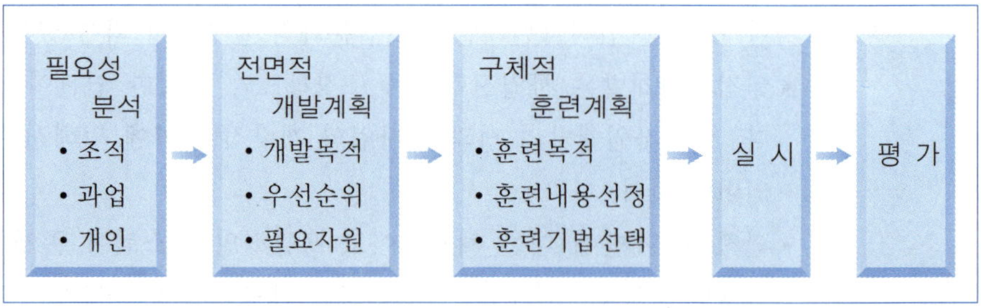

1. 필요성 분석

인적자원개발과정에 있어서 첫번째 단계는 개발 필요성을 식별하는 것이다. 실제로 필요성 분석은 다음과 같은 사항을 식별하기 위한 것이다.

그림 9-3 훈련 필요성 분석모형

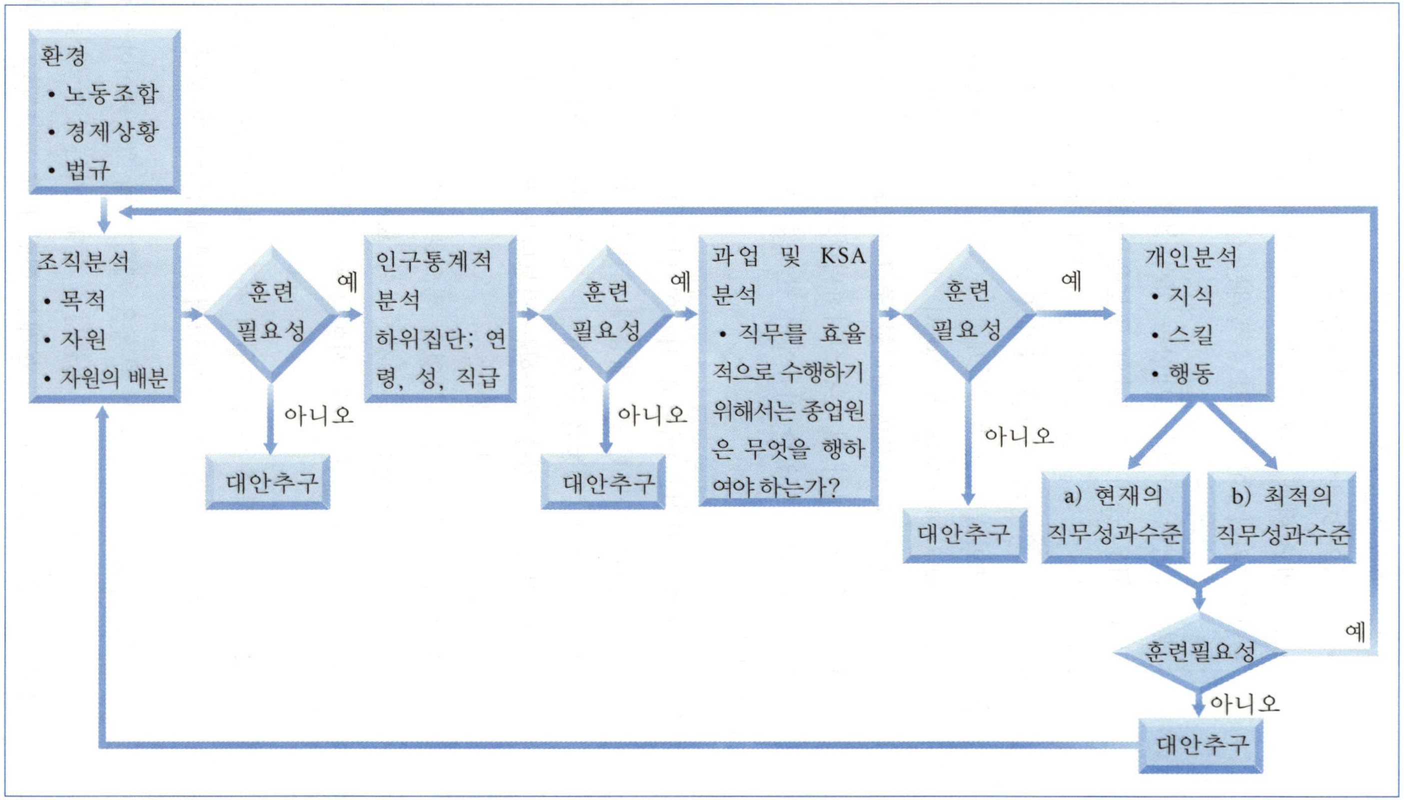

자료: W. F. Cascio(1998), *Applied Psychology in Human Resource Management.*, 5th ed., Prentice-Hall, p. 264.

- 조직목표와 목표달성의 효율성
- 종업원의 보유역량과 직무상 요구되는 역량의 차이
- 현재의 능력과 미래에 효율적 직무수행에 요구되는 능력 사이의 차이
- 인적자원기능이 실제로 수행되는 상황

'필요성'이란 조직이 기대하는 것과 실제로 발생하는 것 사이의 차이를 의미한다. 예를 들면, 소비자의 주문을 배달하는 데 24시간이 예상되지만 실제에 있어서는 평균 36시간이 걸린다면 성과에 있어서 차이가 존재하는 것이다. 이런 유형의 정보를 가지고 조직은 누구를 대상으로 하여 어떠한 훈련프로그램이 필요한지를 설계할 수 있다. 따라서 필요성 분석은 효과적 인적자원개발을 계획하는 데 있어서 기본이 되는 것이다.

그러나 필요성 분석의 이러한 중요성에도 불구하고 많은 조직들은 필요성 분석을 실시하지 않거나 실시하더라도 형식적으로 수행하고 있다. 조직도 다음과 같은 다양한 이유에서 필요성 분석을 실시하지 않으려는 경향이 있다.[7)]

1. 필요성 분석은 어렵고 시간이 많이 든다. 필요성 분석을 실시하기 위해서는 다양한 조직계층에 대해서 여러 요인을 조사하여야 한다.
2. 조사보다는 행동을 중시한다. 경영자들은 자신이 생각할 때 기본적인 활동에 자원을 투자하는 것보다는 개발프로그램을 설계하고 실시하는 데 더 관심을 둔다.
3. 경영자들은 조직이 무엇을 필요로 하는지에 대해서 충분한 정보가 있다고 생각한다. 최고경영자의 요구, 유행 그리고 타기업의 모방 같은 요소가 경영자로 하여금 필요성 분석이 필요 없다고 생각하게 만든다.
4. 필요성 분석에 대한 지원이 부족하다. 이것은 종종 인적자원기능이 필요성 분석의 중요성을 경영자에게 설득하지 못하는 데서 온다.

이러한 요소들이 필요성 분석을 계획할 때 고려되어야 한다. 정확한 필요성 분석이 없이도 조직의 효율성을 증대시키는 것이 가능하지만, 결과는 결코 보장될 수 없다. 조직의 문제를 해결할 수 없는 프로그램에 자원을 투

자한다는 것은 결국 낭비로 그칠 것이다.

1) 필요성 분석의 수준

필요성 분석은 조직, 직무 그리고 개인의 세 차원에서 행할 수 있다. 이들 세 차원은 각각 조직의 서로 다른 측면을 측정한다. 조직분석(organizational analysis)은 조직의 어떤 분야에서 훈련이 필요한지를 식별하는 데 도움이 된다. 과업분석(task analysis)은 직무를 성공적으로 수행하기 위하여 무엇이 필요한지를 식별하며 마지막으로 개인분석(person analysis)은 누가 어떤 훈련을 필요로 하는지를 식별한다.

표 9-1 필요성 분석의 수준

수 준	측정내용
조 직	훈련필요분야 식별
과 업	훈련내용 식별
개 인	훈련대상자 및 훈련유형의 식별

조직분석

조직분석의 목적은 조직의 어떤 분야에 있어서 개발이 필요하며 또 어떤 조건에서 개발이 조직효율성 증진에 기여할 수 있는지를 식별하는 것이다. 따라서 조직분석은 사업계획과 밀접하게 연관이 있어야 한다. 훈련 및 개발이 사업계획과 밀접하게 연결되어 있다는 것을 경영자나 종업원들에게 의사소통함으로써 인적자원개발프로그램의 중요성을 명확히 할 수 있다.

훈련 및 개발과 사업계획 사이의 연결을 강화하는 방법 가운데 하나는 전략적 계획과정에 있어서 조직분석을 포함하는 것이다. 실제로 조직분석과 전략적 계획은 동일한 정보를 필요로 하며 서로 보완적일 수 있다. 전략적 사업계획은 조직분석에 대해서 중요한 정보를 제공할 수 있으며 반면에 조직분석을 기초로 하여 인적자원기능이 전략적 계획을 수행하는 데 있어서 중요한 역할을 행할 수 있다. 예를 들어, 보험회사가 전략적 계획의 일환으

표 9-2 조직 필요성 분석을 위한 자료 원천

주요한 자료 원천	훈련 필요성 분석에의 활용
1. 조직 목표와 목적	• 강조되어야 하는 훈련분야 제시 • 목표와 성과문제로부터의 일탈을 조명할 수 있는 지침 및 예상 영향에 관한 규범적 표본을 제공
2. 인력 인벤토리	• 퇴직, 사퇴 및 연령 증가 등으로 인해 야기되는 차이 조정 • 훈련 가능 범위에 관한 인구통계관련 데이터베이스를 제공
3. 스킬 인벤토리	• 각 스킬그룹에 포함된 종업원 수, 지식 및 스킬 레벨, 직무당 훈련시간이 포함 • 훈련니드의 크기 및 훈련비용 추정 — 이익 분석시 유용
4. 조직분위기 지표 노-사관계 데이터(스트라이크, 직장폐쇄 등) 고정처리, 이직, 결근, 제안, 생산성, 사고, 단기 질병 종업원 행위의 관측 태도조사 고객불만	• 조직차원에서의 'QWL'지표들은 훈련내용의 구성과 관련된 문제에 초점을 맞추도록 지원 • 훈련을 통해 개선을 희망하고 있는 행위에 대한 차이(현재와 바람직한 수준)분석과 이에 대한 가치부여에 용이 • 조직의 기대와 인지된 결과사이의 불일치가 어디에서 발생하는가를 찾는데 적절 • 귀중한 피드백: 불만의 패턴과 반복 여부 식별 가능
5. 효율성분석지표의 분석 노무비, 재료비, 제품품질, 낭비, 시간절감, 납기지체 등	• 원가회계의 개념들은 실제성과와 바람직한 혹은 표준성과간의 비율을 제시
6. 시스템과 하위시스템의 변화	• 새로운 장비 혹은 기존 장비의 변화는 훈련문제를 제기
7. 경영층의 요구/지시	• 훈련니드 결정의 가장 보편적인 기법의 하나
8. 외부 인터뷰	• 종종 많은 정보를 외부 인터뷰를 통해 얻을 수 있음 • 특히 문제 영역 및 감독자 훈련니드 파악에 유용

주요한 자료 원천	훈련 필요성 분석에의 활용
9. 작업계획 및 리뷰 시스템 (Work planning and review system)	• 성과에 대한 고찰, 잠재력 파악 및 장기사업목표를 제공 • 실제의 성과데이터를 주기적으로 제공함으로써 성과의 파악이 용이하고, 성과의 개선 혹은 성과의 하락에 대한 식별, 분석이 용이

자료: M. L. Moore and P. Dutton(1978), "Training Needs analysis: Review and Critique," *Academy of Management Review*, 3, pp. 534~535.

로 고객에게 새로운 서비스를 제공하기를 원한다면 이 계획을 원만히 수행하기 위해서는 모든 종업원에게 새로운 서비스에 대한 훈련이 요구된다.

과업분석

과업분석은 최적의 성과를 달성하기 위하여 종업원이 배워야 할 직무내용에 대해서 체계적으로 정보를 수집하는 과정이다. 과업분석의 결과로서 성과기준, 직무수행방법 그리고 필요한 KSAOs에 대한 정보를 얻을 수 있다. 이러한 정보를 기초로 하여 훈련프로그램의 내용을 설정할 수 있다. 더구나 과업분석 과정에 있어서 경영자나 종업원의 참여는 그들의 몰입정도를 증가시켜 개발프로그램에 대한 저항을 줄일 수 있다. 〈표 9-3〉에는 직무기술서, 직무관찰, 면접 등과 같은 과업분석을 위한 다양한 자료의 종류가 제시되어 있다.

표 9-3 과업 필요성 분석을 위한 자료 원천

주요한 자료 원천	훈련 필요성 분석에의 활용
1. 직무기술서	• 직무의 의무 및 책임에 대한 윤곽을 제시하나 지나치게 포괄적이어서는 안 됨 • 성과 차이를 정의하는 데 용이
2. 직무 명세서 혹은 과업분석	• 각 직무를 수행하는 데 필요한 특정한 과업을 나열하며 직무기술서에 비해 보다 구체적임 • 직무 담당자에게 필요한 지식과 스킬의 판단에 활용

주요한 자료 원천	훈련 필요성 분석에의 활용
3. 성과표준	• 직무내 과업들의 목적 및 과업들이 판단되는 표준으로 기준데이터(baseline data)를 포함
4. 직무 수행 정도	• 특정한 과업을 결정하는 데 가장 효과적인 방법 • 직무의 수준이 높을수록 성과요건이 성과수준과 결과간의 갭을 크게 한다는 점에서 직무수준이 높을수록 심각한 한계가 존재
5. 직무-작업 표본 관찰	
6. 직무관련 문헌 고찰 타 산업연구, 전문 저널 서류, 정부자료, 학위 논문	• 직무구조의 비교 분석에 용이하나 어떤 특정한 조직 혹은 특정한 성과요건 내의 직무구조의 독특한 측면으로부터 괴리될 수 있음.
7. 직무관련 설문조사	
8. 훈련위원회 및 회의	• 훈련니드 및 열망에 대한 다양한 관점의 표현 및 제시가 가능
9. 운영문제의 분석 시간절감 보고서, 낭비, 수선, 납기지체, 품질통제	• 과업 방해요인, 환경요인 등의 지적
10. 카드분류(Card Sort)	• 훈련회의에서 활용, 훈련의 중요성에 따라 분류되며 "How to" 문장으로 표현

자료: M. L. Moore and P. Dutton(1978), "Training Needs analysis: Review and Critique," *Academy of Management Review*, 3, pp. 537~538.

개인분석

개인분석은 개별 종업원의 훈련 필요성을 결정하는데 목적이 있다. 개인분석은 개별 종업원이 핵심과업을 얼마나 잘 수행하는가에 초점을 맞추고 있으며 이 과정에서도 다양한 개발 필요성을 식별할 수도 있다.

개인분석은 종업원의 성과를 규칙적으로 관찰할 수 있는 상급자에 의해서 행해지는 것이 보통이다. 따라서 많은 조직은 인사고과의 결과를 개인분석에 활용하고 있다. 그러나 인사고과가 개인분석의 자료로 활용되기 위

표 9-4 개인 필요성 분석을 위해 활용가능한 자료 원천

주요한 자료 원천	훈련 필요성 분석에의 활용
1. 성과 혹은 '약점' 지표 생산성, 결근 및 태업, 사고, 단기 질병, 고정, 낭비, 납기 지체, 제품품질, 고객불만	• 강점뿐만 아니라 약점과 개선분야도 포함 • 훈련이 필요한 대상 및 훈련의 종류를 결정하기 위한 분석과 계량화가 용이 • 성과차이를 식별하는 데 활용
2. 관측-작업 샘플링	• 주관적인 기법이지만 종업원 행위 및 행위의 결과를 제공
3. 인 터 뷰	• 개인은 자신이 무엇을 배워야 하는가에 대해 알고 있는 유일한 사람임. 따라서 종업원을 니드분석에 몰입시켜 종업원의 학습노력에 대한 동기부여가 가능
4. 설 문 지	• 인터뷰와 같은 방법 • 조직의 특정한 특성에 맞춰 조정이 용이 • 사전구조화(범주 등에 대한)에 의해 편의(bias) 야기가 가능
5. 테 스 트 직무 지식, 스킬, 업적	• 목적에 맞게 조정 및 표준화가 가능 • 직무관련 특성이 측정되도록 주의가 필요
6. 태도 조사	• 각 종업원의 사기, 모티베이션 혹은 만족의 결정이 용이
7. 체크리스트 혹은 훈련진척 차트	• 최근의 각 종업원의 스킬을 리스트화 • 각 직무에 대한 미래의 훈련요건을 제시
8. 스케일 평가	• 평가시 타당성, 신뢰성 및 객관성이 확보될 수 있도록 주의 필요
9. 주요사건	• 직무의 성공적 혹은 비성공적인 성과에 중요한 행동을 관측
10. 일 기	• 개별 종업원이 자신의 직무의 상세한 사항을 기록
11. 상황 조작 역할연기, 사례연구, 비즈니스게임	• 이들 기법을 통해 특정 지식, 스킬 및 태도를 제시

주요한 자료 원천	훈련 필요성 분석에의 활용
12. 평가 진단	• 평가를 진단하기 위해 체크 리스트에 대한 요인분석 실시
13. 평가 센타	• 평가기법 중 몇개를 조합하여 집중적인 평가 프로그램을 마련
14. 코 칭	• 인터뷰와 비슷-1 : 1
15. MBO 혹은 작업 계획 및 리뷰 시스템	• 조직 차원(개별 혹은 그룹 단위로 협상한 표준)의 실제 성과 데이터를 주기적으로 제공하여 기준 측정치를 획득하고 성과의 개선 혹은 감소가 식별, 분석되도록 함 • 이러한 실제성과 및 잠재력의 고찰을 통해 보다 큰 조직 목표 혹은 목적과 부합되도록 함

자료: M. L. Moore and P. Dutton(1978) "Training Needs analysis: Review and Critique," *Academy of Management Review*, 3, pp. 539~540.

그림 9-4 개인분석과정에 있어서 인사고과의 역할

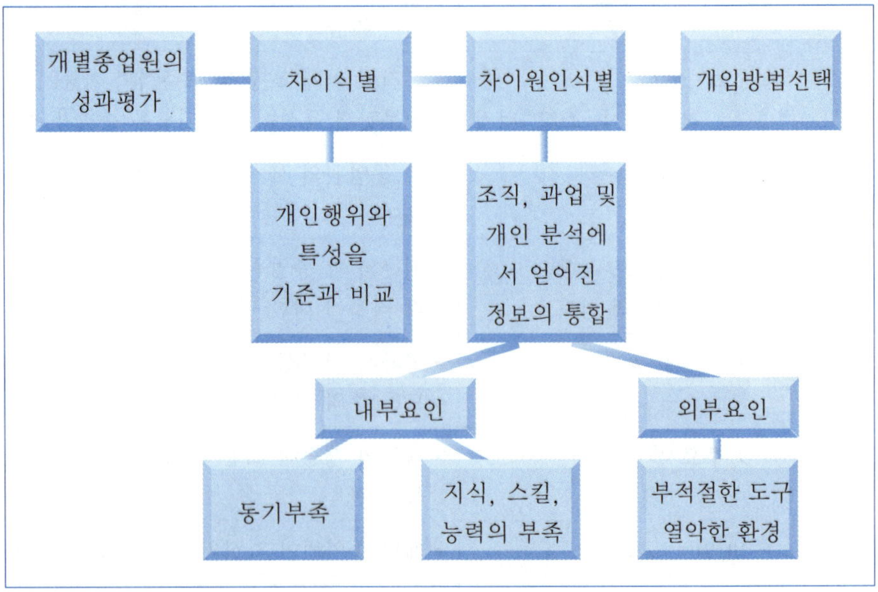

해서는 다음과 같은 조건을 갖추어야 한다.[8)]

1. 인사고과가 완전하고 정확하여야 한다.
2. 개별 종업원이 보유하고 있는 행위와 특성과 성공적 업무수행에 필요한 행위와 특성 사이의 차이를 식별할 수 있어야 한다.
3. 차이의 원인이 식별되어야 한다.
4. 차이를 해소하기 위한 적절한 개입(intervention)을 선택한다.

이상에서 두 가지 점을 좀더 자세히 언급할 필요가 있다. 첫째, 인사고과의 정확성이나 완전성을 액면 그대로 받아 들여서는 안 된다는 것이다. 이미 언급한 바와 같이 인사고과는 여러 가지 요인에 의해서 오염될 수 있다. 따라서 조직의 인사고과 과정을 검토하는 것이 인사고과의 질을 평가하는데 도움이 될 수 있다. 둘째는 성과 또는 능력의 차이는 여러 가지 요인에 의해서 발생할 수 있다는 점이다. 성과차이는 종업원 내(예를 들면, 동기나 태도) 또는 환경(예를 들면, 경영층의 지원부족, 낡은 기계 또는 경직적인 작업규칙 등)에 의해서 발생할 수 있다. 따라서 성과차이의 원인을 식별하기 위해서는 조직분석과 과업분석에 의해 얻어진 정보도 고려하여야 한다.

2. 전반적 개발계획의 설계

개발 필요성이 식별되면 다음 단계는 적절한 훈련프로그램의 개발이라고 생각하기 쉽다. 그러나 인적자원개발은 다양한 방법으로 이루어질 수 있으며 교육/훈련은 종업원을 개발하는 한 방법일 뿐이다. 인적자원개발은 경력개발, 조직개발 그리고 교육 및 훈련 등 여러 기능이 통합되어 이루어져야 할 것이다. 따라서 조직은 필요성 분석을 기초로 하여 통합적 인적자원개발에 대한 계획을 수립한 후 총체적 인적자원개발을 위하여 교육/훈련이 어떤 역할을 수행하며 어떤 결과를 낳아야 하는가를 명확히 할 필요가 있다.

또한 필요성 분석에 의해 다양한 필요성이 식별되겠지만, 조직은 제한된 자원밖에 가용하지 않으므로 가능한 한 많은 필요성을 충족할 수 있는 전략을 수립할 필요가 있다. 자원분배과정은 개념적으로는 명확하다. 첫째,

전반적 목표를 설정할 필요가 있다. 예를 들면 모든 일선감독자가 평등고용의무를 잘 수행할 수 있도록 한다는 목적을 세울 수 있다. 그 다음 인적자원개발 필요성에 우선순위를 부여하여 자원을 우선순위에 의해 배분하는 것이다.

그러나 현실에 있어서는 우선순위 설정이 항상 명확한 것은 아니다. 첫 번째 우선순위는 통상 법적 또는 계약적으로 요구되는 (예를 들면, 안전교육 등) 교육에 돌아간다. 법적 또는 계약적 필요성이 충족된 후에는 우선순위가 덜 명확해져 의사결정자는 경영자의 요구, 종업원의 요구 그리고 정치적 고려 등을 감안하여 결정을 내리는 것이 보통이다. 프로그램의 우선순위가 결정되면 프로그램별로 ⓐ 훈련대상자, ⓑ 기간, ⓒ 담당자 그리고 ⓓ 필요한 자원 및 시설을 규정한 후 코드화된다.

3. 구체적 훈련계획의 설계

〈그림 9-2〉에서 제시된 바와 같이 조직차원에서 개발 계획이 수립되면 다음에는 구체적으로 훈련프로그램을 설계할 필요성이 있다.

훈련프로그램을 설계하는 데는 ⓐ 훈련목적의 설정, ⓑ 프로그램 내용의 설정 그리고 ⓒ 훈련기법의 선택이 포함된다.

1) 훈련목적의 설정

훈련목적은 피훈련자가 훈련을 마쳤을 때 알아야 하는 사항 또는 행할 수 있는 사항을 기술해 놓은 것이다. 훈련목적에 근거하여 조직은 프로그램 내용 나아가서는 훈련방법까지 선택할 수 있다. 또한 훈련목적은 훈련이 종료되었을 때 훈련프로그램을 평가하는 기준이 될 수 있다. 간단히 말해서, 훈련목적은 훈련프로그램이 지향하는 바가 무엇이며 어떻게 달성할 수 있는지를 알려준다.

훈련목적을 설정하는 데는 필요성 분석자료를 유용하게 활용할 수 있다. 예를 들어, 한 증권회사의 필요성 분석에 의해서 담당직원이 고객의 걱정과 관심에 무관심하다는 것이 밝혀졌다면 고객에게 민감하게 반응하고 지원할 수 있도록 훈련프로그램을 설계할 수 있다. 이렇게 프로그램의 목적은 필요성 분석에서 식별된 구체적인 작업결함, 고객의 선호와 관심 그리고 다른 요인에 근거하여 수립할 수 있다.

훈련목적에는 세 가지 요소가 포함되어야 한다—①기대되는 성과에 대한 기술, ②기대되는 성과가 발생하는 조건 그리고 ③수용가능한 성과수준에 대한 기준.[9] 훈련목적은 다음과 같은 형태를 취한다.

1. 지식목표는 피훈련자가 훈련을 마쳤을 때 알아야 하는 사항을 의미한다.
2. 태도목표는 프로그램의 결과로 훈련참여자가 지녀야 하는 신념이나 확신을 의미한다.
3. 스킬목표는 훈련참여자가 훈련상황에서 수행할 수 있는 행위의 종류를 의미한다.
4. 직무행위목표는 직무에 복귀하였을 때 훈련참여자의 바람직한 반응을 의미한다.

표 9-5 인사고과에 대한 훈련목표의 예

목표의 유형	예
지 식	모든 피훈련자는 고과유형, 절차, 활용, 고과오류, 피드백 제공 등과 같은 인사고과 관리에 대한 시험에서 80점 이상 획득하여야 한다.
태 도	모든 피훈련자는 인사고과가 효과적 관리에 필수불가결하며 모든 종업원은 매년 정확한 평가를 받을 권리가 있다고 믿는다. 강의실에서 발표와 직무복귀 시에는 행동에 의해 평가된다.
숙 련	모든 피훈련자는 종업원 성과에 3개의 비디오테입을 정확하게 평가할 수 있어야 한다. 모든 피훈련자는 '역할연기'에 있어서 부하에게 정확한 피드백을 할 수 있어야 한다.
직무행위	모든 피훈련자는 훈련종료 6개월 이내에 양질의 고과를 행한다.
조직결과	모든 피훈련자는 훈련종료 1년 이내에 성과를 5% 상승시킨다.

5. 조직결과는 생산성, 판매액, 효율성, 비용, 사퇴율 등과 같은 훈련프로그램에 의한 계량적 지표의 변화를 의미한다.

〈표 9-5〉는 인사고과에 대한 훈련 프로그램에 있어서 각 목표에 대한 예가 제시되어 있다. 〈표 9-5〉가 제시하는 것처럼 훈련프로그램은 다수의 목표를 가지고 있다. 일반적으로 지식, 태도 그리고 스킬은 단기목표이며 직무행위는 중기 그리고 조직결과는 장기적 목표이다. 많은 경우에 있어서 훈련프로그램과 조직결과 사이의 관계는 매우 약하므로 조직결과목표를 설정하는 것은 비현실적이다. 오히려 피훈련자가 직무행위를 바꾸면 조직결과가 개선된다고 가정하고 있다.

2) 프로그램 내용의 결정

프로그램 내용은 훈련중 다루어야 할 사항과 전달순서를 의미한다. 프로그램 내용은 훈련목표와 해당 주제에 대한 정보베이스에 의해 결정된다. 훈련목표가 특정 직무에 한정되어 있을 경우 직무기술서나 명세서가 정보베이스가 될 수 있다(이것은 훈련에서는 과업 또는 기능분석이라고 불리운다). 훈련이 광범위할 경우에는 '일반이론'에 근거하여야 한다. 〈표 9-5〉의 예에서, 훈련설계자는 먼저 인사고과가 어떻게 활용되는가를 알기 위하여 경영자의 직무를 연구한다. 그런 다음에 인사고과에 대한 이론적 내용을 선택한다.

프로그램 내용은 실무적 이유는 물론 법적 이유에서도 직무내용과 가능한 한 밀접한 관련이 있어야 한다. 실무적으로는 내용타당성이 클 수록 훈련이 효과적이다. 그것은 중요한 사항이 누락되거나 불필요한 사항이 포함되는 일이 적기 때문이다. 또한 내용 타당성이 클 수록 직무에 복귀했을 경우 '훈련의 전이(transfer of training)'가 크다. 훈련이 통상 직무선발이나 배치에 있어서 기본요건으로 사용되기 때문에 내용 타당성은 법적 요건이 될 수 있다. 최근에는 직무의 행위, 지식, 태도요건을 훈련프로그램으로 전환하는 '주관명제 전문가(subject matter expert)'를 이용하여 체계적으로 프로그램 내용을 개발하려는 시도가 있다.

직무내용외에 훈련대상자도 훈련프로그램 내용에 영향을 미친다. 피훈련자의 이해력과 학습능력에 맞게 훈련내용의 수준이 조정되어야 한다. 이것이 인적자원개발 필요성을 결정할 때 '훈련가능성(trainability)'을 평가해야 하는 이유이다.

마지막으로 학습에 대한 설계자의 의도도 훈련내용에 영향을 미친다. 여기서 핵심적 이슈는 '부분학습(part learning)' 대 '전반학습(total learning)'이다. 전반학습에서는 모든 학습내용이 동시에 전달되며 전반적으로 반복한다. 반면에 부분학습에서는 학습내용을 소규모 단위로 분할하여 각 부분이 학습된 후에 다음 단계로 넘어가게 된다. 일반적으로 부분학습이 선호되며, 특히 훈련내용이 복잡할 경우에는 더욱 그렇다. 또한 직무를 수행하는 절차와 동일한 순서로 학습이 진행될 때 '훈련의 전이'가 강화된다. 이런 이유에서 훈련설계자가 직무기술서나 실제 작업과정을 연구하는 것이 중요하다. 이들 주제에 대해서는 '훈련실시'를 설명할 때 자세히 검토하기로 한다.

3) 훈련기법의 선택

일단 훈련목표나 내용이 확정되면 다음으로 중요한 단계는 '누가', '어떻게' 훈련을 시킬 것인가? 이다. 실제로 다양한 훈련기법이 존재하고 있다. 훈련기법의 선택은 피훈련자의 수, 예산, 시설 및 기자재의 가용성(예를 들면, 컴퓨터, 오디오시스템 등) 그리고 훈련자의 경험 등에 의해 제약을 받는다.

훈련기법에 관한 한 훈련설계자는 훈련을 직무를 수행하면서 실시할 것인가 그렇지 않으면 직무외에서 실시할 것인가를 결정하여야 한다. 이런 기본결정을 토대로 구체적인 훈련기법을 선택하여야 한다.

직무외 훈련기법

직무외 훈련(off-the-job training)기법이 〈표 9-6〉에 제시되어 있다. 직무외 훈련은 크게 ① 정보전달, ② 정보처리 그리고 ③ 모의실험으로 나눌 수 있다.

표 9-6 직무외 인적자원개발방법 및 기법

범 주	방법 및 기법
1. 정보전달기법: 학습자의 활동을 최소화하면서 정보를 전달 하고자함	a. 독서목록 b. 통신교육 c. 영화 d. 강의 e. 패널토의 f. 프로그램화된 교육: 학습내용이 컴퓨터스크린이나 책자에 단계적으로 소개되어 있다. 학습자는 자신에 맞는 속도로 학습하며 한 단계가 끝날 때마다 사전에 설정된 질문에 응답한다. 질문에 대한 응답은 즉시 평가된다. 올바른 응답은 강화(reinforcement)되고 다음 단계로 넘어간다. 틀린 응답은 다시 내용을 검토할 것이 요구된다.
2. 정보처리기법: 학습내용의 창출과 토론에 피학습자 집단의 참여를 위해 설계	a. 회담(conference) 또는 토의집단(discussion group): 문제가 피학습자 집단에 제시되고 피학습자들은 문제를 논의하여 결론에 도달할 것이 기대된다. 통상 리더가 존재한다. b. T-집단 : 본질적 문제보다는 피훈련자의 행위에 초점을 맞춘다는 것 외에는 회담 또는 토의집단과 유사하다. 개방적이고 정직한 의사소통, 특히 개인감정 노출에 초점을 맞춘다.
3. 모의기법(Simulation techniques): 학습자를 참여시키기 위해서 작업 환경을 모방하기 위해 설계됨	a. 중요사건/사례: 토의자료로서 일방적인 문제보다는 실제 조직문제를 다룬다는 점을 제외하고는 회담 또는 토의집단과 유사하다. b. 역할연기: 피훈련자가 조직에서의 역할에 배정되어 실제로 행동하며 통상 훈련자나 집단에 의해 피드백이 이루어진다. 때때로 상급자는 부하, 부하는 상급자 역할을 하는 역할역전(role reversal)도 이루어진다. c. 인 바스켓(In-basket): 소비자 불만, 운용상 문제, 인사문제 등으로 구성된 문제가 제시되며 피훈련자는 일정 역할을 담당하여 의사결정을 행한다. 추후 논의에서 피훈련자는 훈련자로부터 피드백을 받는다. d. 양성소(vestibule): 실제 작업라인과는 독립적으로 작업라인을 복사해 구축한다. 피훈련자는 현실적 상황에서 학습하지만 생산압력으로 부터는 해방되어 있다. e. 실물모형(mock-up): 실제 작업의 주요 측면이 모방되어 설계되었다. 설계시 실제 작업에서 발생하는 주요 행위나 문제를 식별할 수 있도록 한다. 대표적인 예로는 비행기 조정사를 훈련하기 위한 모의 조정실을 들 수 있다.

범 주	방법 및 기법
	f. 경영게임(business game): 조직 전반에 걸친 경제적 기능을 모의 하려는 시도이며 피훈련자는 가격, 인력수준 등에 관한 전략적 결정을 내리며 판매, 이익 등에 미치는 영향을 관찰한다.

자료: H. G. Heneman, Ⅲ et al.(1994), *op. cit.*, p. 399.

정보전달기법(information presentation technique): 정보전달기법은 ① 교육목적이 지식향상에 있으며, ② 교육내용이 너무 복잡하지 않으며, ③ 피훈련자가 학습능력과 동기가 있으며, ④ 피훈련자 집단이 크며, 그리고 ⑤ 마지막으로 예산이 제약되어 있을 때 널리 사용된다. 이 기법들은 대량의 정보를 다수의 피훈련자에게 비교적 단시간에 전달할 수 있다. 이 기법들의 문제는 너무 훈련자 위주로 되어 있어 개발에 있어서 보다 적극적인 역할을 담당하고자 하는 성인 피훈련자에게 매력적이지 못할 수 있다. 더욱이 이들 기법은(프로그램화된 교육은 제외) 학습속도에 있어서 개인적 차이를 반영하기가 어렵다. 그러나 다른 교육기법을 사용하더라도 학습내용을 조직화 또는 요약하기 위해서 얼마간의 강의는 활용되고 있다.

정보전달기법 중 최근에는 점점 컴퓨터를 이용한 기법이 증가하고 있다. 이것은 인적자원기능에서 컴퓨터가 점점 많이 활용되고 있는 추세와 맥락을 같이하는 것이다. 컴퓨터에 의한 교육은 전통적 훈련기법과 비교하였을 때 학습이나 추후의 직무성과에는 커다란 차이를 보이지 않으면서 학습시간이나 비용을 크게 줄일 수 있다. 온라인 학습(e-learning)에 대해서는 뒤에 자세히 논의할 예정이다.

정보처리기법(information processing techniques): 정보처리기법, 특히 회담(conference)이나 토의집단(discussion group)은 ① 훈련목적이 지식강화에 있으며, ② 교육내용이 복잡하며, ③ 교육참여자가 경험이 있으며, 그리고 ④ 피교육자의 수가 관리 가능할 경우에 부수적으로 사용한다. 정보처리기법은 태도를 변화시키는 데 있어서 어느 정도 효과적이다. 단순히 정보를 전달하는 것은 태도에 그다지 영향을 주지 않지만 집단토의는 피훈련자가 집단압력을 느끼며 새로운 태도가 강화될 수 있으므로 태도 변화에 효과적이다.

정보처리기법은 남성상급자가 여성부하를 처음으로 맞이할 때 성차별적 태도를 제거하는 데 활용될 수 있다. 새로운 스킬, 특히 의사소통 및 대인관계도 획득될 수 있다. 실제로 의사소통 및 대인관계 스킬은 T-집단의 주요 목표이다.

모의기법(simulation technique): 스킬(skill)을 증대시키고자 할 경우에는 실습을 강조하는 모의기법이 가장 효과적이다. 손 또는 전신운동 스킬은 양성소(vestibule) 훈련이나 실물모형(mock-up) 훈련에 의해 증대될 수 있다. 리더쉽과 감독기술은 역할연기(role playing) 그리고 문제해결 및 의사결정기술은 사례, in-basket 그리고 경영게임을 통하여 개발할 수 있다.

역할연기는 스킬개발뿐만 아니라 태도를 변화시키는 데도 효과적이다. 이것은 역할역전(role reversal)(예를 들면, 남성은 여성역할, 그리고 여성은 남성역할을 수행한다)을 통해서 가능하다. 피훈련자는 훈련 이전에는 생소한 행위를 하도록 강제되며 자신의 행위(또는 태도)를 방어할 것이 요구된다. 이런 접근법은 새로운 태도가 직무수행에 있어서 강화(reinforce)될 때 더욱 효과적이다.

세 가지의 직무외 훈련유형 — 정보전달, 정보처리, 모의기법 — 들은 실제 훈련프로그램에 있어서 여러 가지 형태로 결합되어 활용되고 있다. 예를 들어, 경영자들에게 인사고과의 과정을 이해시키고 인사고과의 질을 개선하기 위한 프로그램을 예로 들어보자. 인사고과의 의의를 이해시키기 위하여 정보전달기법, 즉 강의를 활용하며 인사고과과정에 대한 집단토의(즉 정보처리) 및 역할연기(즉 모의기법) 등도 활용할 수 있다. 인사고과에 대한 강의만으로도 경영자들에게 인사고과과정을 이해시키는 데 충분하겠지만 집단토의와 역할연기를 부가함으로써 실제 직무상 인사고과기술이나 피드백을 강화할 수 있다.

직무상 훈련기법

〈표 9-7〉에는 직무수행시 수행할 수 있는 주요 훈련기법이 제시되고 있다. 인공적인 환경에서 지식, 태도 그리고 스킬을 변화시켜 직무행위 개선을 시도하는 대신에, 이들 기법은 종업원이 직무를 수행하는 동안에 직접

표 9-7 직무상 종업원 개발방법과 기법들

방법 및 기법	내 용
코 칭	일상적인 상급자-하급자 관계를 인적자원개발로 유도하기 위한 과정이 코칭이다. 기본적으로 코칭에 있어서 상급자는 강의실 강사의 역할을 수행한다. 상급자는 역할모형으로서 기능하며 안내, 조력, 피드백 그리고 강화를 제공한다.
특수임무	인적자원개발의 흔한 방법으로 일정기간 동안 위원회, 프로젝트 또는 직무에 배치한다. 특수임무는 일상직무에서는 다루기 힘든 특수한 문제를 다룰 기회를 제공하기 위한 것이다. 이 방법은 코칭과 함께 이루어진다.
직무순환	조직의 다양한 측면 또는 다양한 기능을 경험할 수 있도록 사전에 설정된 직무를 순서대로 이동한다. 각 단계에서 코칭을 수반할 수 있다. 때때로 신규 채용자에게 정식직무에 배치하기 전에 직무순환을 실시할 수 있다. 또한 일반관리자(general management)로 양성하기 위하여 도입할 수도 있다.

자료: H. G. Heneman, Ⅲ et al.(1994), *op. cit.*, p. 404.

적으로 직무행위를 변화시키려고 한다. 직무상 훈련(on-the-job training)은 통상 직무외 훈련에 대한 보조방법으로 활용된다.

직무상 훈련은 모든 조직에서 공식적으로든 비공식적으로든 널리 활용하고 있다. 그리고 직무상 훈련은 직무상 실수를 조직이 감내할 수 있는 한계 내에서 이루어진다. 예를 들어, 비행기 조종사나 외과의사는 직무외 훈련에 의해서 그들의 능력이 충분히 개발된 후에 직무를 수행한다.

통상 직무상 훈련과 직무외 훈련 사이에는 역관계(trade-off)가 존재한다. 직무외 훈련은 학습에 있어서는 비교적 효과적이지만 학습을 직무에 적용하는 데는 비교적 덜 효과적이다. 직무상 훈련에는 '훈련의 전이'의 문제는 거의 발생하지 않는다. 그러나 직무상 훈련은 다음의 두 가지 이유 때문에 학습에는 덜 효과적이다. 첫번째는 훈련내용에 대한 통제력이 약하다. 직무상 훈련에 있어서 훈련내용은 일상적인 직무요구에 의해 결정된다. 두 번째는 상급자 또는 동료 훈련자와 관련된 것으로 그들은 인적자원개발 이외에도 많은 다른 업무를 수행하고 있으며 직무상 훈련에 대한 보상을 거의 받지 못한다. 특히 집단인센티브를 받는 경우에 집단 구성원들은 피훈련생을 받기를 꺼려한다. 왜냐하면 피훈련생을 지도하느라고 업무에 집중할 수 없어 성과가 낮아 임금이 하락할 수도 있기 때문이다.

그러나 이런 이유 때문에 직무상 훈련이 효과적이 아니라고 말할 수는 없다. 직무상 훈련도 효과적일 수는 있다. 그러나 실습에 의한 학습이라는 구호는 너무 단순한 것이다. 자질 있는 훈련자가 시간과 동기를 가지고 지속적으로 지도하고 도움을 줄 때 그리고 상황이 잘 통제되었을 때 실습에 의해 효과적으로 학습할 수 있다.

새로운 훈련기법들

기업들은 훈련을 사업전략을 실행하고 경쟁우위를 달성하기 위한 수단으로 간주하고 있다. 즉, 기업들은 혁신, 생산성, 고객 서비스 등과 같은 목표를 달성하기 위한 전략적 수단으로 훈련을 활용하고 있다. 또한 종업원들은 훈련이 미래에 자신의 시장성(marketability)에 핵심적이라는 것을 잘 알고 있다. 그 결과, 종업원들은 학습기회를 제공하는 기업을 선택하고자 한다. 훈련을 제공하지 않는 기업은 자질 있는 종업원을 유인하고 유지하는 것이 점점 어려워진다. 따라서 기업들과 산업교육 전문기관들은 다양한 새로운 훈련기법을 끊임없이 개발하고 있다. 본 절에서 비교적 새로운 훈련기법인 온라인 학습(online learning), 탐험학습(adventure learning), 그리고 활동학습(action learning)에 대해서 소개하기로 한다.

온라인 학습: 온라인 학습 또는 e-learning은 컴퓨터로 인터넷이나 회사 인트라넷(intranet)을 이용하여 훈련을 전달하는 것을 말한다.[10] e-learning에는 Web을 통한 학습, 원격지 학습(distance learning), 가상 수업 공간(virtual class room) 그리고 CD-ROM의 활용 등을 포함한다. e-learning에는 다음 세 가지 특징이 있다. 첫째, e-learning은 정보와 교육내용을 통신망을 통하여 전달 혹은 공유하거나 새롭게 갱신한다. 둘째, e-learning은 인터넷과 연결된 컴퓨터를 통하여 피훈련자에게 전달된다. 셋째, 전통적 훈련을 넘어서 성과를 증진시키기 위한 정보나 도구를 제공함으로써 해결책 학습에 초점을 둔다.[11]

〈그림 9-5〉는 협력과 공유, 다른 자원과의 연계, 학습자 통제, 전달 그리고 관리를 포함한 e-learning의 특징을 나타내고 있다. e-learning은 훈련 내용을 제공할 뿐만 아니라 학습자들이 무엇을 어떤 속도로 배우고, 그리고 언제 배울지를 통제할 수 있게 한다. e-learning은 또한 다른 학습자나 전문가와 협력 또는 상호작용(interaction)할 수 있게 하며, 다른 훈련 프로그램,

그림 9-5 e-learning의 특징

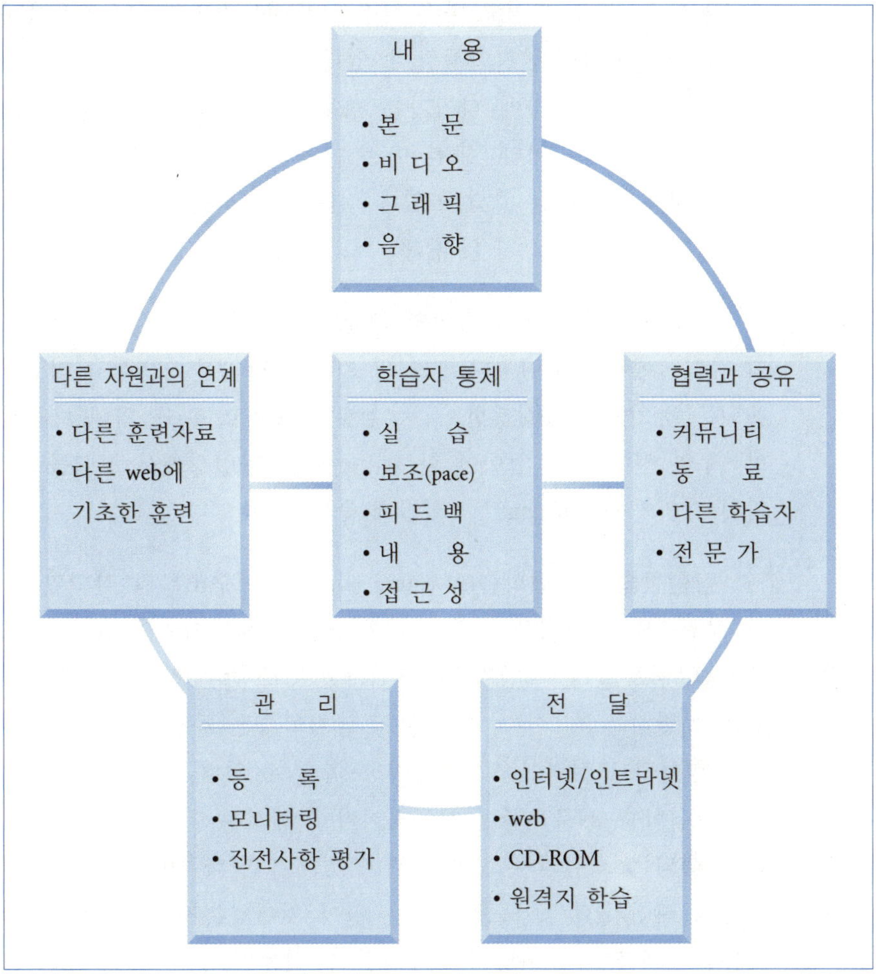

자료: R. A. Noe, J. R. Hollenbeck, B. Gerhart & P. M. Wright(2003), *Human Resource Management*, 4th ed., McGraw-Hill, p. 285.

회사 웹사이트, 참고문헌 등과도 연계할 수 있다.[12)]

이러한 e-learning은 다른 훈련방법과 비교해서 다양한 장점을 지닌다.

- e-learning은 전통적 훈련방법들보다 더 많은 학습자를 훈련시킬 수 있다. 따라서 종업원 이외에도 협력업체 직원들이나 잠재적 고객도 참여시킬 수 있다.
- 문장, 비디오, 음향, 그래픽 등을 활용함으로써 학습자가 다양한 감각기능을 이용하게 하여 학습을 촉진시킬 수 있다.
- 실습, 질문 그리고 다른 학습자나 전문가와의 상호작용을 통하여 학습에의 참여를 강화시킬 수 있다.
- 훈련이 학습자에 다가가는 방식이므로 시간과 거리의 제약을 받지 않아 융통적이다. 또한 이는 학습자의 교통비용, 업무공백 등 학습비용을 줄이는 효과도 있다. 신규 종업원들은 계획된 훈련 스케줄까지 기다릴 필요가 없다.[13)]

e-learning은 강의실 강의의 역할도 변하게 하였다. 이전에는 모든 내용이 강의실에서 이루어졌다. 그러나 지금은 강의실 강의는 온라인에 의해 제공되는 강의자료(예를 들면, 사례, 논문, 실습자료 등)에 의해 보완될 수 있으며, 수업 전에 미리 알아야 할 내용들이 온라인상에서 진행될 수 있다. 강의실 강의와 e-learning이 조화롭게 융화될 수 있다.[14)]

탐험학습: 탐험학습(adventure learning)은 구조화된 야외활동을 활용하여 팀워크와 리더십을 개발한다.[15)] 탐험학습은 자기인식(self-awareness), 문제해결, 갈등관리, 위험감수(risk-taking) 등과 같은 집단 유효성과 관련된 스킬을 개발하는 데 아주 적당하다. 탐험학습은 등산, 캠핑, 오지여행 등과 같이 힘들고 도전적인 신체활동을 포함할 수 있다.

탐험학습 프로그램이 성공적이기 위해서는 활동이 참여자가 개발하도록 기대되는 스킬의 유형과 관련이 있어야 한다. 또한, 활동이 끝난 뒤에 숙련된 리더가 활동 도중에 무슨 일이 일어났는지, 무엇을 학습하였는지, 활동을 직무상황과 어떻게 연계시킬 수 있는지, 그리고 직무에 어떻게 적용할 수 있는지에 대한 논의를 잘 이끌어야 한다.[16)]

탐험학습이 생산성과 성과에 미치는 영향에 대해서는 아직 체계적인 연구가 부족하다.[17] 그러나 참여자들은 종종 자신과 동료들과 상호작용하는 방법에 대해 많은 이해를 얻었다고 보고한다. 탐험학습의 성공 여부는 작업팀 전부가 참여하여 팀의 효과를 저해하는 요인이 노출되어 논의되는 정도에 달려 있을 것 같다. 그러나 탐험학습에서 요구되는 강한 신체적 노력과 인내는 개인적 부상의 가능성이 있으며, 또 장애인이나 고령자의 참여는 제한적일 수밖에 없다.

활동학습: 활동학습(action learning)에서는 작업팀은 실제 문제에 대한 해결책을 찾고 실행하는 책임을 진다.[18] 통상, 활동학습은 6명에서 30명 사이의 참가자로 구성하며, 고객이나 공급자도 포함할 수 있다. 집단을 구성하는 데는 다양한 방법이 있다. 첫째, 다루어야 할 문제와 관련 있는 고객을 집단에 참여시킬 수 있다. 둘째, 문제와 관련 있는 모든 기능을 포함한 교차기능(cross-functional)팀으로 구성할 수 있다. 셋째, 다기능으로 구성된 집단을 구축하고 각 기능으로부터 차출된 구성원은, 식별된 문제를 해결하는 데 도움이 되도록 자신이 속한 기능의 문제를 해결하게 한다. 활동학습은 우리나라에서는 아직 널리 퍼지지는 않았지만, 실제 문제를 다루기 때문에 학습과 훈련의 전이를 극대화하는 것으로 보인다. 또한, 활동학습은 효과적인 문제해결에 방해가 되는 역기능적인 팀 역학을 식별하는 데도 도움이 될 수 있다.

4) 훈련기법의 선택

지금까지 논의한 훈련기법들은 적절히 활용되었을 경우에만 학습에 기여할 수 있다. 적절한 훈련기법을 선정하기 위해서는 먼저 피훈련자가 무엇을 학습하여야 하는지를 명확히 한 다음 학습내용에 가장 잘 부합하는 기법을 선택하여야 한다. 보다 구체적으로 훈련기법 선정시 고려해야 할 사항을 제시하면 다음과 같다.[19]

1. 피훈련자가 성과를 개선하기 위한 동기를 제공한다.
2. 실습의 기회를 제공한다.

3. 피훈련자의 적극적 참여를 유도한다.
4. 학습동안에 성과에 대한 피드백을 제공한다.
5. 단순한 과업에서 복잡한 과업순으로 구조화되어야 한다.
6. 피훈련자가 훈련상황에서 학습한 내용을 다른 상황에 적용할 수 있어야 한다.
7. 피훈련자의 학습능력에 맞아야 한다.
8. 다른 조건이 동일하면 훈련시간이 적게 들고 경제적이어야 한다.

특정 훈련프로그램이 위에 언급한 조건을 모두 충족하기는 어렵다. 따라서 훈련설계자는 개별 훈련프로그램의 장점을 살리기 위해 특정 훈련프로그램의 설계 시 서로 보완적인 다수의 훈련기법을 활용하는 것이 보통이다.

4. 훈련실시

이미 학생들도 알고 있듯이 훈련을 시킬 수 있는 능력은 모든 사람이 동일하게 지니고 있는 것은 아니다. 일반 경영자를 훌륭한 강사나 코치로 개발한다는 것은 매우 어려운 일이다. 그러나 훈련자가 교실이나 직무에서 활용할 수 있는 일반적 학습원리가 연구되어 왔다. 만약 훈련자가 일관성 있게 이들 원리를 적용한다면 피훈련자의 학습을 촉진할 수 있을 것이다.

1) 피훈련자의 동기유발

학습이 이루어지기 위해서는 먼저 피훈련자가 배우기를 원하여야 한다. 그러나 실무에서는 피훈련자들의 학습동기보다는 학습능력을 중시하는 경향이 있다. 이는 동기보다는 능력을 식별하기가 더 쉽다는 점에서 이해는 가지만 불행한 일이다.

동기는 행위를 활성화하고 방향 지우며 유지하는 힘이다. 훈련에 있어서 동기는 훈련에 대한 열의에 영향을 미치며(활성화), 훈련 자체에 주의를 집중하게 하며(방향지시성) 그리고 직무 복귀시 학습내용을 폐기하라는 압력에 당면해서도 학습내용을 강화하는 역할(유지기능)을 행한다.[20]

〈그림 9-6〉에서 제시하는 바처럼 훈련동기는 훈련에 대한 피훈련자의 지각이나 믿음에 의해 영향을 받는다. 구체적으로 훈련동기는 작업환경이 훈련과 부합되는 정도, 자신의 강점과 약점을 타인이 정확하게 평가한다는 믿음 정도, 자신이 훈련을 따라 갈 수 있다는 믿음 그리고 훈련을 마치면 좋은 결과를 얻을 수 있다는 믿음에 의해 결정된다. 첫번째 요인인 작업환경은 훈련이 진공상태에서 이루어지는 것이 아니라는 것을 의미한다. 훈련내용이 직무수행 시 활용되기 위해서는 먼저 피훈련자의 학습동기에 대한 환경영향을 미리 파악하는 것이 중요하다. 직무를 수행하기 위해서는 충분한 자원(원자재, 자금, 인적자원 등)이 제공되어야 한다. 또한 훈련에 참가함으로써 종업원이 불이익을 받는 일(예를 들면, 훈련참가 외에 일상적 업무도 담

그림 9-6 학습동기에 영향을 미치는 요인

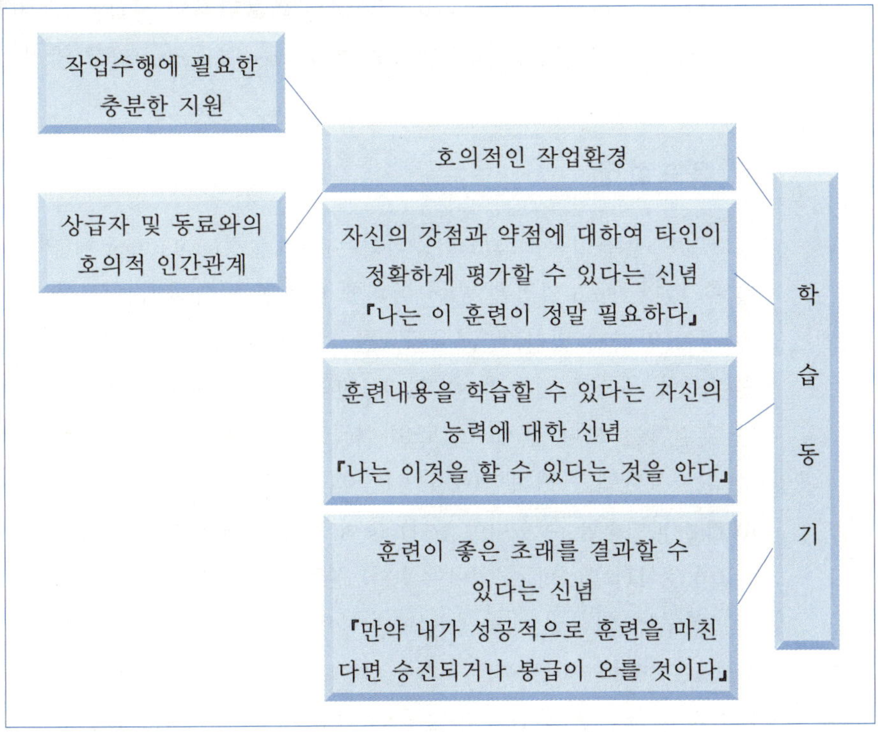

당하게 하여 부담을 가중시키는 것)이 없어야 한다. 동시에 상급자나 동료와 지원적 인간관계가 수립되어 있어야 한다. 이런 상황하에서는 종업원들은 훈련이 자신의 업무에 유용하다고 믿을 수 있다.

두 번째 요인은 피훈련자의 강점 및 약점이 정확히 평가되어 훈련에 의해서 약점이 개선될 수 있다고 믿어야 한다. 이러한 믿음이 있다면 피훈련자는 자신이 훈련을 필요로 한다고 느낄 것이다. 세 번째 요인은 훈련내용을 따라갈 수 있다는 신념이다. 높은 자기 효능성(high self-efficacy)은 역량(competencies)의 획득과 유지에 절대적으로 중요한 것이다. 마지막으로 훈련은 개인적으로 가치 있게 여기는 결과(예를 들면, 개인적 개발, 승진, 봉급인상)를 얻는 데 도움이 된다는 믿음이다.

이상의 요소들이 피훈련자의 동기에 영향을 미치지만, 훈련자의 기대도 피훈련자의 동기에 영향을 미칠 수 있다. 실제로 훈련자의 기대는 자기충족적 예언(self-fulfilling prophecy)의 기능을 행한다. 즉 훈련자의 높은 기대는 훈련 중에 보다 지원적 방식으로 행하게 하여 피훈련자의 성과를 높이는 데 기여한다. 반대로 훈련자의 낮은 기대는 피훈련자의 성과를 낮춘다. 이런 자기 충족적 예언 현상을 피그맬리온 효과(Pygmallion effect)라고 알려져 있다.

2) 목표설정

일단 훈련이 시작되면, 동기화는 목표설정(goal setting)에 의해 더욱 강화될 수 있다. 목표설정은 훈련 이외에 다양한 상황하에서도 동기를 강화한다는 것이 알려져 있다.[21] 교육목표를 피훈련자에게 알려 만일 수용된다면 피훈련자의 목표로 가능할 수 있다. 만약 교육목표가 일반적이고 추상적이라면 훈련자는 보다 구체적으로 하위목표를 설정하는 것이 바람직하다. 하위목표는 시간에 근거하여(예를 들면, 훈련 시작 후 1주일 이내에 오차 없이 1분에 100자를 타이핑할 수 있어야 한다) 능력 위주로(예를 들면, 훈련을 마치면 대차대조표를 정확히 작성할 수 있어야 한다) 설정되어야 한다.

연구에 의하면 교육목표(또는 하위목표)는 구체적이고(단지 피훈련자에게 최선을 다하라고 하는 것은 최적이 아님) 도전적일 때 성과를 강화할 수 있다. 도전적 목표는 피훈련자의 능력을 신장시킬 수 있다. 어떤 경우에서는 피훈련자에게 충분한 잠재력을 가지고 있다고 말하는 것 자체가 훈련성과에 긍정적인 효과를 가질 수 있다. 그 이유는 명확하지는 않지만, 이것은 피훈련자로 하여금 높은 목표를 설정하게 하고 목표달성을 하도록 만들기 때문일 것이다.

3) 연　　습

학습의 핵심은 연습(practice)이다. 연습은 훈련내용의 적극적 활용을 의미한다. 연습을 통하여 피훈련자는 실수의 비용이 그리 크지 않은 환경 속에서 적절한 행위나 반응을 형성할 수 있다. 연습을 논의할 때에는 보통 적극적 연습(active practice), 과대학습(over-learning), 그리고 일괄연습 대 간격연습에 초점을 맞춘다.

적극적 연습: 스킬을 학습할 때(예를 들면, 기계조작을 배울 때), 피훈련자가 행하여야 할 행동을 말로 설명하거나 읽게 하는 것만으로는 충분하지 않다. 적극적 연습을 통해서만이 정신과 육체를 조화롭게 통제하는 방법을 배울 수 있다. 연습이 진행되고 적절한 피드백이 제공됨에 따라 피훈련자는 불필요한 동작을 제거하고 원만하고 정확한 성과에 기여하는 요인만 유지한다. 적극적 연습의 결과는 전문운동선수를 관찰하면 알 수 있다. 그러면 당신은 어떻게 연습이 완전함을 만드는지를 알 수 있을 것이다.

정신적 연습(mental practice): 신체적 동작은 행하지 않고 과업을 인지적으로만 예행연습을 하는 것도 성과를 올릴 수 있다. 그러나 정신적 연습과 성과 사이의 시간이 길어질수록 정신적 연습이 성과에 미치는 영향은 작아진다. 따라서 피훈련자는 교육외부환경에서 실제로 작업하기 전에 정신적으로 예행연습을 하는 것이 바람직하다.

일괄연습 대 간격연습(massed vs spaced practice): 일괄연습은 훈련을 시간적으로 집중하여 행하는 것이며 반면에 간격연습은 훈련내용을 분할하여 일정한 간격을 두고 훈련을 실시하는 것이다. 예를 들어, 중간고사를 며칠에 걸쳐서 준비하느냐(간격연습) 또는 전날에 집중하여 준비하느냐(일괄연습)

이다.

간격연습에는 훈련내용을 분할하여 각 부분마다 하위목표를 설정하여야 하며 또한 이들 하위목표간에 일관성이 있어야 한다. 때때로 연습은 누적적으로 행해질 수 있다. 예를 들면, 훈련프로그램의 첫번째 단위가 끝난 경우에 첫번째 단위에 대해서 연습을 행하며 훈련의 두 번째 단위가 끝날 때에는 첫번째 단위와 두 번째 단위에 대한 연습을 실시하는 식이다. 여러 훈련단위의 내용이 서로 연관 있고 직무를 수행하기 위해서는 전 분야가 필요한 경우에 이런 누적적 연습이 효과적이다.

일반적으로 간격연습(즉, 새로운 행동을 연습한 후 다음 연습 때까지 일정기간 휴식을 취하는 것)이 일괄연습(휴식 없이 새로운 행동을 총체적으로 연습하는 것)보다 효과적이다. 학습자가 휴식 없이 장기간 동안 연습에 집중하여야 한다면, 학습을 유지하기가 어려울 것이다. 학생들이 시험전날 밤을 새서 당일치기로 공부한다면 공부한 내용을 쉽게 잊어 버릴 것이다. 따라서 작업상황에서 장기적 학습유지와 훈련의 전이를 위해서는 집중연습보다는 간격연습이 더 효과적이다. 또한, 간격연습에서는 훈련자도 피훈련자의 연습상황을 관찰하여 피훈련자의 실수를 고치도록 피드백을 제공할 수 있는 시간적 여유가 있을 수 있다.

과대학습(over-learning): 과대학습은 '훈련내용의 숙달 이상의 연습'이라고 정의할 수 있다. 간헐적이지만 상당한 스트레스하에서 수행되어지는 과업들(예를 들어, 환자의 생명을 유지하기 위한 인공호흡)에게는 과대학습이 필수적이다. 그러나 일상적으로 행해지는 작업(예를 들면, 자동차 정비, 부품조립)에서는 과대학습의 중요성이 떨어진다.

과대학습은 다음 세 가지 근거로 합리화된다.[22] 첫째, 과대학습은 서로 다른 다양한 환경에서 성과를 증진시킨다. 과업들간 또는 지식구성요소간 강한 연관을 개발함으로써, 환경적 변화가 학습을 방해할 가능성이 적다. 둘째, 과대학습은 직무상에서 활용할 기회가 거의 없는 지식이나 스킬에 대해서 추가적 연습을 제공한다. 예를 들어, 비행중 엔진이 돌연 정지하는 것을 다루는 것은 실제에서는 거의 발생하지 않지만 비행기 조종사 훈련에서는 필요한 사항이다. 셋째, 과대학습은 학습내용을 보다 자동적으로 만들어

스트레스 상황이나 위기 상황에서 성과를 증진시킬 수 있다. 예를 들어, 군인들에게 지속적 반복훈련을 행함으로써 훈련내용이 몸에 배게 함으로써 공격 명령시 신속하고 정확하게 행동할 수 있게 한다.

더욱이 과대학습은 학습내용의 유지를 증가시킨다. 그러나 과대학습은 시간과 비용이 많이 든다는 단점이 있다.

4) 결과에 대한 지식(피드백)

다른 인적자원분야에 있어서와 마찬가지로 훈련에 있어서도 피드백은 학습이 올바른 방향으로 나아가게 하며 동기를 제고하는 일종의 상이나 벌로 작용하므로 성과에 긍정적인 영향을 미친다. 피드백은 내재적(intrinsic)(예를 들면, 학습 자체로부터 발생하는 성취감) 또는 외재적(extrinsic)(예를 들면, 개인 외부에서 통제되는 보상)일 수 있다. 또한 피드백을 정성적(예를 들면, 새로운 관리가 창의적이다), 정량적(예를 들면, 손잡이를 2cm 밑으로 잡아 당겨라), 정보적(새로운 기계가 방금 도착했다) 또는 평가적(예를 들면, 보고서가 명확하고 간결하여 잘되었다)일 수도 있다.

피드백의 효과성은 어떻게 제공되는가 특히 시기와 주체성에 달려 있다. 학습자가 피드백과 행위 사이의 관계를 명확하게 이해하기 위해서는 행위가 발생한 직후에 피드백이 제공되어야 한다. 일반적 피드백은 학습과정의 초기나 후기에 유용하며, 구체적 피드백은 학습 중간단계에 적절하다.

5) 훈련의 전이

조직에 있어서 훈련프로그램의 효용성은 효과적인 훈련의 전이(transfer of training) — 훈련에서 학습된 행위를 실제 직무에의 적용 — 에 달려 있다. 따라서 인적자원개발에 있어서 훈련의 전이는 매우 중요한 이유이다.

전이는 세 가지 형태로 나타날 수 있다. 정(正)의 전이(positive transfer)은 훈련의 결과로 성과가 증진되었을 때 발생한다. 영(零)의 전이(zero transfer)은 훈련의 결과에 관계없이 직무성과에 변함이 없을 때 일어난다. 마지막으로 부(負)의 전이(negative transfer)는 훈련의 결과로 성과가 저하되었을 때 발생한다. 부(負)의 전이는 일견 발생가능성이 낮다고 생각하지만 실제로는 그렇지 않다. 학습과 성과 사이에 훈련이 부정적 영향을 미칠 수 있다. 예를 들어, 테니스 선수는 라켓볼을 배운 후 테니스 샷이 부정확하게 될 수 있다. 테니스에서는 공을 칠 때 손목을 사용하지 않지만 라켓볼에서는 손목을 사용하기 때문이다. 따라서 라켓볼을 배운 후 테니스 선수가 손목을 사용하는 경향을 보여 공이 부정확해질 수 있다.

훈련의 전이과정에 관한 모형이 〈그림 9-7〉에 제시되어 있다. 모형에 의하면 피훈련자의 특성, 훈련의 설계 그리고 작업환경 같은 훈련프로그램의 인풋(input)이 학습, 유지(retention) 그리고 전이에 영향을 미친다. 그러나 아직 훈련의 전이에 대한 연구의 부족으로 말미암아 훈련의 전이에 대한 모형을 조직상황에 일반적으로 적용하기에는 아직 무리인 것 같다. 그럼에도

그림 9-7 훈련의 전이과정

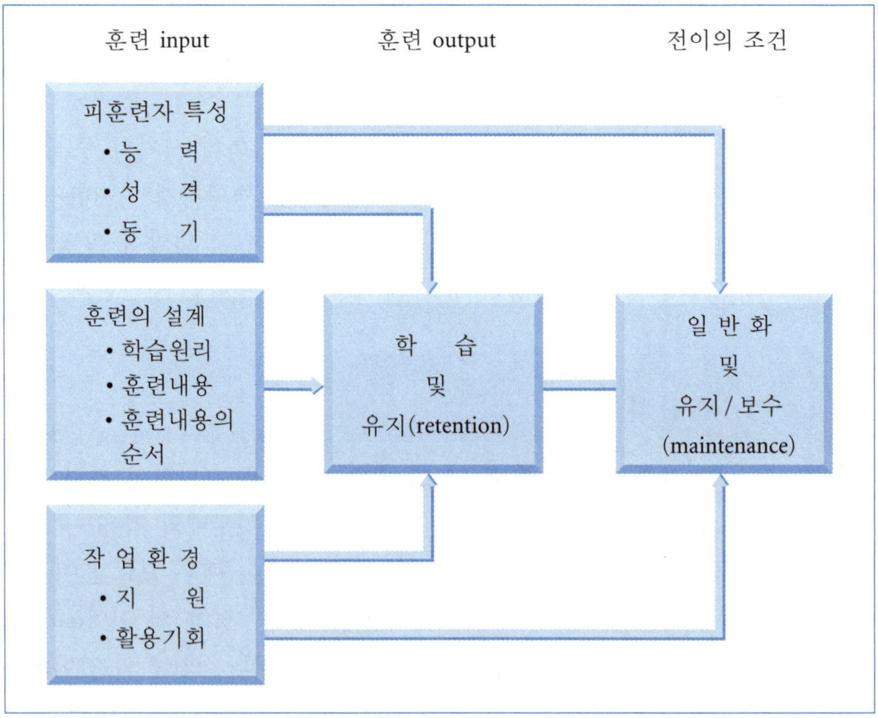

자료: T. T. Baldwin & J. K. Ford(1998), "Transfer of training: A review of directions for future research," *Personnel Psychology*, p. 65.

불구하고 훈련설계나 학습원리에 대한 연구에 의해 훈련의 전이를 극대화하기 위한 방법을 제시하면 다음과 같다.

동일요소(identical elements): 동일요소의 원리(principle of identical elements)는 훈련과 작업상황이 유사하면 유사할 수록 훈련의 전이가 크다는 것을 의미한다. 예를 들어, 화난 소비자를 다루어야 하는 영업사원의 경우에 이런 고객에 대한 연습(예를 들면, 역할연기 등에 의해서)은 훈련의 전이를 증가시킬 수 있다. 그러나 친절하고 공손한 고객에 대한 예만이 훈련중에 제시되었다면, 훈련의 전이가 발생할 가능성은 적다.

유사성은 물리적 유사성(physical fidelity)과 심리적 유사성(psychological fidelity) 두 차원이 있다. 훈련상황의 예를 들면, 물리적 유사성은 기계, 과업 및 환경 등이 실제 직무와 동일한 정도를 의미한다. 실제 비행기와 유사한 조정실 모형은 피훈련자로 하여금 실제 비행의 경험을 느끼게 하는 높은 수준의 물리적 유사성을 달성하기 위한 시도로 볼 수 있다. 심리적 유사성은 피훈련자가 훈련과 실제 작업상황에 대해서 동일한 의미를 부여하는 정도이다. 실제 직무에서와 마찬가지로 훈련시 시간제약을 부여함으로써 학습과정에 있어서 심리적 유사성을 달성할 수 있다.

일반원리(general principles): 일반원리이론은 과업의 기본적인 요소를 학습시키는 것이 훈련의 전이를 크게 한다고 주장한다. 빛의 물 속에서의 굴절현상을 설명함으로써 피훈련자가 물 속에 있는 물체를 정확히 맞추는 훈련을 시킬 수 있다. 빛이 수면과 대기의 경계선에서 굴절이 일어나므로 물체는 눈에 보이는 장소에 있지 않다. 피훈련자에게 빛의 굴절현상을 설명함으로써 피훈련자가 물체의 위치를 조정할 수 있다. 그러나 정(正)의 전이를 극대화하기 위하여 일반적 원리를 식별하여 훈련에 포함시키는 일은 쉽지 않다.

자극다양성(stimulus variability): 훈련이 다양한 자극, 예를 들어, 개념의 다양한 예 또는 서로 다른 상황에서의 연습 등을 포함할 때 전이가 강화된다. 가령 재단사를 훈련할 때 여러 가지 천에 단추구멍을 만들도록 하는 것이 한두 가지 천을 이용하여 훈련하는 것보다 자극의 다양성이 증가한다.

표 9-8	훈련의 전이 증대를 위한 제언

1. 훈련상황과 실제 직무상황 사이의 유사성을 극대화한다.
2. 훈련기간중 충분한 연습기회를 제공한다.
3. 다양한 상황과 예를 활용한다.
4. 과업의 주요 특징을 식별하여 분류한다.
5. 피훈련자가 일반원리를 이해하게 한다.
6. 실제 작업에 있어서 지원적 분위기를 제공한다.
7. 학습내용을 직무상에서 활용할 수 있는 충분한 기회를 제공한다.

작업환경에 있어서의 지원: 피훈련자가 새로 학습한 행위나 지식을 실제 직무에 적용할 때 주위로부터 받는 지원의 정도가 훈련의 전이에 영향을 미친다. 예를 들어, 새로운 경영기법을 도입하고자 하는 감독자가 동료나 부하로부터 냉소적인 반응을 받을 때 그가 새로운 기법을 현장에서 지속하며 적용하기는 힘들 것이다.

감독자의 지원은 훈련 참가의 권유, 목표설정, 강화 및 코칭 등 다양한 형태로 나타날 수 있다. 조직차원의 지원도 훈련의 전이에 중요한 역할을 한다. 새로운 기법의 도입을 환영하는 조직분위기는 훈련의 전이를 강화한다. 따라서 '필요성 분석'시 작업환경의 지원 정도를 파악하기 위하여 조직분위기나 문화를 검토할 필요가 있다. 학습을 강조하는 조직은 지속적인 학습환경을 제공함으로써 학습내용을 실제 직무에 적용할 수 있는 가능성이 크다.

'활용기회'도 작업환경의 중요한 요소이다. 활용기회는 피훈련자가 훈련 중 학습한 내용을 실제 직무에 적용하여 경험을 쌓을 수 있는 정도라고 정의할 수 있다. 훈련의 전이를 극대화하기 위하여 훈련프로그램 설계 시 고려하여야 할 요인을 정리하면 〈표 9-8〉과 같다.

5. 훈련프로그램의 평가

평가는 훈련과정에 있어서 마지막 단계이다. 훈련프로그램의 평가는 인적자원개발과정을 보다 효과적으로 만들기 위하여 기술적 정보 및 판단적 정보를 체계적으로 수집하는 과정이라고 정의할 수 있다. 이런 정의는 여러 가지 중요한 요소를 포함하고 있다. 첫째, 평가를 위해서는 기술적 정보(descriptive information)와 판단적 정보(judgmental information) 모두를 수집하여야 한다. 기술적 정보란 무엇이 일어나고 있는가 또는 무엇이 일어났는가에 대한 윤곽을 제공하는 반면, 판단적 정보는 무엇이 일어났는가에 대한 의견 또는 믿음을 포함하고 있다. 예를 들면, '지난 예산작성 워크숍에 일선감독자의 25%가 참석을 했다'는 것은 기술적 정보로 단지 사실을 나타낼 뿐이다. 그러나 '올해 예산작성 워크숍의 일선감독자 참석률이 지난해보다 현저히 낮았다'는 것은 판단적 정보이다. 훈련프로그램 평가에는 기술적 정보와 판단적 정보가 모두 필요하다.

둘째, 평가는 정보의 적절성과 유용성을 확보하기 위하여 사전에 계획에 의해 체계적으로 수집되어야 한다. 마지막으로 평가는 경영자, 종업원 그리고 훈련설계자가 현명한 결정을 내리는 데 도움이 되어야 한다. 예를 들어, 프로그램 일부분이 비효과적이라면 해당 부분은 변경되거나 폐지되어야 한다. 또한 어떤 프로그램이 가치가 있다면 그 프로그램은 조직의 다른 부분에 대해서도 반복하여 실시될 수 있다.

이상을 요약하면 훈련프로그램의 평가는 다음과 같은 목적을 갖고 있다고 할 수 있다.

- 훈련프로그램이나 기법을 앞으로도 계속 사용할 것인가 하는 여부를 결정하기 위해서(예를 들면, 계속 사용, 수정 또는 폐기)
- 개별 피훈련자에 대한 결정을 내리기 위해서(예를 들면, 훈련 성공적 완료 또는 추가적 훈련 필요)
- 훈련과정에 대한 과학적 이해에 기여하기 위하여
- 정치적 목적이나 공중관계(public relations)를 위해서(예를 들면, 훈련의 성과를 보임으로써 훈련의 신뢰성을 증대시킨다)

평가과정은 〈그림 9-8〉에 제시되어 있다. 평가기준은 훈련을 실시하기 전에 수립되어야 하며 개발목적을 반영하여야 한다.

인적자원개발에 있어서 평가는 두 차원에서 이루어진다. 첫째는 다양한 훈련프로그램들이 성공적이었나를 평가하는 것이고, 둘째는 전반적 인

그림 9-8 평가과정

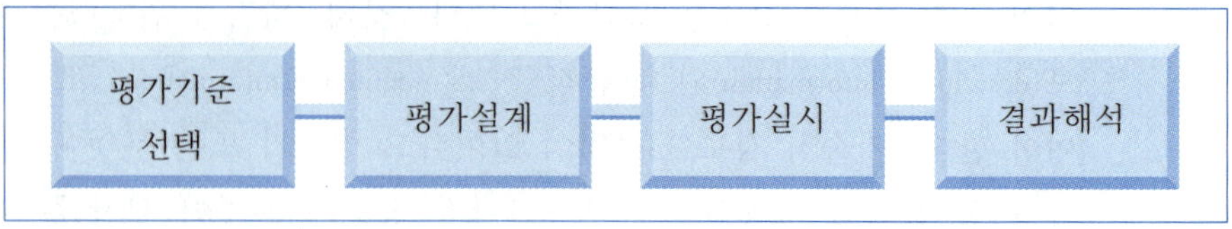

적자원개발과정이 목표를 달성했는가를 평가하는 것이다. 즉 전반적 개발계획과 구체적 개발계획 모두에 평가기준이 마련되어야 한다.

훈련프로그램의 평가

평가기준: 훈련프로그램은 단속적 사건이므로 개별 훈련프로그램은 독립적으로 평가하는 것이 가능하다. 훈련프로그램은 반응(reaction), 학습, 행위 그리고 결과의 기분에 의해서 평가될 수 있다.[23]

1. **반응**(reaction): 피훈련자가 훈련프로그램을 좋아하고 유용하다고 느끼고 있는가? 이 기준의 초점은 프로그램 내용과 효과성에 대한 피훈련자의 지각(perception)이다. 훈련프로그램에 대한 긍정적 반응은 추후 프로그램에 대한 종업원의 참여를 촉진한다. 그러나 피훈련자가 프로그램을 좋아하지 않거나 아무것도 배운 것이 없다고 느낀다면 (실제로는 그렇지 않더라도), 그들은 다른 종업원이 훈련프로그램에 참여하는 것을 말리거나 훈련프로그램에서 습득한 지식이나 스킬을 사용하기를 꺼릴 것이다. 반응기준의 한계는 참여자의 만족 이외에는 훈련프로그램이 목표를 달성했는지 여부를 제시하지 못한다는 것이다.
2. **학습**(learning): 피훈련자는 훈련프로그램에 의도했던 것을 배웠는가? 학습기준은 다차원적이다. 왜냐하면 학습기준은 인지적 결과(예를 들면, 절차나 전략에 대한 지식), 스킬향상 또는 정서적 결과(예를 들면, 태도나 동기에 있어서 변화)를 포함하고 있기 때문이다. 이들 각각의 결과는 서로 다른 측정방법을 필요로 한다(예를 들면, 필기시험, 속도 테스트, 자기보고서, 행위관찰 등).
3. **행위**(behavior): 피훈련자는 훈련과정에서 학습한 것을 실제 직무에

활용하고 있는가? 행위기준은 훈련내용과 직무행위 사이의 정(正)적인 전이를 목표로 삼고 있다. 만약 학습이 직무로의 전이가 되지 않는다면 훈련이 직무성과에 영향을 미칠 수가 없다. 훈련이 직무로의 전이를 측정하기 위해서는 피훈련자의 직무행위를 관찰할 필요가 있다.

4. **결과**(results): 훈련이 조직의 효과성을 증진시켰는가? 훈련프로그램의 결과로 조직은 수익성이 좋아지거나 또는 고객에 더 잘 만족시킬 수 있는가? 결과기준은 대부분의 경영자가 관심을 갖는 기본적 기준이다. 또한 종업원 성과 이외에 많은 사항이 조직성과에 영향을 미치므로 평가에 있어서는 도전적 분야이다. 통상 이 수준에서는 경제적 및 운용상 자료(예를 들면, 판매액 또는 폐기물량)가 수집되고 분석된다.

그림 9-9 훈련프로그램 평가의 4단계

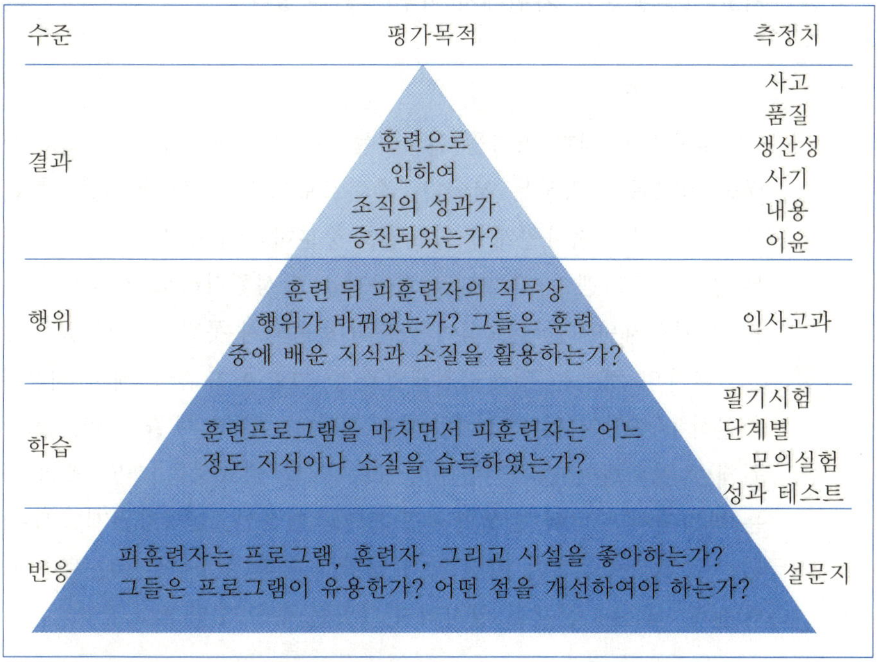

자료: Kirkpafrick, D(1983), "Four steps to measuring training effectiveness," *The Personnel Administrator*, Volume 28, #11, November p. 10.

이상의 4가지 기준은 훈련의 결과를 관찰하는 데 유용한 방법을 제공한다. 4개의 기준은 암묵적으로 단계성을 지니고 있어 상위의 기준은 하위의 기준을 내포하고 있다. 결과기준은 어떠한 조직적 활동의 궁극적 목표인 조직의 효과성 증대를 의미한다.

제 3 절 전반적 인적자원개발프로그램의 평가

개별 훈련프로그램의 평가 외에, 조직에서 실시하는 전반적 인적자원개발노력을 평가할 필요가 있다. 조직 전반에 걸친 개발 노력의 평가는 계획, 예산 그리고 프로그램화에 대한 의사결정을 내리는 데 도움이 된다. 조직차원의 개발 노력에 대한 평가는 효과성(effectiveness), 효율성(efficiency) 그리고 고용평등 세 차원에서 이루어질 수 있다.

효 과 성

효과성에 대한 평가를 실시하는 논리적 시발점은 훈련프로그램 평가에 대한 자료를 수집하는 것이다. 훈련프로그램이 훈련목적을 달성하지 못했다면 조직의 인적자원개발 필요성이 충분히 달성됐다고 볼 수 없다. 또한 모든 훈련프로그램이 각자의 훈련목적을 달성했더라도 전체적으로 종합하여 볼 때 인적자원개발 필요성이 충분히 충족되지 못한 분야도 있을 수 있다.

후자의 경우는 인적자원개발과정(〈그림 9-2〉 참조)에서 처음 두 단계를 충실히 이해하지 않았기 때문에 발생할 수 있다. 예를 들어, 중요한 인적자원개발 필요성이 간과되었든지 또는 개발 필요성을 개발 계획으로 전환하는 과정에서 누락이 발생할 수도 있다. 더욱이, 인적자원개발계획에서 요구되는 훈련프로그램이 여러 가지 상황에 의해(예, 예산부족, 적절한 훈련프로그램 설계 미비 등) 실제로 실시되지 않았을 수도 있다.

효 율 성

단기적으로 효율성(efficiency)은 가용자원 내에서 훈련목적을 달성했는지 여부에 의해 판단될 수 있다. 그러나 장기적으로 훈련의 목적을 더 적은 비용으로 달성할 수 있는지 여부를 아는 것이 중요하다. 이를 위해서는 훈련프로그램을 실시하기 전에 평가를 염두에 두어야 할 것이다. 이를 위해서는 방법은 다르지만 동일한 목적을 지닌 2～3개의 서로 다른 프로그램을 실시하여 결과와 효과성 측면에서 비교하는 것도 한 방법이다. 가능하다면 이런 방법은 미래에 훈련프로그램을 선택하는 데 있어서 귀중한 정보를 제공할 것이다.

훈련프로그램에 의해 조직이 경제적으로 어느 정도 이득을 얻었느냐를 알기는 쉽지 않다. 그러나 훈련프로그램의 결과를 경제적 측면에 초점을 맞춤으로써 어느 정도 파악할 수 있다. 훈련프로그램의 경제적 이득을 파악하기 위한 간단한 방법이 〈그림 9-10〉에 제시되어 있다.

평등고용

효과성과 효율성 이외에 평등고용이 인적자원개발 노력을 평가하는데 중요한 기준이 된다. 모든 훈련이 비차별적인 방식으로 수행되었는가? 이런 질문에 답하기 위해서 인적자원기능은 다음과 같은 사항에 대한 기록을 지속적으로 검토하여야 한다.

1. 직무상 및 직무외 훈련은 지역적 · 직종별로 집중되어 있어 다수집단(majority)만이 혜택을 받고 있는가?
2. 여성이나 소수집단이 훈련, 특히 승진이나 임금인상의 전제조건이 되는 훈련에 적절한 비율(즉 훈련대상 집단 중 여성이나 소수집단의 비율)로 참여하였는가?
3. 여성이나 소수집단의 훈련성공률이 전체 피훈련자의 성공률과 대체로 비슷한가?

위의 조건을 충족하지 못한다고 하여 반드시 불법적 차별이 발생했다고 할 수는 없지만, 위험신호로 볼 수 있으며 추가적 원인규명이 필요하다.

그림 9-10 훈련에 있어서 투자수익률(Return on investment)의 계산

목 적: ____________________

____

훈련대상: ____________________

계산기간: ____________________

〈PART 1: 훈련에 의한 수익계산〉

항목별 분석

판 매 액:		______	종업원 1인당 추가 판매액
	×	______	판매당 수익(또는 마진)
	×	______	종업원수
	=	______	훈련에 의한 수익
생 산 성:		______	생산성 증가율(%)
	×	______	종업원 1인당 비용(임금+복지후생+경비)
	×	______	종업원 수
	=	______	훈련에 의한 수익
에러(error)감소:		______	에러당 평균비용
	×	______	종업원 1인당 에러 감소 수
	×	______	종업원수
	=	______	훈련에 의한 수익
고객유지(retention):		______	고객당 평균수익
	×	______	유지된 고객 수
	=	______	훈련에 의한 수익
종업원 유지:		______	신규종업원에서 발생하는 평균비용 (훈련 및 생산성 손실)
	×	______	유지된 종업원 수
	=	______	훈련에 의한 수익
기 타:		______	______
훈련에 의한 총수익			

총괄분석

______ — ______ = ______

훈련 후 수익 　 훈련이 없을 경우의 수익 　 훈련에 의한 수익

〈PART 2: 수익률 계산〉

______ — ______ = ______

훈련에 의한 수익 　 훈련비용 　 훈련투자에 대한 총수익

간 추 림

인적자원개발(human resource development)은 훈련과 개발을 통하여 조직목표에 대한 조직 구성원의 공헌을 높이기 위하여 계획된 학습과정이라고 할 수 있다. 인적자원개발은 전체 인적자원관리의 한 부분이므로 인적자원관리 전반과의 연계 속에서 이루어져야 한다.

- 인적자원부서는 인적자원개발에 대한 전반적 정책을 개발하여 관리할 책임이 있으며 구체적으로 훈련 필요성을 식별하기 위하여 라인 관리자와 협조하며, 예산을 제안하며, 회사 내 훈련프로그램을 설계 또는 실시하며 그리고 훈련프로그램을 평가한다.
- 인적자원개발과정은 먼저 필요성을 식별하는 과정으로부터 시작한다. 개발 필요성이 확실해지면 전반적인 목표, 프로그램의 우선순위, 필요자원 및 훈련대상자와 방법들을 포괄하는 개발계획을 세울 수 있다. 이런 개발계획에 따라 구체적인 훈련프로그램이 설계되며 실질적으로 훈련이 실시된다. 그 후에는 평가과정이 뒤따른다.
- 필요성이란 조직이 기대하는 것과 실제로 발생하는 것 사이의 차이를 의미한다. 필요성 분석은 효과적인 인적자원개발을 계획하는 데 있어서 기본이 된다. 그러나 많은 조직들이 필요성 분석을 실시하지 않거나 실시하더라도 형식적으로 수행하고 있다.
- 필요성 분석은 조직, 직무(과업) 그리고 개인의 세 차원에서 행해진다. 조직분석은 훈련필요 분야를 식별하는 데, 과업분석은 직무를 성공적으로 수행하는 데 무엇이 필요한지를 식별하는 데, 그리고 개인분석은 누가 어떠한 훈련을 필요로 하는지를 식별하는 데 도움이 된다.
- 훈련프로그램을 설계하는 데는 교육목적의 설정, 프로그램의 내용설정 그리고 훈련기법의 선택을 고려해야 한다.
- 훈련프로그램 목표는 지식목표, 태도목표, 스킬목표, 직무행위목표, 그

리고 조직결과로 구분할 수 있다. 일반적으로 지식, 태도 그리고 스킬은 단기목표이며 직무행위는 중기 그리고 조직결과는 장기목표를 나타낸다.

○ 훈련기법은 크게 직무외 훈련과 직무상 훈련으로 구분할 수 있다. 직무외 훈련은 정보전달기법, 정보처리기법 그리고 모의기법 등으로 세분화될 수 있으며 직무상 훈련으로는 코칭, 특수임무, 그리고 직무순환 등이 있다. 또한 새롭게 각광받고 있는 훈련기법으로는 온라인 학습, 탐험학습, 그리고 활동학습 등이 있다.

○ 훈련이 성공적이기 위해서는 피훈련자가 훈련을 받을 동기뿐만 아니라 훈련을 이해하고 따라갈 능력이 있어야 한다. 또한 학습 동안에 피드백이 제공되어야 하며 피훈련자가 실습기회 및 참여기회를 가져야 한다.

○ 훈련의 전이(훈련에서 학습된 행위나 지식이 실제 직무에 적용)가 극대화되도록 훈련프로그램의 내용과 기법이 신중히 선택되어야 한다.

○ 훈련프로그램은 반응, 학습, 행위 그리고 결과 네 차원으로 평가될 수 있다.

핵심용어

훈련 개발
훈련 타당성 전이타당성
조직 내 타당성 조직간 타당성
훈련의 전이 주관명제 전문가
직무상 훈련 직무외 훈련
양성소 실물모형
인-바스킷 직무순환
코칭 온라인 학습
탐험학습 활동학습
피그맬리온효과 적극적 연습
과대학습 일괄연습
간격연습 부의 전이
정의 전이

토의문제

1. 성과차이가 있을 때 언제 인적자원개발이 적절한 대안이 될 수 있는가? 언제 다른 인적자원기능이 보다 적절한 대안이 될 수 있는가?
2. 인적자원개발의 일반적 목적으로는 무엇이 있는가?
3. 언제 직무상 훈련이 직무외 훈련보다 적절한가? 언제 직무외 훈련이 적절한가?
4. 훈련자는 훈련의 효과를 극대화하기 위해서 무엇을 할 수 있는가?

참고문헌

1) L. Nadler(1980), *Corporate Human Resource Development: A Managerial Tool*, New York: Nostrand Reinhold, pp. 23~26.
2) J. W. Gilley & S. A. Eggland(1989), *Principles of Human Resource Development*, Addison-Wesley Publishing Co., p. 6.
3) H. G. Heneman, Ⅲ, D. P. Schwab, J. A. Fossum & L. D, Dyer(1994), *Personnel/Human Resource Management*, 4th, ed., Chicago, IL: Irwin, p. 385.
4) J. P. Campbell, M. D. Dunnette, E. E. Lawler, Ⅲ. & K. E. Weick, Jr(1970), *Managerial Behaviors, Performance and Effectiveness*, New York: McGraw-Hill.
5) F. C. Wayne(1998), *Applied Psychology in Human Resource Mangagement*, 5th ed., Pretice-Hall, p. 260.
6) *Ibid*, p. 261.
7) R. L. De Simone & D. M. Harris(1994), *Human Resource Development*, The Dryden Press, pp. 98.
8) G. R. Herbert & D. Doverspike(1990), "Performance appraisal in the training needs analysis process: A review and clitique," *Public Personnel Management*, 19(3).
9) R. F. Mager(1984), *Preparing Instructional Objectives*, Belmont, Calif : Pitman Learning, pp. 19~88.
10) M. Rosenberg(2001), *E-learning: Strategies for delivering knowledge in the digital age*, New York: McGrow-Hill.
11) R. A. Noe, J. R. Hollenbeck, B. Gerhart & P. M. Wright(2003), *Human Resource Management*, 4th ed., McGrow-Hill.
12) P. Galagan(2000), "The E-learning revolution," *Training and Development Journal*, December, pp.24~30.
13) G. Bohlander & S. Snell(2004), *Management Human Resource*, Thompson.
14) R. A. Noe, J. R. Hollenbeck, B. Gerhart & P. M. Wright(2003), *Human Resource Management*, 4th ed., McGrow-Hill.
15) R. J. Wagner, T. T. Baldwin & C. C. Rowland(1991), "Outdoor training: Revolution or fad?," *Training and Development Journal*, March, pp.51~57.
16) P. F. Bullet, J. R. Cragun & G. M. McEvoy(1991), *Getting the most out of outdoor training, Training and Development Journal*, March, pp.58-61.
17) R. A. Noe, J. R. Hollenbeck, B. Gerhart & P. M. Wright(2003), *Human Resource Management*, 4th ed., McGrow-Hill.

18) P. Froiland(1994), "Action learning," *Training*, January, pp.27~34.
19) F. C. Wayne(1998), *Applied Psychology in Human Resource Mangagement*, 5th ed., Prentice-Hall, p. 281.
20) *Ibid*, p. 274
21) E. N. Lock, L. M. Shaw, Saari & G.P. Latham(1981), "Goal Setting and task performance, 1969~1980," *Psychological Bulletin 90*, pp. 125~152.
22) J. E. Driskell, R. P. Willis & C. Cooper(1992), "Effect of overlearning on retention," *Journal of Applied Psychology*, 77, pp. 615~622.
23) D. L. Kirkpatrick(1994), *Evaluating training programs: The four levels*, San Francisco: Berrett-Koehler Publishers.

제 10 장 경력관리

현대 조직들은 보다 기술적으로 복잡하고 책임감이 큰 직무를 채우기 위해서 유능한 인재를 필요로 한다. 더욱이, 책임감이나 도전감을 제공하는 직무기회를 제공함으로써 종업원의 잠재능력을 최대한으로 개발하려는 최근의 관심사는 경력개발에 대한 관심을 더욱 크게 하였다. 급변하는 환경을 당면하고 있는 조직들에 있어서는 성공의 주요 열쇠는 인적자원의 개발에 있다.

조직도 시간이 흐름에 따라 변하지만 종업원도 변한다. 예를 들어, 신입사원과 중간관리자 또는 퇴직을 앞둔 종업원 사이에는 능력이나 동기 면에서 커다란 차이가 있다. 그러나 우리는 인생을 통하여 유사한 경력단계를 경험하게 된다. 우리는 경력단계를 거치면서 서로 다른 기회와 스트레스를 경험하게 되며 이는 우리들의 직무성과에 영향을 미친다. 성공적인 경영자는 이러한 것을 이해하며 종업원들이 그들의 경력을 효과적으로 관리하고자 하는 노력을 지원한다.

경력관리는 HR부서의 관심사만은 아니다. 경영자와 종업원도 자신들의 경력개발을 위해서 관심을 가져야 한다. 그러나 개별 종업원들은 자신과 조직에 유리한 방향으로 체계적으로 경력계획을 세우는 데 필요한 노력이나 정보가 부족하기 쉽다. 조직은 개인이 효과적으로 경력계획을 세우고 실천할 수 있도록 필요한 정보를 제공하는 데 점점 관심을 기울이고 있다.

개인의 역량과 동기와 조직기회와의 적절한 적합(match)은 우연히 발생하는 것이 아니다. 개인, 조직 그리고 인적자원 전문가는 각각 자신이 통제할 수 있는 사항에 대해서 책임을 져야 한다. 예를 들면, 조직과 HR담당자는 종업원의 욕구를 파악하여야 한다. 또한 조직은 종업원들에게 현재 가용한 직무기회와 미래에 예상되는 직무기회에 대해서 비교적 명확한 윤곽을 제시하여야 한다. 반면, 종업원들은 회사가 제시한 것이든 또는 본인이 주도한 것이든 체계적 개발과정을 통하여 현재 자신이 맡고 있거나 앞으로 맡기를 희망하는 조직역할이 필요로 하는 역량을 충실히 개발하여야 할 것이다.

경력은 개인의 열망(aspiration)을 추구하려는 개인의 선택과 조직목표를 달성하기 위한 기회를 제공하는 조직의 상호 작용을 통하여 개발된다.[1] 이렇듯 경력(career)은 개인과 조직의 상호 작용에 의해서 영향을 받으므로, 개인과 조직은 경력을 관리하는 데 있어서 일정한 역할을 수행하여야 한다.

본 장에서는 조직과 종업원들이 경력을 계획하고 개발하는 데 활용할 수 있는 다양한 프로그램을 검토한다. 이들 프로그램들은 대부분 경영자에게 초점을 맞추고 있지만 점점 더 모든 계층의 종업원들이 경력계획을 필요로 한다는 것을 조직이 인식하기 시작하였다.

제 1 절 경력의 의의

1. 경력의 개념

'경력'이란 용어는 다양한 의미로 활용된다. 가장 널리 사용되는 의미는 어떤 한 분야에서 상향적으로 이동하는 것이다. 즉 개인이 선택한 특정 분야에 있어서 소득이 올라가며, 책임이 증가하고, 지위나 명예가 축적되는 현상을 나타낸다.[2] 그러나 경력은 다른 형태의 인생을 추구하는 것으로 나타낼 수 있다. 예를 들어, 우리는 가정주부, 자원봉사자, 변호사 등과 같은 직업을 경력으로 생각할 수 있다. 이들은 또한 시간과 경험이 축적됨에 따라 더 큰 책임을 다룰 수 있는 능력이 개발된다는 점에서는 '진전(advance)' 한다. 10대 소년의 부모는 취학 전 어린이를 돌볼 때와는 아주 다른 역할을 수행할 것이다.

따라서 경력은 다음과 같이 간략하게 정의될 수 있다.[3]

"경력이란 개인의 인생에 있어서 일과 관련된 경험 (예를 들면, 직책, 의무, 의사결정 및 일과 관련된 사건에 대한 개인적 해석) 및 활동의 유형이다."

이러한 경력에 관한 정의는 특정 분야에 있어서 성공 또는 실패를 의미하고 있지 않지만, 경력은 행위나 태도를 모두 포함하고 있으며 직업과 관련된 지속적인 활동을 내포하고 있다. 그러나 개인의 직업과 무관한 생활이나 역할도 경력에 있어서 중요한 역할을 행한다. 예를 들면, 50세 정도의 중기경력 관리자(여기서 중기경력(midcareer)은 개인의 직업경험 중 중간점을 지난 사람들을 의미한다)는 퇴직을 눈앞에 둔 관리자와는 승진에 대한 상당히 다른 태도를 가질 수 있다. 지역 재배치를 수반한 승진에 대한 태도는 자녀의 연령 수준에 따라 달라질 수 있다.

사회 가치관도 시간이 흐름에 따라 변하므로 개인이 경력에 어떻게 반응하는가도 수정되어야 한다. 오늘날 관리 및 전문직종에 종사하는 많은 사람들은 진전, 지속적 성공 또는 임금증가에 덜 비중을 두는 것 같다. 가정에서 자녀들과 더 많은 시간을 보내는 것이 개인들이 자주 논의하는 화제이다.

2. 경력의 유형들

전통적으로 우리는 경력을 조직 내에의 진전(progression)으로 생각해 왔다. 즉, 사람들은 진입수준에서 조직에 가담하여 근속연수나 성과에 따라 승진하는 것으로 생각하였다. 사람들은 직위가 높아짐에 따라 책임과 권한의 증대도 기대한다. 그러나 현대에는 다양한 새로운 형태의 경력유형이 나타나고 있다. 조직이 단층화되고 팀 환경에서 '상향적 진전'은 제한되고 있다. 개인들은 조직의 기대와 보상시스템에 근거하여 경력을 바라보기보다는 개인의 내적 선택에 의한 새로운 경력유형들을 선택하기 시작하였다. 지금부터 사회에 존재하는 다양한 경력유형을 살펴보기로 한다.

1) 선형경력

선형경력(linear career)은 한 조직에서 상향적으로 진전하는 전통적 경력과 유사하다. 그러나 21세기에는 보다 나은 보상과 큰 책임을 위하여 개인들은 직장을 바꾸기 때문에 선형경력이 한 조직 내에서만 이루어지는 것도 아니다. 좋은 기업에 취직하여 평생 동안 근무하기보다는 개인들은 자신의 시장가치를 높이기 위해서 조직을 바꾼다.

최근에 빈번한 다운사이징과 기업간 인수/합병은 이러한 추세를 더욱 부추기는 경향이 있다. 반면에 기업들은 종업원들이 조직에 헌신하기를 바란다. 기업들은 외부에서 인력을 지속적으로 스카우트하는 것에 대한 역기능을 인식하고 조직내부에서 역량을 개발하는 추세에 있다.

종업원들도 연공만으로는 경력진전을 보장받을 수 없고 지속적으로 조직에 가치를 창출하여야 한다는 것을 알고 있다. 선형경력의 성공은 거시적이고 조직적인 관점에서 리더십 역량의 개발 여부에 달려 있다. 성취욕과 권력욕이 강하고 조직의 성공을 위해 노력할 의사가 있는 사람들이 선형경력에 적합하다.

2) 전문경력

전문경력(expert career)은 관리자가 되기보다는 한 분야에서 전문성을 키우기를 원한다. 이런 유형은 오래 전부터 조직에 존재해 왔으나 때때로 전통적 조직에는 크게 주목받지 못하였다. 선형경력을 지원하도록 설계된 기능조직에서는 기술적 업무를 선호하여 승진을 포기한 사람들은 '이류 시민'으로 취급되기 쉽다. 그러나 기술이 점점 복잡해져서 전문성을 요구하게 되자 전문가를 보상하기 위해 '이중 사다리 경력경로(dual-ladder career path)'를 도입하는 조직들이 늘어나게 되었다. 그러나 대부분의 이중 사다리 경력모형들은 엔지니어, 선임엔지니어, 그룹리더, 그리고 프로젝트 매니저 등과 같이 상향적 이동을 보상하고 있다.

조직의 성공이 우수한 개인에게 크게 의존하고 있는 조직들은 특허, 획기적 신기술 등과 같이 우수한 결과를 보상하고 있다. 이런 현상은 21세기에도 지속되리라 예상된다. 프로젝트가 성공적으로 완료될 때 주식, 이윤분배 또는 거액의 보너스를 지불하는 벤처기업에서는 전문경력이 우대를 받을 수 있다.

전문경력을 추구하는 사람들은 지속적으로 자신의 전문성을 개발하여야 한다. 그러나 이들은 기술발전 속도가 매우 빨라서 높은 전문성을 유지하기가 매우 어렵다는 사실에 쉽게 좌절하기도 한다. 따라서 전문경력을 추구하는 사람은 일에 대한 열정, 강한 학습의욕, 자기분야에 의미 있는 공헌을 하겠다는 야심, 그리고 기술역량에 기인한 만족감을 가져야 한다.

선형경력과 마찬가지로 전문경력도 한 조직 내에서만 머무를 필요는 없다. 회사가 특정 사업부문을 매각한다면, 업무는 변하지 않을지 몰라도 사용자는 바뀔 것이다. 또한 회사가 특정 기술분야에 더 이상 투자하지 않기로 했다면, 전문가는 계속 성장하기 위해서는 조직을 바꿔야 할 것이다. 마찬가지로 기술이 급격하게 한 세대 앞으로 진전된다면 전문가의 기술은 진부화되고 가치는 떨어질 것이다.

3) 순차경력

순차경력(sequential career)은 새로운 역할을 시작하기 전에 기존의 역할을 끝내는 것을 의미한다. 기업들이 조기퇴직을 단행하고 사람들의 평균연령이 늘어남에 따라 순차경력이 더욱 증가할 것이 예상된다. 조기퇴직한 사람이 새로운 경력을 찾는다면 보통 두 번째 경력은 첫 번째 경력보다 덜 힘들고 보수도 낮다. 조기퇴직으로 상당한 결별금(severance pay)을 받는 사람은 보상보다는 적합(fit)에 근거하여 새로운 경력을 선택할 수 있다.

젊은 사람들은 다양한 경험을 쌓기 위해서 위도적으로 순차경력을 추구할 수 있다. 그들은 한 분야에서 경험을 쌓아 도전기회가 적어지게 되면 흥미 있는 새로운 분야를 추구한다. 그들은 불만족한 성과 때문이 아니라 새로운 역량을 구축하기 위해서 이동하므로 순차경력을 부정적으로 생각하지 않는다. 때때로 그들은 임금이 낮아짐에도 불구하고 새로운 경험을 위해서 완전히 새로운 분야로 이동하기도 한다. 후퇴를 방지하기 위해서 순차경력 추구자들은 기존 경험을 살릴 수 있는 관련된 분야로 이동한다. 예를 들어, 한 회사의 영업부서에서 재무분석을 하던 사람이 다른 회사 마케팅 부서로 전직하고, 마침내 또 다른 회사의 전략기획부서로 옮길 수 있다.

순차경력 추구자는 전문성에 대한 명성을 구축하거나 또는 승진 대열에 낄 정도로 오랫동안 한 조직에 머무르지 않는 경향이 있다. 그들은 변화, 다양성 그리고 도전을 추구한다. 각각의 직무에서 어느 정도의 전문성, 역량 그리고 인정을 획득했다면 순차경력은 성공적이라 할 수 있다.

4) 포트폴리오 경력

프리랜스 작가 등과 같은 포트폴리오 경력(portfolio career)은 상향적 경력경로에서 크게 벗어난 것이다. 프리랜스 작가는 한 조직에 의해 고용되어 있지 않지만 한 출판사에게는 정규적으로 기고를 하고, 다른 출판사에게는 가끔 기고를 하며, 그리고 때때로 PR 캠페인을 돕는 컨설팅 작업도 한다. 이 작가는 작업의 포트폴리오를 구성하는 것이다. 포트폴리오 경력은 자율성, 시간, 자유, 그리고 창의와 다양한 활동의 기회를 부여한다.

비정규직의 증대와 더불어 포트폴리오 경력은 더욱 확산될 전망이다. 기업들은 융통성을 유지하고 새로운 관료제를 회피하기 위해서 점점 비정규직을 널리 사용하고 있다. 비정규직들도 조직 내의 경력경로에서는 벗어나 있으며 회사의 복지후생의 대상이 아니다. 그러나 포트폴리오 경력의 추구자들은 업무를 선택하는 데 있어서 자율성이 있으며, 봉급 생활자보다 시간당 높은 임금을 받을 수 있으며, 그리고 다양한 스킬을 축적할 기회를 선호한다.

포트폴리오 경력 추구자들은 자신의 능력을 시장에서 판매할 수 있어야 한다. 그들은 자신의 스킬의 시장가치를 알고 있으며 타인의 문제를 해결할 수 있는 사람으로서 자신을 소개할 수 있어야 한다. 이런 스킬은 직장을 찾는 데에도 핵심적이지만, 포트폴리오 경력 추구자로서 성공하기 위해서는 이런 행동을 일상적으로 수행하여야 한다.

5) 라이프 스타일 추구 경력

라이프 스타일 추구 경력(life style-driven career)은 주로 직장과 가정 사이의 균형을 유지하려는 여성 사이에서 나타난다. 가정이 있는 여성들은 가정에 대한 의무를 소홀히 하지 않기 위해서 파트-타임으로 일을 하려고 한다. 그러나, 최근에는 남성들 사이에도 이런 경력이 늘어나고 있다. 취미생활을 즐기고자 하는 욕구가 강한 사람들은 취미생활에 직장이 방해가 되지 않도록 업무량을 조절하고자 한다. 그들은 직장이 인생의 한 부분이지 전부가 아니라고 주장한다. 노동부족은 사용자로 하여금 융통성 있는 고용정책을 채택하도록 하였다. 우수한 종업원을 유지하기 위해서 회사는 라이프 스타일 친화적 정책(life style-friendly policy)의 가치를 인정하고 있다. 어떤 사람들은 아예 전통적 경력보다는 라이프 스타일에 의해서 경력을 결정하기도 한다. 예를 들어, 등산을 좋아하는 사람은 산장지기와 등산 가이드로 직업을 아예 바꾸기도 한다. 21세기에 들어 라이프 스타일 추구 경력은 점점 확산되어 가고 있는 추세이다. 이런 동기를 지닌 사람들은 경력도 중요하지만, 균형 잡히고 만족스러운 인생이 경력선택에 있어서 더 중요하다고 생각하고 있다.

6) 기업가적 경력(entrepreneurial career)

어떤 사람은 선천적으로 기업가적 특질을 가지고 있다. 그들은 창조적이고 독립적이며, 자신의 목표에 대한 열정을 지니고 있다. 그러나 지금까지 논의된 경력유형에 따라 서로 다른 방식으로 사업을 시작하는 경향이 있다.

- 포트폴리오 경력자들은 동일한 분야에서 창업하는 경향이 있다. 예를 들어, 프리랜스 작가가 출판사를 출범하는 경우이다.
- 라이프 스타일 추구 경력자들은 보다 융통성을 부리기 위해서 또는 환경의 압력(예를 들어, 직장의 업무부담)을 줄이기 위해서 창업할 수 있다.
- 선형경력자들은 직장 내에서 정점에 이르렀을 때, 리더십 스킬의 활

용을 극대화하기 위해서 창업을 할 수 있다.

- 전문경력자들은 자신의 전문성을 발휘하는 데 제약을 덜 받기 위해서 또는 사용자가 더 이상 해당 전문성을 필요로 하지 않을 때 자신의 사업을 추구하는 경향이 있다.
- 순차경력자들은 직장 안정의 이유로 자신의 기업가적 충동을 억누르고 있다가 새로운 경력을 시작할 기회가 왔을 때(즉, 조직 내 정점에 이르렀거나 퇴직할 때) 자신의 사업을 추구한다.

많은 기업들이 기업가적 특질이 조직 내 혁신이나 창의적 문제해결에 도움이 된다는 것을 인식하고 있다. 따라서, 회사는 조직 내에서 소수의 종업원 집단에게 혁신적 제품이나 서비스를 위한 창업자본을 제공하거나 사업계획을 창출하는 데 도움을 주고 있다.

7) 다원적 경력문화

지금까지는 조직에는 하나 또는 둘의 지배적인 경력유형이 존재하고 있다고 생각해 왔다. 그러나 변화와 조직과 개인의 다양한 욕구에 부응하기 위해서는 경력관리에 있어서 다원적 접근법을 취하여 다원적 경력문화(pluralistic career culture)에 대한 필요성이 제기되고 있다.[4] 다양한 경력유형을 촉진하고 수용하는 것은 개인과 조직의 관계를 재조명하는 것이다. 개인들도 특정 시점에 자신에 적절한 경력유형이 무엇인지를 알 필요가 있으며, 조직도 적절한 경력을 보상함으로써 사업목표를 달성할 수 있을 것이다.

3. 경력선택

아마 개인에 있어서 가장 중요한 의사결정은 어떠한 경력을 추구할 것인가를 결정하는 것이다. 개인들은 '어른이 되서 나는 무엇을 할 것인가?' '나의 강점과 약점은 무엇인가?' 등과 같은 질문을 통하여 경력에 대하여 관심을 가지게 되며 선택을 하게 된다.

개인의 경력선택은 성격, 능력, 자아이미지 등 다양한 요소에 의해서 영향을 받는다. 지금부터는 성격, 능력, 자아이미지 등이 어떻게 경력선택에 영향을 미치는지를 살펴보고자 한다.

1) 성　　격

경력상담 전문가인 홀랜드(J. L. Holland)는 경력선택에 관한 이론을 다음과 같이 제시하였다.[5] 홀랜드에 의하면 경력의 선택은 우연히 행해지지 않으며 성격(personality)에 의해 영향을 받는다. 또한 개인이 경력상 달성할 수 있는 것은 자신의 성격과 직무환경 사이의 일치도에 달려 있다. 개인들

그림 10-1 직업성향

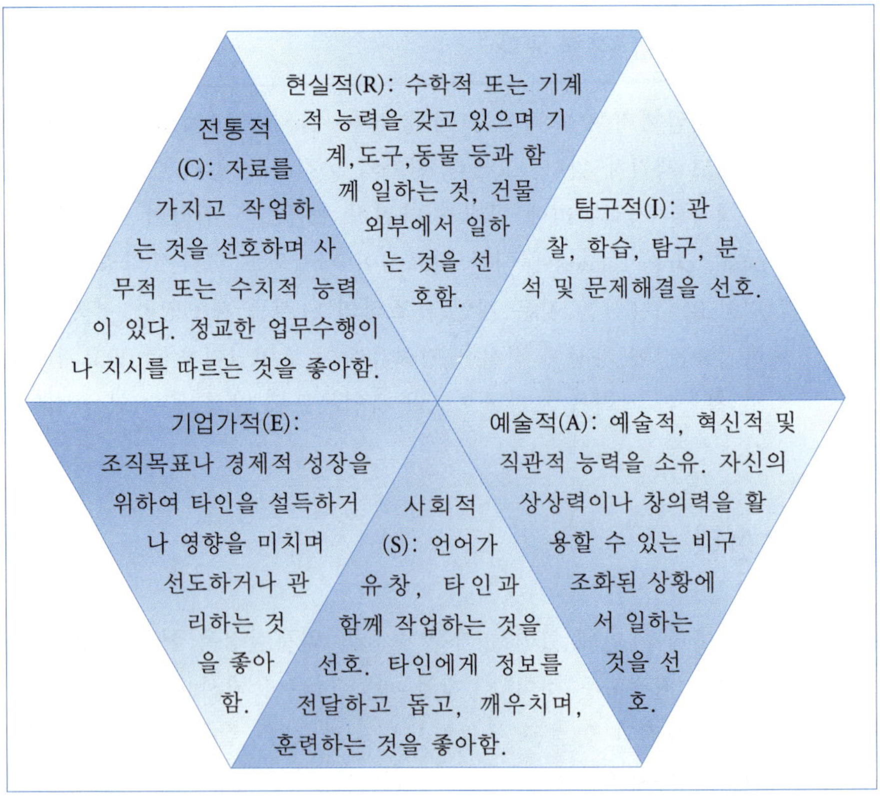

자료: Richard Bolles (1979), *The Quick Job Hunting Map*, Berkeley, CA: Ten Speed Press, p. 5.

의 성격은 다음과 같이 6개의 유형으로 분류할 수 있다.

- 현실적(Realistic): 기계나 도구의 조작과 같은 활동을 선호 – 기술자
- 탐구적(Investigative): 호기심이 많으며 분석적이고 정교함 – 과학자
- 예술적(Artistic): 창조적이며 표현이 풍부하고 순응적이며 내향적 – 실내장식가
- 사회적(Social): 타인과 함께 일하고 돕는 것을 즐기며 기계나 도구와 관계된 체계적 활동을 회피함 – 학교 상담자
- 기업가적(Enterprising): 목표 달성을 위하여 타인에게 영향을 줄 수 있는 행위를 선호함 – 변호사
- 전통적(Conventional): 자료의 체계적 처리, 서류정리 등을 즐김 – 회계사

한 개인이 특정 성격유형과 유사할수록 그 성격유형과 관련된 행위나 특성을 보일 가능성이 크다. 특정 성격유형이 지배적으로 작용하지만, 개인들은 환경에 대처하기 위하여 둘 또는 그 이상의 성격유형에 속하는 다양한 전략을 사용한다. 홀랜드는 6개의 성격유형 사이의 근접성을 보이기 위하여 6면체를 이용하여 설명하고 있다. 취향이 비슷할수록 6면체에서 근접하여 배치하였다. 따라서 현실적—탐구적 그리고 사회적—기업가적 같이 근접한 유형들은 유사하며, 반면에 현실적—사회적 그리고 예술적—전통적 같은 멀리 떨어져 있는 유형들은 상이하다.

홀랜드의 논리와 분석에 의하면 어떤 개인의 주요 성격과 부차적 성격이 유사하다면 그는 경력을 쉽게 선택할 수 있다. 반면에 주요 성격과 부차적 성격이 서로 다르다면 경력을 선택하는 데 있어서 어려움을 겪을 것이다.

개인의 성격유형을 파악하기 위하여 다양한 계량적 도구가 개발되었다.[6] 직업선호인벤토리(Vocational Preference Inventory)는 84개의 직업명칭목록(성격당 14개 직업명칭) 중에서 자신에게 매력적인 직업을 식별하도록 한다. 개인의 반응이 점수화되고 분류된다. 개인이 한 성격유형에 높은 점수를 얻을수록, 그 성격유형에 개인이 잘 부합된다.

2) 자아이미지: 경력닻

성격과 어느 정도 관련이 있겠지만, 사람들은 실제로 특정 직업을 선택하기 이전에 어떤 특정한 역량과 경험을 지향하는 것처럼 보인다. 이러한 지향성은 환경과의 상호 작용결과로서 특정 직업을 선택하도록 인도하고 그 직업에 머물러 있게 한다. 이러한 지향성 또는 동기는 청소년기에 형성되어 어른이 되도록 지속되는 경향이 있다. 샤인(Edgar Schein)은 사람들이 특정 직업(또는 경력)을 선택하고 준비하도록 하는 다섯 개의 동기(motive)를 식별하였다.[7] 그는 이것을 경력닻(career anchor)이라고 불렀다. 따라서 경력닻은 상이한 작업동기와 능력에 근거한 자아개념(self-concept)으로서 한 개인의 작업경험을 인도하고, 안정화하고, 통합시킨다.[8] 사람들은 닻 내린 배처럼 그들의 닻 주위를 돌면서 자신의 자아개념에 맞는 경력을 추구하는 경향이 있다.

1. **관리적 역량**(managerial competence): 이러한 사람들의 경력목표는 관리의 높은 수준에서 요구되는 인간관계, 분석 그리고 감정적 역량 등의 관리적 능력을 개발하는 것이다. 관리하려는 열망은 관리적 경력닻(managerial career anchor)과 밀접한 관련이 있으며 경력에 도움이 되는 인간관계 개발, 조직 특유의 스킬 개발, 그리고 상사의 기대에 부응하는 것과 같은 주체적 활동과 강하게 관련되어 있는 것으로 밝혀졌다.[9]
2. **기술적/기능적 역량**(technical/functional competence): 이러한 사람들의 지향성은 현재의 스킬을 지속적으로 사용하고 개발하고자 하는 것이다. 그들은 이에 확립된 역량의 영역으로부터 멀어지는 직위 또는 일반관리의 직위를 회피한다. 그들은 조직계층의 상승보다는 스킬증가를 통한 성장을 선호한다. 반도체 설계를 좋아하지만 부하감독을 싫어하는 엔지니어가 좋은 예이다.
3. **안정**(security): 안정지향성 사람은 그들의 경력상황을 안정화하기를 원한다. 그들은 때때로 특정 조직이나 지역에서 일하고자 한다.
4. **창의성**(creativity): 창조적 개인은 어느 정도 기업가적 기질이 있다. 그들은 자신의 힘으로 무언가를 창조하거나 설립하고자 한다.

5. **자율성/독립성**(autonomy and independance): 독립적인 사람의 경력닻은 조직제약으로부터 자유를 추구하는 경향이 있다. 그들은 자율성에 가치를 두고 자신의 방식대로 일을 하길 원한다. 이들 중 많은 사람들이 컨설턴트가 되거나 자신의 사업을 시작하기 위하여 조직을 떠난다.

이러한 경력닻은 조직이 조직 구성원의 다양한 욕구를 충족시키기 위하여 대안의 경로를 제공할 수 있도록 충분히 융통적이어야 한다는 것을 의미한다. 개인들은 직업적 특성과 조직적 특성이 개인이 지향하는 방향과 부합하는지 여부에 의해서 의사결정을 하며 직업 및 조직적 특성이 개인의 성향과 부합될수록 더 큰 경력성공과 만족을 결과한다.

3) 능　　력

개인이 어떤 능력을 갖고 있는가를 판단하는 것은 개인의 경력선택에 있어서 매우 중요하다. 단순히 개인의 경력선호도나 성격을 파악하는 것만으로는 경력선택에 있어서 충분하지 않다. 개인은 직무수행에 필요한 능력을 개발할 수 있어야 한다. 개인이 탐색적 성격을 가지고 있을 지라도 의사나 생물학자 중에 어떤 직업에 맞는 능력을 갖추고 있는가가 특정 직업선택에 중요한 요인으로 작용하는 것이다.

능력과 성격취향을 고려함으로써 개인들은 자신에 맞는 경력을 더 잘 선택할 수 있다. 그러나 이것만으로 성공적 경력을 보장하기에는 충분하지 않으므로 조직들은 종업원들이 자신의 잠재력을 충분히 발휘하도록 도움을 주고자 한다. 그 결과, HR기능은 점점 종업원의 경력관리에 관심을 가지게 되는 것이다.

제 2 절 경력개발과정

경력개발 프로그램을 수립하는 일반적 방법은 경력개발과 다른 HR기

그림 10-2 경력개발에 있어서 HR역할

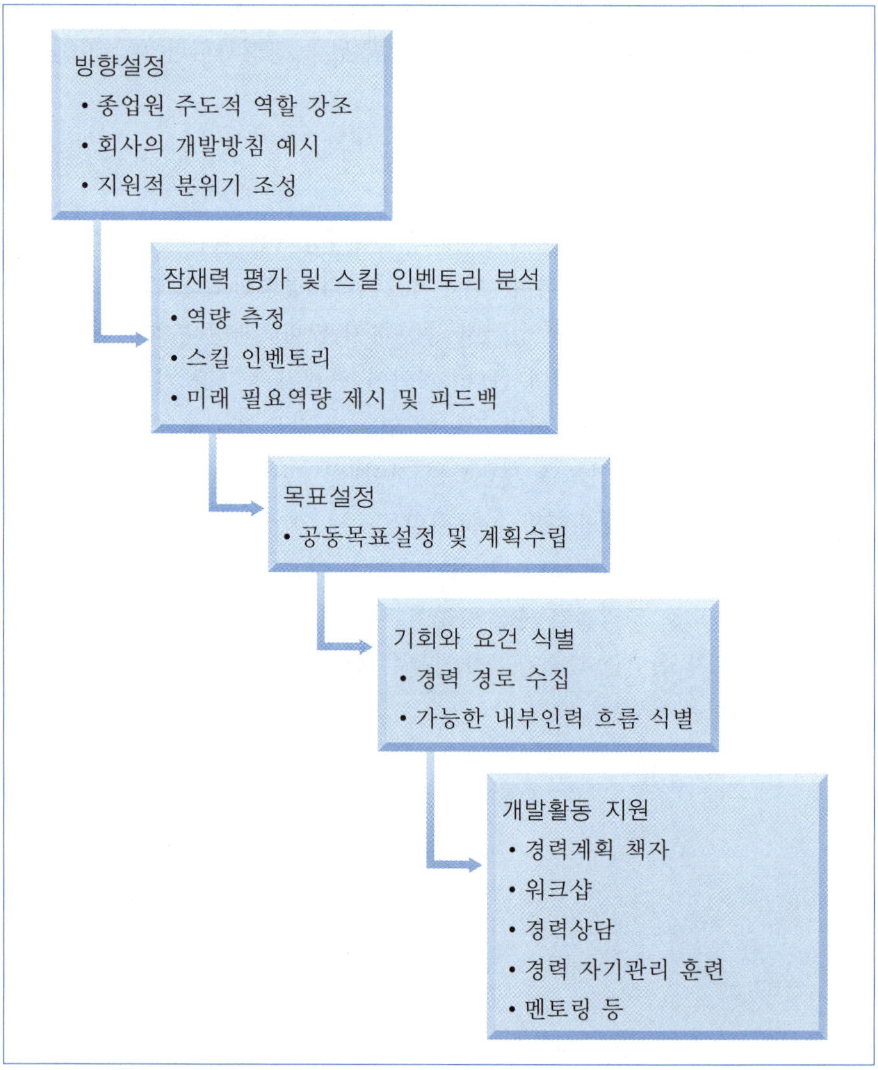

능과 통합하는 것이다. 경력개발을 다른 HR기능들과의 통합은 HR 모든 기능들이 서로 영향을 주는 시너지(Synergy: 상승작용) 효과를 나타낸다. 〈그림 10-2〉는 HR기능들이 경력관리와 어떻게 관련되어 있는지를 나타낸다. 예를 들어, 경력을 계획하는 데 있어서 종업원들은 사업전략방향, 인력예측, 승계계획 그리고 자질 인벤토리(talent inventory) 등과 같은 조직에 관한 정보를 필요로 한다. 마찬가지로, 자신에 대한 정보를 경력계획에 활용하기 위해서는 종업원들은 조직 내의 경력경로와 경영이 자신의 성과를 어떻게 바라보고 있는지를 알 필요가 있다.

1. 방향설정

경력개발 프로그램은 조직의 필요성과 개인의 필요성을 적합시키는 동태적 과정이다.

1) 종업원의 역할

현대 조직에서 개인은 자신의 경력계획을 주도하고 관리할 책임이 있다. 경력목표를 설정하고 경력계획을 세우기 위해서 자신의 지식, 능력, 스킬, 흥미 및 가치관을 식별하고 경력대안에 대한 정보를 탐색하는 것은 개인의 책임이다. 관리자들은 성과에 대한 피드백 형태로 지속적인 지원을 하고 직무나 경력에 관련된 정보를 제공함으로써 개인이 자신의 경력에 대해서 책임을 고무할 필요가 있다.

조직은 사업전략, 정책 등 조직에 관한 정보를 제공하고 종업원의 자기평가 및 훈련을 지원할 책임이 있다. 종업원의 주도적 노력이 조직의 기회와 결합할 때, 효과적인 경력개발이 이루어지는 것이다. 관리자는 경력개발을 통하여 자기 자신의 경력을 관리하는 스킬을 증진시킬 수 있으며, 가치 있는 종업원을 유지시키며, 조직에 대한 이해를 넓힐 수 있으며, 그리고 부하개발에 관심이 크다는 명성 등 다양한 혜택을 누릴 수 있다. 개발 필요성 분석은 설문, 비공식 집단 토의, 면접 등 다양한 방법으로 이루어질 수 있다. 또, 신규 종업원, 슬럼프에 빠진 종업원, 여성 등 소수집단, 그리고 기술 및 전문직 등 다양한 종업원 집단을 대상으로 필요성 분석을 행할 필요가 있다. 이들 집단에 대한 문제점과 욕구의 식별은 조직의 경력개발 노력의 시발점이 된다. 〈그림 10-3〉에서 보여주듯이 조직의 전략적 목표달성과 동시에 개인의 만족과 역량증진이 될 수 있도록 경력관리가 이루어져야 할 것이다.

그림 10-3 개인욕구와 조직 필요성의 균형

조직 필요성

전 략 적	운 용 적
• 현재 및 미래의 역량	• 사 퇴 율
• 시장변화	• 결 근
• 인수/합병	• 인재 풀
• 혁 신	• 아웃소싱
• 성 장	• 생 산 성
• 다운사이징	
• 리스트럭쳐링(restructuring)	

↑ ↓

경력관리

↑ ↓

개인욕구

개 인 적	직 업 적
• 연령/연공	• 경력단계
• 가정 관심사	• 훈련 및 교육
• 배우자 고용	• 성과 기대
• 이동성(mobility)	• 잠 재 력
• 취미활동	• 현재의 경력경로

자료: G. Bohlander & S. Snell(2004), *Managing Human Resources,* Thompson, p.290.

2) 조직의 역할: 지원적 분위기 창출

경력개발이 성공하기 위해서는 최고경영층의 전폭적인 지지가 필요하다. 바람직하게는 고위라인 경영자와 HR이 함께 경력개발시스템을 설계하고 실행하여야 한다. 경력개발시스템이 조직의 목표와 문화를 반영하여야 하고, HR철학이 전체 시스템에 스며들어가 있어야 한다. 또한 모든 계층의 관리자들이 직무설계, 인사고과, 경력계획 그리고 상담 등에 대해서 훈련이 되어 있어야 한다.

경영층 지원의 중요한 지표는 멘토링(mentoring)이다. 멘토링은 기존 프로그램의 일환으로 공식적으로, 또는 부하에 대한 관심을 나타내는 비공식적으로 수행될 수 있다(멘토링에 대해서는 추후에 다시 설명될 예정이다). 경력계획에 있어서 개인이 당면하는 가장 큰 애로사항은 '불확실성'이다. 상급자로부터의 조언과 상담은 종업원에게는 매우 가치 있는 정보가 될 수 있다.

2. 잠재력 평가 및 스킬 인벤토리 분석

개인의 조직 내에서 경력방향을 설정하기 위해서는, 관리자는 개인의 역량이나 잠재력에 대한 정확한 정보를 필요로 한다. 이외에 관리자는 조직 내의 스킬 인벤토리에 대한 정확한 이해를 필요로 한다. 스킬 인벤토리를 분석함으로써 조직 내 어느 분야에서 인력이 충분히 공급되고 있으며, 또 어느 분야에서는 장래에 인력 부족이 예상된다는 것을 알 수 있다. 관리자는 될 수 있으면 종업원이 장래에 인력 부족이 예상되는 분야나 조직의 핵심영역이 될 분야에 필요한 역량을 개발할 수 있도록 조언하는 것이 바람직하다. 만약 많은 사람들이 개발되어 있는 분야에서 또 역량을 개발한다면, 역량을 개발하고도 적당한 직책을 받지 못하는 경우가 발생할 수 있다. 여기서는 개인의 평가를 위해서 자기평가(self-management), 성과평가, 평가센터(assessment center)를, 조직차원에서는 스킬 인벤토리 분석을 논의하고자 한다.

자기평가

자기평가는 종업원들이 자신의 경력에 대한 흥미, 가치관, 적성(aptitude) 등을 파악하는 것이다. 자기평가에는 직업적 관심사를 나타내는 성격 분석(제1절의 홀랜드 모형 참조)이나 가치관 분석 등이 포함될 수 있다. 이런 자기평가를 통해서 개인과 조직은 개발 필요성을 식별할 수 있다. 개인의 현재 스킬이나 관심사와 개인이 원하는 직책 사이의 차이를 줄일 수 있도록 개발방향을 잡아야 할 것이다.

성과평가

성과평가는 개인의 성과를 측정하는 과정이다. 성과평가에 대한 정보는 종업원 개발에 유용하게 사용될 수 있다. 성과평가에 의해 특정 종업원에 대한 문제점은 무엇이고 어떻게 개발하여야 하는가를 알 수 있다. 즉, 성과평과를 통해서 현재의 성과수준과 기대되는 성과수준의 차이, 성과차이의 원인, 그리고 성과를 개선하기 위한 실천계획 등을 알 수 있다.

평가센터

이미 언급한 바와 같이(자세한 내용은 제8장 참조), 평가센터는 종업원의 잠재력을 평가하기 위해서 다수의 평가자가 다양한 실습에서의 종업원 성과를 평가하는 과정이다. 평가센터에서는 참여한 종업원들에게 그들의 태도나 역량에 대한 피드백을 주기 때문에 평가센터의 평가자료는 종업원의 경력개발계획을 수립하는 데 유용하게 사용될 수 있다.

스킬 인벤토리

스킬 인벤토리(skill inventory)는 개별 종업원의 교육, 직무경험, 직업관심, 구체적인 능력과 스킬, 과거 보상자료 그리고 현 직무 담당기간 등을 정리해 놓은 것이다. 물론, 이런 인벤토리를 수행하는 데 있어서 비밀유지가 중요한 관건이다. 그러나 잘 정리된 인벤토리는 조직이 종업원 배경에 맞게 직무에 배치하는 데 아주 유용하다. 또한 이런 인벤토리는 현재의 직무에서뿐만 아니라 미래의 직무에 대해서 종업원의 개발 필요성을 식별하는 데 도움이 된다.

3. 목표설정

목표설정은 종업원이 단기 및 장기 경력목표를 개발하는 과정을 의미한다. 이들 목표는 통상 바라는 직위(예를 들어, 3년 안에 판매관리자가 되는 것 등), 스킬 응용수준(조직단위의 현금흐름문제를 개선하기 위하여 예산 스킬을 활용) 또는 스킬획득(회사의 회계처리시스템 학습) 등과 관련이 있다. 이들 목표는 상급자와의 논의를 통하여 개발계획으로 작성된다. 개발계획은 통상 강점 및 약점, 경력목표 그리고 경력목표 달성에 필요한 활동 등으로 구성된다.

4. 기회와 요건 식별

종업원 개발의 상당부분은 직무경험을 통해서 이루어진다. 직무를 수행하면 종업원은 과업, 문제점, 보고 라인, 다른 직무와 관계 등을 경험하게 된다. 회사는 경력경로(career path)를 설정함으로써 종업원의 경험을 체계화하여 역량을 개발하도록 노력하고 있다.

1) 경력경로

경력경로는 경력기회와 관련하여 구체적 직무를 연속하여 나열한 것이다. 경력계획의 결과로 개인은 경력개발을 위하여 담당하여야 할 일련의 직무들 가운데 첫번째 직무에 배치되게 된다. 조직의 관점에서 보면, 경력경로는 인적자원계획에 있어서 중요한 부분을 차지한다. 조직의 미래 인적자원구성은 개인들이 경험해야 할 직무들로 구성되어 있다. 개인의 관점에서 본다면, 경력경로는 경력목표를 달성하기 위하여 개인이 수행하여야 할 일련의 직무를 의미한다. 경력경로를 설계하는 데 있어서 조직의 필요성과 개인의 욕구를 완전히 통합하는 것은 사실상 불가능하지만, 체계적인 경력경로는 개인의 욕구와 조직의 필요성 사이의 차이를 줄이는 역할을 한다.

전통적 경력경로는 단일의 직종이나 직군 내에서 상향적 이동을 강조한다. 인력을 충원할 때, 조직은 엔지니어, 회계 또는 영업 등의 경력경로를 이야기한다. 이런 상황 속에서, 조직은 개인이 조직 내에서 경력이 진전함에 따라 어떠한 직무들을 수행하는지에 대하여 설명한다.

개인이 직무수행에 필요한 경험과 능력을 축적하였고 승진을 위한 준비가 되었다는 것을 보이면 다음의 직무에 배치하게 된다. 경력경로에는 각 개인이 특정 직무를 일정기간 수행한 후에도 상향적으로 이동하지 못하면 실패라는 기본 관념이 숨겨져 있다. 이러한 태도는 상향적 승진을 할 수 없는 경영자들에게 대안으로 횡적 또는 하향적 이동을 활용하는 것을 매우 어렵게 만든다.

전통적 경력경로의 대안으로서 경력경로를 현실의 경험과 개인의 선호에 근거하는 것이다. 이런 유형의 경로는 다음과 같은 특성을 가진다.

1. 상향적 이동은 물론 횡적 및 하향적 이동을 포함하고 있으며 표준근무기간에 구애받지 않는다.
2. 조직의 필요성이 바뀜에 따라 경력경로는 잠정적이고 유연하다.
3. 경력경로는 개인의 질적 차이를 고려할 수 있는 정도로 유연하다.
4. 경력경로상의 직무들도 단순히 교육, 경험, 연령 등이 아니라 '획득 가능한' 숙련이나 지식을 기초하여 서술된다.

효과적인 종업원상담을 위해서는 전통적 경력경로보다는 현실적 경력경로(realistic career path)가 필요하다. 이러한 정보가 없이는 종업원을 어떠한 직무가 가능한지에 대해서 단지 추측할 뿐이다.

이러한 분석이 종업원이나 조직에게 도움이 되겠지만, 실제로 많은 성공한 경력자들은 이런 경로를 따라 전진해 오지 않았다. 오늘날의 기업 세계에서는 경력진전(career progression)은 이성적 계획을 통해서라기보다는 기회를 창출하고 포착함으로써 이루어져 왔다. 조직이 경력경로를 설정하고 개인들은 진전을 위한 계획을 수립하는 것이 옳겠지만, 많은 성공한 개인들은 그들의 경력경로는 독특하다고 이야기한다. 그들은 '적절한 시기에 적절한 장소'에 있는 행운을 가졌음을 자주 인정한다.

2) 다양한 가능성들

경력개발은 주로 상향적 이동에 초점을 맞추어 왔다. 그러나 오늘날 평탄조직(flat organization)과 역동적인 작업환경 속에서 개인의 경력진전은 승진뿐만 아니라 전환배치(transfer), 강등 등 다양한 형태를 취할 수 있다. 〈그림 10-4〉는 종업원 개발을 위하여 직무경험을 확대하기 위한 다양한 방법을 제시하고 있다.

직무확대(job enlargement)란 현재의 직무에 새로운 책임을 부가하는 것을 의미한다. 특수프로젝트 부여, 작업팀내 역할변경, 태스크 포스(task force)에의 참여 등이 여기에 속한다. 승진이란 책임과 권한이 더 큰 직무를 상향이동하는 것을 의미하며, 통상 임금인상을 수반한다. 평탄한 조직에서는 승진기회가 적어지므로 많은 사람들은 전환배치를 통하여 경력을 진전시키려고 한다. 전환배치란 책임과 지휘가 비슷한 다른 직무에 배치하는 것으로 횡적 이동을 의미한다. 승진기회를 크게 하기 위해서 종업원들은 전환배치를 통하여 변화를 꾀하거나 학습기회를 확장하려고 한다. 강등은 권한

그림 10-4 종업원 개발을 위한 직무경험 확대방법

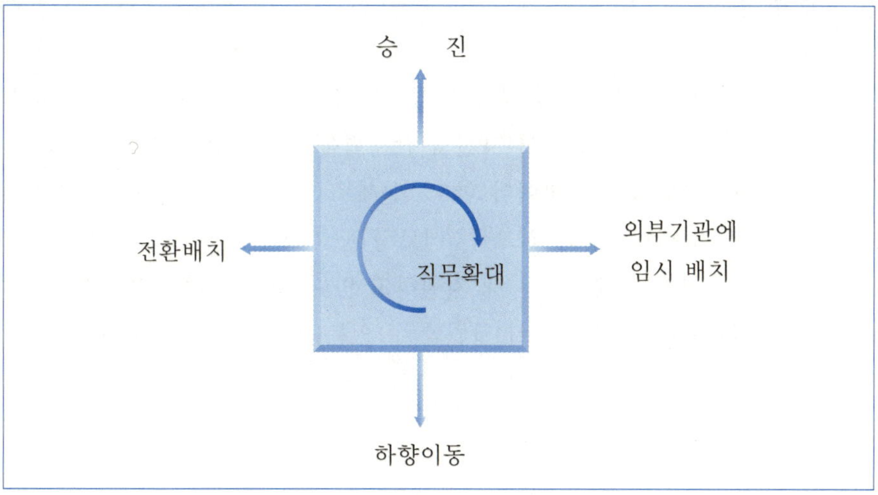

과 책임이 적은 직무로의 하향이동을 의미한다. 종업원들은 강등을 좋게 생각하지 않지만 때때로 자신의 기술적 역량이 뿌리박고 있는 부문으로 돌아가기 위해서, 또는 퇴직의 대안으로 조직에 더 남아 있기를 원할 때 강등을 감수하고자 한다(자세한 내용은 제 8장 내부충원 및 이직에서 자세히 논의되었다).

이러한 조직내부에서의 이동 이외에 외부조직에 임시적으로 배치하는 경우도 있다. 연구년(sabbatical)은 스킬을 새롭게 하거나 개발하기 위하여 조직을 떠나 있는 것이다. 연구년에 있는 종업원은 직무의 일상적 스트레스에서 벗어나 새로운 스킬이나 지식을 획득할 수 있다. 이는 대학에서 널리 행해지고 있는 제도이나 컨설팅 산업, 은행 등에서도 채택되고 있다.

익스턴십(externship)은 종업원이 다른 기관에서 풀-타임으로 일하는 것이다.[10] 예를 들어, 우리나라 정부는 공무원들에게 회사에 가서 일정기간 근무할 수 있는 기회를 부여하고 있다. 물론 이들에게는 다시 조직에 돌아올 권리가 주어진다. 익스턴십은 종업원들에게 개인생활이나 직장생활에 부정적 영향 없이 학습기회와 전문적으로 성장할 기회를 부여한다. 종업원들은 익스턴십을 통하여 다른 고용기회를 찾을 수 있는 반면, 조직은 종업원들과 좋은 유대관계를 유지하면서 조직의 활성화를 도모할 수 있다.

5. 개발활동의 지원

경력관리가 효율적으로 실행되기 위해서 조직은 상당한 분석 및 계획과 동시에 종업원들이 자신의 잠재력을 평가하고 개발할 수 있는 다양한 도구나 방법을 제공하여야 한다. 실제로 조직은 HR 스태프나 상사에 의한 비공식적 상담, 경력 워크샵, 멘토링 등 다양한 방법을 통하여 종업원이 자신을 분석하고 개발하는 데 지원하고 있다. 지금부터 종업원이 경력개발을 시도하는 데 있어 조직이 지원할 수 있는 방법들을 고찰하기로 한다.

1) 경력계획 워크북

조직은 종업원들에게 스스로 자신의 가치관, 흥미, 능력, 목표 등을 체계적으로 분석할 수 있는 워크북(workbook)을 제공하고 있다. General Motors는 종업원들에게 'Career Development Guide'라는 워크북을 제공하여 자기평가를 행할 수 있도록 도와주고 있다.

2) 경력계획 워크샵

워크샵(workshop)은 워크북에서 제공하는 내용과 유사한 과정을 제공하고 있다. 그러나 워크샵 참가자들은 관심사와 계획을 비슷한 상황에 있는 다른 사람들과 비교해 보고 토론할 수 있다는 장점이 있다.

이미 언급한 바와 같이, 종업원들은 자신의 경력에 대해서 책임을 져야 한다. 경력계획 워크샵은 그들이 자신의 경력에 대해 책임감을 갖도록 도울 수 있다. 경력 워크샵을 통해 종업원들은 경력목표를 설정하고, 경력대안을 창출할 수 있다. 또한 경력계획 정보를 찾는 방법을 학습할 수 있을 뿐만 아니라 동시에 자신감과 자존심을 되찾을 수 있다.

3) 경력상담

경력상담(career counseling)은 종업원들과 현재의 직무활동과 성과, 개인적 또는 경력 관심사 및 목표, 그리고 적절한 경력개발목표 등에 대해서 논의하는 것이다. 경력상담은 HR 스태프나 상급자, 전문적인 카운셀러 등에 의해서 이루어진다.

조직차원에서 인적자원 담당부서는 자신의 능력이나 흥미를 평가하기를 원하는 종업원을 위해서 상담기능을 제공하고 있다. 인생에 있어서 관심사가 개인의 경력기대에 중요한 역할을 행하므로 상담은 개인적 차원에서 이루어진다. 이런 관점에서 조직은 경력상담을 기본기능이 아니라 종업원에 대한 서비스로서 간주한다.

상급자에 의한 경력상담은 통상 인사고과에 포함되어 있다. 종업원이 조직 내에서 어디로 가야할 지는 고과분위기 내에서 자연스럽게 제기된다. 실제로 인사고과에 경력정보를 포함시키는 것은 경력프로그램에 대한 관심을 증가시킨다. 효과적 인사고과의 특징은 종업원이 현 직무를 얼마나 잘 수행하였고 그리고 미래에는 어떻게 될지를 알려 주는 것이다. 따라서 상급자는 자신의 부서 내에서가 아니라 조직 전체의 관점에서 조직의 필요성과 기회를 종업원에게 상담할 수 있는 능력을 가져야 한다. 그러나 상급자는 조직 전반에 관해서 제한된 정보만 가지고 있는 것이 보통이므로, 공식적이고 체계적인 상담이 도입될 필요가 있는 것이다.

4) 경력개발센터

경력개발센터(career development center)는 경영자들이 자신의 업무에 너무 바빠서 부하들에게 효율적으로 상담할 수 없다는 인식 아래 출범하였다. 경력개발센터에서는 효율적 경영과 관련이 있다고 여겨지는 8개의 능력분야에 있어서 개인별 장점과 약점을 식별한다.

1. 문제분석
2. 의사소통
3. 목표선정
4. 의사결정 및 갈등해결
5. 선발, 훈련 및 동기부여
6. 종업원 통제
7. 대인관계 능력
8. 시간활용

이상 여덟 분야의 점수를 토대로 하여 개별 경영자들은 경력 및 개인적 목표를 설정한다. 다음에 센터의 스탭이 8개 분야에 있어서 강점과 약점을 반영하는 현실적 목표를 설정하는 데 도움을 준다.

개별 경영자에 대한 경력계획 노력의 하이라이트는 일주일 정도 기간의 세미나에 참석하는 것이다. 통상 24명의 경영자가 참가하는 세미나에서 8개의 능력 분야를 적용할 것이 요구되는 모의경영상황을 경험한다. 그 후 개별 경영자들은 경력목표, 달성시간표 그리고 개인적 개발노력 등을 포함하는 자신의 경력계획을 검토한다. 이런 세미나의 목적은 현실적인 자기평가를 촉진하기 위한 것이다. 세미나가 끝난 후, 개별 경영자들은 자신의 경력계획을 확정짓기 위하여 자신의 상급자와 회의를 한다.

5) 멘 토 링

멘토(mentor)는 경험이 적은 종업원(프로테제, protégé)의 개발을 돕는 경험 있고 생산적인 경영자를 의미한다. 대부분의 멘토링 관계는 멘토와 프로테제 사이의 관심사 또는 가치의 공유 결과로 비공식적으로 발생한다. 연구에 의하면, 특정 성격(심리적 안정성, 상황에 맞게 행동을 조절할 수 있는 능력, 그리고 높은 권력욕구와 성취욕구)을 지닌 종업원들이 멘토를 찾는 경향이 크고, 또한 멘토에 대한 좋은 프로테제가 된다.[11] 멘토링을 성공한 경영자와 경험이 적은 종업원들을 연계시키려는 회사의 계획된 노력의 일환으로 실시되기도 한다.

성공적인 멘토링 프로그램의 개발: 많은 멘토링 관계는 비공식적으로 발생하지만, 공식화된 멘토링 프로그램의 주요 장점은 모든 종업원이 멘토와 접촉할 수 있다는 점이다. 또 다른 장점은 멘토링에의 참가자들이 자신의 역할에 대한 기회를 알 수 있다는 점이다. 공식적 멘토링 프로그램의 단점은 멘토들이 인위적으로 창출된 관계 속에서는 상담이나 코칭을 하기 어렵다는 점이다. 〈표 10-1〉은 성공적인 공식적 멘토링 프로그램의 특성을 제시하고 있다. 멘토 프로그램은 신규 종업원을 사회화시키고 훈련으로부터 실제 작업상황으로의 스킬전이(skill transfer)의 가능성을 증대시킨다.

멘토링 관계의 수혜자: 멘토나 프로테제 모두 멘토링 관계에서 수혜를 받을 수 있다. 멘토는 프로테제에게 경력과 심리적 지원을 제공할 수 있다. 경력지원(career support)에는 코칭, 스폰서십, 도전적 임무 제공, 가시성(visibility) 증대(종업원의 존재를 최고경영자 등 의사결정자의 눈에 띄게 함) 등이 있다. 심리적 지원(psychological support)으로는 친구나 역할모델로서 기능하여 수용과 긍정적 관심을 보이며, 불안과 공포의 배출구로써의 역할이 있

표 10-1 성공적인 공식적 멘토링 프로그램의 특성

1. 멘토나 프로테제의 참여는 자발적이어야 한다. 멘토링 관계는 처벌의 두려움 없이 언제든지 끝낼 수 있어야 한다.
2. 프로테제가 다양한 자격이 있는 멘토들로부터 자신의 멘토를 선택할 수 있도록 멘토 풀(mentor pool)을 구축하여야 한다.
3. 멘토는 과거 종업원을 개발한 기록, 멘토로서 활동할 의사, 그리고 코칭 및 의사소통 스킬에 근거하여 선발되어야 한다.
4. 프로그램의 목적은 명확하게 이해되어야 한다. 멘토나 프로테제에게 기대되는 활동들이 구체적으로 명시되어야 한다.
5. 프로그램의 기간이 명시되어야 한다. 멘토나 프로테제는 공식기간이 지난 후에도 관계를 지속하도록 격려되어야 한다.
6. 멘토와 프로테제 사이의 최소한의 접촉이 구체적으로 명시되어야 한다.
7. 문제점을 논의하고 성공을 공유할 수 있도록 프로테제들이 서로 접촉하도록 격려되어야 한다.
8. 멘토 프로그램은 평가되어야 한다. 멘토나 프로테제와의 면담, 멘토링에 대한 설문조사 등을 통하여 문제점을 개선하여야 한다.
9. 종업원 개발은 보상되어야 한다. 보상은 경영자들에게 멘토링이나 다른 개발활동이 시간과 노력을 투자할 가치가 있다는 신호를 보내는 것이다.

자료: R. A. Noe, J. R. Hollenbeck, B. Gerhart & P. M. Wright(2003), *Human Resource Management*, 4th ed., McGrow-Hill.

다. 또한 프로테제는 멘토링이 없는 종업원보다 높은 승진율, 높은 임금 그리고 더 큰 조직 영향력을 보이고 있다.[12)]

멘토링 관계는 멘토에게 인간관계 스킬을 개발하고 자존심과 조직에 가치가 있다고 느끼게 한다. 엔지니어링과 같이 기술적 분야에 있는 사람들에게는 프로테제가 멘토들이 새로운 과학적 발전에 대한 지식을 획득하는데 도움이 될 수 있다(따라서 멘토들이 기술적으로 진부화되는 것을 막을 수 있다).

집단 멘토링 프로그램: 자격 있는 멘토의 수가 부족하고 멘토링을 지원하는 공식적 보상시스템을 설계하기 어렵기 때문에 어떤 회사에는 집단 멘토링 프로그램(group mentoring program)을 실시하고 있다. 집단 멘토링 프로그램에서는, 한 명의 멘토가 4명 내지 6명의 경험이 부족한 프로테제를 담당한다. 집단 멘토링 프로그램의 장점으로는 프로테제들이 경험 있는 멘토는 물론 서로에게도 배울 수 있다는 점이다. 집단 멘토링에 있어서 멘토는 프로테제들이 조직을 이해하고 자신의 경험을 분석하며, 경력방향을 명확히 하도록 도와준다. 집단의 각 구성원들은 구체적인 임무를 개별적으로 수행하거나 집단으로 함께 문제들을 해결할 수 있다.[13)]

제 3 절 경력단계별 경력개발

1. 신규 채용자

신규 채용자들은 조직 내에서 상당한 불안을 경험한다. 신규 채용자들은 조직의 요구와 조직 요구에 순응함으로써 얻어지는 반대급부에 대한 기대에 근거하여 직무를 수락한다.[14)] 특히 대학교육을 받은 젊은 경영자들은 자신의 교육을 조직 내에서 인정과 승진의 발판으로 활용할 수 있는 기회를 기대한다.

그러나 많은 경우에 있어서 젊은 경영자들은 자신의 의사결정에 대하여 실망하게 된다. 경력초기의 실망의 이유는 개인마다 다르겠지만, 얼마간의 일반적 이유를 발견할 수 있다.

1) 초기의 경력실망원인

젊은 경영자들의 초기 경력문제들에 대한 연구는 그들도 기본적으로 "현실충격(reality shock)"의 희생양이라는 것을 지적한다. 젊은 경영자들은 그들이 생각했던 조직과 현실적 조직 사이의 커다란 차이를 지각하게 된다. 여러 요인이 현실충격에 원인이 되겠지만, 젊은 경영자나 상급자는 그 원인을 이해할 필요가 있다.

최초의 직무도전: 젊은 경영자의 최초 직무는 통상 그들이 행할 수

있는 능력보다는 훨씬 단순하다. 따라서 그들은 자신의 충분한 능력을 충분히 발휘할 기회가 없다고 말한다. 이런 상황은 모집과정에 있어서 조직의 '과대선전'을 했을 경우에 특히 심하다.

어떤 사람들은 아주 일상적인 업무에 배치를 받았더라도 자신의 직무를 도전적으로 만들 수 있다. 그들은 자신의 직무를 보다 나은 방법으로 다르게 수행할 수 있는가를 생각한다. 그들은 또한 자신의 상급자에게 보다 많은 자유재량과 추가적으로 할 일을 요구하기도 한다. 불행히도, 많은 젊은 경영자들은 도전적인 직무를 창출할 수가 없는 것이다. 학교에서의 그들의 경험은 도전적 업무는 그들이 창출하는 것이 아니라 선생에 의해 주어지기 때문이다. 도전이 그들을 위해서 창출된 것이지 그들이 도전을 창출한 것이 아니다!

최초의 직무만족: 대학교육을 받은 신규 채용자는 통상 자신이 수행하는 업무수준 이상의 직무를 수행할 수 있다고 믿는다. 실제로, 그들은 최신의 경영이론과 기술을 이해하고 있으며 적어도 그들 마음 속에는 회사를 운영할 준비가 되어 있는 것이다. 그러나 그들의 자기평가가 조직 내의 타인에 의해 공유되지 않을 때 실망과 불만족도 필연의 결과이다. 비현실적 기대와 일상적 업무수행의 결과는 직무불만족이다. 특히 성장 및 자아실현 욕구가 충족되지 못한다.

최초의 인사고과: 성과에 대한 피드백은 주요한 경영책임이다. 그러나 많은 경영자들이 이런 책임을 수행할 수 있도록 충분한 훈련을 받지 못했다. 그들은 단순히 자신의 부하를 어떻게 평가할지를 모른다. 이러한 관리의 결핍은 신규 종업원에게 특히 나쁜 영향을 미친다. 그들은 동료나 다른 종업원들과 교류를 가질 정도로 충분히 조직에 오래 있지 못하였다. 그들도 어떠한 가치를 가져야 하며 어떻게 행동해야 하는지에 대해서 확신을 가지고 있지 못하다. 그들은 당연히 자신의 상급자의 지도를 기대하게 된다. 그러나 만약 상급자가 그들의 성과를 정확히 평가하지 못한다면, 그들은 조직이 그들에게 기대한 것을 성취하였는지 또는 성취하지 못하였는지를 알 수가 없다.

모든 신규사원이 그들의 최초 업무와 관련된 문제점을 경험하는 것은 아니다. 그러나 이러한 문제점을 경험하거나 또는 이들 문제 때문에 조직을 떠나는 사람이 있다면 조직의 입장에서는 재능과 돈을 낭비하는 결과를 초래한다. 잠재적으로 성공적인 종업원을 잃는 것은 조직에게 커다란 손실을 초래한다.

2) 초기경력 문제에 대한 대응

젊고 유능한 종업원을 유지하고 개발하기 위해서 조직은 여러 가지 방안을 실시할 수 있다. 경력초기 문제를 해결하기 위한 방안들은 주로 대졸사원에 초점을 맞추고 있으나 다른 종업원들에게 유사한 프로그램을 적용할 수 있다. 최근에는 생산직 종업원들도 귀중한 자산이며 관리직에서와 같이 경력개발이 필요하다는 인식이 늘어나고 있다. 조직의 모든 계층에서 종업원들은 경험에 의해 숙련을 축적할 수 있으므로 모든 종업원이 체계적 경력개발프로그램의 대상이 될 수 있다.[15]

현실적 직무개요: 신규 종업원의 비현실적 기대를 줄이는 방법은 모집과정에 있어서 현실적 직무개요에 의해 현실적 정보를 제공하는 것이다. 이미 제6장에서 언급한 바와 같이, 현실적 직무개요는 조직이나 직무에 대한 긍정적 측면뿐만 아니라 부정적 측면을 지원자에게 알리는 것이다. 이러한 현실적 직무개요를 통하여, 지원자는 조직의 긍정적 측면뿐만 아니라 부정적 측면을 이해할 수 있다.

도전적인 최초 업무: 신규 채용자의 경영자는 신규 채용자들을 가용한 직무 중에서 가장 도전적인 직무에 배치할 필요가 있다. 이러한 방침을 수행하기 위해서는 경영자들이 어느 정도 위험을 감수할 것이 요구된다. 만약 직무가 신규 종업원의 능력을 크게 벗어난다면, 상급자와 신규 종업원이 동시에 책임을 져야하기 때문이다. 따라서, 대부분의 경영자들은 점진적으로 힘들고 도전적인 직무를 신규 종업원에게 할당하고자 한다. 신규 종업원들은 성과를 위한 잠재력은 있을지 모르지만 아직 잠재력을 발휘한 것은 아니다. 따라서, 실패할 가능성 큰 직무에 신규 종업원을 배치하는 것은 매우 위험한 일일 수도 있다. 그러나 초기에 도전적인 직무를 경험한 사람이 추

후에도 효과적인 성과를 보일 가능성이 큰 것이다.[16)]

충실화된 초기업무할당(enriched initial assignment): 직무충실화(job enrichment)는 강한 성장 및 성취 욕구를 가진 종업원을 동기부여시키는 전형적 방법이다. 만약 부여된 업무가 내재적으로 도전적이지 않다면, 신규 종업원의 상사는 부여된 업무를 충실화(enrich)시킬 수가 있다. 직무를 충실화시키는 전형적 방법으로는 직무 담당자에게 더 많은 권한과 책임을 부여하거나, 고객과 직접 상호 작용을 허용하거나 또는 자신의 아이디어를 실행할 수 있게(단지 상사에게 아이디어를 제안하는 것이 아니라) 하는 것 등이 포함되어 있다.

기대 수준이 높은 경영자: 신입사원의 사퇴율을 낮추기 위하여 신입사원을 기대 수준이 높은 경영자에게 배치하는 것을 고려해 볼 만하다. 여기서 '기대 수준이 높은' 경영자는 '전제적' 상급자가 아니라 부하에게 높은 그러나 달성 가능한 성과를 요구하는 경영자이다. 이러한 상급자는 신규 종업원에게 높은 성과가 기대되며 또한 높은 성과에는 보상이 따른다는 것을 심어준다. 또한 도움이 필요할 경우에는 코칭이나 상담을 통하여 언제든지 도와 준다는 인식을 갖게 한다.

경력초기 단계에서의 도전적이고 충실한 업무 경험의 이득은 경력초기에만 국한되는 것은 아니다. 경력초기에서 충실하고 도전적인 업무를 경험한 사람은 중기나 후기 경력단계에 있어서도 조직에 크게 공헌할 수 있다. 더욱이, 경력을 효과적으로 관리하기 위하여 경력단계를 설정하는 것은 경력정체(carrer stagnation)이나 불만족 같은 문제를 회피하는 데 도움이 된다.

2. 중기 경력개발

중기 경력단계까지 도달한 종업원들은 통상 조직에서 핵심적 인물이다. 논리적으로 이들은 조직에서 주요 직책을 담당하고 있으며 경제적으로도 어느 정도 안정적이다. 그럼에도 불구하고, 중기 경력에는 상당한 위기가 존재하고 있다. 중기경력 위기로는 성공에 따른 스트레스, 중년에 오는 개인 및 가정문제 그리고 가장 정력적인 시기가 이미 지나갔다는 생각 등이 포함된다. 이런 요인 때문에 중기 경력단계의 경영자는 소극적 직무행동, 약물복용 그리고 의기소침 등을 경험하기 쉽다. 동시에, 만약 조직이 성공적으로 경력개발프로그램을 실시하였다면 그 성과가 나타나는 기간이기도 하다.

중기경력 경영자를 개발하기 위한 전형적 방법은 훈련이다.[17] 지식이나 숙련을 증대시키는 훈련을 실시한다는 것 자체가 조직이 그들을 소중하게 여기고 있다는 신호이다. 조직이 단순히 관심을 보인다는 것 자체가 '호손효과(Hawthorne effect)'를 가진다. 그들에게 필요한 것은 조직이 그들을 필요로 하고 소중하게 여기고 있다는 신호인 것이다. 이런 신호를 받는다는 것이 중기 경력자에게는 특히 중요하다.

1) 중기경력 고원

경영자들은 중년이나 경력의 유지단계 동안에 중기경력 고원(midcareer plateau)을 경험하게 된다. 이 경우 추가적 상향적 승진의 가능성은 매우 낮다. 고원(plateau)의 발생에는 두 가지 이유가 있다. 첫째는 조직의 상층부에는 직책이 적기 때문이다. 경영자들이 상층의 직무를 수행할 능력이 있을지라도 빈 자리가 없을 수 있다. 둘째는 빈 자리가 있더라도 경영자가 능력이 부족하거나 상층 직책을 수행할 의도가 없을 수 있다.

현재의 직무에 고착되어 있다고 느끼는 경영자들은 비교적 일관된 방법으로 문제에 대처한다. 그들은 의기소침(depression), 열악한 건강, 두려움 그리고 부하에 대한 적개심들을 경험한다. 궁극적으로, 그들은 현 직무에서 "퇴직"하거나 조직을 떠나게 된다. 이러한 대응전략은 직무성과를 낮추는 결과를 가지고 온다.[18]

2) 중기경력 문제에의 대처

중기경력 문제에 대처하는 방법으로는 상담이나 대안 제공이 있다.

중기경력 상담: 대규모 조직에서는 종업원의 경력, 건강 그리고 가정

문제를 돕기 위하여 전문 정신과의사를 고용할 수 있다. 전문적 상담을 통하여 중기경력 경영자들은 의기소침과 스트레스에 대한 전문적 도움을 받을 수 있다. 중기경력의 경영자들은 통상 고등교육을 받고 자기 생각을 외부에 잘 표현할 수 있으므로, 그들은 단지 대화의 상대만을 필요로 할 수도 있다. 객관적인 청취자에게 자신의 문제점을 이야기하는 과정만으로도 중기경력의 경영자들은 자신의 문제를 인식하고 건설적으로 대처할 수도 있다.

중기경력 대안들: 중기경력 위기를 효과적으로 해결하기 위해서는 수용할 만한 대안이 존재하여야 한다. 조직은 개인 및 가정 문제에 대해서는 상담 이외의 다른 방법을 취하기 힘들다. 그러나 위기가 근본적으로 경력과 관련된 요인에 기인한 것이라면, 조직은 다양한 대안을 생각할 수 있다. 많은 경우에 있어서, 조직은 기존에는 실시하지 않았던 새로운 경력이동을 수용할 필요가 있다. 실제로 조직이 유연성을 강조하기 위하여 팀제 조직을 채택하는 추세이므로 상향적 이동만을 강조하는 전통적 경력관리만으로는 충분하지 않다. 따라서 중기경력의 위기 해소는 물론이고 조직의 유연성을 증가시키기 위해서는 조직은 새로운 경력경로를 채택할 필요가 있다. 새로운 경력경로는 횡적 이동(lateral transfers), 하향이동(downward transfers), 그리고 직책복권(fallback position) 등이 있다.[19]

횡적 이동은 한 부서에서 다른 부서로 조직계층의 변환이 없이 이동하는 것을 의미한다. 생산부서에서 고원(plateau)에 도달한 경영자는 동일 수준의 영업이나 엔지니어링 부서로 이동할 수 있다. 이러한 이동은 경영자로 하여금 새로운 직책에서 요구되는 기술을 신속히 학습할 것이 요구되며 학습기간 동안에는 성과가 감소할 수 있다. 그러나 일단 자격이 갖추어지면 경영자는 의사결정에 있어서 다양한 분야의 관점을 고려할 수 있다는 장점이 있다.

하향적 이동은 우리 사회에서는 실패와 연관하여 생각하는 경향이 있다. 성공적인 경영자는 하향적 이동을 수용할 수 있는 대안으로 생각하지 않는다. 그러나, 하향적 이동은 다음과 같은 조건이 충족만 된다면 수용 가능한 대안이 충분히 될 수 있다:

1. 경영자가 특정 지역에서 제공하는 생활의 질을 가치 있게 여겨 특정 지역에 살기 위하여 하향적 이동을 바랄 수도 있다.

2. 경영자는 하향적 이동을 추후 승진에 대한 기반을 다지는 방법으로 여길 수도 있다.
3. 경영자는 해고냐 또는 하향적 이동이냐 하는 양자택일에 당면할 수도 있다.
4. 경영자는 직장 외(예를 들면, 종교, 정치 및 가정활동 등)에서 자율성과 자아실현을 추구하므로 낮은 계층의 적은 책임(또는 적은 업무량)을 환영할 수도 있다.

직책복권은 횡적 이동이나 하향적 이동의 위험을 줄이기 위한 상대적으로 새로운 방법으로 활용되고 있다. 직책복권은 먼저 전환배치된 경영자가 새로운 직책에서 원만한 업무를 수행할 수 없다면 기존 또는 새로운 직책으로 재배치할 수 있다는 것을 사전에 약속하는 것이다. 경영자가 되돌아갈 수 있는 직책을 사전에 약속함으로써, 조직은 전환배치에 있어서 책임의 일부분을 진다는 것으로 기존 또는 새로운 직책으로 재배치되는 것을 '실패'로 간주하지 않는다. 이러한 제도는 고도로 전문화된 기술자나 전문인을 '일반관리자(general management position)'로 육성하기 위하여 처음으로 실시할 때 위험 부담을 줄이기 위하여 도입할 수 있다.

경영이 중기경력 위기에 당면한 경영자를 위해서 새로운 제도를 실시한다 하더라도 경영자 개인의 책임을 완전히 면제하는 것은 아니다. 자신의 경력과 인생을 건설적으로 그리고 정직하게 다루는 경영자들은 진부화가 발생하기 전에 어떤 방도를 취해야 할 것이다. 경력초기에 그들은 자신의 경력경로나 계획을 작성하기 시작하여야 한다. 경력계획의 중요성은 조직이 점점 단층화되고 유연하게 됨에 따라 더욱 중요하게 될 것이다. 조직은 또한 새로운 조직구조에 맞추어 새로운 경력유형을 지속하여 창출할 필요가 있는 것이다.

3. 퇴직 전 경력개발

우리나라에 있어서 일반적으로 퇴직연령이 강제적으로 규정되고 있지만, 많은 조직에 있어서 퇴직자를 돕기 위한 프로그램은 그다지 잘 개발되어 있지 않다. 낮은 연령에서 여러 가지 형태로 실질적 퇴직이 행해지고 있으므로 퇴직자를 돕는 프로그램은 점점 더 중요해진다.

퇴직에 관련된 문제를 다루기 위하여 조직은 다음과 같은 이슈를 고려하여야 한다.

- 종업원은 언제부터 퇴직계획을 시작하여야 하는가?
- 누가 조기퇴직의 대상이 되는가?
- 퇴직 후 종업원을 무엇을 하려고 하는가? 조직은 무엇을 도와 줄 수 있는가?
- 퇴직자는 제 2 의 경력을 계획하고 있는가? 조직은 무엇을 도와 줄 수 있는가?

퇴직 전 조정문제에 대한 대응

퇴직대상자에 대한 상담이나 교육프로그램에서도 유사한 문제가 제기될 수 있다. 어떤 사람은 퇴직을 두려워하기도 하며 또 어떤 사람은 퇴직을 기다리기도 한다. 상담이나 교육프로그램은 고용에서 퇴직으로 순조로운 이행을 목적으로 한다.

대부분의 경우, 퇴직자는 축소된 역할, 덜 구조화된 생활 그리고 새로운 친교활동 등을 수용하고 학습하여야 한다. 인적자원기능이 주도하는 워크숍이나 세미나 등도 퇴직으로의 이행을 순조롭게 하는 데 도움을 줄 수 있다.

제 4 절 경력개발에 대한 이슈들

경력개발프로그램을 수행하는 데는 여러 가지 본질적 문제에 직면하게 된다. 다음에 논의될 이슈들은 실제 조직에서 당면할 수 있는 문제점을 정리한 것이다.

1. 경력개발과 인적자원계획의 통합

경력개발과 인적자원계획 사이의 관계는 명확하다. 경력개발은 유능한 인적자원의 공급을 제공하며 반면에 인적자원계획에 있어서는 인적자원의 수요가 예측된다. 만약 인적자원계획과 경력개발이 잘 조화되지 않는다면 개발된 인적자원을 배치할 곳이 없거나 또는 수요가 예상되지만 인적자원을 개발할 프로그램이 없을 수가 있다.

실제로 조직에서 경력개발과 인적자원계획을 통합하기란 쉽지 않다. 그 이유의 하나는 서로 다른 전문가에 의해서 행해지기 때문이다. 이 두 전문기능 사이에는 서로의 관점이 달라 의사소통이 어려울 수도 있다. 인적자원계획은 효율적 인적자원운용이 주요 관심사이지만 경력개발은 훈련과 개발이라는 종업원 관점을 고려해야 하기 때문이다.

경력개발과 인적자원계획을 통합하기 어려운 두 번째 이유는 조직구조와 관련이 있다. 경력개발은 인사부서에서 그리고 인적자원계획은 기획부서에서 담당하는 것이 보통이다. 두 기능이 서로 다른 두 단위조직에서 이루어지고 있다. 두 기능에 대해서 책임을 지고 있는 사람은 부사장이나 사장이 되기 쉽다.

2. 이중 사다리(dual-ladder) 경력경로

많은 조직에서 훌륭한 기술을 지닌 엔지니어, 연구직 그리고 영업직 사원들은 중기경력 이후 경력딜레마에 당면하기 쉽다. 그들은 자신의 분야에서는 훌륭한 성과를 보이며 또한 강한 성장 욕구를 가질 수 있으나 해당 분야에 있어서 경력상한(career ceiling)에 쉽게 도달할 수 있다. 즉 그들은 경력초기에는 전문분야 내에서 성장할 수 있으나 곧 더 성장하기 위해서는 감독 또는 관리능력을 요구하는 시점에 다다른다. 그러나 모든 엔지니어가 관리에 열망을 가지는 것은 아니므로 조직 또한 딜레마에 직면한다. 조직이 전문능력이 있는 종업원을 단지 경력을 위한다는 이유로 관리직에 배치한다면 전문인력을 경영상의 책임을 바라지 않는 평범한 관리자로 활용하는 결과를 초래한다. 전문직의 승진정책 때문에 조직의 전반적 가치가 실제로 하락할 수도 있다.

이런 문제를 해결하기 위하여 조직은 이원적(two-track) 또는 이중 사다리(dual-ladder)로 경력경로를 설계할 수 있다. 종업원의 일부는 관리직 경로를 나머지 다른 사람은 전문직 경로를 따를 수 있다. 관리직 경로는 경영의 사결정과 감독에 관한 책임을 지며 전문직 경로는 전문분야에 있어서 업무수행에 책임을 진다.[20]

〈그림 10-5〉는 전문직에 대한 이중 사다리 경로의 예를 제시하고 있다. 중앙의 경로는 관리직 경로를 그리고 왼쪽의 경로는 전문직 경로를 나타낸다. 전문직 경로는 특정 분야에 대한 전문지식과 독립적 임무수행을 강조한다. 마지막으로 오른쪽 경로는 구체적 프로그램 수행을 하여 전문직과

그림 10-5 기술직을 위한 이중 사다리 경력경로의 예

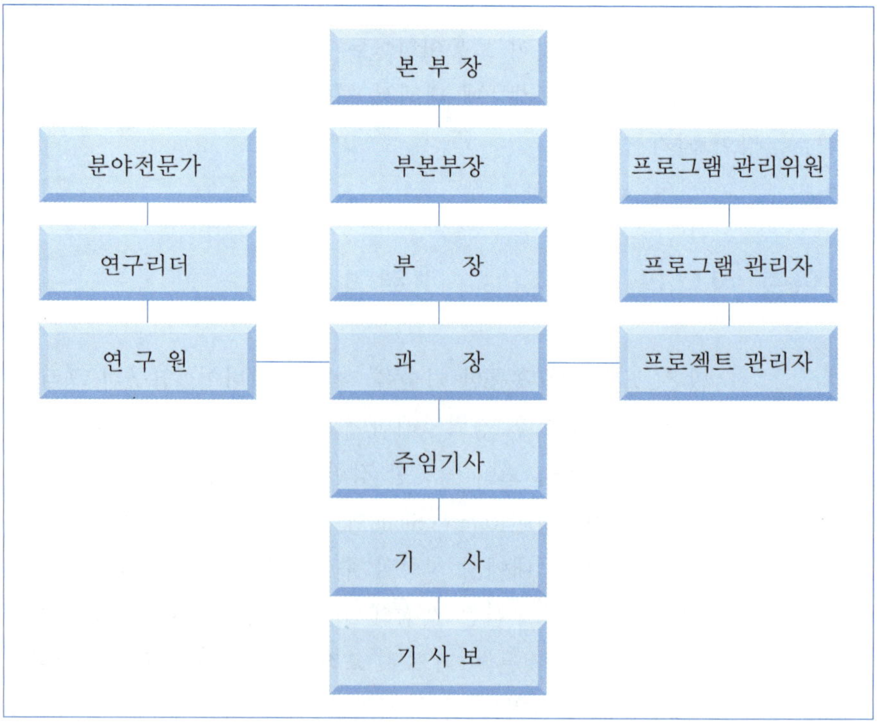

의 연결을 도모하여 프로그램의 일정, 비용 등 관리를 책임진다.

3. 맞벌이 부부의 경력관리

사례 10-1 맞벌이에 자녀는 "NO" '싱커즈族' 확산

자녀출산을 원하지 않는 맞벌이 신세대 부부들을 일컫는 이른바 '싱커즈(THINKERS)족'이 급속히 확산되고 있다. 이들은 자녀 양육에 뺏기는 시간과 비용을 모두 부부생활에 투자하겠다는 새로운 경향을 보이면서 우리 사회에서 신계층을 형성해 가고 있다. 최근 통계청 발표에서 해가 갈수록 출산율이 급속히 저하하는 것과 무관치 않은 현상이다.

싱커즈족이란 젊은 남녀가 결혼한 뒤 맞벌이(Two Healthy Incomes)를 하면서 아이를 낳지 않고(No Kids) 일찍 정년퇴직(Early Retirement)해 노후생활을 즐기는 신계층을 일컫는 말. 미국과 유럽 등에서는 이들 싱커즈족이 이미 폭넓게 자리잡으면서 고령화 사회, 인구증가율 저하 등에 대한 우려가 높아지고 있다.

지난 29일 결혼식을 올린 회사원 김모(29 · 서울 염리동) 씨는 집안의 장손임에도 불구, 5년간 사귀어온 신부 진모(27) 씨와 심사숙고 끝에 아이를 낳지 않기로 결심했다.

20代 10% "아기 안 낳을것"

김 씨가 이처럼 자녀출산을 기피하게 된 이유는 크게 두 가지. 자녀양육의 매력보다는 자신들 인생이 더 중요하다는 판단과 함께 우리 사회가 자녀를 안심하고 키우기에는 너무 위험해 회의가 들었기 때문이라는 것. 김 씨는 "아이들 때문에 발생하는 경제적 · 육체적 · 심리적 부담을 지기보다 배우자에 대해 더 많은 관심을 기울이는 게 소중하다고 생각했다"고 말했다.

전문가들은 싱커즈족 확산의 이유로

- 여성의 고학력화 및 사회참여의식 확대
- 맞벌이를 통한 성취욕 달성 및 충실한 노후생활에 대한 관심증가
- 얽매이기 싫어하는 라이프스타일의 확산

등을 꼽고 있다. 특히 자녀를 마치 노후생활의 보험처럼 여기고 대리만족을 얻는 현상이 사라지고 있는 점도 싱커즈족 출현과 무관하지 않다고 분석했다.

인구증가율 계속 둔화 우려

결혼정보회사 (주)선우가 최근 20대 미혼남녀 300명을 상대로 설문조사한 결과, 결혼 후 자녀를 한 명도 낳지 않겠다는 응답자가 10명 중 1명꼴이었으며 맞벌이할 의향이 있다는 응답은 60.3%나 됐다.

이와 관련, 숙명여대 가정경영학부 박미석 교수는 "요즘 젊은이들의 가치관이 자기 생활을 즐기면서 성취욕을 달성하는 쪽으로 변하고 있다"며 "특히 둘만의 공간과 생활을 가지려는 개인주의적 성향이 강해지면서 자녀를 갖지 않는 신세대 허니문족은 더욱 급증할 것으로 보인다"고 말했다.

자료: 문화일보, 2000. 9. 30.

점점 많은 여성이 노동시장에 진입하여 경력을 추구함에 따라, 조직도 맞벌이 부부의 경력관리에 관심을 가지게 되었다. 과거에는 많은 조직들이 남편과 부인을 동시에 고용하지 않으려 했다. 그러나 현재에는 맞벌이 부부가 광범위하게 존재하고 있으므로 조직은 맞벌이 부부의 독특한 상황에 적응할 필요가 있다.

부부 중 한 명이 승진하여 타 지역에서 근무할 필요가 있을 때 특히 어려움이 뒤따른다. 승진은 통상 경력성공을 의미하기 때문에 많은 경영자들에게는 놓치기 싫은 기회이다. 그러나 만약 조직이 경직되게 행동한다면 유능한 인재를 잃을 수가 있기 때문에 많은 조직들은 '맞벌이 부부를 위한 경력프로그램(career planning programs for dual career couples)'을 실시하고 있다. 실제로 맞벌이 부부의 경력프로그램에 있어서 배우자의 지역적 재배치에 대한 상담이 중요한 부분을 이루고 있다.

육아휴직(paternity leaves)도 맞벌이 경력과 관련이 있다. 최근 아기를 돌보기 위하여 아빠에게도 원하면 휴가나 휴직을 허용해야 한다는 주장이 커지고 있으며 우리나라에서는 공무원의 경우에는 실제로 시행되고 있다. 그러나 얼마나 많은 남성 종업원이 육아휴직을 선택할지는 미지수이다. 어떤 이유로든지 6개월간의 휴직은 개인의 경력에 부정적 영향을 미친다. 또한 육아휴직으로 인해 부당하게 동료에게 추가적 업무를 부담시킨다는 동료들의 무언의 압력도 커다란 심리적 부담이 될 수 있다.

맞벌이 부부의 비율은 앞으로도 점점 증가할 것이 예상된다. 그러나 맞벌이 부부에 대한 관심은 비교적 최근의 현상이므로 지속적인 관심과 연구가 필요하겠지만, 맞벌이 부부를 효과적으로 관리하기 위해서 다음과 같은 가이드라인을 제시할 수 있다.

1. 조직은 현재 및 예상되는 인력에 대해서 맞벌이 부부에 대한 통계와 정보를 얻기 위하여 종업원 설문을 실시하여야 한다. 종업원 설문을 통하여 (a) 맞벌이 부부의 비율, (b) 맞벌이 배우자의 조직이나 지위, (c) 현재 느끼고 있는 갈등의 종류 그리고 (d) 어떤 회사정책이 맞벌이 부부에게 도움이 되는지를 조사하여야 한다.
2. 모집 시 조직이 맞벌이 부부에게 제공할 수 있는 것에 대한 현실적 정보를 제공할 필요가 있다. 또한 인적자원부서가 담당하는 오리엔테이션 중에는 맞벌이 부부가 잠재적 문제점을 식별하는 데 도움이 되는 정보가 포함되어야 한다.
3. 경력개발과 전환배치 정책은 재검토되어야 한다. 이러한 정책을 기본적으로 하나의 경력을 지닌 가정을 위주로 설계되었기 때문에 맞벌이 부부의 경우에는 적용 안 되는 것도 많다. 핵심은 보다 융통성을 부여하는 것이다.
4. 조직은 맞벌이 부부에 대해서 경력관리시 독특한 지원을 할 필요가 있다. 통상 맞벌이 부부는 가정 내 2개의 경력에서 초래될 수 있는 잠재적 문제에 대해 준비가 잘 안 되어 있다. 부인이 남편보다 더 소득이 많은 경우 결혼이 긴장관계로 되기 쉬어 조정이 필요하다.
5. 조직은 다른 조직과 협조적 관계를 설정할 수 있다. 조직이 배우자 중 한명을 재배치하기를 원할 경우 협조적 조직이 다른 배우자를 고용할 수도 있다.
6. 가장 중요한 것은 융통성 있는 근무시간제를 확립하는 것이다. 맞벌이 부부가 가사 일을 돌볼 수 있도록 자신의 근무스케줄을 조정할 수 있다면 맞벌이 부부의 결혼생활 문제를 상당히 감소시킬 수 있을 것이다.

맞벌이 부부의 문제가 관리직이나 전문직에게만 발생한다고 믿는다면 잘못이다. 맞벌이 문제는 비관리직 사원에게도 발생할 수 있다. 경영자들은 초과근무를 계획하거나 교대 근무조를 설정함에 있어서 맞벌이 부부문제를 고려해야 할 것이다.

4. 여성경로(mommy track)

여성은 임신이나 육아 때문에 남성보다 사퇴율이 높아 여성을 고용하는 것은 잠재적으로 남성보다 비용이 더 들 수 있다. 따라서 조직은 여성이 가정과 경력을 잘 조화할 수 있도록 보다 융통성 있는 경력경로를 설계할 필요가 있다.[21)]

여성들은 종종 높은 성과를 보임에도 불구하고 만약 가정을 돌보기가 힘들어진다면 그들은 경력기회를 거절할 커다란 압력을 느낄지도 모른다. 모든 중간관리자들은 조직에 전적으로 헌신하는 것이 기대되기 때문에 심리적 압박을 받아 조직을 떠날 수도 있다. 그러나 가정을 위하여 특별히 여성만 배려한다는 것은 차별의 소지가 있을 수 있다. 예를 들어, 어린이를 돌보기 위하여 파트-타임 근무를 원하는 것은 여성뿐만 아니라 남성도 원할 수 있다.

일과 가정의 요구를 조화하기 위한 어떤 프로그램이든 경력관리와 효율적으로 통합될 필요가 있다. 경력관리프로그램과 통합되지 않는다면, 좋은 의도에고 불구하고, 융통적 근무시간이나 육아휴직을 이용하는 종업원들은 값비싼 비용을 치러야 한다고 믿을 수 있다. 따라서, 인적자원 전문가는 유능한 여성 종업원을 상실하는 비용을 극소화하기 위하여 개인상황에 맞게 경력시스템을 설계할 필요가 있다.

5. 글래스 실링과 월

글래스 실링(glass ceiling)이란 자격 있는 사람이 조직 내에서 잠재력을 충분히 발휘할 수 있는 상위 직급에의 승진을 가로막는 보이지 않는 장애를 말한다. 이는 원래 여성 종업원이 어떤 단계 이상의 수준을 넘어서는 승진되지 않는다는 한계점의 개념이었다.[22] 그러나 오늘날 여성뿐만 아니라 소수집단(minority)에게도 적용하고 있다.

특정 분야에 있어서 최고 직위에 오르지 못하는 것은 경험의 부족이나 부적절한 교육에 기인한다. 최근까지는 성차별에 의해 여성들이 관리직에 선발되지 못하였기 때문에 최고 직위에 필요한 관리경험을 획득할 시간이 적었다. 최근까지도 여성들이 경영학, 법학, 공학 등의 분야에서 대학원을 진학하는 것을 호의적으로 바라보지 않는다. 이들 분야에 있어서 대학원 진학은 회사의 경영층이 되는 경로일 수 있다. 아무튼 현재까지도 중역수준에 도달한 여성은 소수에 불과하다.

그러면 무엇이 여성의 경력진전에 방해가 되는가? 첫째는 글래스 월(glass wall)이다. 글래스 월은 최고 직위에 이르도록 하는 직무에 전환배치되는 기회가 적은 것을 의미한다. 여성 관리자들은 라인 직위보다는 스탭 직위를 담당하는 경우가 많아 승진에 필요한 광범위한 경영스킬을 습득할 기회가 적다. 또한 많은 여성들이 보수도 낮고 승진전망도 없는 낮은 직위 — 스티키 플라워(sticky floor)에 고착되어 있다. 다시 말하면, 여성들은 잘 정리된 경력경로로 인도하지 못하는 직무에 집중되어 고용되어 있다는 것이다.

여성이 당면하고 있는 두 번째 문제는 '올드 보이스 네트웍(old boy's network)'에 의한 구전에 의한 최고직위의 충원이다. 이런 올드 보이스 네트웍에서 여성들은 일반적으로 제외되어 있다. 다른 원인으로는 다양성에 대한 회사의 관심부족과 고용평등에 대한 최고 경영층의 책임부족을 들 수 있다.

그러나 소수 여성의 성공은 글래스 실링도 극복될 수 있음을 보여 준다. 최고 경영자의 관심과 핵심적 스킬을 습득할 기회를 제공함으로써, 그리고 멘터(mentor)를 지명함으로써 글래스 실링은 타파될 수 있다.[23]

간 추 림

경력관리는 조직의 필요성과 개인의 욕구를 동태적으로 적합시키는 과정이다. 경력은 개인의 열망을 추구하려는 개인의 선택과 조직목표를 달성하기 위한 기회를 제공하는 조직의 상호 작용을 통하여 개발된다. 따라서 경력개발은 개별 종업원들이 자신을 평가하고 경력목표를 식별하고 달성하기 위한 경력계획과 조직이 미래의 인적자원 필요성을 충족하기 위하여 종업원을 선발, 평가 및 개발하는 경력관리로 구성되어 있다.

- 경력은 개인의 인생에 걸쳐서 일과 관련된 경험과 활동의 유형이다.
- 일반적으로 개인은 확립, 진전, 유지 및 쇠퇴의 경력단계를 거친다.
- 멘토링(mentoring)은 조직경험을 통하여 얻을 수 있는 정보를 공유함으로써 젊은 종업원이 효과적으로 사회화 과정을 통과할 수 있도록 하기 때문에 경력개발에 있어서 중요한 역할을 수행한다.
- 개인의 경력선택은 성격, 경력닻 그리고 능력에 의해서 영향을 받는다. 이 중 경력닻은 상이한 작업동기와 능력에 근거한 자아개념으로서 한 개인의 작업경험을 인도하고, 안정화하고, 통합시킨다. 경력닻에는 관리적 역량, 기술적/기능적 역량, 안정, 창의성 그리고 자율성/독립성이 있다.
- 경력개발프로그램에는 경력상담, 경력경로 제시, 인력재고목록, 승계계획, 그리고 경력정보시스템 등이 있다.
- 신규 종업원의 '현실충격'을 완화하는 방법으로는 도전적인 직무에 배치, 성과에 대한 피드백, 현실적인 직무개요, 직무의 충실화 그리고 상사의 높은 기대 등을 들 수 있다.
- 경력의 중간단계에는 스트레스, 능력의 진부화, 개인 및 가정문제 등으로 위기를 경험하기 쉬우며 이에 대처하기 위하여 조직은 상담제공이나 유연한 경력경로를 제공할 필요가 있다.

- ‘맞벌이 부부’의 추세가 늘어가고 있는 추세에 있으며 조직은 맞벌이 부부가 당면한 문제들을 원만히 극복하기 위해서 적극적으로 개입할 필요가 있다.
- 조직은 여성이나 소수집단에 속한 종업원들이 충분히 자신의 능력을 발휘하도록 하기 위해서 글래스 실링을 제거할 필요가 있다. 이를 위하여 조직은 글래스 월의 제거, 최고 경영자의 관심, 그리고 멘터의 지정 등을 들 수 있다.

핵심용어

경력계획 경력관리
경력개발 경력
중기경력 위기 멘터
경력닻 경력경로
경력개발센터 직무공모제
현실충격 중기경력 고원
직책복권 이중 사다리 경력경로
육아휴직 글래스 실링
글래스 월 스티키 플로워
올드 보이스 네트웍

토의문제

1. 사람들이 경험하는 기본적 경력단계를 식별하고 논의하시오.
2. 다섯 개의 경력닻을 간단히 설명하시오.
3. 경력계획과 경력관리의 책임은 개인과 조직이 공동으로 져야 한다. 경력계획과 관리로부터 개인과 조직은 어떤 이득을 볼 수 있는가?
4. 조직진입단계에 있어서 '현실충격'은 피할 수 없는 조직생활의 한 단면이다. 인적자원 담당자는 현실충격을 줄이기 위하여 어떤 방도를 취할 수 있는가?
5. 경력진부화(career obsolesence)를 회피하기 위해서 당신은 어떻게 행동할 것인가?
6. 글래스 실링이 지속적으로 존재하는 이유는 무엇인가? 이를 타파하는 방안으로는 무엇이 있는가?
7. 대안적 경력경로의 요소를 설명하시오
8. 신규 종업원의 현실충격을 방지하기 위한 방안을 논의하시오.

9. 경력고원(career plateau)이 인적자원관리에 미치는 영향을 논의하시오.
10. 맞벌이 부부에 대한 경력관리의 특징을 설명하시오.
11. 글래스 실링의 의미와 방지책을 논의하시오.

참고문헌

1) G. T. Milkovich & J. W. Boudreaw(1994), *Human Resource Management*, 7th ed., Irwin, p. 447.
2) J. M. Ivancevich(1995), *Human Resource Management*, 6th ed., Irwin, p. 492.
3) J. H. Greenhour(1987), *Career Management*, Hindale, IL: Dryden Press, pp. 6~7.
4) K. Brousseau, M. Driver, K. Eneroth & R. Larsson(1996), "Career pandemonium: Realigning organizations and individuals," *Academy of Management Executive*, 10, 53.
5) J. L. Holland(1983), *Holland's Vocational Performance Inventory*, Palo Alto, CA: Consulting Psychologists Press.
6) S. G. Weinrach(1984), "Determinants of Vocational Choice: Holland's Theory," in *Career Choice and Development*, eds., San Franscico: Jossy-Bass, pp. 61~93.
7) E. Schein(1975), "How 'career anchors' hold executives to their career paths," *Personnel*, 52, May-June, pp. 11~24.
8) G. T. Milkovich & J. W. Boudreaw(1994), *Human Resource Management*, 7th ed., Irwin, p. 450.
9) S. L. Rynes, P. S. Tolbert & P. G. Strausser(1988), "Aspiration to Manage: A Com-parison of engineering students and working engineers," *Journal of Vocational Behavior*, 32, pp. 239~53.
10) R. A. Noe, J. R. Hollenbeck, B. Gerhart & P. M. Wright(2003), *Human Resource Management*, 4th ed., McGraw-Hill.
11) D. B. Turban & T. W. Dougherty(1994), "Role of protege personality in receipt of mentoring and career success," *Academy of Management Journal*, 37, pp. 668~702.
12) J. L. Wilber(1997), "Does mentoring breed success?," *Training and Development Journal*, 41, pp.38~41; R. A. Noe(1988), "An investigation of the determinants of successful assigned mentoring relationships," *Personnel Psychology*, 41, pp. 457~79.
13) B. Kaye & B. Jackson(1995), "Mentoring: A group guide," *Training and Development Journal*, pp.23~27.
14) A. E. Reichers (1987), "An Interactionist perspective on new comer socialization rates,"

Academy of Management Review, April, pp. 278~79.
15) R. J. Thomas(1989), "Blue-collar Career: Meaning and choice in a world of constraints," In M. B. Arthur, Douglas T. Hall and Barbara S. Lawrence, eds., *Handbook of Career Theory*, Cambridge, England: Cambridge University Press, pp. 354~79.
16) M. Londan(1991), "Career development," In kennerh N, Wexley, eds., *Developing Human Resource*, Washington, D.C.: The Bureaw of National Affairs, pp. 152~84.
17) J. Fitx-enz(1990), *Getting and keeping good employees, Personnel*, August, pp. 25~8.
18) T. P. Ference, J. A. Stoner & E. K. Warren(1977), "Managing the career plateau," *Academy of Management Review*, pp. 25~8.
19) D. T. Hall & F. S. Hall(1976), "What's new in career management," *Organizational Dynamics*, pp. 21~7.
20) J. A. Raelin(1987), "Two-tracks plans for one track careers," *Personnel Jourman*, Januarr, pp. 96~101
21) F. Schwartz(1989), "Management woman and the new fact of life," *Harvard Business Review*, January-February, pp. 65~76.
22) G. T. Milkovich & J. W. Boudreau(1994), *Human Resource Management*, 7th ed., Irwin, p. 478.
23) J. E. Post, W. C. Fredrick, A. T. Lawrence & J. Weber(1996), *Business and Society: Corporate Strategy, Public Policy, Ethics*, McGraw-Hill, p. 450.

제5편 성과관리시스템

제 11 장 성과평가

조직은 조직구성원의 행동과 업무결과를 통하여 경쟁우위를 달성한다. 따라서 모든 조직은 조직구성원의 행동과 업무결과를 관리할 수 있어야 하며 그들의 행동과 업무결과가 조직의 목표달성에 기여하여야 한다. 개인의 조직목표에의 기여를 성과(performance)라고 한다. 따라서 성과는 각 조직구성원이 직무책임을 얼마나 효과적으로 수행했는가를 의미한다.

전통적으로 공식적 성과평가시스템을 종업원 성과를 관리하는 주요 수단으로 여겨져 왔다. 성과평가는 관리자의 주요 기능 중 하나이며 이 시스템을 유지하는 것은 HR의 주요 책임이다. 그러나 고성과자, 평균성과자, 그리고 저성과자를 정확하게 구분하는 것은 관리자가 수행하여야 할 어려운 임무 중 하나가 되었다. 관리자들은 인사평가를 의례히 수행하여야 하는 연중행사로 생각하기 쉽다. 따라서 그들은 평가양식을 작성하고 결과를 인사부서에 통보하고자 한다. 그들은 부하들을 효과적으로 평가하는 방법에 대해 잘 모르고 동시에 부하들과 대립을 싫어하기 때문에 종업원에게 피드백을 주는 데 있어서 가능한 한 적은 시간을 소비하려 한다. 따라서 대부분의 관리자나 종업원 모두 인사평가를 싫어하게 되었다. 그들은 모든 인사평가가 결점이 있으며 조작적이고, 비생산적이고, 잘못 사용되고 있다고 느낀다.

그러나 앞으로 논의하듯이 성과평가시스템이 적절히 개발되고 활용된다면 성과평가는 종업원과 조직에 매우 유용할 수 있다. 성과평가의 중요한 부분의 하나는 조직의 전략적 목표와 연계하여 종업원 개개인의 목표를 설정하는 것이다. 성과평가를 통하여 조직에 가치 있는 우수 성과자를 식별할 수 있다. 성과평가는 또한 관리자들로 하여금 적어도 일 년에 한번 종업원의 강점과 약점에 대하여 종업원과 의사소통하도록 한다. 또한 성과평가 결과를 승진, 임금인상, 징계 그리고 정리해고 같은 의사결정에 활용할 수 있다.

성과관리(performance management)는 관리자들이 종업원의 활동과 업무결과가 조직의 목표에 기여하도록 하는 과정이다.[1] 성과관리는 경쟁우위를 달성하는 데 있어서 핵심적 역할을 수행하고 있다. 그리고 성과평가는 성과관리의 핵심적 부분이다.

성과관리시스템은 성과에 대한 정의, 성과측정, 성과에 대한 피드백, 그리고 성과결과의 활용으로 크게 4부분으로 구성되어 있다. 이 장에서 성과관리와 관련된 다양한 이슈들을 논의할 예정이다. 먼저 성과관리프로세스에 대한 모델과 성과관리의 목적에 대해서 논의하고, 다음으로 성과관리의 핵심프로세스인 성과평가에 대해서 논의할 예정이다. 많은 HR 실무자들은 성과평가를 가장 어려운 주제 중 하나라고 생각하고 있다. 여기서는 실무에 있어서 성과평가가 의도대로 잘 수행되지 않는 이유와 함께 성과평가의 구성요소를 검토할 예정이다.

제 1 절 성과관리의 조직모형

초기 HR과 산업심리학 연구자들은 인사평가를 주로 측정의 문제로 파악하여 왔다. 따라서 인사평가시스템의 목표를 개별 종업원의 성과를 신뢰성 있고 타당하게 측정하는 것으로 인식하였다. 그러나 이러한 관점은 성과관리과정에 영향을 미치는 중요한 요인들을 간과할 수 있다.[2] 따라서 우리는 측정의 차원이 아닌 조직차원에서 성과관리과정을 이해할 필요가 있다.

〈그림 11-1〉의 모형에서는 성과관리시스템을 조직전략과 기업성과(즉 결과) 사이의 매개변수로 보고 있다.[3] 성과관리시스템의 목적은 조직성과를 제고할 수 있는 조직구성원의 특성과 행동을 유발하고 통제하기 위한 것이다. 구체적인 조직구성원의 특성과 행동은 조직전략이나 조직특성에 따라 다를 것이다. 조직전략과 환경에서 요구되는 개인특성과 행동의 차이는 조직마다 서로 다른 성과관리과정을 요구하게 되며 이런 성과관리과정이 개인의 특성과 행위를 강화하게 될 것이다.

그림 11-1 **성과관리시스템의 조직모형**

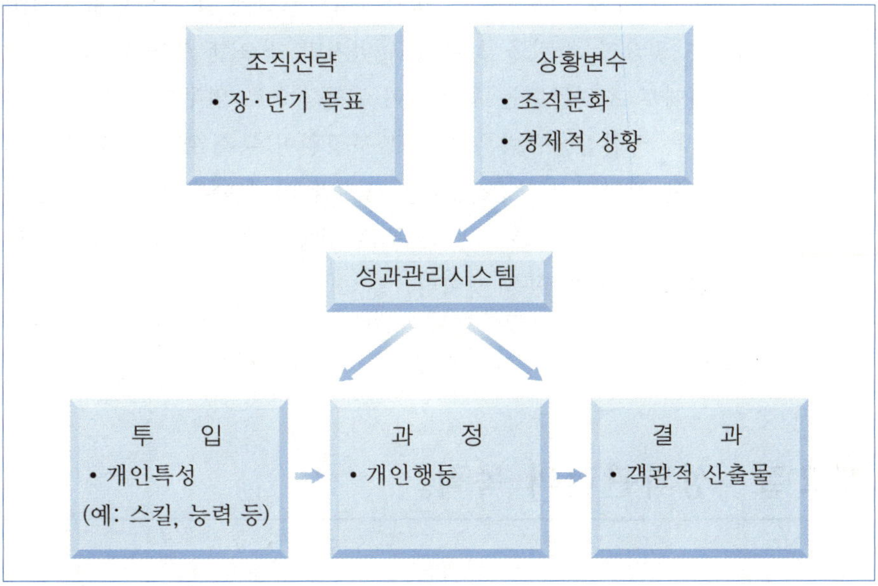

개인의 특성—즉 스킬, 능력 등—은 성과의 기본 투입물이다. 예를 들어, 영업직의 경우에 조직은 인간관계스킬과 제품에 대한 지식을 지닌 종업원을 원할 것이다. 이런 투입이 종업원의 행동을 통하여 객관적 결과로 변환하게 된다. 객관적 결과란 측정가능하고 유형의 작업산출물로서 종업원 또는 작업집단 행동의 결과이다. 위의 예에서 올바른 행동을 보인 영업사원은 다수의 판매를 행할 것이다.

성과관리시스템의 조직모형에서 다른 중요한 구성요소는 조직전략이다. 경쟁우위를 달성하기 위해서는, 조직구성원의 특성과 행동 그리고 결과가 조직의 전략과 밀접하게 연계되어야 한다. 성과관리와 조직전략 및 목표의 연계성은 자주 무시된다. 이런 연계는 조직이 무엇을 성취할 것인가를 명백히 한 다음 여기에 필요한 행동을 구체화함으로써 강화될 수 있다. 이런 연계성은 '성과계획 및 평가(performance planning and evaluation: PPE)시스템'을 통하여 강화될 수 있다. PPE 시스템은 평가기간 초기에 전략을 달성하기 위해서 필요한 성과의 유형과 수준을 설정함으로써 공식적 성과평가과정을 회사의 전략에 연계시키고자 한다. 평가시기 말에 개인과 집단은 그들의 실제 성과가 성과계획을 어느 정도 충족했는가에 의해 평가된다.

마지막으로 상황변수는 성과관리시스템에 항상 영향을 미친다. 어떤 종업원은 필요한 스킬을 보유하고 있지만 필요한 행동을 보이지 않을 수 있다. 때때로 조직문화는 종업원이 효율적으로 업무를 수행하는 것을 방해할 수 있다. 작업집단규범은 때때로 구성원이 무슨 행동을 해야 할지를 규정한다. 또한 종업원이 좋은 행동을 했지만 이에 따른 결과는 나쁠 수 있다. 예를 들어, 경기가 아주 나쁘면 좋은 행동을 하는 영업사원이라 할지라도 매출액은 감소할 수 있을 것이다.

제 2 절 성과관리의 목적

성과관리는 라인 관리자와 HR담당자 모두에게 유용한 정보를 제공한다. 일반적으로 라인 관리자는 성과관리의 결과, 특히 인사평가를 관리적 의사결정이나 종업원에 대한 피드백으로 활용하여 종업원의 성과를 강화하고자 한다. HR은 통상 라인의 의사결정과 피드백 활동을 지원하지만 자신의 정책과 활동을 평가하는 기준으로 활용하기도 한다.[4)]

1. 전략목표의 달성

무엇보다도 먼저, 성과관리시스템은 종업원의 활동과 조직목표를 밀접하게 연계시켜야 한다. 전략을 수행하는 주요 방법은 먼저 전략을 수행하는 데 필요한 결과, 행동 그리고 종업원 특성을 식별한 뒤 측정 및 피드백 시스템을 개발하는 것이다. 이러한 전략적 목적을 달성하기 위해서는 시스템이 유연하여야 한다. 그 이유는 전략이 바뀌면 그에 따라 요구되는 종업원 특성, 행동 및 결과도 바뀔 필요가 있기 때문이다. 그러나 성과관리시스템은 일반적으로 이런 목표를 달성하고 있지 못하다. 뒤에 자세히 논의되겠지만,

대부분의 인사평가시스템은 관리적 목적과 개발목적에 초점을 맞추고 있기 때문이다.

2. 관리적 의사결정

전통적으로 조직은 관리적 의사결정을 하기 위해 인사평가를 실시하여 왔다. 관리적 의사결정에는 승진, 정리해고, 전환배치 또는 임금인상 등이 있다. 이러한 의사결정을 책임지고 있는 사람은 종업원 성과에 대한 정보를 활용할 필요가 있다.

관리적 목적으로 인사평가를 활용하는 것은 종업원을 능력에 맞게 배치하는 것에 도움이 될 뿐만 아니라 미래에 적절한 직위에 배치하는 데도 도움이 된다. 더욱이, 성과와 관리적 의사결정을 연결하는 것은 수단성 지각을 강화시켜 동기부여에 긍정적 효과를 준다. 높은 성과를 보이는 종업원에게 승진, 임금인상 등의 보상을 줌으로써 높은 성과를 제고할 수 있다. 기대이론에 의하면 이러한 관리적 의사결정은 높은 성과와 매력적인 보상 사이의 수단성 지각을 강화시킨다.

3. 종업원 개발 및 피드백

최근 인사평가에서 강조되고 있는 것은 종업원의 개발 측면이다. 인사평가의 결과는 종업원에게 피드백을 제공하는 수단으로 활용한다. 즉 종업원들은 인사평가의 결과를 피드백 받음으로써 조직의 기대와 성과 목적에 비추어 보아 자신의 상대적 위치를 알 수 있다. 또한 피드백은 종업원들에게 조직 내에서 자신의 위치를 알 권리를 충족시킬 수 있다. 마지막으로 피드백은 자신의 잠재능력을 개발하여 높은 성과를 유도할 수 있도록 한다. 피드백은 이미 언급한 바와 같이 수단성과 기대감을 제공하여 자기개발 노력을 증대시킬 수 있다. 정확한 피드백을 제공함으로써 종업원들은 어떠한 과업이 적절하게 수행되었고, 또한 어떠한 과업이 개선이 필요한가를 알 수

그림 11-2 훈련/개발과 성과평가 사이의 상호 작용

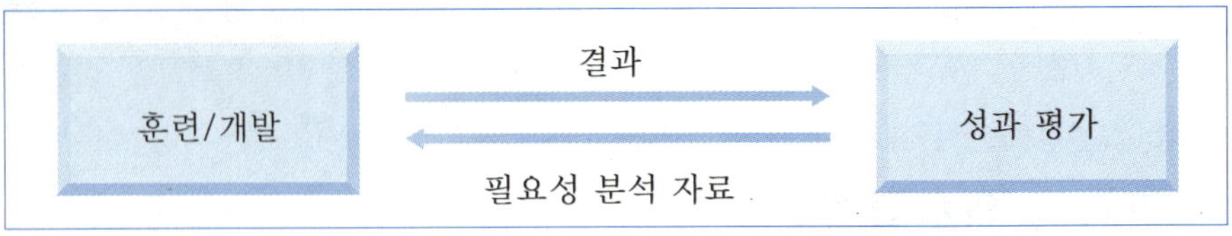

있다. 또한 피드백이 이루어질 경우 상급자는 부하의 성과수준에 맞는 보상을 명확하게 전달함으로써 수단성 지각을 강화할 수 있다.

성과수준과 업무수행방법을 평가함으로써 조직은 구체적인 훈련 및 개발필요성을 식별할 수 있다. 실제로, 훈련/개발과 성과평가 사이에는 상호작용과정이 있다. 〈그림 11-2〉에서 알 수 있듯이 훈련/개발의 바람직한 결과가 성과평가기준에 포함되어 있어야 하며, 동시에 성과평가결과가 훈련/개발의 필요성 분석에 활용되어야 한다.

4. HR정책 및 프로그램의 평가

HR담당자는 인사평가의 결과를 종업원의 행위에 영향을 주기 위하여 설계된 정책 및 프로그램을 평가하는 데 활용할 수 있다. 종업원의 성과를 올리기 위한 직무재설계를 예를 들어 보자. 직무재설계의 효과를 측정하기 위한 하나의 방법은 직무재설계 이전의 성과와 직무재설계 이후의 성과를 비교하는 것이다. 그렇지 않으면 직무재설계를 도입한 팀과 직무재설계를 도입하지 않은 유사한 팀과의 성과를 비교할 수도 있다. 어떤 경우이든 HR정책이나 프로그램의 변화가 기대하는 효과를 거두었는가를 알기 위해서는 성과를 측정할 필요가 있는 것이다.

HR정책 및 프로그램의 평가에 있어서 인사평가가 특히 중요한 역할을 하는 것으로는 선발과 훈련을 들 수 있다. 선발에 있어서는 특정 선발도구(예를 들어, 면접이나 필기시험)가 보다 나은 고용의사결정에 도움이 되는지를 결정할 필요가 있다. 이 경우 특정 선발도구에 의한 고용의사 결정이 추후 종업원의 성과 증진에 기여해야만 할 것이다. 훈련의 효율성을 평가하기 위

표 11-1 인사평가결과의 활용

가장 중요함	작업성과 증진
↑	메리트에 의한 임금관리
	작업기대에 대한 종업원 조언
	승진 결정
	종업원 상담
	종업원 동기유발
	종업원 잠재력 평가
	훈련 필요성 식별
	경영자와 종업원 사이의 작업관계 개선
	종업원 경력목표 설정
	효율적 업무할당
	전환배치 결정
	정리해고 결정
↓	장기계획에의 활용
덜 중요함	채용과정의 평가

자료: G. T. Milkovich & J. W. Boudreau(1994), *Human Resource Management*, 7th ed., Irwin, Inc, p.166.

해서는 훈련과정을 통과한 사람들과 그렇지 않은 사람들 사이의 유의한 성과차이가 있어야만 할 것이다.

이외에 성과평가는 법적 방어수단으로 사용될 수 있다. 미국의 경우 차별(discrimination)이나 부당해고(unfair dismissal)의 소송의 경우에 성과기록은 중요한 증거가 될 수 있다. 차별이나 부당해고가 아니라는 회사의 주장을 뒷받침하기 위하여 종업원의 성과평가자료가 종종 법원에 제출된다. 장시간동안 낮은 성과수준을 나타내는 자료는 차별이나 부당해고가 아니라는 강력한 증거가 될 수 있다.

〈표 11-1〉은 인사평가결과의 활용에 대한 미국 경영자들의 응답을 요약한 것이다.[5] 〈표 11-1〉에 의하면 경영자들은 정책 및 프로그램의 평가보다는 관리적 의사결정과 종업원 개발 및 피드백에 보다 중요성을 부여하고 있는 것을 알 수 있다. 실제로 정책 및 프로그램 평가는 인적자원기능의 주요 임무로서 일반 라인 관리자들은 관심이 적을 수 있다.

제 3 절 성과측정기준들

일단 조직은 종업원에게 요구되는 성과유형을 식별한 다음, 성과를 측정하는 방법을 개발하여야 한다. 성과측정방법을 평가하는 다양한 기준이 있겠지만 전략적 부합(strategic congruence), 타당도(validity), 신뢰도(reliability), 수용성(acceptability) 그리고 구체성(specificity)이 특히 중요하다.[6)]

1. 전략적 부합

전략적 부합(strategic congruence)이란 성과관리시스템이 조직의 전략, 목표, 그리고 문화와 일관된 직무성과를 제고하는 정도를 의미한다. 만약 회사가 고객 서비스를 강조한다면, 회사의 성과관리시스템은 종업원들이 고객에 서비스하는 정도를 평가하여야 한다. 전략적 부합은 성과관리시스템이 종업원들의 조직성공에 기여하여야 한다는 점을 강조하고 있다. 이것은 성과관리시스템이 회사의 전략변화에 적응할 수 있도록 유연하여야 한다는 점을 강조하고 있다.

많은 기업들이 중요성공요소(critical success factor: CSF)의 측정치를 성과관리시스템에 도입하고 있다.[7)] 중요성공요소란 기업이 경쟁우위를 달성하게 하는 사업전략요소이다. 회사는 중요성공요소들의 달성과 관련된 종업원 행동을 측정하는 것이다.[8)]

2. 타 당 도

타당도(validity)는 성과측정치가 성과와 관련된 적절한 모든 측면을 평가하는 정도이다. 성과측정치가 타당도가 있기 위해서는 결핍(deficiency)이

그림 11-3 직무성과측정치의 오염과 결핍

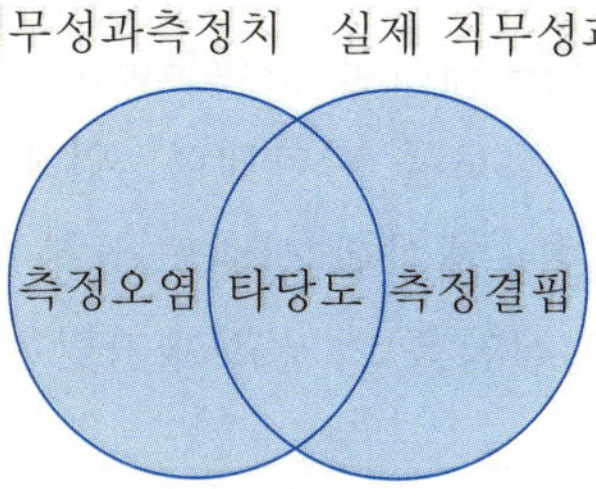

나 오염(contamination)이 있어서는 안 된다. 〈그림 11-3〉에서 실제 직무성과는 직무의 성공과 관련된 모든 측면의 성과를 나타낸다. 반면에, 성과측정치가 성과의 모든 측면을 측정하고 있지 않다면 성과측정치는 결핍되어 있는 것이다. 타당도는 성과측정치와 실제 직무성과 사이의 겹치는 부분으로, 겹치는 부분이 클수록 타당도가 높다고 할 수 있다.

오염된 측정치는 성과와 관련이 없는 것을 평가한다. 조직은 측정오염을 최소화하고자 노력하고 있으나 실제로 측정오염을 완전히 제거하는 것은 불가능하다. 측정오염의 예로 서로 다른 지역의 영업사원을 매출액으로 평가하는 것이다. 매출액은 영업사원의 성과보다는 지역(잠재고객의 수, 경쟁자 수, 경제상황 등)에 더 의존할 수 있다. 유능하고 노력하는 영업사원이라 할지라도 자신의 영역이 열악하다면 다른 지역의 그렇지 않은 영업사원보다도 매출액이 적을 수 있다. 즉, 평가가 개별 종업원이 통제할 수 없는 요인에 의해 영향을 받을 수 있다는 것이다.

3. 신 뢰 도

신뢰도(reliability)는 성과측정치의 일관성을 의미한다. 신뢰도를 측정하는 방법으로 다음 세 가지가 있다. 첫째는, 평가자간 신뢰도(interrater reliability)로 종업원의 성과를 평가하는 사람들간의 일관성을 의미한다. 만약 특정 종업원에 대해서 두 명의 독립적인 평가자의 평가가 동일하다면(또는 아주 유사하다면), 평가자간 신뢰도가 있다고 말할 수 있다. 둘째는, 내적 일관성(internal consistency)으로 성과측정치의 항목들이 일관성이 있는 정도를 나타낸다. 셋째는, 시험-재시험 신뢰도(test-retest reliability)로 두 시점간 측정치가 일관성이 있는 정도를 나타낸다. 언제 측정을 했느냐에 따라 측정치가 크게 변한다면 시험-재시험 신뢰도가 부족한 것이다. 예를 들어, 영업사원이 특정 달의 영업실적을 가지고 평가받는다면 월별 매출액의 일관성이 매우 중요할 것이다.

4. 수 용 성

수용성(acceptability)은 성과측정치를 사용하는 사람이 수용하는 정도를 의미한다. 관리자들이 특정 평가시스템을 사용하는 데 상당한 시간과 노력이 든다면 그들은 그 평가시스템을 받아들이지 않을 것이다. 또한, 피평가

표 11-2 공정성 유형별 성과관리시스템의 의의

공정성 유형	성과관리시스템 단계	의 의
절차 공정성	개 발	• 시스템 개발시 관리자와 종업원에게 참여기회 부여 • 종업원들을 평가할 때 일관된 기준 적용 • 평가오류 최소화
인간관계 공정성	활 용	• 적절한 피드백 적시 제공 • 평가에 종업원 도전 허용 • 존경과 예의의 분위기 속에서 피드백 제공
결과 공정성	결 과	• 성과평가 기준에 대한 의사소통 • 보상에 대한 의사소통

자료: S. W. Gilliland and J. C. Langdon(1998), Creating performance management systems that promote perception of fairness, In J. W. Smither, ed., *Performance Appraisal: State of the Art in Practice*, San Francisco: Jossey-Bass, pp. 209~43.

자들이 특정 평가시스템이 자신의 성과를 정확하게 나타낼 수 없다고 생각한다면 그들은 그 평가시스템을 인정하는 데 주저할 것이다.

수용성은 피평가자들이 성과관리시스템이 공정하다고 느끼는 정도에 의해 영향을 받는다. 길리랜드(Gilliland)와 랭던(Langdon)은 지각된 공정성에는 절차(procedural) 공정성, 인간관계(interpersonal)[9] 공정성 그리고 결과(outcome) 공정성 세 가지 유형이 있다고 제시하였다. 그들은 성과관리시스템의 개발, 활용 그리고 결과가 공정성 지각에 어떻게 영향을 미치는지를 〈표 11-2〉와 같이 제시하였다. 〈표 11-2〉에는 또 성과관리시스템을 개발하고 활용하는 데 있어서 관리자가 취하여야 할 행동이 제시되고 있다.

5. 구 체 성

구체성(specificity)이란 종업원이 성과측정치를 통하여 그들에게 기대되는 것이 무엇이고 어떻게 달성할 수 있는지를 알 수 있는 정도를 의미한다. 조직의 전략적 목표를 달성하기 위해서 종업원들이 구체적으로 무엇을 하여야 하는지를 모른다면 조직은 전략적 목표를 달성하기 어려울 것이다. 더욱이, 성과측정치를 통하여 종업원의 문제점을 지적할 수 없다면 종업원이 자신의 행동을 교정하기가 어려울 것이다.

제 4 절 성과평가의 구성

산업심리학자들은 인사평가를 전통적으로 측정의 문제로 다루어 왔다. 따라서 상당수의 연구가 척도 개발, 평가양식 개발 그리고 평가오류의 감소 등과 같은 분야에 집중되어 왔다. 이러한 측정 위주의 관점은 측정도구의 개발에는 도움을 주었으나 실제 조직에서 행해지고 인사평가를 이해하는 데 크게 기여를 하지 못했다고 볼 수 있다. 최근에는 인사평가를 사회심리적 관점에서 평가자와 피평가자의 개인적 특성이나 평가환경을 고찰하기 시작하였다. 사회심리적 접근법에서는 평가를 평가자가 부하의 성과에 대한 정보를 조직에 전달하는 의사소통과정으로 간주한다. 즉 인사평가를 ① 측정도구보다는 의사결정에 도움을 주는 기능이며, 동시에 ② 사회적 상호관계를 반영하는 시스템으로 파악하고 있다.[10]

실제로 인사평가는 측정도구뿐만 아니라 다양한 변수가 개입되어 있는 복잡한 시스템이다. 우선 인사평가에는 기본적으로 평가자와 피평가자, 그리고 평가수단이 포함되어 있다. 인사평가의 가장 기본적인 특징은 평가자가 피평가자의 일정 기간에 걸친 노력 또는 성과를 평가하는 과정이다. 그러나 인사평가는 종종 조직분위기나 규범, 평가목적 등 인사평가를 둘러싼 환경에 의해 영향을 받는다. 또한 인사평가는 평가자의 익명성 보장 여부, 평가시기 및 회수 그리고 평가자의 훈련 등과 같은 정보를 얻는 방법에 의해서도 영향을 받는다. 이러 변수들은 주로 조직이 인사평가시스템을 어떻게 설계하는가에 달려 있다.

이상의 요소들이 종합적으로 인사평가의 결과에 영향을 미칠 것으로 예상된다. 〈그림 11-4〉는 이들 요소가 인사평가에 어떻게 상호 작용하는가를 도표로 나타내고 있다.

그림 11-4 인사평가의 구성요소

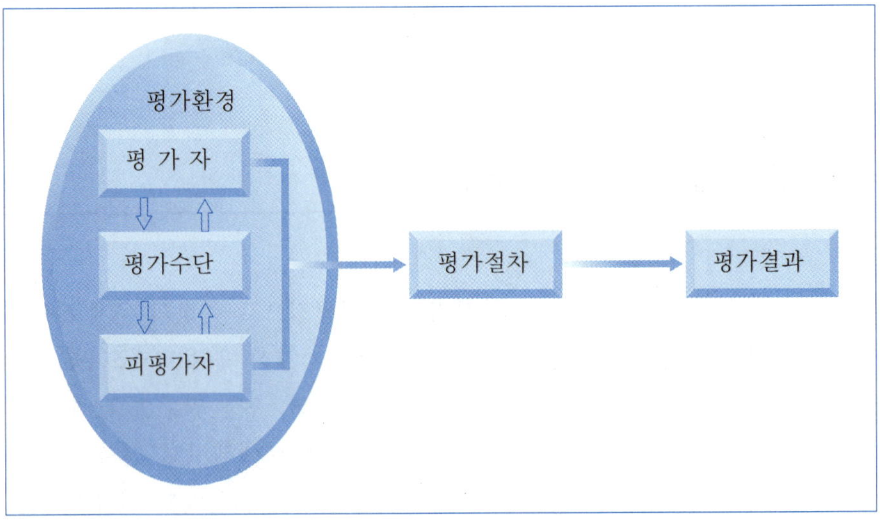

1. 인사평가자

인사평가에서 부하의 성과에 대한 정보를 수집하고 평가하는 책임은 상급자에게 있다고 간주한다. 실제로 많은 조직에서 상급자나 상위경영층이 전적으로 부하의 성과를 평가하는 것이 일반적인 현상이다. 그러나 상급자의 평가가 최선의 방법인지는 명확하지가 않다. 상급자 이외의 사람들이 평가에 더 적합할 수도 있다. 더구나 상급자가 가장 적합한 평가자일지라도 상급자 혼자만 평가하도록 하는 것은 이득이 되지 않을 수 있다. 따라서 최근에는 전방위평가(360-degree review)라는 용어가 널리 사용되고 있다. 전방위평가란 종업원을 둘러싼 다양한 평가자로부터 성과정보를 얻는 것을 말한다. 이는 동료, 부하, 고객 또는 외부 전문가 등으로부터 참신한 정보와 관점을 얻을 수 있다.

부하, 동료, 피평가자 자신, 그리고 모든 계층의 상급자들은 피평가자의 행위를 관찰하는 데 있어서 관찰기회나 평가동기가 서로 다를 수 있다. 또한 이들 모두를 평가과정에 포함시키면 평가 자체가 상당한 시간과 비용이 들 수 있다. 따라서 조직은 평가과정 자체를 간소화하면서 유용한 정보를 얻을 수 있도록 조직에 맞도록 인사평가 시스템을 설계할 필요가 있다. 평가자를 선택하는 데 있어서는 다음 세 가지 특성을 고려하여야 한다; ①

그림 11-5 대안적 평가자들

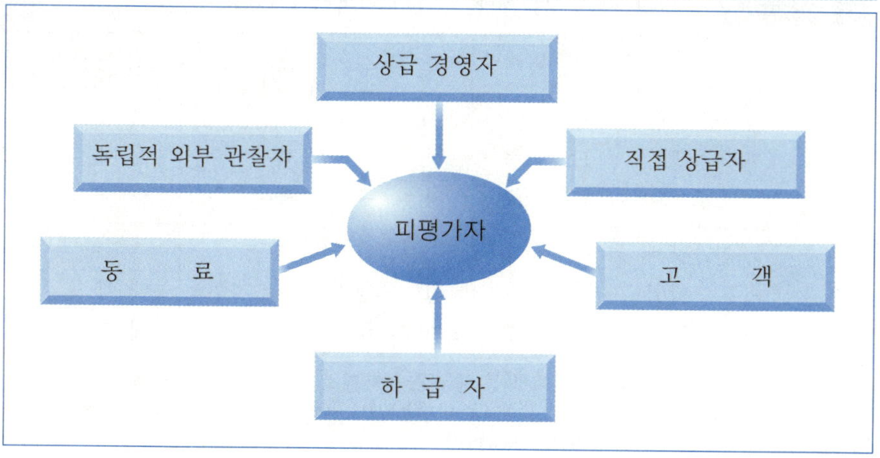

성과를 관찰할 수 있는 기회, ② 관찰을 유용한 평가로 전환할 수 있는 능력, ③ 유용한 평가를 하고자 하는 동기.

1) 성과관찰 기회

〈표 11-3〉에는 과업성취나 인간관계에 있어서 서로 다른 평가자들이 피평가자의 행위나 작업결과에 대한 정보의 접근가능성이 요약되어 있다. 관찰자나 피관찰자의 역할, 그리고 직무에 따라 조직 내의 서로 다른 위치에 있는 사람들이 행위나 결과에 대해서 관찰할 수 있는 기회가 서로 다르다. 피평가자로부터 멀리 떨어져 있는 사람은 적절한 정보를 얻기가 어렵다. 또한 멀리 떨어질수록 행위보다는 결과에 대한 정보만을 알기가 쉽다. 그러나 모든 정보에 적절히 접근할 수 있는 평가자는 거의 없다. 즉, 피평가자는 자신의 행동을 잘 알 수 있으나 자신의 행위에 대한 결과를 잘 모를 수 있다. 피평가자보다 몇 계층 위에 있는 경영자는 과업결과에 대해 때때로 보고를 받을 수 있을 뿐이다.

〈표 11-3〉은 평가자에 따른 피평가자의 행위와 결과에 대한 일반적인 관찰 결과를 나타낸 것으로 실제 특정 조직에 반드시 맞는다고 볼 수는 없다. 따라서 조직은 자신의 조직상황을 고려하여 평가자를 신중하게 선택할 필요가 있다.

표 11-3 과업 및 인간관계에 있어서 정보의 접근성

	부 하	자 신	동 료	직접 상급자	상위 경영층
과 업					
행위	드 뭄	항 상	자 주	때때로	드 뭄
결과	때때로	자 주	자 주	자 주	때때로
인간관계					
행위	자 주	항 상	자 주	때때로	드 뭄
결과	자 주	자 주	자 주	때때로	드 뭄

주: 관찰빈도의 측면에서 볼 때 드뭄 < 때때로 < 자주 < 항상 순으로 관찰빈도가 높아진다.
자료: K. R. Murphy & J. N. Cleveland(1991), *Performance Appraisal: An Organizational Perspective*, Simon & Schuster, Inc., p. 107.

2) 관찰을 유용한 평가로 전환할 수 있는 능력

인사평가가 유용하게 활용되기 위해서는 평가자가 평가목적을 이해하고 피평가자에 대한 정보를 기초로 하여 정확한 평가를 하여야만 한다. 평가적 판단(evaluative judgment)은 ① 무엇이 발생했는가에 대한 평가자의 지각(행위), ② 행위를 평가하기 위한 기준, 그리고 ③ 비교과정으로 구성되어 있다.

평가자가 명확한 판단기준을 활용하기 위해서는 피평가자의 직무내용과 기준을 명확히 이해하고 있어야 한다. 그러나 많은 경우에 있어서 평가자는 피평가자의 직무를 잘 알지 못하거나 추상적으로 이해하고 있는 경우가 많다. 예를 들어, 상향적 평가의 경우 하급자는 상급자의 직무내용을 정확히 파악하지 못할 수도 있다. 그러나 하급자는 상급자의 인간관계나 리더십에 대하여는 비교적 소상히 알 수 있다. 이러한 경우에는 평가자(여기서는 하급자)가 잘아는 분야만 평가하도록 할 수 있다.

또한 조직은 구체적인 행위나 예를 제시함으로써 기준을 명확히 할 수 있다. 기준이 구체적일수록 자의적 판단의 여지를 줄이며 일관성 있게 기준을 적용할 수 있게 한다.

그림 11-6 인사평가과정

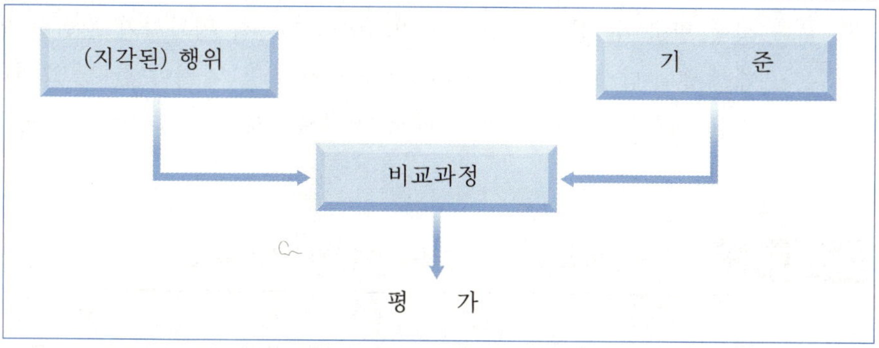

자료: K. R. Murphy & J. N. Cleveland(1991), *Performance Appraisal: An Organizational Perspective*, Simon & Schuster, Inc., p.119.

3) 정확한 평가를 행하려는 동기

경영자들은 일반적으로 인사평가에 대한 책임을 지고 있으나 인사평가에 대한 책임은 그들이 행하고 있는 다양한 업무 중의 하나일 뿐이다. 또한 평가자는 인사평가에서 조직이 의도하는 목적과는 달리 개인적 목표를 설정할 수 있다. 인사평가에서 조직목표와 상충되는 평가자의 목표에 대한 예가 〈표 11-4〉에 제시되어 있다. 만약 평가자가 정확한 인사평가가 작업집단 내 불필요한 갈등을 야기시킨다고 믿는다면 평가자는 집단 내 갈등을 회피하기 위하여 정확한 인사평가를 행하지 않을 수 있다. 또한 강한 집단주의적 문화를 지닌 조직에서는 평가자는 개인간의 차이를 정확히 두기보다는 일률적으로 동일하게 평가하는 것이 집단 내 공평성을 유지한다고 생각할 수 있다.

일반적으로 평가자가 인사평가가 자신에게는 중요한 영향을 미치지만 조직은 정확한 평가를 보상하지 않는다고 느낀다면 평가자는 조직보다는 자신에게 유리한 방향으로 인사평가를 활용할 것이다. 예를 들어 낮은 평가가 해당 부하로부터 적대감과 불공정성을 유발한다고 생각하면, 평가자는 원만한 인간관계를 위하여 낮은 평가를 회피할 것이다. 즉 정확한 평가를 바라는 조직목표가 평가자 개인목표에 의해 대체되는 것이다.

따라서 정확한 평가를 위해서는 평가자가 정확한 인사평가에 의해 보상을 받을 수 있다는 느낌을 가져야 한다. 즉 평가자가 정확한 인사평가에 대해서 수단성 지각(instrumentality perception)을 가져야 한다. 그러나 많은 조직은 정확한 인사평가에 대해서 평가자에게 보상하려는 시도를 하지 않고 있다.

표 11-4 인사평가에 있어서 조직목표와 개인목표의 예

조 직 목 표	개 인 목 표
종업원간 성과차이 식별	직업집단 내 인간관계적 갈등 회피
개발 및 피드백	낮은 성과자에 대한 동기유발
성과차이에 의한 인적자원 의사결정	작업집단 내 평등성 유지

4) 평가자별 평가의 특징

전통적으로 직접 상급자가 성과를 평가하여 왔으며, 필요하다면 상급자가 부하들에게 피드백을 주었다. 이런 시스템하에서는 종업원들이 평가에 어떤 피드백을 제공할 여지가 거의 없다. 이런 시스템은 다양한 이유에서 문제를 야기할 수 있다. 직접 상급자는 정확한 평가를 하기에 충분할 정도로 부하들의 일상업무를 관찰할 기회가 없을 수 있다. 예를 들어, 외근하는 영업사원들은 직접 상급자가 행동을 관찰할 기회가 적으며 단지 결과만을 알 수 있다. 영업사원의 행동은 고객이나 동료가 더 잘 알 수도 있는 것이다.

또한 라인 관리자들이 평가에 대한 훈련을 받지 않아서 평가를 단지 서류작업으로만 생각할 수도 있다. 다양한 인사평가의 오류(이것에 대해서는 추후에 논의할 예정임) 외에도 상급자는 의도적으로 인사평가를 부풀리거나 낮추거나 하기 쉽다. 예를 들어, 동정심이 많은 상급자는 개인적으로 곤란한 일을 당한 부하에게 관대한 평가를 할 수 있다. 반대로, 부하를 위협요소로 간주하는 상급자는 의도적으로 인사평가를 낮출 것이다. 많은 조직에서 인사평가는 근본적으로 정치적 과정이다. 대부분의 경우, 상급자가 인사평가를 할 경우에는 부하의 직무나 경력을 고려하여 평가를 행한다.

이런 이유로 많은 조직에서는 직접 상급자 이외에 동료, 부하, 고객 등으로부터 성과평가를 받는다. 동료평가는 개발목적으로는 유용할 수 있지만 세심한 주의를 필요로 한다. 동료들도 공식적 또는 비공식적으로 경쟁할 수 있으며 정치적일 수 있다. 경쟁적 조직문화 속에서 동료평가는 갈등을 증폭시켜 팀워크를 약화시킬 수 있다. 동료평가는 정치적 고려가 적거나(즉 동료를 평가하는 데 아무런 이해관계가 없을 때) 동료들간 신뢰관계가 형성되어 있을 때에만 효과적일 수 있다.

부하들의 평가는 인간관계나 관리스타일에 대한 유용한 정보를 제공하여 개발목적에 활용할 수 있다. 특히 부하평가는 리더십 능력에 대한 훌륭한 자료를 제공한다. 그러나 부하평가도 동료평가와 마찬가지로 정치적 문제를 지닐 수 있다. 평가가 상급자에 대한 보복수단으로 사용될 수 있다.

고객만족을 주요 경쟁수단으로 삼는 기업들이 늘어나면서 고객들로부터 종업원의 성과에 대한 피드백을 받는 기업이 늘어나고 있다. 대부분의 경우, 고객들은 편견없이 자유롭게 평가를 제공한다. 고객들도 종업원을 평가하는데 있어서 이해관계가 거의 없기 때문이다. 고객평가는 종업원 개발이나 보상을 결정하는 데 중요할 수도 있다.

자기평가는 자신의 성과에 대해서 종업원 자신이 평가를 하는 것이다. 종업원들에게 자신의 성과를 평가하도록 하는 것은 조직에게 주요한 이점이 있다. 첫째는 종업원이 자신의 고용이나 경력에 영향을 줄 수 있는 의사결정에 참여시킴으로써 동기유발을 할 수 있다. 둘째는, 종업원들은 관찰하고 상호 작용하는 데 제한된 시간을 소비할 수 있는 상사나 동료보다는 자신의 성과에 대해서 전반적으로 평가할 수 있다. 종업원들은 상사보다 효과적인 행동을 더 잘 기억할 수 있으며 구체적인 예를 제시할 수 있다. 또한 종업원들은 타인이 알지 못하는 성과정보를 제공할 수 있다.

이미 언급한 대로 직접 상급자를 포함하여 동료, 고객 등 다양한 사람들로부터 평가에 대한 정보를 획득하는 것을 360도 평가(또는 전방위평가)라고 한다. 360도 평가는 종업원의 성과에 대해서 다양한 관점을 얻을 수 있다는 장점이 있다. 조직은 개별 성과평가들을 통합하여 하나의 균형적 관점을 얻을 수 있다. 그러나 360도 평가를 실시하는 데 시간과 비용이 많이 들뿐만 아니라 다양한 평가자로부터 나온 자료를 분석하고 통합하는 것이 쉽지 않다.

2. 평가수단

평가수단에 대한 논의에는 두 가지의 주요 의제가 있다. 첫째는 '무엇을' 측정할 것인가이다. 또 하나는 '어떤 방식으로' 성과를 측정할 것인가이다.

1) 측정대상의 설정

〈그림 11-7〉에서 보여지는 바와 같이 인사평가의 측정대상으로는 개인특성, 과업행위 그리고 결과로 크게 분류할 수 있다. 개인특성은 개인이 조

그림 11-7 인사평가의 측정대상

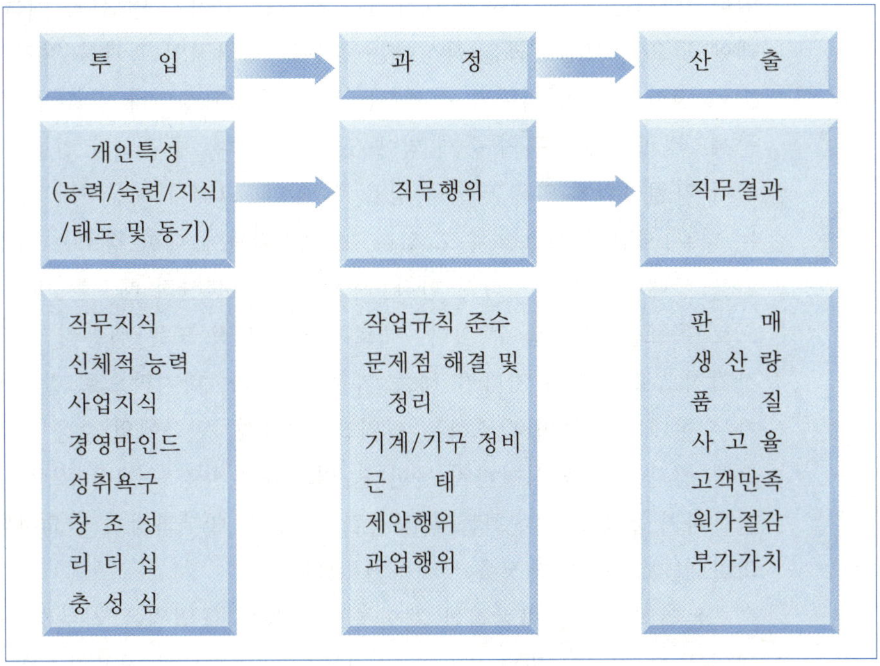

직에 가져오는 투입요소로서 지식, 숙련, 능력 및 기타 특성(KSAOs)을 포함하고 있다(조직의 목표달성이나 성장에 필요한 핵심역량(core competency)이 개인특성 측정항목에 포함되어 있어야만 한다). 개인특성은 직접적으로 관찰이 어려우나 과업 및 조직적 요소와 결합하여 직무행위에 영향을 미친다고 가정한다. 따라서 개인특성에 근거한 평가는 제한적으로 사용되어야 한다. 미국에서는 차별에 관한 소송에서 직무수행과 관련이 적어 보이는 특성에 대한 주관적 평가는 법원에 의해 증거로 채택될 가능성이 매우 적다.

직무행위는 직무수행과정에 초점을 둔 것으로 직무수행상 종업원의 바람직한 행위나 비생산적인 행위를 측정한다. 개인특성보다는 직무행위가 관찰하기가 쉽고 직무결과에 직접적으로 영향을 준다. 행위측정치는 종업원이 무엇을 올바르게 행하고 무엇을 잘못 행동했는지를 구체적으로 식별하기 때문에 종업원 개발목적으로는 아주 유용하다.

마지막으로 판매액, 생산량, 사고율과 같이 직무의 결과를 측정할 수 있다. 직무결과는 통상 계량적으로 측정 가능하며 평가자의 판단을 적게 요구한다. 그러나 결과에 근거한 평가도 다음과 같은 심각한 한계를 지니고 있다. 첫째는 어떤 직무에 대해서는 결과를 알기가 어렵다. 예를 들어, 미래에 필요한 사업계획을 작성하는 경우는 즉각적인 결과를 알기 어려우며, 또 일정한 시간이 지나기 전까지는 업무의 정확성이나 질을 알 수가 없다. 둘째, 결과는 종업원의 통제 밖에 있을 수 있다. 종업원의 업무결과는 예산이나 자원지원에 의해 영향을 받을 수 있다. 그러나 예산이나 자원지원업무는 다른 사람의 소관일 수도 있다. 셋째, 결과에 대한 강조는 과정 또는 수단을 상대적으로 무시하게 한다. 종업원은 비생산적 때로는 비윤리적 방법으로 목표를 달성할 수 있다. 때로는 비생산적 또는 비윤리적 작업방식은 장기적으로 조직에 커다란 해를 끼칠 수 있다. 마지막으로 결과에 의한 평가는 현대 조직들이 강조하는 팀워크, 적극성, 변화에의 순응 등과 같은 중요한 성과 차원을 식별하지 못한다. 변화하는 환경 속에서 조직이 유연하게 반응하기 위해서는 변화를 촉진시킬 수 있는 내부과정이 필요하다. 결과에 의한 평가는 이런 과정을 무시하기 쉽다.

논리적으로는 바람직한 개인특성을 지닌 종업원은 직무수행에 필요한 행위를 할 것이고 또한 바람직한 직무수행은 훌륭한 직무결과를 나타낼 것이 기대된다. 그러나 실제에 있어서 〔개인특성 → 직무행위〕 또는 〔직무행위 → 직무결과〕의 연관은 그다지 크지 않다. 따라서 조직은 일반적으로 어느 하나의 특성이나 행위의 측정에 초점을 두고 인사평가 시스템을 개발하기보다는 다수의 특성이나 행위를 인사평가 대상으로 측정하여 상호 보완적으로 활용하는 것이 필요하다.

또한 인사평가 측정대상별로 인사평가 결과의 인적자원 의사결정에의 활용성이 달라지는 경향이 있다. 경제적 보상을 분배할 경우에는, 결과 측정치가 효율적으로 활용될 수 있다. 그러나 종업원 훈련이나 경력개발을 위해서는 결과측정치보다는 지식, 숙련, 태도 및 동기 같은 개인적 특성에 의한 평가나 행위에 근거한 평가가 유용하다. 또한 비생산적인 종업원을 식별하고자 할 때에는 비생산적 직무행위나 낮은 판매액, 낮은 생산량과 같은 직무수행결과를 기준으로 사용할 수 있다.

2) 측정수단의 개발

인사평가가 합리적 인적자원관리에 기여하기 위해서는 다음의 두 가지 전제조건을 충족시켜야 한다. 먼저, 종업원이 직무를 통하여 조직에 기여할 수 있는 분야, 즉 성과 차원(performance dimension)을 식별하여야 한다. 성과 차원을 식별한 후에는 해당 성과 차원별로 종업원의 상대적 기여도에 대한 기준(standards)을 개발하여야 한다. 즉 직무성공에 핵심적인 성과 차원별로 성과가 좋거나 그렇지 않은 종업원을 구별할 수 있는 절차가 마련되어야 한다. 이것은 인사평가의 목적이 직무간의 차이를 식별하고자 하는 것이 아니라 종업원들간의 차이, 특히 동일한 직무를 수행하는 종업원들간의 차이를 식별하고자 하기 때문이다.

이러한 전제조건도 제4장에서 논의한 직무분석에 의해 충족될 수 있다. 〈그림 11-8〉에서 제시하는 바와 같이 직무분석을 통하여 조직은 직무성공에 필요한 성과 차원과 각 성과 차원별 성과기준을 식별할 수 있다.[11] 〈그림 11-8〉에서 마지막 단계인 인사평가는 이미 개발된 성과 차원과 성과 차원별 성과기준에 근거하여 개별 종업원에 대한 정보를 수집하는 과정을 나타낸다. 이 과정은 다른 절에서 논의하기로 한다.

조직은 직무분석에 기초하여 성과 차원과 성과기준을 마련하여야 한다. 미국의 평등고용법의 경우 인적자원 의사결정에 있어서 직무관련성(job-

그림 11-8 측정수단의 개발

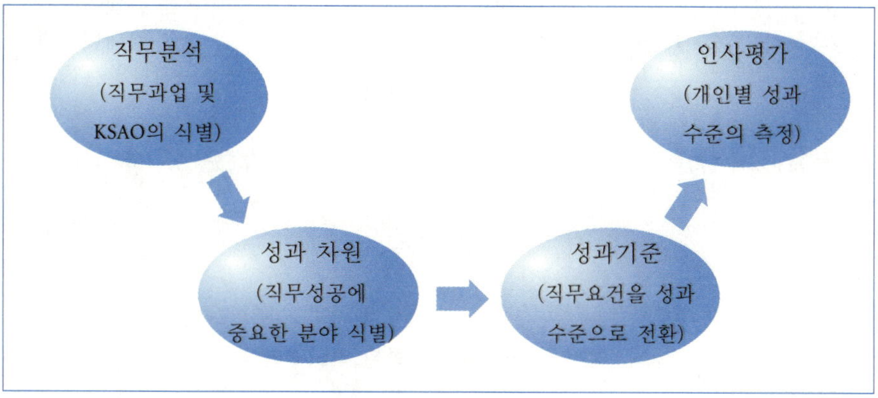

relatedness)을 강조하기 때문에 인사평가도 직무분석에 의해 개발하는 것이 중요하다. 또한 직무분석에 의한 인사평가의 개발은 직무성공에 중요한 요소가 성과측정에 있어서 누락되는 경우(측정결핍: measurement deficiency)나 직무성공과 관련이 없는 요소가 성과측정치에 포함되는 경우(측정오염: measurement contamination)의 가능성을 줄일 수 있다.[12] 마지막으로 명확하고 구체적이고 어려운 기준(목표)은 종업원 성과를 상승시키는 경향이 있다.

3. 성과측정

인사평가는 인적자원활동에 있어서 중요한 지원기능을 담당하고 있으므로 지난 수십 년간 다양한 평가방법이 개발되어 왔다. 그러나 그 중 상당수는 조직에 의해 거의 관심을 끌지 못하거나 사용되지 않고 있다. 여기서는 조직에 의해 널리 사용되고 있거나 광범위하게 연구된 기법만을 논의하고자 한다.

인사평가기법은 먼저 성과기준이 상대적 혹은 절대적인가에 따라 구분할 수 있다. 절대평가는 직무의 성과요건 또는 기준에 의해 종업원을 평가

그림 11-9 인사평가의 유형

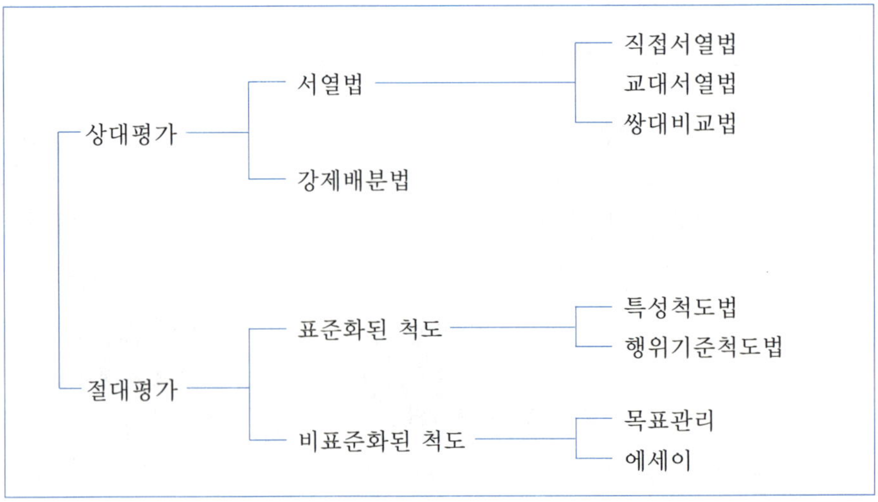

하는 방법이며, 상대평가는 동료와 비교해서 평가하는 기법이다. 또한 상대적 인사평가기법에는 서열법과 강제배분법, 그리고 절대적 인사평가기법은 척도가 표준화되었는가에 따라 더욱 세분할 수 있다(〈그림 11-9〉 참조).

1) 상대평가

이상 등과 같이 5개 범주로 된 강제배분을 예시하고 잇다.

상대평가는 성과에 있어서 종업원간의 '상대적' 위치를 정하는 방법이다. 즉 종업원 A는 종업원 B보다 낫고 또한 종업원 B는 종업원 C보다 낫다고 평가하는 방식이다. 상대적으로 평가하는 방식으로는 직접서열법(straight ranking), 교대서열법(alternative ranking), 쌍대비교법(paired comparison), 그리고 강제배분법(forced-distribution)이 있다.

직접서열법(straight ranking)은 피평가자를 제1순위부터 최하순위까지 나열하는 가장 간단한 방법이다. 사람들은 흔히 비공식적 방법으로 순위를 정하는 데 익숙해져 있으므로 가장 자연스런 절차일 것이다. 교대서열법(alternative ranking)에서는 평가자는 한 장의 종이에 모든 피평가자의 이름을 기재한다. 인명목록에서 평가자는 가장 나은 종업원(제1순위)과 가장 열악한 종업원(최하위), 그리고 두 번째 나은 종업원과 두 번째로 열악한 종업원(최하위로부터 두 번째) 등과 같이 모든 피평가자가 평가될 때까지 계속해서 평가하는 기법이다.

직접 및 교대서열법에서는 평가자가 특정 피평가자를 다른 모든 피평가자와 비교해야 한다. 그러나 체계적인 피평가자 대 피평가자의 비교방법은 이 방법에서 논의되지 않고 있다. 따라서 이에 대한 보완으로 피평가자를 한쌍씩 짝을 지어 평가하는 쌍대비교법이 개발되었다. n명을 한쌍씩 짝을 지어 평가할 경우 총평가횟수는 ${}_nC_2 = n(n-1)/2$가 된다. 즉 10명의 평가자를 쌍대비교법에 의해 평가하는 경우, $10(9)/2=45$의 평가가 필요하다. 평가자는 각 쌍에서 더 나은 사람을 선택하면 되고, 피평가자 개인의 서열은 단순히 우수하다고 평가된 회수에 의해 결정된다.

강제배분법(forced-distribution)에서는 평가자가 통상 3에서 7개의 범주에 피평가자를 배분하여야 한다. 평가자가 특정한 비율로 피평가자를 각각의

그림 11-10 강제배분의 예시

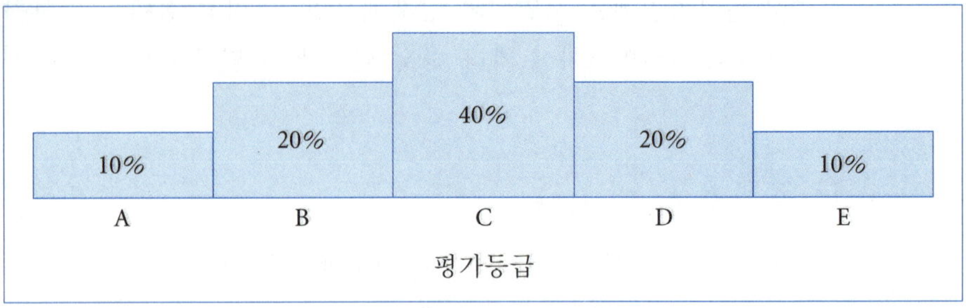

범주에 할당하여야 하기 때문에 분포가 강제되었다고 볼 수 있다. 또한 피평가자를 특정 범주에 배분하는 기준이 다른 피평가자에 의해 달려 있기 때문에 '상대적'이라고 할 수 있다.

〈그림 11-10〉은 10퍼센트의 종업원이 우수, 20퍼센트의 종업원이 평균 이상 등과 같이 5개 범주로 된 강제배분을 예시하고 있다.

만약 종업원의 성과에 대한 분포가 미리 강제된 분포와 유사할 경우나 평가자가 피평가자 개개인을 정확하게 평가할 수 없는 경우에는 강제배분법이 적절하다. 후자의 경우 피평가자의 성과에 명확한 차이가 없거나 평가자가 피평가자간 성과차이가 적어 이를 식별할 수 없는 경우에 발생한다.

사용시기

상대평가법은 개발하기가 쉽고 평가자 또한 평가절차를 쉽게 이해할 수 있다. 반면 상대평가에서는 피평가자의 위치가 다른 피평가자들의 성과에 달려있으므로 특정 피평가자의 성과가 만족할 만한 수준인지 그렇지 않는지를 판단하기가 어렵다. 이것은 특히 피평가자 집단이 적거나 피평가자 집단 사이의 성과차이가 클 경우에 문제가 된다.

상대평가법은 평가결과를 종업원들에게 피드백할 경우 특히 문제가 많다. 상대평가는 단지 서열만을 나타내기 때문에 피평가자들이 어떻게 자신들의 성과를 개선할 수 있는지에 대해서는 알 수가 없다.

또한 한 사람이 다른 사람에 비해 열등하다고 말하는 것은 듣는 사람으로 하여금 방어적 태도를 취하게 한다. 더욱이 상대평가는 집단 내 경쟁을 유발시키는 경향이 있어 협력이 필요한 업무에는 부적절할 수도 있다.

마지막으로 상대평가에서는 직무분석을 통하여 식별된 구체적인 성과 차원에 의해 평가를 행하는 것이 아니고 통상 전반적 성과를 비교하도록 설계되어 있어 측정결핍과 측정오염이 개입되기 쉽다. 따라서 미국의 평등고용법하에서는 상대평가가 인적자원 의사결정의 기초로 활용되기가 어렵다.

2) 절대평가

절대평가하에서 평가자는 피평가자를 다른 피평가자들과 직접 비교하지 않고 평가를 할 수 있다. 이미 언급한 바와 같이 절대평가는 표준화 여부에 따라서 표준화된 방법과 비표준화된 방법으로 구분할 수 있다.[13] 평가양식이 표준화될수록 개인간 나아가 집단간 비교가 가능하다(즉 평가결과에 의해서 한 종업원 집단이 다른 종업원 집단보다 우수한지 여부를 판단할 수 있다. 이러한 집단간 비교는 상대평가에서는 가능하지 않은 것이다). 그러나 추후에 논의하듯이 절대평가법은 이러한 장점을 충분히 활용하고 있지 못하다.

특성척도법(trait rating scale): 특성척도법은 아마도 실무에서 가장 널리 사용되고 있는 기법일 것이다. 전형적인 특성척도법의 예가 〈표 11-5〉에 제시되어 있다. 먼저 측정항목들은 직무분석에 근거하고 있지 못하며 적응성, 협조성 등과 같은 추상적 개인특성으로 이루어져 있다. 이러한 항목들은 다양한 직무에 광범위하게 적용될 수 있으므로 하나의 평가양식으로 전조직 또는 생산, 관리, 사무 등과 같은 주요 종업원 집단을 평가할 수 있다.

표 11-5 특성척도법의 예

항 목	불만족(a)	평균 이하(b)	평균(c)	평균 이상(d)	우수(e)
적 응 력	a	b	c	d	e
협 조 성	a	b	c	d	e
작업의 질	a	b	c	d	e
승진 잠재력	a	b	c	d	e
적 극 성	a	b	c	d	e
⋮	⋮	⋮	⋮	⋮	⋮
⋮	⋮	⋮	⋮	⋮	⋮

그러나 종업원 성과를 제고하기 위해서는 구체적인 피드백과 훈련을 필요로 하기 때문에 개인특성에 의한 평가는 종업원개발 차원에서는 적절하지 못하다. 또한 상대평가와 마찬가지로 개인특성에 대한 피드백은 종종 피평가자로부터 방어적 행위나 적대감을 유발할 수가 있다.

행위기준척도법: 행위에 근거한 인사평가는 피평가자가 실제로 직무에서 행하는 행위에 대한 관찰에 근거하여 평가가 이루어진다. 행위에 근거한 평가방법 중 가장 널리 알려진 것이 행위기준척도(Behaviorally Anchored Rating Scale: BARS)[14]이다. 행위기준척도를 개발하는 데는 다음의 단계가 필요하다.[15]

1. **중요사건**(critical incidents)**의 식별**: 직무에 대한 지식이 있는 사람(직무 담당자나 상급자)들이 효과적이거나 비효과적인 직무행위를 기술한다. 이런 기술을 중요사건이라고 부르며, 이 단계가 직무분석의 형태를 취하는 것이다.
2. **성과 차원**(performance dimension): 중요사건을 소수의 성과 차원들(보통 5개 내지 10개)로 집단화한다. 그리고 각 성과 차원에 대한 정의를 내린다.
3. **재해석**(retranslation): 직무를 잘 아는 두 번째 집단이 중요사건들을 재해석한다. 두 번째 집단에게 중요사건을 기술한 목록과 성과 차원의 정의를 주고 개별 중요사건들을 성과 차원에 배정하도록 한다. 통상 두 번째 집단 구성원의 일정비율(50%~80%)이 첫번째 집단과 동일한 성과 차원에 배정한 중요사건만 평가항목으로 유지된다. 이렇게 유지된 중요한 사건들을 '재해석'되었다고 한다.
4. **중요사건의 척도화**(scaling incidents): 두 번째 집단은 특정 성과 차원 내의 중요사건을 효율성 정도에 따라 평가한다. 중요사건에 대한 평균 평가값은 해당 사건이 어느 정도로 직무수행에 효율성을 나타내는지를 보여 준다. 개별 사건의 평가에 있어서 표준편차는 해당 사건의 효율성에 대한 평가자간의 일치 정도를 나타낸다. 표준편차가 적을수록 평가자간 평가결과의 일치도는 높다. 통상 7점 척도에서 표준편차가 1.5 이하인 중요사건만 최종 평가항목으로 선택된다.
5. **측정도구 개발**: 개별 성과 차원에 대해 재해석과 표준편차의 기준을 통과한 중요사건만 측정항목으로 활용된다. 이러한 중요사건들은

행위기준(behavioral anchors)로 활용된다. 중요사건들은 이전 단계에서 결정된 평가 평균값에 따라 평가도표상에 위치하게 된다. 이상의 방식으로 개발된 BARS의 예가 〈그림 11-10〉에 제시되어 있다.

BARS에 기초한 인사평가는 기존의 인사평가와 비교하여 여러 가지 장점이 있다. 첫째는, BARS 개발과정에서 직무분석을 통하여 성과 차원이 개발된다는 점이다. 따라서 모호한 개인특성을 평가하는 것보다 직무관련성(job-relatedness)이 높으며 평등고용법에 적합한 유용한 평가수단이다. 둘째, 장기적으로 관찰된 행위에 근거하여 평가가 이루어진다는 점이다. 이는 종업원에게 구체적인 피드백을 제공할 수 있다. 유효한 행위를 제시함으로써 종업원들로 하여금 어떻게 직무성과를 제고할 수 있을 것인지를 명확하게 제시할 수 있다. 셋째, BARS는 개발하는 데 종업원들을 참여시킬 수 있다는 점이다. 종업원의 참여는 인사평가에 대한 막연한 거부감을 해소시키며 절차의 공정성(process equity)을 확보하는 데 도움을 준다. 또한 종업원 참여는 종업원들이 이해할 수 있는 용어를 사용하여 행위지표를 기술하게 하여 행위지표와 관련된 모호성을 어느 정도 해소할 수 있다.

BARS는 다른 모든 평가시스템과 마찬가지로 한계점 내지 결점을 가지

그림 11-10 행위기준척도법(BARS)의 예

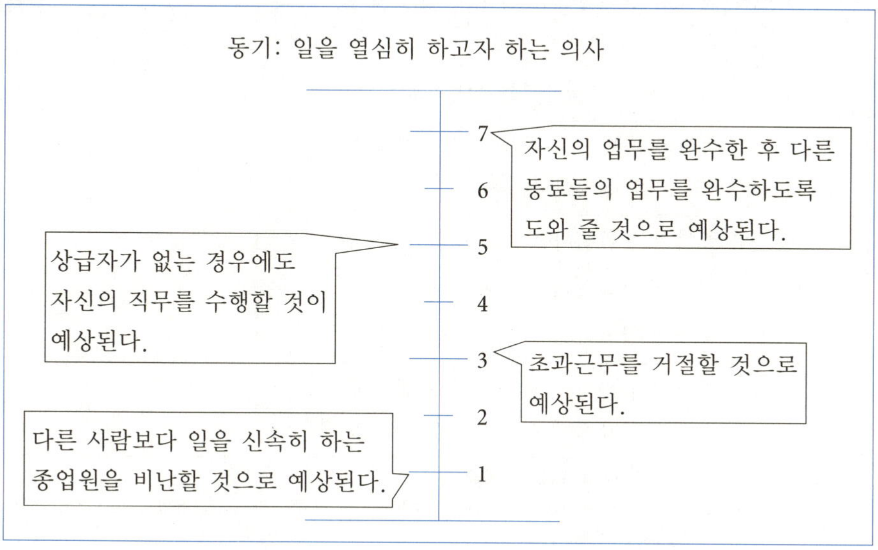

고 있다. 가장 두드러진 단점은 BARS를 개발하는 데 많은 시간과 비용이 수반된다는 것이다. 또한 기본적으로 BARS는 직무에 한정적(job specific)이기 때문에 여러 직무가 있다면 해당 직무 수만큼의 BARS를 개발해야 한다.

BARS에서 행위기준들은 실제행위(예: 초과근무를 한다)로부터 행위기대(예: 초과근무를 할 것으로 기대된다)로 고쳐서 기술되기 때문에 행위기대척도(Behavioral Expectation Scale: BES)라고도 불리운다.[16] 기존 연구자들은 BARS에 대한 여러 변형을 개발하였으며, 그 중 가장 대표적인 것이 행위관찰척도(Behavioral Observation Scale: BOS)이다.

BOS에서는 ① 다수의 직무행위를 수집하고, ② 종업원들을 각 행위에 대해서 관찰 · 평가하며, 그리고 ③ 개별 종업원에 대한 총평가는 모든 행위항목에 대한 응답의 총계로 결정되어진다. BOS의 한 예가 〈표 11-6〉에 제시되어 있다.

BARS와 관련된 잠재적 문제점 중 하나는 종업원이 일관적인 행동을 보이지 않는 경우에는 평가하기가 어렵다는 것이다. 종업원이 7점 척도 중에서

표 11-6 경영자를 평가하기 위한 BOS의 예

변화에 대한 저항 극복	거의 그렇지 않다				거의 그렇다
(1) 변화의 상세한 부분을 부하에게 설명한다	1	2	3	4	5
(2) 왜 변화가 필요한지를 설명한다	1	2	3	4	5
(3) 변화가 어떻게 종업원들에게 영향을 줄 것인가를 설명한다	1	2	3	4	5
(4) 종업원의 관심사를 주의깊게 듣는다	1	2	3	4	5
(5) 변화가 실행될수 있도록 종업원에게 도움을 요청한다	1	2	3	4	5
(6) 종업원의 관심사에 적절하게 대응하기 위하여 필요시 추후 회의날짜를 정한다	1	2	3	4	5

주: 점수는 경험에 의해 결정된다.
자료: G. D. Latham & K. N. Wexley(1981), *Increasing Productivity Through Performance Appraisal*, Addison-Wesley, Inc., p. 56.

어떤 때에는 6점을 다른 어떤 때에는 2점에 가까운 행위를 보일 수 있다. BOS는 항목별로 빈도를 측정함으로써 종업원의 비일관적인 행동의 문제를 다루고 있다. BARS에서처럼 서로 다른 행위의 예가 주어진 것이 아니라 BOS에서는 특정 종업원이 특정 행동을 어느 빈도로 보여 주는지를 측정한다.

에세이(Essay)/**일기**: 평가자는 일정기간에 걸쳐 피평가자의 행위에 대한 장점과 약점을 기술하는 에세이를 작성할 수 있다. 평가자는 피평가자의 능력이나 성과에 대해 아무런 제약 없이 기술할 수도 있지만 통상 다루어야 할 주제나 서술목적에 대한 지침이 제시되는 경우가 많다. 지침이 주어지더라도 평가자가 자유롭게 기술할 수 있으므로 피평가자간 비교가 어렵다. 따라서 에세이 방법은 특성척도법이나 행위기준척도법들과 같이 사용하여, 평정에 대한 근거로서 활용되는 경우가 많다.[17]

목표관리(Management by Objectives: MBO): 목표관리란 상사와 부하가 합의하여 목표와 작업일정을 설정한 후 목표의 달성 여부를 근거로 평가하는 제도를 의미한다. 원래 목표관리는 전반적 경영관리방법으로 제안되었지만 전통적인 인사평가의 한계를 극복하기 위한 대안으로 제시되기도 한다. 인사평가 측면에서 볼 때 목표관리는 기본적으로 두 가지 단계로 이루어진다.

첫째 단계는 일정기간 동안(예를 들어 6개월이나 1년) 종업원이 달성해야 할 일련의 성과목표(performance objectives)를 설정하는 것이다. 직무성과와 관련된 모든 측면에서 목표가 설정될 수 있다. 예를 들어, 영업사원의 경우에는 총 판매액은 물론 특정 신제품의 매출신장, 새로운 고객의 확보 그리고 고객불만의 감소 등이 목표에 포함될 수 있다.

목표관리에 의해 설정된 목표는 전통적 특성척도법이나 행위기준척도법에 있어서 성과 차원과 유사하다. 그러나 목표관리에서는 '직무'가 아니라 '개인'에 대해서 목표가 설정된다. 즉, 개별 종업원들이 독특한 직무를 수행한다고 생각하는 것이다. 예를 들어, 두 명의 영업사원은 비슷한 직무를 수행할지라도 서로 다른 목표를 설정할 수 있는 것이다.이런 점에서 목표관리는 비표준화되어 있다고 볼 수 있다. 반면에 행위기준척도법은 동일한 직무를 수행하는 모든 종업원들에게 적용할 수 있으며 전통적 특성척도법은 직무와 관계없이 모든 종업원들에게 적용될 수 있다.

표 11-7 영업사원에 대한 MBO에 의한 평가 예

목표항목	기간목표	실 적	달성률
1. 판 매 액	1000(만원)	1040(만원)	104%
2. 신규고객 확보	20(명)	18(명)	90%
3. 소비자 불만	20(건)	30(건)	67%
4. 제품개발 제안	5(건)	4(건)	80%
⋮	⋮	⋮	⋮
⋮	⋮	⋮	⋮

두 번째 단계는 평가기간 말에 종업원의 성과를 목표에 비추어 평가하는 것이다. 목표관리에 의한 평가는 상사에 의한 일방적 평가를 지양하고 부하와 상사가 협의하여 설정된 구체적이고 측정가능한 목표에 대하여 평가가 이루어지는 특징이 있다. 목표관리에 의한 인사평가의 예가 〈표 11-7〉에 제시되어 있다.

목표에 의한 성과평가는 동기이론 중 목표이론에 근거하고 있다. 목표이론은 개인의 구체적이고 어려운 목표를 향해 노력하고 있으며 목표에의 진전에 따라 피드백을 받을 때 동기유발된다고 가정한다. 목표가 특정 기간 동안(통상 6개월에서 1년)을 위하여 설정되었더라도 기간이 끝날 때까지 피드백을 보류할 필요는 없다. 비공식적이지만 정규적인 피드백이 더 효과적이다. 특히 특정 결과 또는 행위가 발생한 즉시 피드백을 주는 것이 일정한 기간이 지난 다음에 공식적으로 피드백을 주는 것보다 동기유발 효과가 더 강력하다.

목표에 근거한 성과평가시스템은 조직 구성원이 직무목표가 무엇이며 어떻게 책임을 완수할 지를 논의하도록 함으로써 동기를 유발시킬 수 있다. 의사결정에 참여시킴으로써 조직 구성원의 몰입(commitment)와 신뢰(trust)를 강화시킬 수 있다.

목표에 근거한 성과평가는 다음 세가지 요소에 의해서 흔히 효과성이 저해된다: ① 모호한 목표설정, ② 비현실적으로 어려운 목표, 그리고 ③ 모호한 성과측정방법. 특히 목표가 계량화되지 않아 주관적 평가가 불가피할 때 모호한 성과측정방법은 종업원의 동기유발을 저해할 수 있다. 목표는 구체적임과 동시에 측정가능하면서 종업원의 통제범위 내에서 설정되어야 한다

3) 평가기법들간의 비교

지금까지 논의한 인사평가기법들은 각기 장 · 단점을 가지고 있다. 그렇다면 다음에 특정 조직에 대해서 어떤 인사평가기법이 적절한 것인가라는 질문은 당연한 것이다. 이에 대해 단일한 최적의 정확한 답은 없으며 인사평가시스템을 둘러싼 환경에 따라 적절한 인사평가기법은 다르다. 인사평가시스템을 둘러싼 환경은 〈그림 11-12〉와 같이 3차원으로 표시할 수 있다.[18]

횡축은 작업의 일상성 정도를 나타내며 오른쪽에서 왼쪽으로 이동할수록 비일상적(nonroutine)이다. 종축은 종업원의 독립성 욕구를 그리고 높이는 환경의 특성을 나타낸다. 점 A는 환경이 안정적이고 작업도 일상적이며 그리고 종업원은 독립성을 요구하지 않는 상황을 의미한다. 이 경우에는 절대평가 중 표준화된 기법, 즉 전통적 특성척도법이나 행위기준 척도법이 적절할 것이다. 점 B의 경우에는 중간 정도의 작업 일상성, 환경 안정성 그리고 종업원의 독립성을 나타낸다. 이 경우에는 작업방법에는 종업원들이 어느 정도의 자유재량을 갖게 하고 목표달성 여부를 평가하는 MBO가 적절할 것이다. 점 C는 불안정한 환경, 비일상적 과업 그리고 종업원의 높은 독립성

그림 11-12 인사평가 환경과 평가기법의 적합성

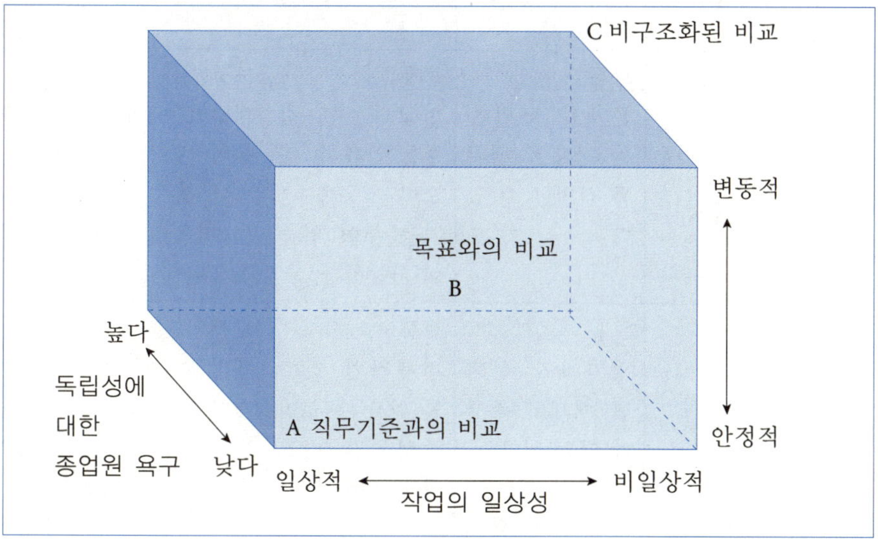

표 11-8 평가목적에 따른 평가기법의 비교

평가기법	피드백 및 상담 (종업원 개발)	보상 및 기회분배 (관리적 목적)	비 용	평정오류의 회피
목표관리 (MBO)	탁월 구체적 문제점, 단점 및 계획이 식별된다.	나쁨 개인이나 부서간 비표준화된 목표의 비교가 어렵다.	나쁨 개발비용이 많이 소요되며 활용하는 데 시간이 많이 소요된다.	좋음 관찰에 의존, 직무내용 반영, 오류가 적다.
체크 리스트	보통 전반적 문제점은 파악되나 개선을 위한·구체적 지침이 결여된다.	좋음-보통 비교할 수 있는 점수를 얻을 수 있고, 차원에 따른 비중을 다르게 설정할 수 있다.	보통 개발비용은 많이 드나, 사용할 때 비용이 적게 소요된다.	좋음 직무관련성을 증대시키고 오류를 감소시킬 수 있는 기법이 존재한다.
특성 척도법	보통 문제점을 식별할 수 있으며 요구되는 행위/결과에 대한 약간의 정보를 제시한다.	보통 비교할 수 있는 점수를 얻을 수 있으나 입증하거나 방어하기가 어렵다.	좋음 개발 및 활용에 비용이 적게 소요된다.	보통 구체적인 차원과 연결되어 있다고 해도 상당한 오류의 가능성이 있다.
행위기준 척도 (BARS)	보통 문제를 유발하는 구체적 행위를 식별할 수 있다.	보통 비교가능한 점수를 얻을 수 있으며 행동에 근거를 두어 입증이 가능하다.	보통 개발하는 데 비용이 많이 소요되나 활용 시에는 비용이 적게 소요된다.	보통 직무행위에 근거하여 평정오류를 줄일 수 있다.
에세이	보통 평가자가 선택한 에세이 주제에 달려 있다.	보통 전체적인 점수를 얻을 수 없어 종업원간 비교가 가능하지 않다.	보통 개발 시 비용이 적게 소요되나 활용 시에는 비용이 많이 소요된다.	보통 치밀한 관찰로 오류를 줄일 수 있지만 비구조화로 인해 위험할 수 있다.

평가기법	피드백 및 상담 (종업원 개발)	보상 및 기회분배 (관리적 목적)	비 용	평정오류의 회피
상대비교 (서열법, 강제배분)	보통 구체성이 없고 전반적 요인에 근거한다.	보통 전체적 점수는 있지만 방어하기가 힘들다.	보통 개발하고 활용하는 데 비용이 적게 소요된다.	보통 일반적으로 일관성은 있지만 현혹효과와 조작의 가능성이 있다.

자료: G. T. Milkovich and J. W. Boudreau(1994), *Human Resource Management*, 7th ed., Irwin, Inc., p.180.

요구를 나타낸다. 이 경우에는 비구조화된 비교(예를 들면 에세이 등)가 적절할 것이다.

인사평가시스템을 둘러싼 환경 외에 평가목적에 따라 평가기법의 유용성을 비교하는 것은 의미 있는 일일 것이다. 인사평가 목적에 따른 평가기법의 비교는 〈표 11-8〉에 제시되어 있다. 실제 조직에 있어서는 평가의 활용목적과 평가를 둘러싼 환경을 고려하여 적절한 기법을 선택하는 것이 바람직하다.

그러나 지금까지 논의한 다양한 기법들이 서로 배타적인 것은 아니다. 조직은 몇 가지의 평가방법을 혼합하여 사용할 수 있다. 그러나, 평가자에 대한 논의에서처럼, 더 많은 평가기법을 사용하는 것이 항상 좋은 것은 아니다. 조직은 사용하는 평가기법들이 서로 상반되거나 시간이 너무 걸리지 않도록 주의하여야 한다. 조직은 성과자료의 활용목적에 알맞은 정보를 제공할 수 있는 평가시스템을 사용하여야 한다.

제 5 절 인사평가의 오류와 감소방안

이미 언급한 바와 같이 인사평가의 결과는 다양한 인적자원 의사결정에 있어서 기준으로 활용되므로 인사평가는 종업원의 능력이나 성과를 정확히 반영할 수 있어야 한다. 그러나 주관적 판단과정에는 다양한 오류가 개입될 여지가 있다는 것은 이미 널리 알려진 사실이다.

관대화 경향(leniency), 범위제한(range restriction), 그리고 현혹효과(halo error)와 같은 가장 흔한 평가오류들은 이미 60년 전부터 논의되어 왔으며 현재까지도 평가결과에 대한 자료를 분석하는 데 영향을 미치며 연구의 주된 주제가 되고 있다. 평가자 오류를 두 가지 유형, 즉 분포적 오류(distributional errors)와 상관관계적 오류(correlational errors)로 구별하여 논의하는 것이 바람직할 것이다.[19]

1. 분포적 오류

관대화/혹독화, 범위제한, 그리고 중심화 경향 같은 평가자의 오류는 평가점수의 분포가 직무성과의 분포와 다를 때 발생한다고 볼 수 있다. 예를 들어, 평가자가 행한 모든 평가결과의 평균값이 척도의 중간값에서 크게 벗어나 있다면, 평가자는 너무 혹독하거나(낮은 평가 평균) 또는 너무 관대하다고(높은 평가 평균) 생각할 수 있다. 이러한 주장의 암묵적 가정은 성과의 진정한 평균수준은 척도의 중간점과 대략 일치한다는 것이다. 마찬가지로 평가가 척도의 중간점에 모여있다면, 중심화 경향이 가정된다. 이 경우에는 성과의 진정한 분포는 정규분포를 따라 성과의 변동이 크다고 가정하고 있다. 마지막으로, 평가결과의 변동이 적다면, 범위제한이 가정된다. 이상의 논의를 도표로 표시하면 〈그림 11-13〉과 같이 될 수 있다.

관대화, 범위제한 그리고 중심화 경향에 대한 측정에 내재되어 있는 가정에 대해서도 비판되어 왔다. 첫째, 성과의 진정한 분포는 알 수 없으며 성과에 대한 분포가 정규분포를 따른다는 가정을 실증적으로 정당화할 수 없다. 통계적 편의성 때문에 정규분포가 가정되고 있을 뿐이다. 둘째, 조직은 성과의 분포를 비정규적으로 만들려고 상당한 노력을 기울이고 있다. 선발, 훈련, 동기부여 등과 같은 다양한 인적자원 활동들은 성과의 분포가 한쪽으로 몰리도록(skewed) 만든다. 모든 종업원이 탁월한 성과를 보인다면 어

그림 11-13 분포적 오류의 예

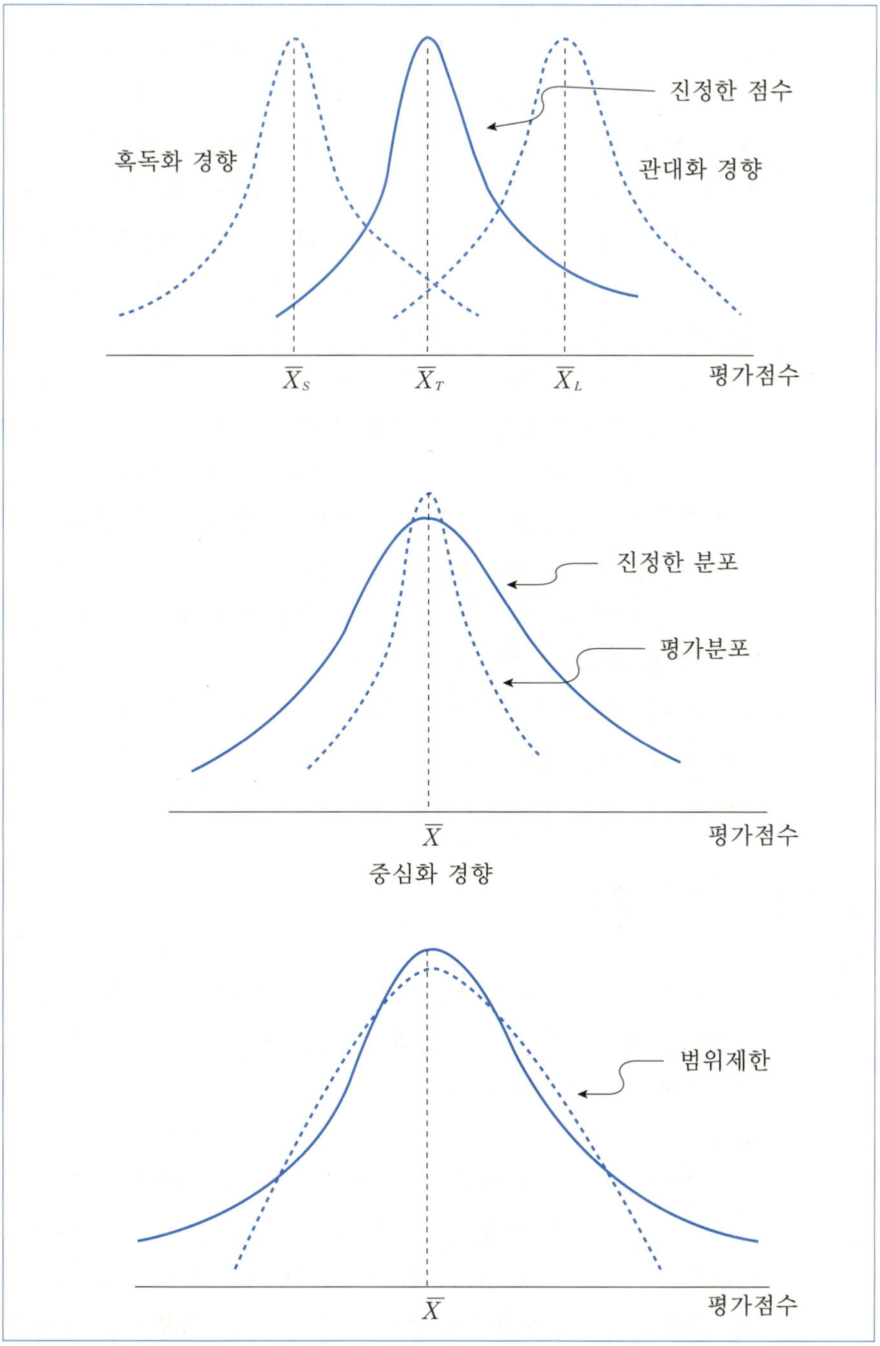

떤 경영자도 기뻐할 것이다.

셋째, 이들 가정은 작업집단간 평균적 성과의 차이가 없다고 가정하고 있다. 따라서 평가자 A가 평가평균이 5.0(7.0점 척도에서)이고 평가자 B의 평가평균이 4.1이라면, 평가자 A가 평가자 B보다 관대화하다고 여겨질 수 있다. 그러나 실제에 있어서는 평가자 A의 부하들이 평가자 B의 부하들보다 월등히 높은 성과를 보일 가능성이 있다. 리더십에 관한 연구들은 리더의 효율성에 따라 집단의 성과가 크게 달라질 수 있다는 것을 제시하고 있다. 자원, 리더십, 과업 등과 관계없이 모든 집단이 동일한 성과수준을 보인다고 가정하는 것은 비논리적이다.

그러나 분포적 오류에 대한 상당한 논리적 주장도 있다. 평가자들은 ① 피평가자로부터 호감을 받기 위해서, ② 부정적 피드백에 대한 거부감, ③ 다른 평가자들이 평가를 높게 준다는 우려 때문에, 그리고 ④ 비정상적으로 높거나 낮은 기준 등으로 인하여 관대하게 평가할 수도 있다.[20]

마찬가지로 중심화 경향과 범위제한은 ① 모험을 회피하고자 하는 의사, ② 관찰기회의 부족, 그리고 ③ 조직이나 피평가자에게 높거나 낮은 평가를 정당화하는 데 필요한 노력 회피 등과 같은 이유에서 발생할 수 있다. 그러나 이러한 주장은 널리 수용되고 있으나 아직 실증적으로 검토되지는 않아 현재로서는 가설로 남아 있다.

2. 상관관계적 오류

평가자들은 성과 차원들이 명확히 구별될지라도 유사한 평가를 행하는 경향은 오래전부터 알려져 왔다. 성과 차원간 유사한 평가는 성과 차원간 상관관계를 부풀리는 결과를 초래하게 된다. 이런 경향을 현혹효과(halo effect)라고 불리운다.

현혹효과는 ① 평가자가 피평가자에 대한 전반적 인상에 의해 구체적 차원에 대한 평가가 영향을 받거나 또는 ② 평가자가 평가 차원을 구별하지 않으려는 경향에 의해 발생한다(현혹효과에 대한 예가 〈표 11-9〉에 제시되어 있다). 현혹효과가 작용하다면 성과 차원들은 피상적으로 높은 상관관계를 보

표 11-9 현혹효과에 대한 가상적 예

성과 차원	진정한 수치	현혹효과에 의한 평정
작업의 질	4	4
작 업 량	1	4
적 극 성	3	4
승진가능성	2	3

이며 성과 차원에 따른 개인성과의 차이를 식별할 수 없게 된다. 현혹효과가 작용한다면 평가자들은 전반적 인상에 의해 피평가자를 배분하기 때문에 강제배분법은 현혹효과를 줄이는 데 적합하지 않다.

현혹효과와 유사한 오류로서 논리적 오류(logical errors)를 들 수 있다. 논리적 오류는 논리적으로 연관이 있다고 생각하는 특성들 사이에 유사한 점수를 부여하는 것을 의미한다. 물론 성과 차원이 논리적으로나 실증적으로 독립적이 아니라면 이것은 '오류'가 아니라 정확한 평가를 반영하는 것이다. 현혹효과와 마찬가지로, 논리적 오류는 성과 차원간의 상관관계를 부풀린다. 그러나 현혹효과는 피평가자 개인 내의 성과 차원간 상관관계를 부풀리는 반면, 논리적 오류는 피평가자와는 관계없이 성과 차원간 상관관계를 부풀리는 것이 다르다.

논리적 오류는 추상적 특성보다는 관찰가능하고 직무와 관련이 있는 행위를 평가하게 함으로써 동시에 성과 차원에 대한 정의와 설명을 명확히 함으로써 어느 정도 줄일 수 있다.

3. 평가오류의 감소

평가오류를 감소하기 위한 노력은 크게 두 가지 유형으로 볼 수 있다. 첫번째는 평가오류를 감소시키는 데 도움이 되는 평가도구의 개발이다. 행위기준척도는 이러한 노력의 한 예이다. 그러나 행위기준척도나 다른 성과측정기법이 특성척도보다 평가오류를 줄인다는 증거는 없다. 따라서 평가도구에 의한 오류감소 노력은 지금까지는 커다른 결실을 보지 못한 것으로 보인다.

평가오류를 줄이기 위한 훈련방법은 크게 평가오류훈련(rating error training)과 평가정확성훈련(rating accuracy training)으로 구분될 수 있다.[21] 평가오류훈련은 평가자로 하여금 평가오류를 알게 하여 평가자들이 오류를 최소화할 수 있는 전략을 개발하도록 하는 것이다. 예를 들어, 평가자들로 하여금 평가오류를 범하는 비디오 테이프를 보게 한 후 오류가 어떻게 평가에 영향을 미치는지를 논의하게 한다. 그 다음 오류를 회피하는 방안에 대해서 알려주는 것이다. 이 방법은 평가오류를 줄이는 데는 효과적이지만 평가오류의 감소가 또한 정확성을 줄이는 결과를 가져온다.[22]

평가정확성훈련은 성과가 다차원적인 것을 강조하며 평가자들이 각 성과차원의 내용을 정확히 파악하도록 한다. 즉, 각 성과차원별로 행동의 예를 제공하고 행동의 예에 대한 성과수준을 논의하도록 한다.[23] 평가자가 평가에 대해서 책임의식을 느끼고 평가양식이 직무와 관련이 있으며 평가자가 피평가자의 행동을 기록한다면, 평가정확성훈련은 평가의 정확성을 증진시키는 것 같다.[24]

제 6 절 성과평가 피드백

일단 성과수준이 측정되면 종업원이 단점을 고칠 수 있도록 면접을 통하여 성과정보를 종업원에게 다시 알려 주는 것이 필요하다. 성과 피드백 면접에 대해 관리자와 종업원 모두 불편하게 느끼는 것이 보통이다. 어느 누구도 타인을 평가하는 데 편안함을 느낄 수 없다. 성과 피드백 과정에 있어서 정해진 규칙이 있는 것은 아니지만 종업원이 성과 피드백을 받아들이고 미래에 성과를 개선하고자 하는 동기를 제고할 수 있는 지침이 있다.

1) 자기평가

성과 피드백 회의 전에 종업원들에게 자신의 성과를 평가하도록 하는 것이 유용하다. 자기평가는 자신의 과거 평가결과를 통하여 자신의 약점을 생각하도록 하게 한다. 자기평가는 어떤 기준에 의해서 성과가 평가되는지를 알게 한다. 또한, 자기평가와 상사의 평가 사이에 차이가 있는 부분에 논의를 집중할 수 있어 회의가 효율적으로 진행될 수 있다. 마지막으로, 종업원이 평가과정에 참여할수록 평가시스템이 공정하다고 느끼고 만족하는 경향이 있다.[25]

2) 참여유도

성과 피드백 면접을 실시하는 방법에는 세 가지가 있다.[26] 첫째는, 전달-판매(tell-and-sell)방법으로 관리자는 그가 종업원을 어떻게 평가했다는 것을 말하고 자신의 평가를 정당화하는 것이다. 둘째는, 전달-듣기(tell-and-listen) 방법으로 관리자는 그가 종업원을 어떻게 평가했는지를 말하고 종업원들로부터 설명을 듣는 방식이다. 마지막은 문제해결(problem-solving) 방법으로 관리자와 종업원이 편안한 분위기에서 함께 성과문제를 해결하려고 노력하는 것이다. 문제해결방법이 우수하다는 연구들에도 불구하고 대부분의 관리자들은 전달-판매방법을 취하고 있다.[27]

종업원이 피드백 회의에 적극적으로 참여할수록, 성과의 근본적인 문제와 장애가 식별될 가능성이 커지며 그리고 개선에 대한 건설적 아이디어가 창출될 가능성이 커진다. 또 연구들은 참여가 성과 피드백에 대한 만족, 성과 피드백이 공정하고 유용하다는 믿음, 그리고 성과를 개선하려는 의지와 강하게 연관이 있음을 보여주고 있다.[28]

3) 인간이 아니라 행위변화 시도

부정적 피드백을 줄 때 가장 중요한 점은 종업원의 인간으로서의 존엄성을 손상해서는 안 된다는 것이다. 종업원 자체가 아니라 종업원의 행동이나 업무결과에 논의의 초점을 맞춤으로써 이것을 달성할 수 있다. 예를 들면, 종업원을 믿을 수 없다고 이야기하는 대신에 “이번 달에 일곱 번이나 지각했다” 라는 사실에 초점을 두는 것이다.

4) 비난의 최소화

종업원의 성과가 기준 이하일 경우 어쩌면 최소한의 비난은 피할 수 없을 것이다. 그러나 비난이 강해지면 종업원은 상처를 입게 되고 방어적일 수밖에 없다. 만약 종업원이 여러 측면에서 성과를 개선할 필요가 있다면 가장 큰 문제나 직무에 가장 중요한 몇 개의 객관적 이슈들에 초점을 맞추는 것이 현명하다. 성과에 문제가 있다고 느낄 때 종업원 자신도 변화가 필요하다고 인정할 수 있다.

5) 문제해결에의 초점

성과 피드백을 줄 때 관리자와 종업원이 서로 책임을 전가하는 '비난게임(blame game)'에 빠지기 쉽다. 이것은 단지 종업원의 자존심을 줄이고 자기방어를 증가시키며 이것은 성과증진에 도움이 되지 않는다.

낮은 성과를 개선하기 위해서 문제의 원인을 식별하여 어떻게 해결하여야 할지를 종업원과 논의하는 것이 필요하다. 예를 들어, 낮은 매출은 영업사원의 부적절한 행동이나 제품지식 부족의 결과일 수도 있다. 이들 원인은 각각 다른 해결책을 필요로 한다. 문제해결 접근방식이 없이 올바른 해결책을 찾기는 쉽지 않을 것이다.

6) 구체적 목표설정

성과 피드백의 주요 목적은 개선계획을 작성하는 것이므로 과거보다는 미래에 초점을 맞추어야 한다. 종업원과 같이 목표설정을 하는 데 있어서 관리자는 다음과 같은 사항에 유의하여야 한다.

- 극복하여야 할 약점보다는 구축하여야 할 강점을 강조한다.
- 종업원의 현재 직위에서 존재하는 성장기회에 집중한다.
- 합리적인 기간 동안에 달성할 수 있는 소수의 항목에 한정해서 성장

계획을 작성한다.
- 각각의 목표를 어떻게 달성할지에 대한 구체적 실천계획(action plan)을 작성한다.

7) 목표달성도 검토기일 설정

목표설정과 더불어, 목표달성 상황을 검토할 수 있도록 구체적인 검토날짜를 정해야 한다. 이것은 종업원이 목표를 신중하게 받아들이고 성취노력을 높이는 역할을 행한다. 검토날짜는 너무 멀리 잡으면 안 된다. 그 이유는 첫째, 문제가 발생했을 때 즉시(또는 가까운 기일 내에) 피드백을 줌으로써 쉽게 교정할 수 있으며, 둘째, 빈번한 성과 피드백은 공식적 평가가 어떻게 될지를 종업원이 사전에 예측할 수 있게 한다.

제 7 절 차별방지를 위한 인사평가시스템의 특성

조직은 상급자에 의한 인사평가가 개인의 직무성과에 대한 객관적이고 정확한 평가라고 자주 가정된다. 따라서 많은 조직은 임금인상, 승진, 구조조정 등 인사의사결정에 있어서 인사평가를 주요 기준으로 활용하고 있다. 만약에 인사평가가 성, 연령, 지역 등에 의해서 영향을 받는다면, 인사평가 결과에 의한 추후의 인적자원활동은 종업원에 대해서 부정적 영향(adverse impact)을 끼칠 것이다. 예를 들어, 남녀간의 성과의 차이는 없지만 여성 종업원이 남성 종업원보다 일관되게 낮은 인사평가를 받는다면, 여성 종업원은 추후의 임금인상, 승진 등에서 부정적 영향을 받을 것이다. 이 경우 여성에 대한 차별이 인사평가에 영향을 미치고 또 낮은 인사평가가 여성 종업원에 대한 불공정한 처우를 결과하게 된다.

미국의 시민법 Title Ⅶ은 인적자원 의사결정의 근거로서 순수한 메리트 시스템(a bona fide merit performance appraisal system)을 활용하는 것을 인정하고 있다. 만약 인사평가의 결과가 소수집단(minority group)에게 부정적 영향을 미친다면 사용자는 인사평가가 직무관련성이 있다는 것을 보여야만 한다. 즉 인사평가의 타당도(validity)에 대한 증거를 제시하여야 한다. 인사평가는 통상 다른 인적자원활동의 타당도을 검증하는 데 기준으로 사용되기 때문에 인사평가 자체에 대한 타당도을 검증하기란 쉽지 않다. 많은 미국 학자들은 미국의 평등고용법하에서 법적으로 방어가능한 인사평가의 특성을 다음과 같이 제시하고 있다.[29)]

1. 인사평가는 직무요건의 분석에 기초하고 있어야 한다.
2. 인사평가를 실시하기 전에 종업원들은 성과기준을 명확히 이해하고 있어야 한다.
3. 잘 정의되지 않은 전반적 직무성과보다는 명확히 정의된 개인특성이나 성과 차원이 평가되어야 한다.
4. 모든 평가가 관찰가능하고 객관적 증거를 지니도록 성과 차원은 행위에 근거하여 설정되어야 한다.
5. 특성척도를 사용할 경우에는 관찰가능한 행위로 정의하지 않는 한 추상적 명칭(예를 들면, 충성심, 정직성)은 피하여야 한다.
6. 평가척도의 지표는 간략하고 논리적으로 일관성이 있어야 한다.
7. 고용결정에 근거가 되는 다른 인적자원 도구와 마찬가지로, 평가시스템은 타당도 검증을 거쳐야 한다.
8. 피평가자가 상급자의 평가에 동의하지 않을 경우를 위하여 청원제도를 마련한다.

이상의 관점에서 볼 때 서열법이나 전통적 특성척도보다는 행위지표척도나 목표관리가 법적 조건에 더 적합하다 할 수 있다. 실제로 미국의 평등고용을 위한 지침(guideline)은 직무분석에 의한 성과 차원 식별, 평가자에게 명확한 평가기준 제시 그리고 잠재적 차별을 파악하기 위한 평가결과의 분석 등을 바람직한 인사평가의 특성으로 제시하고 있다.

간 추 림

성과관리는 관리자들이 종업원의 활동과 업무결과가 조직의 목표에 기여하도록 하는 과정이다. 성과관리시스템은 성과에 대한 정의, 성과측정, 성과에 대한 피드백, 그리고 성과활용으로 구성되어 있다. 성과관리시스템이 조직의 경쟁우위달성에 기여하기 위해서는 먼저 전략이 요구하는 결과, 행동 그리고 종업원 특성을 식별한 뒤 측정 및 피드백시스템을 구축할 필요가 있다.

○ 성과관리의 목적으로는 조직의 전략목표의 달성, 관리적 의사결정에의 활용, 종업원 개발 및 피드백, 그리고 HR정책 및 프로그램의 평가 등을 들 수 있다.

○ 종업원의 성과측정은 전략적 부합, 타당도, 신뢰도, 수용성 그리고 구체성을 가져야 한다.

○ 조직내 인사평가는 평가환경, 평가자와 피평가자의 관계, 평가수단, 그리고 평가절차에 의해 영향을 받는다.

○ 평가자는 성과를 관찰할 수 있는 기회, 관찰을 유용한 평가로 전환할 수 있는 능력, 그리고 유용한 평가를 하고자 하는 동기가 있어야 한다.

○ 인사평가기업들은 성과기준이 상대적인지 혹은 절대적인지에 의해 구분될 수 있다. 상대적 평가기법으로는 서열법과 강제배분법이 있다. 절대적 평가기법은 척도가 표준화되어 있는지 아닌지에 의해 더 세분할 수 있다. 표준화된 기법으로는 특성척도법과 행위기준척도법이 있으며 비표준화된 기법으로는 목표관리와 에세이를 들 수 있다.

○ 인사평가의 오류는 크게 분포적 오류와 상관관계적 오류가 있다. 분포적 오류에는 관대화/혹독화, 범위제한, 그리고 중심화 경향이 있으며, 상관관계적 오류에는 현혹효과와 논리적 오류가 있다.

○ 평가오류를 감소시키는 방안으로는 평가도구개발과 훈련이 있다. 훈련

에는 평가오류훈련과 평가정확성훈련 두 종류가 있다.

○ 성과평가 피드백이 피평가자의 수용성을 증진시키고 미래에 성과를 개선하고자 하는 동기를 제고하여야 한다. 이러기 위해서는 성과평가 피드백에는 자기평가, 참여촉진, 행위의 강조, 비난의 최소화, 문제해결 노력 그리고 구체적 목표설정 등과 같은 요소가 있다.

핵심용어

성과　　성과관리
신뢰도　　타당도
측정결핍　　측정오염
직접서열법　　교대서열법
쌍대비교법　　강제배분법
특성척도　　행위기준척도
행위관찰척도　　목표관리
분포적 오류　　상관관계적 오류
평가오류훈련　　평가정확성훈련

토의문제

1. 조직전략과 인사평가의 연계성이 왜 중요한가?
2. 조직내 성과평가 측정시스템은 어떤 특성을 지녀야 하는가?
3. 전방위 평가시스템을 도입할 때 어떤 점에 유의하여야 하는가?
4. 직무분석정보가 인사평가에 어떻게 활용되는가?
5. 행위기준척도법(BARS)과 전통적 특성척도법을 비교하시오.
6. 인사평가의 오류를 줄이는 방법으로는 어떤 것들이 있는가?
7. 평등고용차원에서 볼 때 인사평가시스템은 어떤 특성을 지니고 있어야 하는가?

참고문헌

1) R. A. Noe, J. R. Hollenbeck, B. Gerhart & P. M. Wright(2003), *Human Resource Management*, 4th ed., McGraw-Hill/ Irwin.

2) *Ibid.*

3) C. G. Banks and K. E. May(1999), "Performance Management: The Real Glue in Organization," In A. Kraut and A. Korman eds., *Evolving Practices in Human Resource Management*, San Francisco: Jossey-Bass, pp. 118~45.

4) H. G. Heneman, Ⅲ, D. P. Schwab, J. A. Fossum and L. D. Dyer(1989), *Personnel/Human Resource Management*, 4th ed., Homewood, IC: Irwin.

5) G. T. Milkovich and J. W. Boudeau(1994), *Human Resource Management*, 7th ed., Irwin, Inc.

6) R. A. Noe, J. R. Hollenbeck, B. Gerhart and P. M. Wright(2003), *Human Resource Management*, 4th ed., McGraw-Hill/ Irwin.

7) C. E. Schneider, D. G. Shaw and R. W. Beatty(1991), "Performance measurement and management," *Human Resource Management*, 30, pp. 279~301

8) R. Schuler and S. Jackson(1987), "Linking competitive strategies with human resource strategies," *Academy of Management Executive*, 1, pp. 207~19.

9) S. W. Gilliland and J. C. Langdon(1998), "Creating performance management systems that promote perception of fairness," In J. W. Smither ed., *Performance Appraisal: State of the Art*, San Francisco: Jossey-Bass, pp. 209~43.

10) K. R. Murphy and J. N. Cleveland(1994), *Understanding Performance Appraisal: Social, Organizational and Goal-Based Perspectives*, Sage; W. C. Borman(1994), eds., *Performance Evaluation in Organizations*, Dartmouth.

11) W. C. Cascio(1998), *Applied Psychology in Human Resource Management*, 5th ed., Prentice-Hall.

12) L. L. Cummings and D. P. Schwab(1979), *Performance in Organizations: Determinants & Appraisal*, Scott, Forresman.

13) H. G. Heneman, Ⅲ, *et al.*, *op. cit.*

14) P. C. Smith and L. M. Kendall(1993), "Retranslation of expectations: An approach to the construction of unambiguous anchors for rating Scales," *Journal of applied Psychology*, 47, pp. 249~255.

15) D. P. Schwab and H. G. Heneman, Ⅲ(1977), "Research Round -Up," *The Personnel Administrator*, January, pp. 54~56.

16) G. D. Catham and K. N. Wexley(1981), *Increasing Productivity Through Performance Appraisal*, Addison-Wesley, Inc., p. 52.

17) W. F. Cascio, *op. cit.*

18) G. T. Milkovich and J. W. Boudreau, *op. cit.* p. 180.

19) K. R. Murphy and J. N. Cleveland(1991), *Performance Appraisal: An Organizational*

Perspective, Ally and Bacon, pp. 211~236.

20) F. E. Saal & P. A. Knight(1988), *Industrial/Organizational Psychology: Science and Practice*, Pacific Grove, CA: Books/Cole.

21) D. Smith(1986), "Training programs for performance appraisal: A review," *Academy of Management Review*, 11, pp. 22~40.

22) J. Bernadin & E. Pence(1980), "Effects of rater training: Creating new response sets and decreasing accuracy," *Journal of Applied Psychology*, 65, pp. 60~6.

23) E. Pulako(1984), "A comparison of rater training programs: Error training and accuracy training," *Journal of Applied Psychology*, 69, pp. 581~88.

24) H. J. Bernadin, M. R. Buckley, C. C. Tyler, & D. S. Wiese(200), "A reconsideration of strategies in rater training," In G. R. Ferris. eds., *Research in Personnel/Human Resource Management*, 18, Greenwick, CT: JAI Press, 2000), pp. 221~71.

25) A. M. Korsgaard & L. Rokerson(1995), "Procedural justice in performance evaluation: The role of instrumental and non-instrumental voice in performance appraisal discussion," *Journal of Management*, 21, pp. 657~59.

26) N. R. F. Meier(1996), *The Appraisal Interview - Three Basic Approach*, San Diego University Associates.

27) K. Wexley, V. Singh, & G. Yukl(1973), "Subordinate participation in three types of appraisal interview," *Journal of Applied Psychology*, 58, pp. 54~7.

28) M. Geller(1998), "Participation in the performance appraisal review: inflexible manager behavior and variable worker needs," *Human Relations*, 51, pp. 1061~83.

29) W. F. Cascio and H. J. Bernadin(1981), "Implications of performance appraisal litigation for personnel decision," *Personnel Psychology*, 34, pp. 211~226.

제6편 보상시스템

제 12 장 임금수준 및 구조

보상(compensation)은 지원자를 유인하고, 조직 구성원을 유지하고 그리고 조직 구성원의 성과를 극대화하는 사용자의 능력에 직접적 영향을 미치는 전략적 분야 중 하나이다. 보상이란 글자 그대로 해석하면 무엇인가에 대한 대가로 주어지는 것을 의미하며 교환(exchange)을 전제로 하고 있다.[1] 즉 보상은 노동력이나 노력에 대응하여 주어지는 임금(wage)과 복지후생(benefits)을 의미한다.

보상은 사용자나 종업원이나 모두에게 민감한 이슈이다. 사용자에게는 보상은 생산비의 상당한 부분을 차지함과 동시에 종업원의 행위와 태도에 상당한 영향력을 미친다. 반면에 종업원에게는 경제적 및 심리적 소득의 원천이다. 따라서 사용자가 보상관리에 있어서 당면한 문제는 조직 구성원이 만족하고, 성공적으로 임무를 수행하고, 조직에 남아 있는 동기를 극대화하도록 경제적 보상을 사용하는 것이다.

어떤 일을 달성하는 것은 결코 쉽지가 않다. HR은 경제적 보상이 효율적으로 사용되도록 정책과 절차를 입안하는 책임을 진다. 그러나 보상이 비용 중에서 차지하는 비중이 크고 이해관계자가 민감하게 반응하므로 일반적으로 최고경영자가 전반적인 임금수준, 임금인상, 그리고 임금과 복지후생의 분배비율 그리고 복지후생의 종류 등 근본적인 이슈에 대해서는 직접적으로 관여하는 경우가 많다. 사용자 이외에도, 정부나 노동조합도 보상에 관해서는 밀접한 이해관계를 가지고 있다. 정부는 초과근무, 남녀 임금차별, 유급휴가 및 휴일 등의 이슈에 대해서 직·간접적으로 관여하고 있다. 노동조합은 임금에 대해서 교섭을 행하며 불공정하다고 느끼는 보상결정에 대해서는 고충처리를 행함으로써 보상관리과정에 직접적인 통제력을 발휘하고자 한다. 결론적으로 보상은 사용자, 종업원, 정부 및 노동조합 등 다

양한 이해관계와 영향력 속에서 정교한 균형을 잡는 일이 중요하다.[2)]

보상관리에 대한 이해관계자의 민감성과 복잡성 때문에 보상담당자는 임금관리의 기교에 집중하기 쉽다. 즉 "보상관리가 사업목적을 달성하는 데 어떻게 기여하는가?" 같은 전략적 질문은 도외시되는 경우가 많다. 따라서 임금관리의 상세한 부분으로 들어가기 전에, 경쟁우위의 한 요소로서 보상관리의 역할, 즉 보상관리가 사업전략 달성을 어떻게 지원하며 그리고 외부환경에 어떻게 적응하는가에 대한 논의를 먼저하고자 한다.

제 1 절 보상전략

상황적합주의자(contingency theorist)들은 조직의 사업전략에 따라 임금시스템을 설계하여야 한다고 주장한다. 즉, 기업의 전략적 차이는 인적자원전략 나아가서는 보상전략의 차이를 결과한다는 것이다. 이들의 기본적인 전제는 조직과 보상전략 사이의 적합(fit)이 클수록, 조직이 보다 효율적이 된다는 것이다.

〈그림 12-1〉은 보상시스템은 조직의 사업전략을 지원함과 동시에 사회적, 경쟁적(competitive), 그리고 규제적(regulatory) 환경에 적응하여 설계될 수 있음을 보여 주고 있다. 궁극적인 목적은 경쟁우위를 달성하여 유지하는 것이다.

전략적 관점의 기본전제는 사업전략과 보상시스템의 연계를 강화시키는 것이라면 서로 다른 사업전략은 서로 다른 보상시스템을 결과할 것이다. 〈그림 12-2〉는 세 가지 다른 전략에 따른 보상시스템을 제시하고 있다.[3)]

혁신전략은 설계서부터 소비자 전달까지 걸리는 시간을 단축시키는 새로운 생산과정의 혁신을 촉진하기 위해서 스킬이나 직무의 평가보다는 인센티브에 역점을 두고 있다. 비용절감전략은 운용과정의 혁신, 생산성 고취 그리고 정교한 작업수행과정 준수 등을 통하여 적은 투입으로 더 많은 산출(doing more with less)을 강조하고 있다. 고객위주의 전략은 고객만족을 강조하

그림 12-1 **보상시스템의 전략적 관점**

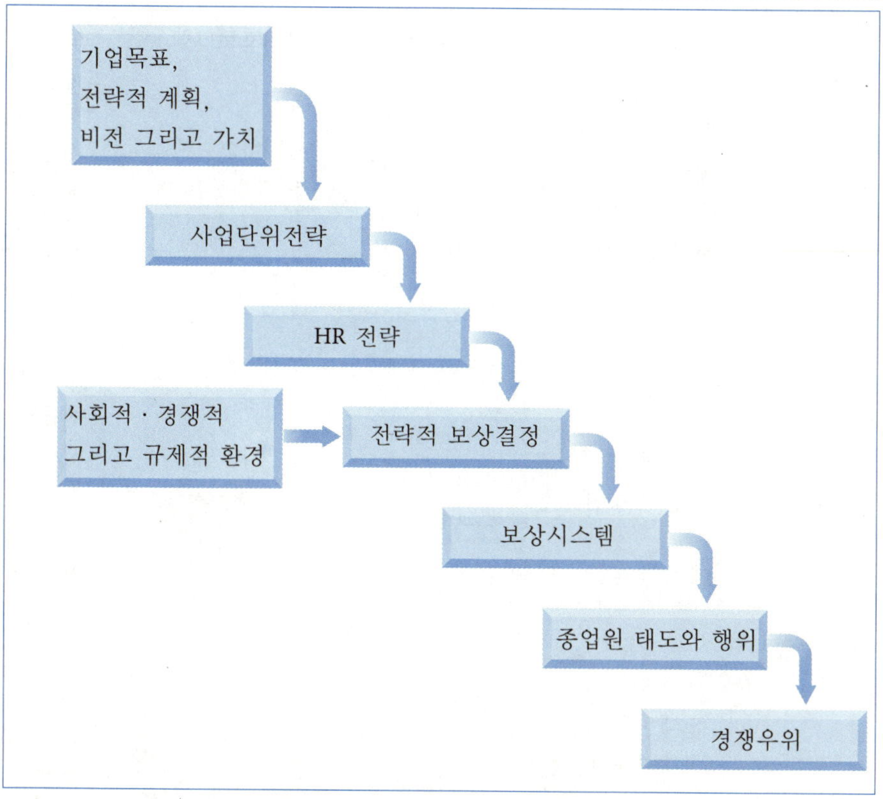

자료: G. T. Mikovich & J. M. Newman(1999), *Compensation*, 6th ed., Irwin, p. 25.

며 종업원의 임금을 고객만족 정도에 근거하고 있다. 이렇게 서로 다른 사업전략은 서로 다른 보상시스템을 필요로 한다.

보상전략을 개발하는 데는 다음과 같은 4단계가 필요하다.

1. 조직문화, 경쟁압력, 종업원 욕구 그리고 조직전략이 보상에 미치는 의미를 평가한다.
2. 조직전략과 환경에 보상결정을 적합시킨다.
3. 전략을 절차로 구체화시키기 위한 보상시스템을 설계한다.
4. 적합도를 재평가한다.

이상의 단계는 비교적 간단하지만 실제 조직에서 수행하는 것은 매우

그림 12-2 **보상시스템과 사업전략의 연계**

전 략	사업방향	HR프로그램	보상시스템
혁신전략: 제품복잡성 증대 및 제품 사이클 전략	• 제품리더십 • 대량판매 및 혁신 사이클 시간	영민하고, 위험을 감수하는 혁신적인 인재	• 제품 및 과정 혁신보상 • 시장기준의 임금 • 융통성 있는 일반적인 직무기술서
비용절감: 효율성 초점	• 운용혁신 • 비용절감프로그램 추진	저투입 고산출	• 경쟁자 노무비 • 변동임금 증대 • 생산성 강조 • 시스템 통제와 작업 전문화 강조
고객위주: 고객기대의 증대	• 고객친밀성 • 고객문제해결 • 신속한 시장 진입	기대 이상의 고객만족	• 고객만족에 대한 인센티브 • 고객접촉에 중요한 스킬

자료: G. T. Milkovich & J. M. Newman(1999), *Compensation*, 6th ed., Irwin, p. 26.

복잡하다. 이 일을 수행하기 위해서는 보상 담당자의 경험과 직관이 중요한 역할을 행한다. 그러면 다음에서 보상시스템 설계를 위한 주요 의사결정을 살펴보기로 하자.

제 2 절 보상의사결정의 유형 및 목적

보상시스템의 효율성은 경쟁환경과 사업전략에 얼마나 적합한가에 달려 있으므로 보상시스템은 진공상태에서 설계될 수 있는 것이 아니다. 그러나 보상시스템은 환경에 의해서 전적으로 결정되는 것은 아니고 조직도 다양한 보상정책과 절차 중에서 조직에 맞는 요소를 선택할 수 있는 자유재량이 있다.[4] 조직이 보상시스템을 설계하기 위해 선택할 수 있는 전략적 변수로는 임금형태, 임금수준, 임금구조, 임금체계, 그리고 임금관리를 들 수 있다.

〈그림 12-3〉에서 제시된 바처럼 임금형태, 임금수준, 임금구조, 임금체계 그리고 임금관리에 대한 의사결정을 통하여 직무만족, 성과, 신규 종업원 유인 및 기존 종업원 유지 등과 같은 인적자원결과에 긍정적 영향을 미치고자 하는 것이다. 지금부터 이들 요소들에 대하여 자세하게 검토하기로 한다.

그림 12-3 보상관리와 인적자원결과의 연계

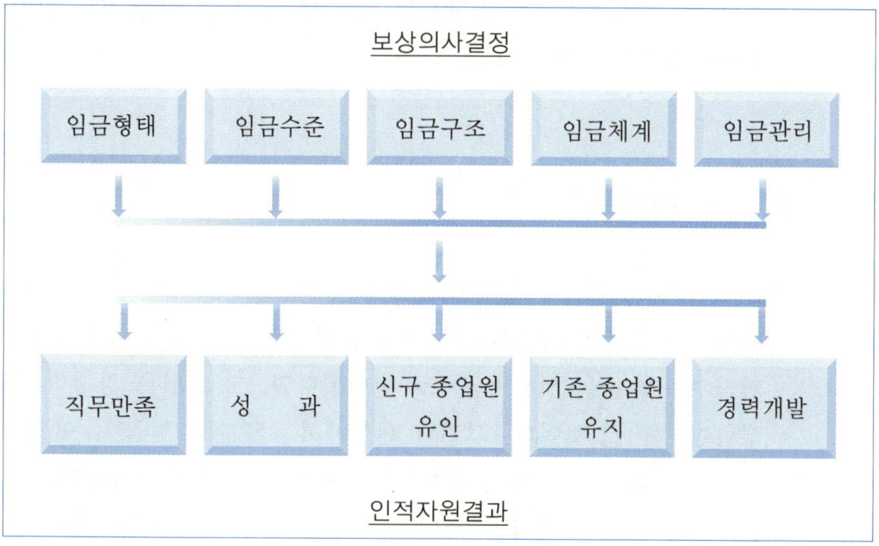

1. 임금형태(pay form)

종업원들은 그들 노동력의 대가로 다양한 형태의 보상을 받는다. 〈그림 12-4〉에 제시된 바와 같이, 경제적 보상은 총 보상의 한 부분이다. 직접임금(direct pay)은 임금, 봉급, 보너스 그리고 커미션(commission) 등의 형태로 개인이 받는 경제적 보상을 의미한다. 간접임금(indirect pay)은 복지후생(benefits)이라고도 불리우며 연금(pension), 건강보험(health insurance) 그리고 유급휴일이나 휴가(paid holidays or vacation) 등으로 구성되어 있다. 비경제적 보상은 직무 그 자체로부터 유래하는 만족과 심리적·물리적 작업환경에 대한 만족으로 구성되어 있다.[5)]

경쟁적이기 위해서 조직은 사업전략을 달성하는 데 필요한 성과를 보상하여야 한다. 효과적으로 보상의 유형을 결정하기 위해서는 개별 종업원의 독특한 욕구가 고려되어야 한다. 사람들은 서로 다른 이유에서 일을 행하며, 적절한 보상 패키지는 이들 요인에 따라 달라지게 된다. 가족에 대한 의식주 제공이 급선무인 경우에는 화폐가 가장 중요한 보상일 것이다. 그러나 어떤 사람들은 일 자체를 좋아하기 때문에 비교적 낮은 보수로도 일하기를 원할 수 있다. 아무튼, 보상의 적절성은 수령자의 마음에 달려 있는 것이다. 따라서 인적자원 담당자는 조직 구성원의 특성을 고려하여 먼저 임금형태를 결정하여야 한다.

2. 임금수준(pay level)

임금수준이란 사용자가 지불하는 임률(pay rates)의 평균을 의미한다. 이러한 임금수준은 기업의 경쟁력을 결정하는 데 중요한 영향을 미친다. 높은 임금수준이 높은 생산비용으로 전이된다면, 그 기업은 경쟁회사에 비해 경쟁력이 떨어질 것이다. 그러나 현실에서는 단순히 임금수준만을 가지고 경쟁력을 평가하는 데는 무리가 있다. 만약 생산성은 경쟁사와 동일한 데 임금수준만 높다면 해당 기업의 경쟁력은 약할 것이다. 그러나 높은 임금을

그림 12-4 보상의 유형

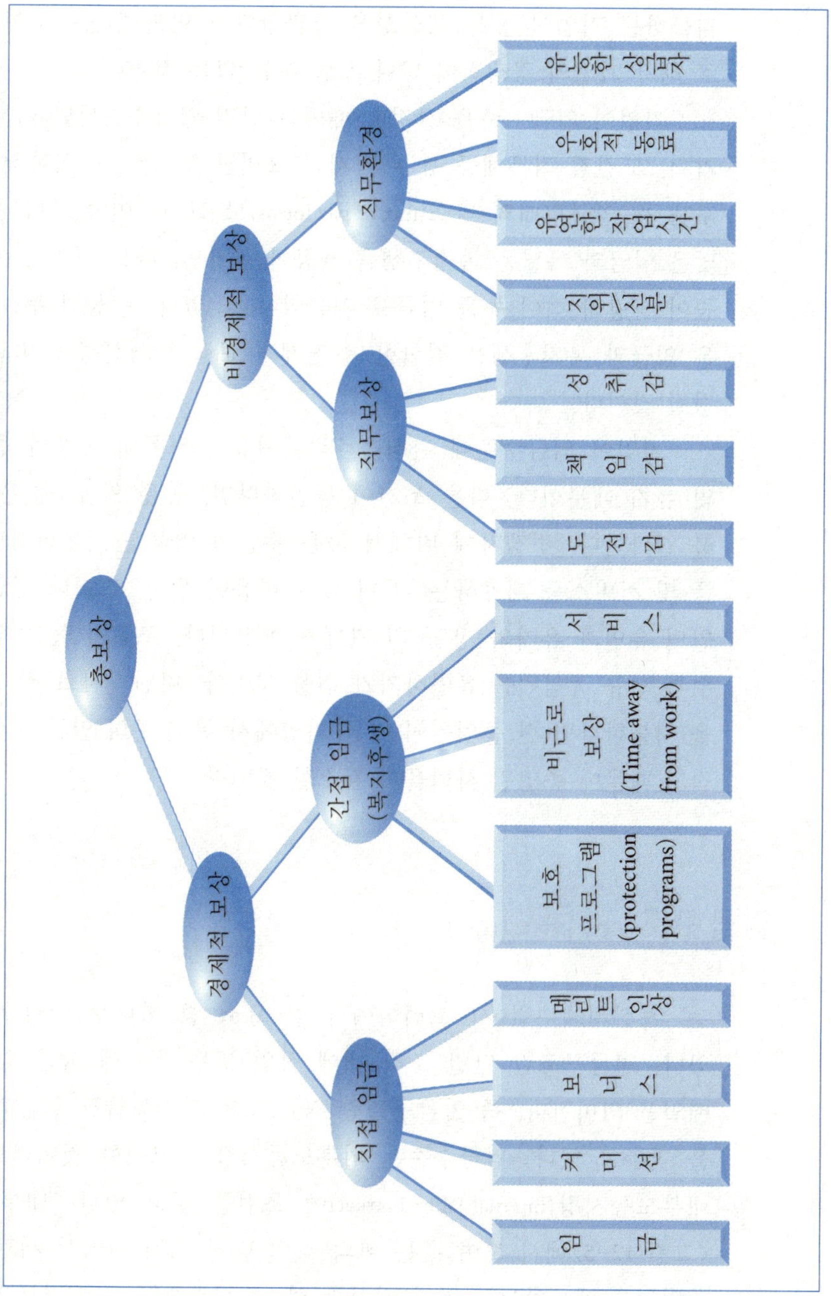
총보상
경제적 보상
비경제적 보상
직접 임금
간접 임금 (복지후생)
직무보상
직무환경
임금
커미션
보너스
메리트 인상
보호 프로그램 (protection programs)
비근로 보상 (Time away from work)
서비스
도전감
책임감
성취감
지위/신분
유연한 작업시간
우호적 동료
유능한 상급자

지불하는 기업이 높은 생산성을 결과한다면 단지 임금수준이 높다는 이유로 해당 기업의 경쟁력이 낮다고 할 수는 없는 것이다.

기업이 임금수준을 결정할 때에는 단지 임금수준뿐만 아니라 경력개발 기회, 도전적 직무제공 등 비경제적 요인과 보너스, 주식옵션(option), 복지후생 등 임금형태의 믹스(mix of pay forms)도 고려하여야 한다. 즉 한 기업은 낮은 임금과 폭넓은 복지후생을 제공하는 반면, 다른 기업은 복지후생의 비중이 상당히 적어 높은 임금을 지불할 수도 있다. 이상의 두 기업간 경쟁력은 임금과 복지후생을 결합한 총 경제적 보상과 생산성을 비교함으로써 결정될 것이다.

기업이 임금수준에 관심을 갖는 이유는 노무비 통제와 종업원의 유인 및 유지 때문이다. 다른 조건이 동일하다면, 높은 임금수준은 높은 노무비를 결과한다. 경쟁자에 비해서 높은 수준의 임금을 지불한다면, 동일한 제품 및 서비스를 제공하는 데 더 많은 비용이 든다. 그러나 임금수준은 종업원의 유인과 유지와 정(正)의 관계가 예상된다. 조직이 높은 임금을 지불할수록 신규 종업원을 유인하기가 쉬울 것이다. 마찬가지로 조직이 높은 임금을 지불한다면 현 종업원이 다른 기업에서 현 수준의 임금을 받을 가능성이 적기 때문에 종업원 사퇴율이 감소할 것이다.

3. 임금구조(pay structure)

보상정책수립 시 고려하여야 할 요소 중 하나로 임금구조(structure)가 있다. 임금구조란 단일 조직 내에 작업 또는 스킬에 따른 임률(pay rates)의 배열을 의미한다. 즉 임금구조란 직급 또는 자격등급간 임금의 차이에 초점을 맞추고 있다. 임금수준은 외부노동시장을 고려한 것이라면 임금구조는 내부노동시장(internal labor market)에 초점을 두고 있다. 내부노동시장이란 〈그림 12-5〉에서 보여 주는 바와 같이 단일 조직 내에서 서로 다른 직무에 종업원을 배분하는 규칙과 절차를 의미한다. 제일 낮은 직무 또는 진입직무(entry-level job)에만 모집 및 선발이 이루어지는 경향이 있으며 추후에 다른 직무에 재분배(승진 또는 전환배치)된다.

그림 12-5 연구개발분야에 있어서 내부노동시장의 예

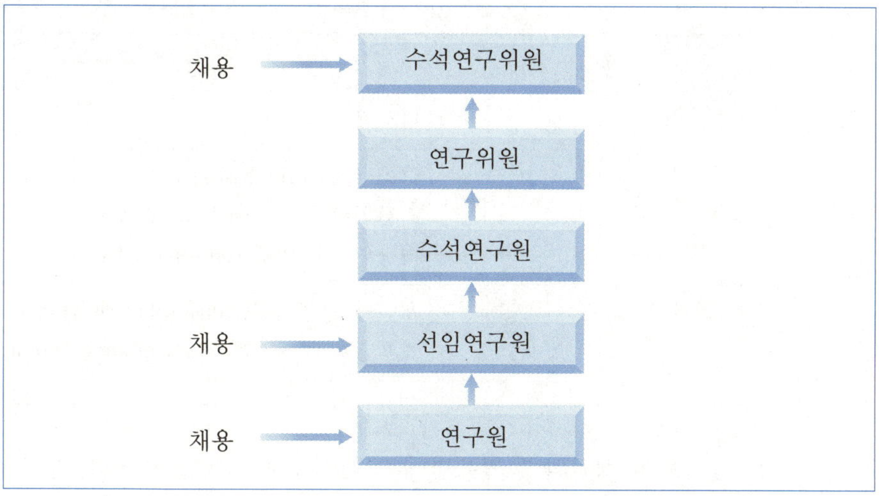

사용자는 진입직무에서만 외부노동시장에서 경쟁자와 경쟁하므로 진입직무는 외부노동시장의 임금과 밀접한 관련이 있다. 진입직무에 있어서 임금은 자격 있는 지원자를 유인하여 선발할 수 있을 정도로 높아야 한다. 이와는 대조적으로, 비진입직무(nonentry job)의 임금은 주로 승진이나 전환배치에 의해서 충원되므로 문화, 규범 그리고 조직에의 기여도 등과 같은 조직 내부요소에 의해 크게 영향을 받는다. 요약하면, 외부요인들은 진입직무의 임금에 결정적인 영향을 주는 반면, 비진입직무의 임금은 조직요인에 의해 크게 영향을 받는다.

4. 임금체계

지금까지 조직의 보상정책을 수립하는 주요한 요인인 임금수준, 임금형태, 그리고 임금구조를 살펴보았다. 그러면 지금부터는 임금체계에 대하여 고찰하고 마지막으로 이들 네 변수들이 어떻게 결합하는지를 살펴보기로 한다.

임금체계(pay system)는 임금을 결정하는 기준을 의미한다. 임금결정기준

그림 12-6 임금결정기준의 유형

결 정 기 준	임 금 체 계
직무가치	직무급(job-based pay)
종업원 가치	연공급(seniority-based pay) 스킬위주의 임금(skill-based pay) 역량위주의 임금(competency-based pay)
결과가치	개인별 인센티브(individual incentive plan) 조직단위 보너스계획(organizational bonus plan)

은 종업원의 성과와 동기유발에 직접적으로 영향을 미친다. 일반적으로 기본임금은 직무가치, 종업원 가치 그리고 결과가치에 의해 결정된다. 그러나 많은 기업들은 기본급 이외에 인사고과에 의한 임금인상이나 다양한 인센티브시스템을 채택하고 있다. 〈그림 12-6〉에는 임금결정기준이 정리되어 있다.

제 3 절 임금공정성

조직은 유능한 종업원을 유인, 동기유발 그리고 유지하여야 한다. 이러한 목표달성 여부는 보상에 크게 달려 있으므로 조직은 보상에 있어서 공정성(equity)를 달성하려고 노력하여야 한다. 공정성은 간단히 말해서 '공정하게 대우받고 있다는 지각'이다. '공정성 이론'(equity theory)에 의하면 타인 또는 조직으로부터 받는 결과(보상)에 대한 개인의 반응은 보상의 가치뿐만 아니라 보상이 주어지는 환경에 의해서 영향을 받는다. 즉 개인의 반응은 결과(보상)를 받기 위하여 개인이 제공한 투입(또는 공헌)에 대한 지각에 의해서 영향을 받는다.

또한 공정성 이론에 의하면 개인은 타인의 투입(또는 공헌)에 따른 결과

(보상)에 비하여 당신의 투입(공헌)에 따른 상대적 보상을 비교한다. 예컨대 임금의 경우 자신이 받는 임금액, 임금을 받기 위하여 자신이 노력한 정도, 그리고 타인의 '임금-노력 비율'과 비교했을 때 자신의 '임금-노력 비율'의 공정성 등에 의해 개인의 행동반응은 영향을 받는다. 만약 당신이 '임금-노력 비율'에 대해서 불공정하다고 느낀다면 불만족을 느낄 것이다. 이런 불만족을 느끼면 당신은 공정한 상태로 돌아가기 위하여 모종의 변화를 시도할 것이다. 공정성 이론은 공정성 지각에 영향을 미치는 요인을 체계적으로 식별하고 만약 불공정성을 느낀다면 공정성을 회복하기 위하여 취할 수 있는 반응을 제시하고 있다. 따라서 공정성이론은 개인의 욕구에 초점을 두기보다는 '사회적 교환(social exchange)' 관계에서 얻어진 결과에 의한 정서적(affective) 및 행동반응(behavioral response)에 관심을 갖는다.

임금에 관한 한 일반적으로 세 가지 유형의 공정성이 논의되고 있다. 경제학자들은 사용자가 지불하고자 하는 임금(노동수요)과 종업원이 받고자 하는 임금(노동공급)이 결합하여 교환비율(exchange rate)이 결정된다고 한다. 이런 교환비율은 특정 직업에 있어서 외부시장의 교환율 또는 가격(price)이 직무의 시장가치를 나타낸다. 외부노동시장에서 지불되는 임금액에 대비한 임금에 대한 공평성 지각을 외부공정성(external equity)이라고 한다. 이러한 외부공정성은 경쟁사와 대비한 조직의 임금수준에 의해 크게 영향을 받는다. 조직은 임금조사(wage survey)를 통하여 자사의 임금수준이 어느 정도 외부공정성이 있는지를 파악할 수 있다.

외부노동시장에 눈길을 돌리는 대신에 종업원은 자신의 직무가치와 다른 종업원의 직무가치를 비교할 수 있다. 내부공정성(internal equity)은 단일 조직 내에서 직무 또는 스킬의 상대적 가치에 임금이 비례하는 정도를 의미한다. 직무급에서는 직무평가 그리고 역량급에서는 역량평가가 내부공정성을 결정하는 주요 수단이다. 이것은 동일가치의 직무에 대해서는 동일임금 그리고 동일하지 않는 가치의 직무에 대해서는 수용될 수 있는 임금격차를 설정하는 것이다. 따라서 내부공정성은 임금구조와 밀접한 관련이 있다.

마지막으로, 동일직무를 수행하는 종업원들은 개인적 노력, 성과 그리고 조직에의 몰입 등을 가치 있는 투입(input)이라고 생각할 수 있다. 따라서 개인공정성(individual equity)은 동일 직급 또는 스킬등급 내에서 성과와 연공

그림 12-7 공정성과 임금요소간의 관계

공 정 성	임금요소	목 표
외부공정성	임금수준	경 쟁 력
내부공정성	임금구조	내적일관성
개인공정성	임금체계	능 률

같은 개인특성이 임금에 반영되어지는 정도를 의미한다. 이런 개인공정성은 기업이 무엇을 기준으로 (즉, 인사고과, 연공 또는 실적 등) 임금인상을 결정하느냐에 의해 크게 영향을 받는다. 지금까지 논의한 공정성 개념과 임금요소간의 관계를 살펴보면 〈그림 12-7〉과 같다.

임금관리의 어려움은 이들 세 가지 공정성을 동시에 달성하여야 한다는 것이다.[6] 이러한 세 가지 유형의 공정성이 인적자원결과에 미치는 영향이 다르기 때문에 임금관리는 대외적으로는 노동시장과의 공정성을, 그리고 대내적으로는 직무, 능력, 성과, 연공과의 공정성을 기하도록 관리되어야 한다.

먼저 외부공정성은 다른 결과보다도 신규 종업원 유인과 종업원유지에 직접적인 영향을 미칠 것이다. 다른 경쟁사보다 임금수준이 낮다면 동일조건이라면 유능한 종업원을 모집하기가 어려우며 동시에 기존 종업원의 사퇴율은 높아질 것이다. 내부공정성은 종업원 개발이나 승진동기에 영향을 미칠 것이 예상된다. 만약 직급간 또는 스킬등급간 임금격차가 적다면 누가 적은 돈으로 더 많은 책임을 질려고 할 것인가? 마지막으로 개인공정성은 성과에 대한 동기에 직접적 영향을 미칠 것이 예상된다. 성과(인사평가를 통하든, 실적지표에 의하든)나 노력이 개별 임금에 영향을 미치지 않는다면 성과에 대한 동기가 적어질 것이다.

제 4 절 임금수준

모든 조직은 상품시장 경쟁과 노동시장 경쟁이라는 두 가지 중요한 시장의 경쟁압력에 당면하고 있다. 먼저, 조직은 상품시장(product market)에서 능률적으로 경쟁하여야 한다. 즉, 조직은 투자에 대한 충분한 수익을 올릴 수 있는 수량과 가격으로 제품이나 서비스를 판매할 수 있어야 한다. 상품시장에서의 경쟁은 품질, 서비스 등과 같이 다차원적이며 가격은 이 중 하나이다. 가격에 중대한 영향을 미치는 것이 생산비용이다.

경쟁자보다 높은 노동비용을 지닌 기업은 비슷한 수량의 제품에 대해서 더 높은 평균가격을 매겨야 한다. 예를 들어, 기업 A와 기업 B에 대해서 노동비용이 차지하는 비중이 30%이고, 기업 A의 노동비용이 기업 B의 노동비용보다 20% 더 높다면, 기업 A의 제품가격이 6%(.20×.30=.06) 높을 것이 예상된다. 동시에, 기업 A의 높은 가격은 시장에서 시장점유율을 경쟁기업(즉, 기업 B)에 빼앗기게 될 것이다.

따라서, 상품시장 경쟁은 노무비(즉, 보상수준)의 상한선을 결정한다. 노동비용이 전체비용 중 차지하는 비율이 클 때, 그리고 상품수요가 상품가격에 의해 민감하게 반응할 때(즉, 상품수요가 탄력적일 때), 상한선의 폭이 좁아진다.

노동시장 경쟁은 노동자를 고용하기 위해서 지불하여야 하는 임금수준에 의해 이루어진다. 노동시장의 경쟁은 유사한 제품을 생산하는 기업들뿐만 아니라 다른 제품을 생산하지만 유사한 노동자를 고용하는 기업들과의 경쟁도 포함한다. 조직이 노동시장에서 경쟁적이지 못하다면 기업은 자격있는 종업원을 충분히 확보하기 어려울 것이다. 노동시장의 경쟁은 임금수준의 하한선을 결정한다.

일반적으로 조직에서 임금수준을 결정하는 과정은 〈그림 12-8〉에 제시되어 있다. 조직은 자신이 경쟁하는 상품시장 및 노동시장을 정의할 필요가 있다. 이후, 식별된 상품시장 및 노동시장의 임금조사(wage survey)를 실시한

그림 12-8 임금수준의 결정과정

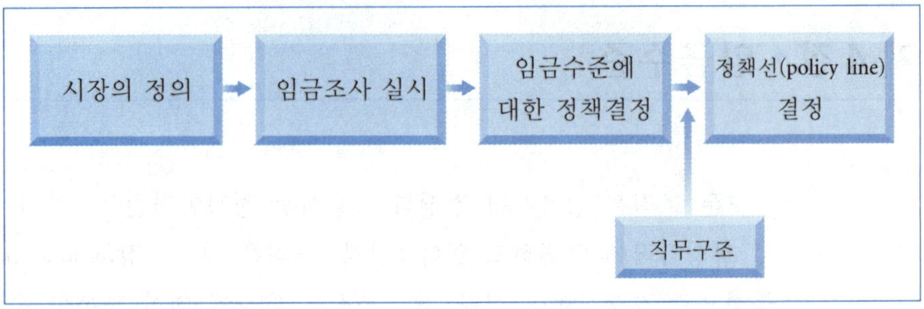

다. 이를 토대로 경쟁자들의 임금수준에 비추어 자신의 위치를 설정하는 임금정책을 결정한 후, 조직의 실제 임금수준을 설정하기 위한 정책선(policy line)을 설정한다. 일반적으로 기업이 경쟁자와 비교한 임금수준은 선도(lead), 상응(match) 또는 지연(lag)의 세 형태가 있다. 지금부터는 위의 각 과정을 좀더 상세히 설명하고자 한다.

1. 임금수준의 결정

조직은 임금수준을 결정하는 데 있어서 제품 및 노동시장에서의 경쟁을 고려하여야 하지만, 이미 언급한 바와 같이 어느 정도 자유재량의 범위가 있다.[7] 일반적으로 기업이 임금수준을 결정하는 데는 시장임금수준을 선도(lead)하거나, 상응(match)하거나 또는 지연(lag)하는 세 가지 방법이 있다.[8] 이러한 임금정책은 조직의 인적자원결과에 서로 다른 영향을 미친다(〈그림 12-9〉 참조).

임금수준을 결정하는 데 있어서 가장 널리 쓰이는 정책이 경쟁자 수준의 임금을 지불하는 상응정책(match policy)이다. 경영자들은 다음과 같은 이유에서 상응정책을 정당화하고 있다.[9] ① 경쟁자의 임률에 못미치면 종업원들은 불만족을 느낄 것이다, ② 낮은 임률은 조직의 신규 종업원 모집능력을 제한할 것이다, 그리고 ③ 경영은 어느 정도 현존 임률을 지불할 의무가 있다. 비노조화된 기업은 노조화를 회피하기 위하여 선도 적어도 상응전략을

그림 12-9 임금수준과 인적자원결과와의 관계

정 책	인적자원결과				
	신규 종업원 유인	종업원 유지	노무비 통제	임금불만족 강도	생산성 증가
시장평균을 선도	+	+	?	+	?
시장평균과 상응	=	=	=	=	?
시장평균보다 지연	−	?	+	−	?

자료: G. T. Milkovich & J. M. Newman(1999), *Compensation*, 6th ed., Irwin/McGraw-Hill, p. 208.

취한다.

선도정책(lead policy)은 유능한 종업원을 유인하여 유지하고자 하며 동시에 임금에 대한 종업원의 불만족을 최소화시키려고 한다. 만약 선도정책에 의해서 노동시장에서 가장 유능한 종업원을 선발하여 높은 생산성을 달성할 수 있다면 궁극적으로 높은 제품의 품질과 낮은 단위당 노무비를 달성할 수도 있다. 또한 임금이 총운용비용(total operating expense) 중에서 차지하는 비율이 낮거나 산업이 독점이나 과점인 경우에는 높은 임금을 소비자에게 전가시킬 수도 있어 기업은 어떤 손해를 보지 않을 수도 있다.

지연정책(lag policy)은 신규 종업원을 유인하는 데 부정적 영향을 끼칠 수 있다. 그러나 미래의 높은 보상(예를 들면, 주식옵션 등)을 전제로 낮은 임금을 지불한다면, 이런 약속은 조직에 대한 몰입와 팀워크를 강화시켜 생산성 증대를 꾀할 수 있을 것이다. 이러한 전략은 최근 우리나라 벤처기업에서 흔히 사용되었다.

일반적으로 사용자는 시장임금보다 높거나(선도), 상응하거나, 또는 낮은(지연) 임금을 지불할 수 있다. 이러한 임금수준에 대한 사용자의 의사결정은 일반적으로 ① 지불능력, ② 노조의 압력(또는 비노조화로 남아 있을려는 욕구), ③ 노동시장에서의 모집전략(예를 들면 특정 노동시장에서 가장 우수한 인력만 모집하여 선발하는 전략) 그리고 ④ 회사의 명성유지 등에 의해 영향을 받는다고 할 수 있다.

2. 임금조사(wage survey)

매년 대학졸업생들이 경험하듯이 유사한 직무나 스킬에 대한 임금도 사용자에 따라 크게 다르다. 동일한 평수의 아파트라도 지역(서울인가, 수도권인가), 시공회사의 명성, 단지 내 위치(도로변인가 또는 중앙인가) 등에 따라 가격이 다르다. 마찬가지로, 동일한 직무라도 지역(서울근무인가 지방근무인가), 산업 또는 사용자의 규모(대기업인가, 중소기업인가) 등에 따라 임금이 다양하다. 따라서 기업들은 노동시장에서 적용되는 임금수준을 알기 위해서 정기적으로 임금조사(wage survey)를 실시한다. 임금조사에 의해 기업들은 특정 직무에 대한 임금의 상한, 평균, 그리고 하한에 대한 정보를 얻을 수 있어 다른 경쟁자들이 어느 수준의 임금을 지불하는지를 파악하는 데 도움이 된다.

임금조사를 실시하기 전에 인적자원 담당자는 먼저 적정 노동시장(relevant labor market)를 규정하여야 한다. 적정 노동시장은 통상 다음 세 가지 요소에 의해서 결정된다:

1. 직업(요구되는 자격요건)
2. 지역(이주 또는 통근의사)
3. 동일한 제품/서비스 시장에서 경쟁하는 경쟁자

직업에 요구되는 스킬이나 자격요건은 직업간 노동력 이동을 제한하기 때문에 중요하다. 자격요건은 교육/훈련뿐만 아니라 면허나 자격증 같은 것을 포함한다. 예를 들어, 회계사가 치과의사가 되기는 어려울 것이다. 자격요건은 지역과 상호 작용하여 적정노동시장을 규정한다. 예를 들면, 학위가 필요한 전문가(치과의사, 회계사, 엔지니어)는 전국적 규모로 모집된다. 기술자, 숙련공들은 지역적으로 그리고 서무직은 인근지역에서 충원된다. 즉 지역은 고정되어 있는 것이 아니라 일정거리 내에서 이주하거나 출근하려는 의사에 따라 변한다. 직업과 지역 이외에, 기업이 속한 산업도 경쟁자를 결정지으므로 적정노동시장을 규정하는 데 있어서 중요하다.

임금조사를 실시하는 데 있어서 가장 어려운 일은 유사한 직무를 찾는 것이다.[10] 작업을 조직화하고 직무를 설계하는 방식이 매우 다양하기 때문에 직무명칭(job title)만 가지고는 직무의 유사성을 알 수가 없다. 한 회사의 직무가 다른 회사의 동일한 명칭을 가진 직무와는 내용측면에서 사뭇 다를 수 있다. 따라서, 임금조사에 있어서 직무명칭은 그다지 소용이 없으며 인적자원 담당자는 잘 정의된 직무기술서에 근거하여 보상자료를 요구한다.

자료를 수집하는 기법으로는 전화, 설문지, 그리고 면접 등의 방법이 있다. 전화조사(telephone survey)는 정확성이나 정교성에 있어서는 좀 떨어지지만 현재 가장 널리 쓰이고 있는 방법이다. 설문지는 주로 사용자 연합회, 인사컨설팅 및 서베이 회사 등이 특정 분야에 있어서 자료를 극대화하기 위하여 주로 사용된다. 그러나 아마 면접(interview)이 가장 정확한 자료를 얻을 수 있는 방법일 것이다. 현장방문 동안 조사자는 직무의 유사성 그리고 수집된 자료의 적절성 등을 검토할 수 있다.

임금조사가 시간이 오래 걸리고 복잡하므로 조직의 모든 직무를 조사하는 기업은 거의 없다. 기업들은 통상 직무내용면에서 비교적 안정적(stable)이고 다른 많은 조직 내에서도 존재하는 핵심직무(key or benchmark job)만 조사한다. 기업들은 핵심직무를 통해 임금수준과 직무평가를 통합해서 임금구조를 만들 수 있다. 핵심직무의 특성은 다음과 같다.[11]

- 직무내용은 잘 알려져 있고, 상대적으로 안정적이며, 그리고 관련 종업원들 사이에 의견일치를 보이고 있다.
- 직무에 대한 노동공급과 수요가 상대적으로 안정적이고 최근에 급격한 변화가 없었다.
- 직무들이 전체 직무구조를 대표한다.
- 인력의 상당한 비율이 해당 직무를 수행하고 있다.

임금조사 때 핵심직무의 기술서를 포함시킴으로써 조사 참여자들이 핵심직무와 동일한(또는 유사한) 직무를 자기 조직에서 식별할 수 있도록 한다.

제5절 임금구조

조직에서 임금구조를 결정하는 과정은 〈그림 12-10〉에 제시되어 있다.

임금구조를 수립하기 위해서는 직무분석자료를 토대로 하여 직무의 상대적 가치를 결정하여야 한다. 직무의 상대적 가치를 결정하는 과정을 직무평가(job evaluation)라고 한다. 직무평가의 결과로 직무구조를 수립할 수 있으며, 여기에 기업의 임금수준결정을 반영한 정책선에 의해 각 직무마다 얼마의 임금을 지불할 것인가를 결정하게 된다. 이렇게 하여 궁극적으로 나온 결과가 임금구조(pay structure)이다. 이하에서는 각 단계를 자세히 논의하고자 한다.

그림 12-10 임금수준의 결정과정

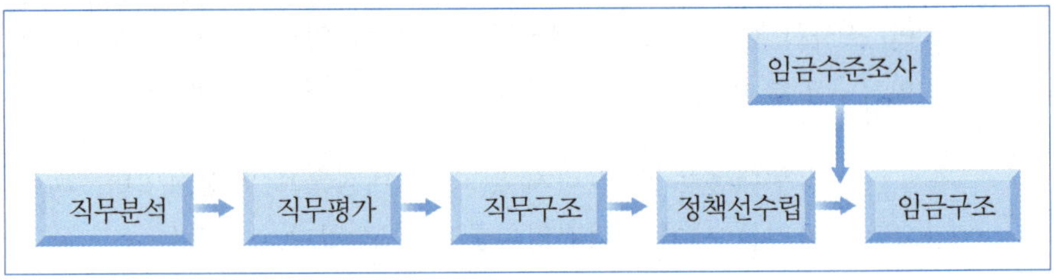

1. 직무계층의 수립: 직무평가

직무평가(job evaluation)는 조직 내 직무의 상대적 가치를 결정하는 과정이다. 경영자들은 직무의 상대적 가치에 비례하여 임금을 지불하고자 한다. 이런 관행의 기본 전제는 종업원들이 직무의 상대적 가치에 따라 임금을 받을 때 공정성을 느낀다는 것이다. 따라서 경영자들은 직무평가를 통하여 직무의 상대적 가치를 결정하고 그 후 상대적 가치에 비례하여 임금을 지불하고자 한다. 이런 과정을 통하여 임금구조(pay structure)가 결과한다. 이런 임

그림 12-11 직무평가과정

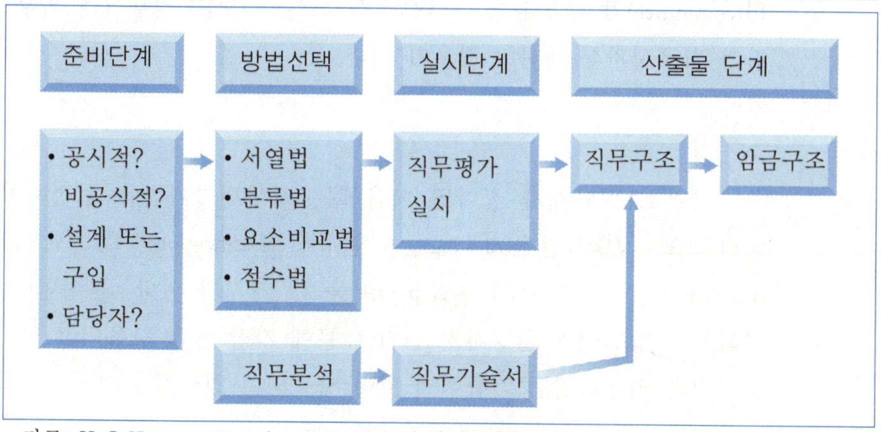

자료: H. G. Henewar, Ⅲ et al., *op. cit.*, p. 437 수정 후 인용.

금구조는 직무의 상대적 가치에 비례한 임금차이를 반영한다.

조직 내 직무의 상대적 가치를 결정한다는 것은 쉬운 일이 아니다. 직무평가를 수행하기 위해서는 상당한 판단과 의사결정이 수반된다. 직무별 임금을 책정하기 위한 직무평가과정이 〈그림 12-11〉에 제시되어 있다.

준비단계에서는 먼저 직무평가를 공식적으로 할 것인가 또는 비공식적으로 할 것인가를 결정하여야 한다. 비공식적 직무평가는 단순히 직무를 직관적으로 서열화하는 것이다. 소규모 할인매장을 예로 들면, 상품정리원은 계산대 옆의 계산원보다는 임금을 적게 받고, 또 현장책임자는 계산원보다 임금을 더 받는다. 반면에 공식적 직무평가는 직무를 평가하는 데 체계적인 기준과 의사결정을 적용한다. 공식적 직무평가는 시간과 비용이 많이 들지만 대규모 조직에서는 공정한 결과를 얻을 수 있다는 점에서 널리 사용되고 있다.

공식적 직무평가를 사용한다면, 조직은 자체적으로 직무평가절차나 기준을 만들 것인가 그렇지 않으면 기존의 직무평가절차나 기준을 이용할 것인가를 결정하여야 한다. 이 두 방법 중 어떤 것이 상대적으로 우수한지는 아직 알려진 것이 없지만, 확실히 대규모 조직은 자체적으로 직무평가 기준이나 절차를 설계하는 것을 선호한다.

준비단계에 있어서 세 번째 이슈는 누가 직무평가를 실시하는가이다.

일반적으로 직무평가과정이나 결과에 대한 수용성을 확보하기 위하여 위원회(committee)가 추천된다. 그러나 실제로는 인적자원부서의 직무분석 담당자가 직무평가를 행하는 경우가 많다.

직무평가기법

이런 준비단계가 끝나면 다음에는 직무평가기법을 선정하여야 한다. 일반적으로 ① 서열법(ranking), ② 분류법(classification), ③ 요소비교법(factor comparison), 그리고 ④ 점수법(point) 등 네 가지가 있다. 점수법이 계량화된 결과로 종업원에게 설명하기 쉽기 때문에 가장 널리 사용되고 있다. 반면에 분류법은 정부나 공공기관에서 널리 사용되고 있다.

서열법: 서열법은 직무의 상대적 가치 또는 조직에의 공헌도에 따라 직무를 순서화하는 것이다. 서열법은 가장 단순하고 신속하며 종업원이 이해하기 쉬운 반면, 조직이 커짐에 따라 적용하기가 힘들어진다. 서열화하는 방법에는 일반적으로 직접서열법, 교대서열법, 그리고 쌍대비교법 등이 있다. 이 방법들에 대해서는 '인사평가'에서 이미 설명하였으니 참조하기 바란다.

분류법: 분류법은 먼저 분류 또는 직급에 대한 기준을 먼저 선정하고 특정 직무를 그 기준에 따라 분류하는 방법이다. 이는 책장에 책을 정리하는 것과 비슷하다. 즉 책장의 첫칸에는 경영학, 둘째 칸에는 경제학 등으로 분류해 놓고 특정 책이 경영학이면 첫칸, 경제학이면 둘째 칸에 정리하는 것과 비슷하다.

그림 12-12 직무평가방식의 분류

평가요소 \ 비교기준	직무 대 직무	직무 대 기준
직무전반	서열법	분류법
직무요소	요소비교법	점수법

그림 12-13 분류법의 예

1직급	단순업무, 감독책임이 없음, 공중과의 접촉이 없음
2직급	단순업무, 감독책임이 없음, 공중과의 접촉
3직급	중간 정도의 복잡한 업무, 감독책임이 없음, 공중과의 접촉
4직급	중간 정도의 복잡한 업무, 감독책임, 공중과의 접촉
5직급	복잡한 업무, 감독책임, 공중과의 접촉

자료: M. J. Wallace Jr. & C. H. Fay(1988), *Compensation Theory and Practice*, 2nd ed., Boston: PWS-kent Publishing.

요소비교법: 요소비교법은 이미 설명한 두 가지 정성적 방법(qualitative method)보다 좀더 복잡하다. 요소비교법에서는 평가자는 직무 전체를 평가하는 것이 아니라 직무의 한 단면, 즉 요소별로 평가하여 나중에 종합한다. 먼저 요소비교법은 5개의 직무요소가 모든 직무에 있어 공통적이라고 전제한다.

- 책임(responsibility) – 직무상 금전, 인적자원, 기록 그리고 감독책임
- 스킬(skill) – 감각적 인상(sensory impressions)을 해석하는 데 있어서 신체적 조정과 훈련의 능숙함
- 신체적 노력(physical effort) – 앉기, 서기, 걷기, 들어올리기 등
- 정신적 노력(mental effort) – 지능, 문제해결, 추리 상상 등 정신적 특질(mental traits)
- 작업조건(workin conditions) – 소음, 조명, 환기, 열기, 위험, 불꽃 등 작업환경

요소비교법은 다음과 같은 절차에 의해 수행된다.

첫째, 비교요소(comparison factor)를 선정하고 정의한다. 이하의 논의에서는 5가지 공통적 직무요소를 사용하여 설명한다. 물론 요소들도 직무, 즉 경영자, 감독자 그리고 일선 작업자 등에 따라 다를 수도 있다.

둘째, 핵심직무(benchmark-or key-job)를 선발한다. 이들은 기업의 노동시

그림 12-14 요소별 4개의 핵심직무의 서열

직 무	요 소				
	책 임	스 킬	신체적 노 력	정신적 노 력	작업조건**
주 물	2*	1	2	2	3
선 적	4	2	1	4	4
시스템분석	1	4	4	1	2
비 서	3	3	3	3	1

*) 1: 높음, 4: 낮음.
**) 작업조건에 대해서는 숫자가 클수록 조건이 열악함.

장에서 공통적으로 발견되는 직무이다. 통상 요소비교법에서는 10개 내지는 20개 핵심직무를 선정한다.

셋째, 평가자는 비교요소별로 핵심직무를 서열화한다. 서열화(ranking)는 직무기술서와 직무명세서에 근거한다. 4개의 핵심직무에 대한 예가 〈그림 12-14〉에 제시되어 있다.

넷째, 직무평가자는 핵심직무의 임률을 요소별로 배분한다. 임금배분의 예는 〈표 12-1〉에 제시되어 있다. 요소의 중요성에 따라 임금을 각 요소에 배분한다. 먼저 직무평가자들이 개별적으로 임금을 배분한다. 그리고 요

표 12-1 핵심직무에 있어서 임금할당

직 무	요 소					
	시급 =	책임 +	스킬 +	신체적 노 력 +	정신적 노 력 +	작업조건
주 물	$8.40	$2.00(2)*	$2.50(1)	$1.60(2)	$1.50(2)	$.80(3)
선 적	5.80	.60(4)	1.90(2)	1.80(1)	.60(4)	.90(4)
시스템분석	7.10	2,30(1)	1.10(4)	1.20(4)	1.90(1)	.60(2)
비 서	5.00	1.00(3)	1.50(3)	1.30(3)	1.00(3)	.20(1)

*) 임금을 요소별로 배분한 추의 배분된 임금의 서열.

표 12-2 요소별 직무서열과 임금서열의 비교

직 무	요 소									
	책 임		스 킬		신체적 노력		정신적 노력		작업 조건	
	직무	임금	직무	임금	직무	임금	직무	임금	직무	임금
주 물	2	2	1	1	2	2	2	2	3	3
선 적	4	4	2	2	1	1	4	4	4	4
시스템분석	1	1	4	4	4	4	1	1	2	2
비 서	3	3	3	3	3	3	3	3	1	1

소별로 임금을 배분하는 것에 집단적으로 토의하고 의견접근을 본다.

다섯째, 두 종류의 서열(서열과 할당된 임금)이 일치하는지를 평가한다. 〈표 12-2〉에서는 두 종류의 평가가 일관성 있음을 보여 준다.

여섯째, 직무비교표(job comparison chart)에 핵심직무와 요소별로 개별직무가 할당받은 금액을 표시한다. 이 표는 핵심직무와 비교하여 다른 직무를

표 12-3 직무비교표

시 급	책 임	스 킬	신체적 노력	정신적 노력	작업조건
$ 2.50		주물			
	시스템 분석				
2.00	주물	선적		시스템 분석	
			선적		
			주물		
1.50		비서		주물	
			비서		
			시스템 분석		
1.00	비서	시스템 분석		비서	
					선적
0.50	선적			선적	주물
					시스템분석
					비서

평가할 때 사용된다. 평가대상이 되는 직무들은 〈표 12-3〉에서 적절한 위치에 표시된다.

요소비교법의 장점은 평가를 단계별로 공식적으로 수행한다는 것이다. 더욱이 요소서열의 차이가 임금으로 어떻게 환산되는지를 보여 준다. 반면에 복잡성이 가장 큰 단점일 것이다.

점수법: 가장 널리 사용되고 있는 점수법은 세 가지 공통특징을 가지고 있다: ① 보상요소(compensable factor), ② 요소 내 척도, 그리고 ③ 요소간 비중. 개별직무의 상대적 가치는 그 직무의 총점수에 의해 결정되어진다. 점수법은 직무분석 → 보상요소의 선정 → 요소간 비중설정 → 요소별 척도설정 → 비핵심직무에의 적용 순으로 개발된다.

보상요소란 ① 직무의 중요성 또는 조직목표에의 기여도와 밀접한 관련이 있으며, 그리고 ② 종업원들이 직무가치를 예측할 때 중요시 여기는 요소이다.[12] 일반적으로 교육, 경험, 직무지식, 정신적 노력, 육체적 노력, 책임감 그리고 작업조건 등이 통상 사용되는 보상요소의 예이다. 독특하게 헤이컨설팅사는 노우-하우(know-how), 문제해결(problem-solving) 그리고 책임감(accountability)을 활용하고 있다.

보상요소를 선정한 다음에 요소의 상대적 중요성에 따라 요소간 비중을 선정한다. 예를 들어, 특정 직무군에 있어서 경험이 매우 중요하다면 35% 정도의 비중을 받을 것이다. 그러나 신체적 노력(사무직에서 보상요소로 사용되었다면)은 아주 낮은 비중을 받을 것이다.

다음 단계는 요소별로 척도(scale)를 설정하고 정의하여야 한다. 척도란 특정 요소 내에서 구별가능한 수준의 수를 의미한다. 각 요소에 필요한 수준의 수는 직무요건에 달려 있다. 〈표 12-4〉에서 교육은 5단계, 그리고 책임감은 4단계를 활용하고 있다.

마지막으로 점수법에서 받을 수 있는 총점(total points)을 결정한다. 물론 얼마든 자의적으로 총점을 설정할 수 있지만, 통상 500점 내지는 1000점이 흔히 사용된다. 점수가 너무 적으면 직무간 차이를 구별하기 어렵고 또 점수가 너무 크면 계산하기에 번거롭다. 〈표 12-4〉의 예에서는 총점이 500점이다. 이 점수는 이 시스템하에서 받을 수 있는 최대점수를 의미한다. 그리

표 12-4 점수법의 특징

보상요소	비 중	척 도				
		1	2	3	4	5
교 육	50%	50	100	150	200	250
책 임	30%	30	70	110	150	
신체적 노력	12%	12	24	36	48	60
작업조건	8%	8	24	40		

고나서 요소별로 척도별로 점수를 배분한다. 각 요소의 최대점수는 총점×비중으로 간단히 구할 수 있다. 〈표 12-4〉의 예에서 총점은 500점, 그리고 교육요소의 비중이 50%이므로, 교육요소의 총점은 500×0.5=250점이 된다. 또 교육수준은 5단계로 평가되므로 단계별로 50점(250점÷5) 차이를 두면 된다.

2. 직무구조

직무평가과정의 산출물이 직무구조(job structure)이다. 직무구조는 〈그림 12-15〉에서 알 수 있듯이 직군(job family)과 직무평가점수에 의해 직무를 분

그림 12-15 직무구조의 예

관리직		팀 원	프로젝트리더	매니저	부문관리자
R & D		연구원	선임연구원	연구위원	책임연구위원
기술직	기능공	반장	직장		
사무직	타이피스트서무	관리비서	관리보조		
직군 직무평가점수	0～99	100～199	200～299	200～399	400～499
직 급	Ⅰ	Ⅱ	Ⅲ	Ⅳ	Ⅴ

류해 놓은 것에 지나지 않는다. 만약 조직의 규모가 적어 직무의 수가 적고 직무간 차이가 명확하다면, 개별 직무에 대해서 임금을 각각 적용해도 무방하다. 그러나 직무의 수가 많고 직무간의 차이가 적을 경우에는 관리적 편리성과 오류방지를 위하여 유사한 직무들은 하나의 직급으로 처리하는 것이 바람직하다. 그러나 언제 직급으로 직무들을 묶을 때 바람직한 것인지 또는 직급이 바람직하다면 몇 직급으로 묶어야 할지에 대한 일반적 지침이 있는 것은 아니다. 다만 최근에는 직급을 세분화하기보다는 4~5개로 넓게 다루는 광역대화(broadbanding)의 추세가 있다. 이점에 대해서는 추후에 다시 논의하겠다.

3. 임금구조(pay structure)의 결정

이미 언급한 바와 같이 임금구조란 직무등급 또는 자격등급에 따른 임금차이를 의미한다. 다시 말하면, 직무구조를 가격화(pricing)한 것이 임금구조이다.

임금구조를 설계할 경우 정책결정자는 특정직무 또는 직급에 단일임률을 적용할 것인가 그렇지 않으면 개인의 특성이나 성과를 반영하도록 범위(range)를 부여할 것인가를 결정하여야 한다. 예를 들어, 소규모 슈퍼마켓에서는 모든 계산원(cashier)에게 최저임금을 동일하게 적용할 수 있다. 이 경우 계산원의 훈련, 근속기간, 또는 성과 등이 임금에 반영되지 않고 있다. 그러나 이렇게 직무 또는 직급에 단일임률을 적용하는 데는 그리 많지 않다.

개인적 투입(input) 또는 성과에 있어서 차이를 인정하려면, 직무(또는 직급)에 대해서 임률범위(rate range)를 설정하여야 한다. 즉 직무를 수행하면서 받을 수 있는 임금의 상한선과 하한선을 설정하여야 하며 구체적으로 임금범위를 설계하는 방법은 다음과 같다.

첫째, 직급을 설정한다. 직급은 이미 설명한 바와 같이 동일한 임금을 적용받는 직무들의 집단을 의미하며 직무평가의 결과물이다. 조직도 직급 내에서는 임금의 변동이 없이 종업원을 전환배치할 수 있다. 그 다음 범위(range)를 설정한다. 범위를 설정한다는 것은 직급별 임금의 상한(maximum),

그림 12-16 단일임률과 임률범위(rate range)의 비교

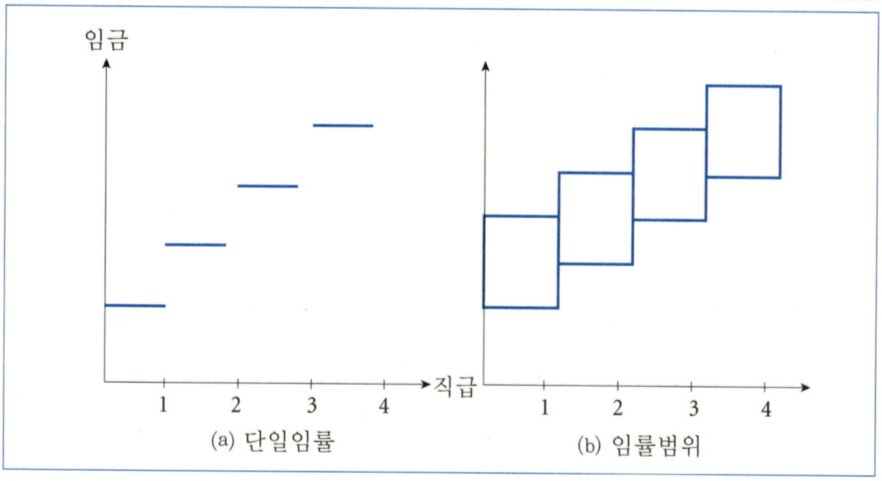

중간(midpoint), 그리고 하한(minimum)을 선정한다는 의미이다. 각 범위의 중간점은 이미 조사된 시장임금수준에 맞출 수 있다. 범위의 중간점은 특히 통제점(control point)이라고 불리운다.[13] 이 점은 충분한 훈련을 받은 종업원이 만족스러운 성과를 보였을 때 지불하는 임금수준이다.

바람직한 임금범위는 조직의 경력경로(career path), 승진 그리고 다른 조직특성에 대한 판단에 달려 있다. 통상 임금범위는 10%에서 25%(즉 중간점으로부터 아래와 위로 5%에서 12.5%의 범위) 내에서 설정한다. 그러나 상위직급일수록 임금범위가 커지는 경향이 있다. 그 이유는 관리직의 경우에는 업무를 수행하는 데 있어서 상당한 자유재량과 성과 차이가 있어 이를 반영하기 위한 것이다.

일단 중간점(시장임금과 임금정책에 의한 결정)과 임금범위(판단)이 설정되면, 상한선과 하한선을 쉽게 계산할 수 있다.

하한선=중간점÷[100%+(1/2 범위)]
상한선=하한선+(범위×하한선)

예를 들어, 중간점이 1,000,000이고 범위가 30%이라면

하한선=1,000,000÷(1+0.15)=869,500

그림 12-17 임금범위와 중복

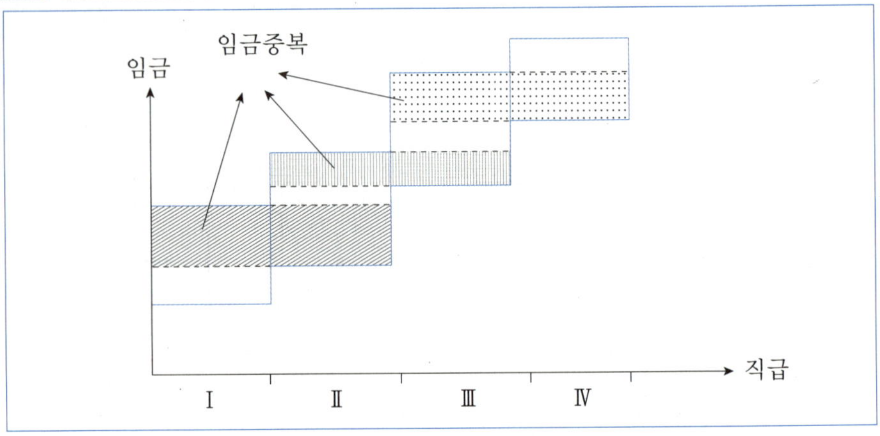

상한선=869,500+(0.30×869,500)=1,130,400

다만 위의 공식은 대칭적 범위(즉, 중간점에서 하한선과 상한선이 동일한 거리로 떨어져 있는 경우)를 가정하고 있다.

각 직급의 상한선과 하한선을 알 수 있으면 두 인접 직급간 임금범위의 중복을 쉽게 구할 수 있다. 만약 A와 B가 서로 인접한 직급이며 B가 상위의 직급이라면, 범위중복(range overlap)은 다음과 같다.

그림 12-18 직무범위와 광역대화의 비교

직무범위의 장점	광역대화의 장점
통제하에서 어느 정도 융통성	지침(guideline) 내에서 융통성
비교적 안정적 조직	탈계층적 조직
명칭 또는 경력진전을 통한 인정	다기능적 경험 및 횡적 진전(lateral progression)
중간점에 의한 통제	적정시장 임률
시스템에 의한 통제	예산통제, 적응시스템 통제
경영자에게 "지침에 따른 자유" 부여	경영자에게 "관리의 자유" 부여
최고 150% 정도의 임금범위	100~400% 임금범위

자료: G. T. Milkovich & J. M. Newman(1999), *Compensation*, 6th ed., Irwin/McGraw-Hill, p. 254.

$$100 \times \frac{\text{직급 A의 상한선} - \text{직급 B의 하한선}}{\text{직급 A의 상한선} - \text{직급 A의 하한선}}$$

광역대화(broadbanding): 최근 우리나라 기업에 있어서는 다단계인 직급수를 줄여 3개 내지는 4개의 광범위한 범위로 축소하는 경향이 있다. 이런 기업을 광역대화(broadbanding)이라고 불리운다.

전통적 직무범위와 광역대화 사이의 차이는 〈그림 12-18〉에 요약되어 있다. 광역대화에 대한 지지자들은 다음과 같은 다양한 장점을 주장한다.[14] 첫째, 직무책임을 보다 광범위하게 정의할 수 있는 융통성이 있다. 광역대화는 계층적 직무구조를 제거함으로써 평탄화된 또는 무경계(boundaryless)조직을 지원한다. 또한 광역대화는 이 새로운 조직에서 기능간 성장과 개발을 촉진한다. 종업원들은 경험의 깊이를 강화하기 위하여 광역대안에서 여러 기능으로 횡적 이동할 수 있다. 횡적 이동을 강조하는 것은 실제로 승진기회가 적은 평탄화된 조직에 있어서 경영자들에게 도움이 될 것이다.

제 6 절 임금구조의 결정기준들

테일러의 과학적 관리법도 기본적으로 직무에 근거한 임금구조를 결과하였다. 작업은 여러 단계로 세분화되고 최적의 작업방식을 식별하기 위하여 분석되었다. 이러한 테일러의 접근법은 신속하고 싸게 더 나은 제품을 생산하여야 하는 대량생산체제와 잘 부합되었다.

그러나 오늘날 조직은 직무기술서에서 규정된 이상의 것을 종업원에게 요구하고 있다. 종업원들은 더 많은 것을 알아야 하며 결과에 대해 책임을 져야 한다. 지속적 학습과 개선, 융통성, 참여와 파트너십 등이 오늘날 경쟁우위를 달성하는 데 있어 핵심이 되었다. 임금시스템도 이런 새로운 문화를 지원할 필요가 있다. 인간기준의 임금구조(person-based pay-structure)는 이런 전제하에서 생겨났다. 즉, 인간위주의 임금구조는 보다 융통성 있는 조직을 결과하고, 종업원의 지속적 학습을 촉진한다는 전제를 기초로 하고 있다.

임금구조가 직무에 근거하든 또는 사람에 근거하든 직무에 대한 정보는 필요하다. 직무기준의 구조는 종업원이 수행하는 일을 분석하고(작업분석), 상대적 가치를 결정함으로써(직무평가) 임금구조를 수립하고자 한다. 반면에, 인간기준의 구조는 조직의 수행을 분석하고(작업분석), 그 일을 수행하는 데 필요한 스킬요건을 식별하고(스킬분석), 그리고 필요한 스킬수준과 종업원이 보유하고 있는 스킬수준을 비교함으로써 임금을 결정한다.

연공급은 직무를 체계적으로 분석하기 이전부터 널리 활용되어 왔다. 연공급은 기본적으로 조직에 근무한 기간에 의해 임금이 결정되는 것으로 인간기준의 임금이라 볼 수 있다. 본 절에서는 직무급, 연공급, 스킬위주의 임금, 그리고 역량위주의 임금 등의 특성을 고찰하기로 한다.

1. 직 무 급

직무급은 직무평가에 의해 평정된 각 직무의 상대적 가치에 의해 임금을 결정하는 시스템이다. 직무급을 설계하는 과정은 이미 임금구조를 논의할 때 자세히 설명되었다. 다시 한번 요약하면, 직무급은 직무분석 → 직무평가 → 직무구조 → 임금구조 순으로 설정된다.

이런 직무급은 구미의 합리적 사고와 산업화의 진전에 따라 미국을 중심으로 한 선진국에서는 널리 사용되고 있다. 또는 "동일노동 동일임금"이라는 근로기준법의 입법취지와도 가장 잘 맞는다고 볼 수 있다.

단일임률의 직무급에서는 같은 직무를 수행하는 사람에게는 연령, 근속, 학력 등과 관계없이 같은 임금을 지불한다. 그러나 동일한 직무를 수행하더라도 개인적 차이(즉, 성과, 근속, 연령 등)가 중요한 경우에는 범위직무급을 채택할 수 있다. 이 경우 경영자는 종업원들이 동일한 직무를 수행하더라도 개인적 차이를 일정 범위 안에서 반영할 수 있다. 범위직무급을 채택하는 경우 인사고과의 결과에 의해서 임금을 차등 인상하는 제도를 특히 메리트 임금(merit pay)라고 한다. 메리트 임금에 대해서는 다음 장에서 상세히 논의될 예정이다.

2. 연 공 급

종업원이 회사 또는 직무에 종사한 기간을 연공(seniority)이라고 한다. 일반적으로 경영진은 성과에 근거하여 임금을 인상하는 것을 선호하지만, 노동조합은 연공을 선호하는 경향이 있다. 노동조합은 연공을 임금인상의 공정하고 객관적 기준이라고 믿는다. 또한 노동조합은 성과평가시스템은 너무 주관적이고 경영이 자의적으로 선호하는 종업원을 우대할 위험이 있다고 믿는다.

연공급은 근속연수가 많아짐에 따라 학습에 의해서 숙련수준이 높아진다는 전제에 기초하고 있다. 또 우리나라와 같이 사회보장제도가 잘 안 갖춰진 나라에서는 종업원의 생계비를 보장한다는 측면도 있다. 그러나 기술이 급격히 발전하고 속도(speed)와 유연성(flexibility)이 강조되는 요즘의 경영환경 속에서는 연공급 제도는 너무 경직되고 인건비 부담만 가중시킨다는 비판이 크다. 따라서 연공급을 채택하고 있는 기업들도 점차 성과에 의한 임금인상을 반영할 수 있도록 다양한 제도를 고안하고 있다.

임금인상 시 성과와 연공을 조화시키기 위해서 임금범위의 중간점까지는 연공에 근거하여 임금을 인상하는 방법을 생각할 수 있다.[15] 이런 방식은 직무를 원만하게 수행하는 종업원은 궁극적으로 해당 직무의 평균임금을 받아야 한다는 전제를 기초로 하고 있다. 그러나, 중간점 이후의 임금인상은 성과에 근거하고 있다. 이것은 오직 우수한 성과자만이 임금의 상한선을 받을 자격이 있다는 것을 의미한다. 또한 이런 제도가 직무급의 임금범위를 주장하는 기본 전제에 부합된다는 것이다.

3. 스킬위주의 임금

스킬위주의 임금은 개인이 지니고 있는 직무와 관련된 스킬, 능력, 그리고 지식의 폭(breadth)과 깊이(depth)에 의해서 보상을 하는 것이다. 스킬위주의 임금은 통상 업무가 구체적이고 잘 정의되어 있는 생산직, 기술직 그리고 사무직에 적용된다. 이는 속인적 성격으로 직무의 상대적 가치에 근거를 둔 직무급과는 대조적이다. 스킬위주의 임금은 구체적인 직무가 아니라 직무수행에 필요한 스킬을 보상하는 것이다. 따라서, 종업원들이 스킬을 더 많이 보유할수록 그들은 융통적인 자원(flexible resource)이 된다. 종업원들은 다수의 역할을 수행할 수 있을 뿐만 아니라 전체의 작업흐름도 더 잘 이해할 수 있다. 이런 융통성과 과업흐름에 대한 이해는 직무분담제(job sharing)과 자율작업팀(autonomous work team)을 실시하는 조직에서는 아주 중요하다.

스킬위주의 임금은 또한 종업원과 조직이 급격한 기술변화에 적응하는데 도움이 된다. 의료산업 종사자들은 새로운 의약품, 새로운 도구 그리고 새로운 수술법 등을 끊임없이 학습하여야 한다. 새로운 지식과 스킬의 개발을 보상함으로서 조직은 종업원들에게 다음과 같은 행위적 메시지를 강하게 전달하는 것이다. "세상은 급격히 변화하고 있으며 당신도 동일한 속도로 변화되기를 기대한다. 우리는 변화에 필요한 성장을 보상할 것이다."[16]

스킬위주의 임금이 효과적이기 위해서는 신중하게 설계되고 수행되어야 한다. 먼저 종업원들이 필요한 새로운 스킬을 획득할 수 있는 훈련 및 개발프로그램이 있어야 한다. 또는 종업원들이 필요한 스킬을 획득했다는

그림 12-19 직무기준의 임금과 스킬위주의 임금의 비교

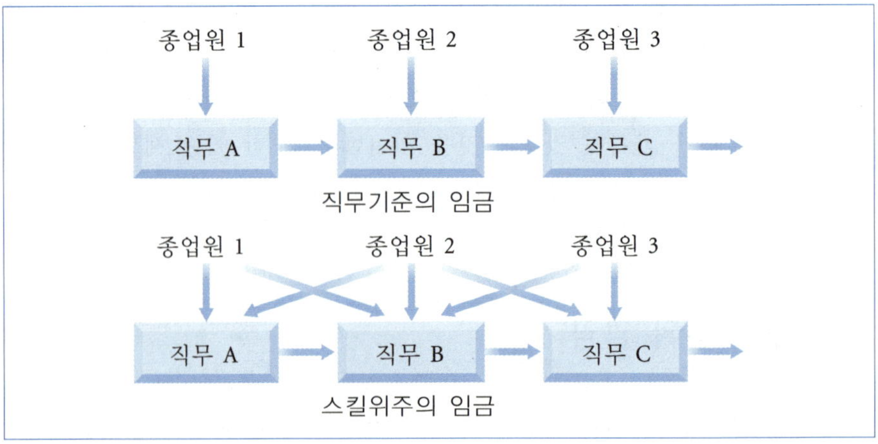

것을 확인할 수 있는 인정절차(certification)가 있어야 한다.

조직이 스킬위주의 임금을 적용하는 데 있어서 가장 중요한 요소는 어떤 스킬을 조직이 보상하느냐이다. 스킬위주의 임금은 종업원이 단지 다양한 스킬을 획득하는 것을 보상하는 것이 아니라 특정 직무나 역할수행에 필요한 스킬획득을 보상하는 것이다. 스킬위주의 임금프로그램이 잘 운용되기 위해서는 스킬의 총가치와 시장임금 사이에 밀접한 연관이 있어야 한다.[17] 예를 들어, 어떤 직무를 수행하는 데 여섯 가지의 스킬이 필요하다면, 종업원이 여섯 가지의 스킬을 모두 달성할 때까지 시장임금을 지불해서는 안 된다. 또한 사용자는 종업원이 여섯 가지의 스킬을 모두 익혔다는 사실만으로 시장임금 이상 임금을 지불해서는 안 된다.

조직은 또한 보상하고자 하는 스킬의 영역(scope)을 결정하여야 한다. 종업원이 제너럴리스트(generalist)—고도의 스킬보다는 다양한 스킬을 개발하는 것—가 되는 것을 촉진시킬 것인가? 아니면 직무가 조직에 더 가치가 있도록 스킬의 고도화를 추진할 것인가?

마지막으로 조직은 종업원 개발을 촉진시키는 훈련 및 개발프로그램을 갖추고 있어야 한다. 즉 다음에는 어떤 스킬을 획득하여야 하는가? 학습속도는 종업원 자신이 선택할 수 있는가 그렇지 않으면 조직이 결정하는가?

스킬위주의 임금은 오늘날 다중역할(multi-role)적이고 스킬지향적 직무를 수행하는 종업원들의 행위와 태도를 변화시키고 조직의 융통성(flexibility)를 증대시키는 데 효과적일 수 있다. 종업원이 새로운 스킬을 획득하는 것을 보상함으로써 조직은 변화에 대한 저항을 줄이거나 심지어는 제거할 수 있다. 간단히 요약하면, 스킬위주의 임금은 조직을 융통적이고 성과지향적이고, 팀지향적인 조직으로 변화시키는 효과적 전략이다.

4. 역량위주의 임금

최근 들어 역량(competency)이라는 용어가 전통적인 능력(ability)이나 지성(intelligence) 이상의 무엇을 의미하는 뜻으로 널리 사용되고 있다. 1990년 배스(Bass) PLC가 Holiday Inn의 미국 북부운영권을 획득했을 때, 호텔 종업원들이 적극적이고 서비스 지향적인 문화가 부족하다는 것을 발견하였다.[18] 따라서 배스 PLC는 스킬뿐만 아니라 적극적이고, 서비스 지향적이고 문제해결 지향적인 종업원을 필요로 하게 되었다. 이 회사는 이런 종업원들은 전통적이고 스킬위주의 훈련방식에 의해서는 개발되지 않는 팀속에서 일할 수 있는 능력, 구체적 목표를 달성하고자 하는 동기, 고객의 욕구를 파악하여 신속하게 해결할 수 있는 능력 등 모호한 개념인 다수의 역량을 개발할 필요를 느꼈다.

역량위주의 임금체계를 개발하는 첫 단계는 조직에 가치가 있어 보상해야 할 역량을 식별하는 것이다. 이 작업은 얼핏보아 간단한 것처럼 보인다. 성취지향적, 동기유발적, 그리고 고객지향적인 종업원을 누가 원하지 않겠는가? 그러나 현실에서는 단순히 '탁월한 종업원의 행동'을 관찰하는 것 이상으로 복잡하다. 이것도 조직의 전략을 수행하는 데 필요하고 경제적

그림 12-20 역량과 전략과의 연계

비전	신뢰를 받는	고객서비스 지향,경청 및 반응, 조직몰입
	책임감 있고 도움을 주는	경청 및 반응, 융통성, 대인관계 이해
	오류가 없는	품질지향
	약속을 철저히 지키는	고객서비스 지향
미션	개인화된 서비스	고객서비스 지향, 경청 및 반응, 융통성
	고객서비스의 생활화	고객서비스 지향, 조직몰입, 성취동기
	전문인으로서 성장	자기개발, 팀워크와 협력
	비전의 소유의식	조직몰입, 팀워크와 협력
공유가치	행동을 통한 진실성	고객서비스 지향, 조직몰입, 자기통제
	상호 존중	팀워크와 협력, 자기통제, 대인관계 이해
	협력	팀워크와 협력, 융통성, 조직몰입
	프로페셔널리즘	경청과 반응, 자기통제, 조직몰입
	혁신	성취동기
	개방적 의사소통	경청과 반응, 자기통제, 대인관계 이해, 타인개발

자료: T. P. Flannery et al.(1996), People, *Performance* & *Pay The Hay Group*, The Free Press, p. 95.

부가가치를 창출하는 데 기여하는 구체적인 역량을 식별하여야 한다. 〈그림 12-20〉은 조직의 경제적 부담을 극대화하기 위하여 비젼과 미션 그리고 공유가치와 구체적인 역량을 연계시키고 있다.

다음에 조직은 어떤 특질, 행동, 태도가 우수한 성과자와 일반 종업원 사이를 구별하는가는 결정하여야 한다. 이것은 다음 세부작업으로 구성되어 있다. 첫째, 개별 직무나 역할에 대해서 '우수한 성과자'를 식별한다. 둘째, 우수한 결과를 달성하기 위해서 우수한 성과자가 무엇을 행하는가를 분석한다. 마지막으로 우수한 결과를 예측하는 행위적 특성을 식별한다.

역량을 식별한 후에 실제로 식별된 역량이 성과에 있어서 차이를 결과하는지를 테스트해야 한다. 그러나 실무에서는 이 단계가 자주 생략이 된다. 따라서 거의 모든 것이 역량으로 불리우고 있다. 역랑위주의 임금에서는 우수한 성과자와 보통 성과자를 구별하는 역량만을 임금기준으로 활용하는 것이 중요하다. 일단 역량이 식별되고 테스트되었다면, 역량들은 보상과 연계시킬 수 있다. 종업원들은 사전에 설정된 역량을 습득함으로써 더 높은 임금을 받을 수 있다.

제 7 절 임금관리에 관한 이슈들

지금까지 상당한 지면을 할애하여 보상전략 수립시 고려하여야 할 요소를 검토하였다. 그러나 임금은 다양한 이해관계자(종업원, 경영, 노조, 정부 등)가 관련되어 있고 민감하게 반응하므로 특별히 언급해야 할 주제로는 비교가치(comparable worth), 임금압축(wage compression), 최고경영자의 임금 그리고 해외파견 인력의 보상 등이 있다.

1. 비교가치

비교가치이론(comparable worth theory)는 '동일노동 동일임금(equal work equal pay)'의 개념을 확장한 것이다.[19] 근로기준법에 의하면 동일노동에 대해서 동일임금을 지급할 것을 규정하고 있지만, 비교가치 옹호론자는 확대해석할 것을 요구한다. 즉 시장임률이나 직무의무가 다를지라도 비교가치에 대해서는 동일한 임금을 지불하여야 한다는 것이다. 비교가치는 간호원과 기계수리공 같이 유사하지 않는 직무들 가치를 일종의 직무평가를 통하여 상대적 가치를 결정한 후 이 상대적 가치에 의해서 임률을 결정할 것을 요구하고 있다.

비교가치의 기본전제는 전통적으로 여성이 수행하는 직무(예를 들면 간호사, 유치원 교사, 비서 등)는 조직에 대한 기여가 동일함에도 불구하고 전통적으로 남성이 수행하는 직무보다 낮은 임금을 받는다는 것이다. 즉 전통적으로 여성직무는 임금을 적게 받으므로, 기업이 임률을 설정하기 위하여 시장자료를 사용할 경우, 여성직무와 남성직무의 임금격차는 그대로 조직 내에 전가되고 여성직무는 적은 임금을 받는다.

비교가치에 대한 반대론자는 남녀간의 소득격차는 일반적인 통계량을 나타낸 것으로 동일한 직무를 수행하는 남녀 종업원의 차이를 비교한 것은 아니라고 주장한다. 그들은 남녀간의 임금격차는 교육, 직무경험, 그리고 여성들이 임금보다도 융통성 있는 근무시간과 좋은 작업조건을 강조한다는 점에 의해 설명될 수 있다고 주장한다. 따라서 비교가치에 대한 비판론자는 현재의 법은 동일한 작업을 수행하여 여성에게 낮은 임금을 지불하는 것은 금지하므로 보다 효율적인 해결안은 평등고용법을 보다 적극적으로 실행하는 것이라고 주장한다.

더욱이 여성들에게 전통적 여성직업이 아닌 직업으로 진입할 것이 고무되어야 하며 교육, 훈련프로그램 그리고 고용이 제공되어야 한다. 또한 어린이들에게 비차별적 사회화 정책이 지속적으로 수행되어야 한다. 이런 관점은 특정집단에 대해서 인위적으로 노동가격을 올리는 것에 대한 대안으로서 성차별 문제에 초점을 맞추어야 한다고 주장한다.

아마 비교가치이론을 실행하는 데 가장 큰 어려움은 수요와 공급이라는 시장원리가 정부가 입안한 직무평가시스템에 의해 대치되는 것이다. 그러나 비교가치 옹호론자는 시장이 전통적인 여성직무에 대해서 왜곡되어 있으므로 시장에 의한 직무가격화를 반대한다. 비차별적 임금정책은 모든 조직이 윤리적 그리고 법적 이유에서 추구하여야 할 목표이다. 비교가치가 적절한 해답이 될 지는 더 두고 보아야 하는 것이다. 우리나라 법들은 아직 비교가치의 개념을 아직 인식하고 있지 못하지만, 성차별(discrimination based on sex)에 관한 사회적 인식이 증대함에 따라 비교가치에 관한 논쟁이 곧 우리나라에도 나타날 가능성이 크다.

2. 임금압축

종업원들이 자신의 임금과 상급 또는 하급 직무의 임금 사이의 격차가 너무 좁다고 느낄 때 임금압축(pay compression)이 발생한다. 이러한 임금압축은 여러 가지 방식으로 생겨난다. 신규 종업원을 근속연수가 긴 현재 종업원의 임금과 유사하거나 더 높게 고용할 수도 있다. 또한 상위직급의 임금을 동결하면서 하위 직급의 임금은 조정(인상)하는 것도 임금압축을 결과한다. 이러한 관행을 불경기시에 노무비 부담을 느낀 기업이 상위직급의 임금을 동결하지만 하위직급은 노조와 단체교섭을 통하여 임금인상을 할 때 빈번히 발생한다.

임금압축을 장기간 동안 정액으로 임금인상을 실시할 때도 발생한다. 예를 들어 각각 60만과 100만 원을 받는 두 종업원이 있다고 하자. 그러면 100만 원을 받는 종업원은 60만 원을 받는 종업원의 1.67배를 받는 것이다. 만약 두 종업원에게 일괄적으로 10만 원씩 임금인상을 한다면 110만 원과 70만 원이 될 것이다. 이 경우 110만 원과 70만 원의 비율은 1.57로 줄어든다. 반면에 정비 인상 또는 퍼센트 인상은 임률간의 상대적 차이를 그대로 유지한다.

많은 우리나라 기업들에서 직급간 임금격차가 줄어지는 경향이 있다. 직급간 임금이 10%보다 적은 임금격차가 흔하다. 최근에는 광역대화

(broadbanding)에 의해서 상급자보다 더 많은 임금을 받는 하급자도 생겨나고 있다. 임금압축은 상급직무의 종업원의 불만족을 초래하기 쉽다. 임금곡선이 평탄할수록 종업원이 승진을 위하여 노력할 동기는 적어질 것이다. 임금압축을 식별하는 한 방법은 임금과 근속연수간의 관계를 검토하는 것이다.

3. 해외파견자 임금

기업들이 해외에서 공장을 설립할 때 직면하는 의사결정들 중의 하나는 어떠한 사람을 채용할 것인가이다. 해외공장에서 일하는 사람들은 해외파견근로자(expatriates: 사용자 본국의 시민권을 가진 사람; 예를 들면 LG의 북경공장에서 근무하는 한국인), 현지 국민들(local country nationals: LCNs, 자회사가 위치한 국민들; 예를 들면 LG의 북경공장에서 근무하는 중국인), 그리고 제3국 국민들(third-country nationals: TCNs, 사용자 본국의 시민도 아니며 현지 주재국의 시민도 아닌 사람들; 예를 들면 LG 북경공장에서 근무하는 러시아인) 등 세 가지 유형으로 분류할 수 있다.

근로자의 해외파견은 상당한 비용이 든다. 예를 들어 해외파견 근로자에게는 국내에서 지불되는 보상항목 외에 이주 경비, 해외근무수당, 주택공급, 장기간의 해외임무에 대한 휴가, 가족부양수당 등 다양하다. 또한 각 나라마다 표준생계비가 큰 차이가 있어 일률적으로 임금을 결정하기는 어렵다. 우리나라 기업들이 해외진출이 급속히 늘어나는 경향이 있으므로 해외파견근로자의 임금뿐만 아니라 교육/훈련 그리고 경력관리 등에 있어서 좀 더 체계적 접근이 필요하다.

4. 경영자 임금

중역들도 보통 조직의 가장 높은 수준의 경영자들로서 상위 2~5%를 구성하고 있다. 미국에서 중역들은 소유주들(즉, 주주)의 대리인으로 묘사되는 대리인이론(agent theory)에 기초하여 인센티브를 받고 있다. 즉 중역의 임금은 조직 전체의 성과와 연계되어 있다면 중역들도 주주의 이익과 일치하는 의사결정을 한다는 것이다.

중역들에게는 보통 1년 또는 2년의 성과에 근거한 현금보너스와 장기적 기업성장에 근거한 스톡옵션(stock option)과 같은 인센티브가 주어진다. 스톡옵션은 미래의 일정한 시기까지 고정된 가격으로 일정 수의 회사주식을 구입할 수 있는 권리를 의미한다. 따라서 중역은 주식가격이 증가하는 한 이익을 보게 된다.

그러나 우리나라에서는 일반적으로 중역의 임금은 일반사원의 연장 차원에서 설정되는 경향이 있다. 따라서 우리나의 경우 중역과 일반 종업원의 임금차이는 미국의 그것보다 훨씬 적으며 회사의 성과와도 무관한 경우가 많다. 미국의 대기업의 경우 최고경영자들은 평균 종업원에 비해 100배 내지는 200배의 보상을 받고 있다. 그러나 앞으로는 미국과 같이 우리나라에서도 회사의 성과와 연계한 인센티브가 도입되고 있는 추세이다. 우리나라에서는 중역 급여수준과 효율성에 대한 연구가 많이 필요한 실정이다.

간 추 림

보상은 직무수행의 결과로 받는 경제적 대가, 즉 임금, 보너스, 그리고 복지후생을 다루는 인적자원기능이다. 보상기능의 목적은 사용자나 종업원 모두에게 공정한 시스템을 설계하여 인적자원결과(즉, 신규 종업원 유인, 성과, 직무만족, 근속유지 등)를 강화하기 위함이다. 이러한 보상시스템은 사업전략과 적합되어야만 경쟁우위 달성에 도움이 될 수 있다.

○ 보상전략을 개발하기 위해서는 먼저 사업 및 조직환경을 분석한 후 이를 뒷받침될 수 있도록 보상정책을 수립하여야 한다. 그 다음 보상전략을 구체화하기 위한 보상시스템을 설계하여야 하며 그 후 지속적으로 적합도를 평가하여야 한다.

○ 조직이 보상시스템을 설계하기 위하여 선택할 수 있는 전략적 변수로는 임금형태, 임금수준, 임금구조, 임금체계 그리고 임금관리가 있다. 보상관리란 이를 전략적 변수를 통하여 인적자원결과를 강화하고자 하는 목적을 가지고 있다.

○ 조직이 임금수준을 결정하는 데는 일반적으로 시장임금수준을 선도하거나, 상응하거나 또는 지연하는 세 가지 방법이 있다. 그러나 기업은 임금수준을 결정할 때에는 단지 임금수준뿐만 아니라 경력개발, 도전적 직무제공 등 비경제적 요인뿐만 아니라 보너스, 주식옵션, 복지후생 등 임금형태의 믹스도 고려하여야 한다.

○ 기업들은 노동시장에서 적용되는 임금수준을 알기 위해서 정기적으로 임금조사를 실시한다. 임금조사를 실시하기 위해서는 먼저 적정노동시장을 규정하여야 하는 데 일반적으로 적정노동시장은 지역, 자격요건, 그리고 경쟁자에 의해 결정되어진다.

○ 임금구조에 대한 의사결정을 위해서는 조직 내의 상대적 가치를 비교하기 위하여 직무평가가 필요하다. 직무평가기법으로는 서열법, 분류법,

요소비교법, 그리고 점수법이 있다. 임금구조의 형태로는 단일임률과 임률범위 두 가지가 있다. 동일직무 내 개인차이를 반영하기 위해서 조직은 통상 임률범위를 선정한다.

○ 임금체계란 임금을 결정하는 기준을 의미하며 통상 직무가치, 종업원가치, 그리고 결과가치가 사용된다. 직무가치에 의한 기준은 직무급, 종업원 가치에 의한 기준은 연공급이나 스킬위주의 임금, 그리고 결과가치에 의한 기준은 다양한 인센티브 제도를 결과한다.

○ '공정성'은 보상관리에 있어서 중요한 개념이다. 외부공정성은 적정 외부시장에서 지불되는 임금액에 대비한 공평성 지각을, 내부공정성은 단일조직 내에서 직무 또는 스킬의 상대적 가치에 임금이 비례하는 정도를 의미한다. 마지막으로 개별 공정성은 개인특성이 임금에 반영되어지는 정도를 의미한다. 세 가지 공정성은 인적자원결과에 각각 다른 영향을 미칠 것이 예상되므로 동시에 달성되어야 한다.

○ 보상은 다양한 외부요인과 이해관계자에 의해 영향을 받는다. 최근에는 비교가치, 임금압축 그리고 경영자 임금 및 해외파견자의 임금결정 등과 같은 이슈들이 관심의 대상이 되고 있다. 이들 분야에 대한 체계적 연구가 절실한 실정이다.

핵심용어

임금형태 임금수준
임금구조 임금체계
임금관리 상응정책
선도정책 지연정책
임금조사 직무평가
서열법 분류법
요소비교법 점수법
보상요소 단일임률
임률범위 범위중복
광역대화 메리트 임금인상
외부공정성 내부공정성
개인공정성 비교가치

토의문제

1. 보상이란 무엇인가? 교환관계 측면에서 볼 때 보상은 어떤 특성을 가져야 하는가?
2. 보상기능의 목적은 무엇인가?
3. 동일임금(equal pay)과 비교가치(comparable worth)의 차이점은 무엇인가? 오늘날 왜 이들 개념이 중요한가?
4. 선도, 부합 그리고 지연정책의 차이를 설명하시오.
5. 직무평가가 임금구조를 결정하는 데 어떻게 활용되는지를 설명하시오.
6. 임금범위(pay range)를 설명하고 임금관리에 있어서 어떤 기능을 수행하는지는 설명하시오.

참고문헌

1) J. M. Ivancevich(1995), *Human Resource Management*, 6th ed., Chicago, IL: Irwin; Nancy K. Napier(1996), "Strategy, human resource management and organizational outcomes: Coming out from between the cracks," In G. R. Ferris & M. R. Buckley, eds., *Human Resource Management: Perpectives, Context, Functions and Outcomes*, 3th ed., Englecliffs, N. J.: Pretice-Hall.

2) H. G. Heneman, Ⅲ, D. P. Schwab, J. A. Fossum & L. D. Dyer(1994), *Personnel/Human Resource Management*, 4th ed., Chicago, IL: Irwin, p. 385.

3) G. T. Milkovich & J. W. Boudreaw(1994), *Human Resource Management*, 7th ed., Irwin, p. 447.

4) L. R. Gomez-Mejia & D. R. Balkin(1992), *Compensation, Organizational Strategy, and Firm Performance*, Cincinnati, Ohio: South-Westerm Publishing Co.

5) R. W. Mondy & R. M. Noe(1996), *Human Resource Management*, 6th ed., Prentice-Hall, Inc., p.359.

6) R. W. Mondy & R. M. Noe(1996), *op. cit.*, p. 386; M. J. Wallace, Jr. & C. H. Fay(1993), *Compensation Theory and Practice*, Boston, Ma: Kent-Publihing Co., p. 22.

7) E. L. Groshen(1988), "Why do wages vary among employers?," *Economic Review*, 24, pp. 19~38.

8) G. T. Milkovich & J. M. Newman(1999), *Compensation*, 6th ed., Irwin, p. 208.

9) B. S. Klass & J. A. McClendon(1996), "To lead, lag or match: Estimating the financial impact of pay level policies," *Personnel Psychology*, 49, pp. 121~140.

10) R. W. Mody & R. M. Noe, *op. cit.*, p. 363.

11) G. T. Milkovich & J. M. Newman(1999), *Compensation*, 6th ed., Irwin/McGraw-Hill.

12) J. M. Ivancevich(1995), *op. cit.*, p. 329.

13) G. T. Milkovich & J. M. Newman(1999), *op. cit.*, p. 250.

14) T. D. Flannery, D. A. Hofrichter & P. E. Platten(1996), *People, Performance & Pay: Dynamic Compesation for Changing Organizations*, New York, NY: The Free Press.

15) Mondy *et al.* (1996), *op. cit.*, p. 378.

16) T. D. Flannery *et al.* (1996), *op. cit.*, p. 87.

17) *Ibid.*, p. 90.

18) *Ibid.*, p. 92.

19) M. J. Wallace, Jr. and C. H. Hay(1983), *Compensation Theory and Practice*, Kent Publishing Company, pp. 3~5.

제 13 장 임금체계와 종업원 공헌

오늘날 경쟁적인 환경 속에서 생산성은 높이고 노동비용은 낮추기 위해서 조직은 성과기준의 임금(pay-for-performance standard)을 도입하고 있다.

성과급(pay-for-performance)은 〈그림 13-1〉이 제시하는 바와 같이 메리트 임금(merit pay), 보너스, 커미션, 팀 인센티브, 그리고 이윤분배제 등 다양한 형태의 보상을 포함하고 있다.[1] 이들 각각은 평균 성과자와 우수한 성과자 사이의 임금격차를 결과한다.

조직은 적어도 보상의 일부분을 종업원의 노력과 성과에 연계해야 한다. 이런 기준이 없다면 성과동기는 낮아질 것이고 결과적으로 조직은 높은 노동비용을 부담하게 될 것이다. 더욱이, 많은 종업원들은 보상이 그들의 성과와 직접적으로 연계되어야 한다고 믿고 있다.

그러나 건전한 성과급체계를 설계하는 일은 쉽지 않다. 먼저 종업원의

그림 13-1 성과급의 유형

개 인	집 단	조 직
메리트 임금 일시불 메리트 임금 생산실적임률 시간임률 판매인센티브	팀 인센티브	비용절감 이윤분배 위험적 소득계획(earnings-at-risk plan) 주식옵션(stock options) 종업원지주제 (employee stock ownership plans: ESOPs)

성과를 어떻게 측정할 것인가를 고려하여야 한다. 예를 들면, 조립라인에서 종업원의 아웃풋을 측정하는 것은 상대적으로 쉽고 객관적이지만 사무직이나 관리직의 성과를 측정하는 것은 보다 어렵고 주관적이다. 이외에도 조직은 성과급에 할당된 예산규모, 대상 종업원의 범위, 지불방법 및 기간 등에 대해서도 세밀한 설계를 할 필요가 있다.[2)]

본 장에서는 먼저 성과급에 대한 전략적 의의를 살펴본 후 〈그림 13-1〉에 제시된 바와 같이 성과급의 대상을 기준으로 개인 성과급, 집단 성과급 그리고 조직 성과급으로 구분하여 논의하겠다.

제 1 절 보상의 종업원 태도와 행위에의 영향

조직은 보상프로그램을 통하여 종업원 행위를 조직목표에 공헌하는 방향으로 활성화시키거나 통제하고자 한다. 다양한 동기이론들이 보상이 종업원 태도와 행위에 미치는 영향을 설명하고 있다.

이전 장에서 이미 언급한 공정성이론은 임금을 종업원 공헌에 대한 교환으로 받는 보답으로 생각한다. 공정성이론에 의하면, 임금은 종업원의 공헌에 따라 공정하여야 한다. 또한, 종업원들은 자신의 임금을 다른 종업원의 임금과 비교한다. 불공정성을 지각한 종업원들은 공정성을 회복하기 위하여 다양한 행동을 취한다. 불행히도, 사퇴 또는 직무태만 등과 같은 행동은 조직에 도움이 되지 않는다. 본 장에서는 공정성이론 이외에 학습이론, 기대이론 그리고 대리인이론을 통하여 보상의 효과를 설명하고자 한다.

학습이론

효과의 법칙(Law of Effects)에 의하면 보상이 뒤따르는 반응은 미래에도 반복될 가능성이 높다. 즉, 종업원의 높은 성과에 뒤이은 보상은 미래에도 높은 성과를 유발할 가능성이 높다. 반면에, 보상이 뒤따르지 않는 높은 성과는 미래에 다시 발생할 가능성이 적다. 이 이론은 개인의 높은 성과와 연계된 보상에 대한 실제 경험을 강조한다.

기대이론

보상과 성과와의 실제 관련성을 강조하는 학습이론과는 달리 기대이론은 기대감(expectancy), 수단감(instrumentality) 그리고 유인가(valence)의 함수라고 가정한다. 이들 간의 관계는 〈그림 13-2〉에 표시되어 있다. 임금시스템은 주로 수단감(성과와 임금 간의 지각된 연계성)을 통해 동기에 영향을 미친다.[5] 임금의 유인가는 임금체계와는 관계가 적다. 기대감(노력과 성과 사이의 지각된 연계성)은 주로 임금체계보다는 직무설계나 훈련에 의해 영향을 받는다. 예외적으로 스킬위주의 임금은 종업원 훈련에의 영향을 통하여 결과적으로 기대감에 영향을 미친다.[4]

기대이론은 성과와 연계된 보상이 동기와 성과를 증대시킬 것이라고 가정하지만, 경제적 보상이 외재적 동기(extrinsic motivation)는 증가시키나 내재적 동기(intrinsic)는 감소시킬 경우 기대이론의 가정은 맞지 않을 수 있다. 내재적 동기는 외부에 의해 통제되는 보상(예를 들면, 임금이나 복지후생)에 의존하지만, 내재적 보상은 작업 그 자체에서 자연히 발생하는 보상(예를 들면, 흥미있는 작업의 수행)에 의존한다.[5] 예를 들어, 책을 읽는 어린이에게 금전적으로 보상한다면 어린이의 독서에 대한 자연적 흥미는 감소되며 추후에는 금전적 보상이 없이는 어린이는 책을 읽지 않을 것이다. 따라서, 임금은 종업원을 동기화시키는 여러 방법 중 하나라는 것을 인식할 필요가 있다.

그림 13-2 기대이론의 구성

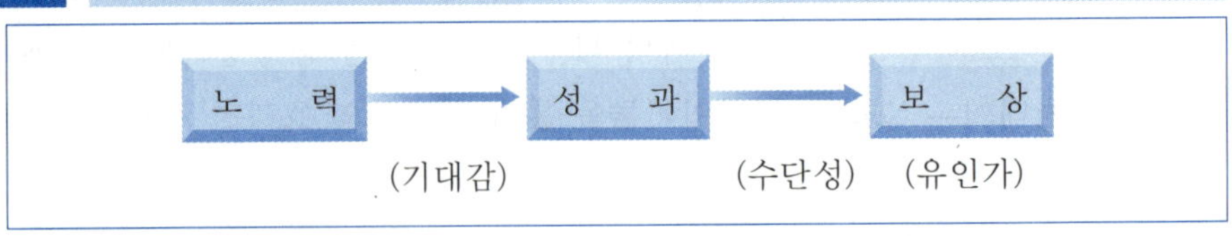

대리인이론

대리인이론(agency theory)은 조직 이해관계자의 다양한 목표와 이해관계에 초점을 맞추고 있으며, 대리인이론은 이해관계자의 이해관계와 목표들

을 접합시킬 수 있는 보상시스템을 설계하는 데 도움이 된다.[6)]

현대 기업의 특징 중 하나는 소유와 경영의 분리이다. 오늘날 예외는 있지만 대부분의 주주는 회사의 일상적 운용에는 관여하지 않고 있다. 소유와 경영의 분리는 장점도 있지만(자본의 유동성 증대와 투자위험의 분산), 대리인 비용(즉, 주역[principal: 소유자]과 대리인(agency: 경영자)의 상이한 이해관계)을 발생하게 한다.

경영자 보상에 있어서는 세 가지 유형의 대리인 비용(agency cost)이 발생한다.[7)] 첫째, 주주는 부의 극대화를 도모하지만, 경영자는 화려한 사무실이나 전용기같이 자신의 명예나 지위향상에 도움을 줄 수 있는 부대시설이나 "제국건설"(회사의 가치부가에는 도움이 되지 않으나 경영자 자신의 명예나 임금에만 도움이 되는 기업 인수)에 자금을 소비할 수 있다. 둘째, 경영자와 주주는 위험에 대한 태도에서도 다를 수 있다. 주주는 경영자보다 더 쉽게 투자를 다각화하여 위험을 분산시킬 수 있다. 즉, 주주는 분산투자를 통해 위험을 줄일 수 있지만, 경영자의 경우에는 직장에서의 소득이 주요 수입원일 수 있다. 따라서 경영자는 통상 위험회피 성향을 띠기 쉽다. 경영자들은 높은 잠재수익이 있는 프로젝트나 기업인수를 추구할 가능성이 적다. 또한, 경영자들은 보상에 있어서 적은 위험을 선호한다(기본급을 강조하며, 불확실한 인센티브를 적게 선호). 셋째, 의사결정시야(decision making horizon)가 서로 다를 수 있다. 예를 들어, 경영자들이 직장을 바꾸는 것이 소유자들이 소유권을 변경하는 것보다 쉽다면, 경영자들은 기업 소유자보다 장기적 성공을 희생하더라도 단기적 성과를 극대화하는 경향이 크다.

대리인이론은 관리자가 아닌 일반 종업원의 보상을 분석하고 설계하는 데도 유용하다. 관리자(주역의 역할)와 종업원(대리인 역할) 사이에 이해관계가 다를 수 있다.

경영자나 비경영자의 보상을 설계하는 데 있어서 주요 초점은 '어떻게 대리인 비용을 최소화할 것인가?'이다. 대리인이론에 의하면 주역은 대리인 비용을 줄이기 위하여 대리인의 이해관계와 주역 자신의 이해관계가 조화될 수 있는 계약조건을 선택한다. 이런 계약은 행위지향적이거나(예, 메리트 임금) 결과지향적(주식옵션, 이윤분배, 커미션 등)으로 분류될 수 있다.[8)]

일견, 결과지향적 계약이 올바른 해답인 것처럼 보인다. 결과지향적 계약에서는 이윤이 증가하면 보상도 증가하며, 반대로 이윤이 감소하면 보상도 낮아진다. 회사와 종업원의 이해관계가 맞아 떨어지는 것처럼 보인다. 그러나 주요 단점은 이런 계약은 대리인의 위험을 증가시킨다는 것이다. 즉, 대리인은 위험회피 성향을 갖고 있기 때문에 증대된 위험을 보상할 수 있도록 더 높은 임금을 요구한다는 것이다.[9] 그러나 행위지향적 계약은 위험을 대리인에게 전가시키지 않기 때문에 대리인은 위험에 따른 높은 임금을 요구할 필요가 없게 된다. 그러나 주역도 종업원의 행동을 적은 비용으로 모니터할 수 있어야 한다. 그렇지 않다면 주역은 모니터링에 투자를 하든지 임금이 부분적으로 결과에 연계시키는 계약을 행해야 할 것이다.[10]

조직이 채택하는 계약의 유형은 부분적으로는 다음의 요소들에 달려 있다.[11]

- 위험회피(risk aversion): 높은 위험회피 성향의 대리인은 결과지향적 계약을 덜 선호한다.
- 결과의 불확실성: 이윤은 결과의 한 예이다. 낮은 이익의 위험이 있을 때 대리인은 자신의 임금을 이익과 연계시키길 원하지 않을 것이다. 따라서 그들은 행위지향적 계약을 더 선호한다.
- 직무의 프로그램화 가능성(job programmability): 직무가 프로그램화하기가 어려울수록(덜 정형화되어 있을수록) 모니터링이 어려워 결과지향적 계약 가능성이 커진다.
- 측정가능한 직무결과: 결과가 측정가능할수록 결과지향적 계약의 가능성이 커진다.
- 지불능력: 결과지향적 계약은 위험프리미엄 때문에 높은 임금비용을 초래한다.
- 전통: 조직은 전통적으로 사용했던 계약유형을 사용할 가능성이 크다.

제 2 절 성과급의 전략적 의의

1. 조직목표와의 연계

최근 보상관리에 있어서 두드러진 추세는 인센티브(또는 변동급)의 증가이다. 인센티브는 성과에 근거한 보상이라는 철학에 근거하고 있다. 인센티브 프로그램을 설계하기 위해서는 인센티브를 받기 위해서 종업원(또는 집단이나 조직)이 달성하여야 할 기본성과기준을 설정하여야 한다. 기본성과기준이란 종업원이 인센티브(또는 변동급)를 받기 위해서 달성하여야 할 최소한의 성과수준을 의미한다.[12] 또한, 인센티브 프로그램은 모든 종업원이 조직의 성과와 성공에 기여하여야 한다는 철학을 강화할 수 있도록 설계되어야 한다. 이러기 위해서는 보상(개인보상과 집단보상 모두)은 조직목표와 연계되어야 한다.[13] 보상과 조직목표를 결합함으로써 종업원들은 자신의 직무에 대해서 오너십(ownership)을 가지게 되어 직무성과를 높이기 위하여 노력할 것이다. 또한 인센티브는 종업원들이 자신의 임무를 완수하기 위해서 노력을 경주하도록 설계되어야 한다. 〈그림 13-3〉은 인센티브 프로그램의

그림 13-3 인센티브 프로그램의 장점들

- 인센티브는 구체적인 성과목표에 초점을 두고 있기 때문에 조직목표를 달성하려는 동기를 자극한다.
- 인센티브는 결과와 관련된 변동비이다. 반면, 기본급(base salaries)은 결과와 관련이 없는 고정비이다.
- 인센티브는 성과와 직접 연계되어 있다. 성과목표(수량과 품질)가 달성되면 인센티브는 지불되지만 그렇지 않으면 지불되지 않는다.
- 인센티브가 팀 성과에 근거할 경우에는 인센티브는 팀워크를 강화한다.
- 인센티브는 성공에 기여한 사람들에게 성공을 분배하는 과정이다.

자료: G. Bohlander & S. Snell(2004), *Managing Human Resources*, South-Western, p. 428.

주요 장점들을 제시하고 있다.

2. 성공적 인센티브 프로그램의 조건들

인센티브 프로그램이 성공적이기 위해서는, 종업원들이 인센티브 프로그램에 대하여 호의적이고 긍정적으로 바라보아야 한다. 이런 긍정적 태도는 경영이 인센티브 프로그램을 도입할 때 종업원들에게 이의 장점을 얼마나 확신시키느냐에 영향을 받는다. 인센티브 프로그램의 개발과 관리에 있어서 종업원의 참여는 종업원들의 수용성을 증가시킬 것이다.

종업원들은 인센티브와 그들의 직무성과 사이의 명확한 관계를 지각할 수 있어야 한다. 이러한 관련성은 성과 판단기준이 객관적인 수량이나 품질일 때 더욱 명확해진다. 성과기준에 대한 종업원의 수용성 또한 인센티브 프로그램의 성공에 핵심적이다. 인센티브 프로그램에 대한 종업원의 수용성은 종업원과 상급자 사이의 상호신뢰와 이해를 필요로 하며 개방적이고 쌍방향의 의사소통에 의해 촉진될 수 있다. 경영은 또한 종업원들이 인센티브가 자격권리(entitlement)로 인식하도록 해서는 안 된다. 대신에 인센티브는 노력을 통하여 획득되어지는 보상으로 인식되게 하여야 한다. 인센티브가 기본급과 별개의 방식으로 지불된다면 이런 인식은 강화될 것이다. 성공적 인센티브 프로그램을 위한 조건들은 다음과 같다.[14)]

- 경제적 인센티브는 바람직한 행위와 연계되어야 한다.
- 인센티브 프로그램은 공정하여야 한다.
- 생산성/품질기준은 구체적이고 어려워야 한다.
- 인센티브 결정방식은 단순하고 이해가능하여야 한다.

인센티브 프로그램은 종업원들에게 명확하고 지속적으로 의사소통되어야 한다. 이것은 경제적으로 어려울 때도 마찬가지이다.

3. 인센티브 프로그램의 관리

생산성에 근거한 인센티브 프로그램은 직접 노동비용을 줄일 수 있지만, 소기의 목적을 달성하기 위해서 인센티브 프로그램은 신중히 설계되고 실행되어야 한다. 잘못 설계된 인센티브 프로그램이나 성과기준의 빈번한 변경은 종업원들의 불신만을 초래할 것이다. 인센티브 프로그램을 관리할 때 주의할 점은 다음과 같다.

- 관리자들이 개인, 팀 또는 조직성과에 따라 인센티브를 차등 지급할 경우에만 인센티브 프로그램이 효과적이다. 인센티브가 임금보전의 수단이 된다면 인센티브의 동기유발효과는 사라진다. 인센티브 프로그램의 기본 목적은 모든 상황에서 임금을 지불하는 것이 아니라 성과에 대한 동기를 유발하는 것이다. 따라서, 인센티브 프로그램이 효과적이기 위해서는 낮은 성과는 보상을 적게 받아야 한다.
- 인센티브에 대한 연간예산은 예외적으로 우수한 성과자를 충분히 보상할 수 있는 규모이어야 한다. 인센티브가 일정한 한계를 넘지 않도록 한다면(예를 들면, 기본급 또는 판매이익의 몇 퍼센트 이내로 인센티브를 한정하는 것), 예외적으로 우수한 개인이나 집단성과를 충분히 보상할 수 없을 것이다.
- 인센티브 프로그램을 실행하고 관리하는 데 드는 간접경비는 사전에 설정되어야 한다. 여기에는 성과기준을 설정하는 비용과 기준측정 및 기록비용 등이 있다. 인센티브 프로그램을 종업원에 의사소통하고 질문과 불평에 응답하는 비용도 여기에 포함되어야 한다.[15]

제3절 개인 인센티브 프로그램

경쟁적인 환경 속에서 개인 인센티브 프로그램을 설계할 경우 가장 중요한 요소는 유연성(flexibility)이다. 기술, 과정 그리고 조직목표(예를 들어, 저비용 전략의 추구) 등이 조직의 인센티브 프로그램의 선택에 영향을 미친다. 인센티브는 생산단위, 생산단위당 소요시간, 성과목표의 달성 등에 의해서 결정될 수 있다. 그 외에 조직은 조직철학과 관행 등을 고려하여 인센티브 프로그램을 설계하여야 한다.

1. 메리트 임금

메리트 시스템에서 임금인상은 주관적인 성과평가에 의해서 결정된다. 범위직무급을 채택하였을 경우 범위 내에서 종업원의 성과에 따라 다르게 임금인상을 행할 때 메리트 시스템을 적용한다. 단순하면서 전형적인 메리트 임금시스템을 〈그림13-4〉와 같이 표시할 수 있다. 종업원들은 매년 인사평가등급에 의해서 차등적 임금인상을 받는다.

메리트 임금의 목적은 종업원의 수단감(instrumentality perception)을 증가시켜 종업원을 동기유발하는 데 있다. 종업원을 동기유발시키기 위해서는 먼저 인사평가시스템이 정확하여야 하고 인사평가를 임금인상으로 전환시키는 방법이 있어야 한다. 인사평가를 임금인상으로 전환시킬 때에는 조직은 임금인상 규모나 시기에 유의하여야 한다.

임금인상의 규모에 대한 기본적 질문은 인사평가를 임금으로 전환시킬 때 어느 정도 차이를 두어야 하는가이다. 메리트 임금인상은 종업원이 실제로 가치 있는 무언가를 받았다는 느낌을 줄 수 있어야 한다. 종업원들이 실제로 차이를 느끼는 임금인상 규모를 학자들은 JND(just-noticeable difference)라고 부른다. 20%의 임금인상은 종업원들이 확실히 차이를 느낄 수 있다. 그

그림 13-4 메리트 임금인상의 예

인사평가	탁 월	평균 이상	평 균	평균 이하	미 흡
메리트 임금인상	6%	5%	4%	3%	0

러나 4%의 임금인상은 그렇지 않을 수도 있다. 일반적으로 JND는 현재의 임금수준에 따라 달라진다. 높은 임금을 받는 종업원들은 낮은 임금을 받는 종업원들보다 더 큰 임금인상을 받아야 차이를 느낄 수 있다. 예를 들어, 20만 원의 봉급을 받는 사람은 2만 원의 임금인상을 쉽게 인식할 수 있으나, 200만 원을 받는 사람은 2만 원의 임금인상을 그다지 크지 않다고 생각할 수 있다.

임금인상 시기에 관한 한, 바람직한 행위가 발생한 즉시 보상을 하는 것이 바람직하다. 그러나 메리트 시스템하에서는 이것은 불가능할 수도 있다. 왜냐하면 인사평가는 매일 또는 일주일마다 행해지지 않고 보통 6개월에서 1년에 한 번씩 행해지기 때문이다.

최근에는 메리트시스템에 대한 비판이 적지 않다. 첫째는 메리트인상은 기본급의 인상을 결과하기 때문에 임금인상의 영향이 퇴직할 때까지 누적적으로 작용한다는 점이다. 두 번째는 이론과는 달리 메리트 시스템이 바람직한 목표, 즉 종업원과 조직의 성과증진에 기여하지 못할 수 있다. 메리트시스템의 충분한 장점을 살리기 위해서는 시스템 전반에 대한 재검토가 필요할 수 있다: 인사평가의 정확성 증진, 성과에 대한 진정한 보상이 이루어질 수 있도록 충분한 메리트 재원 확보, 그리고 성과등급간 인지될 수 있는 임금인상 차이(즉 JND).

2. 일시불 메리트 임금

메리트 인상을 보다 유연하고 눈에 띠게 만들기 위해서는 일시불 메리트(lump-sum merit) 프로그램을 실시할 수 있다. 이 시스템하에서는 종업원들은 평가시기에 단 한 번 일시불을 받으며 이 일시불은 기본급에 더해지지는 않는다. 경영이 종업원을 보상하기 위해서 다른 조치를 취하지 않는 한 기본급은 승진 때까지 동결된다.

일시불 메리트 프로그램은 다양한 이점이 있다. 사용자는 임금비용을 통제할 수 있다. 일시불로 지불하는 메리트 임금은 기본급에 포함되지 않아 누적효과가 없다. 또한, 기본급이 인상 안 되므로 복지후생비용을 현 수준으로 유지할 수 있다. 종업원에게는, 일시불 메리트는 임금과 성과 사이의 명확한 연계를 느낄 수 있게 한다.

3. 생산실적 임률

생산실적 임률(piece rate)은 가장 오래된 인센티브 제도이다. 기본적으로 생산실적 임률은 산출물의 생산단위와 직접 연계되어 있으며 단순실적 임률(straight piece-rate)과 차등실적 임률(differential piece-rate)이 있다.

단순실적 임률: 단순실적임률은 가장 흔히 사용되는 인센티브 방식으로 임금은 생산수준에 직접적으로 비례한다(〈그림 13-5〉참조). 따라서 많이 생산한 종업원은 평균임금보다 높은 임금을 받을 수 있다.

차등실적 임률: 차등실적 임률의 주요 특징은 기준 시간당 생산량 수준에 따라 임률이 변동한다는 것으로 테일러 방식과 메릭크 방식이 있다. 〈표13-1〉은 테일러 방식과 메릭크 방식의 예가 제시되어 있다.

예를 들어, 테일러 방식에는 두 가지 임률이 있다. 하나는 사전에 설정된 기준에 미달했을 때 적용하는 임률이다. 〈표13-1〉의 예에서 생산목표는

그림 13-5 단순실적 임률제도

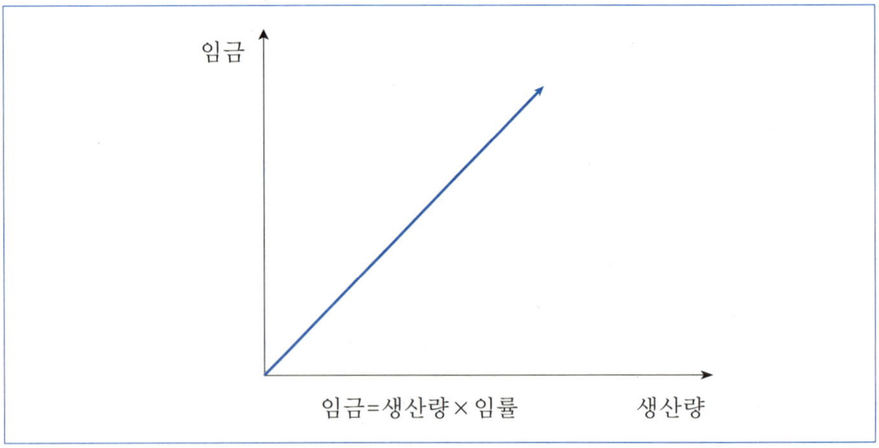

표 13-1 테일러와 메릭크방식의 예

(성과급 기준: 시간당 10단위, 표준임금: $5.00/시간)

생산량	단위당 Taylor임금	테일러임금	단위당 메릭크임금	메릭크임금
7단위/시간	$.50/단위	$3.50	$.50/단위	$3.50
8단위/시간	〃	$4.00	〃	$4.00
9단위/시간	〃	$4.50	$.60/단위	$5.40
10단위/시간	〃	$5.00	〃	$6.00
11단위/시간	$.70/단위	$7.70	$.70/단위	$7.70
+12+units	11단위 계산과 동일			

자료: G. T. Milkovich & J. M. Newman, *op. cit.*, p. 304.

시간당 11단위로, 목표를 달성하지 못했을 경우에는 시간당 $.50을 받는다. 다른 하나는 생산목표를 초과한 후에 적용되는 임률로서 정상임률보다는 높다. 〈표13-1〉의 예에서는 11단위 이상에서는 $.70의 임률이 적용된다. 메릭크방식은 테일러 방식의 결함을 보완하여 초보자에게도 인센티브를 주려는 방식이다. 메릭크 방식은 테일러 방식과 동일한 방식으로 운용되지만 단지 생산수준에 따른 임률을 3단계로 세분화하였다: ① 높은 임률-기준의 100% 초과, ② 중간임률-기준의 83%에서 100% 사이의 생산수준, 그리고 ③ 낮은 임률-기준 83% 이하의 생산수준

이들 시스템의 공통적 특징은 생산적인 종업원을 높게 보상하지만 비생산적 종업원에게는 손해를 보게 하는 것이다. 확실히, 생산수준별 임률의 수와 유형에 있어서 다양한 변형이 존재할 수 있다. 테일러와 메릭크 방식은 생산적인 종업원을 고취하기 위하여 설계되었지만, 비생산적 종업원에게는 벌칙을 부과하지는 않는다.[16]

'성과에 근거한 임금'이라는 명확한 이점에도 불구하고 생산실적 임률은 여러 가지 단점이 있다. 먼저, 많은 유형의 직무에 있어서 생산기준을 설정하기 어렵다는 것이다. 어떤 직무는 팀 단위로 수행되어서 개인적 공헌을 측정하기 어려울 수도 있으며 또한 작업공정이 기계화되어 개인이 생산량을 통제할 수 없는 경우도 있다. 또한 생산실적 임률시스템은 협력, 창의성 또는 문제해결을 강조하는 조직문화와는 맞지 않는다.

생산실적임률시스템의 가장 큰 약점은 효과적으로 종업원을 동기화시

킬 수 없다는 점이다. 만약 종업원들이 생산량의 증대는 동료들로부터 배척을 받는다고 믿는다면(때때로 '임률파괴(rate busting)'라고 불리운다), 동료들로부터의 인정과 수용이 경제적 욕구보다 크기 때문에 종업원들은 최선의 노력을 하지 않을 수 있다.

노조간부들은 경영이 생산실적 임률시스템을 생산을 가속화시키고 동일 임금하에서 종업원들이 더 일하게 하는 시스템으로 보는 경향이 있다. 이 외에 생산실적 임률시스템이 적절하지 못한 상황들은 다음과 같다.

- 품질이 생산량보다 더 중요한 경우
- 기술변화가 자주 일어날 경우
- 생산의 융통성을 늘리기 위해 교차훈련(cross-training)이 바람직한 경우

4. 시간임률

시간급시스템(hour system)은 실무에서 널리 사용되고 있는 또 다른 인센티브 방식으로 표준시간급과 변형시간급이 있다.

표준시간급: 표준시간급은 특정 과업완수에 걸리는 표준시간을 설정한 후 이를 기초로 인센티브를 지불하는 것이다. 예를 들어, 자동차의 동력전달장치, 즉 트랜스미션을 교체하는 데 4시간 작업이 표준이고 시간당 작업자의 임금이 $30이라고 하자. 그러면 트랜스미션을 교체하는 데 드는 노무비는 총 $120이 될 것이다. 만약 어느 작업자가 경험이 많아 표준작업시간보다 빠른 시간에 작업을 마쳤다고 가정하자. 그러나, 그 작업에 대한 임금은 표준시간에 근거하여 지불된다. 따라서 작업자는 네 시간보다 적게 일하고 4시간분의 임금을 받는 것이다. 이외에, 남은 시간에 다른 작업을 수행할 수도 있어 작업자의 임금이 높아진다. 표준작업시간시스템은 작업주기가 길고 비일상적 작업에 적용된다.

변형시간급: 변형시간급에도 작업단위당 표준작업시간에 연계해서 다양한 인센티브를 주는 것으로 할시 50-50법, 로우완식, 그리고 간트식 세

가지가 있다.

할시 50-50법은 직접 노무비의 절감분을 사용자와 종업원이 반반씩 갖는다는 것에서 명칭이 유래되었다. 특정 작업에 대한 표준시간은 시간연구(time study)에 의해 결정되어진다. 특정 과업을 표준시간보다 빠르게 완료함에 따라 생기는 비용절감분을 사용자와 종업원이 동일하게 50대 50으로 나누어 가진다.

로우완 방식도 표준시간보다 적게 든 작업으로부터 생긴 노무비 절감분을 사용자와 종업원이 나누어 가진다는 점에서는 할시식과 유사하다. 그러나, 작업완료에 걸리는 시간이 줄어듦에 따라 종업원의 보너스가 증가된다는 점이 다르다. 예를 들어, 어떤 작업을 완료하는 데 10시간의 표준시간이 책정되었고 종업원이 7시간만에 작업을 완료하였다면, 종업원은 30%의 보너스를 받는다. 그러나 6시간만에 작업을 완료했다면 시간당 임금 외에 40%의 보너스를 받는다.

간트식은 특정 과업에 대한 표준시간을 의도적으로 높은 수준으로 설정했다는 점에서 할시나 로우완식과는 다르다. 표준시간 내에 과업완수에 실패한 종업원들에게는 사전에 설정된 임금이 보장된다. 그러나, 표준시간 내에 과업을 완수한 종업원에게는 절약된 시간의 120%가 고정적으로 보상된다. 결과적으로, 표준작업시간 내에 작업을 완료하면 종업원의 임금이 생산량보다 더 빠르게 증가한다.

5. 판매 인센티브

대부분의 영업직은 열정과 추진력을 필요로 하기 때문에 다양한 형태의 판매 인센티브가 널리 사용되고 있다. 판매 인센티브는 협력과 신뢰를 촉진시킨다.[17] 사무실에서 벗어나서 밀접하게 감독할 수 없는 종업원들에게 동기화와 자기절제는 특히 중요하다.

영업사원의 성과는 판매액과 신규거래를 수립할 수 있는 능력에 의해 측정될 수 있다. 이 외에도 새로운 제품의 판매를 촉진하거나 다양한 형태의 고객서비스를 제고할 수 있는 능력도 포함할 수 있다. 그러나 영업사원의 성과는 그들이 통제할 수 없는 외부적 요소에 의해 영향을 받을 수 있기 때문에 성과기준을 개발하기란 쉽지 않다. 경제적 상황, 판매경쟁, 수요의 변화, 그리고 지역적 영역 등이 개인의 판매실적에 영향을 미칠 수 있다. 따라서 판매액 하나만으로는 영업사원의 노력 지표로 부족하다.[18)]

영업사원에 대한 인센티브 프로그램을 설계하는 데 있어서 조직은 영업사원의 추가적 노력을 어떻게 평가할 것인가와 동시에 판매에 즉시 기여를 하지 않지만 바람직한 행동을 어떻게 보상하여야 하는가를 고려하여야 한다. 더욱이, 영업사원에게는 어느 정도 수입의 안정성을 제공할 수 있어야 한다.[19)]

영업사원에 대한 보상 프로그램으로는 완전 월급제, 단순 커미션제(straight commission)와 월급과 커미션 복합제가 있다. 완전 월급제하에서 조직은 단기적 매출에 직접 연계되지 않는 다양한 바람직한 행동에 대해서 보상할 수 있다. 이 제도하에서 영업사원은 소득의 감소 없이 고객과 좋은 관계를 유지할 수 있다. 그러나 완전 월급제는 판매를 극대화하기 위한 종업원의 노력을 극대화할 수 없다는 것이 주요 단점이다.

반면, 단순 커미션제는 판매액에 근거하고 있어 판매동기를 극대화할 수 있고 계산하기 쉽고 이해하기도 쉬운 장점이 있다. 그러나 단순 커미션제는 다음과 같은 단점이 있다.

- 이윤보다 판매액 강조
- 판매 후 고객서비스 소홀 가능성
- 경기에 따른 소득의 변동성
- 영업사원의 가격양보 유혹
- 불경기시 훈련받은 영업사원 사퇴율 증가 경향

월급과 커미션 복합제(combined salary and commission system)하에서 커미션으로 지불하는 현금 비율을 레버리지(leverage)라고 부른다. 레버리지는 통상 기본급과 커미션의 비율로 표시된다. 예를 들어, 70/30 커미션제하에서는 총보상 중 기본급이 70퍼센트 그리고 커미션이 30퍼센트를 차지한다. 월급과 커미션제가 널리 사용되게 하는 장점들은 다음과 같다.[20)]

- 적절한 월급과 커미션 비율은 완전 월급제와 단순 커미션제의 장점들을 모두 취할 수 있다.
- 월급과 커미션 복합제는 융통성이 커 회사의 이익을 극대화할 수 있도록 설계될 수 있다.
- 영업사원들은 판매액 이외에 구체적인 회사의 마케팅 목적을 달성하도록 동기화될 수 있다.

제 4 절 팀 인센티브

종업원간 팀워크와 협력이 중요해짐에 따라 팀 인센티브는 점점 널리 적용되고 있다. 팀 인센티브는 사전에 합의된 성과기준을 달성 또는 초과했을 때 팀 구성원에게 인센티브를 지불하는 제도이다. 또한, 팀 인센티브는 팀 협력을 촉진하는 심리적 분위기를 구축할 목적도 지니고 있다.

팀 인센티브를 설계할 때 고려하여야 할 점은 모든 팀이 동일하지는 않다는 것이다. 예를 들어, 팀 유형에는 다기능팀, 태스크 포스팀, 자율작업팀 등 다양하기 때문에 하나의 팀 인센티브 제도로 모두를 관리하는 것은 불가능하다. 또, 팀의 다양성 때문에 일률적인 성과기준과 인센티브 결정방법을 적용하기 어렵다.

그럼에도 불구하고 조직은 팀 인센티브제도를 구축하는 데 다음 세 단계 접근법을 취한다. 첫째, 인센티브의 근거가 되는 성과기준과 측정치를 설정한다. 능률과 품질의 개선, 원자재 또는 인건비 절감들이 널리 사용되는 기준들이다. 예를 들어, 팀의 인건비가 판매액의 30퍼센트를 차지한다면, 조직은 인건비 절감분에 대해서 인센티브를 제공할 수 있다. 둘째, 인센티브 규모를 결정한다. 예를 들어, AAL(Aid Association for Lutherans)은 기본급의 10퍼센트까지 팀 인센티브를 지불한다. 인센티브의 정확한 규모는 일년간의 팀 성과와 조직성과에 달려 있다. AAL에서 팀 인센티브는 일 년에 한 번 지불한다. 셋째, 인센티브 계산공식을 수립하여 종업원들에게 충분히

그림 13-6 팀 인센티브의 장·단점

장 점
• 개별 종업원의 공헌은 팀 협력에 달려 있다. • 단지 결과에 의존하는 인센티브와는 달리, 팀 인센티브는 결과뿐만 아니라 과정(즉, 행동)에 대한 성과기준에도 근거할 수 있다. • 팀 인센티브는 종업원 개인의 이기심을 줄여 개인 성과기준이 너무 높다거나 낮다는 등의 불평을 줄일 수 있다. • 팀 인센티브는 교차훈련과 새로운 인간관계 역량의 획득을 고무한다.
단 점
• 개별 팀 구성원은 자신의 개별 노력이 팀 성공이나 인센티브 획득에 거의 기여하지 못한다고 느낄 수 있다(즉, 낮은 수단성). • 무임승차(free-rider)가 발생할 수 있다. • 복잡한 인센티브 공식은 팀 구성원이 이해하기 어려울 수도 있다.

자료: G. Bohlander & S. Snell(2004), *Managing Human Resources*, South-Western, p. 445.

설명하여야 한다. 팀 인센티브는 동일한 액수로 팀원에 분배하거나, 기본급에 비례하여 분배하거나 또는 팀에 대한 상대적 공헌도에 근거하여 분배할 수 있다. 어떤 경우에는 팀원 자신들이 팀 보너스 분배방식에 합의할 수 있다. 〈그림 13-6〉은 팀 인센티브의 장·단점을 제시하고 있다.

제 5 절 조직단위보너스

조직단위보너스시스템(organizational bonus system)은 종업원이 주기적으로 받는 보너스의 규모를 결정하기 위하여 다양한 조직성과에 대한 측정치를 활용한다. 이런 시스템은 종업원 보상의 유일한 원천으로 사용되는 것이 아니고 종업원이 받는 기본급 외에 받는 부가급 형태를 가진다. 전형적으로, 조직성과에 대한 측정은 비용절감(cost saving)이나 이윤(profit)에 초점을

둔다.[21)]

1. 비용절감시스템들

1) 스캔론 플랜

비용절감시스템은 다양한 형태를 지닐 수 있다. 그러나 가장 전형적인 것은 스캔론 플랜(Scanlon plan)이다. 스캔론 플랜은 노무비 절약을 위해서 설계된 것으로 생산의 판매가치(sales value of production: SVOP)에 대비한 노무비 절감 정도에 의해서 보너스가 결정된다. 여기서 생산의 판매가치란 매출액과 재고자산의 가치를 합한 것을 의미한다.

예를 들어, 어느 회사에서 전형적으로 노무비가 생산의 판매가치의 50%를 차지한다고 결정하였다고 가정하자, 또 특정 달에 생산의 판매가치가 $100,000 그리고 실제노무비가 $40,000이 되었다고 하자. 그러면 기준치인 $50,000(즉 $100,000×0.5)에 비해 20% 비용절감을 결과한 것이다. 따라서 비용절감분인 $10,000이 인센티브 풀에 들어간다. 여기서 20%는 예비비로 유보되며(실적이 나쁜 달을 위해서), 또 다른 20%는 경영에 귀속되고 나머지 60%는 종업원에게 돌아간다. 이 예에서는, $6,000이 분배가능한 금액이다. 만약 이 회사의 총 노무비가 $40,000이라면 각 종업원은 15%($6,000÷40,000)의 보너스를 받는다. 위의 과정을 간략하게 표시하면 〈표 13-2〉와 같다. 비용절감분 중 경영, 종업원 그리고 예비비 사이의 분배기준은 노사협의에 의해서 결정될 수 있다.

2) 럭커 플랜(Rucker Plan)

럭커 플랜에서는 스캔론 플랜에서보다도 인센티브풀을 결정하는 것이 좀더 복잡하다. 생산의 판매가치에 근거하고 있는 스캔론 플랜과는 달리 럭커 플랜에서는 생산의 부가가치에 근거하여 보너스를 계산하고 있다. 다시 말하면, 생산가치나 노무비 비율에 의해서 생산성을 결정한다. 구체적인 예

표 13-2 스캔론 플랜의 예

생산의 판매가치	\$100,000
표준노무비율	0.5
표준노무비	\$50,000
실제노무비	\$40,000
인센티브 풀	\$10,000
종업원 보너스 풀(×0.6)	\$ 6,000
총임금액	\$40,000
보너스비율	15%(\$6,000÷40,000)

를 더 살펴보면 〈표 13-2〉와 같다.[22)]

1. 어떤 회사가 \$1의 가치의 제품을 생산하기위해 전기, 원재료, 부품 등으로 \$0.60을 소비한다고 가정하자. 그러면 판매가치 \$1.00당 부가가치는 \$0.40이 된다. 또한 부가가치의 45%가 노동에 의해 발생된다고 하면 생산성비율(productivity ratio: PR)은 다음과 같이 구해진다.
2. PR×.45=1.00 여기서 PR=2.22
3. 총 노무비가 \$100,000이라면, 기대생산가치(expected production value)는 총 노무비(\$100,000)×PR(2.22)=\$222,222.22 가 된다.
4. 실제 생산가치(actual production value)가 \$280,000이라면 절감분(실제 생산가치-기대생산가치)는 \$57,777.78 이다.
5. 부가가치 중 노동의 기여가 45%이므로, 노동에 귀속될 보너스는 0.45×\$57,777.78=\$26,000 이 된다.
6. 이 보너스 풀이 사전에 설정된 분배기준(예를 들면 예비비 20%, 경영 20% 그리고 노동 60% 등)에 의해 나눈다.

이러한 비용절감계획들은 종업원을 동기유발하기 위하여 현금보너스에만 의존하는 것이 아니라 이런 계획을 실시할 때에는 조직전반에 걸쳐 다수의 겸임위원회(interlocking committee)가 설치된다. 예를 들어, 생산위원회(production committee)는 감독자, 엔지니어, 그리고 부서 종업원들을 대표하는 2명의 종업원으로 구성되어 있다. 생산위원회는 공장운영위원회(plant steering committee)에 보고를 한다.[23] 이들 위원회들은 ① 비용절감을 달성하기 위한 제안, ② 일반 종업원들로부터의 제안평가, 그리고 ③ 경영, 종업원, 그리고(있다면) 노조간부 사이의 의사소통과 협력 촉진 등의 기능을 수행한다. 스캔론이나 럭커같은 비용절감계획들은 최근에 상당한 주목을 받고 있으며 이를 적용하는 기업들이 증가할 전망이다.

2. 이윤분배제도

비용절감계획보다도 널리 활용되고 있는 것이 이윤분배제도이다. 이윤분배제도하에서는 기업들은 이익의 어느 정도를 종업원에게 분배한다. 이 제도의 목적은 조직운명과의 파트너십과 공동체의식의 촉진, 높은 성과에의 동기강화, 그리고 이직률 저하 등이다.

이윤분배제도는 분배시기와 해당 종업원의 범위 등에 따라 다양한 형태가 있다. 분배시기로는 매년 이윤분배를 실시하느냐 또는 종업원이 퇴직할 때까지 지불이 연기되느냐 등으로 구분될 수 있다. 또한 모든 종업원들이 이 제도에 포함될 수도 있으며 아니면 최고경영자들만 포함시킬 수 있다.

최근 벤처창업이 증가함에 따라 이익분배제도에 관한 관심이 고조되고 있다. 그러나 이윤분배제도에 대한 효율성에 대한 분석은 아직 존재하지 않는다. 그러나 종업원 동기유발에 관한 한, 이윤분배제도는 비용절감계획보다 덜 효과적일 수 있다. 이것은 종업원의 노력과 기업의 이윤 사이의 연계성이 비교적 적기 때문이다. 그러나 종업원의 노력과 비용절감 사이의 연계는 비교적 강하기 때문이다.

3. 종업원 지주제도

종업원 지주제(employee stock ownership)는 종업원들이 전반적인 조직의 성공에 초점을 맞추게 한다는 점에서 이윤분배제도와 유사하다. 그러나 종업원 지주제는 종업원들이 실제로 주식을 팔기 전에는 경제적 이득을 누릴 수 없기 때문에 장기적 인센티브의 일종이다. 이윤분배제도와 마찬가지로, 성과동기와 임금 사이의 연계성이 약하므로 종업원 지주제는 종업원 개인 성과를 높이는 데는 그다지 효과적이지 못하다. 보상의 실질적 경험을 강조하는 학습이론의 관점에서 판단할 때도 성과동기는 그다지 높지 않을 것이 예상된다.

종업원 지주제를 실행하는 한 방법으로 주식옵션(stock option)을 들 수 있다. 주식옵션제하에서 종업원들에게는 일정한 가격으로 주식을 살 수 있는 기회가 주어진다. 예를 들어, 2000년도에 종업원들이 주당 1만원으로 주식을 살 수 있는 옵션을 받았고 2005년에는 주식이 주당 3만원이 되었다고 하자. 종업원들은 2005년에 주당 1만원으로 주식을 살 수 있는 옵션을 행사하면 주식을 팔 때 상당한 투자이익을 얻을 수 있다. 그러나 만약 주식가격이 2005년에 주당 8,000원이라면 경제적 이득을 얻을 수 없다. 따라서, 종업원들은 생산성을 올려 주가가 올라갈 수 있도록 노력할 것이다.[24)]

주식옵션은 통상 경영자들을 대상으로 하고 있지만 점차 전 조직구성원으로 대상을 확대하고 있는 추세이다. 이러한 추세는 벤처기업에서 더욱 두드러지게 나타난다. 대리인이론에 의하면, 주식옵션은 조직구성원들이 소유자처럼 생각하도록 만들기 때문에 조직성과를 높일 수 있다.[25)] 그러나 낮은 계층의 종업원들은 전반적 조직성과에 영향을 미칠 기회가 적기 때문에 이런 주장이 실증적으로 뒷받침될 수 있는지는 명확하지 않다.

우리나라에서 주식옵션은 회사가 자사주를 사들인 뒤 최대 30%의 할인된 금액으로 나누어 줄 수 있으며 총발행주식의 20% 한도내에서 가능하며 10%는 이사회 결의만으로도 가능하다.

우리나라에서 종업원 지주제(employee stock ownership plan: ESOP)는 2002년부터 도입되었으며 종업원의 복지증진과 이를 통한 생산성 향상을 목적으로 하고 있다. 종업원 지주제는 기본적으로 주식보너스 계획(stock bones plan)과 차입형 계획(leveraged plan), 두 형태가 있다.[26)] 주식보너스계획하에서는 조직은 매년 주식을 ESOP 기금에 넣거나 주식을 살 수 있도록 현금을 ESOP에 지불한다. ESOP는 종업원을 대신하여 주식을 보유하고 있으며 주식의 가치를 정기적으로 종업원에게 알려준다. 주식 분배는 임금 또는 연공에 의해 이루어진다. 종업원이 퇴직하거나 조직을 떠날 때 종업원들은 자신의 주식을 조직에게 되팔거나 주식시장에서 팔 수 있다.

차입형 계획은 ESOP가 주식을 사기 위해서 은행이나 다른 금융기관으로부터 돈을 빌린다는 것만 빼고 주식보너스 계획과 동일하다. 조직은 매년 ESOP에 돈을 지불하고 ESOP는 이 돈을 금융기관에 갚는다. 조직은 ESOP 기금으로 보유한 주식을 은행에 대한 담보로 제공할 수 있다. 차입금을 갚고 나면, 담보로 사용했던 주식은 종업원 계정으로 분배된다.

ESOP는 여러 가지 독특한 이슈들을 제기한다. 첫째, 부정적인 측면으로, ESOP는 종업원에게 위험부담을 초래할 수 있다. 종업원들이 직장을 유지하기 위해서 재무상태가 나쁜 자기 회사의 주식을 산다면, 종업원들의 회사의 실적이 나쁘면 심각한 재무적 어려움에 처하게 된다. 둘째, ESOP를 적대적 인수/합병의 방어기제로 활용될 수 있기 때문에(종업원들이 경영에 우호적이라는 가정하에) 조직에게는 매력적일 수 있다. 종업원들은 소유한 주식의 비율대로 투표권을 행사할 수 있다. 셋째, 조직이 ESOP로 퇴직금을 지불하는 경우, 종업원들은 회사의 주가에 의존적일 수밖에 없다. 앞으로 퇴직할 사람들은 경영의 실수는 물론 주식시장의 변동에 대해서도 취약할 수밖에 없다.

제 6 절 보상정책: 임금믹스

지금까지 우리는 보상전략(compensation strategy)를 수립할 때 고려하여야 할 기본적인 다섯 가지 요소, 즉 임금수준, 임금구조, 임금형태, 임금체계 그리고 임금관리에 대해서 검토하였다. 이미 언급하였듯이 보상정책 수립자는 조직의 경쟁우위 달성에 도움이 될 수 있도록 5가지 변수들을 적절히 조합하여 보상정책을 수립하여야 한다. 보상정책에 있어서 구체적인 의사결정변수를 살펴보면 〈표 13-3〉과 같다.

이러한 의사결정변수들을 이용하여 독특한 기업전략이나 환경에 맞는 보상정책을 수립하는 것이다. 일반적으로 두 가지 유형의 보상전략이 식별

표 13-3 보상정책에 있어서 의사결정변수

- ◎ 직무 대 스킬
- ◎ 성과 대 연공
- ◎ 개인성과 대 집단성과
- ◎ 단기적 보상 대 장기적 보상
- ◎ 임금수준 대 시장
- ◎ 계층적 대 평등주의적(equalitarian)
- ◎ 고정임금 대 인센티브
- ◎ 성과의 계량적 측정 대 질적 측정
- ◎ 보너스 대 지연보상(deferred compensation)
- ◎ 내재적(intrinsic) 대 외재적(extrinsic) 보상
- ◎ 집권적 임금관리 대 분권적 임금관리
- ◎ 임금공개 대 임금비밀
- ◎ 관료적 정책 대 융통적 임금정책

자료: L. R. Gomez-Mejia & T. M. Welbourne(1988), "Compensation strategy: An overview and future steps," *Human Resource Planning*, 11: 3, pp. 173~190.

된다.[27)]

첫번째는 기계적 보상전략이다. 이것은 임금결정을 '일상화'한 공식적 규칙과 절차를 강조하며 조직전반에 대해 일관되게 적용된다. 이들 기업들은 종업원들의 스킬이 아니라 직무를 보상하며, 기본급(base pay)을 강조하며 개인성과를 평가한다. 이들 기업들은 시장보다 높은 임금을 지불하고 또 연공을 강조하기 때문에 종업원들은 조직에 '고착되기' 쉽고 조직외부에서 비슷한 보상을 하는 직무를 찾기 어렵다. 이들 조직은 또한 내부노동시장 내에서 이동을 강조하므로 장기근속을 결과한다. 경력경로를 통한 승진이 강조된다. 임금관리는 기본적으로 집권적으로 행해지며, 종업원참여가 거의 이루어지지 않으며 관료적 정책을 통하여 이루어진다.

두 번째 유형은 유기적 보상전략이다. 이들 기업들은 변화하는 환경과 개인상황에 보다 반응적이다. 유기적 전략은 기계적 전략과 반대적 특성을 가진다. 유기적 보상전략은 임금의 기준으로서 스킬, 성과, 집단 및 개인고과, 외부공정성 및 그리고 평등주의적 접근법을 취한다. 설계와 관리 측면에서는, 유기적 전략은 시장 이하의 임금, 임금믹스(pay mix)에서 높은 인센

표 13-4 전략적 보상 유형들

기계적(mechanistic) 보상전략	유기적(organizing) 보상전략
임금의 기준	임금의 기준
직　무	스　킬
연공강조	성과강조
개인고과	집단 및 개인고과
단기적 보상	장기적 보상
내부 > 외부공정성	외부 > 내부공정성
계 층 적	평등주의적
계량적 성과측정	질적 성과측정
설계이슈들	설계이슈들
임금수준 > 시장	임금수준 < 시장
고정급 > 인센티브	인센티브 > 고정급
빈번한 보너스	지연소득
내재적 보상에 의존	외재적 보상에 의존
관리적 틀	관리적 틀
집 권 적	분 권 적
비참여적	공개된 의사소통
관료적 정책	참　여
	융통적 정책

자료: L. R Gomez-Mejia & T. M. Welborne, *op. cit.*, p. 300.

티브 비중, 보너스와 지연보상의 사용, 외재적 보상, 분권적이고 공개된 임금정책, 유연한 보상프로그램 등을 강조한다.

〈표 13-5〉는 보상정책유형과 사업전략 사이의 연계를 나타내고 있다.[28] 기계적 보상정책은 내부성장, 관련된 제품 그리고 지배적 사업 등을 강조하는 사업전략과 연관이 있다. '내부성장'전략은 수직적 통합이 된 기업에서 채택하는 전략으로 현재 제품에 높은 몰입을 갖고 있으며 현 제품분야에서 신중하게 확장하고자 한다. '관련제품' 전략은 핵심사업과 밀접한 관련이 있는 사업이나 제품으로 다각화를 통해 성장하고자 하는 전략이다. '지배적(dominant)' 사업전략은 어느 정도 다각화는 하지만 하나의 사업으로부터의 수입이 상당한 비율을 차지하는 것을 의미한다. 다시 말하면, 기계

표 13-5 조직구조와 보상전략과의 연계

기계적 보상전략	혼합보상전략	유기적 보상전략
내부성장 관련제품 지배적 사업 유지 방어자(defender)	분석자(analyzer) 지배적 제품	단일제품 인수를 통한 성장 비관련적 사업 투기자(prospector) 역동적 성장
요약 현시장 점유율 유지-성숙된 기업-전문성 있는 분야 확장	요약 혼합전략-융통성 필요-변환기기의 기업	요약 성장기업-비관련적 사업의 인수를 통한 성장

자료: *Ibid.*, p. 301.

적 보상전략을 채택하는 기업은 현재의 사업이 매우 안정적이고, 그 사업분야에 있어서 전문성을 확장하여 유사한 사업분야로 진출하려는 사업전략을 채택하는 경향이 있다. 보상전략은 현재 사업강화에 필요한 내부에서 성장한 인재를 유지할 수 있는 임금패키지와 정책을 제공함으로써 기업전략을 보완한다. 장기근속이 기업의 전문성 유지에 필요한 전문성을 제공하므로 근속(또는 연공)은 보상을 받는다.

기계적 보상정책과 연계된 사업전략은 "방어자(defender)"와 "유지(maintenance)" 전략이다. 방어자는 현재 시장점유율 유지에 관심을 가지며, 유지전략은 이름이 의미하는 바와 같이 시장에서 현재 위치 유지에 관심을 갖고 있다. 이러한 기업들은 기본적으로 현재의 시장과 제품에 관심을 갖고 있다.

유기적 보상정책은 단일제품, 인수를 통한 성장 그리고 비관련적 사업 등의 사업전략과 연계가 크다. '단일제품(single product)'전략은 좁은 분야에서 급격한 성장을 준비하는 성장초기의 기업에 의해 특징지워진다. '인수를 통한 성장(acquisition growth)'전략은 확장의 방식으로 인수나 합병등을 활용하는 성숙된 기업에 의해 특징지워진다. 이런 기업들은 현재의 산업 또는 사업과는 관련이 없는 사업을 인수함으로써 성장한다. 비관련적 사업전략을 채택하는 기업은 수직적으로 통합하는 것이 아니라 새로운 시장에 진입함으로써 다각화한다.

이들 기업들의 사업전략은 기계적 보상정책을 지닌 기업들의 사업전략과는 상반되는 경향이 있다. 성숙한 성장단계에 있는 기업들은 현재의 사업과 관련된 사업을 인수함으로써 신중한 확장을 꾀하기보다는 관련이 있는 사업은 물론 관련이 없는 사업까지도 적극적으로 인수한다. 이런 기업들은 위험한 환경을 다루기 위하여 다양한 전문성을 지닌 종업원을 유인할 필요가 있다. 이런 경우 보상은 행위보다는 결과를 통제하고자 한다. 기업의 전문성 밖에 있는 기업을 인수하는 것은 본사의 경영자들이 새로이 인수된 기업의 경영자를 통제할 만큼 충분한 지식을 갖고 있지 않다. 인수된 기업을 성공적으로 운용하기 위해서는 이들 기업들은 목표달성에 필요한 행위를 측정하기보다는 현실적 운용목표를 설정하고 목표달성 정도를 성과로 측정하고자 한다. 더욱이 성장하는 기업들도 사업의 위험성과 성장 때문에 고정비를 최소화하려고 한다. 따라서 고정비용을 줄여 주는 임금시스템이 이들 회사에 적합할 것이다.

유기적 임금정책과 관련된 사업전략으로서는 '투기자(prospector)'와 '동태적 성장(dynamic growth)'이다. 투기전략은 새로운 제품과 시장을 적극적으로 찾고 현 기업의 전문성 내외에서 기회를 추구한다. 동태적 성장전략은 때때로 중요한 재무적 위험을 감수한다. 이상의 두 전략은 기계적 보상전략과 연계된 사업전략과는 정반대적인 경향이 있다. 기계적 보상전략과 연계된 사업전략은 현재의 시장점유율 유지를 강조하는 반면, 유기적 보상전략과 연계된 사업전략은 새롭고 관련이 없는 사업분야에로의 급속한 확장을 강조한다.

〈표 13-5〉에서 '분석자(analyzer) 전략'은 안정적 시장과 성장시장 모두에서 기업을 운용하므로 기계적 보상과 유기적 보상의 중간적 성격을 지닌다. 중간위치는 '지배적 제품전략(dominant product strategy)'과 연관이 있다. 이 전략은 기업의 다각화가 제한되어 있고 대부분의 수입이 단일제품에서 나오는 것으로 특징지울 수 있다. 이런 기업들은 변화 중에 있으므로 통제와 자율을 모두 제공할 수 있는 보상전략이 필요하다.

간 추 림

기업들은 경쟁적 환경 속에서 생산성을 높이고 노동비용을 낮추기 위해서 성과급(pay-for-performance)를 도입하고 있다. 성과급에는 메리트 임금(merit pay), 보너스, 커미션, 팀 인센티브, 그리고 조직단위 보너스 등 다양한 형태의 보상제도가 포함된다. 성과급은 보상과 조직목표를 결합함으로써 종업원들이 자신의 직무에 대해 오너십을 가지게 되어 직무성과를 높이는 데 목적이 있다.

- 기대이론에 의하면 성과급은 수단감(instrumentality perception)의 강화를 통하여 종업원을 동기유발할 수 있다.
- 대리인이론(agency theory)에 의하면 주역(principal)과 대리인(agency)의 이해가 조화될 수 있도록 보상시스템을 설계하여야 한다.
- 인센티브 프로그램이 성공적이기 위해서는 성과기준이 구체적이고 어려워야 하며, 조직구성원은 인센티브 결정방식을 이해하고 공정하다고 지각하여야 한다.
- 인사평가에 의해 차등적으로 임금인상을 하는 것을 메리트 인상이라고 하며 이는 종업원을 동기유발하는 데 목적이 있다. 그러나 인사평가를 임금인상에 반영시킬 때에는 임금인상 규모나 시기들에 유념하여 설계하여야 한다.
- 생산실적 임률(piece rate)에는 단순실적 임률(straight piece-rate)과 차등실적 임률(differential piece-rate)에 있으며, 시간임률에는 표준시간급과 변형시간급이 있다.
- 영업직에 대한 인센티브 프로그램을 설계할 때에는 영업실적은 물론 바람직한 행위를 어떻게 보상할 것인가를 고려하여야 한다. 영업직에 대한 보상 프로그램의 유형으로는 완전 월급제, 단순 커미션제, 그리고 월급과 커미션 복합제가 있다.

○ 조직단위 보너스제도로는 비용절감(cost savings)제도, 이윤분배(profit sharing)제도, 그리고 종업원 지주제가 있다. 조직단위 보너스는 부가급 형태를 취하고 있으며 우리나라에서도 이를 적용하는 기업들이 증가하는 추세이다.

○ 보상전략은 크게 유기적 보상전략과 기계적 보상전략으로 나눌 수 있다. 기계적 보상전략은 내부성장, 관련제품 그리고 지배적 사업 등을 강조하는 사업전략에 적합하며, 반면에 유기적 보상전략은 인수를 통한 성장 그리고 비관련적 사업 등의 사업전략과 연계가 크다.

핵심용어

효과의 법칙　수단감
주역　대리인
메리트 임금　JND
일시불 메리트　생산실적 임률
시간임률　판매 인센티브
팀 인센티브　조직단위 보너스
스캔론 플랜　럭커플랜
이윤분배제도　종업원 지주제도
기계적 보상전략　유기적 보상전략

토의문제

1. 어떤 경우에 성과와 연계된 보상이 종업원들에 대한 동기유발효과가 적거나 없을까? 기대이론을 이용하여 설명하시오.
2. 대리인들은 어떤 이유에서 결과지향적 보상에서 행위지향적 보상에서보다 더 높은 임금을 요구하는가?
3. 어떤 조건하에서 팀 인센티브가 효과적인가?
4. 조직에서 메리트 임금을 적용할 때 주의할 사항은 무엇인가?
5. 이윤분배제도를 도입할 때 고려할 사항들로는 무엇이 있는가?
6. 비용절감 플랜은 주로 제조분야에서 활용되나 서비스업에도 적용할 수 있다. 서비스업에서 비용절감 플랜을 적용하기 위해서 성과기준을 어떻게 개발하여야 하는가? 은행이나 병원을 예로 들어 설명하시오.

참고문헌

1) M. Browne & J. S. Heywood(2002), *Paying for Performance: An international comparison, Armonk*, N. Y.

2) G. Bohlander & S. Snell(2004), *Managing Human Resources*, South-Western.

3) H. G. Heneman, III, D. P. Schwab, J. A. Fossum & L. D. Dyer(1994), *Personnel/ Human Resource Management*, 4th ed., Chicago, IL: Irwin.

4) R. A. Noe, J. R. Hollenbeck, B. Gerhart, & P. M. Wright(2003), *Human Resource Management*, McGraw-Hill.

5) A. Kohn(1993), Why incentive plans cannot work, *Harvard Business Review*, September-October.

6) R. A. Noe, J. R. Hollenbeck, B. Gerhart, & P. M. Wright(2003), *Human Resource Management*, McGraw-Hill.

7) L. R. Gomez-Mejia, H. Tosi, & T. Hinkin(1987), Managerial Control, Performance, and executive compensation, *Academy of Management Journal*, 30, pp. 51~70.

8) K. M. Eisenhardt(1989), Agency theory : An assessment and review, *Academy of Management Review*, 14, pp. 57~74.

9) R. E. Hoskisson, M. A. Hitt, & C. W. L. Hill(1993), Managerial incentives and investment in R&D in large multi product firms, *Organizational Science*, 4, pp. 325~41.

10) K. M. Eisenhardt(1989), Agency theory : An assessment and review, *Academy of Management Review*, 14, pp. 57~74.

11) E. J. Conlon & J. M. Parks(1990), Effects of Monitoring and tradition on compensation arrangements: An experiment with principal-agent dyads, *Academy of Management Journal*, 33, pp. 603~22; K. M. Eisenhardt(1988), Agency-and institutional-theory explanations: The case of retail sales compensation, *Academy of Management Journal*, 31, pp. 488~511.

12) S. T. Johnson(1998), Plan your organization's reward strategy through pay-for-performance dynamics, *Compensation and Benefits Review*, 30, 3, pp. 67~72.

13) G. E. Ledford & E. J. Hawk(2000), Compensation Strategy: A guide for senior managers, *American Compensation Journal*, 9, 1, pp. 28~38.

14) G. Bohlander & S. Snell(2004), *Managing Human Resources*, South-Western, p. 428.

15) *ibid.*, p. 431.

16) 박경규(2001), 「신인사관리: 노동과 자본의 통합이론」, 제 2 판, 홍문사; 최종태(2001), 「현대임금관리론」, 박영사; 임종률(1999), 「노동법」, 박영사.

17) C. Albrecht & M O' Hara(2001), It's not all relative: Putting quotas against other incentive plans to motivate sales performance, *Worldatwork Journal*, 10, 3, pp. 59~67.

18) B. Guithier(2002), The sales compensation challenge: Meeting the diverse needs of multiple business units, *Workspan* 45, 3, pp. 34~8; B. Brown(2002), Rewarding results: The road to sales compensation excellence, *Workspan* 45, 1, pp26~32.

19) T. Parks(2002), Fighting an uphill battle: Motivating a sales force in tough times, Workspan 45, 4, pp. 64~7; D. Fiedler(2002), Should you adjust your sales compensation? HRMagazine 47, 2, pp. 64~7.

20) L. J. Riley & A. Anderson(2001), Little things make a big difference, *Workspan* 44, 5, pp. 56~61.

21) Heneman, III *et al.*(1994), *op. cit.*, p.315.

22) G. T. Milkovich & J. M. Newman(1999), *op. cit.*, p. 315.

23) H. G. Heneman, III *et al.*(1994), *op. cit.*, p. 473.

24) 한국경제신문, 2005년 8월 17일.

25) B. Gerhardt & G. T. Milkovich(1990), Organizational Differences in managerial compensation and financial performance, *Academy of Management Journal*, 33, pp. 663~91.

26) R. Shanney-Saborsky(2000), ESOPs and the employee ownership culture: Balancing compensation and equity issues, *Compensation and Benefits Review*, 32, 1, pp. 72~80.

27) L. R. Gomez-Mejia & T. M. Welbourne(1996), "Compensation strategy: An overview and future steps," In G. R. Ferris & M. R. Buckley, eds., Human Resource Management: Perspectives, Context, Functions and Outcomes, 3th ed., Englewood Cliffs, NJ:Pretice-Hall, pp. 291~306.

28) *ibid.*

제 14 장 복지후생

제12장과 제13장에서는 직무나 개인에게 직접 지불되는 임금에 대해서 논의하였다. 본장에서는 건강 및 생명보험, 비노동에 대한 임금(예를 들면, 유급휴가 및 휴일, 휴식 등) 그리고 연금 같은 형태로 종업원에게 지불되는 복지후생에 대해서 논의하고자 한다.

조직은 기본급 이외에 다양한 형태의 부가적 보상을 실시한다. 이러한 부가적 보상이 총노무비에서 차지하는 비중이 크며 점점 증가하는 추세에 있다. 그러나 부가적 보상, 즉 복지후생의 액수와 항목 수는 기업이나 산업별로 매우 다르다.

복지후생(benefits)은 크게 자발적 복지후생(voluntary fringe benefits)과 법정복지후생(legally required fringe benefits)으로 나눌 수 있다. 법정복지후생은 정부가 사회복지정책의 일환으로 도입된 사회보험제도로서 기업은 법에 의하여 도입하여야 한다. 반면, 자발적 복지후생은 기업의 자유의사 또는 단체협약에 의해 도입한 복지후생항목이다.

직접임금을 논의하였을 때 사용되었던 직무와 개인 사이의 구별은 복지후생에서는 잘 적용되지 않는다.[1] 휴일이나 건강보험같은 복지후생은 조직 구성원의 자격만 있으면 제공되며, 모든 조직 구성원이 직급, 임금수준이나 연공에 관계없이 동일한 휴일과 건강보험을 적용받는다. 그러나 유급휴가는 통상 종업원의 연공에 따라 달라지며(통상 연공이 길수록 유급휴가기간이 길다), 연금이나 생명보험들은 임금수준에 따라 달라진다.

총노무비 중 복지후생이 차지하는 비중이 크므로 사용자는 복지후생비용을 적절히 통제하고 효과적으로 활용하고자 한다. 즉, 복지후생은 조직이 종업원에게 제공하는 보상의 한 형태이므로, 조직은 임금에서와 마찬가지로 복지후생을 통하여 생산성과 노동생활의 질 향상을 꾀하고자 한다. 그러나 복지후생은 이미 언급한 바와 같이 구성원 자격, 임금수준이나 연공 등에 의해 영향을 받으므로 종업원을 동기유발하는 데는 직접임금보다는 효과가 적을 것으로 생각된다.[2] 그러나 복지후생은 자발적 이직(voluntary turnover)에는 상당한 영향을 미칠 것으로 예상된다. 예를 들어, 연금이 누적적으로 인상되는 경우나 이직시 적용이 안 될 경우에는 자발적 이직을 상당히 줄일 것으로 예상된다.

지금부터는 보상 중 복지후생이 차지하는 비중과 구성요소를 살펴본 후 효과적인 복지후생프로그램의 설계와 관리에 대하여 검토하겠다.

제 1 절 복지후생의 증가요인

한 나라의 사회경제적 환경은 복지후생의 규모와 종류에 크게 영향을 미친다. 우리나라에 있어서는 가부장적 사고에 익숙한 기업이 사회적 복지시스템이 열악한 환경 속에서 종업원에 대한 시혜의 차원으로 복지후생을 도입하였다. 따라서 가족수당, 자녀학자금 보조, 근속수당 등 직무나 성과와 관련이 없는 다양한 항목이 도입되었고 종업원들도 이런 항목을 당연한 것으로 받아들이고 있다. 그러나 1990년 중반 경제상황이 나빠져서 IMF구제금융을 받는 처지가 되자 기업들은 비용관리 차원에서 정리해고 실시와 함께 복지후생의 대대적 축소작업을 진행하였다. 실업자의 사회적 불만은 물론 근로자들도 미래에 대한 불안 등으로 사회적 불안이 증대하게 되자 정부는 국민연금, 고용보험, 간강보험 등과 같은 강력한 사회보장정책을 실시하게 되었다.

1. 복지후생에 대한 종업원의 태도

종업원의 관점에서 볼 때 복지후생의 증가는 비용이 안드는 것도 아니다. 즉 종업원들은 복지후생과 직접 임금 사이에는 역관계가 있다고 생각한다.[3] 복지후생의 증가는 직접 임금인상 대신에 이루어진다. 이러한 역관계에도 불구하고 종업원들은 다양한 경제적 이유에 의해서 직접임금보다 복지후생을 선호할 수 있다. 건강 및 생명보험은 사용자가 집단적으로 구입하기 때문에 종업원 개개인이 보험을 드는 것보다 저렴할 수도 있다. 누진적 소득세도 복지후생을 매력적으로 만드는 중요한 요인의 하나이다. 일반적으로 소득이 많을수록 소득세의 비율이 커지므로 임금인상 대신에 복지후생의 제공은 종업원의 입장에서 보면 바람직한 일이다. 마지막으로, 대부분 복지후생은 세금이 부과되지 않거나(예를 들면, 보험) 또는 개인의 세금부담이 적어질 때까지 연기(예를 들면, 연금)된다.

2. 복지후생에 대한 사용자의 태도

이미 언급한 바와 마찬가지로 사용자는 복지후생을 보상의 한 형태로 간주하려는 경향이 있으므로 이를 통하여 생산성과 노동생활의 질을 강화하고자 한다. 따라서 총비용이 같은 경우 사용자는 종업원의 요구에 부응하는 보상믹스를 제공하는 것이 바람직하다. 종업원들이 임금인상 대신에 특정 복지후생 항목을 선호한다면 총비용이 동일한 경우 종업원의 요구를 들어주는 것이 인적자원결과 특히 만족과 근속을 강화시킬 것이다.

연금과 같은 복지후생은 종업원의 자발적 이직을 줄이고 조직에 대한 충성심을 강화하는 효과가 있다. 자녀학자금 보조나 근속수당 등은 조직 내 직무나 성과에 의한 임금차이를 줄여 조직 구성원 간 일체감을 조장하는 기능도 가질 수 있다.

또한 어떤 복지후생은 비용절감 측면에서도 유리하고 다른 조직과도 구별되게 한다.[4] 예를 들면, 종업원지주제도(ESOP: employee stock ownership plan)는 사용자는 세금공제를 받고 종업원은 회사지분을 축적할 수 있으며 회사가 발전함에 따라 경제적 보상을 낳을 수도 있다. 실제로, 종업원들이 진심으로 경영진이 그들의 복지에 관심을 가지고 있다고 느낄 수 있도록 사용자들이 주도적으로 복지후생을 설계하여 도입하는 경향이 있다.

3. 복지후생에 대한 노동조합의 태도

노동조합도 다양한 원인에 의해서 복지후생의 증대에 기여해 왔다. 첫째는 인플레이션을 억제하기 위한 정부의 임금인상 억제정책이다. 정부의 임금인상 가이드라인에 의해 임금인상의 여지가 적어지자 노동조합은 조합원의 실질적 소득을 보장하기 위한 방편의 하나로 새로운 복지후생 항목을 교섭 시 추가로 제시한다. 마찬가지로, 사용자가 임금인상에 강력하게 반발할 경우 노동조합은 대안으로 복지후생에 대한 요구를 행하는 경우가 있다. 예를 들어, 노동조합이 임금인상 요구를 낮추는 대신에 근속수당의 신설을 요구할 수 있다.

둘째는 이미 언급한 바와 같이 종업원 욕구의 반영이다. 노동조합은 사용자와 교섭에 들어가기 전에 종업원들이 무엇을 요구하는지를 조사하여 이를 단체교섭에 적극 반영하고자 한다. 따라서 특정 복지후생 항목에 대한 종업원들의 요구가 강하면 노동조합도 교섭 시 이 항목을 관철시키기 위하여 노력할 것이다.

마지막으로 복지후생에 대한 노동조합의 압력은 노동조합간 경쟁에 의해 유발될 수 있다. 노동조합간의 경쟁은 노동조합으로 하여금 조합원들에 대해서 보다 매력적인 보상패키지를 획득하도록 조장하였다. 복지후생은 전통적으로 사무직이나 경영자들에 대한 보상으로 인식되어 왔기 때문에 노동조합에게 복지후생의 가치는 금전적 가치 이상일 수도 있다. 노동조합은 복지후생 항목을 늘리거나 새로운 복시후생 항목을 추가하기 위하여 경영진과 적극적으로 협상하고자 한다.

4. 정부정책

한국은 질병, 사고, 실업 그리고 퇴직 등과 같이 고용과 관련된 불확실성으로부터 국민을 보호하려고 하는 노력에 있어서 선진국에 크게 미치지 못하고 있다. 그러나 1900년대 중반 경제가 어려워지고 실업이 늘어나자 정부는 실업, 의료, 재취업교육 등에 관한 사회정책을 강화하기 시작하였다. 이들 사회정책은 고용불안정성의 주요 원인으로부터 근로자를 보호하기 위한 것이다. 이러한 정부시책에 따라 사용자는 건강(의료)보험, 연금보험, 산재보험, 그리고 고용보험 등과 같은 복지후생을 의무적으로 가입하게 되었다.

이미 언급한 바와 같이 정보의 누진소득세도 복지후생의 증대에 한 요소가 될 수 있다. 또한 매년 발표되는 정부의 임금 가이드라인도 이에 포함되지 않는 복지후생의 증대를 결과하였다.

제 2 절 복지후생구조의 설계

복지후생의 구조를 설계하는 과정은 임금구조를 설계하는 과정과는 아주 다르다. 예를 들면, 복지후생구조를 설계할 때에는 직무분석이나 평가, 인사고과 등은 거의 고려되지 않고 있다. 〈그림 14-1〉에는 복지후생구조를 설계할 때의 과정이 소개되어 있다.

그림 14-1 복지후생의 설계과정

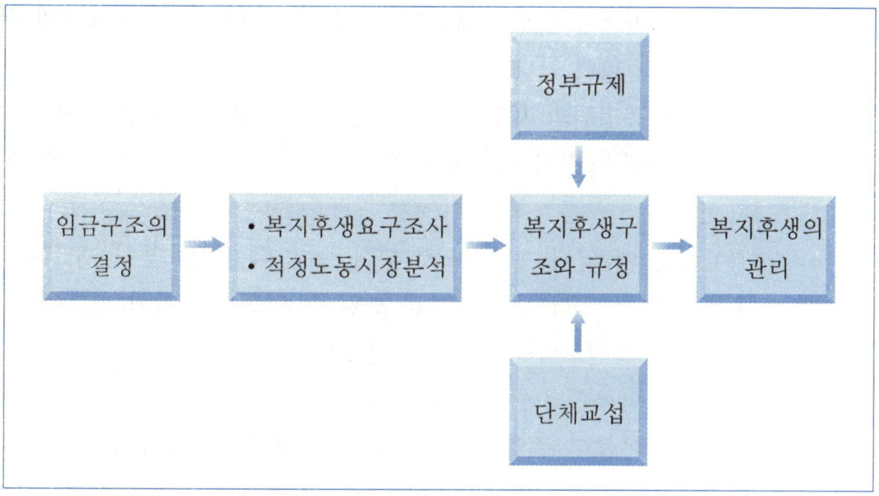

1. 임금구조와의 관계

복지후생은 총경제적 보상의 한 부분으로 다루어져야 한다. 예를 들면, 기본급이 비근무시간 임금수준에 적용되므로 유급휴일이나 휴가 등의 비용은 기본급에 의해 영향을 받는다. 물론, 유급휴일이나 휴가를 어느 정도로 설정할 것인가는 다른 요소에 의해서도 결정된다.

단체교섭에 있어서 복지후생의 규모와 지불방법도 주요 논의대상이다. 이런 논의는 기본급 나아가서는 총노무비와 연계되어 진행되는 것이 보통이다. 임금에 대한 논의와 다른 점은, 복지후생의 논의에서는 평가가 언급이 안 된다는 것이다. 종업원의 성과에 따라 다르게 지불되는 복지후생은 거의 찾아보기 어렵다.

2. 복지후생서베이와 분석

임금조사(wage survey)시 기업들은 복지후생에 대해서는 거의 관심을 기울이는 것 같지 않다.[5] 그러나 복지후생의 비용이 증가함에 따라 경영자들은 복지후생서베이에 점점 관심을 갖게 되었다. 노동조합이 있는 경우에는 경영진은 노동조합과 공동으로 경쟁사나 적정노동시장에서의 복지후생을 조사하는 경향이 많다.

이미 종업원의 욕구에 부응하는 복지후생구조가 인적자원결과 특히 만족과 근속에 긍정적 영향을 미친다고 지적하였다. 복지후생에 대한 종업원의 선호는 인구통계적 변수(예를 들면, 노령층 대 젊은 층, 기혼 대 미혼, 남성 대 여성 등)에 의해 체계적으로 다를 수 있다. 예를 들어, 노년층은 젊은 층에 비해 연금에 더 강한 선호를 보일 수 있으며 자녀가 있는 종업원은 그렇지 않은 종업원보다 더 건강보험을 선호할 수 있다.

이미 임금관리에서 언급한 바와 같이, 경쟁자가 지불하는 복지후생의 규모와 항목들은 종업원의 복지후생에 대한 외부공정성 느낌에 영향을 미칠 수 있다. 복지후생에 대한 외부공정성을 확보하는 최선의 방법은 복지후생에 대한 서베이를 실시하는 것이다.

3. 환경의 영향

복지후생은 경쟁자 이외에도 정부나 노동조합과 같은 환경요소에 의해 직접 영향을 받는다. 특히 복지후생분야에 있어서 정부의 영향은 직·간접적으로 더욱 커지고 있다. 정부는 사회보장제도를 확립하기 위해서 직접적으로 사용자의 역할의 의무를 규정할 수 있다. 이에 대해서는 법정복지후생을 논할 때 자세히 다루어질 예정이다. 이미 언급한 바와 같이 정부는 또한 임금인상 가이드라인이나 소득세 제도를 통하여 간접적으로 복지후생구조에 영향을 미칠 수 있다.

노조화된 기업에 있어서 단체교섭은 복지후생의 규모와 내용을 결정하는 데 중요한 영향을 미친다. 단체교섭에 있어서 복지후생은 중요 논의대상의 하나이다. 더욱이, 경영은 노조와 협상한 복지후생제도를 회사 내 비노조화된 종업원에게도 확대적용하는 경향이 적지 않다.

노조는 경제적 이유 이외에 다른 요인에 의해서도 복지후생의 증대를 시도할 수 있다. 예를 들어, 노조는 초과근무를 줄이기 위하여 높은 시간외 근무수당을 주장한다.

4. 복지후생구조와 규정

복지후생프로그램을 실시하기 전에 충분한 계획과 상세한 관리규정이 필요하다. 복지후생프로그램을 설계하기 위해서는 무엇보다도 전체 보상믹스에 있어서 복지후생은 어떤 역할을 수행할지를 명확히 해야 한다. 예를 들어, 종업원들의 대부분이 고등학교를 졸업한 젊은 층으로 구성되어 있으며 이직률이 너무 높다면, 회사는 장기근속을 조장할 수 있는 연금제도나 사원주택프로그램 등이 중요하게 된다.

보상믹스와의 조화 이외에도 복지후생을 설계할 때에는 외부공정성을 고려하여야 한다. 외부공정성을 달성하기 위해서는 다른 경쟁사들이 무엇을 복지후생으로 제공하고 있는지를 알아야 한다. 따라서 임금조사시 복지후생서베이도 함께 실시할 필요가 있다.

복지후생프로그램을 관리하는 데 있어서는 세 가지 주요 이슈들을 고려하여야 한다: ① 누가 복지후생프로그램의 대상이 되는가? ② 다양한 복지후생 항목을 종업원에게 어느 정도 선택권을 줄 것인가? 그리고 ③ 복지후생재원은 어떻게 조달할 것인가?

조직은 다양한 지위의 종업원을 고용하고 있으며 지위에 따라 다르게 처우하고 있다. 현재 우리나라에서는 비정규직 종업원에 대하여 복지후생을 법적으로 강제하고 있지 않다. 그러나 비정규직 종업원에게 부분적으로 복지후생을 제공하는 기업이 많다. 만약 비정규직에도 복지후생을 제공한다면 조직은 누구에게 어느 정도로 복지후생을 제공할 지를 결정하여야 한다. 실제로 다음과 같은 일련의 요소들을 고려하여야 한다.

- 다양한 복지후생프로그램의 적용대상은 누구인가? 정규직에게만 적용할 것인가? 수습사원은? 휴직중인 사원이나 퇴직자에게도 적용할 것인가?
- 수혜자의 범위는? 배우자 및 피부양가족도 포함할 것인가?
- 수혜의 범위는?

이러한 이슈들은 비용, 외부공정성, 그리고 논리적 정당성에 근거하여 결정되어야 할 것이다

두 번째 관리적 이슈는 복지후생 항목선택에 있어서 융통성에 관한 문제이다. 전통적인 복지후생프로그램에 있어서는 종업원에게는 복지후생 항목을 선택할 기회가 주어지지 않는다. 인적자원부서는 '평균적인 종업원'을 염두에 두고 복지후생제도를 설계한다. 따라서 개인의 독특한 사정은 충족되지 않는다. 이러한 문제점을 해소하기 위해서 '카페테리아식' 또는 융통적 복지후생제도(cafeteria-style or flexible benefit plan)가 소개되었다. 이 제도하에서는 종업원은 자신이 필요한 복지후생 항목을 선택할 수 있다. 이 제도에 대해서는 추후에 다시 상세히 논의할 예정이다.

마지막 관리적 이슈는 복지후생 재원조달에 관한 문제이다. 재원조달 방법에는 다음과 같은 세 가지 방법이 있다.

① 사용자 전액부담(사용자가 전 비용을 전부 부담한다)
② 종업원 전액부담(종업원이 어떤 복지후생 항목에 대해서는 전액 부담한다)
③ 분담제(종업원과 사용자가 비용을 분담하여 부담한다. 법에 의하여 국민연금 같은 복지후생은 사용자가 일정 부분 부담하여야 한다)

각 방법의 장점들은 〈표 14-1〉에 제시되어 있다. 일반적으로 조직은 분담제를 선호한다. 왜냐하면 아무리 귀중한 것이라 할지라도 공짜에 대해

표 14-1 복지후생 재원조달방식의 장점들

사용자 전액부담	1. 자격 있는 모든 종업원에 적용: 사용자가 비용을 전액 부담할 경우 자격 있는 모든 종업원이 해당 복지후생에 적용 받는다. 분담제의 경우 해당 종업원이 선택하지 않으면 해당 종업원은 물론이고 그의 피부양자들도 적용을 받지 못한다. 2. 절세효과: 대부분의 경우 사용자가 부담한 비용은 사업비용으로 처리되나 종업원에게는 소득으로 잡히지 않는다. 3. 집단구매의 장점: 모든 자격 있는 종업원이 적용되므로 사용자는 유리한 집단요율(group rate) 또는 유리한 조건을 적용받을 수 있다. 4. 노조의 압력: 노동자는 일반적으로 사용자가 부담하는 복지후생을 선호한다. 5. 관리의 용이성: 비용을 사용자가 부담하므로 종업원 임금에서 공제할 필요가 없으므로 관리업무가 단순하다.
분담제	1. 적용 및 보장 범위 확대 가능성: 종업원이 일정 부분을 부담함으로써 사용자의 복지후생예산만으로는 채택할 수 없었던 나은 복지후생프로그램을 채택할 수 있다. 2. 복지후생에 대한 종업원의 강화된 인식: 종업원들이 일정 부분 비용을 부담함으로써 복리후생을 당연한 것으로 생각하지 않고 회사의 기여에 대해서 감사하게 생각한다. 3. 남용방지: 복지후생프로그램을 과용하면 궁극적으로 자신의 부담이 늘어나므로 종업원들은 복지후생프로그램의 남용을 자제하게 된다.

〈표 14-1〉 계속

종업원 전액부담	1. 사용자가 제공한 표준적 복지후생프로그램에 추가한 선택적 옵션: 사용자가 제공한 표준적 복지후생프로그램에 더하여 개인이 자기부담으로 추가적 조건을 선택할 수 있다. 예를 들면, 의료보험에 적용되지 않는 질병을 종업원이 자기부담으로 선택하여 보험에 가입할 수 있다. 이 경우 종업원은 개별적으로 보험계약을 하지 않고 집단요율(group rate)으로 추가 항목을 보험에 들 수 있다. 2. 다른 방법으로는 가능하지 않는 복지후생프로그램의 구입: 사용자가 도입하기를 꺼리는 복지후생프로그램을 종업원 자기부담으로 구입할 수 있다. 추후에 이런 복지후생프로그램은 분담제 또는 심지어 사용자부담으로 전환할 수도 있는 것이다.

자료: J. Rosenbloom & G. V. Hallman(1991), *Employee Benefit Planning*, Englewood Cliff, N.J.: Prentice-Hall; G. T. Milkovich & J. M. Newman, *op. cit*, p. 427에서 재인용.

서는 종업원들이 그 가치를 잘 인식하지 못하기 때문이다. 더욱이 종업원들은 공짜인 것에 대해서는 비용절약에 대해 개인적 관심을 갖지 않는다.

제 3 절 법정복지후생프로그램들

법정복지후생은 국가가 기업의 종업원을 보호하고 국가사회복지의 한 보조수단으로 법률을 제정하여 기업으로 하여금 강제적으로 도입하도록 한 제도이다.[6)] 법정복지후생의 범위는 개별 국가의 사회복지정책에 따라 상이할 수 있지만 우리나라에서는 국민연금, 건강보험, 고용보험 및 산재보험으로 구성된 사회보험체제를 도입하고 있다. 사회보험제도는 국가 및 사회가 책임을 지고 국민이 생활을 영위하는 데 영향을 미치는 여러 가지 위협요인이나 경제적 불안정으로부터 국민 개개인을 제도적으로 보호하고자 한다. 따라서 사회보험은 국민생활여건의 악화요인을 예방하고 제거함으로써 사회적 또는 경제적 불평등을 최소화하고 형평과 안정, 그리고 능률을 증대시키는 데 목적이 있다.

1. 건강보험

건강보험의 기능은 근로자가 질병에 걸렸을 때 적은 부담으로 이를 치료할 수 있게 해 줄 뿐만 아니라 질병을 조기에 발견하여 예방하는 데 있다.[7] 현대의 발달된 의료기술에도 불구하고, 저소득 계층은 의료에 필요한 경비를 부담할 경제적 능력이 부족하기 때문에 적절한 의료혜택을 받기가 어렵다. 과거에 복지에 대한 개념이 발달되기 전에는 건강은 개인의 문제로 여겨져 왔으나 오늘날에는 의료행위를 경제발전에 필요한 인적자원의 확보와 능률유지에 필요한 생산적 투자로 간주되고 있다. 따라서 각국에서는 자국의 경제적 또는 사회적 형편에 맞추어 다양한 건강보험제도를 운용하고 있다.

2. 국민연금

국민연금은 국민이 노령, 질병 또는 사망으로 소득능력이 상실 또는 감퇴되는 경우 본인이나 그 유족에게 일정액의 급부를 행하여 안정된 생활을 할 수 있도록 국가가 운용하는 장기적 소득보장제도이다. 평균수명은 크게 늘어나는 반면, 핵가족화의 진전으로 노인부양의식과 출산율이 저하되는 상황에서 노령층의 안정적 생활보장을 위하여 국가가 중심이 되어 국민연금을 운용하고 있다. 국민연금은 크게 노령연금, 장해연금, 유족연금, 반환일시금으로 나눌 수 있다.

노령연금은 노령으로 인하여 소득이 없을 경우 생계를 지원해 주는 제도이며, 장해연금은 가입 후 질병부상으로 인하여 장해가 발생할 경우에 장애 정도에 따라 지급되는 연금이다. 유족연금은 가입기간 1년 이상인 가입자나 노령연금수급권자가 사망하였을 때 유족이 받는 연금이다. 반환일시금은 가입기간이 연금수급자격에 미치지 못할 경우에 일정액의 이자를 가산하여 지급한다.

3. 산업재해보상보험

산업재해보상보험은 근로자가 업무상 재해 및 질병에 대해서 치료 및 보상급여를 제공하는 제도이다. 국민연금제도나 건강보험제도가 근로자만의 문제가 아니므로 산업화의 진전이 비교적 이루어진 이후에 도입된 데 비하여, 산재보험은 산업화와 함께 증가된 근로자가 산업현장에서 직접적으로 부딪치는 문제라는 점에서 상대적으로 일찍 도입되었다. 따라서 산재보험은 여타 사회보장제도 중 가장 오래된 역사를 가지고 있으며, 산업화의 진전과 함께 많은 변화를 겪어 왔다.

산재보험의 급여와 관련하여서는 보상 재해범위의 문제와 급여수준 및 급여방식 등이 논의될 수 있다. 산재보험의 보상 재해범위는 산재보험이 선진적일수록 포괄적이다. 산재보험의 보상재해범위는 대부분의 국가에서 업무상 재해 및 질병으로 규정하고 있지만, 뉴질랜드, 네덜란드, 스위스, 오스트리아 등에서는 업무상재해 여부에 상관없이 치료 및 보상급여를 제공하고 있다. 근로자가 산재보상을 청구하기 위해서는 그 재해가 업무상 발생한 것이어야 한다. 업무상의 재해 여부는 업무수행성(業務遂行性)·업무기인성(業務起因性) 등을 고려하여 판단하는데, 그 기준으로 노동부예규 업무상 재해인정기준이 1993년부터 시행되고 있다. 이 법에 의한 보험급여는 근로기준법상의 보상의 종류 및 내용과 거의 같으나, 일시보상 대신 상병보상연금이 규정되어 있는 점과 민사상의 손해배상문제를 간편하게 해결하는 장해특별급여·유족특별급여 등의 특별급여제도가 규정되어 있는 점 등이 다르다. 이 법에 의한 보상을 받을 때에는 보험가입자는 그 한도 내에서 근로기준법상의 보상책임이 면제된다.

4. 고용보험

고용보험제도는 우리나라에서는 1980년 후반부터 발생하기 시작한 인력수급 불균형, 산업구조조정에 따른 고용조정 지원 및 향후 선진국 진입에 대비하기 위하여 근로자에 대한 지속적 능력개발을 지원하기 위하여 논의되기 시작하였다. 따라서 우리나라의 고용보험제도는 실업자에 대해서 생계를 지원하는 사후 구제적 차원의 단순한 실험보험(unemployment insurance)

표 14-2 급여수준 및 급여방식

	급여내용	주요내용	급여방식
요양급여	산재로 인한 부상 또는 질병시 치료를 위한 급여	요양비 전액. 요양기간 4일 이상일 때 적용	일시금
휴업급여	산재로 인한 휴업기간중 소득보장을 위한 급여	1일당 평균급여의 70% 3일의 대기기간 갖고 4일 이상일 때 적용	일시금
장해급여	재해로 인한 부상, 질병 치유 후에도 장해가 남아 있는 경우에 지급	장해등급에 따라 평균임금의 90.1%의 연금(1급) 부터 55일분의 일시금(14급)까지 지급.	장해등급 1~3급: 연금 장해등급 4~7급: 연금 및 일시금 중 선택 장해등급 8~14급: 일시금
유족급여	재해근로자의 사망시 그 유가족이 받게 되는 급여	수급자격자의 수에 따라 연금의 경우 67%(4인)부터 52%(1인)까지 지급.	연금 또는 일시금을 선택적으로 지급
장 의 비	재해근로자 사망시 지급	평균임금의 120일분	일시금
상병보상 연금	요양급여 2년이 경과하고도 치료가 종결되지 않은 상태에서 폐질자로 판정된 경우에 요양급여와 함께 지급. 휴업급여의 대체적 성격으로 병급 못함.	장해등급 1~3급과 동일. 1급: 평균임금의 90.1% 2급: 평균임금의 79.75% 3급: 평균임금의 70.4%	연금

이 아니라 사전적으로 실업의 예방, 재취업의 촉진, 잠재인력의 고용촉진, 직업능력개발, 인력수급의 원활화 등 다양한 목적을 가진 적극적 인력정책(active manpower policy)의 핵심적 수단이다.[8] 이러한 고용보험제도는 우리나라에서는 1993년 고용보험업을 제정하여 1995년 7월 1일부터 시행해 왔다.

이러한 목적을 달성할 수 있도록 고용보험제도는 다음의 세 가지 기능으로 구성되어 있다.

- 고용안정사업: 실업예방, 실직자 재취직 촉진, 취업취약계층 등을 지원하기 위한 고용정보 수집·제공, 직업상담, 취업알선, 직업훈련안내 등 종합고용서비스 기능 수행

표 14-3 고용안정과 직업능력개발의 세부 사업들

고용안정관련 지원	직업능력개발사업 지원
• 고용유지지원금 – 휴업 – 근로시간 단축 – 훈련 – 사외파견 – 인력재배치 – 휴직 • 채용장려금 • 직업전환훈련지원금 • 창업교육훈련지원금 • 적응훈련지원금 • 고령자고용촉진장려금 • 재고용장려금 • 여성고용촉진장려금 • 직장보육시설지원금 • 직장보육시설 설치비융자 • 보육시설설치지원 • 인력은행지원 • 고급인력정보센터지원	• 사내직업훈련 지원 • 교육훈련 지원 • 유급교육훈련휴가 지원 • 자체 교육훈련 지원 • 직업훈련시설 · 장비 대부 • 고령자수강장려금 • 교육수강비용 대부 • 실직자 재취직훈련 – 훈련비용 – 훈련수당 • 실업자 사회적응훈련지침

- 직업능력개발사업: 근로자의 생애직업능력개발 지원
- 실업급여: 실직자의 생계안정 지원 및 재취업 촉진

제 4 절 유연복지후생프로그램

전통적으로 사용자는 건강보험, 생명보험, 퇴직금 등과 같은 다양한 분야에서 복지후생 항목을 설정하여 종업원에게 제공하여 왔다. 그러면 종업원은 거의 선택의 여지가 없이 이를 받아들여야만 했다. 그러나 노동력이 다양화되고 복지후생비용이 지속적으로 증가하게 되자 기업들은 새로운 접근법을 취하게 되었다. 이런 새로운 제도는 종업원에게 기본적인 보호를 제공하면서도 추가로 기본적인 복지후생 항목의 혜택을 강화하거나 아니면 새로운 복지후생 항목을 선택할 수 있는 자유재량권을 준다. 이러한 유연복지후생프로그램으로는 다음과 같은 세 가지 유형이 있다.

선택항목 추가제도(core-plus options plan): 이는 기업이 종업원 전체에게 꼭 필요하다고 판단되는 복지후생 항목을 제공한 후, 추가적으로 여러 항목을 제공하여 종업원들이 이들 항목 중 자기가 원하는 것을 선택하게 하는 것이다. 즉, 복지후생은 〈표 14-4〉에 제시한 것처럼 핵심항목과 유연적 항목으로 구성되어 있으며 핵심항목은 모든 종업원이 의무적으로 선택하여야 한다.

표 14-4 고정 및 유연복지후생의 예

핵심항목	유연항목
건강보험	추가적 생명보험
생명보험	추가적 건강보험
유급휴가	탁 아 소
연 금	추가적 퇴직금
산재보험	현 금

모듈(module)제도: 이는 동등한 가치를 지니는 몇 개의 복지후생패키지를 제시하여 종업원들로 하여금 이 중 하나를 선택하게 하는 것이다. 따라서 모듈제도는 선택항목 추가제도보다는 종업원의 선택이 제한되어 있다.

선택적 지출계정(flexible spending account)제도: 이 제도하에서는 종업원은 먼저 그들의 복지후생을 위하여 임금에서 공제받기를 원하는 임금을 지정한 후, 이 임금의 범위 내에서 자유로이 복지후생 항목을 선택할 수 있는 제도이다. 선택적 지출계정제도하에서는 기업은 단지 비용만 통제하고 그 비용 내에서는 종업원이 복지후생 항목을 자유로이 선택할 수 있다. 다만 단점은 "그것을 사용하라, 그렇지 않으면 그것을 잃어버린다(use it or lose it)"는 규칙이다. 즉, 연말에 계정에 남아 있는 모든 금액이 사용자에게 이전되기 때문이다.

유연복지후생제도가 널리 관심을 끄는 이유는 그것이 종업원들의 선호

표 14-5 유연복지후생프로그램의 장·단점

장 점	단 점
• 종업원들은 자신의 독특한 욕구를 만족시킬 수 있는 패키지를 선택할 수 있다. • 유연복지후생프로그램은 '변화하는 노동력의 변화하는 욕구'에 잘 맞는 시스템이다. • 종업원과 그 가족의 증대된 참여는 복지후생프로그램에 대한 이해를 증진시킨다. • 유연복지후생프로그램은 적은 비용으로 새로운 복지후생 항목을 도입할 수 있도록 한다. 새로운 복지후생 항목을 기존의 복지후생 항목에 추가시켜 종업원들이 선택하도록 하면 된다.	• 종업원들이 잘못 의사결정하여 예상되는 위험으로부터 보호를 받지 못할 수도 있다. • 관리직 부담과 비용이 증가한다. • 역선택-종업원들은 사용할 복지후생 항목만 선택한다. 따라서 많이 활용된 복지후생 항목의 요율이 증가한다.

자료: G. T. Milkovich & J. M. Newman, *op. cit.*, p. 425.

에 맞추어 설계된 것이기 때문이다. 만일 종업원의 복지후생에 대한 욕구가 충족된다면, 그렇지 않은 경우에 비해서 인적자원결과가 더 강화될 것이라고 예상되기 때문이다. 이러한 유연복지후생제도는 변화하는 노동력구조의 결과로 생겨난 것으로 볼 수 있다. 현재의 노동력 구조는 과거의 결혼한 남자가 노동시장을 주도했던 때와는 아주 다르다. 아이가 있는 젊은 남성근로자는 아마 직접임금과 건강보험을 강조하는 패키지를 선택할 것이다. 그러나 소득이 높은 노령근로자는 퇴직 때까지 소득을 연기할 수 있는 패키지를 선호할 수 있다. 또한 맞벌이 부부의 복지후생에 대한 선호도는 그렇지 않은 부부의 선호도와 다를 것이 예상된다.

그러나 사용자의 입장에서 볼 때 종업원에게 선택권을 부여함으로써 복지후생비용이 증가될 위험이 있다. 이것도 종업원이 그들이 사용할 가능성이 큰 복지후생항목을 선택하기 때문이다. 예를 들어, 몸이 약한 사람은 건강보험에 대한 항목들을 주로 선택할 것이고 젊은 종업원은 건강보험 대신에 유급휴가의 증대를 선호하여 더 많은 종업원을 고용할 필요가 생길 수도 있다. 보험사들은 더 많은 보험청구를 받아 보험료율을 증가시킬 것이다.

유연복지후생의 또 다른 문제점은 '역선택(reverse selection)'의 가능성이다. 예를 들어, 종업원은 1년 내에 광범위한 치과처치를 받고 난 뒤 다음해는 치과의료보험프로그램을 탈퇴한다. 그리고 몇 년 후에 다시 치과처치를 받을 필요가 있을 때 다시 치과의료보험프로그램을 선택한다. 이러한 역선택은 측정 보험프로그램의 과대사용을 결과하기 때문에 궁극적으로 보험료율을 상승시키게 된다. 이러한 단점에도 불구하고 많은 기업들이 유연복지후생프로그램을 운용하며 한 예로 제록스(Xerox)사의 유연복지후생프로그램의 도입목적은 〈표 14-6〉과 같다.

표 14-6 유연복지후생의 목적

- 비용절감
- 질병으로부터 종업원 보호
- 단체교섭 촉진
- 공정하고 장기적인 복지후생-비용해결안 개발

제 5 절 복지후생의 관리

지금까지 다양한 복지후생프로그램에 대해서 논의하였다. 복지후생프로그램이 법에 의해서 강제될 수도 있으며 그렇지 않으면 사용자의 자유재량 또는 단체교섭에 의해서 제공될 수도 있다. 종업원들과 노동조합은 복지후생에 상당한 관심을 가지고 있으며 때때로 복지후생의 설계에 참여하기도 한다. 복지후생의 다양성, 복지후생의 내용과 규모, 다수의 이해관계자 집단 그리고 정부규제 등이 복지후생의 관리를 복잡하게 만들고 있다.

최고경영자가 복지후생에 관한 의사결정을 내릴 때 다음과 같은 사항을 고려하여야 한다.[9)]

- 법정프로그램은 반드시 제공되어야 한다.
- 복지후생프로그램은 인적자원결과를 강화하는 방식으로 설계되고 운용되어야 한다.
- 대부분의 종업원들은 복지후생에 대한 권리가 있다고 생각한다.
- 노동조합, 경쟁자, 그리고 산업추세는 기업들로 하여금 자발적 복지후생을 증대시키는 경향이 있다.
- 복지후생과 관련된 비용은 급격히 증가한다.

따라서 복지후생프로그램을 효과적으로 설계하고 운용하기 위해서는 다음과 같은 체계적 절차를 따를 필요가 있다.[10)]

① 단계 1: 복지후생의 목적과 전략설정

복지후생의 목적을 설정하기 위해서는 경영자는 기업의 가치관(values), 종업원의 선호, 비용 등 다수의 요소를 고려하여야 한다. 근속, 성과, 직무만족 같은 인적자원결과도 중요한 고려요소가 된다. 또한 복지후생에 관련된 기업의 지불능력도 고려되어야 한다.

복지후생과 관련된 전략을 수립하는 데는 다음 세 가지 방식이 있다.

- 선도전략(pacesetter strategy): 종업원이 원하는 새로운 프로그램을 선도적으로 도입
- 비교가능복지전략(comparable benefits strategy): 유사한 조직이 제공하는 복지후생프로그램과 일치
- 최소복지전략(minimum benefit strategy): 법정복지후생과 종업원이 가장 선호하는 항목과 비용이 적게드는 항목만 제공

어떠한 전략을 사용할 것인가는 사업목표를 토대로 해서 설정된다. 기업이 새로운 복지프로그램에 대한 지불능력이 부족하거나 또는 종업원들이 복지후생보다는 임금을 더 선호한다고 믿을 때에는 세 번째 전략이 채택될 가능성이 높다. 비용이 많이 드는 복지후생을 제공하기 전에, 사용자는 복지후생전략과 부합되는 목적을 설정하여야 한다.

② 단계 2: 노조와 종업원 참여

어떤 전략을 선택하든지 간에 종업원들이 복지후생에 있어서 무엇을 원하는지를 알아야 한다. 그러나 대부분의 조직에서는 어떤 복지후생을 제공할 것인가를 경영자가 독자적으로 판단한다. 종업원들의 선호에 대한 정보가 없이 현명한 결정을 내리기는 실제로는 불가능하다. 이것은 마케팅관리자가 시장조사 없이 고객의 선호도를 결정하려는 것과 유사하다.

따라서 복지후생을 설계하는 데 있어서 종업원의 참여를 허용(또는 촉구)하는 것이 바람직하다. 종업원들이 의사결정에 참여한다면 그들은 복지후생에 좀더 관심을 가질 것이다. 의사결정에 종업원을 참여시키는 한 방법은 태도조사를 통해서 종업원의 여론을 조사하는 것이다. 또 다른 방법은 종업원복지후생자문위원회(employee benefits advisory committee)를 발족하는 것이다.

노동조합이 있는 경우, 노조간부가 참여하는 것이 중요하다. 즉, 노조간부를 태도조사에 관여시켜 모든 당사자가 종업원이 원하는 복지후생을 추구하도록 하는 것이 효과적이다.

③ 단계 3: 의사소통

복지후생의 효과성을 증진시키는 또 다른 방법은 효과적인 의사소통

프로그램을 개발하는 것이다. 종업원들이 복지후생에 대해서 잘 알지 못한다면 어떻게 복지후생이 종업원의 성과와 동기에 영향을 미칠 수 있는가? 종업원과 경영자들이 복지후생에 대해서 잘 알지 못하고 있다면 복지후생의 비용과 유용성을 크게 저평가하는 경향이 있다.

복지후생을 의사소통하기 위하여 가장 흔히 쓰이는 방법은 종업원복지후생 핸드북이다. 복지후생의 핸드북에는 모든 복지후생에 대해서 자격, 수혜범위 등이 기술되어 있다. 최근에는 컴퓨터의 발달로 인하여 모든 핸드북 내용이 전산화되어 있으며 개인들은 선택한 복지후생프로그램의 내용와 비용들을 손쉽게 프린트할 수 있다. 전산의 발달에도 불구하고 종업원들이 복지후생프로그램의 구성요소와 가치에 대해서 충분히 이해하고 있는 것 같지 않다.

④ 단계 4: 비용모니터링

경영자들도 복지후생프로그램이 올바르게 관리되는지를 확인하여야 한다. 예를 들어, 보험청구를 검토함으로써 보험이 올바르게 활용되고 있는 지를 알 수 있다. 복지후생의 비용은 다음과 같이 여러 가지로 계산할 수 있다.

- 모든 종업원에 대한 복지후생의 연간 총비용
- 연간 종업원당 비용
- 직접임금에 대한 비율
- 시간당 종업원당 비용

그러나 복지후생에 의한 조직의 효익도 중요한 관심사이다. 그러나 복지후생이 생산성에 미치는 영향에 관한 연구는 매우 드물다.

간 추 림

본 장에서는 인적자원결과들을 강화하기 위한 보상의 한 부분으로 복지후생의 역할과 중요성에 관해 논의하였다. 본 장에서는 복지후생의 프로그램의 설계과정을 중심으로 법정복지후생, 유연복지후생프로그램 등과 같이 복지후생에 관련된 주요 의사결정을 다루었다.

○ 복지후생이란 임금 이외에 사용자가 제공하는 모든 형태의 재무적 보수와 서비스를 의미한다. 사용자들은 ① 법적 요건, ② 다른 사용자와 보상에 있어서 경쟁력 유지, ③ 단체교섭, 그리고 ④ 종업원 생산성 향상을 위해서 복지후생을 제공한다.

○ 총보상 중 복지후생이 차지하는 비중은 점점 커지고 있으며 이해관계자 집단, 즉 사용자, 노조, 그리고 정부 등이 복지후생 증대에 직·간접적으로 관련이 있다.

○ 복지후생프로그램을 설계하기 위해서는 무엇보다도 전체 보상믹스에 있어서 복지후생이 어떤 역할을 수행할 지를 명확히 하여야 한다.

○ 우리나라 사회보험체제는 국민연금, 건강보험, 고용보험 그리고 산업재해보상보험 등으로 구성되어 있다.

○ 복지후생 재원조달방식에는 사용자 전액부담제, 분담제, 그리고 종업원 전액부담제가 있다.

○ 복지후생 전략으로는 선도전략, 비교가능복지전략, 그리고 최소복지전략 등이 있다.

핵심용어

법정복지후생　　복지후생서베이
유연복지후생프로그램　　사용자전액부담제
분담제　　종업원전액부담제
선택항목추가제도　　모듈제도
선택적 지출계정　　역선택

토의문제

1. 법정복지후생제도의 의의와 종류를 서술하시오.
2. 복지후생프로그램의 설계과정을 설명하시오.
3. 유연복지후생프로그램의 종류를 기술하시오.
4. 복지후생프로그램의 재원조달방법을 기술하고 장·단점을 설명하시오.
5. 유연복지프로그램의 단점을 설명하시오.

참고문헌

1) H. G. Henemann, Ⅲ, D. P. Schwab, J. A. Fossum & L. D. Dyer(1994), *Personnel/Human Resource Management*, 4th ed., Homewood, IL: Irwin.
2) *Ibid.*
3) *Ibid.*
4) G. T. Milkovich & J. M. Newman(1999), *Compensation*, 6th ed., Irwin.
5) R. A. Lester(1954), *Hiring Practices and Labor Compensation*, Princeton, New Jersey: Industrial Relations Section, Department of Economics and Sociology, Princeton University, p. 13
6) D. W. Belcher(1962), *Wage and Salary Administration*, 2nd ed., Englewood Cliffs, N.J.: Prentice-Hall, pp. 500～503.

7) G. T. Milkovich & J. M. Newman(1999), *op. cit.*, p.422.

8) *Ibid.*

9) C. H. Deutch(October 14, 1990), Managing the multimedia benefits kit, *New York Times*, sechong, parts, p. 25.

10) J. M. Ivanicevich(1995), *Human Resource Management*, Chicago, IL: Irwin, p. 406.

제7편 근무환경시스템

제 15 장 근무시간관리

'근무스케줄(work schedule)'은 직무와 관련된 주요 보상으로 간주할 수 있으며 종업원에게 아주 중요한 직무의 특성이다.[1] 얼마나 많은 시간을 언제 일하는가는 가사, 취미생활 및 휴식 같은 '비근무시간'에 영향을 주므로 종업원의 일상생활에 중요한 영향을 미친다. 또한 근무스케줄은 조직이 종업원에게 부여하는 다른 종류의 보상들에게도 커다란 영향을 미친다. 예를 들어, 시간제(part-time) 종업원은 정규(fulltime) 종업원보다 수혜받는 복지후생이 적다. 주간교대조(day-shift)에 속한 종업원에 비하여 야간교대조(night-shift)에 속한 종업원은 감독이 덜 철저하기 때문에 종업원간 이야기하거나 상호 작용할 기회가 더 많다. 초과근무(overtime)를 행하는 많은 종업원들은 초과근무임금(overtime pay)을 받는다. 실제로 지속적으로 초과근무를 해 온 종업원들은 초과근무임금을 정규임금의 한 부분으로 생각하며 초과근무기회를 줄이는 것에 대하여 비호의적으로 반응한다.

조직의 관점에서 볼 때도 근무스케줄은 조직의 제품과 서비스 생산능력에 영향을 미치기 때문에 중요하다. 예를 들어, 제조업체들에 있어서 교대근무가 가능하지 않다면 비경제적이 될 것이다. 국민들은 24시간 경찰과 소방의 보호를 요구하며 정부도 이런 요구에 부응하여 경찰관이나 소방관의 근무스케줄을 스케줄링하여야 한다.

외부 경영환경도 조직의 근무시간관리에 영향을 미친다. 앞으로 논의하겠지만 정부는 법규를 통하여 종업원의 근무시간에 대하여 규제하고자 한다. 노동조합도 직접적으로는 근무시간 단축을 요구함으로써, 간접적으로는 입법에 대한 로비를 통하여 근무시간 스케줄에 영향을 미치고자 한다.

조직은 실제로 다양한 근무스케줄을 적용하고 있다. 그러나 이들 중 가장 중요한 것은 정규근무스케줄이다. 정규근무스케줄은 낮동안 일하는 정규 종업원에 적용된다. 교대작업(shift work)은 낮 이외의 시간에 근무하는 종업원에 적용된다. 초과근무는 8시간 이상 근무를 행하는 정규작업과 교대작업에 모두 적용된다. 일부 조직에서는 융통적 근무제(flexible schedule)와 압축근무제(compressed workweek schedule)를 시도하고 있다. 융통적 근무제하에서 종업원은 출근과 퇴근시간을 변경할 수 있으며, 압축근무제하에서 종업원은 일주일에 6일보다 적게 일할 수 있다. 조직은 점점 정규 종업원의 대안으로 시간제 종업원을 활용하고 있다. 마지막으로, 조직은 한 직무를 두 사람 이상이 나누어 담당하는 직무분담제(job sharing)를 실행하고 있다.

지금부터 각각의 근무스케줄에 대하여 현재의 추세, 잠재적 이점과 약점에 대하여 논의하고자 한다. 특히, 각각의 근무스케줄이 인적자원결과에 어떠한 영향을 미치는지에 특히 관심을 기울여야 한다.

라인 관리자는 조직의 제품 및 서비스의 생산에 직접적인 책임을 지고 있으며 근무스케줄은 제품 및 서비스 생산에 직접적인 영향을 미치므로 라인관리는 근무스케줄에 대하여 주요 책임을 져야 한다. 그러나, 인적자원기능은 종업원과 조직의 필요성 분석에 근거하여 근무스케줄에 대한 조직 차원에서 일반적 지침을 만들어야 한다. 또한 인적자원기능은 조직 구성원을 유지하고 성과수준을 높일 수 있는 대안적 근무스케줄을 제시하여야 한다. 나아가서 인사부서는 대안적 근무스케줄의 경제성과 인사/인적자원결과에의 영향을 체계적으로 평가할 수 있는 기준을 사전에 준비하여야 한다.

제 1 절 근무시간에 대한 외부 영향

1. 법 규

정부는 법규를 통하여 근무시간을 규제한다. 근로기준법에 의하면 하루에 8시간을 기본으로 하여 그 이상을 초과할 경우에는 초과근무수당을 지불하도록 규정되어 있다. 또한 위험한 일의 경우에는 초과근무가 2시간을 넘지 않도록 규정하고 있다. 근로기준법의 주요 목표는 적절히 근무시간을 규제함으로써 근로자의 복지와 노동재생산을 높이는 데 있다.

2. 노동조합

노동조합은 일일근무시간에 대하여 오래 전부터 관심을 가져왔다. 특히 노동조합은 일일근무시간과 근무일수(이것은 일주일을 기준으로 할 때 주당 총근무시간에 영향을 미친다)를 줄이고자 노력해 왔다. 이러한 노조의 노력은 부분적으로는 인도주의에 근거하고 있으나, 다른 한편으로는 업무를 분산시킴으로써 종업원의 직장안정을 보호하기 위해서이다. 이러한 시도는 입법에 있어서 영향과 단체교섭을 통하여 가시화되어 왔다. 단체교섭에 있어서 점심시간, 휴식, 교대조 배치, 그리고 휴일/ 휴가 등 근무시간에 관련된 다양한 이슈가 다루어지고 있다.

3. 종업원 의식변화

근무시간 동안에는 개인의 사적업무를 볼 수 없다는 점에서 근무시간은 고용의 대가로 인한 개인생활의 희생이라고 볼 수있다. 따라서 근무를 위한 시간이 총체적으로 적게 들도록 근무시간제를 설계한다면 조직 구성원의 동기유발에 긍정적으로 기여할 것이다. 또한 사생활에 대한 종업원의 의식이 높아짐에 따라 사생활에 대한 희생을 최소화할 수 있는 근무시간관리가 더욱 중요하게 되었다. 예를 들어 일주일에 같은 시간을 근무하더라도 6일 출근하기보다는 5일 출근한다면 출근시간이 적게 들어 근무를 위해 소비하는 총시간은 적게 들 것이다. 또한 아침 잠이 많은 사람을 위해서는 늦게 출근하여 늦게 퇴근하도록 한다면 개인의 생체리듬과 근무시간을 조화시켜 생산성을 높일 수 있을 것이다.

제 2 절 정규근무

정확히 정의된 적은 없지만 정규근무는 다음과 같은 요소를 포함하고 있다. ① 종업원은 정규직이며, ② 낮동안에 8시간 근무를 기본으로 하며, ③ 점심시간과 휴식이 있으며, 그리고 ④ 명확한 작업개시시간과 종료시간이 있다.

정규근무로 고용된 종업원 수는 정확히 알 수는 없지만 노동력의 절반 이상을 차지하고 있는 것 같다. 정규근무시간의 주당근로시간은 점점 감소하는 추세에 있어 현재는 1주일에 40시간이나, 노동계에서는 주당 근로시간의 감축을 지속적으로 요구하고 있다.

정규근무의 장·단점

정규근무는 앞으로도 대부분의 조직에 있어서 계속 중요성을 가질 것으로 보인다. 정규근무는 종업원을 관리하는 데 있어서 표준화, 예측성 그리고 일관성을 제공한다. 또한 임금계산이 비교적 단순하기 때문에 관리상 용이하다.

그러나 많은 조직과 개인의 욕구는 정규근무에 의해서 충족되지 않을 수 있다. 조직에 따라서는 정규근무스케줄이 경제적으로 가능하지 않거나 소비자의 기호를 충족시킬 수 없다. 개별 종업원들도 경력단계에 따라 다양한 근무스케줄에 대한 선호가 달라질 수 있다. 이러한 가능성은 〈표 15-1〉에 제시되어 있다.

표 15-1 경력단계와 근무시간과 근무량 사이의 관계

연 령	경력단계	인생단계	바람직한 근무시간에 대한 인생단계의 영향
16～22	탐사 (exploration)	탈출: 성인역할의 실험	시간제근무, 비정규 근무시간(방과후, 방학), 비정규직
22～28	확립단계 (establishment stage)	성인세계에서 자신구축: 미혼 결혼-자식	장시간 근무의욕, 초과근무, 주말이나 저녁에는 근무를 원하지 않음. 미혼이거나 결혼했지만 자녀 수가 적음. 압축근무제(compressed work-time)를 선호한다.
28～33	재직권 확보	전환의 시기: 직업전환 및 재정적 필요성 증가	a. 남성: 장시간근무, 업무를 집에 가져옴 b. 여성: 노동시장에서의 탈퇴/ 시간제 근무
30/33～40	유지-중기 경력	정착: 자녀 학교 입학 가정과 직업에 대한 헌신 증가	a. 남성 1. 상위층으로 이동 가능하다면 장시간근무, 활발한 외부활동 2. 정체, 정규시간근무/제2의 직업, 가정에의 관심 b. 여성: 시간제 또는 정규직으로 복귀, 직무분담제(job sharing), 자유출퇴근제 선호
40～45	유지-후기 경력	중년기 전환: 자녀들이 성인됨 생활스타일의 재평가 우선순위 조정 및 재정착 보다 풍부한 생활을 원함 중요한 인간관계 재개	a. 남성: 안정된 작업시간(길지는 않음) 긴 휴가, 주말, 저녁 또는 안식년에 새출발을 위한 교육 b. 여성: 더 긴 작업시간, 아마 융통성을 원함 건강이유로 작업시간 단축이 필요하기 시작함

자료: A. R. Cohen & H. Gaden(1978), *Alternative work Schedules: Integrating Individual and Organizational Needs,* Reading, Mass: Addison-Wesley Publishing, pp. 30~31.

제 3 절 다양한 근무시간제들

1. 시간제 근무

시간제 근무는 정규근무보다 적게 근무하는 종업원을 대상으로 한다. 시간제 근무는 정규직으로(예를 들면, 주당 20시간) 또는 비정규직으로(각 주마다 다른 작업시간) 행해질 수 있다. 이러한 시간제 근무는 종업원이 자발적으로 원하든지(예를 들면, 기혼여성이 직장과 가사일을 동시에 수행하기 위하여) 또는 조직의 필요성에 의해서 비자발적으로(예를 들면, 퇴직 후 시간제 근무계약) 이루어진다. 조직은 자격있는 정규직원을 획득하기 곤란할 때 대안으로서 시간제 근무를 채택할 수 있다.

최근 시간제 근무형태가 증가하는 추세에 있다. 조직의 입장에서 본다면 노동력의 유연성을 제고하기 위하여 시간제 근무를 선호할 수 있다. 또한 근로자의 입장에서 보면 자신의 생활을 유지하면서 근무할 수 있다는 이점이 있다. 그러나 실업률이 높아짐에 따라 정규직장을 얻기가 힘들어서 대안으로 시간제 근무를 택할 수도 있다.

많은 조직에서는 최근에 퇴직자들로 구성된 '임시직 노동력 풀'을 구성하여 한시적으로 특수 프로젝트에 활용하고 있다.

장·단 점

조직에 있어서 시간제 근무의 가장 중요한 이점은 스케줄에 있어서 융통성(flexibility)이다. 시간제 근무를 활용함으로써 조직은 하루중 또는 연중 집중된 업무량을 효율적으로 다룰 수 있다. 예를 들어, 우체국은 연중 가장 바쁜 때인 12월에 시간제 근무사원을 고용함으로써 이러한 융통성과 더불어 비용절감을 꾀할 수 있다. 시간제 근무를 활용함으로써 조직은 정규 종업원에 지불하여야 할 시간외 수당을 절약할 수 있다. 또한 정규 종업원에게 제공하는 많은 복지후생을 절약할 수 있다. 시간제 근무의 또 다른 이점은 손쉽게 자격있는 인력을 구할 수 있다는 데 있다.[2] 정규 종업원을 구하기 어려운 시기에 시간제 근무는 주부나 퇴직자와 같이 정규직에 관심이 없거나 정규직을 수행할 수 없는 사람들에게 매력적이다.

시간제 근무는 이상과 같은 잠재적 이점을 가지고 있지만 반대로 한계점도 있다. 특히 시간제 근무는 반복적이고 자유재량권이 없는 직무(예를 들면, 타이핑, 고속도로 요금징수), 정규직원과 상호 작용이 크지 않은 직무, 그리고 정신적 · 육체적 노력이 상당히 요구되는 직무에 잘 적용된다. 이런 점에서 볼 때 시간제 근무는 승진기회가 없는 하급직무에 적절하다. 왜냐하면 시간제 근무자가 정규직원을 감독한다면 관리적 문제를 야기할 수 있기 때문이다.

시간제 근무와 관련되어 흔히 언급되는 문제점으로 충원 및 훈련비용이 많이 든다는 것이다. 한 명의 정규직원을 둘 또는 그 이상의 시간제 근무자로 대체할 경우에는 충원과 훈련비용이 증가할 것이다. 이러한 시간제 근로자의 활용은 감독자당 종업원 수를 증가시켜 감독소홀을 결과할 수도 있다. 또한 노동조합은 시간제 근로자를 조직화하기 어렵기 때문에 시간제 근로자를 반대하는 경향이 있다.

2. 직무분담제

시간제 근무는 직·간접적으로 다양한 직무분담제(job sharing)와 관련이 있다. 직무분담제는 '다수의 직무를 공유할 수 있도록 작업시간을 감소하는 방법'이라고 정의할 수 있다.[3] 조직은 직무분담제를 통하여 작업시간을 감소시켜 고용을 유지하고자 한다.

직무분담제는 작업시간의 잠정적 감소, 작업시간의 영구적 감소, 그리고 융통적 근무, 세 가지 범주로 나눌 수 있다. 각각의 범주에 대한 정의와 예는 〈표 15-2〉에 제시되어 있다. 불행히도, 현재에는 각각의 범주에 대한 실제 자료를 얻을 수 없는 실정이다.

표 15-2 직무분담의 유형

1. 작업시간의 잠정적 감소	불황의 제한된 기간동안에 취해지는 임금감소를 수반한 단기적 전략 • 감소된 주당 작업일수 해당되는 작업집단의 모든 종업원은 주당 적은 시간 근무하여 적은 임금을 받는다. • 교대 휴직 모든 해당 종업원들이 교대로 몇 주간은 작업을 하고 몇 주간은 작업을 하지 않는다, 때때로 비작업기간 동안 실업보험을 받는다.
2. 영구적 작업 시간 감축	인사정책과 단체협약에 의해 제도화되어 있으며, 적은 근무시간과 더 긴 휴가에 대한 종업원 욕구에 대응하기 위한 제도 • 주당 작업시간 감축 임금감소 없이 주당 작업시간의 영구적 감소 • 시간제 근무 임금감소(그리고 통상 복지후생의 비율적 감소)를 수반한 자발적인 총 작업시간의 감소를 의미하며 여기에는 영구적 시간제 근무, 직무분담, 퇴직자 재고용, 그리고 여름휴직 조항을 포함한다. • 확장된 공휴일 및 휴가 인사정책의 변경과 단체협약에 의해 추진되는 종업원의 휴가기간 증가
3. 융통적 작업 생활 선택권	일정조건을 갖춘 정규 종업원에 대해서 주기적 휴식을 제공하기 위하여 사용자에 의해 개발된 제도 • 자발적 시간임금 역관계 제도 정규 종업원이 추가적 휴식시간을 위하여 일정기간 동안 적게 근무함(통상 임금감소를 수반한다) • 안식년(sabbaticals) 개인적 능력향상이나 사회봉사 등을 위하여 일정기간 동안 급료를 받지만 출근하지 않음 • 단계적 퇴직 완전한 퇴직 이전에 실시하는 단계적 작업시간 단축

자료: M. E. McCarthy & G. S. Rosenberg(1981), *Work Sharing*, Kalamazoo, Mich.: W. E. Upjohn Institute for Employment Research, pp. 3~5.

장·단 점

직무분담제는 정리해고의 대안, 노무비 절감, 노동력 수급 조정 그리고 근속과 신규 유인의 강화 등과 같은 다양한 이유로 실시한다. 이러한 이유들은 실제로 직무분담제의 잠재적 이점이 될 수 있다. 그러나 직무분담제는 구체적 상황에 따라 조직과 종업원 모두에게 부정적으로 작용할 수도 있다. 조직에 대한 잠재적 문제의 예로서 하나의 정규직무가 직무분담을 통하여 두 사람에 의해서 수행되는 사례를 들어 고찰하여 보자. 직무가 분담됨에 따라 임금과 복지후생도 분할이 되어야 한다. 그러나, 의료보험 같은 복지후생은 분할하기가 어려워 복지후생비용의 증가를 결과할 수 있다. 또 다른 문제점은 직무공유자 사이에 업무조정과 의사소통이 어렵다는 점이다. 따라서 직무분담은 감독직이나 여행을 하여야 하는 직무에는 적합하지가 않다. 마지막으로, 직무분담은 서류기록 등과 같은 추가적 관리업무를 발생시킨다.[4)]

종업원의 요구에 의해서 실시한다면 직무분담제는 종업원에게 커다란 곤란을 발생하지는 않는다. 그러나, 모든 종업원이 직무분담프로그램에 긍정적으로 반응한다는 것을 기대하는 것은 비현실적이다. 예를 들어, 어떤 종업원은 정리해고의 대안으로서 직무분담제로의 전환을 반대할 수도 있다. 특히, 성과가 좋은 종업원들은 직무분담프로그램에 대해 부정적일 수 있다.

3. 초과근무

초과근무란 정규근무시간 이상으로 근무하는 것을 의미하며 정규근무로 충족시킬 수 없는 제품과 서비스에 대한 수요나 노동력 부족으로 발생한다. 초과근무는 초과근무임금 때문에 조직에 노무비 증가를 초래할 수도 있다. 현재 우리나라는 전 종업원에 대하여 초과근무가 적용되고 있다. 그러나 연봉제가 확산되어 가는 추세에서 볼 때 관리직에도 초과근무를 적용해야 하는가는 논쟁적 이슈이다.

장·단 점

초과근무를 활용함으로써 조직은 다양한 이점을 얻을 수 있다. 극단적인 예로 미국 자동차 산업의 경우에는 다수의 인력을 정리해고 했음에도 불구하고 정규직으로 초과근무를 실시하고 있다. 회사는 제품 수요의 불확실성, 스케줄링의 융통성, 개인과 결부된 복지후생비용의 미증가(예를 들면, 휴가 및 보험 등), 재훈련 기피 그리고 제품의 품질유지 등의 이유로 정리해고된 사람을 재소환하는 것보다 초과근무를 선호한다.[5)]

그러나, 조직이 초과근무를 많이 활용할수록 단점이 커진다. 직무성과와 출근이 초과근무에 의해 부정적으로 영향을 받을 가능성이 있다. 또한 많은 조직에 있어서 의무적 초과근무는 종업원 불만족을 야기하여 초과근무에 대한 거부반응을 일으킬 가능성도 있다.

4. 교대근무제

정규근무와 교대근무의 근본적 차이는 교대근무하에서는 정규근무시간 이외에도 지속적으로 작업이 이루어진다는 점이다. 실제로 교대근무는 병원, 경비업체, 일반제조업체 등 많은 조직과 종업원에게는 실생활의 일부다. 교대근무의 다양한 유형이 〈표 15-3〉에 제시되어 있다.

장·단 점

교대작업은 기계나 공장에 대한 자본투자의 효율적 활용을 할 수 있게 함으로써 조직에게 상당한 경제적 효익을 제공할 수 있다. 작업개시와 종료에 상당한 비용이 드는 산업(예, 철강산업)에 있어서는 교대근무를 활용함으로써 지속적 생산을 할 수 있어 상당한 비용을 절감할 수 있다. 또한 조직은 교대근무를 활용함으로써 정규시간 이외의 시장수요(예를 들면, 동대문 시장에 있어서 야간쇼핑)에 부응할 수 있다. 그러나, 종업원의 입장에서 본다면 교대근무는 저녁 또는 야간근무에 따른 약간의 임금차이를 제외하고는 주요한 이점을 제공하지 못한다.

표 15-3 교대근무의 유형

1. 연속적 교대근무	24시간 연중무휴 가동. 특정 시간, 예를 들면 밤이나 주말에 근무인원을 감소할 수 있음
2. 준연속적 교대근무	24시간 가동하나 일주일에 5일 또는 6일만 가동
3. 2교대근무	낮 근무조(day shift)와 밤 근무조(night shift) 2개조로 편성되어 있으며 상황에 따라서 3교대(낮 근무, 저녁 근무, 밤 근무)로 실시할 수 있다
4. 중복교대근무	정상작업보다 긴 시간의 작업 또는 기계가동을 위해 고안되었으며 정규직원과 시간제 근무직원을 결합하여 실시할 수 있다. 정규작업시간 이외에 저녁에 근무하는 사람들을 황혼교대(twilight shift)라고도 하며 교대작업이 하루 동안 여러 시간대로 분할되어 있으며 분할교대(split shift)라고 불리운다

자료: A. A. Evans(1975), *Hours of Work in Individualized Countries*, Geneva: International Labor Office, p. 94.

교대근무는 종업원들에게 낮은 만족도, 높은 결근과 사고율을 초래할 수 있다. 교대근무는 종업원들에게 수면불량, 식사 및 소화불량, 그리고 위궤양 등 신체적으로 부정적 영향을 끼칠 수 있다. 또한 교대근무로 친척 또는 친구와의 사교 등 다양한 사회적 활동에 제약이 될 수 있으며 자녀와는 물론 결혼관계에 있어서도 긴장을 초래할 수 있다.[6)]

5. 압축근무

압축근무(compressed workweeks)의 핵심은 정규 종업원이 일주일에 6일보다 적게 근무하는 것이다. 선진국에서는 압축근무의 가장 기본적인 형태는 4/40 — 10시간씩 4일간 근무 — 이다. 압축근무하에서는 종업원은 매주 하루의 추가적인 휴일과 매일의 추가적 근무시간을 교환하는 것이다. 압축근무는 서비스, 운수, 공장 종업원 사이에 적용되기 쉬우며 점점 많은 조직들이 압축근무를 활용할 것이 예상된다.

장·단 점

압축근무가 종업원에게 제공할 수 있는 가장 중요한 잠재적 이점은 각 주마다 휴일수의 증가, 특히 2일 이상의 주말이 허용될 경우, 출퇴근 시간 및 비용 감소이다. 반면에 하루에 10시간 이상씩 근무를 한다면 자녀 식사와 보육에 관한 문제를 야기할 수 있으며 퇴근 후 사회활동을 저해할 수도 있다.

조직의 입장에서는 종업원의 피로를 가중시켜 성과와 안전에 부정적 영향을 줄 수 있다. 또한 8시간을 넘는 근무시간에 대하여 조직이 초과수당을 지불하여야 한다면 노무비가 증가할 수도 있다.

6. 융통적 근무

일주일에 근무일수가 적다는 것 외에 압축근무는 정규근무스케줄과 동일하다. 압축근무와 정규근무에 대한 비판도 근무시간이 고정되어 있어 종업원에게 근무시간에 대한 융통성을 제공하지 못한다는 점이다. 압축근무와 정규근무에 있어서는 출근 및 퇴근시간, 점심시간 및 휴식이 모두 표준화되어 있다. 이런 비판에 대응하기 위하여 많은 조직들은 융통적 근무(flexi-time schedule)를 도입하고자 한다.

융통적 근무제의 핵심은 간단하다. 하루 근무시간을 핵심근무시간과 융통적 근무시간으로 나눈다. 핵심근무시간은 모든 종업원이 출근해야 하며 융통적 근무시간은 종업원의 선호에 따라 근무할 수도 안 할 수도 있다. 융통적 근무의 또다른 특징은 특정 기간(통상 하루, 주일, 월) 동안 일정한 시간 이상을 근무하여야 한다는 것이다. 하루 근무시간에 있어서 전형적 융통적 근무스케줄은 다음과 같다.

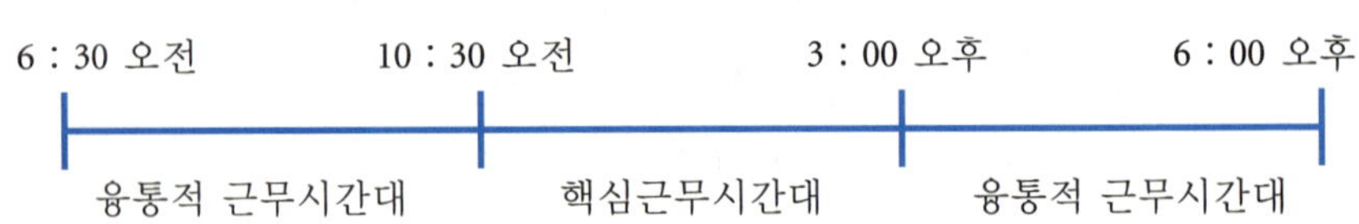

융통적 근무에는 이름그대로 많은 변형이 있다. 이것들의 예는 〈표

15-4〉에 제시되어 있다. 이 변형들은 두 측면에서 이루어진다. 첫째는 총 근무시간을 적용하는 기간이다. 만약 융통성이 허용되는 기간이 하루라면 종업원은 하루근무 내에서만 융통성을 가진다. 그러나 근무시간에 대한 적용기간이 길수록 융통성은 증가한다.

다양한 융통적 근무제도들 사이의 주요한 차이는 종업원이 특정 기간 동안 요구되는 근무시간보다 적게 또는 그 이상 근무할 수 있느냐 하는 것이다. 이것이 가능하다면 종업원은 근무시간에 대한 부채와 자산을 지닐 수 있는 '근무시간 은행'을 가지는 것이다. 예를 들어, 일주일에 44시간 근무가 요구되지만 어떤 종업원이 44시간 이상 근무를 하였다면 그 종업원은 '근무시간 자산'을 창출한 것이다. 이 종업원은 다음 주에 44시간 보다 적게 근무할 수 있도록 '근무시간 자산'을 이전할 수 있다. 이러한 융통적 성질은 종

표 15-4 융통적 근무의 종류

1. 작업일 내의 융통성	허용된 출근시간 내에 종업원이 업무를 시작하고 조직이 제시한 근무시간 동안 근무하는 것을 의미한다. 예를 들어, 회사는 핵심근무시간대가 9시부터 오후 3 : 30까지이고(점심시간이 12시부터 12 : 30까지 30분간), 그리고 3 : 30부터 5 : 30까지이다. 종업원이 9시에 출근하여 5 : 30분에 퇴근할 수도 있으며 다른 사람은 8시에 출근하여 4 : 30에 퇴근할 수도 있다. 이런 제도하에서는 출근시간에 따라 퇴근시간이 조절되므로 근무시간의 이전이 없다
2. 융통적 점심시간을 지닌 작업일 내의 융통성	점심시간이 11 : 30부터 1 : 30까지인 것을 제외하고 위와 동일하다. 이 제도는 다음과 같이 운용된다. 종업원 A는 7 : 30에 출근하여 2시간의 점심시간을 갖기로 하였다. 그러면 그의 8시간 근무가 끝나는 시간은 5 : 30이다.
3. 작업주일 내의 융통성	핵심근무시간은 매일 적용되지만, 퇴근시간은 출근시간과 직접 관련되어 있지 않다. 주당 총 근무시간이 조직이 요구하는 시간과 일치하는 한, 종업원은 매일 근무스케줄과 근무시간을 변경할 수 있다. 그들은 하루에 핵심근무시간대에만 근무하고 추후 2~3일 동안 부족한 근무시간을 보충할 수 있다.

〈표 15-4〉 계속

4. 작업월 내의 융통성	한 달간 종업원이 몇 시간 동안 근무하여야 하는가를 알 수 있도록 달력이 고안되어 있다. 종업원은 며칠간 핵심근무시간대에만 근무를 하고 한 달 내 편리한 날에 요구되는 근무시간을 보충할 수 있다.
5. 이전이 가능한 월별 융통성	이것은 월별 근무시간 이전을 허용하는 것(통상 10시간이 극대이다) 이외에는 이전과 동일하다. 종업원은 다음날 근무시간을 조정할 수 있다. 만약 종업원이 10시간 부채가 있다면, 융통적 작업시간 내에서 보충하여야 한다. 이런 제도는 종업원이 시간자산(요구되는 근무시간보다 더 많이 근무했을 경우)이 있더라도 핵심근무시간대에는 자리를 이탈할 수 없도록 한다.
6. 근무시간 이전과 핵심근무시간 내 제한된 비근무를 허용하는 월별 융통성	위의 제도에 더 융통성을 추가한 것으로 종업원이 핵심근무시간대(통산 제한된 시간)에 근무를 안 할 수 있다. 통상 작업흐름이 방해받지 않도록 상급자 또는 부서장의 허락을 받아야 한다.

자료: A. S. Glickman & Z. H. Brown(1974), *Changing Schedules of Work*, Kakamazoo, Mich.: The W. E. Upjohn Institute for Employment Research, pp. 34~35.

업원의 근무시간 설정에 있어서 융통성을 크게 증가시킨다. 융통적 근무는 영업직, 관리직, 전문직 그리고 교통업에 적용할 수 있으며 점점 많은 조직이 융통적 근무를 활용하는 추세에 있다. 그러나 이 제도에 대한 저항도 상당하다는 점에 주의할 필요가 있다.

장·단 점

종업원에게는 융통적 근무는 상당한 이점을 제공한다. 융통적 근무는 근무스케줄에 있어서 종업원 자신의 통제강화, 감소된 스트레스, 적은 출퇴근시간 그리고 사생활의 효율적 관리 등을 강화할 수 있다. 마찬가지로 조직도 융통적 근무를 채택한 경우에 종업원의 성과, 만족, 출근, 존속이 증가한다는 것을 일관성 있게 제시하고 있다.[7]

종업원의 관점에서 볼 때, 융통적 근무의 단점은 생각하기가 어렵다. 그러나 조직의 관점에서는 다수의 문제점을 지닐 수 있다. 이들 중 하나는 업무영역과 관련이 있다. 은행출납사원이나 버스 운전사 등과 같이 직접 고객과 접촉하는 직무는 종업원이 종일 근무하여야 할 것을 필요로 한다. 마찬가지로 어떤 직무는 계속 감독자를 필요로 하기 때문에 감독자는 융통적 근무에 참여할 수가 없다. 다시 말하면, 다양한 직무가 융통적 직무에 적합하지 않을 수 있다.

융통적 근무제하에서는 감독의 문제가 대두될 수 있다. 융통적 근무제하의 부하를 지닌 감독자는 부하를 직접 관찰하고 통제할 수 있는 능력이 저하된다. 동시에 감독자는 근무시간에 대해서 참여적 의사결정을 확대하여야 한다. 따라서 감독자는 융통적 근무에 대해서 부정적으로 반응할 수 있다.

융통적 근무는 조직에게 어려운 관리업무를 부과한다. 조직은 종업원이 자신의 근무시간을 정확하게 기록하고 있다고 믿지 않는 한 적어도 출퇴근 시간을 점검하는 시스템이 필요하다. 근무시간의 이전이 허용된다면 문제는 더욱 복잡해진다. 이런 문제들을 다루기 위하여 다양한 근무시간 점검 시스템이 필요한 것이다.

마지막으로 융통적 근무가 종업원이 하루에 8시간 이상 또는 일주일에 44시간 이상 근무하는 것이 허용된다면 초과근무의 문제가 발생한다. 이런 상황하에서 조직은 종업원들과 법적 또는 계약적 제약에 당면하게 된다.

간 추 림

근무스케줄(work schedule)은 가사, 취미 및 휴식 같은 비근무시간에 영향을 주므로 종업원에게는 아주 중요한 특성이다. 노동시간이 유연화될수록 그리고 조직이 고객만족에 관심을 가질수록 점점 다양한 근무스케줄이 도입될 전망이다. 근무스케줄이 인적자원결과에 미치는 영향이 큼과 동시에 종업원은 물론 사용자, 노동조합 정부 등 다양한 이해 관계자가 있으므로 기업들도 근무스케줄관리에 신중을 기하여야 한다.

○ 정규근무는 표준화, 예측성 그리고 일관성을 제공할 수 있으나 정규근무 이외의 다양한 근무스케줄이 증가할 전망이다.

○ 조직들은 집중된 업무량을 효율적으로 다루기 위해서 또는 반복적이고 단순한 직무 등 경력관리가 어려운 직무에 대해서 주부나 학생을 대상으로 시간제 근무를 확대하고 있다.

○ 직무분담제는 '다수의 업무를 공유할 수 있도록 작업시간을 감소하는 방법'으로 우리나라에서는 정리해고의 대안으로 자주 거론된다.

○ 초과근무란 정규근무시간 이상으로 근무하는 것을 말하며 우리나라에서는 모든 종업원에게 초과근무수당을 지불하여야 한다.

○ 교대작업은 작업개시와 종료에 상당한 비용이 드는 제조업이나 24시간 근무를 해야 하는 병원, 경비 등에서 많이 활용된다.

○ 압축근무는 일주일에 5일보다 적게 근무하는 것으로, 각 주마다 휴일 수의 증가, 출퇴근 시간 및 비용의 감소 등이 장점이다. 그러나 8시간을 넘는 작업시간에 대해서 초과근무수당을 지급하여야 한다면 조직들은 도입하기를 꺼려할 것이다.

○ 융통적 근무제는 근무스케줄에 있어서 종업원의 통제를 강화시킨 제도로서 총 근무시간을 적용하는 기간과 근무시간 이전의 허용 여부에 따라 다양한 제도가 존재한다.

핵심용어

초과근무	자유출퇴근제
압축근무제	직무분담제
초과근무	안식년
교대근무제	황혼교대
분할교대	융통적 근무

토의문제

1. 근무시간의 관리는 인적자원결과와 어떤 관계를 가지는가?
2. 최근 근무시간관리는 어떻게 변화하고 있으며 그 이유는 무엇인가?
3. 근무시간에 대한 외부영향들 각각이 어떻게 영향을 미치는지를 논의하시오.
4. 최근 시간제 근무가 활성화되고 있는데, 한계점에는 어떤 것들이 있는지 제시하시오.
5. 직무분담의 유형에는 어떤 것들이 있으며 각각을 설명해보시오.
6. 교대근무제가 가지는 장점을 논의하시오.
7. 융통적 근무의 종류에는 어떤 것들이 있는지 논의하시오.

참고문헌

1) H.G. Henenan, Ⅲ, Schwab, D.P., Fossum, J. A. & Dyer, L. D.(1986), *Personal/Human Resourcd Management,* 3rd ed., Irwin: Homewood, Ill, p. 657.
2) B. Olmsted. and S. Smith(1994), *Creating A Flexible Workplace: How to Select & Manage Alternative work Options,* AMACOM, New York, N.Y, p.107.
3) M.E. McCarthy and G.S. Rosenberg(1981), *Work Scheduling,* Kalamazoo, Mich.: W.E. Upjohn Institute for Employment Research, p. 1.

4) H. G. Henenan, Ⅲ *et al.*(1996), *op. cit.*, p. 668.

5) D. D. Buss(1983), Automarkers scheduling overtime instead of recalling idled workers, *The wall street Journal*, August 9, p. 35.

6) R. B. Dunham(1977), "Shiftwork: A review and theoretical analysis," *Academy of Management Review*, 2, pp. 624~634.

7) S. Ronen(1984), *Alternative Work Schedules*, Homewood, Ill: Dow Jones-Irwin.

제 16 장 안전 및 보건관리

작업안전 및 보건은 직무로 인한 질병, 사고 그리고 사망의 발생을 줄이는 데 목적이 있다. 작업안전 및 보건은 그 자체가 중요한 인적자원결과일 뿐만 아니라 다른 인적자원결과에도 영향을 미친다. 예를 들어, 사고는 종업원의 직무성과수준에 위협이 될 뿐만 아니라 만약 사고가 심각한 수준이라면 종업원의 출근율에 영향을 미칠 것이다.

직업안전과 보건에 대한 사회적 관심은 다양한 법제정에 의해 반영되어 있다. 산업재해 보상과 관련된 법들은 직무상 질병과 사고 때문에 고통받는 종업원들에게 경제적 보상을 제공하고자 함이며, 안전 및 보건에 관한 기준들은 조직이 지켜야 할 최저기준을 선정함으로써 안전과 보건에 관한 문제를 사전에 예방하는 데 목적이 있다.

모든 안전과 보건에 관한 프로그램은 사고의 발생과 비용에 대한 측정을 필요로 한다. 이러한 측정된 자료를 제시하지 않고 안전이나 보건프로그램을 계획, 실행 및 평가한다는 것은 매우 어려운 일이다.

안전프로그램들은 사고의 발생을 방지 또는 줄이는 데 목적이 있다. 사고(accident)란 '물체(예를 들면, 기계)에 대한 물질적 손상 또는 개인에 대한 상해를 초래하는 비의도적 사건'이라고 정의할 수 있다. 안전프로그램들은 위험한 종업원 행동이나 환경을 변화시켜 사고를 줄이고자 한다. 최고경영층과 안전위원회(safety committee)들은 이러한 노력에 중요한 역할을 수행한다.

보건프로그램은 상해보다는 종업원 질병에 관한 것이다. 질병은 하나의 사고가 아니라 일정기간 동안 신체에 대한 부정적 영향의 누적(예를 들면, 탄광노동자들에게 있는 '진폐증')으로 발생한다. 질병의 종류에 따라 진전상황이 외부에 드러나지 않을 수도 있으며 환자가 증상을 자각하지 못할 수도 있다.

많은 기업에 있어서 안전과 보건의 문제는 매우 심각하고 복잡하기 때문에 안전과 보건프로그램을 개발, 관리 및 평가하기 위하여 독립적인 안전부서를 설치하고 있다. 동시에 최고경영층은 이들 프로그램에 대한 지원이 효율적 안전 및 보건관리에 핵심적임을 인식하고 있어야 한다.

제 1 절 사고측정

사고측정은 사고율과 비용의 평가를 포함한다. 적절한 측정이 없이는 조직의 안전과 보건에 관한 노력은 다음의 몇 가지 이유에 의해 저해받을 수 있다. 첫째, 자료의 부족은 사고원인의 식별을 어렵게 만든다. 둘째, 경영자는 안전문제의 심각성에 대해 인식하지 못할 수 있다. 셋째, 사고율에 대한 기준수치가 없다면 안전을 개선하기 위한 의미있는 목표를 설정하기가 어렵다. 마지막으로 측정치가 없다면 안전프로그램의 효율성을 평가하기가 어렵다. 간단히 말해서, 적절한 측정과 자료가 조직의 안전프로그램에 있어 기본조건이 된다.

1. 사고발생률

산업안전보건법 제정 이래 노동부에 의해 제공되는 기본적인 사고통계치는 사고발생률(incidence rate)이다. 사고발생률은 100명의 정규 근로자당 사고경험으로 표시한다. 흔히 사고경험은 상해의 수(작업손실을 포함한 상해와 그렇지 않은 상해 모두 포함), 작업손실을 동반한 상해 수, 그리고 작업손실일 수로 표현된다. 첫번째와 두 번째의 측정치는 사고의 빈도(frequency), 그리고 세 번째의 측정치는 사고의 심각성(severity)의 척도이다. 즉,

$$\text{사고발생률} = \frac{N}{EH} \times 222{,}000$$

여기서 N=상해의 수, 작업손실을 동반한 상해 수 또는 작업손실일 수
EH=연간총작업시간
222,000=100명 정규 근로자의 연간작업시간(주당 44시간×연간 50주 ×100명)

2. 사고비용

안전사고는 조직뿐만 아니라 사회적으로도 상당한 경제적 손실을 초래한다. 경제적 손실에는 임금손실, 보험관리비용, 의료비용 그리고 사고와 관련이 없는 종업원의 시간손실 등을 포함한다.[1]

조직수준에서는 사고비용을 보험처리가 가능한 비용과 그렇지 못한 비용으로 구분할 수 있다. 보험처리가 가능한 비용으로는 산업재해보상보상법에 의한 것과 사용자가 든 의료보험이 포함된다. 보험처리가 안 되는 비용으로는 임금, 근무시간 손실, 생산성 저하 그리고 물질적 손상에 기인하는 비용 등이 포함된다. 이런 모든 비용을 감안할 때 사소한 사고로 보일지라도 경제적 손실은 상당할 수 있다.

사고비용에 대한 계산은 인사 또는 안전부서에서 수행하여야 한다. 비용자료는 최고경영자가 쉽게 이해할 수 있으며 추후에 안전프로그램에 대한 경영자의 지원을 획득하는 데 용이하게 한다.

제 2 절 안전프로그램

안전프로그램의 궁극적 목표는 사고를 줄이는 것이다. 이 공동의 목표를 공유하고 있음에도 불구하고, 안전프로그램은 각 조직마다 매우 다양하다.[2] 이는 산업특성에 따라 안전도가 상당한 차이가 있기 때문이며 위험한 산업일수록 광범위한 안전프로그램을 실시하고 있다. 그러나 동일 산업 내

에서도 안전프로그램의 중요도나 자원배분이 다르다. 안전프로그램은 최고경영층의 역할, 안전위원회의 역할, 사고원인 식별, 사고 감소 등 다양한 이유를 다루어야 한다.

1. 최고경영층의 역할

생산, 효율성, 그리고 이윤에 대한 압력은 안전하지 못한 작업환경을 조장할 수 있다. 이런 압력은 궁극적으로 최고경영자에게서 나오므로, 안전에 대한 최고경영자의 자세가 조직의 안전도에 영향을 미친다. 실제로 최고경영자의 안전프로그램의 적극적 참여가 사고발생의 감소에 영향을 미칠 수 있다. 안전프로그램에 대한 최고경영자의 참여는 다양한 형태로 이루어질 수 있다.

1. 고위의 직책과 권한을 가진 안전관리자 임명
2. 부하의 안전기록에 근거를 둔 감독자 평가
3. 최고경영층에 의한 안전관리검사의 실시
4. 사전에 결정된 안전기준에 의한 안전활동결과의 최고경영층에 의한 주기적 평가
5. 상세한 안전기록시스템 유지
6. 이사회 보고에 안전문제 포함

2. 안전위원회의 역할

안전프로그램은 통상 하나 이상의 안전위원회(safety committee)를 통해 조정된다. 안전위원회의 존재는 안전프로그램을 최고경영자가 지원한다는 증거가 될 수 있다. 위원회는 최고경영자에게 안전정책의 추천, 안전규칙의 개발, 안전검사의 실시 및 훈련, 안전캠페인 지원 등 다양한 활동을 수행한다.

종업원, 안전전문가 그리고 라인 관리자 모두가 안전위원회 멤버로 활

동할 수 있다. 종업원 대표는 안전프로그램에 대한 종업원 참여를 제고하는 데 기여할 수 있다. 더욱이, 종업원은 안전적이지 못한 환경이나 행위를 식별하여 이를 제안하는 데 있어 중요한 정보원이다.

노동조합이 있는 경우, 노사합동의 안전위원회를 설립하는 경우도 종종 있다.[3] 노동조합은 일반적으로 안전문제는 경영자의 자유재량에 놔두기에는 너무 중요한 이슈라고 믿고 있다. 안전위원회 또는 안전프로그램에 있어서 노동조합의 역할은 통상 단체협약에 명시되어 있다.

3. 사고원인의 식별

사고를 줄이기 위한 전략을 개발하기 위해서는 먼저 사고의 원인이 밝혀져야 한다. 일반적으로, 사고는 위험한 종업원 행동, 위험한 작업조건 또는 이들 둘의 조합에 기인한다. 행운은 사고의 원인으로 언급되지는 않은 점에 유의할 필요가 있다. 행운은 위험한 행동이나 조건이 사고를 결과하는 데 영향을 미칠 뿐 그 자체가 사고의 원인이 되지는 않는다.

조직에는 상당한 수의 위험한 행위와 조건이 존재한다. 이들의 예가 〈표 16-1〉에 제시되어 있다. 사고가 발생하였을 경우에는 사고의 원인을 식별하기 위하여 신속하게 보고되고 조사되어야만 한다. 이것은 모든 것이 생생할 때 정보를 수집하는 것뿐만 아니라 추후의 사고를 예방하기 위하여 사고원인에 대한 신속한 조치(예를 들면, 종업원이 보안경을 쓰지 않았다든가 또는 보호망이 부서져있다든가 등)를 취할 수 있게 한다.

조사가 완결되면 사고의 원인을 가능한 한 정확히 식별하고 기록한 보고서가 작성되어야 한다. 보고서가 정확할수록 위험한 행위와 조건을 변경시키기 위한 유용한 정보를 제공한다.

개별사건보고서는 사고원인을 식별할 목적으로 통합되고 분석될 수 있다. 조직 내에서 사고가 많은 부서와 적은 부서를 식별하기 위하여 인사부서에서 자료를 분석할 수 있다. 이런 정보를 가지고 사고가 많은 부서와 적은 부서를 구별할 수 있는 요인을 식별할 수 있으며 안전개선프로그램을 설계하는 데 중요한 정보가 된다.

표 16-1 위험한 행위와 조건의 예

◇ 위험한 행위
- 안전하지 못한 방식으로 작업을 행함(예, 부적절하게 물건을 들어올림)
- 감독자가 승인하지 않을 수 있는 방식으로 작업수행
- 안전도구의 제거 또는 변경
- 위험한 속도로 기계 조작
- 안전하지 못한 또는 부적절한 설비 사용
- 난폭운전
- 안전보장과 보호장비 미착용

◇ 안전하지 못한 작업조건
- 부적절한 기계 보호장치
- 설비의 결함
- 안전을 고려하지 않은 설계 또는 건설
- 안전하지 못한 처리, 조작 및 설치(예를 들면, 위험하게 물건을 쌓아 놓음)
- 위험한 복장 또는 장갑이나 보호안경의 미착용

◇ 안전하지 못한 환경적 조건
- 물리적: 소음, 열, 진동, 방사선
- 화학적: 먼지, 화염, 가스, 화학물질, 발암물질
- 생물학적: 박테리아, 곰팡이, 벌레
- 스트레스: 심리적 요인뿐만 아니라 물리적·화학적 위험으로 인한 것

또는 위험한 행위에 기인하는 사고와 위험한 작업조건에 기인한 사고를 구별하여 분석하는 것도 유용하다. 이런 분석은 안전프로그램을 개발하는 데 도움이 된다. 예를 들어, 대다수의 사고가 위험한 행동에 기인한다면, 조직의 노력과 자원이 종업원의 행동을 변화시키는 데 집중되어야 할 것이다. 반대로, 사고가 위험한 행동보다는 위험한 작업조건에 기인한 것이라면 다른 전략이 필요할 것이다. 간단히 말하면, 사고를 유발하는 데 있어서 위험한 행동과 위험한 조건의 상대적 중요성을 파악하는 것은 안전프로그램을 설계하고 사고를 줄이는 데 유용하다.

4. 사고 감소대책

1) 위험한 행위를 변화시키는 프로그램

조직은 위험한 행동의 변화를 통해 사고를 감소시키기 위하여 다양한 프로그램을 활용한다. 이런 프로그램들에는 충원, 훈련, 안전규칙과 통제절차, 그리고 인센티브시스템이 포함된다.

충 원: '사고경향(accident proneness)'이란 어떤 종업원은 그의 잦은 위험한 행동 때문에 다른 종업원에 비해 사고가 날 가능성이 더 많다는 것이다. 이런 개념을 근거로 하여, 위험한 행동을 줄이는 한 가지 방법은 사고경향이 적은 종업원을 고용하는 것이다. 그러나, 이런 방법은 위험한 행동을 할 가능성을 예측할 수 있는 개인특성이 먼저 식별되어야 가능하다. 따라서 선발에서 논의한 바와 같이, 개인의 안전기록에 대한 유용한 예측치를 식별하기 위하여 타당성검증을 실시하여야 한다.

사고경향에 영향을 미치는 요인으로서 연령, 근속연수, 시력, 지각능력, 정신신체운동능력 그리고 위험선호도(risk propensity), 지능 같은 성격적 특성, 피로 등이 자주 언급된다. 그러나 이들에 대한 실증연구는 한두 예외를 제외하고는 그리 많이 행해지지 않았다.[4]

첫번째 예외는 연령과 근속연수이다. 근속연수와 관계없이, 종업원이 젊을수록 사고율이 높다. 연령을 통제하였을 때 사고율은 근속연수가 증가함에 따라 감소하였다. 실제로 고용 첫달의 사고율이 나이에 관계없이 그 후에 비해 훨씬 높다.[5] 종합해 보면, 젊고 경험이 없는 종업원이 사고를 내기 쉽다고 볼 수 있다.

두 번째 예외는 시력과 청력 같은 신체적 특징이다. 예상하듯이 이런 특징은 이런 능력을 필요로 하는 직무에 있어서 사고의 예측력이 있다. 위의 두 가지 예외를 제외하고는 일반적으로 개인적 특성은 종업원 사고에 대한 유효한 예측치로서 일관되게 관찰되지 못하였다.

훈 련: 조직은 통상 감독자와 종업원에게 '안전훈련'을 실시한다.

감독자를 위한 훈련에는 안전규칙, 안전통제 절차, 위험의 인식 그리고 징계절차 같은 주제가 포함된다. 다른 모든 훈련에 있어서와 마찬가지로, 감독자들이 다시 직무로 돌아왔을 때 훈련 중 학습된 내용은 지속적으로 강화되어야 한다. 여기에서 이미 언급한 바와 같이 안전노력에 대한 최고경영자의 관심이 중요하다. 왜냐하면, 최고경영자는 감독자들에게 안전의 중요성을 강조할 수 있으며 부하의 안전에 대한 책임을 감독자에게 부여할 수 있기 때문이다.[6]

종업원들에게 실시되는 안전훈련프로그램은 안전하게 직무를 수행할 수 있도록 강의와 실습에 초점을 맞추어야 한다. 그러나 신규 종업원에게 직무에 대한 간단하고 비공식적 소개로 그치는 경향이 있다.[7] 이 경우 일반적 안전수칙에 대해서는 언급되지만, 직무와 관련된 구체적인 안전수칙은 거의 언급되지 않는다. 나아가서 감독자들은 생산목표 달성을 위해 훈련과정에서 배운 안전수칙과 절차를 무시하라고 공개적으로 종업원을 부추길 수도 있다.

안전수칙과 통제: 대부분의 조직은 종업원들이 해야 할 행동과 하지 말아야 할 행동을 지적한 '안전수칙'을 갖고 있다. 수칙과 위반 시 처벌을 기록한 안전책자가 때때로 종업원에게 배부되기도 한다. 또한 작업현장에서는 '안전제일주의' 등과 같은 현수막이나 포스터도 전시된다.

이와 같은 활동들이 위험한 행동을 억제할 가능성을 가지고 있는 것 같지만 이 활동들의 효과성에 대해서는 알려진 것이 없다. 그러나 이와 같은 활동의 효과성을 심각히 제한할 수 있는 여러 요인이 있다. 종업원들이 수칙을 읽지 않든가 또는 읽었더라도 잊을 수도 있다. 감독자들이 안전수칙을 전달하거나 준수하는 데 게을리 할 수도 있다. 더욱이, 많은 수칙들이 일반적이어서 구체적인 안전하지 못한 행위들이 무시되거나 고쳐지지 않을 수 있다.

이와 같은 문제를 극복하는 한 방법으로서 안전수칙보다는 '안전통제절차'를 고려해 보는 것이 좋을 것이다.[8] 〈그림 16-1〉에서 제시하는 바와 같이, 이 접근법에서는 직무를 수행하는 구체적인 절차를 식별하기 위해서 먼저 직무분석이 행해진다. 각 절차마다 안전위험이 식별되고 각 위험은 제

그림 16-1 안전통제절차

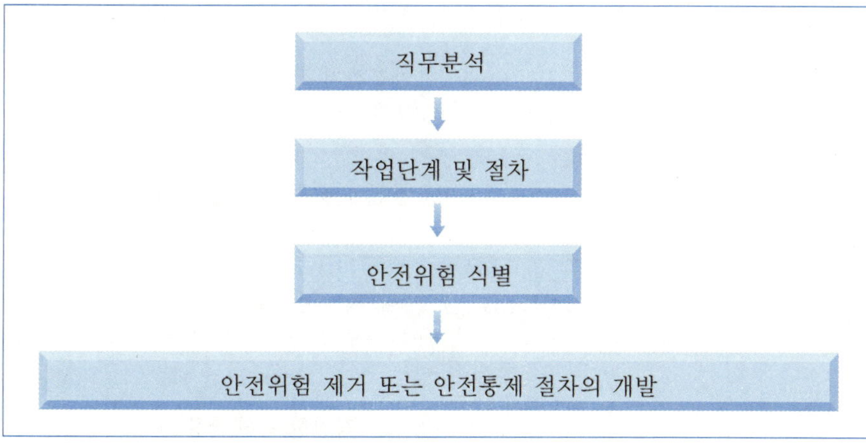

거될 수 있는 것인지 또는 그렇지 않은 것인지를 결정한다. 만약 위험이 제거될 수 없다면, 구체적인 안전통제 절차를 선정한다. 종업원들이 안전통제 절차에 따라 행동을 한다면 안전한 행위가 보장될 것이다. 이 접근법의 특징은 종업원이 안전한 행위를 하려면 어떻게 해야 하는가를 긍정적인 측면으로 보여 주는 것이다. 이 방법의 효과성을 극대화하기 위하여 이 절차를 따르도록 종업원을 동기유발할 수 있는 인센티브시스템과 병행하는 것도 가능하다.

인센티브시스템: 안전행동을 하도록 종업원을 동기유발시키는 것은 사고를 감소시키기 위한 전략으로서 오랫동안 사용되어 왔다. 이것의 가장 좋은 예로 '안전콘테스트(safety contest)'를 들 수 있다. 각각의 부서는 가장 좋은 '안전기록'을 내기 위해 서로 경쟁하거나 또는 부서 자체 내에서 이전의 안전기록을 갱신하기 위하여 노력할 수 있다. 그러나 이런 프로그램은 체계적 사고측정 절차와 종업원에게 사고에 대한 시기적절한 피드백을 제공해 주는 시스템을 미리 전제하고 있다.

2) 안전하지 못한 상황을 변경하기 위한 프로그램

조직의 안전전략에는 이미 언급한 안전하지 못한 행위를 변경하고자

그림 16-2 안전하지 못한 상황을 변경하기 위한 안전프로그램의 요소

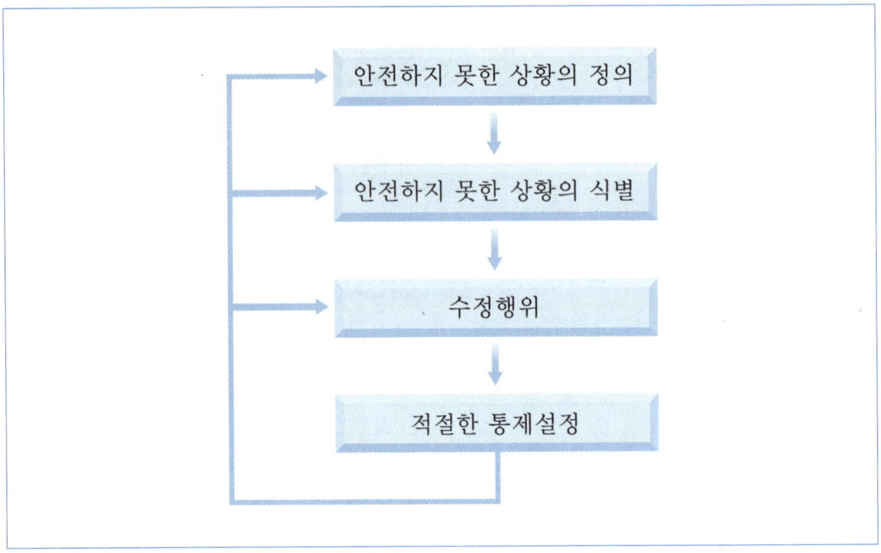

하는 프로그램은 물론 안전하지 못한 상황을 변경하는 프로그램도 포함되어 있다. 안전하지 못한 상황을 변경하고자 하는 프로그램의 구체적인 내용은 상황에 따라 다르지만, 대부분의 프로그램을 구성하고 있는 4가지 요소가 있다. 〈그림 16-2〉에 제시되어 있는 것처럼, 이들 요소는 안전하지 못한 상황의 정의, 안전하지 못한 상황의 식별, 수정행위 그리고 적절한 통제의 설정이다.

안전하지 못한 상황의 정의: 안전하지 못한 상황을 변화시키기 전에 안전하지 못한 상황이 어떻게 구성되어 있는가를 정의하는 것이 반드시 필요하다. 이것은 주로 안전기준(safety standard)을 선정하는 문제이며, 이 기준들은 대부분 산업안전보건법에 준해 설정된다. 산업안전보건법은 조직이 지켜야 할 최소한의 기준이므로 조직은 더 엄격한 기준을 설정하거나 법에 의해 언급되지 않은 기준을 설정할 수 있다.

안전하지 못한 상황의 식별: 안전기준과 맞지 않는 상황이 어떤 것인가를 알기 위하여 정기적인 검사가 필요하다. 검사가 체계적이고 철저할수록, 조직의 안전성과는 향상될 수 있다. 검사는 설비에 대한 육안검사뿐만

아니라 이전의 개별 사고기록에 대한 상세한 분석도 포함한다. 아무튼, 수정조치를 취할 수 있는 근거가 될 수 있도록 안전하지 못한 상황은 무엇이며 왜 존재하는가에 대해 확실한 검사를 해야 한다.

수정조치의 실행: 안전하지 못한 상황을 식별하면, 반드시 수정조치가 계획되고 실행되어야 한다. 수정조치의 계획과 실행이 단순할 수도 있겠지만, 계획이 장기간에 걸쳐 있으며 새로운 시설이나 장비의 구입과 같이 큰 재무적 자원을 필요로 할 경우에는 매우 복잡하다. 이 경우, 수정조치계획은 전체 사업계획 내에서 고려되어지고 조정되어야 한다.

적절한 통제의 확립: 수정조치가 반드시 사고감소를 결과하는 것은 아니다. 어떤 수정조치는 처음부터 부적절한 기준에 근거하고 있기 때문에 실패할 수도 있으며, 또 다른 경우에는 종업원들이 기계의 보호철책을 제거하는 등 변화를 방해할 수도 있다. 따라서, 검사와 기록유지가 프로그램 통제수단으로서도 중요한 것이다.

제 3 절 직업건강

지금까지 논의한 안전프로그램은 사고의 감소에 초점을 맞추고 있는 반면, 직업건강(occupational health)은 직업과 관련된 질병을 감소시키고 궁극적으로는 예방하려는 데 목적이 있다. 전통적으로, 직업건강은 종업원의 직접적 작업환경에 있어서 건강위협요소를 감소시키는 데 초점을 두어 왔다.

1. 환경적 건강위협요인

〈표 16-1〉에 제시된 바와 같이, 종업원은 물리적 · 화학적 · 생물학적 그리고 정신적(스트레스) 건강위협요소에 노출될 수 있다. 이런 건강위협요

소에 노출되는 정도는 산업에 따라 커다란 차이가 있다. 직장에서 건강위험에 대한 영향 정도는 정확히 알기가 어렵다. 예를 들어, 종업원들이 작업수행과정에서 만날 수 있는 유해물질만도 13,000종류가 넘는다고 알려져 있다. 따라서 건강위협요소를 식별하기 위해서는 작업환경과 종업원에 대한 지속적 모니터링이 필요하다. 수많은 건강위협요인이 존재하므로 모니터링은 비용이 많이 들고 복잡하다. 종업원 건강에 대한 모니터링(예를 들면, 정기신체검사)은 진단적 도구로서뿐만 아니라 새로운 건강위협요인을 발견하는 데도 유용하다.

1) 화학적 오염

여기에는 공기오염원에 의한 오염과 고체, 액체 또는 그 중간상태의 여러 오물 또는 유해물질에 의한 오염이 있다.

공기오염원: 공기의 일반적 성분 중 수분, 질소, 산소, 알코올, 탄산가스, 수소, 네온, 헬륨 이외의 모든 물질을 공기오염물이라고 한다. 예컨대 먼지, 연기, 가스, 각종 증기 등이 그 대표적인 것들이다. 작업장의 공기 중에 정상적인 성분 이외에 인체의 보건에 해로운 오염원이 많이 혼재하여 있으면 공기오염에 의하여 다음과 같은 질병이 생기기 쉽다. 즉, 피부점막에 각종의 염증과 궤양, 흡수로 인한 호흡기 질환, 장기상해, 질식, 마비 및 의식장해, 각종의 알레르기성 질환 등이 그것이다.

기타 유해물질: 공기오염원 이외의 유해 · 유독성 고체 및 액체 또는 그 중간상태의 물질도 인체에 해로운 오염원이 되는데, 접촉으로써 발생하는 피부의 상해 또는 질환에 대한 위험, 손이나 음식물에 의하여 소화기에 침입할 위험, 눈에 들어가 상해 또는 눈병을 일으킬 위험 등의 소지가 있다.

2) 물리적 오염

물리적 위험으로서는 다음과 같은 것들을 들 수 있다. 작업장의 온도 · 습도 · 통풍 등의 관계에서 발생하기 쉬운 동사, 동상, 감기, 기타 호흡기관련 위험, 채광, 조명이 부적당하여 눈병을 일으키기 쉬운 위험, 고열작업, 용접작업 등에 있어서 화상을 당할 위험 또는 자외선 및 적외선에 눈을 해치기 쉬운 위험, 엑스선, 감마선, 베타선, 알파선, 중성자와 같은 전리작용을 가진 방사선, 라디움 등의 방사성물질에 의한 피부, 조혈기, 혈압, 생식기의 장해를 초래할 위험, 진동, 초음파, 굉음 등에 의하여 발생하기 쉬운 정신계통의 질병 위험, 전기의 감전에 따른 각종 위험, 기타 고기압, 분진 등이 물리적 위험에 속하는 것들이다.

3) 기타의 위험

전술한 화학적 · 물리적인 제 위험 이외에 세균 기타 각종의 병원체에 의하여 발생하기 쉬운 질병에 대한 여러 위험이 있다.

이리하여 종업원의 생활주변에는 물리적 · 화학적, 기타의 위험이 항상 존재하고 있으며, 따라서 그들의 건강은 언제나 위협을 받고 있는 셈이다. 그러므로 이들 제 위험으로부터 종업원을 보호하자면 위생관리와 보건관리를 철저히 하지 않으면 안 된다.

2. 직 업 병

직업병(occupational diseases)은 고통을 수반한다는 점에서는 사고로 인한 상해와 같지만, 발생의 기간이 오래 걸리고, 질병발생의 확인이 쉽지 않다는 점에서는 사고로 인한 상해와 다르다고 할 수 있다. 직업병은 몇 달, 또는 몇 년을 두고 계속해서 반복되는 작업상태에서 독성물질, 미생물, 공기오염물, 긴장유발물 등에 노출됨으로써 점진적으로 진전되어 발생하기 때문이다. 또한 직업병은 의학적 조회에 의한 치료에 완벽함을 기대하기 어렵기 때문에 사전예방이야말로 근본적이고 실질적인 치료라 할 수 있다.

직업병은 기업에 있어서 사고보다는 상대적으로 중요도가 낮다고 간주되는 경향이 있다. 그러나 직업병은 사고로 인한 상해 이상으로 개인을 파멸로 이끌 수 있으며, 기업에 대해 그리고 전 사회에 대해 큰 파문을 던지기도 한다. 우리나라에서는 근로자 개인의 건강보호와 직업병의 조기발견·치료 등 노동력 보존시책의 일환으로 산업안전보건법에 의거하여 5명 이상 사업장의 근로자에 대하여 건강진단을 실시하도록 되어 있다.

산업에 있어서는 반복적 동작으로 인한 질환(repetitive motion injuries)과 누적충격으로 인한 질환(cumulative trauma disorder: CTDs)이 널리 발생되고 있다. 이러한 질병들은 닭고기 처리공장, 종업원, 슈퍼마켓 캐시어, 은행 출납계원, 그리고 컴퓨터를 많이 쓰는 사무직원 등 거의 모든 형태의 산업에서 높은 발병률을 보이고 있다.

누적충격으로 인한 질환(CTD)과 반복적 스트레스로 인한 질환(repetitive stress injury: RSI)은 구체적인 의학적 상태를 나타내는 용어는 아니다.[9] CTD는 한번 이상 발생한 외상이나 질병으로부터 기인하는 상태를 의미한다. 예를 들어 작업장에서 상자를 들다가 허리를 다친 경험이 있는 종업원이 다시 허리를 다쳤다면, 그는 CTD로 고통을 받고 있다고 주장할 수 있다. RSI는 그 자체는 해롭지 않은 동작을 단순히 반복함으로써 질병을 일으키는 것이다. 흔한 예로 컴퓨터 마우스를 많이 쓰는 작업자들이 경험하는 손목관절 통증을 들 수 있다.

반복 동작으로 인한 질환은 산업계에 있어서 새로운 이슈는 아니지만 지난 25년간 이 문제에 대한 경각심은 크게 증가하였다. 인체공학과 관련된 상해와 질병(ergonomics-related injuries and illnesses)은 계속 증가하고 있으며, 이와 관련된 작업손실일수도 결과적으로 크게 증가하였다. 이로 인하여 생산손실, 결근, 법적 소송 및 벌금 등은 점점 증가하여 사용자들에게 큰 부담이 되고 있다. 이러한 비용을 줄이기 위하여 사용자는 인체공학(ergonomics)을 이용하여 반복적 작업이나 스트레스가 최소화되도록 작업량을 설계할 필요가 있다.

제 4 절 안전 및 보건프로그램의 평가

안전 및 보건프로그램은 최근 사회적으로 높은 관심을 받고 있는 분야이다. 부적절한 안전 및 보건프로그램은 소송 증가, 보험료 인상, 산업안전보건법에 의한 벌금 그리고 노조의 압력 등 상당한 비용을 초래한다. 안전 및 보건프로그램이 효과적이기 위해서는 다음과 같은 요소가 포함되어야 한다.

- 지표의 설립(예를 들면, 사고통계)
- 효과적인 보고시스템
- 규칙과 절차의 개발
- 효과적인 안전 및 보건관리 실천자 보상

안전프로그램에 있어서 가장 좋은 지표는 아마 사고수와 사고강도에 있어서 감소일 것이다. 따라서 프로그램 평가는 사고수뿐만 아니라 사고의 강도(severity)도 고려하여야 한다. 빈도율(freguency rate)와 강도율(severity rate) 같은 통계가 프로그램 평가에 자주 사용 되었다(제1절 사고측정 참조).

안전 및 보건프로그램은 비용-수익 차원에서 직접 평가될 수 있다. 안전 담당자와 새로운 안전기기의 비용은 쉽게 계산될 수 있다. 그리고 사고감소, 보험비용의 인하, 그리고 벌금 감소 같은 수익과 비용을 비교하면 된다. 프로그램은 직무성과의 개선, 병가의 감소, 그리고 징계의 감소 같은 기준에 의해서도 평가될 수 있다. 그러나, 경영자들은 인과관계가 복잡할 수도 있으며 안전 및 보건프로그램의 수익이 항상 측정가능한 것이 아니라는 것을 명심하여야 한다. 가장 비싼 프로그램이 가장 효율적이지 않을 수 있다.

사고에 대한 정확한 기록을 위해서는 평가기준 이외에도 효과적인 보고시스템이 필요하다.[10] 새로운 안전 및 보건프로그램이 실시되면 사고의 수가 급격히 감소할 수도 있다. 그러나, 자신의 부서의 안전통계치를 좋게 보이게 하기 위해서 관리자들이 사고를 누락시킬 수 있다. 안전 및 보건프로그램의 적절한 평가는 자료의 정확한 보고와 기록에 달려 있다.

평가로부터 얻어진 정보가 안전 및 보건프로그램의 개선에 도움이 되도록 활용되어야 한다. 평가의 결과가 위로는 최고경영자 그리고 아래로는 일선 종업원까지 전달될 때 안전 및 보건프로그램의 질이 개선될 수 있는 것이다.

간 추 림

직업안전 및 보건은 그 자체가 중요한 인적자원결과일 뿐만 아니라 다른 인적자원결과에도 영향을 미친다. 직업안전 및 보건은 해당 종업원의 인생에 커다란 영향을 미칠 뿐만 아니라 해당 조직 나아가서는 사회에 커다란 비용요소가 되므로 경영자들은 지속적 관심을 가져야 한다.

○ 사고란 물체에 대한 물질적 손상 또는 개인에 대한 상해를 초래하는 비의도적 사건이며, 질병이란 일정한 기간 동안 실체에 대한 영향의 누적이다.

○ 안전프로그램의 궁극적 목적은 사고를 방지하는 것이며 이를 위해서는 무엇보다도 먼저 적절한 측정과 자료를 수집하여야 한다.

○ 일반적으로 사고는 위험한 종업원 행동, 위험한 작업조건, 위험한 환경조건 또는 이들의 결합으로서 발생한다. 따라서 사고 감소대책으로서는 위험한 행위를 변화시키는 프로그램과 안전하지 못한 상황을 변경하기 위한 프로그램으로 구성된다.

○ 직업건강은 직업과 관련된 질병을 감소시키고 궁극적으로 예방하려는 목적이 있다.

핵심용어

안전프로그램 보건프로그램
사고비용 안전위원회
사고경향 직업건강
화학적 오염 물리적 오염
직업병

토의문제

1. 왜 인적자원관리는 안전보건관리에 관심을 가지는가?
2. 안전프로그램에 대한 최고경영자는 어떻게 참여할 수 있는지를 논의하시오.
3. 위험한 행위를 변화시키는 프로그램들에는 무엇들이 있으며 이들을 어떻게 조작하는가?
4. 안전하지 못한 상황을 변경하기 위해서는 어떤 과정을 거치는가?
5. 직업건강을 위협하는 화학적 오염은 어떤 것들이 있는가?
6. 직업병의 정의를 내리고 이들에는 어떤 것들이 있는가?

참고문헌

1) National Safty Council(1982), *Accident Facts*, Washington D. C.: U.S. Government Printing Office.
2) M. J. Smith, H. H. Cohen, A. Cohen, and R. J. Cleverland(1978), "Characteristics of Successful Safety Programs," *Journal of Safety Research* 10, pp. 5~15.
3) T. A. Kochan, L. Dyer & D. B. Lipsky(1977), *The Effectiveness of Union-Management Safety and Health Commnittees*, Kalamazoo, Mich.: The W. E. Upjohn Institute for Employment Research.

4) A. R. Hale and M. Hale(1972), *A Review of the Industrial Accident Research Literature,* London: Her Majesty's Stationary Office, pp. 32~70; E. J. McCormick and D. J. Ilgen(1980), *Industrial Psychology,* Englewood Cliffs, N. J.: Prentice-Hall, pp. 404~525.
5) N. Root(1981), "Injuries at Work Are Fewer among Older Employees," *Monthly Labor Review* 104, No. 3, pp. 30~34; F. Siskind, "Another Look at the Link between Work Injuries and Job Experience," *Monthly Labor Review* 105, No. 1, pp. 38~41.
6) F. E. Fiedler, C. H. Bell, M. M. Chemers and P. Dennis(1984), "Improving Mine Productivity and Safety Through Management Training and Organization Development: A Comparative Study," *Basic and Applied Social Psychology* 5, No. 1, pp. 1~18.
7) M. J. Smith *et al.,* Characteristics of Successful Safety Programming.
8) D. A. Spartz(1978), "A Challenge and an answer: Job Control Procedures Standard," *Professional Safety* 23, No. 3, pp. 45~47.
9) J. M. Ivancevich(1995), *Human Rosource Management,* 7th ed., Irwin/McGraw-Hill, p. 648.
10) R. W Mondy and R. M. Noe(1996), *Human Rosource Management,* 6th ed., Prentice-Hall, p. 441.

국문색인

ㄱ

ㄴ

ㄷ

ㅁ

ㅂ

ㅅ

ㅇ

ㅈ

영문색인

A

B

C

D

E

F

G

H

I

J

K

L

M

N

O

P

R

S

T

V

W

Y

[저자약력]

서울대학교 경영학 학사
University of Washington－Seattle(M.B.A.)
University of Wisconsin－Madison(Ph.D.: 인사/조직 전공)
성균관대학교 경영학부 교수
한국경영학회, 한국인사/조직학회 및 한국노사관계학회 상임이사(역임)
노사정위원회 공익위원(역임)
행정고시 및 공인노무사 출제 및 면접위원(역임)

〈저　서〉
에센스 인적자원관리, 박영사, 2008
디지털시대의 경영학(공저), 박영사, 2008
조직행동의 이해(공저), 박영사, 2007
경영통계학(공저), 태성출판사, 1995

경쟁우위 달성을 위한
전략적 인적자원관리

2007년 3월 5일 초판발행
2018년 2월 10일 중판발행

저 자 황 규 대
발행인 안 종 만
발행처 (주) 박영사
서울특별시 종로구 새문안로3길 36, 1601
전화 (733)6771 FAX (736)4818
등록 1959. 3. 11. 제300-1959-1호(倫)

www.pybook.co.kr e-mail: pys@pybook.co.kr

정 가 32,000원 ISBN 978-89-7189-530-6